KB267577

범망경

동봉스님 우리말 번역및 해설

도서출판 도반

동봉東峰 스님

강원도 횡성에서 태어나 1975년 불문에 귀의하였다. 해인사 승가대학, 중앙승가대, 동국대 불교대학원에서 공부했다.

법명은 정휴正休, 자호는 일원一圓, 법호는 동봉東峰, 아프리칸 이름은 기포kipoo起泡다.

1993~1997년 BBS 불교방송에서 〈살며 생각하며〉, 〈자비의 전화〉 등 26개월에 걸쳐 생방송을 진행하였다.

동아프리카 탄자니아에서 52개월간 머물며 말라리아 구제 활동을 했으며 한국 불교인으로서는 최초로 아프리카에 '학교법인 보리가람스쿨'을 설립하였고 탄자니아 수도 다레살람에 매입한 학교 부지 35에이커와 킬리만자로 산기슭에 개척한 부처님 도량, 사찰 부지 3에이커를 조계종 산하 '아름다운 동행'에 기증하여 종단에서 '보리가람농업기술대학교'를 세워 2016년 9월 개교, 운영하고 있다.

곤지암 '우리절' 창건주이자 회주로서 책, 법문, 소셜미디어 등을 통해 부처님 법을 전하고 있으며, 특히 〈기포의 새벽 편지〉 연재는 3,700회를 넘었다. 지금은 광주 우리절 주지로서 수행자로서의 삶을 이어가고 있다.

2006년 11월 30일부터 2007년 3월 10일 101일에 걸쳐 우리나라 전국을 도보로 걸었다. (함께한 26개 신문사, 방송국과 함께 걸은 2,000여 분들께 감사의 뜻을 전한다.)

《사바세계로 온 부처님의 편지》,《마음을 비우게 자네가 부처야》,
《아미타경을 읽는 즐거움》,《불교상식백과》,《밀린다왕문경》,《평
상심이 도라 이르지 말라》,《반야심경 여행》,《법성게》,《내비 금강
경》,《동몽선습 강설》,《디마케터 스님》, 시집《음펨바 효과》,《시간
의 발자국이 저리 깊은데》 등 80여 권의 저서와 역서가 있다.

목차

범망, 그 깨끗한 그물 12

보살은 보살이다 33

당신이 보살입니다 36

대기보살마하살 43

보살, 보시바라밀 44

보살, 지계바라밀 53

보살, 인욕바라밀 60

보살, 정진바라밀 71

보살, 선정바라밀 81

보살, 지혜바라밀 91

위경과 생명의 나무 94

송계서誦戒序 107

법망경-서분: 노사나불의 마음 법문 153

제1장 예경삼보禮敬三寶 164

제2장 거향찬擧香讚 183

제3장 칭불명호稱佛名號 195

제4장 개경게開經偈 213

제5장 대중에게 고함誦者白衆 230

제6장 다그침策修 240

제7장 스님네 갈마 짓기作僧羯磨 257

제8장 보살계 서문을 외다誦戒序 274

제9장 삼보에 귀경하다歸敬三寶 365

제10장 청정함에 대한 질문 386

제11장 바르게 계경을 외다正誦戒經 397

제12장 범망경보살계본梵網經菩薩戒本 471

　01) 세존의 가계 481

　02) 십처십회설법十處十會說法 500

　03) 스토커 발원문 509

　04) 마음 땅 졸가리 514

　05) 계율은 영양소다 523

　06) 인과율은 빈틈없다 531

　07) 생명이 곧 불성이다 540

　08) 십중바라제목차十重波羅提木叉 ... 550

　09) 무진장계품無盡藏戒品 559

　10) 일천 석가 백억 화신 569

　11) 프랙털 이야기 582

　12) 감로문을 열어라 592

　13) 된 부처 될 부처 600

14) 보살계는 효순이다 612

15) 세상은 결grain이다 626

16) 유니버설 언어 637

17) 중도의 법칙 652

18) 수지독송受持讀誦 662

19) 보살의 자격 664

제13장 정종분正宗分 674

삶의 소중한 뼈대

제14장 십중대계 702

1) 살계殺戒 702

2) 도계盜戒 728

3) 음계淫戒 750

4) 망어계妄語戒 779

5) 고주계酤酒戒 808

6) 설사중과계說四衆過戒 818

7) 자찬훼타계自讚毀他戒 846

8) 간석가훼계慳惜加毀戒 869

9) 진심불수회계瞋心不受悔戒 893

10) 방삼보계謗三寶戒 915

11) 마무리 946

제15장 시렁 다리架橋 964
　　이금당己今當의 법칙

제16장 마흔여덟 가벼운 허물 계48輕垢戒 969
　　1) 불경사우계不敬師友戒 969
　　2) 음주계飮酒戒 995
　　3) 식육계食肉戒 1014
　　4) 식오신계食五辛戒 1046
　　5) 불교회죄계不敎悔罪戒 1068
　　6) 공양하고 청법하라 1091
　　7) 가서 법을 들으라 1116
　　8) 대승계를 저버리지 말라 1125
　　9) 간병看病하라 1149
　　10) 흉기를 장만하지 말라 1171
　　막간幕間 .1184
　　11) 나라 사신使臣을 맡지 말라 1209
　　12) 인신매매人身賣買하지 말라 1216
　　13) 헐뜯고 비방하지 말라 1243
　　14) 방화하지 말라 1262
　　15) 궁벽하게 가르치지 말라 1278
　　16) 꼼수로 잘못 설하지 말라 1298
　　17) 세력에 매달려 구걸하지 말라 1306

18) 모르면서 스승이 되지 말라 1308

19) 이간질하지 말라 1319

20) 살아 있는 것을 놓아주라 1329

21) 무자비하게 원수를 갚지 말라 1349

22) 거들먹대며 법을 우습게 보지 말라 1362

23) 잘난 체 편벽되게 설하지 말라 . . . 1364

24) 대승을 등지고 소승을 향하지 말라 1385

25) 소임자는 이름에 걸맞게 움직이라 . 1392

26) 손님을 대할 때 법도를 지키라 . . . 1398

27) 별청을 받지 말라 1408

28) 일부러 큰스님만 초청하지 말라 . . . 1415

29) 일부러 삿된 사업을 짓지 말라 . . . 1420

30) 흰옷 입은 이들과 경리하지 말라 . . 1432

31) 재난을 보거든 눈 감지 말라 1439

32) 중생을 해치지 말라 1448

33) 보고 듣는 것으로 악을 짓지 말라 . . 1457

34) 잠시도 보리심을 떠나지 말라 1471

35) 큰 원을 세워라 1478

36) 열 가지 큰 서원을 일으켜라 1483

37) 위험한 곳에는 짐짓 들어가지 말라 . 1503

38) 높고 낮은 차제를 어기지 말라 . . . 1508

39) 으레 강설할 곳에서는 강설하라 . . . 1516

40) 가려가며 계를 일러주지 말라 1533

41) 덕이 없이 거짓 스승이 되지 말라 . . 1557

42) 아닌 곳에서 계를 설하지 말라 . . . 1570

43) 짐짓 부처님 금계를 헐지 말라 . . . 1576

44) 경과 율을 공경하라 1579

45) 중생을 교화하라 1599

46) 예의에 어긋나지 않게 설법하라 1601

47) 권력으로 불교를 통제하지 말라 . . . 1607

48) 스스로 불법을 깨뜨리지 말라 1613

제17장 법망계 보살계 마무리 1627

　　총결과 유통

제18장 법익을 게로 찬미하다 1663

범망, 그 깨끗한 그물

#1

세상이 그물이고
그물이 곧 세상입니다
앞 뒤를 돌아보아도 그물이고
좌우를 살펴보아도 그물이며
위를 쳐다보고 아래를 굽어보아도
세상은 온통 그물입니다
시간으로 날줄을 삼고
공간으로 씨줄을 삼았습니다
그리하여 날줄을 경도經度라 하고
씨줄은 위도緯度라 부릅니다

관계가 그물의 세계고
그물이 곧 관계의 세계지요
인因이라는 알갱이가 돌돌이 놓였는데
연緣이라는 물결이 아름답습니다
알갱이는 한없이 작고
그 작은 알갱이들을 연결하는

아주 가느다란 끈
너무나 작은 알갱이고
너무 가는 끈이라서
눈으로는 쉽사리 볼 수 없습니다

당신은 날줄입니다
당신이라는 그 날줄에
내가 씨줄이 되어 점점이 엮어가지요
당신은 내게도 당신이지만
다른 이에게도 당신이듯이
당신은 내게도 날줄이지만
다른 이에게도 날줄입니다
내가 당신을 날줄로 삼듯
다른 이도 당신을 날줄로 삼아
각기 자신을 씨줄로 엮어갑니다

잉앗대에 걸린
당신의 날줄을 바라보면서
나는 행복을 느낍니다
늘 그 자리에 계시는 당신이기에
나는 나를 북에 담아
당신의 살결을 어루만집니다

당신의 살결은 보드랍고
당신의 살결은 강인합니다
나는 당신의 고운 결 속에서
바디의 힘을 빌어
날줄이라는 당신의 살결에
한 오라기 두 오라기
짜득짜득 씨줄을 곱드리고 있습니다

깨끗한 그물의 세계는
나와 당신을 엮고
당신과 당신의 당신을 엮고
당신의 당신의 당신을 엮습니다
당신의 나를 엮고
나의 나를 엮고
나의 나의 나를 엮어갑니다
그리하여 존재와 존재가 엮이고
존재와 환경이 엮이고
환경과 환경이 엮이고
환경과 환경의 환경이 엮이면서
인연을 만들어갑니다
깨끗한 그물梵網입니다
제석천 하늘에 드리운 그물입니다

#2

아, 어쩝니까?
우리나라가 금수강산이라는데
세계자연유산이 별로 없습니다
별로 없다는 말은
아예 없는 것은 아니고
거의 없는 거나 다름없다는 뜻입니다
그게 무슨 말이냐고요?
말 그대로 세계문화유산은 있는데
세계자연유산은 등재 자격이 없답니다

이유는 간단하다는군요
자연유산이 되려면
동식물이 함께 살아 있어야 한답니다
숲이 잘 우거지고
큰나무 잔나무들이 잘 어우러지고
늪이 있고 풀섶이 있어
온갖 꽃들이 다투어 피어난다 하더라도
생태계가 살아있지 않다면
자연유산으로서는 자격이 없답니다

그래서일까요?
지금까지 우리나라는
세계자연문화유산에 11건이 등재되었으나
10건이 모두 세계문화유산일 뿐
세계자연유산으로 등재된 것은
2007년에 지정된
제주 화산섬과 용암동굴 뿐이지요

우리가 후손들에게 물려줄 유산은
문화유산이 중요하지 않은 것은 아니지만
더욱 소중한 것은 자연유산입니다
노루 산토끼 너구리 살모사 등
각종 동물이 고르게 살아있는 자연
바로 그런 자연스런 생태환경이 필요합니다

비단개구리도
도롱뇽도 살아 숨쉬는 숲
장소에 따라서는
우리나라에 예로부터 서식하던
호랑이도 있고 삵도 있고
멧돼지도 여우도 있어야겠지요
구태여 열대지방에나 있을

사자 표범 치타 하이에나
코끼리 코뿔소 코브라 등은 말고요

그러고 보니
꼭 권하고픈 영화가 한 편 있습니다
2004년 프랑스 장자끄 아노 감독의
《투 브라더스Two Brothers》-
가이 피어스, 장 클로드 드레이퍼스, 프레드 하이
모어 등
쟁쟁한 배우들의 역할도 좋지만
무엇보다 쿠말Kumal과 쌍가Shanga 역의
주인공 호랑이의 역할은 대단합니다

생태계는 생명에게 주어진
가치의 평등성을 놓고 얘기합니다
모든 동식물은 하나님 모습대로 빚은
사람에게 복속시킨다는 교리도 좋지만
사람들의 권리와 행복은 물론
물고기 방생에서도 공덕을 얘기하는
불교의 생명평등 존중설은
생태계 보존의 바이블Bible로
당연히 최고라 해야 할 것입니다

#3

세상이 너무 복잡합니다
극락세계는 네 가지 보석으로 된
일곱 겹 그물이 있다고 하고
도리천 제석천궁 천장에도
네 가지 보석으로 된
중중무진의 그물이 있다던데
범천의 깨끗한 그물은 또 뭘까요?

세상이 복잡하다고요?
아니요, 그렇지 않습니다
생각보다 그다지 복잡하지 않습니다
세 가지 축으로 이루어져 있는데
첫째는 시간이고
둘째는 공간이며
셋째는 시간과 공간을
바라보는 존재가 될 것입니다

시간이라고 하는 것은
특수상대성이론으로 풀면 되고
공간이라고 하는 것은

일반상대성이론으로 풀면 됩니다
상대성이론이라 하니까
머리가 지끈거리지요
물론 그렇게 쉽다 쉽다 해서
정말 그리 쉬운 건 아니잖습니까?

그런데 어려울 게 뭐 있나요?
앨버트 아인슈타인(1879~1955)도
엠페도클래스(BC490~BC430?)
아리스토텔레스(BC384~BC322)
갈릴레오 갈릴레이(1564~1642)
아이작 뉴튼(1642~1727)
제임스 맥스웰(1831~1879) 등
선배들을 딛고 일어선 그 위에서
상대성이론을 발견했습니다.

그러니 우리는 그저
아인슈타인 박사가 애써 정리한 것을
가만히 앉아 이해만 하면 되잖습니까
게다가 우리에게는
특히 불교를 공부하고
대승보살계를 닦아가는 이들에게는

범망경이라는 철학과 윤리 과학이
가득가득 담긴 경전이 있잖습니까?

어떻습니까? 그러고 보니
생각했던 것보다 간단하지 않습니까?
이론물리학에 있어서 최고의 거장
앨버트 아인슈타인이
특수상대성이론을 발표하고 나니
일반인들에게 이해시키는 일이
쉽지가 않았습니다.
글자 그대로 특수였거든요.
그래서 누구든 다 이해시킬 수 있는
그런 이론이 필요했습니다
쉬운 말을 어렵게 하는 것은
생각보다 훨씬 쉽습니다
그러나 어려운 문제를
쉽게 푸는 것은 생각보다 어렵지요
그래서 아인슈타인은 고민했습니다
그렇게 고민하기 11년 끝에
마침내 일반상대성이론을
발견하고 정리하고 발표하게 됩니다
유레카!

#4

"계율, 그 딱딱한 것을
어찌하여 가까이하려 하느냐
차라리 난 초월자가 되련다."

전자기파가 몸에 좋지 않으니
가능하다면 멀리하는 게
정신건강에도 좋고
몸 건강에도 좋다고들 합니다
그래서 어떤 이들은
아예 스마트폰을 쓰지 않습니다
가지고 다니긴 해도 거의 쓰지 않지요
전자파가 무서워서라 합니다
전화는 걸고 받지 않지만
그러나 게임은 열심히 합니다
왜냐고 물었더니
얼굴에서, 뇌에서 떨어져 있으니까
영향이 적다는 게 이유입니다

게임은 하되
소셜 네트월 서비스는 하지 않습니다

이유인즉 관계가 복잡하다네요
그건 그럴 만도 합니다
조용히 게임이나 즐기며 살면 되는데
그 복잡한 네트웍을 하려니
이해가 가고도 남습니다
그런데 우리가
잘못 아는 과학상식이 많습니다
전자파는 스마트폰이 아니더라도
우주에 땅에 우리 몸에
언제나 어디나 가득 차 있습니다
전자파는 홀로 노는 것을 싫어해서
늘 자기파와 단짝으로 놉니다
그래서 전자파와 자기파를 묶어
전자기파라 하는데
빛 그대로가 전자기파입니다
그것이 햇빛이든 전기 불빛이든
모두가 전자기파입니다
태양계 내에서
전자기파를 벗어날 수 있는 길은
단 1세제곱밀리미터도 없습니다
왜냐하면 햇빛이 없다면
생명 자체가 존재할 수 없으니까요

아니, 생명체가 살고 있지 않는
수성 금성 화성 목성 토성이나
그 밖의 다른 행성 다른 위성
그리고 우리 태양계를 벗어난
우리 은하계는 물론
다른 행성, 다른 은하계에서도
빛이 있는 한 전자기파는 있으니까요
빛이 없으면?
빛이 없다고 전자기파가 없을까요?
어둠이란 빛의 다논 모습입니다

빅뱅 사건이 있은 이후로
우주와 함께 해온 전자기파입니다
세상宇宙을 형성하는 것은
그 근본 바탕이 원자입니다
그 모든 원자에는
양성자와 중성자로 된 핵이 있고
양성자 숫자만큼 전자가 들어있지요
그러니 전자가 없는 곳은
어디에도 없습니다

단 생명이 아닌 것

생명을 갖고 있지 않은 곳이야
우리가 신경을 쓰지 않고
또 신경 쓸 필요를 느끼지 않으니까
전자기파가 있든 없든
무슨 상관이겠습니까?
그러나 신경쓰지 않는다 해서
전자기파가 없는 것은 아닙니다

범망梵網의 가르침은
바로 이러한 무소부재無所不在의
바탕 위에서 설해진 경전입니다
만일 누가 나에게
범망의 가르침을 마음껏 해설하라면
나는 아침부터 저녁까지
생을 시작하는 순간부터
생을 마감하는 그 순간까지
수천 수만 번 생을 거듭하더라도
나의 범망에 대한 강설은
결코 그 끝을 보지 못할 것입니다
그만큼 범망의 가르침은 거룩합니다

그러니 혹여라도

범위를 너무 크게 잡았다 한다면
아직 범망의 가르침이
이해가 되지 않은 까닭일 것입니다
범망의 가르침, 곧《梵網經》은
내가 여기서 강설하려는 것보다
훨씬 범위가 커서
아직까지 부처님의 대승경전 중
이 범망경보살계본을
제대로 접해 보지 않은 견해로서는
당연히 이해되지 않을 수 있습니다

전자기파가
몸에 해롭다는 것은 알면서도
전자기파를 벗어날 수 없는 것처럼
이 범망경보살계본이
수행자에게는 말할 필요도 없거니와
모든 사람들의 살림살이에
한없는 이익이 되고
또한 반드시 도움이 되지만
이토록 소중함을 잘 모르고 있습니다

#5

세상은 그물입니다
그 그물은 시공과 존재입니다
그리고 그 존재에는
부처님을 비롯한
사성四聖의 세계와
인간을 포함한
육범六凡의 세계가 들어 있습니다

그물의 구조는 어떠한가요?
알갱이로서의 인因과
파동으로서의 연緣으로 짜여 있지요
그러나 자세히 보면
인이라는 알갱이와 연이라는 파동이
별개의 존재가 아니라
알갱이가 곧 파동이고
파동 그대로가 알갱이입니다

물리학에서는
알갱이를 얘기하는 상대성이론과
파동을 얘기하는 양자역학을

두 개의 다른 세계로 보기 때문에
하나로 통일을 이루지 못합니다
둘은 하나입니다
표현에서는 다를 수 있으나
실제로는 하나입니다
불교에서의 인연이고 범망입니다

그런데 사실은 이미
알갱이와 파동은 물론
약력 강력 전자기력은 통일을 이루었지요
단 하나 문제는 중력입니다
우리가 알고 있기로는
중력이 가장 센 것으로 알고 있으나
사실은 다른 세 가지 힘에 비해
중력이 가장 약합니다
우리 인간의 몸은
100조 개 세포로 되어 있지요
100조라면 10^{14}승입니다
그리고 그 세포 하나하나는
다시 100조 개 원자로 되어 있습니다
그렇다면 우리 인간의 몸은
자그마치 10^{28}승 원자가 모인

글자 그대로 원자 덩어리입니다

지구의 질량이 60해톤
정확히 5.9742×10^{21}tons이니까
킬로그램은 5.9742×10^{24}kgs
이를 다시 그램으로 환산하면
5.9742×10^{27}gs이 되지 않을까요
다시 말해서
지구 1세제곱cm당 질량이
5.9742g이라고 한다면
이는 인간의 몸의 질량과
지구의 질량비가 같다는 결론입니다

인체의 질량도 1세제곱cm
곧 각설탕 크기의 질량(무게)이
약 6그램 정도니까요
어떻습니까?
지구를 0.6g으로 나눈 숫자와
사람 몸을 구성한 원자 숫자가
같다고 하는 데 있어서
사람 그 자체가 작은 우주라고 본
옛사람들의 식견이 놀랍지 않습니까?

이 원자가 이토록 작은데
이 작은 원자를 구성하는 것은
원자핵과 이 원자핵의
10만분의 1 크기인 전자입니다

우리 몸을 구성하는 원자
100조를 다시 100조로 곱한
마이크로의 세계
작고 작고 너무 작아서
상식으로는 도저히 설명이 불가능한데
거기서 한 걸음 더 들어가
원자를 이루고 있는 원자핵과
그 원자핵 주위를 도는
전자電子Electron라니요

원자핵의 크기가
전자의 10만 배라고는 하지만
그 큰 원자핵도 원자에 비하면
과연 어느 정도일까요?
가령 원자의 크기를
8만 관중이 들어가 앉을 만큼 큰
메인스타디움 경기장이라면

원자핵은 구슬치기할 때의
그 구슬 크기에 해당할 것입니다

그러니 이미 원자는
原子Atom라는
한자 또는 영어가 담고 있는
"더 이상 쪼갤 수 없는 것"은 아닌 게
확실히 밝혀진 셈입니다
원자핵은 다시
양성자陽性子Proton와
중성자中性子Neutron로 되어 있습니다
그러나 이는 1920년대 이야기지요

1970년대에 이르러서는
이들 양성자와 중성자가 끝이 아니고
여기 이 양성자에
쿼크素粒子Quark가 있음이 밝혀지고
중성자에도 렙톤輕粒子Lepton이 있음이 밝혀집니다

쿼크에도 6가지가 있는데
업up 쿼크 다운Down 쿼크
참Charm 쿼크 스트레인지Strange 쿼크

탑Top 쿼크와 바텀Bottom 쿼크입니다
그리고 렙톤에도 6가지가 있는데
전자Electron 중성미자Neutrino
뮤온Muon 중성미자
타우Tau 중성미자이지요

그럼 여기서 끝이냐고요?
아닙니다.
단지 원자 하나도 아니고
이들 12가지로
세상의 본질을 설명하기에는
아무래도 깔끔하지가 않습니다
그래서 나온 것이 초끈이론입니다

그러나
앞으로 등장할 어떤 이론도
불교에서의 인연 속에 갈무리되고
여기 범망이라는 그물로써
모두 거두어들일 수 있습니다
따라서 어떤 물리학의 통일장 이론도
아직까지는 범망보다 더 간략하고
더 깔끔한 방정식은 없었다는 게

세상의 바탕을 바라본 나의 생각입니다

자, 그렇다면
보살은 어떤 존재일까요?

보살은 보살이다

보살은 보살입니다

보살은 보살 이상도 이하도 아닙니다

보살은 보살피는 사람입니다

부처님의 지혜 생명을 보살피고

자신의 생명 살림을 보살피고

중생들 번민의 살림을 보살핍니다

그러기에 보살은

나며 당신이며 그고 그녀입니다

보살은 생명입니다

하늘의 생명이고

땅의 생명이고

에너지Energy의 생명이고

대기의 생명이고

뭇부처와 뭇보살과

뭇연각과 뭇성문의 생명입니다

보살, 당신은 하늘의 신Gods이고

아수라Asuras고 사람의 생명입니다

당신의 모습에서

아귀 생명의 안타까움이 드러나고
축생과 곤충들과 미생물의
생명 현상이 오롯하게 나타나며
심지어는 지옥 생명의
고통스런 현상이 나타납니다

사람이라는 대명사 속에
남자가 있고
여자가 있고
엄마와 아빠가 있고
선생님과 학생이 있고
경찰이 있고 군인이 있고
여러 고유명사로 표현되는 이가 있듯이

보살은 부처님 가르침을 배우고
이웃과 더불어 함께하는
모든 불자의 대명사입니다
보살은 절에 다니는
여성 불자의 전유물이 아니고
부처님 말씀을 알아들을 수 있는 이라면
믿음Faith에 상관없이
젠더Gender와 상관없이

출가 재가 상관없이
부처 중생 상관없이
모두가 모두가 다 보살입니다.

당신이 보살입니다

보살菩薩

보리살타菩提薩唾

보디사트바Bodhisattva입니다

보리Bodhi가 깨달음이라면

살타Sattva는 곧 중생입니다

이는 위로는 깨달음을 추구하면서

아래로 중생들을 널리 교화하는 이

그들이 바로 보살입니다

보살은

깨달음에 대한 생각을

단 한 순간도 저버린 적이 없으면서

중생을 떠난 적도 없습니다

그래서 보살을 보리살타覺有情,

깨달음을 추구하는 중생

중생 곁을 떠나지 않는 부처입니다

보살은 단 한 순간도

중생을 저버린 적이 없습니다

그러기에 보살은

깨달음을 추구하는 중생이면서
시공간에 걸쳐 언제 어디서나
중생과 함께하는 부처님이십니다

화엄의 세계에서는
사성육범四聖六凡을 듭니다
부처님을 비롯하여
보살과 연각과 성문이
사성으로 네 성현 세계이고
하늘 아수라 인간 축생 아귀 지옥이
육범으로 여섯 범부들 세계지요

이들 열 가지 세계
곧 십법계十法界 가운데
하늘과 지옥은 공간 개념인 데 비해
나머지는 모두 존재 개념입니다
법계라고 하는 언어 속에는
법法이라는 존재 개념과
계界라는 공간 개념이 들어 있습니다
그렇다고 이들 열 가지 세계를
모두 공간 개념으로 묶는다든가
또는 존재 개념으로 묶기도 그렇지요

그러나 뭐 어떻습니까?
일계중유십법계
一界中有十法界이고
일미진중함시방
一微塵中함十方인데
보살이란 하나의 법계 속에
나머지 아홉 법계가 들어 있으니까요

그러니 보살계菩薩戒란
이미 보살이 되었거나
아직 보살이 못 되었거나
보살이 되기 위해 정진하거나
보살에 대해 꿈도 꾸지 않는 자거나
보살 경지를 뛰어넘어
완벽한 부처의 경지에 올랐거나
이 경의 말씀을 알아들을 수 있다면
누구나 다 받아지닐 수 있습니다

'쇠 귀에 경읽기'라는 말이 있습니다
말을 못 알아듣는다는 말이겠지요
그러나 백양사白羊寺는
환양歡羊선사의 법문을 들은 양이

너무나 감복하였다 해서
생긴 절이름이라고 하지 않던가요
그러니 축생이든 곤충이든
심지어 미생물이라 하더라도
그가 보살의 다른 모습이라면
보살계를 받아지닐 수 있을 것입니다

모든 부처님이 보살이시고
십지十地보살이 다 보살이시고
1,250명 성문 비구가 보살이시고
역대조사 천하종사가 다 보살이시고
예수님도 보살이시고
모하메드 공자님도 보살이시고
칸트도 아인슈타인도 보살이시고
세종대왕 처칠 링컨도 보살이시고
을지문덕도 이순신도 백남준도
이태석 신부도
루터킹 목사도
프란치스코 교황도 다 보살이시며
예컨대 관음의 삼십이응신이
죄다 보살 아니신 분이 없으십니다

장서방네 셋째 딸張三도
이씨댁 넷째 아들李四도
폐지 모아 살아가시는 할머니들과
집 없어 노숙하는 아저씨들과
푸줏간 아저씨도 보살이시고
고깃집 횟집 추어탕집 아줌마도
사철탕 보신탕집 종업원도 보살입니다

스님네에게
주 예수를 믿고 천국에 가라며
때와 장소 가리지 않고
끊임없이 전도하는 분들도
천년고찰을 찾아가 땅 밟기를 하고
하나님의 땅이라 천명하는 이들도
타일랜드 미얀마 등
불교국가 불교성지를 찾아
할렐루야를 외치는 분들도
알고 보면 한결같이 다 보살입니다

수많은 야생동물들이 보살입니다
청설모 다람쥐 개구리 뱀 악어
늑대 사자 삵 멧돼지들도 보살이고

집에서 기르는 강아지를 비롯하여
소 말 닭 오리와 갖가지 애완동물도
헤아릴 수 없이 많은 땅벌레 날벌레들도 보살입니다

아귀도 아수라도
지옥도 지옥에서 고통 받는 중생도
다 보살의 다른 모습입니다
지옥을 다스리는 시왕十王들도
연월일시를 주관하는
사직四直의 저승사자도 다 보살이고

하늘을 나는 독수리도
메추라기 지빠귀 참새들도
뻐꾸기 비둘기 공작 앵무새도
제비 꾀꼬리 파랑새 까마귀도
봉황과 곤이라는 새도
붕이라는 새도 벌새도 보살입니다

생명을 가진 자는 다 보살입니다
보살은 종교를 초월하고
학문을 초월하고
지역을 뛰어넘고

피부 빛깔과 언어와 문화를 뛰어넘고
이데올로기를 뛰어넘습니다
시간과 공간을 뛰어넘어
장구한 역사 속에서
부침을 함께했던 모든 생명이
한결같이 보살입니다

이들은 당장이냐 아니냐
금생이냐 내생이냐
그 다음생이냐
이금당己今當의 법칙에서 보아
다 보살계 수지자受持者입니다

대기보살마하살

지구 질량의 120만분의 1이지만
만에 하나 지구를 감싸고 있으면서
표면적 1제곱 m당 10톤의 무게로
우리 몸을 사방에서 조여주고 눌러주는 힘
5천조 톤의 그 대기Atmosphere가 없었다면
시속 100만km로 날아오는
태양풍으로부터 대기를 지켜주는
지구 자기장이 만일 없었다고 한다면
아! 생각만 해도 아찔합니다
나는 오늘 지금 이 순간에도
지구의 자기장(지장) 보살마하살과
대기(허공장) 보살마하살에게 감사합니다

보살, 보시바라밀

보살이 닦는 덕목에는
크게 여섯 가지가 있습니다
이를 육도六度라 한역하며
범어로는 여섯 가지 바라밀입니다
우리는 육도라는 한역보다
'육바라밀'로 더 많이 알고 있지요
첫째는 보시布施dana이고
둘째는 계율戒律sila이며
셋째는 인욕忍辱ksanti이고
넷째는 정진精進virya이며
다섯째는 선정禪定dhyana이고
여섯째는 반야般若prajna입니다

이들 관계는 매우 특이합니다
'따로 또 같이'이면서
또한 '같이 또 따로'입니다
여섯 가지 바라밀에서
어느 하나가 불완전하다면
나머지 다섯 가지에 영향이 있습니다

그래서 따로 또 같이이지요
그러나 한편
어느 하나만 완벽해도
나름대로 가치가 있습니다
그러기에 같이 또 따로입니다

이는 마치 우리의 몸과 같습니다
손톱 밑 가시 하나 때문에
우리는, 생명을 가진 자들은
온몸으로 불편함을 느끼겠지요
가시를 뽑기 전까지는
으레 부자유스럽겠지 않겠어요?
또한 그런 가운데서도
발과 다리는 걷는 일을 주로 하고
손은 솜씨를 드러내며
눈은 보고 귀는 들으며
입은 먹고 말하고 침묵합니다

물론 총체적으로
지시하고 보고받고 또 시키는 일은
두뇌에서 하는 게 맞겠지요
그럴 때 나는 가끔

통도사의 '통도'를 생각하곤 합니다
통도사는 부산 가까이
경남 양산시에 있는 큰절로서
삼보사찰 중 불지종가佛之宗家지요
통도사通度寺는 글자 그대로
총체通적 바라밀度의 도량寺입니다
그러니까 육바라밀이든
칠바라밀이든 십바라밀이든
설령 팔만사천바라밀이라 하더라도
이를 총체적으로 관장하는 게
곧 통도의 뜻이라 나는 생각합니다

보시는 주고 받음이고 나눔입니다
보시는 다른 말로 기부寄附며
영어로도 비슷하게 기브give네요
도네이션Donation이라고도 하는데
불전에 시주하는 것에서부터
누군가에게 필요로 하는 것을
주는 일이며 받는 일입니다
기부나 도네이션이나 기브라는 뜻은
주는 자에게 초점이 맞추어지지만
불교에서의 보시dana는

주는 이와 받는 이
주고 받는 그 무엇이라는
세 가지에 고르게 의미를 부여합니다

이를테면
주는 행위가 아름답지만
받는 행위도 못지않게 아름다우며
주고 받고 오가는 그 무엇도
한없이 아름다운 것이 보시입니다
공덕功德 역시 주는 자 받는 자
오가는 것에도 똑같이 적용됩니다

가령 책 한 권을 보시할 때
첫째 받는 이에게 필요한가와
소화할 수 있는가를 고려해야 합니다
한글을 모르는 사람에게
한글로 된 책은 의미가 없습니다
둘째 주는 사람의 예절입니다
그냥 휙 던져주는 게 아니라
마음을 담고 예를 갖추어야겠지요
셋째 받는 사람의 마음입니다
고마운 마음으로 받는 게 중요합니다

주는 사람은 마음을 담았는데
받는 사람이 성의가 없거나
받아서 한쪽 구석에 던져버리면
보시의 공덕은 의미를 상실합니다

무주상보시無住相布施란
그래서 더욱 예절이 필요합니다
주고 받는다는 것은
지각될 수 있는 어떤 것이,
또는 마음의 세계가
한쪽에서 다른 쪽으로 옮기고
어느 시간에서
과거, 미래, 혹은 현재 등
다른 시간에로의 이동을 뜻합니다

나누고 베푸는 보시란
그러기에 공간의 이동만이 아니라
시간 속 이전까지도 포함합니다
불교의 입장에서라면
부처님의 성스러운 혜명을 받아서
전해 주는 사람傳과
전해 받아 이어가는 사람承이

모두 보시의 한 축이라고 봅니다

세상의 모든 것은
이른바 전승의 법칙을 따릅니다
할Grand아버지
할Grand(어)머니로부터
아버지 어머니에게로 이어진
생물학적 유전자는 물론
삶의 문화를 계승해 가는 것도
보시의 한 축입니다
학문세계가 먼 선인에게서
스승을 거쳐 내게 이르렀다면
나는 여기에 다시
나의 삶의 역사를 더하여
내 후학들에게 전해가는 것이
시간 속 전승의 보시라 보고 있지요

장엄하게 법당을 짓고
믿음의 상징인 불보살상을 모시고
부처님의 가르침이 전해지는
거룩한 도량을 아름답게 꾸미어
나와 내 가족과 이웃과

그리고 우리의 후손들에게
면면히 이어가게끔 힘쓰는 것도
공간성 시간성의 보시입니다
나와 내 가족이 주는 자요
동시에 나와 내 가족이 받는 자며
나와 내 가족과 나아가서는
우리 모두의 후손들이 받는 자입니다

따라서 우리가 전승해 갈
보시의 목록에서
가장 소중한 것을 뽑으라 한다면
나는 서슴없이 사랑과 슬기입니다
서로 사랑하는 마음과
세상을 아름답게 가꿀 슬기라면
스마트Smart한 우리 후손들은
이 보시를 거절하지 않을 것입니다

거기에 덧붙여 전해줄 목록은
우리 후예들이 한 마당 멋지게 살아갈
이 아름다운 지구와
저 광활한 태양계며
무한대로 펼쳐진 우주입니다

지구가 비록 소중하나
태양계를 떠나
지구를 애기할 수 없고
우주를 벗어난 지구환경은
완벽하게 무의미한 까닭입니다

보시라고 하는 말은
당연히 불교의 용어이지만
그 쓰임새는 종교와 무관합니다
결코 자비와 사랑
슬기와 용기만이 아닙니다

글을 쓰고
그림을 그리고
공간과 시간을 멋있게 설계하고
조각하고 주조하고
음식문화를 재구성하고
아름다운 패션문화를 디자인하고
스포츠를 과학화하고
의학기술의 혁명을 가져오고
정치를 예술로 승화시키고
경제를 살맛나게 꾸려가는 것입니다

이들 모두를

더욱 멋지고 아름답게 꾸며

우리와 우리 이웃과

지구촌 모두에게 베풀고

우리 후손들에게 전하는 보시행이

종교를 배척할 이유도 없지만

꼭 종교이어야 할 필요는 없습니다

거듭 강조하지만

보시의 축이라 하는 것은

내게서 너로

너에게서 이웃에게로

우리에게서 다른 곳 다른 이에게로

퍼져가는 공간의 이동만이 아니라

앞 역사에서 뒷 역사로

선배에서 후배로

그리하여 대대로 이어가는

시간의 전승도 매우 중요한 축입니다

보살, 지계바라밀

절에 죽치고 있다가
혹 광주 시내라도 나갈라치면
전혀 다른 세상을 만난 듯합니다
더 정확하게 얘기하면
시내에 나갔을 때는 잘 못 느끼는데
볼일 보고 절로 돌아올 때
상림교를 오른쪽으로 꺾어지자마자
별유천지비인간이라는 말이
실감 나는 곳이 시어골이고
시어골 한구석에 있는 우리절입니다
시내에서는 못 보던 눈
천지가 온통 하얀 눈밭이니까요

하얀 눈을 보며
나는 눈의 결정을 생각하곤 합니다
눈송이는
그냥 봐도 대충 보이는데요
돋보기로 보면 더욱 또렷하지요
눈의 결정은 별 모양을 비롯하여

부챗살, 벌집, 나뭇가지와
육각기둥 모양 등 다양하지만
보다 분명한 것은 육각형 구조입니다
그렇다면 이토록 아름다운
눈의 결정은 어떻게 생기는 걸까요?
눈 설雪 자를 보면 명확해지는데요
눈은 일단 빗물이 언 모습이지요
비 우雨 자와 살별 혜彗 자가
하나로 합쳐진 게 눈 설雪 자니까
눈이란 곧 다름 아닌
빗물이 반짝이는 별 모양으로
얼어서 생긴 결정이 맞습니다

지구 표면에서 10~15km까지를
대류권對流圈이라 하는데
평균기온이 자그마치
1km마다 6.5℃ 씩 떨어집니다
바닷가 기온이 25℃라면
해발 2,000고지는 12℃가 될 터이고
6,000고지라면 영하 14℃가 됩니다
킬리만자로 산
마랑구 게이트 옆 2,000고지

마라웨 토굴에 있을 때
많이 들어서 알게 되었지요

구름이 낮게 떠 있을 경우
해발 2km 상공이 보통이지만
높을 경우 6~10km 상공입니다
따라서 구름 속 기온은
땅에 비하면 매우 낮은 편입니다
구름에는 아주 작은 얼음 알갱이와
과냉각過冷却 물방울이 들어있는데
과냉각 물방울이 뭘까요?
물은 일반적으로 0℃에서 얼지만
어는 점보다 낮은 기온에서도
얼어있지 않는 상태를
과냉각 물방울이라 부릅니다

이 과냉각 물방울들이
증발하면서 내놓은 수증기가
얼음 알갱이와 만나면서
육각형 구조의 눈송이를 만듭니다
보조의 《수심결》에서 언급하듯이
얼음이란 그 바탕이 무엇일까요

맞습니다 물입니다
악시겐 곧 산소분자 1개와
하이드로겐 곧 수소분자 2개가
약 105도 각도로 붙은 구조로 되어있지요

이들 육각형 구조의 눈송이가
어쩌다 설령 부러진다고 해서
눈의 결정이 아닌 것은 아닙니다
완전하면 완전한 대로
부러지면 부러진 대로
눈의 결정이기는 하지만
육각형이 부숴지거나 일그러지면
결정이 갖는 완벽한 아름다움은
그 가치를 상실하겠지요?

육바라밀도 마찬가지입니다
여섯 가지 가운데
보시나 지계는 완벽한데
화를 참을 줄 모르고 게으르고
산란하고 어리석다면
그렇다고 해서
보시가 보시 아닌 게 아니고

지계가 지계 아닌 것은 아닙니다

또 선정과 지혜는 잘 닦는데
인색하고 방탕하고
인내할 줄 모르고 게으르다면
선정과 지혜가 완벽할까요
또 인욕행과 정진행은 잘 닦는데
베풀 줄 모르고
계율이 엉망이고
산란하고 어리석다면
인욕과 정진이 아름다울까요
보살행으로서의 완벽한 바라밀은
이미 사라진 것이나 마찬가지이지요

지계바라밀은 중요합니다
보살계를 설할 때 염송하는
쿠마라집의 송계서에 의하면
"불자로서 불계를 받아지닌 자는
어둠 속에서 밝음을 만남과 같고
가난한 이가 보배를 얻음과 같으며
병든 이가 쾌차함과 같고
옥에 갇힌 자가 풀려남과 같으며

멀리 갔던 자가 돌아옴과 같다" 고 하셨습니다.

그래서 계는 앉아서 받고
서서 깨트리는 한이 있다 하더라도
그 공덕이 크다고 하신 것입니다
이 말은 계를 받기는 받되
언제든 깨트려도 된다는 게 아니라
그만큼 계를 받아지니는 공덕이
크고 무량하다는 것입니다

계율을 지니는 공덕이,
그리고 보살행이 아름다우려면
끊임없이 잘 베풀어야 하고
화를 잘 삭일 줄 알아야 하고
게으르지 말고 정진해야 하고
산란하지 말고 안정되며
지혜를 잘 닦아야겠지요
따라서 보살의 지계바라밀은
10중대계 48경계만
잘 받아지니는 게 아니라
육바라밀의 지계바라밀을 포함한
보시 인욕 정진 선정과

지혜바라밀을
고르게 닦아가는 것이
또한 지계바라밀입니다

겨울에 가지마다 피어나는
하얀 눈꽃송이를 보면서
보살행의 육바라밀을 생각하는 것은
보살행자로서 또 하나의 행복입니다
수소 분자 2개
산소 분자 1개
이들 물의 분자가 얼어서
저토록 아름다운
눈의 결정을 만들어내다니
아, 자연은 대단한 발명가입니다

보살, 인욕바라밀

부메랑Boomerang이란 게 있습니다
크게 네 가지로 분류됩니다
(1) ㄱ자형 부메랑
(2) 삼각형 부메랑
(3) 십자형 부메랑
(4) 개별형 부메랑

ㄱ자형 부메랑은 우리말이며
보통 A형 부메랑이라 부르지요
일반적으로 가장 많이 쓰는 꼴입니다
무게와 형태 재질에 따라
약간의 차이가 있겠지만
특히 야외용으로써
멀리 날아가는 특징이 있습니다

삼각형 부메랑은
트라이얼trial 부메랑이라고도 하는데
날개가 3개로 되어 있습니다
기역자형보다 비행거리가 짧고

던진 곳으로 쉽게 되돌아옵니다
따라서 초보자 노약자
여성들이 즐겨 사용합니다
십자형 부메랑은 다른 말로
크로스 부메랑이라고도 하는데
날개가 4개로 이루어져 있습니다
날개가 많아 거리가 짧고
그대신 쉽게 되돌아옵니다
스포츠용이라기보다 실내용이며
장난감처럼 쉽게 사용하고
실내에서도 갖고 놀 수 있습니다

개별형 부메랑은
시중에 잘 나오지 않습니다
그래서 사용자가 직접 만들거나
주문하여 특별 제작하곤 합니다
이들 부메랑의 역사는
생각보다 오래되었는데
처음에는 무기로 사용하던 것이
나중에 스포츠용
또는 노리갯감이 되었습니다

부메랑이 되돌아오는 원리는
비행기의 날개에서
찾아볼 수가 있습니다
비행기가 날기 위해서는
위로 높이 띄우려는 양력과
끝없이 떠오르는 것을 막는 중력
앞으로 치고 나아가려는 추력과
마구 못 나가게 하는 항력이 있습니다
이들 4가지 힘으로 인해
비행기는 이륙하고 착륙하며
비행하고 또 회전하기도 합니다
여기에 기압의 이동과 함께
자이로스코프의 운동이 적용되지요

특히 그 육중한 비행기가
많은 사람과 짐을 싣고도
공중에 떠오르는 데는
비행기 날개에 적용된 물리법칙이 있지요
부메랑도
위로 향하는 면은 곡면이고
아랫쪽은 편평한 평면입니다
여기엔 양력 중력 항력과

회전운동 세차운동이 적용되며
특히 되돌아오는 원리에는
비행기의 양력에서 볼 수 있는
베르누이의 정리가 있기 때문입니다

나는 절에 들어오기 전
부메랑의 힘을 체험했습니다
1973년 이른 봄이었지요
나는 동네 친구와 함께
땔나무를 하러 산에 올랐습니다
그 친구는 낫질을 워낙 잘해서
군이나 도에서 실시하는
여름철 퇴비 증산대회에 나갔다 하면
거의 상을 휩쓸 정도로
낫을 다루는 솜씨가 남달랐습니다

그날 나는 그 친구와 함께
땔나무를 하는 중이었는데
마침 나무그루터기 아래서 잠을 자던
산토끼 한 마리가 놀라 달아났습니다
나는 제풀에 놀라 뒤로 물러섰고
친구가 들고 있던 낫을

달아나는 산토끼를 향해 날렸습니다

퓨웅~퓨웅~퓽~!
낫은 빙글빙글 돌면서 날더니
던진 사람을 향해 돌아오고 있었지요
앞에 있던 나는 몸을 낮추어
날아오는 낫을 피했으나
내 뒤에 있던 그 친구는
내가 시야를 가리고 있었기에
피할 겨를이 없었습니다
자신의 얼굴을 향해 날아드는 낫을
그는 왼팔을 들어 막았습니다

순식간에 일어난
그야말로 대형사고였지요
그는 비명소리와 함께
오른손으로 왼팔을 감아 쥐었고
그의 손가락 사이로
붉은 피가 뚝뚝 떨어졌습니다

나는 입고 있던 내의를 찢어
그의 팔을 묶었고

집으로 달려와
내 자전거 뒷자리에 그를 태워
양평군 양동면에 있는 작은 병원으로
달리고 달리고 또 달렸습니다
목숨은 살렸지만
그는 왼팔에 큰 자국을 남기고 말았지요

부메랑은 나중에 알았지만
그때 나는 기역자 낫을 던졌을 때
그 낫이 던진 사람에게
되돌아올 수도 있다는
부메랑의 원리를 진작 안 것이지요

부처님께서는 말씀하십니다
"불자여, 화를 삭이라!
삭이지 않은 화는
다시 화를 낸 자에게
반드시 되돌아 오리라.
마치 바람을 거슬러
마른 흙덩이를 던짐과 같이....."

여섯 가지 바라밀 중에

인욕忍辱ksanti바라밀이 있습니다
욕됨을 참는다는 그 인욕입니다
인은 참을 인忍 자이고
욕은 욕될 욕辱 자지요

참는다는 것은
예리한 칼날刃 위에서도
능히 참아내는 굳은 마음心이고
욕됨이란 옛날 농경사회에서
농사일에 때辰를 어기면
법도寸에 어긋난다 하여
형벌을 가한 데서 나온 말입니다만
인욕이란 그냥 묶어 표현하면
어떤 어려움도 능히 참고
성내지 말라는 가르침입니다

화火내다
화란 참지 못하고
마음에서 일으키는 분노지요
그런데 국어사전에서는
'화내다'에서 불 화火 자를 쓰는데
어찌하여 재앙 화禍 자가 아닌지

때로는 고개를 갸웃하기도 합니다

아마 화내는 모습이
불같이 활활 타오르기 때문일까요
아니면 옛날 어느 비구가
치솟아 오르는 분노를 참지 못하고
불같이 화를 내다가
마음에서 타오른 불길로 인해
정말 몸에 불이 붙어
육신을 태웠다는 데서 온 말일까요
아니면 사랑이 담긴
촉촉한 감정이 아니라
타오르는 분노의 불길에 의해
바싹 메말라버린 감정을 뜻함일까요

인욕의 주체는 노여움이고 분노입니다
노여움을 성냄이라 하는데
성냄을 나타내는 글자에는
성낼 진嗔 자와 성낼 진瞋 자가 있습니다
입구변 성낼 진嗔 자는
불같은 성질을 뿜어내면서
욕설과 악담을 곁들이는 것이고

눈목변 성낼 진瞋 자는
마음의 분노를 표출하면서
험악한 표정을 드러내는 것입니다

분노는 성낼 분憤에 성낼 노怒지요
성낼 분憤 자를 파자하면
마음에서 일으키는 것은 같은데
자기의 재물貝이 초개++처럼
사방十으로 흩어져가는 것을
참지 못하는 심리상태이고
성낼 노怒 자를 파자하면
옛날 종奴 또는 하인奴이
윗전에 대드는 마음心을 표함인데
윗전에게 대드는 종奴의 마음은
끝장을 보는 심정心이었겠지요
어설프게 대들었다가는
자기뿐만 아니라
제 식솔들의 안전까지도
보장할 수 없었을 테니까요

그래서 옛 성인들께서
"성 한 번 내게 되면 온갖 장애문이 열린다." 라고

하셨을 것입니다
그런 의미에서 '화내다'라는 동사의
주어는 불 화火 자가 아니라
재앙 화禍 자가 되어야 하지 않을까
하면서 가끔 생각하곤 합니다

재앙 화禍 자는 신示 이 내리는
크나큰 재앙咼으로서
입이 비뚤어지는 중풍의 벌이지요
입이 비뚤어진다는 것은
풍도 풍이려니와
언어 자체가 삿되고 왜곡되어
뭇 사람에게 믿음을 주지 못합니다
그리고 마음이 바르지 못하여
받는 벌로서는 큰 재앙이라 할 것입니다

육바라밀 가운데서
가장 힘든 바라밀을 들라면
어쩌면 인욕바라밀이 아니겠는지요
탐진치貪瞋痴 삼독三毒에서
탐독이 보시와 상치相峙되고
치독이 지혜와 상치된다면

진독은 이 인욕바라밀과 상치되지요
그런 의미에서 나는 생각합니다

보살의 여섯 가지 바라밀에서
인욕바라밀이라는 중추가 없다면
마치 마음을 담은 가슴이 없고
위아래를 연결하는 허리가 없고
몸을 지탱하는 척추가 없는 것처럼
다른 바라밀은 가치를 잃으리라고요

화를 삭일 줄 모르고
때와 장소를 가리지 않고
언제 어디서나 분노하는 업장은
반드시 부메랑이 되어 되돌아옵니다
마찬가지로
인욕바라밀을 잘 닦으면
반드시 크나큰 공덕이 되고
부메랑 원리에 따라
반드시 아름답게 되돌아옵니다
보살의 바라밀 수행은
부메랑의 법칙을 벗어나지 않습니다

보살, 정진바라밀

세상에 이름씨名詞는 없습니다
오직 움직씨動詞만 있을 뿐이지요
특히 정진바라밀만큼은
여느 바라밀보다 움직씨입니다
하기는 보시 지계 인욕바라밀도
움직임을 통해서만 가능한 것이니
으레 이름씨가 아니라 움직씨고
선정 지혜바라밀 정도라야
비로소 이름씨에 속할 것입니다

움직임에 있어서도 속도가 있지요
서서히, 그러나 끊어짐이 없는
움직임이 중요합니다
불교에서의 정진바라밀은
생명이 지닌 맥박에 비견될 수 있는데
맥박은 정상적인 경우라면
분당 70회 정도를 뛴다고 합니다
하루 10만 번 맥박이 뛰는 것이지요

맥박이란 잠시도 멈출 수 없습니다
밥 먹고 차 마시고
잠을 자거나 깨어 있거나
오거나 가거나
앉거나 눕거나
명상하거나 망상을 피우거나
웃고 울고
다투고 시시덕거리고
쉬거나 일하거나
포탄이 비오듯 퍼붓는 전장에서도
사랑을 나누는 상황에서도
맥박은 결코 멈추지 않습니다
정진바라밀도 그러합니다

정진의 정精은 정밀의 뜻이고
정진의 진進은 나아감의 뜻이지요
정精이란 쌀찧음 정도인데
여든여덟 번米의 손이 간다는 논농사
그렇게 해서 얻은 쌀인데
쌀을 찧고 쓿을 때도
겉껍질 왕겨와
속껍질 등겨를 벗겨내고

찧고 찧고 또 찧어
쌀의 슳은 정도가 고울精 때
쌀米에서 파르스름한 빛靑이 나지요
그 쌀이 바야흐로 정미精米입니다

왕겨만 벗겨낸 거친 쌀을
우리는 현미玄米라고 합니다
쌀의 겉껍질 왕겨에 비해
속껍질 등겨는 좀 거무튀튀합니다
등겨가 벗겨지지 않은 쌀을
현미라고 부르지만
정미에 비해 거칠다粗고 합니다
거칠 조粗 자의 뜻은
한문의 파자破字 그대로
더呈 벗겨낼 껍질이 있는 쌀米입니다

요즘은 여러 번 슳은 정미보다는
겉껍질만 벗겨낸 현미粗米가
몸에 좋다 해서 쌀값이 더 비쌉니다
과학적으로도 증명이 되었다는데
정말 그런지는 잘 모르겠네요

따라서 정精이란
보살행자가 마음을 닦아감에 있어서
쓿고 쓿고 또 쓿은 쌀처럼
그 마음을 닦고 닦고 또 닦아
파르스름한 마음 본유의 빛이 날 때
정성의 정精이 되고
정성의 성誠이 될 것입니다

정진의 진進은 '나아감'이라 했지요
나아감은 공간의 뜻도 있고
시간의 의미도 있지만
상태의 뜻이 가장 강합니다
다시 말해 현재 머무는 곳에서
안으로 들어갈 때도 적용되고
밖으로 나갈 때도 쓰이는 말이지만
현재의 상황보다 나은 쪽으로
점차 좋아지는 것이 '나아감'입니다

따라서 나아갈 진進자의 새 추隹자는
새 중에서도 꼬리가 짧은 새입니다
꼬리가 짧고 통통한 새로
두견새과의 뻐꾸기라든가

비둘깃과의 산비둘기도 있습니다

한자의 표기 가운데
새 조鳥 자는 새의 대명사로서
꼬리가 짧고 통통하며
덩치 작은 몇 종류의 새 외의
모든 새들이 새鳥에 해당되지요
작은 새隹들이 나뭇가지木에
옹기종기 모여 앉은 모습을
본뜬 글자가 모일 집集 자입니다

쉬엄쉬엄 간다는 뜻을 가진
책받침 착辶 자는
달리다 뛰어넘다의 뜻도
그 속에 함께 지니고 있습니다

어찌 되었거나
정진바라밀에서 정진의 뜻은
속도와는 전혀 상관없습니다
그래서 머리에 붙은 불을 끄듯이
발등에 떨어진 불을 털어내듯이
공부하고 수행하라 하지만

나는 당당히 얘기합니다
서두르지 말라
그러나 게으르지도 말라
끊임없이 그리고 정묘롭게
마음을 닦고 행동을 닦고
언어를 닦아나가는 것이라고요

집家을 나와出서
수행의 길에 들어선 자는
마치 심장이 피를 온몸으로 보내고
보낸 피가 다시 심장으로 돌아오면
말끔히 정화하여
이를 다시 온몸으로 보내주되
결코 쉬거나 지치거나 함이 없듯이
그렇게 갈고 닦는 것입니다

출가出家에서 집이란 무엇일까요
집은 돼지豕우리宀입니다
돼지는 자기가 사는 우리에서
먹고 배설하고 잠자고
사랑하고 새끼를 배고 낳으며
그 새끼를 기르고 삶을 가르칩니다

우리가 사는 것도 다르지 않지요
괴로움으로 가득한 우리에서
고뇌를 음식으로 먹고
고뇌를 이불과 담요와 베개로 삼고
고뇌를 배설하고
고뇌와 살면서 고뇌를 배고 낳고
고뇌를 모으고 키우고 쌓고
고뇌와 함께 늙어가며
마침내 고뇌와 함께 저승으로 갑니다

보살의 정진바라밀은
바로 이러한 고뇌의 삶을
고뇌의 삶으로 받아들이며 살기보다
어떻게 하면 즐거움으로
승화시켜 나아갈 수 있을까를
생각하고 실천에 옮기는 일입니다

그렇지 않습니까?
불타는 집火宅에서
괴로움으로 가득한 고뇌의 집에서
훌훌 벗어나 대자유인이 되어
수행의 길에 들어섰다고 한다면

나는 괴롭다

너도 괴롭다

그도 괴롭다

모두가 괴롭다

아으! 삶은 괴롭다

요컨대 모두가 괴롭다苦만 외치고

즐거움樂에로 나아가지 않으면

보살의 바라밀到彼岸이

과연 무슨 의미가 있겠는지요?

정진바라밀입니다

정진이 따로 있고

그 정진에 의해

바라밀 곧 피안에 이르는 게 아니라

정진 그대로가 바라밀이고

바라밀 그대로가 정진입니다

이는 마치 우주 내에서

광활한 공간이 있고

그 공간에 은하계가 있고

태양계가 포진하고 별들이 널려있고

성간 구름이 있고

성간 에너지가 있고
다크 물질 다크 에너지가 있고
항성 행성 위성 유성 블랙홀이 있고
뭐 이런 저런 것이 있고
게다가 시간이 있고
우리 인간이 있고
동식물이 있고 하는 것이 아니라
이들 모든 게 그대로 우주이지요

이들을 떠나
어디에도 우주는 없습니다
사람도 미세한 미생물까지도
그냥 다 우주입니다
환경이라는 대우주가 따로 있고
사람이라는 소우주가
결코 따로 있는 게 아닙니다
사람에 비해
조兆에 조를 곱한 크기의
아주 작디작은 미생물까지도
그들 하나하나가 소우주인 동시에
그들을 포함한 게 우주입니다
그렇습니다

바라밀을 떠나 정진이 없듯
정진 떠나 바라밀은 존재하지 않습니다

보살, 선정바라밀

선禪, 디야나dhyana!
선하면 떠오르는 것이
참선參禪이고 좌선坐禪입니다
참선이 어미母 개념이라면
좌선은 자녀子 개념이지요
좌선이란 참선하는 방법입니다
눈에 보이는 모습으로
여러 가지가 있겠지만
글자 그대로 앉아서 하는 참선이지요

참고로 좌선 외에
걸으면서 닦는 선이 있고
꼼짝하지 않고 서서 하는 선이 있으며
누워서 하는 선도 있습니다
염불선念佛禪도 있고
주력선呪力禪도 있지요
수선자修禪者가 취할 수 있는 것은
그것이 어떤 동작이든
정신을 고요히 가다듬고

내면의 세계를 비추어볼 수 있다면
그 모두를 참선이라 할 것입니다

따라서 참선이란
마음 닦는 방법에 다름 아닙니다
그밖에 마음을 닦는 방법으로
경전을 읽어 마음의 소양을 쌓고
계율로써 말과 몸가짐을 조심하고
보살행을 통해 바라밀을 실천하지요
한 마디로 참선이란
고요히 자신을 반조해 들어가는
명상Meditation을 뜻합니다

명상이란 말은
영어의 메디테이션을 번역한 말로
일본에서 처음 시작되었지요
요즘 와서 초기불교를 중심으로
명상의 붐Boom이 일고 있지만
대승불교권에서는
이미 중국의 당송唐宋시대에
간화선 묵조선이 꽃을 피웠습니다
우리나라도 마찬가지입니다

특히 대한불교조계종은
종지가 선종Zen Buddhism이지요

따라서 선을 모르면
조계종의 종지를 모르는 것이며
선을 닦지 않은 스님이
총림의 방장이 되고
조계종의 종정이 되는 것은
일반적으로 상상이 가지 않습니다
그런데도 초기불교에서
비파사나를 익히고
명상을 배운 일부 스님들은
한국불교는 명상이 없다고 합니다

명상은
눈흐릴 명瞑 자에
생각할 상想 자입니다
화두 들고 참선할 때
가장 꺼리는 것은 눈 감는 것이지요
그렇다고 눈을 부릅뜨는 것도
참선에서는 금하고 있습니다
눈을 감으면 쉽게 졸리므로

그냥 아주 자연스럽게 눈을 뜨고
선의 경지로 들어갑니다

일반적으로 명상할 때
눈을 질끈 감으면 긴장하니까
아주 살며시 감으라고 가르치지요
바깥 대상에 끌리지 않고
내면을 되비춰볼 수 있는 까닭입니다

명상의 명瞑은
눈 감은 상태를 표현하고 있습니다
그래설까, 국어사전에서는 명상을
"고요히 눈을 감고 깊이 생각함,
또는 그 생각" 이라 풀고 있습니다
(눈을)감다. (눈이)어둡다. 눈이 멀다.
먼눈. 소경. 자다. 아찔하다의 뜻이지요

우리 지구는
스스로 빛을 내지 못합니다
달과 마찬가지로
반드시 태양빛을 받아 빛나는데
태양빛을 받는 시간은 대낮이 되고

태양빛이 비추는 반대쪽은
지구 자체가 그늘을 만들면서
캄캄한 어둠 곧 밤이 됩니다
한문에서 어둠冥이란
해日가 가려冖진 게 6시간六이지요
그렇다면 나머지 6시간은
맞습니다 한낮입니다

그런데 왜 6시간이냐고요?
세계적으로 공인된 시간은
1분은 60초
1시간은 60분
하루는 24시간인데
동양에서는 자축인묘로 따져
1시간이 120분
하루는 12시간이지요
따라서 6시간이 낮이고
6시간이 밤인 게 맞습니다

불교에서는 가끔씩
이륙시간二六時間이란 말을 씁니다
이를 직역하여 여섯 때라 하고

주삼시晝三時와
야삼시夜三時라 하여
해뜰녘 한낮 해질녘 세 때에
초저녁 한밤중 새벽녘
세 때를 합하여 얘기하고 있으나
그냥 낮晝 6시간과
밤夜 6시간으로 보는 게 맞습니다

어두울 명冥 자에는
그런 의미가 잘 드러나 있습니다
그러한 어둠처럼
눈目 감고冥 있는 모습이 명瞑이고
그렇게 눈 감고 깊이 생각함이
다름 아닌 명상입니다

정지용(1902~1950) 시인의
〈호수〉라고 하는 시가 생각납니다

호수 1

얼굴 하나야
손바닥 둘로

폭 가리지만

보고픈 마음
호수만 하니
눈 감을밖에

생각에도 여러 가지가 있습니다
시간今에 입각한 생각心
다시 말해서 기억念이 있는가 하면
두뇌田를 써서 생각心하는
심사숙고의 생각思이 있습니다
또한 꼴이나 법相에 대해
직관心해 들어가는 생각想이 있지요
여기 명상에서는
꼴에 대해서
법에 대해서
이미지印象에 대해 생각하는
소위 임프레션impression입니다

사람이 사람일 수 있음은
바로 선禪을 할 수 있기 때문이지요

선禪은 홑單으로 봄示입니다
선은 이런저런 우회를 뛰어 넘어
직單관示해 들어가는 수행이지요
선禪이 지닌 본래의 뜻은
저 먼 엿날 임금이 흙으로 단을 모아
하늘에 제사를 지내고
땅을 깨끗이 쓸고
산과 냇물에 제사를 지내던
이른바 봉선封禪과 관련이 있습니다

그런데 이 선禪이라는 글자가
범어 디야나dhyana를 음역하면서
불교의 선으로 자리잡게 됩니다
선禪의 중국발음이 츠우완이니
디야나의 소리옮김과 비슷하긴 합니다

그리고 선정의 정定을
우리는 정할 정定 자라 새깁니다
지구상에 생명을 가진 자는
어떤 것이든 움직임이 본능이지요
그래서 쩡박힌直 나무木처럼
식물植物을 제외한 존재를

움직이는 존재動物라고 부릅니다

움직이는 존재는 뭐가 있을까요
뱀과 지렁이 같은 경우와
지느러미를 가진
민물이나 바닷물의
물고기는 예외로 치고
하늘을 날고 땅 위를 닫는 것들은
일반적으로 다리를 갖고 있습니다

다리足/足를 가진 동물은
다리가 있기에 움직이려 합니다
다리가 움직이므로
몸이 움직이고
몸의 움직임에 따라서
생각이란 것도 움직이려 합니다
그래서 동물이란 단어 속에는
몸의 움직임만이 아니라
생각의 움직임까지 포함하고 있지요

이 움직이려는 몸과 마음을
한 곳ㅆ에 고정定시키는 훈련이

바로 다름 아닌 정定입니다
따라서 선정과 선정바라밀은
저 광활한 우주
이 태양계
그리고 이 지구상에서
오직 사람을 제외하고는
그 어떤 동물 그 어떤 생명체도
닦을 수 없는 소중한 덕목입니다

초기불교의 명상
대승불교의 선정바라밀
선이 지닌 초아超我의 참선수행
어떻습니까
우리 한 번 자기 내면의 세계로
직單관류해 들어가 보지 않겠습니까

보살, 지혜바라밀

여섯 가지 바라밀을 얘기할 때
크게 두 가지로 나눕니다
첫째는 복도福度이고
둘째는 혜도慧度입니다
복도는 복바라밀의 뜻이고
혜도는 지혜바라밀의 뜻이지요
복바라밀에는 자그마치
다섯 가지 바라밀이 들어있는데
지혜바라밀을 제외한
보시 지계 인욕 정진 선정입니다
지혜바라밀에는 단 한 가지
오직 지혜바라밀이 있을 뿐입니다

그만큼 보살에게 있어서
지혜는 아무리 강조하더라도
결코 지나침이 없습니다
물론 그렇다고
앞의 다섯 가지 바라밀이
지혜바라밀만 못하다는 게 아닙니다

바라밀의 성격상
보시 지계 인욕 정진 선정이
수행修行의 덕목이라면
이 지혜바라밀 만큼은
수심修心의 덕목에 해당하지요

보살의 덕목인 육바라밀에서
바야흐로 지혜바라밀입니다
이 지혜는 반야의 의역이지요
보시로부터 선정까지는
보시바라밀
지계바라밀
인욕바라밀
정진바라밀
선정바라밀처럼
의역 뒤에 음역인 바라밀을 붙이지만
지혜바라밀은 의역하지 않고
곧바로 음역에 해당하는
반야바라밀을 바로 쓰기도 합니다

이는 반야Prajna/Pannya를
지혜wisdom로써 번역할 때

반야에 담긴 심오한 뜻을
온전히 전달할 수 없는 까닭입니다

위경과 생명의 나무

위경僞經이란 어떤 경일까요?
거짓 위僞 경전 경經이니
거짓 경전이란 뜻이 아니겠습니까?
거짓 위僞 자를 쪼개볼까요
사람 인亻변에 만들 위爲 자이니
부처님께서 설하신 게 아니라
사람이 만들었다는 의미지요
무엇을 만들었을까요
부처님께서 설하지 않은 경전을
사람이 만들어 놓고
부처님의 경전이라 한 것이지요

위경이 꼭 나쁜 것이 아니라
부처님 말씀이 아닌非佛說데
부처님 말씀으로 올려다 붙인 것이
문제라면 곧 문제인 것입니다
그러기에 우리는 경전을 놓고
이것이 위경이냐 아니냐를 가리되
부처님 가르침에 해당하는가

해당하지 않는가를 논해야 하겠지요

그리하여 범본이 없는 경전은
모두가 위경이고
위경은 불설이 아니라 해서
내용까지 나쁘다고 폄하하는 것은
나는 분명 잘못된 편견이라 봅니다
적어도 나는 그리 생각합니다

내가 해인사에 머물 때
당시 해인총림의 방장으로 계셨던
성철대종사께서는
보름마다 설하시는 결제법어에서
"차라리 지옥에 가는 한이 있더라도
소승 아라한이 되지 말고
소승불교 경전을 가까이하지 말라."
고 누누히 말씀하셨습니다

심지어 성철대종사께서는
"소승불교 하는 놈들은
천천만만을 때려 죽이더라도
죄가 되지 않는다." 고 말씀하셨지요

이게 어떤 의미일까요?
성철대종사께서는 이미 당시에
일부 스님네라든가 학자들 사이에서
일고 있는 대승경전 비불설과
비불설은 나쁜 것이라는 등식의
폐단을 염려하셨던 것입니다

그런데 요즘 들어
초기경전을 연구하고
초기경전을 가르치는 스승들 중에
화엄경 능엄경 원각경이라든가
지장경 은중경 범망경 등과
심지어는 법화경까지도
대승불교는 부처님 말씀이 아니므로
철저히 배격해야 한다는 얘기가
흘러나오곤 합니다
그럴 때마다 나는
머릿골이 쭈뼛해지고
가슴 한켠이 섬뜩해지기까지 합니다

"범본이 있으면 부처님 말씀이고
없으면 부처님이 설하신 게 아니다."

라는 기준은 설득력이 있습니다
그런 기준마저 없다면
위경을 골라내는 게 어려울 테니까요
그런데 정말 초기경전은
부처님께서 직접 설하신 것일까요

부처님 당시에는
녹음 기술이 발달되지 않았습니다
음성 영상 동시녹화는 더군다나!
경전의 최초결집은 언제였을까요
우리 부처님께서 열반에 드신 뒤
곧바로 이루어졌다고 합니다
당연히 부처님께서는
교설의 증명주가 될 수 없으셨지요

소설을 쓰고
시를 쓰고
수필을 쓰고
논문을 쓰고
책을 내는 어떤 사람이
출판사에 원고를 보내 놓았는데
책을 출판하는 과정에서

이유가 어찌 되든 간에
저자의 교정을 거치지 않은 글을
완벽하다고 할 수 있을까요?

경전의 최초(제1차) 결집은
말할 것도 없습니다
제2차 제3차 제4차 결집까지도
종이에 또는 갑골이나 금석에
문자로 기록된 게 아니었습니다

만일 기록이란 시스템이 없었다면
부처님의 경전 내용이
어떻게 전승되어 내려왔겠는지요
이른바 암송이라는 형식을 빌어
입에서 입으로 전해지고
또 입에서 입으로 전해져 왔습니다
그러므로 기록 못지않게
암송을 통해 고스란히 내려왔지요

생각보다 암송은 정확합니다
요즘은 내비게이션이란 장치가 있어서
구태어 위치를 눈 여겨두지 않더라도

언제든 다시 찾을 수 있지요
대신 내비게이션이 없으면
심지어 아는 길에서도 헤매곤 합니다
차에 설치된 내비게이션을 믿고
길을 눈 여겨두지 않은 까닭입니다

옛날에 스마트폰이 없을 때는
많은 사람들이 가족은 물론
지인들의 전화번호를
몇 개에서 몇백 개까지 외우곤 했지만
지금은 지인들은 커녕
가족의 모바일 번호마저도
외우지 못하는 경우가 많습니다
왜냐하면 폰에 저장되어 있어
수첩을 꺼낼 필요가 없으니까요

경전도 마찬가지입니다
절에 들어올 무렵 머리를 크게 다쳐
기억력이 엉망이었습니다
중등 검정고시도 쉽게 통과했고
한때는 판검사가 부러워
홀로 사법고시를 준비하였습니다

그런데 머리를 다친 이후로
이해력과는 달리
암기력은 곤두박질을 치더군요

옛날 스님네들은 외웠습니다
대여섯 시간 논스톱으로 하는
그 긴 염불 의식문도 외웠습니다
반야심경 천수경이야 당연하지만
약찬게 능엄주 아미타경과
금강경까지 달달 외웠다고 합니다

가령 홍수로
기록물은 떠내려가더라도
머리 속에 저장된 내용은
없어지지 않는다는 것입니다
이야기를 듣고 보면
이 말이 맞는 것도 같습니다
그러나 만일 부처님 경전을 암송하는
스님네를 비롯하여 불제자들이
자꾸 줄어들기라도 한다면
과연 어찌하겠습니까

불교 인구가 날로 줄어드는 요즘
그래도 대장경이란 기록물이
전해지고 있다는 것은
골백번 고쳐 생각해도 다행입니다
석판이나 목판이거나
금속이나 뼈다귀거나
종이나 양탄자로 전해지거나 간에
기록문화라고 하는 것은
문화의 최상층에 자리하고 있지요

그렇기 때문에
전하고 싶은 고귀한 말씀들은
초기 기록물에 비해
점차 살이 붙어 늘어나기 마련입니다
그렇다면 나중에 살이 붙은 게
가치로 보아 아주 나쁜 것입니까
나는 그렇게 생각하지 않습니다

불교경전을 놓고 볼 때
물론 범본이 있다면
이는 더할 나위 없이 좋습니다
따귀를 수백 번 맞을 이야기지만

산스크리트어 경전이 있고
최초 결집에서 생겨난 경이라 해서
한 자 한 글귀도 빈틈없는
부처님의 진설이라는 것을
어떻게 증명할 수 있겠는지요?
초기 경전이 완벽한 경전
부처님 말씀이라는 게
과연 가능키나 한 얘기이겠습니까

당시에 녹음을 했습니까
기사가 속기록으로 남겼나요
영상까지 나오는 기술력으로
한 마디도 가감없이 녹화했습니까
아닙니다
결집위원회라는 것은
오늘날의 국회위원들처럼
경전 편찬의 파워를 위임 받은
거대하고 묵직한 학술조직이었지요
이들이 본회를 열어
이것이 부처님 말씀이라며
의사봉을 내리쳐서 통과한 것이
곧 대장경의 일부 내용입니다

생각해 보십시오
역사는 진화의 법칙을 따릅니다
생명의 세계에서
인류의 삶에서
특히 사상사 문화사는
성장하는 진화의 나무와 같습니다
결코 최초의 줄기 하나로
만족하거나 머물러 있지 않지요

뿌리와 줄기는 나무인데
게서 나온 가지와 잎사귀 꽃과 열매는
본 줄기와 다른 것인가요
열매는 꽃을 반연하고
꽃은 잎사귀와 가지를 반연하고
잎사귀와 가지는 줄기에서 나오고
줄기는 뿌리와 씨앗에서 반연하지요
그렇다면 부처님이 곧 씨앗이고
초기경전이 뿌리고 줄기가 됩니다

그런데 대승경전은
비불설非佛說
곧 부처님의 말씀이 아니라 해서

몰가치하다고 내치려 한다면
가지와 잎사귀와
꽃과 열매는 죄다 부정하고
씨앗과 뿌리와 줄기만 고집함입니다

생명의 나무tree of life는
처음에는 씨앗에서 나왔지만
뿌리와 줄기 가지와 잎사귀를 거치며
문명의 꽃을 피우고
마침내 생명의 열매를 맺습니다
대승경전은 인간亻에 의해
만들어爲진 경전일 수 있습니다

위경과 생명의 나무

인간에 의해 만들어진 게
어찌 위경 뿐인가요?
불교의 씨앗인 부처님과 보살들도
인간의 필요에 의해 만들어졌고
심지어는 신神도
기독교의 창조주 하나님도
인간의 생각에서 탄생한 것입니다
그리고 우리는 우리가 만든
신과 부처님에게

스스로를 귀속시키면서
도덕과 질서를 자리잡아갑니다
인간은 그래서 더욱 위대한 것입니다

사람이 책을 만들고
책이 사람을 만든다

매우 유명한 말이지요
이 말 속에는 인간이 신을 만들고
그 신에게 인간이 스스로 귀속되면서
스스로 인간이 인간되어간다는
엄청난 반종교적 사상이 내재된
명언 중의 명언이지요

오히려 비불설이라는
대승불교의 대승경전이야말로
초기경전보다 더 소중하고
고귀한 가치가 들어있다 하겠습니다
왜냐하면 이들 말씀은
인간에게 절실히 필요한 까닭이니까요
보살계본이 들어있는 《범망경》도
위경 목록에 들어갑니다

따라서 이 《범망경》이야말로
대승의 보살행자들에게
결코 없어서는 안 될
매우 소중한 계율이 들어있습니다

초기불교를 주장하는 분들은
초기불교가 얼마나 소박하고 진지한
부처님의 가르침인가를
폐부 저 깊숙한 곳에서 느끼며
대승불교가 또한 인류에게
얼마나 절실히 필요한 가르침인지를
생각해 보길 간곡히 권합니다

트리 오브 라이프tree of life
우리 불자들은 너 나 할 것 없이
생명의 나무를 곱씹어 생각하면서
이토록 장엄스런 범망경의
대승보살계본을 만난
다행하고 또 다행스러움을
마음속에서 활짝 꽃피웠으면 합니다

송계서誦戒序 1

모든 불자들은 두 손을 모으고
지극한 마음으로 들으라
내가 이제 모든 부처님의
대계서大戒序를 설하고자 하노라
대중이 모였거든 조용히 듣고
스스로 죄가 있는 줄 알거든
마땅히 참회하라
참회하면 안락하려니와
참회하지 않으면
죄는 더욱 깊어지리라
죄 없는 자는 잠자코 있으라
잠자코 있음으로 하여
마땅히 대중이 청정한 줄 알리라

계는 지님과 함께 외움입니다
외움 없는 계는 생명력이 없습니다
그래서 늘 입으로 외고
마음 속에 담아 두는 기억으로 외고
몸에 충실히 배는 것으로 웁니다

따라서 '외다'라는 동사는
입으로 소리를 내어 읽고
읽는 행위를 계속 반복하다 보면
머리 속에 기억력으로 남아
완전히 자신의 것이 되고
몸과 바깥 대상의 원자atom가 되고
생명을 담는 세포cell가 되고
마침내 DNA로 자리 잡게 됩니다

그럴 때 비로소
계는 계의 원형질인
계의 본바탕戒體이 이루어지고
보이고 느껴지는 모습戒相이 되고
자타가 함께 행복해지는
계의 쓰임새戒用가 될 것입니다

포살布薩할 때 계사가
범음성梵音聲으로 외는 까닭입니다
따라서 이 송계서를 비롯하여
보살계의 중경重輕 계목들은
국어책 읽듯이 읽는 게 아니라
보여지는 위의를 엄숙히 갖추고
들리는 음성을 장엄하게 가다듬어
범음성으로 읽고 외는 것입니다

참회합니다
참회합니다
참회합니다

죄가 있어서 참회하는 게 아닙니다
죄가 있어서 참회하는 게 아닙니다
죄가 있어서 참회하는 게 아닙니다

아픈 이와 함께 아파하지 않았고
기쁜 이와 함께 기뻐하지 않았고
슬픈 자와 함께 슬퍼하지 않았고
함께하지 않은 것이 곧 죄이기에
나는 불전에 엎드려 참회합니다

송계서誦戒序 2

모든 대덕과
우바새와 우바이들은 잘 들으라
부처님께서 멸도하신 뒤
"상법시대에 마땅히 바라제목차를 존경하라"
하셨으니
바라제목차란 곧 계戒니라
이 계를 지니는 자는
어둠 속에서 밝음을 만남과 같고
가난한 이가 보배를 얻음과 같으며
환자가 쾌유를 얻음과 같고
수인이 출감함과 같으며
멀리 갔던 이가 돌아감과 같느니라
마땅히 알라
이 계는 무리의 큰스승이니라
만약 부처님께서
세상에 더 계실지라도
이와 다를 것이 없느니라

바라제목차波羅提木叉는
범어가 있고 팔리어가 있으나
그 뜻은 한결같이 계입니다
"바라제목차를 존경하라."
이는 계를 존경하라는 말씀입니다

계를 존경하라
계를 존경하라
계를 존경하라

불자들에게 있어서
이보다 소중한 말씀은 없습니다
그런데 어찌하여
거룩하신 쿠마라지바 역장께서는
계로써 뜻옮김을 하시면서도
'바라제목차'라고 하는
소릿글을 그대로 가져왔을까요?
여기에는 계에 다 담을 수 없는
어떤 큰 뜻이 분명 있을 것입니다
이 바라제목차를 받아 지니면
크게 다섯 가지 공덕이 있습니다

첫째는 지혜입니다
어둠속을 헤매던 이가
밝은 횃불을 만남과 같습니다
어둠과 밝음은 차이가 무엇일까요
여기에는 특별한 게 없습니다
빛이 있으면 밝음이고
빛이 없으면 어둠입니다
그러나 태양계 내에
빛이 없던 적이 과연 있었습니까

빛은 소리나 전자기파와 달리
돌아가거나 꺾이지 않고
다만 직진성이 있을 따름입니다
소리는 칸막이 너머에서도 들리고
전자기파는 지하실에서나
실내에서도 전달이 되기에
스마트폰에 시그널이 잡힙니다
그러나 빛은 작고 얇고 가는 물체도
투과하지 못하기 때문에
그 빛이 닿는 쪽은 밝음이지만
그 반대쪽은 어둠입니다

세상은 본디 어둠이 있었고
그 어둠이란 바탕 위에 반짝이며
빛을 비춤으로 어둠이 사라졌지요
선사들은 빛을 불성에 견주었습니다
그리고 불성은 본디 밝은데
번뇌의 먹구름이 끼어
불성이 어두워졌다는 것입니다

빛이 있느냐 없느냐에 따라
밝음과 어둠이 생기기 마련인데
옛 선사들은 밝음이 있을 뿐
어둠은 본디 없다고 했습니다
밝음을 어두운 데 가져가면
어둠이 사라지고 밝음이 생기며
어둠을 밝은 데 가지고 가면
없어지는 것은 밝음이 아닙니다
역시 가지고 간 어둠이 사라지지요
따라서 밝음이 본체요
어둠은 본체가 없다고 하였습니다

과학적으로 본다면
어둠이야말로 우주의 본질이고

밝음은 지극히 미세할 뿐입니다
우주를 가득 채우고 있는
눈에 보이지 않는 암흑물질과
암흑에너지가 99%를 차지하고
빛을 내는 항성Star은 0.00001%니까

어찌 되었거나
어두운 자가 밝은 횃불을 만남처럼
이 보살계를 받아지닌 공덕은
뭐니뭐니해도 지혜입니다
야차Vampire는 어둠의 신이라서
햇볕을 보면 살아남지 못합니다
데이비드 슬레이드 감독의 영화
서티데이즈 오브 나이트(2007)에서
에벤 역의 조쉬 하트넷(1978~)
그 뛰어난 연기는 잊혀지지 않습니다

둘째, 지계의 공덕은
경제문제입니다
가난한 자가 보배를 얻음처럼
기쁘고 즐거운 일이 또 있을까요
목마르고 배고픈 자에게

마실 물과 음식만큼 소중한 게
과연 있을 수 있겠습니까
아무리 거룩하고 고귀한 진리도
먹고 마시는 행위에 앞서지 못합니다
지혜와 공덕을 논하더라도
생존의 문제가 해결되어야 하지요

평소 얌전하고 의젓하던 사람도
굶주림이라는 극한상황에 내몰리면
상상을 초월하게 바뀝니다
그런 뜻에서일까
육바라밀 가운데
보시가 가장 앞에 놓이고
지혜가 맨 마지막을 장식합니다

나는 2011년에 나온 영화
자비에르 젠스의 《디바이드》에서
미키 역을 맡은 마이클 빈(1956~)과
마릴린 역의 로잔나 아퀘트의
뛰어난 연기력을 보며
참 많은 생각을 했습니다
뉴욕 한복판에 떨어진 핵폭발

세상은 온통 핵겨울로 접어들고
한정된 음식으로 연명하는데
방사능 먼지를 막기 위해
밀폐된 공간에서의 숨막히는 생활
거기에 하나님의 말씀은 전혀 가치가 없습니다

계를 받아지니면
목마른 자가 마실 것을 얻음처럼
굶주린 자가 먹을 것을 얻음처럼
헐벗은 자가 입을 것을 얻음처럼
집없는 자가 머물 곳을 얻음처럼
그렇게 삶의 공덕이 쌓입니다

셋째는 건강입니다
사람의 일생 중에서
으뜸 행복을 꼽으라면
아무래도 건강을 빼놓을 순 없습니다
어떤 지혜, 어떤 부귀영화도
건강을 잃으면 소용이 없습니다
그래서 우리는 인사말에
"부디 건강하십시오.
"건강 챙기십시오."

“감기 조심하세요.” 등을 쓰곤 합니다

우리나라도 그렇지만
서양의 인사에서 빠지지 않는 것이
다름 아닌 날씨입니다
왜냐하면 날씨가 곧 삶이니까요
생명체를 담고 있는 날씨와
그 환경에서 살아가는 생명은
둘이 단 0.0001초도 떨어질 수 없는
불가분의 관계인 까닭에

“좋은 아침good morning.”
“좋은 오후good after noon.”
“좋은 저녁good evening.”
“좋은밤good night.”
을 항상 얘기할 수밖에 없습니다

건강은 아무리 강조해도 좋습니다
요즘은 의학의 발달로
인간의 수명이 60년 전에 비해
자그마치 30년이나 늘었다지요
예전에는 콜레라를 비롯하여

페스트 천연두 등이 창궐했고
염병이니 전염병이 마을에 돌고나면
손을 쓸 수 없는 지경이었습니다
지금도 아프리카 등
제3세계에서는
말라리아로 죽는 이들이
수를 헤아릴 수 없을 정도입니다

대신 요즘은
바이러스의 면역력이 강해져
신종플루novel influenza
에볼라 바이러스 Ebolavirus
갖가지 암과 당뇨
후천성면역결핍증AIDS 등
현대의학으로도 다스리기 어려운
희한한 질병들이 생겨나고 있습니다

병들어 신음하던 이가
쾌차함을 얻었다면
그보다 기쁜 소식이 또 있겠습니까
나는 지지난해 11월 초
교통사고로 14군데 넘게

뼈가 부러져 지금도 투병 중이지만
내 아픔은 병 축에도 못 낍니다
병으로 고생하다가
깔끔하게 낫는 공덕처럼
이 계를 받아지니면 지닌 만큼
온갖 정신적 병마로부터 벗어납니다

넷째는 자유Freedom입니다
계는 묶음이기도 하지만
해탈Emancipation을 의미합니다
해탈 자유를 얻으려면
우선은 묶임이 필요합니다
처음부터 자유면 자유지
어째서 묶임이 선행되어야 할까요

계戒는 한 사람이 아니라
적어도 스무 명艹 이상이
무기戈를 들고 지킴으로써
얻어내는 참 자신의 길들임이며
또한 해탈이고 자유입니다
무기를 들고 지킨다는 것은
혹독한 자기 마음의 수양입니다

모든 생명에게는 자유의지가 있는데
이를 자유Free라고도 하겠지만
특히 사람에게는 방종입니다
자유롭게 놓아두고
남에게 피해를 입히지 않는 경우는
사람 이외에만 가능합니다
너무 혹평한다고요
아닙니다, 그렇지 않습니다
사람만이 적절한 제어가 필요합니다

동물을 조련하여
재주 부리는 것을 보노라면
"저게 개가 맞고, 돌고래가 맞는가
사자가 맞고 코끼리가 맞는가?"
하는 생각을 할 때가 있습니다
동물들은 그가 어떤 종이든지
그들 본연의 모습이 나와야 합니다
그런데 서커스단에 나와
묘기 부리는 것으로 보면
그들은 단지 인간의 노리개감일 뿐입니다

그렇지만 사람은 사람인 까닭에

예절이 있어야 하고
그가 있는 자리에 맞게
행동하는 것이 맞습니다
거기에 필요한 것이 곧 제지戒입니다
잘못을 저질렀다면
응분의 댓가를 치러야지요
법치가 이루어지는 삶이란
인간계에서는 반드시 있어야 합니다

설령 그렇다 해도
형량을 선고 받고 수감되었다면
형기를 마치는 게 당연하지만
그래도 감형의 기쁨과
출소의 기쁨은 있지 않겠는지요
계를 지님은 곧 출소의 기쁨입니다

다섯째는 방황의 끝이고 안정입니다
"집나가면 개고생"이란 말이 있지요
사람은 살아가면서
많은 방황을 거치기 마련입니다
그러나 방황을 그치고
자기 집으로 돌아오게 된다면

아! 이 얼마나 기쁘고 또 기쁘겠는지요

돌아갈 귀歸 자는 아내에게 돌아감을 뜻합니다
아내가 머무는 집으로 돌아감이지요
돌아간다는 것은 방랑자가
터닝포인트에서 보는 것이고
집에서 보면 돌아옴이 되겠습니다
끊임없는 방황追을 그치고止
집안을 쓸고 닦고帚 하는
아내帚가 살고 있는 집으로
돌아가는 이의 마음이 어떻겠습니까
계를 지니는 공덕 그 기쁨은
사랑하는 아내와 아이들이 머무는
집으로 돌아감처럼 기쁨입니다
물론 수행자에게 있어서는
곧 본제本際로 돌아감이 될 것입니다

송계서誦戒序 3

두려운 마음은 내기 어렵고
착한 마음은 펴기 어려우니라
그러므로 경에 이르시되
"죄가 작다 가벼히 여겨
재앙조차 없다고 하지 말라
물방울이 비록 작으나
점차 큰 그릇에 찬다."하시니
찰나에 지은 죄와 재앙으로써
무간지옥에 떨어지느니라
한 번 사람의 몸을 잃으면
만겁에 다시 받기 어려우니라
젊음이 머무르지 않음은
달리는 말과 같고
사람의 목숨이 덧없음은
산골물의 빠르기보다 더하느니라
오늘은 비록 살아있으나
내일 또한 보전하기 어려우니라

#1

인생은 무상합니다
사람의 삶이란 실로 덧없습니다
무상의 번역이 덧없음이니
덧이란 곧 영원의 우리말이지요
속절이라고도 표현합니다
속절이니 덧이니 하는 말은
부정사가 뒤에 붙어
덧없다 속절없다로 얘기합니다

"찰나에 지은 죄와 재앙으로
무간지옥에 떨어진다." 는 말씀을
나는 씹고 씹고 또 곱씹어봅니다
무간지옥無間地獄이라니요
무간지옥에는
크게 두 가지 뜻이 있습니다
첫째는 공간적 무간이고
둘째는 시간적 무간입니다

공간적 무간이라면
어떤 틈새도 없다는 뜻인데

사람이 살아가는 데는
우선 나를 둘러싸고 있는 환경과
그 환경의 여유입니다
질식窒息이란 말이 있습니다
숨막히도록 여백이 없다는 것이고
질식사란 숨막혀 죽는 것이지요

모든 생명에게 있어서
질식의 경험은 두 번에 걸칩니다
첫 번째 경험은 태어날 때고
두 번째 경험은 죽을 때입니다
생명이 태어날 때
어미의 산도를 통과하게 되는데
산도는 뻥뚫린 고속도로가 아닙니다
아기가 태어날 때
편히 태어날 만큼 여유가 없지요
그러기에 때로 사산하기도 합니다
이 사산이 질식사입니다

질식사의 한자는
막을 질窒 쉴 식息 죽을 사死입니다
숨이 막혀 죽는 것이지요

그런데 이 막을 질窒 자는
음도/음문/분만도 질膣 자에서
달 월月 자를 빼고 차용한 것입니다
호흡기관이 분만도를 통과할 때
생각보다 시간이 길어지면
산소가 제대로 공급되지 않아
결국 숨이 막혀 죽게 됩니다
공기중 산소는 21%이고
질소는 자그마치 78%입니다

이처럼 공기에는
약 4대1의 비율로 섞여있는
산소Oxygen와 질소Nitrogen가
어째서 어미의 산도에는
질소만 있고 산소는 없을까요
말은 이리 하면서도
나는 의사가 아니기에
어미의 산도에 질소가 있나 없나는
솔직히 잘 모릅니다
다만 옛사람들이 만든 한자
음도의 질膣과 질소의 질窒이
둘 다 막힘을 뜻하기 때문입니다

무간지옥에서 겪는 고통은
공간의 조여옴이지만
이는 곧 숨 막힘의 고통입니다
우리는 삶 속에서
무간지옥의 고통을 봅니다

가령 큰불이 났다고 가정했을 때
사망하는 이들 중에는
화상으로 죽는 이들도 있지만
많은 이들이 질식사로 죽습니다
불이 있는 곳에는
반드시 산소가 있기 마련이고
그때 불이 산소를 태우면서
산소는 점차 줄어들고
그 자리에 탄소만이 남게 되지요

게다가 요즘은 건축자재 중
특별히 화학제품들이 많아
엄청난 독가스를 뿜어냅니다
경전에 기록되고 있는
공간적 무간지옥의 실상은
표현으로 보면 실로 무시무시하지만

산소 부족으로 숨통을 조여오는
질식의 고통에 비하면
오히려 귀여운 표현일지 모릅니다

아기는 태어나자마자
과과呱呱하면서
첫울음을 힘차게 울어댑니다
숨 막히는 어미의 산도를 벗어나
산소공급이 이루어지자
비로소 안도하는 첫울음입니다
막힌 숨을 몰아쉴 때
시우休~하고 내는 소리를
중국인들은 '과과'로 표현했습니다

무간지옥에 대한 기록을 보면
철위산 밑에 자리하며
혼자서 지옥고의 형벌을 받거나
또는 여럿이서 받거나 간에
몸을 움직일 수 있는
여백의 공간이 없다는 것입니다
어쩌면 무간지옥은
금성金星Venus과 같을지 모릅니다

금성의 기압은 9.3MPa로서
지구 1기압의 90배를 뛰어넘습니다
예를 들어 60kg의 체중이
금성에서는 5.4톤이 나가니까
뜨거운 열기보다도
엄청나게 조여오는 기압 때문에
바로 짜부라들고 말 것입니다
게다가 산소가 전혀 없으므로
지구생태계에 길들여진 생명체가
우주복을 입지 않는다면
노출되는 순간 곧바로 죽음이지요

사람은 죽을 때 무엇으로 죽을까요
질식으로 죽습니다
태어날 때
산도에서 숨 막혀 고비를 겪듯
죽을 때도 결국은
산소가 공급되지 않아 숨을 거둡니다
숨이 무엇입니까
호흡입니다
호흡하지 못하면 죽음입니다
부처님이 《사십이장경》에서

“삶과 죽음은 호흡에 있다.” 고
하신 말씀은
생물학적으로도
의학적 측면에서도
보다 확실한 사실입니다.

시간적 무간지옥의 뜻은
고통의 휴식시간이 없다는 것입니다
일반적으로 고문을 하고
형벌을 가할 때
묻고 답하는 과정에서
고통으로 질러대는 단말마에서
앞 비명과 뒷 비명 사이에는
텀term이란 게 있습니다
이는 마치 매를 칠 때
앞의 매와 뒤따라오는 매 사이에
텀이 있기 때문입니다
다시 말해서 모든 동작에는
시간이란 개념이 들어 있습니다

가령 드럼 연주자가
초당 30번을 두드린다면

1초에 30번이라는
부딪침과 부딪침 사이에는
짧은 시간이나 분명 틈이 있습니다
그런데 무간지옥에서는
형벌을 가할 때
어떤 짧은 시간도
허용되지 않기에 무간입니다

또한 고통의 시간성이
10년형
50년형
종신형이 아니라
그 시간의 끝을 도저히 알 수 없기에
무간지옥입니다

지옥에 떨어진다는 말씀에는
어떤 의미가 들어 있을까요?
여기에는 떨어지는 자가
형질形質을 갖고 있다는 뜻입니다
형질을 벗어난 정신세계는
결코 지옥에 떨어질 수 없지요
왜냐하면 중력과 무관한

소위 비물질의 세계인 까닭입니다

움직임動이 무엇입니까
크고 작고를 떠나
무게重를 지닌 물질이
서로 작용하는 어떤 힘力입니다
서로 잡아당기는 힘引力도
서로 밀치는 힘擲力도 움직입니다
위치에너지에서
운동에너지로 바뀔 때
작용하는 모든 힘은 움직임動이라는
법칙을 벗어날 수 없습니다

나는 생각합니다
옛사람들이 한자를 만들 때
중력重力의 세계는
움직임(重＋力＝動)을 바탕한다는 것을
이미 알고 있었던 것은 아닐까 하고요
우리의 언어에서 보면
하늘은 위에 있고
지옥은 아래에 있으며
극락은 수평에 있다고 합니다

따라서 천당에 오르고
지옥에 떨어지고
극락은 간다고 표현합니다

극락에 오른다던가
극락에 떨어진다고 하지 않고
극락은 가는 것으로 얘기하지요
하늘은 오르는 것이기에
자신의 자리에서
곧바로 위로 올라가는 것이지
땅 위 어느 특정 지점에
하늘로 오르는 통로가 있지 않습니다
지옥도 마찬가지입니다
기록에는 철위산鐵圍山 아래
무간지옥이 있다 하지만
그 철위산까지
걸어가든 또는 탈것을 이용하든
옮긴 뒤 게서 떨어지는 게 아닙니다

지옥!
한 번 곰곰히
생각해 보십시오.

#2

죄가 작으면
가볍게 여기고 쉽게 여깁니다
이토록 작은 죄인데
무슨 탈이 있겠느냐 합니다
죄에는 크고 작은 것이 있겠지요

그러나 마음의 세계에서는
원인의 경중輕重이
반드시 결과의 경중으로써
이어지지는 않습니다
그것이 인과법입니다

다시 말해
원인이 비록 작더라도
결과는 한없이 커지는
눈덩이 효과Snowball effect도 있지만
그와 반대로 원인은 상당히 큰데
결과는 예상보다 작기도 하지요
왜냐하면 인과관계란
상황의 전개도 중요하지만

시간이 깃들어 있기 때문입니다

물방울은 생각보다 작습니다
물방울 지름이3.4~4.5mm일 경우
질량은 0.16~0.38g입니다
이렇게 작은 물방울도
오랜 세월을 두고 떨어지다 보면
큰 그릇을 채울 뿐만 아니라
바위에 구멍을 뚫고
거대한 지각을 가르고 붙입니다

자연의 힘은 대단합니다
아주 오랜 옛날에는
남미와 아프리카가 그야말로
거대한 컨티넨트Continent였지요
그러한 대륙이 매년
손톱이 자라는 속도보다도
더 더디게 지각이 갈라지면서
대서양이라는 바다가 생겼습니다

세계의 지붕이라 일컬어지는
히말라야 산맥과 에베레스트도

본디 바다였던 것이
인도대륙이 유라시아 대륙을 향해
밀고 들어가 충돌하면서
가운데가 치솟아오른 것입니다
지금도 히말라야와 함께
에베레스트 산도
손톱이 자라는 속도로
아주 천천히 높아지는 진행형입니다

그런데 물방울이 작다고
과연 무시할 수 있겠는지요
말없는 시간의 작품은 대단합니다
빅뱅이 시작된 이래
137억년이 지나가면서
우주는 공간이라는 소재를 가지고
시간이란 재주꾼에게
엄청난 작품들을 만들게 했습니다
해와 달과 별들과 사람만이
시간의 작품은 아닙니다

한 쌍의 더듬이 두 쌍의 날개
두 쌍의 겹눈과 세 쌍의 홑눈

세 쌍의 다리

머리 가슴 배의 구조를 지닌 곤충들

지구상의 모든 생명 중에서

70% 이상을 차지하는 종들로

1해垓 마리가 살고 있다네요

1해는 10^20승이니

곧 1조×1억 마리가 됩니다

그런데 이 녀석들을

자세히 보고 있노라면

참으로 신기하기가 짝이 없습니다

굼벵이도 구르는 재주가 있듯이

모든 생명체는 그 자체로

시간의 작품 아닌 게 없습니다

찰스다윈(1809~1882) 박사의

진화론을 예로 들어본다면

생명체는 지금도 계속 진화 중이지요

부처님께서는 말씀하셨습니다

"한 방울 물속에도 9억 마리 미생물이 산다."

일적수구억충一滴水九億蟲

큰 그릇을 채우고

바위를 뚫고
들을 가로질러 물길을 내는
물의 힘도 크겠지만
그 작은 한 방울의 물이
자그마치 9억 마리 미생물을 먹여살린다는
이 엄연한 사실에
침묵으로 경의를 표합니다

어떻게 한 방울 물에
미생물이 9억 마리나 사느냐고요?
나도 불교에 처음 입문해서
이 말씀을 듣고는 믿지 않았습니다
사실은 최근까지 말입니다
그런데 요즘 과학에 관심을 가지면서
부처님 말씀은
오히려 너무 정직해서
다 표현하지 않으신 것이지요
과학에서는 한 방울 물에
그보다 많은 미생물이 있는 것으로
밝혀내고 있으니까

"젊음이 머무르지 않음은

달리는 말과 같고
사람의 목숨이 덧없음은
산골 물의 빠르기보다 더하니라
오늘은 비록 살아있으나
내일 또한 보전하기 어려우니라.”

나는 늘 포살할 때면
바로 여기서 눈물을 흘렸습니다
하염없이 흐르는 눈물을
손등으로 꾹꾹 눌러가면서
포살법회를 들었고
내 자신 계사가 되어 포살할 때도
울먹여가며 이 대목을 읽었지요

젊음은 머무르지 않습니다
시간이 머물러 있지 않는 까닭이지요
말馬의 빠르기를 생각합니다
어찌 보면 타는 말馬보다
입에서 입으로 전해지는 말들이
훨씬 빠르겠지만 말입니다
사람의 목숨이 덧없음은
산골 물의 흐름보다 빠르다는 데서

나는 의문을 갖기도 했습니다
경사도가 가파른 산골짜기를
빠르게 흐르는 물과
덧없는 사람의 목숨이
과연 어떤 관계에 있다는 것인지
아무리 곱씹어도 알 수 없었습니다

"삶이란 덧없습니다."
"라이프 이즈 미닝러스
Life is meaningless."
덧없음은 항상하지 않음이지요
이를 무상이라 합니다
삶이 무상하기 때문에
오히려 사람 사는 맛이 있습니다

천년만년 산다면 그게 좋을까요?
오래 산다는 게 무엇이고
오래 산다는 기준은 몇 살일까요
항상하다면 변함이 없는 것인데
변함이 없다면 어떨까요
그 변함 없음을
몇 살에서 멈추면 좋겠으며

그 항상함을 어떤 삶에서
그대로 박제하면 좋겠는지요

어차피 변함없는 항상성이라면
시간의 멈춤만이 아니라
공간의 멈춤까지 생각해야 합니다
시간의 멈춤은 자기 기준으로
가장 멋지다 여길 때라 하더라도
공간의 멈춤은 어찌할까요

다시 말해서
어떤 자세에서 멈추면 좋을까요
법상에서 법문하다가
보리밭에 거름주다가
물구나무 서서 운동하다가
불우이웃 돕기 하다가
설원에서 스키를 타다가
모처럼 아내를 위해 요리하다가

그 어떤 상태든
요즘은 멈춤 현상을 만들기 쉽지요
카메라Camera라는

광학 기술이 워낙 발달했으니까
그러나 순간 포착은 가능하지만
시공에 걸쳐 항상함이란
박제일 뿐 결코 삶은 아닙니다

무상하기에 아름답습니다
낡기 때문에 좋습니다
교통사고 이후로
열서너 군데 부러진 뼈가
점차 붙어감도 무상이니까요
요즘 들어 사경을 헤맬 듯
압박골절된 허리를 부여잡고
방바닥을 뒹굴다가도
항상하지 않기 때문에
나을 수 있다는 희망이 있습니다

그래서일까요
예전에 포살할 때는
무상이란 말씀이
서글퍼서 눈물을 흘렸는데
요즘은 이 말씀이
너무 고마워서 눈물을 흘립니다

송계서 誦戒序 **4**

모든 대중은
한결같은 마음으로
부지런히 정진할 것이며
게으름을 삼갈 것이며
해태하거나 나태하거나
잠만을 자면서 방종하지 말라
밤이면 마음을 다잡아
삼보를 생각하고
헛되이 보내지 말 것이니
고달프게 지내어 뒤에
크게 후회하는 일이 없게 하라
대중은 제각기
한결같은 마음으로
이 계에 의하여 법답게 수행하고
마땅히 배워야 하느니라

세상에 게으른 이를 꼽는다면
여말선초麗末鮮初
무학왕사의 스승이셨던
나옹선사(1320~1376)를 빼곤
아마 그 다음이 바로 나일 것입니다

참고로 나옹스님의 속성은 아牙씨고
법호는 보제존자普濟尊者며
속명은 원혜元慧
법명은 혜근慧勤이며
나옹懶翁은 호일 따름입니다
만일 법명이 혜근이라면
법명 속에 부지런함의 뜻이 담겼네요

그러니 나옹스님이야
호만 '게으른 늙은이'일 뿐
지혜에 있어서는 부지런했기에
혜근이란 법명이 주어졌을 것입니다
한데 나는 내 자호만큼이나
게으르고 게으르고 또 게으르고
쉼 없이 게으름을 피우는 편입니다
내 자호가 '게으른 비구'며

‘아이들idle 비구’ 입니다

파계보다 나쁜 게
뭔지 알고들 있습니까
바로 게으름입니다
누가 내게
“이 세상 모든 생명 중에서
가장 나쁜 게 뭐냐” 물어온다면
나는 서슴지 않고 대답합니다
그것은 곧 게으름 이份라고요

여북하면 부처님께서
게으르지 말라 당부하셨겠습니까
뜻으로 가져온 글입니다만
부처님의 제자 가운데
낮잠을 즐기는 비구가 있었지요
하루는 이 낮잠을 즐기는 비구가
밖에서 들어오며 호들갑이었습니다

“있잖아요, 부처님 부처님”
“그래, 무슨 일이더냐?”
“아무개 비구가 지금 모처에서

수간獸奸을 하고 있습니다.”
“그러하더냐?
그래도 낮잠 자는 비구보다 나으니라.”

사람과 사람의 관계도 아니고
짐승과 관계를 맺는 행위입니다
이게 어떻게 온당하며
또한 있을 수 있는 일이겠습니까
게으름증후군이 있습니다
이는 게으름을 피우다
온몸의 활동이 중지되는 병인데
게으른 사람에게 걸리며
치료할 수 없는 불치병이라 합니다

게으름은 어디서 올까요
게으름은 몸에서 오는 게 아니라
마음에서 옵니다
한자에서 게으름과 관련된 글자는
모두 마음小心이 붙어 있지요
이를테면 해태가 있고
나타가 있는데
해태는 글자 그대로

게으를 해懈 자에 게으를 태怠 자고
나타도 마찬가지입니다
게으를 나懶 자에 게으를 타惰 자지요

게으른 자의 특징은
밤낮으로 잠자기를 좋아합니다
매사에 하고자 하는 의욕이 없고
모든 게 될 대로 되라는 식이지요
수면은 잠잘 수睡에 잠 면眠 자입니다

우리 속담에
"게으른 년이 삼가래 세고
게으른 놈이 책장 센다"고 했습니다
또는 "게으른 선비가 설날에
다락에 올라가서 글 읽는다"지요

게으름이란 아주 간단합니다
정진과 상반된 개념이지요
정진이 부지런함이라면
게으름은 정진하지 않음입니다
앞에서도 얘기했듯이 게으름은
마음을 떠나 몸에서 찾는 게 아닙니다

게으름보다
파계하는 것이 백 배 낫습니다
그렇다고 수행자에게
파계를 종용하는 것은 결코 아닙니다
파계라고 하면 일반적으로
음계, 불사음계를 말하는데
구족계로서 비구 250계
비구니 348계가 있습니다만
한국불교계에서 파계를 말할 때는
대체적으로 음계 하나만을 듭니다

살아있는 생명을 죽이고
더러 공금을 횡령하고
혹세무민의 거짓말을 하더라도
파계라는 표현은 쓰지 않지요
적절치 못한 행동이었다로 끝나지
파계를 들이대지는 않습니다
그런데 살도음망殺盜淫妄이라는
네 가지 바라이斷頭죄 중에서도
한국불교계에서는
오직 여자가 있느냐 없느냐로
파계를 논합니다

해탈복을 훌훌 벗어던지고
골프장을 절집처럼 드나들건 말건
마치 진묵조사라도 된 양
곤드레만드레로 술을 퍼마시건 말건
거액의 금융을 소지하고
절을 여러 군데 가지고 있건 말건
그런 것을 파계로 보는 일은 없지요

나는 감히 말합니다
"위에 든 이들 모두를 포함해
그 어떤 것이라 하더라도
게으름보다 더 나쁜 죄는 없다
왜냐? 이들은 곧 살아있음이니까."

게으름은 '죽음'입니다
의지意志의 죽음이고
마음의 죽음이며
다섯 가지 감관五感의 죽음입니다
눈이 있으나 사물을 보지 못하고
귀가 있으나 듣지 못하며
코가 있은들 냄새를 모르고
입이 있고 혀가 있더라도

말할 줄 모르고 맛을 모르지요
육신이 있으면 무엇합니까

게으름에 생명은 없습니다
부처님께서 열반에 드시면서
제자들에게 남기신 말씀이 있습니다
"비구들이여,
게으르지 말고 정진하라."
이 말씀에 이어
자신을 등불로 삼아 밝히고
법을 등불로 삼아 밝히라 하셨지요
나는 이 말씀보다도
앞의 게으르지 말라는 데
부처님의 유훈이
완벽하게 들어있다고 봅니다

물이 끓는 점은 100℃지요
99℃까지 온도를 높였더라도
거기서 만일 멈추게 되면
물은 액체에서 기체가 되지 못합니다
적어도 99℃까지라면
나름대로 온도를 높인 것입니다

부처님 뒷다리까지는
잡았다가 놓친 격이라고나 할까요
그런데 게으른 자에게는
이런 경지마저 주어지지 않습니다

살도음망이라고 하는
바라이죄를 두고 하는 것은 아니나
그래도 이들은 살아서 꿈틀댑니다
사냥이나 낚시를 하고
어쩌다 남의 물건에 손을 대고
사랑에 깊숙이 발을 들이고
거짓말을 하고 하는 일들이
모두 계를 깨트리는 것은 맞지만
생명만큼은 꿈틀댑니다
맨정신은 아니겠지만
죽은 자라면 수간을 하겠습니까

게으른 자에게는
어떤 계율도 논할 자격이 없습니다
왜냐? 생명이 없는 까닭입니다
계율을 지니거나 깨트릴 일이
생명이 없는 이에게는

애당초부터 없기 때문입니다
나는 이들 계율을 깨트리는 것을
찬양하는 게 결코 아닙니다
그만큼 게으름은 안된다는 것이지요

만에 하나 게으르지 않다면
보살계를 받아지닐 수 있습니다
게으르지 않다면
부지런히 닦을 수 있고
정진할 수 있고
마음을 섭할 수 있고
생각을 삼보에 둘 수 있습니다

게으르지 않다면
나중에 후회하지 않을 희망이 있고
보살계법에 의지하여
밤이거나 낮이거나
그냥 오롯이
법답게 닦고 익히고
또한 마땅히 배울 수 있을 것입니다

범망경 - 서분

노사나불의 마음 법문

그때 노사나불이
이 대중들을 위하여
백천 항하사 불가설 법문 중에서
터럭 끝 만큼의
마음心地을 열어보이시니
이는 과거 부처님께서 설하셨고
미래 부처님께서 설할 것이며
현재 부처님께서 설하시느니라
또한 삼세 보살들이
과거에 이미 배웠고
미래에 장차 배울 것이며
지금 여기서 배우고 있느니라

노사나불은 보신불입니다
법신인 비로자나불과
화신인 서가모니불로 더불어
삼신불의 한 분이십니다

법신 보신 화신이 뭘까요
법신은 오감으로 느낄 수 없습니다
법이 눈에 보이던가요
귀에 들리고 코에 맡아지던가요
혀끝으로 맛이 느껴지고
말로 하나하나 표현되던가요
피부에 와 닿거나
행동으로 보여줄 수 있던가요

우리가 느낄 수 있는 것은
법신이 아니라 보신입니다
태양을 예를 들면
무려 1억5천만 킬로미터를 날아와
지구의 모든 생명들에게
빛과 에너지를 전해주는 것은
태양의 수소와 헬륨가스가 아니라
복사열에 의해서입니다

보신이 이에 해당합니다

화신은 역사 속에
실재했던 부처님이시지요
예를 들면
서가모니 부처님은
하나님의 대리자 예수님처럼
이 땅에 오셨던 분이시고
보신은 하나님처럼
응답하시는 부처님이시지만
결코 딱 들어맞는 예는 아닙니다

누가 묻더군요
아미타불을 비롯하여
무량수불 무량광불에 이르기까지
석존에게 법을 전하셨다는
연등불, 정광여래와
관세음보살 대세지보살
문수보살 보현보살
지장보살 등은 무슨 몸이냐고요

보신의 불보살님이십니다

쉽게 얘기하면
청정법신 비로자나불과
천백억화신 석가모니불 외에는
모든 부처님 모든 보살님이
다 보신불이고 보신보살입니다

노사나불은
보신불의 대명사이십니다
이 노사나불께서
수천만억의 중생들을 위해
법문法門을 열어 보이십니다
우리가 쓰는 말 중에
설법하는 것을 법문한다고 합니다
법을 설한다 해도 되는데
어찌하여 법문한다고 할까요

법문은 진리의 문입니다
불보살님이 드나드시는 문이고
중생들이 들어가는 문입니다
대도무문大道無門,
큰 도는 문이 없다고 합니다
선어록《무문관無門關》에서

무문혜개無門慧開가 쓴 말이랍니다

큰 도는 바른 길이며
바른 길은 곧고 넓어
결코 문을 필요로 하지 않지요
문을 필요로 하는 도는
자질구레한 잔챙이 법이랍니다

그러나
세상은 문을 필요로 하지요
부처님 법도 문이 필요합니다
원효스님께서는
그의 저서《십문화쟁론》에서
다툼을 그치고 화합하는 데
열 가지 문을 열어 놓았습니다

관세음보살께서는
문을 없애는 게 아니라
되려 보문普門을 설치하셨습니다
대도무문이라 하여
문 없는 것이 큰 길인지 모르나
이는 상근기上根機 중

상근기의 길일 따름이지
중하근기들을 위한 게 아니지요

우리나라는
국토 면적에 비해
차량이 많은 편입니다
그러다 보니
세계적으로 유례를 찾아볼 수 없는
잘 짜인 도로망을 갖추고 있습니다
그럼에도 불구하고
교통사고로 인한 사망율이
세계에서 가장 높다고 하지요

문은 여닫는 것이고
드나드는 곳입니다
문이란 곧 질서입니다
교통법규가 엄격한 상황에서도
교통사고 사망율이 그토록 높은데
거기에 질서까지 걷어치운다면
아예 질서 자체를 세우지 않는다면
아, 생각만 해도 아찔합니다

대도는 무문이 이나라 보문입니다
지구상 인류가 70억이라면
큰 길도 70억 개
문도 70억 개이어야 합니다
왜냐하면 지구상에서
인류를 제외한 모든 생명들은
자체적으로 질서를 유지해가므로
특별한 길이나 문이 필요없습니다

비가 오기라도 할라치면
개미들이 줄지어 이사를 갑니다
심지어는 10만 마리에서
100만 마리 이상이 길을 가더라도
결코 충돌을 일으키지 않습니다

아프리카 사바나에는
수백 마리에서 수천 마리까지
떼지어 이동하는 동물군이 있지요
얼룩말 버팔로들이 그렇습니다
하지만 사자나 하이에나 등
육식동물을 만나지 않는 한
어떤 경우에도 질서를 유지합니다

사람은 70억이 아니라
몇 사람만 모여도
배가 산으로 올라가곤 합니다
아내와 남편이라는
아주 소중한 인연 사이에서도
두 사람의 의견이 조율되지 않아
다투고 토라지고
폭언과 주먹다짐이 오가고
심한 경우 갈라서기까지 합니다

노사나부처님께서는
대중들을 위해
그리고 뭇생명들을 위해
백천 항하사 법문을 뛰어넘어
불가설의 법문을 열어놓으셨는데
중생들을 위하여
더 많은 문을 설치는 못 할 망정
기존의 문마저 없앨 수는 없습니다

문은 질서인 동시에 자비입니다
원만보신 노사나불께서
대중들을 위해

백천 항하사 법문 중에서
그리고 백천 불가설 법문 중에서
비록 털끝의 먼지만큼 적은 법문을
열어놓으셨다 하더라도
이는 바로 노사나불의 자비심이지요

부처님께서 말씀하실 때
항하사는 히말라야에서 시작하여
인도 북부를 유유히 흐르는
갠지스 강변의 모래 숫자일지 모르나
이미 세계적으로
또는 인류사에 있어서
숫자와 수학에 대해서 뛰어난
인도인들의 의식구조에서
항하사는
갠지스 강변 모래라는
하나의 비유로 가져왔을 뿐
이는 수의 단위의 하나였습니다

그래서 항하사는
10의 52승이라고 하는 수였고
불가설은 항하사의 1조 배인

10의 64승이라는 엄청난 수였지요
10의 52승인 항하사가
어느 정도나 되는 숫자냐고요?

갠지스 강변 모래가 아니라
우리 지구를 부수어 가루를 내되
그 가루의 크기를
1 나노g 정도
다시 말해
1g을 10억 조각으로
다시 쪼갠다 하더라도
가루가 1항하사가 안 될 것입니다
그런데 하물며
항하사의 1조분의 1인
불가설('불가사의'라고도)이겠는지요

문을 열어 놓음은
큰 자비심을 드러냄입니다
자비심이 없다면
생명의 안전을 책임질
문이란 개념을 설정하지 않지요
이 법문은 과거불이 여셨고

미래불이 여실 것이며
현재불이 열어 대중을 거두십니다

그런데 자비심을 얘기하면서
노사나불은
어찌하여 백천 항하사
불가설 법문 중에서
털 끝의 먼지 정도만 여셨을까요
세상은 하나입니다
우주는 하나입니다
한덩어리—合相이고
나비효과Butterfly effect입니다

이 소중한 법문
이 《범망경》 마음心地 법문은
과거 보살들이 이미 배웠고
미래 보살들이 장차 배울 것이며
현재 보살들이 지금 배우는 중입니다

제1장. 예경삼보 禮敬三寶

일심정례 진시방삼세 일체제불
일심정례 진시방삼세 일체존법
일심정례 진시방삼세 일체현성승
아제자등 설계포살 유원삼보 위작증명
一心頂禮盡十方三世一切諸佛
一心頂禮盡十方三世一切尊法
一心頂禮盡十方三世一切賢聖僧
我弟子等說戒布薩唯願三寶爲作證明

시방삼세 일체제불 거룩하신 부처님께
한마음을 다기울여 귀명정례 하나이다
시방삼세 일체존법 거룩하신 가르침께
한마음을 다기울여 귀명정례 하나이다

시방삼세 일체모든 거룩하신 현성승께
한마음을 다기울여 귀명정례 하나이다
저희모든 제자들이 이자리에 함께모여
보살계를 설하옵고 삼가포살 하옵나니

거룩하신 불보시여 증명하여 주옵소서
거룩하신 법보시여 증명하여 주옵소서
거룩하신 승보시여 증명하여 주옵소서
거룩하신 삼보시여 증명하여 주옵소서

#1

예도禮度의 뿌리는 제사에서 기인합니다
하늘天에 제사를 올리고
땅地에 제사를 올리며
온갖 존재生命에게 제사를 올립니다
만일 하늘이라는 공간이 없었다면
어느 누구도 숨을 쉴 수 없었을 것입니다
만萬에 하나— 땅이라는 공간이 없었다면
어느 누구도 의지할 곳이 없었을 것입니다
하늘과 땅 사이에 생명들이 없었다면
누구도 존재의 가치를 몰랐을 것입니다

예도禮의 줄기는 존중敬에서 기인합니다
하늘은 하늘이기에 존중하고
땅은 땅이기에 존중하며
생명체는 생명체이기에 존중합니다
가령 이들 하늘과 땅과 생명체가 없었다면
나 너 우리가 살아있을 수 있겠습니까
그러므로 우리는 하늘에 예를 다하고
이와 같이 땅에 예를 다하며
함께하는 생명들에게 예를 다합니다

하늘과 땅과 뭇 생명체는
사람이 삶을 살아가는 데 있어서
어느 하나도 없어서는 안 되는 것들입니다
하늘 없는 삶을 생각해본 적이 있습니까
땅 없는 삶을 생각해본 적이 있습니까
생명체 없는 삶을 생각해본 적이 있습니까
생명체란 나 자신을 포함하여
살아 숨 쉬는 온갖 존재를 가리킵니다
그러므로 나 자신을 포함하여 온갖 존재와
하늘과 땅에게 그저 감사할 따름입니다

그런데 어디에 정례頂禮하느냐고요?
깨달음을 이룬 모든 부처님과
삶의 이치를 설한 존귀한 모든 가르침과
어질賢고 거룩聖한 모든 승가僧에게
한마음一心을 다 기울頂여 예경禮敬함입니다
띠어쓰기 '한 마음'이 아닙니다
붙여쓰기 '한마음'입니다
띠어쓰기 한 마음은 숫자에 걸리나
붙여쓰기 한마음은 숫자를 뛰어넘습니다
이는 예를 올리는能禮者 나의 마음과
예를 받는所禮者 삼보가 하나인 까닭입니다

앞에서는 하늘 땅 존재를 얘기하더니
어찌하여 슬며시 삼보로 바뀌었느냐고요
하늘 땅 존재는 그릇삼보器三寶이고
불법승佛法僧은 진리智正覺 삼보입니다
다시 얘기하거니와 몸소 예를 올리는 나와
나의 예를 받는 삼보가 둘이 아닙니다
본디 둘이었는데 하나가 되는 게 아니라
본디 하나였기에 그 '하나'로 되돌아감입니다
그러기 위해서는 '한 마음'이 아니라
본디 하나였던 '한마음'이 되어야 하지요
'나와 삼보'라는 호칭도 방편일 따름입니다
이는 삼보와 내가 분리될 수 없으니까요

시방삼세十方三世는 공간과 시간입니다
이들 공간十方과 시간三世 앞에
'다함盡'이라는 어찌씨副詞가 놓였습니다
이는 공간 전체를 통틀어 얘기함이고
시간 전체를 통틀어 얘기함입니다
어느 나라 어느 마을 어느 집을 뺀 게 아니라
나노nano미터를 다시 나노미터로 나눈
아주 작은 공간마저도 모두 포함함이고
나노초를 다시 나노초로 나눈

이른바 찰나마저 모두 포함한 시간입니다

불법승 삼보는 시공간에 두루합니다
아무리 작은 공간이라 할지라도
거기에는 반드시 불법승 삼보가 함께하고
아무리 짧은 시간이라 할지라도
불법승 삼보가 없던 적이 전혀 없습니다
그러기에 '진시방삼세盡十方三世'입니다
이 '진시방삼세'가 시공간이듯이
이 시공간이 정교하게 짜여 있는 것이
곧 다름 아닌 깨끗한 그물 범망梵網입니다
날줄과 씨줄로 정교하게 엮인 그물입니다

범망梵網은 이처럼 먼지만한 작은 공간과
10의 마이너스 18승 초인 찰나의 시간으로
완벽하게 잘 짜여진 세계입니다
이들 범망의 소재素材가 무엇입니까
보살계菩薩戒라는 완벽한 신소재입니다
사실 보살계는 신소재가 아닙니다
헤아릴 수 없는 과거過去로부터
다함 없는 미래제未來際에 이르기까지
한 번도 바뀜이 없는 그물梵網 소재입니다

이들 보살계란 소재로 짜여진 세계를
우리는 지금 살펴보는 중입니다

어디 한 번 생각해 보십시오
불교의 무시이래無始而來란 시간관과
무량원겁無量遠劫이란 시간관은 접어두고
오늘날 과학자들이 얘기하는
빅뱅bigbang 사건으로부터 지금까지
137억 년 동안 단 한 찰나도 생략된
그런 시간을 생각해본 적이 있습니까
300억 광년光年을 가로지르는 드넓은 우주에서
먼지만한 작은 공간도 인정하지 않은 채
그런 공간을 생각해본 적이 있습니까

보살계를 설하고 포살布薩하는 것은
살생하지 말라
훔치지 말라
사음하지 말라
거짓말하지 말라와 같이
계율의 조목을 낱낱이 나열하고
이를 지키라는 데서 끝나는 것이 아닙니다
광활한 우주의 시간에 해당하는 날줄과

공간에 해당하는 씨줄로 이루어진
그물梵網 소재가 보살계임을 밝힘입니다

나는 나의《아미타경을 읽는 즐거움》에서
기존의 불법승佛法僧 삼보三寶가 아닌
새로운 삼보로 해와 달과 지구를 들었습니다
부처님佛과 부처님 가르침法과 교단僧은
불교인들에게는 더없이 소중한 보배이지만
불교라는 어떤 하나의 종교를 뛰어넘어
지구상에서 살아가는 모든 생명들에게
해와 달과 지구보다 더 소중한 게 있을까요
잘라斷 말씀하건대 "없습니다."
해 달 지구를 뛰어넘는 보석은 없습니다

그런데 해와 달과 지구를 비롯하여
수많은 별들과 별들의 집합체 은하銀河와
은하의 집합체 '국부局은하'와
국부은하의 집하체 은하단團과
은하단의 집합체 초超은하단과
초은하단의 집합체 초초超超은하단과
이들 초초은하단을 모두 다 계산하더라도
우주 전체에서 이들이 차지하는 것은

겨우 4%에 불과하다고 합니다

나머지 96%는 텅 빈 세계입니다
뭐, 그게 그리 중요하지 않을 수 있습니다
그러나 우주의 4%에 해당하는 물질계와
무릇 96%에 해당하는 비물질계가
무엇으로 되어있다고 했지요?
바로 시간과 공간으로 이루어져 있습니다
시간과 공간은 물질이 아니거니와
또한 비물질의 세계도 아니라고요
어쩌면 그래서일까요
'14무기無記'에 시공간의 본질이 나옵니다

시공간의 본질이 무엇일까요?
14무기에서 부처님은 답하시지 않습니다
우宇space 주宙time라는 시공간은
어느 하나로 설명될 수 있는 게 아닙니다
물질로만 얘기하자니 비물질이고
비물질로만 얘기하자니 곧 물질입니다
다른 말로는 비물질인가 했더니 물질이고
물질인가 했더니 물질 너머의 세계지요
하여 부처님께서는 답하시지 않은 것입니다

우주보다는 인간의 삶이 우선이었으니까요

엄청난 물난리로 급류에 떠내려가면서
살아날 궁리보다는 딴 생각에 잠겨있다면
그리고 상상초월의 타오르는 불길 속에서
화마로부터 빠져나올 생각은 하지 않고
하늘과 땅과 별과 우주가 어떻게 생겼으며
영원할까 영원하지 않을까나 생각한다면
과연 올바른 사고인가를 말씀하셨지요
아기가 놀다가 동전을 삼켰는데
구급차를 부르기에 앞서
동전이 얼마짜리일까나 생각하고 있다면
그를 정신이 바로 박힌 사람이라 할 수 있을까요

이《범망계본梵網戒本》은
범망이란 아름다운 우주 그물 조직이
보살菩薩의 덕목으로 이루어져 있습니다
보살의 덕목이 무엇입니까
보살계菩薩戒며 범망계梵網戒입니다

#2

훈장님께서 경상經床을 내리치셨지요
착~착~

보통 딱딱~으로 소리가 나야 하는데
내 귀에는 분명 '착착~'이었습니다
"너 이 녀석! 또 졸고 있느냐?
그래, 그렇게 잠이 많아서 언제 성불할래?"
훈장님의 앞의 말씀은 자장가였으나
뒤 말씀만큼은 아주 또렷했습니다
"너 이놈!"
고함과 함께 다시 경상을 후려치셨습니다
착~착~

열다섯 살 어렸을 때입니다
모처럼 둘째 형님을 따라 서당에 갔습니다
그런데 훈장님 앞에서 졸고 있었지요
어린 나이에 낮에는 화전을 일구고
그 화전에 씨를 뿌리고 김을 매었습니다
이른 새벽부터 시작된 농사일은
10대 초반 어린 나이에는 무리였습니다
밭두렁에서 괭이질을 하다가 졸고

풀을 뽑고 호미질을 하다가 졸았습니다
"야! 매꼬자 쓴 놈 갔니?"하면서
돌아서면 웃자라는 쇠뜨기를 뜯었습니다
쇠뜨기는 뽑히지 않고 뜯기는 풀이었지요

쇠뜨기란 풀이 얼마나 빨리 자랐으면
김을 매고 돌아서서 다시 보면
또 그만큼이나 웃자라 있습니다
밭둑에 난 풀을 낫으로 베고 돌아서면
거짓말 한 마디 보태지 않고
초록빛 대공에 연둣빛으로 돋은 풀
자그마치 1cm는 되는 듯싶었습니다
서너 달이면 어른 키만큼이나 자라는 풀
돌아서자마자 1cm 이상 자란다는 게
결코 과장이 아니었습니다
이게 우리나라 여름날의 자연현상입니다

한참 공부하고 책 읽을 13살부터
공부는 하지 못하고 농사일을 해야 했으니
앉아서 졸고
서서 졸고
괭이질하다 졸고

호미 들고 졸고
밥 먹으며 숟가락 들고 졸고
걸으며 졸고
세수하다 졸고
아버지 말씀 들으며 졸고
모처럼 형님 따라 서당書堂에 가서도
훈장님 말씀에 졸고
그저 조는 게 내 일이었습니다

착~ 착~
"아이고, 이 녀석!
그렇게 졸다가 언제 성불할래?"
훈장님 말씀은 매우 구체적이었습니다
졸던 중에도 '성불成佛'이란 훈장님 말씀에
정신이 번쩍 들었습니다
오른 손으로 턱을 쓸었더니 미끈했습니다
아마 침을 흘리며 졸았던 모양입니다
"성불이요? 훈장님, 성불이 뭐예요?"
이재훈 훈장 음성은 옥음玉音이었지요
토씨 하나 미끄러짐이 없이 완벽했습니다

훈장님께 여쭈었습니다

"훈장님, 성불은 무엇이고 어떤 뜻입니까?"
그렇게 졸던 녀석이 훈장님 말씀 중
'성불'이란 단어에 화등잔 같은 눈을 뜨고
다짜고짜 질문을 해대니 희한했겠지요
얼핏 보아도 여나믄 명 학동들 시선이
청강생인 내게 집중되는 게 느껴졌습니다
나의 집념은 그러거나 말거나였지요
아무도 내 호기심을 말릴 수는 없었습니다
이재훈 훈장님 말씀이 있었습니다

"부처님은 사람 亻 이면서
사람의 경계를 넘어선 弗 그런 분이다
그래서 사람인변 亻 에 아니 불 弗 자란다~"
나는 훈장님을 닥달했습니다
"사람이면서 사람의 경계를 넘어서다니
훈장님 그런 말씀도 있을 수 있나요?
그럼 사람이되 사람이 아니란 뜻입니까?"
'부처님'이란 단어를 몰라서가 아닙니다
초등학교 4학년까지는 다녔으니
교과서에서 '부처'란 말을 읽었으니까요

훈장님 말씀은 명료했습니다

"그래. 이놈아! 부처님은 그런 분이니라."
그날 이후로 부처 불佛 자를 생각했습니다
친구네 집을 찾아가 사전을 빌렸습니다
친구도 기껏《동아수련장》이 전부였고
덧붙여《동아전과》가 있었을 뿐이었지요
요즘처럼 그 흔한《백과사전》은 고사하고
세상에나!《국어사전》하나 없었습니다
구글, 다음, 네이버 등 인터넷이나
인공지능人工知能AI은 있었느냐고요?
글쎄, 개네들이 그때부터 살고 있었습니까?

그저 어른들에게 묻는 게 고작이었습니다
그러나 시골 어른들은 잘 모르셨습니다
한 달 남짓 끙끙대던 내 발길은
마침내 다시 훈장님에게로 향했습니다
훈장님께 여쭌 것은 '부처佛' 뿐이었는데
되돌아온 답은 법法과 승僧까지였습니다
'불법승佛法僧'에 대한 걸음마는
열다섯 살 어린 나이 밖에서 시작되었지요
절집에서 부처 불佛 자를 익힌 게 아니라
서당 훈장님에게서 처음 익혔습니다

그때 훈장님께서 내게 되물은 말씀이 있지요

"애야! 너 불법승류佛法僧類란 말 들어보았느냐?"

'불법승佛法僧'이란 말도 처음이었는데

'불법승류'라니 당연히 처음이지요

"아니요 훈장님, 아직입니다. 무슨~?"

훈장님께서 자랑스레 스스로 답하셨습니다

"새의 한 목目이란다.

파랑새과, 물총새과, 오디새과 따위지"

비록 여쭈어보지는 못하였으나

훈장님은 뛰어난 재가불자였을 것입니다

부처 불佛 자는 '부처 불佛' 자 외에

일어날 발佛 자와

도울 필佛 자로 새기기도 합니다

사람인 亻변에 총 7획으로 되어 있는데

부처님, 불교, 불경은 물론

'프랑스佛蘭西'의 약칭으로 쓰이며

'불안한 모양'에

어그러지다

비슷하다

흡사하다

비틀다

성하다

기운이나 세력이 왕성하다 따위입니다

절에 들어온 지 꼬박 마흔세 해

나름대로 열심히 탐구한다고 했으나

아직도 나는 부처 불佛 자에 매달려 있습니다

단지 이론적으로서가 아니라

철저히 내 마음에서

내 이웃

모든 사람

모든 생명체가

부처님임을 알아보지 못함이고

무엇보다 내 스스로 부처인 줄 모름이지요

법法은 흐름입니다

정체되어 있는 진리가 아니라

끊임없이 움직이고 변하는 흐름이지요

법 법法 자에 곁 든 흐름 氵

중력重力의 법칙 따라 아래로 흐르고

반反중력의 법칙 따라 수증기로 오릅니다

상황 따라서는 단단한 얼음이 되지요

액체의 물과

기체의 수증기와
고체의 얼음으로 변신하는 흐름彳이야말로
제행무상諸行無常의 총체적 모습입니다

땅의 낮은 곳으로 흐르는 게 물이지만
대다수 많은 물은 땅土 아래ㅅ로 흐르지요
알고 보면 대지 어느 지점에도
끊임없이 물은 흐르고 있다는 것입니다
그러기에 깊이의 차이는 있을지언정
히말라야와 같은 높은 산악에서도
메마른 사하라 사막 아래에서도 물은 흐릅니다
마치 사람이나 동물들 피부 아래
어디든 붉은 피가 흐르듯이 말입니다
법은 이처럼 어디서도 흐름을 이어갑니다

승僧은 일찍曾 깨인 사람彳이지요
무명無明의 깊은 잠에서 일찍 깬 사람이고
뭇생명이 부처임을 일찍 안 사람이지요
본디 한 스님 한 스님 개인보다는
화합하는 교단 전체를 뜻하는 말입니다
범어에 담긴 불타佛陀Buddha와
달마達磨Dharma와

승가僧伽Sangha에 담긴 뜻과는 좀 다를지언정
아무튼 한자 불법승佛法僧에 담긴 뜻도
나름대로 생각할 만한 여지가 있다고 여깁니다

거룩한 부처님께 예경하나이다
거룩한 가르침께 예경하나이다
거룩한 스님들께 예경하나이다
부디 저희 예경을 증명하여 주시옵소서

제2장. 거향찬擧香讚

원차묘향운 변만시방계

일일제불토 무량향장엄

구족보살도 성취여래향

나무 향운개보살마하살

願此妙香雲徧滿十方界

一一諸佛土無量香莊嚴

具足菩薩道成就如來香

南無香雲蓋菩薩摩訶薩

이와같이 아름다운 묘한향기 구름이여
시방세계 어디에나 두루가득 하여지다
하나하나 빠짐없는 모든나라 모든곳에
한량없는 향으로써 고루장엄 하여지다

향기구름 가득하온 거룩하신 마하살께
두손모아 마음모아 귀명정례 하옵나니
여섯가지 바라밀다 보살의길 갖추옵고
진공묘유 여래향을 성취하게 하옵소서

향운개보살마하살께 귀명정례하나이다
향운개보살마하살께 귀명정례하나이다
향운개보살마하살께 귀명정례하나이다

#1

묘한 향기妙香 구름이여! 香

널리널리 퍼져가라 香

온 법계法界에 香

두루하라 香

사바하 香 香

香 香

香 香

香

香 香 香 香 香 香 香 香 香 香 香 香 香 香

香 香 香

香 香 香

香 香 香

香 香 香

香 香 香

香 香 香 香 香 香 香 香 香 香 香

香 香

香 香

香 香

香 香 香 香 香 香 香 香 香

香 香

香 香

香 香

香 香 香 香 香 香 香 香 香

[한 떨기 꽃으로 핀 향운개보살마하살이시여!]

#2

'육법공양六法供養'이 있습니다
이에 대한 해석은 2가지인데
첫째는 육법六法과 공양供養을 뗌이고
둘째는 육六과 법공양法供養을 뗌입니다
첫째 해석은 육법으로 공양함이고
둘째 해석은 여섯 가지 법공양입니다
대개 많은 이들은 앞의 것을 따라 읽을 뿐
뒤의 것을 따라 읽지 않습니다
그러니까 여섯 가지 법공양이 아니라
여서 가지 법으로써 공양하는 것이지요

실제 불교 행사를 주관하는 분들에게
'육법공양'에 대한 뜻을 물었더니
전문적으로 행사를 가르치는 법사님들과
스님네들도 앞의 해석을 따랐습니다
수백 명 대중들이 모인 법회 자리에서
첫 번째 주제 하나만을 놓고 물었을 때는
한두 명을 제외하고는 '육법 공양'이었으나
두 가지 문제를 함께 놓고 물었을 때는
80:20이라는 결과가 나왔습니다

제2장. 거향찬擧香讚

그런데 보다 정확한 답을 찾으려 한다면
'여섯 가지 법공양'의 뜻이 맞습니다.
여섯 가지 법공양이 무엇일까요
이는 아래와 같습니다
첫째는 해탈향解脫香의 향공양이고
둘째는 일지화一枝花의 꽃공양이고
셋째는 감로다甘露茶의 차공양이고
넷째는 반야등般若燈의 등공양이고
다섯째 선열미禪悅米의 쌀공양이고
여섯째 보리과菩提果의 과일공양입니다

이들 여섯 가지 법공양 가운데서
물질 아닌 것을 찾는다면 어떤 것일까요
향도 꽃도 차도 등도 물질이고
쌀도 과일도 물질의 범주에 들어갑니다
어떻게 이들이 법dharma일 수 있습니까
이에 대해 결론부터 말씀드리면
법이란 반드시 물질일 필요는 없으나
어떤 물질 세계도 법에서 제외될 수 없지요
하여 법공양의 법法은 물질일 수 있습니다

향香은 일조량日을 충분히 쬔

잘 여문 곡식禾에서 나는 게 으뜸입니다
따라서 향기 향香 자체가 부수이나
굳이 파자하면 벼 화禾에 날 일日 자로
햇빛日을 충분히 받은 벼禾가 향香입니다
다른 향기 향皀 자가 있는데
잘 벗긴白 마늘厶에서 나는 향기도
잘 여문日 곡물禾의 향기 못지 않습니다
또한 향기 향稥 자는 곡물禾 가운데
특별히 잘 영근日 벼禾를 가리키고 있지요

곡식 향내는 어디서 맡을 수 있을까요
으레 농사 짓는 농촌이고 시골에서입니다
그래서 곡식 향내 향薌 자와
곡식 냄새 향薌 자에는 초두++ 아래
시골을 뜻하는 향鄕/乡 자가 들어있습니다
그러나 향에는 삼麻hemp 향기도 있지요
삼麻이란 값비싼 비단silk과 달리
서민들에게는 필수품의 하나였습니다
적어도 삼복三伏 더위를 이겨낼 옷으로
삼베ehmp cloth옷을 따라올 게 있었을까요

물론 비단과 삼베 사이에는

모시ramie fabric가 있습니다
하나 서민들에게는 '언감생심焉敢生心'
어찌焉 감敢히 마음心 낼生 수 있겠습니까
모시는 비단과 함께 귀족들의 포목으로
여름에는 모시, 평소에는 비단이었습니다
그러니 서민들에게는 여름날의 삼베와
평소에는 그저 무명옷이 제격이었습니다
서민들에게는 삼베가 비단이고 모시였지요
하나 삼베麻의 향香도 향기麤로웠습니다

향기 향香 자와 닮은 향麤 자도 있는데
속담에 '제 논에 물 들어갈 때와
자식 입에 밥알 들어갈 때가 가장 기쁘다'
라고 했듯이 입口에 밥알禾 들어갈 때
부모의 마음은 얼마나 향긋麤하겠는지요
향기는 고정된 형태를 지니지 않습니다
상황에 따르고 공기의 흐름을 따라
구름과 안개, 연기와 김 형태로 오르곤 합니다
일정한 형태를 지니지도 않거니와
어떤 형태든 그 모습을 빨리 감추어버립니다

향기香氣는 냄새의 일종一種입니다

곧 냄새 중에서 좋은 냄새는 향기라 하고
나쁜 냄새 썩은 냄새는 악취라 합니다
이들 냄새는 분자分子molecular입니다
이들 분자가 공기라는 다른 분자와 섞여
콧구멍으로 들어와 후각을 건드리면
후각은 이를 신경에 전달하여
분자가 지닌 냄새를 파악해내는 것이지요
냄새는 냄새 자체로 끝나는 게 아니라
냄새가 지닌 분자의 강약에 따라
뜻밖의 엄청난 사건을 일으키기도 합니다

내가 좀 젊었을 때 일입니다만
여성들의 짙은 화장으로 인해
몇 시간씩 나는 고역을 치르곤 했습니다
법당은 늘 사르는 향 한 자루로 충분하지요
‘보살’이 아니라 ‘여성’이라 칭하겠습니다
법당에서 기도를 하다 보면
화장을 짙게 한 여성들과 함께하곤 합니다
그런데 어떤 때는 머리가 지끈거리고
심할 경우 구토증까지 일으킵니다
냄새 구조가 처음에는 강하게 느껴지다가
시간이 흐르면 무뎌지는 게 정상입니다

벌이나 나비가 꽃밭에서 꿀을 딸 때
처음과 달리 시간이 흐르면
꽃향기 꿀 향기를 맡지 못하게 된다는군요
그럴 때 꽃에서 꿀을 따던 벌이나 나비는
잠시 동안 꽃밭으로부터 멀리 날아갑니다
멀어지면 다시 냄새를 맡을 수 있고
그때 다시 그 꽃밭을 향해 날아갑니다
그런데 나는 지속 시간이 깁니다
두서너 시간 내내 머리가 지끈거립니다
도저히 참을 수 없으면 그때 향을 사릅니다

기도에 전념하는 신도에게
화장에 대하여 얘기할 수는 없으니까요
화장이야말로 화학의 최첨단입니다
미용이란 최첨단 화학이 빚어내는
모습의 가꿈이며 동시에 향기의 꽃입니다
화장품 하나하나마다 고유의 향이 있지요
따라서 아무리 냄새가 독하다 하더라도
단지 한 가지 화장품 만으로는
머리까지 그렇게 지끈거리지는 않습니다
중요한 것은 어떤 소재 화장품 위에
어떤 화장품을 발랐느냐가 관건입니다

화학의 호반응好反應을 일으킬 때는
화장은 자신의 피부와 함께
자기의 장점을 드러내고
동시에 다른 사람에게 호감을 줍니다
하여 '화장하고 절에 오지 말라'가 아니라
'화장하되 잘하고 오라'가 맞는 말이지요
아무튼 나는 그럴 때 향을 줌으로 피웠습니다
향 연기가 법당에 자욱이 퍼져가면
짙은 화장으로부터 오는 역한 분자들을
솔직히 어느 정도 완화시킬 수 있었습니다

요즘도 그러냐고요?
꽃밭에 오래 머물면 후각이 무뎌지는 벌과 나비처럼
나도 이제는 후각이 무뎌지나 봅니다
그래서일까 웬만한 냄새는 잘 못 느낍니다
세상에서 가장 이름다운 향이 있습니다
오분법신향五分法身香이지요
계율戒의 향香과
선정定의 향과
지혜慧의 향과
해탈解脫의 향과
해탈지견解脫知見의 향입니다

나는 곧잘 얘기합니다
어떤 재료와 어떤 재료가 만났을 때
어떤 맛의 음식이 새롭게 태어나는 것처럼
어떤 화장품과 어떤 화장품이 만날 때
거기에서 어떤 독특한 향기가 풍긴다고요
그러나 음식이든 화장이든
만약 오반응惡反應을 일으킬 때는
음식을 싫어하고 화장을 멀리하게 됩니다
그러나 이들 오분법신향은
하나하나 따로따로든
한데 어우러지든
결코 부작용을 일으키지 않는 향입니다

하물며 잘 갖추어具足진 보살도菩薩道와
다 이루어成就진 여래향如來香이겠습니까
나무 향운개보살 마하살
나무 향운개보살 마하살
나무 향운개보살 마하살

제3장. 칭불명호稱佛名號

나무 범망교주 노사나불
나무 범망교주 노사나불
나무 범망교주 노사나불
南無梵網敎主盧舍那佛
南無梵網敎主盧舍那佛
南無梵網敎主盧舍那佛

범망교주 노사나불께 귀의하나이다
범망교주 노사나불께 귀의하나이다
범망교주 노사나불께 귀의하나이다

#1

부처님 명호는 크게 열 가지입니다

00. **여래**如來
01. **응공**應供
02. **정변지**正遍知
03. **명행족**明行足
04. **선서**善逝
05. **세간해**世間解
06. **무상사**無上士
07. **조어장부**調御丈夫
08. **천인사**天人師
09. **불**佛
10. **세존**世尊

어! 그런데 아무리 세어 봐도
10가지가 아니라 11가지나 된다고요
네, 열한 가지가 맞습니다
그런데 이 중 하나는 대표명사지요
다른 말로는 '전제명사前提名詞'입니다
전제前提란 앞前에 내세우提는 이름씨로

영어로는 프레미스premise이지요
논법에서 반드시 필요한 구조체입니다
이를테면 어떤 주제를 세워놓고
그 주제에 대해 펼쳐나가는 변증법입니다

가령, '여래如來'가 전제라면
이 여래에 대한 이름이 열 가지가 있는데
'응공'으로부터 '세존'까지가 이에 해당하지요
가령 또 '부처佛'가 전제라고 한다면
부처佛를 제외한 나머지 열 가지가
여래 십호에 들어간다고 보면 됩니다
그러므로 위의 11가지 명칭에서
어느 것이든 하나가 전제라면
나머지는 10호가 될 수밖에 없습니다
소풍 간 돼지가 자기를 빼고 세는 바람에
하나가 모자랐다는 것과는 상반된 개념입니다

이를테면 하나에서 나머지 10호를 세면
전제에 해당하는 자기 자신을 빼고도
보이는 것만으로 10호가 되는 게 맞습니다
따라서 불교의 여래십호는 꽤 재밌습니다
이런 얘기가 여기서 왜 필요할까요

애기가 정확하게 일치하지는 않지만
'골디락스와 곰 세 마리'를 떠올리게 만듭니다
소풍 간 돼지가 점호點呼roll call를 취하면서
자기 자신을 빠트리고 세는 경우와
아빠 곰 엄마 곰 아기곰의 코믹한 이야기가
서로 뭔가 좀 연결되는 것 같지 않습니까

여래십호에 대해 전제 명사를 거론한 것은
여태껏 불교에서 쓴 적이 없던 논리입니다
많은 학자들은 11가지 이름을 놓고
어느 것과 어느 것을 반드시 하나로 합쳐
하나의 호로 만들려 하고 있습니다
그래야 '여래십호'가 성립되는 까닭이지요
불佛과 세존世尊을 묶기도 하고
선서善逝 세간해世間解를 묶기도 하며
무상사, 조어장부를 하나로 묶기도 합니다
하나 그렇게 애써 묶을 필요가 전혀 없습니다

그래서 내가 새롭게 제안한 논리가 이것입니다
곧 소풍 간 돼지의 셈법을 활용함입니다
자신도 똑같은 한 마리 돼지이니까
자신을 앞세운 주제로 활용하는 것입니다

노사나불이 범망교주梵網敎主로 등장합니다
첫째 시간의 그물
둘째 공간의 그물
셋째 존재의 그물
이들을 중심으로 계율 구조를 펼쳐나가는
깨끗한 그물, 범망梵網의 교주敎主입니다

우리가 알고 있기로
노사나불盧舍那佛은 어떤 부처님입니까
청정법신淸淨法身 비로자나불을 비롯하여
천백억화신千百億化身 서가모니불과 함께
원만보신圓滿報身으로 알려져 있습니다
그런데 이《범망경梵網經》하권에서
특히 〈보살계본菩薩戒本〉 계율서戒律緖에서
노사나불은 범망교주로 등장합니다
물론 법신 보신 화신이라는 삼신三身보다
역할이 범망교주梵網敎主로 제한되지만
이는 다르게 나타난 역할이기 때문입니다

이런 문제를 두고
초발심시初發心時 불자님들은
궁금하기 때문에 선지식에게 묻습니다

그러나 쉽게 답하지 못합니다
수능에 올라가 있는 문제가 예외는 있으나
대체로 정답은 하나만 찍어야 하듯
질문을 구하는 초발심자도
제대로 된 답을 제시해야 할 선지식도
끙끙대다가 마는 경우가 종종 있습니다
불교는 수능처럼 정해진 답도 있지만
오히려 잘 다듬어지고 응용된 답을 기다립니다

여래십호如來十號를 얘기합니다만
어찌 열 가지 이름뿐이겠습니까
백 가지 천 가지를 넘어서서
백억 가지 천억 가지이기 때문에
'천백억 화신'이라 이름 붙이는 것이지요
가령 어떤 한 사람의 여성을 놓고 볼 때
아들딸에게는 엄마/어머니로 불릴 것이고
남편에게는 아내, 집사람 따위로 불리며
친정 조카에게는 고모로 불리고
시동생에게는 형수로 불릴 것입니다

친정 부모님에게는 딸이 되고
시부모님에게는 며느리가 될 것입니다

직장에서는 그의 직업과 직위에 따라
불리는 이름도 그에 준準하겠지요
선생님일 수도 있고
제자일 수도 있으며
사람에 따라 선배 후배 친구로 불립니다
마음씨에 따라 깍쟁이도 되고
솜씨에 따라 요리사가 되고
감각에 따라 시인이 되고 예술가가 됩니다

부처님도 아니고 예수님도 아닌데
이처럼 팔만 사천 가지 호칭이 붙습니다
하물며 무한無限 화신化身의 여래이겠습니까
따라서 노사나불이 원만보신이기도 하지만
이 《범망경》〈범망계본〉에서처럼
범망교주로 불리는 것도 당연한 것입니다
왜냐하면 서가모니불이 보살계를 송하시나
이는 이미 헤아릴 수 없는 구원겁 전부터
노사나불께서 송하시던 것이었지요
서가모니불은 맥을 이을 뿐입니다
노사나불의 보살계맥을 이어갈 뿐입니다

지빠귓과Turdidae의 지빠귀thrush는

워낙 지저귐이 다채롭고 아름다운 까닭에
중국어로는 빠이서냐오baisheniao
곧 백설조百舌鸟라 합니다
개똥지빠귀duskythrush를 비롯하여
호랑지빠귀golden mountain thrush
검은지빠귀gray thrush와
노랑지빠귀, 붉은지빠귀
흰눈썹지빠귀, 흰배지지빠귀 등
매우 다양한 지빠귀들이 지상에 살고 있습니다

이 새들 한 마리 한 마리에게도
다양한 몸짓이 있고 삶의 패턴이 있습니다
이들 수다스런百舌 새鸟 지빠귀에 대해서도
어떤 학자는 지빠귀의 소리를 연구하고
어떤 학자는 지빠귀의 기호를 연구하며
어떤 학자는 지빠귀의 발톱을 연구합니다
지빠귀의 청각과 후각을 연구하고
미각과 시력과 생각의 세계만을 연구하며
지빠귀의 똥 오줌만 연구하는 학자도 있습니다

아! 하물며 만물의 영장인 사람일 것이며
나아가 깨달음을 이룬 부처님이겠습니까

노사나불은 범망교주이십니다

시간의 그물과

공간의 그물과

존재의 그물만이 아니라

이들 모두를 통틀어 대변하는 교주시지요

'교주'하면 사회적으로 일부 문제가 된

신흥종교의 대리자처럼 여길 수도 있으나

교주란 말이 나쁜 것이 아니라

교주 자리를 내세워 혹세무민惑世誣民한

일부 몰지각한 이들이 문제라면 문제일 것입니다

그렇다면 범망교주梵網敎主와 함께

원만보신圓滿報身에 관한 뜻은 무엇일까요?

나무 범망교주 노사나불

나무 범망교주 노사나불

나무 범망교주 노사나불

南無梵網敎主盧舍那佛

南無梵網敎主盧舍那佛

南無梵網敎主盧舍那佛

'갚음報의 몸身'은 세 가지 몸의 하나로서
선행과 공덕을 쌓은 결과로 얻어지는
그야말로 거룩하신 부처님 몸입니다
'그야말로 거룩하다'니
그럼 '법法의 몸身'과 '변화化의 몸身'은요?
으레, 법의 몸도 변화의 몸도
갚음의 몸 못잖게 매우 거룩합니다
그러나 법의 몸은 확인이 불가능하고
변화의 몸은 외형적인 것에 붙들린 데 대해
갚음의 몸은 쌓은 만큼 나타나는
이른바 공덕의 몸인 까닭에 더 거룩합니다

두루周 알고知 있는 바와 마찬가지로
세三 가지 몸身은 첫째 법의 몸을 비롯하여
둘째 갚음의 몸이 그 가운데 있고
셋째 변화의 몸이 대미大尾를 장식합니다
예서 얘기하고픈 것은 '갚음의 몸'입니다
법의 몸, 변화의 몸과 같이
갚음의 몸을 풀이할 때도
몸이 목적어인 것만은 확실하나

'갚음'은 움직씨가 아니라 그림씨입니다
따라서 앎知識보다 느낌感性 체계입니다

행복幸福happiness이란 낱말word에서
행幸은 다행 행幸, 다행할 행幸이고
복福은 복 복福, 간직할 부福로 새깁니다
죽음을 면한 데서 나온 말이 '다행'인데
어찌어찌하다가 나라에 죄를 짓거나
뜻밖의 천재지변을 당하거나
또는 중重한 병을 얻거나
인재人災를 당하여 죽게 되었을 때
하늘天의 도움佑과 신神의 도움助으로
다시 살아났다면 실로 다행 중 다행입니다

'다행多幸'이란 낱말 속에는
'하인리히 법칙'이 들어있습니다
'하인리히 법칙'이라니 그게 무슨 뜻일까요
허버트 윌리엄 하인리히Herbert W. Heinrich가
1931년에 펴낸 유명한 산업재해 보고서인
《산업재해 예방과 과학적 접근》에서
소개한 법칙에 기인基因하고 있습니다
이 책이 출간될 당시 하인리히는

미국 트래블러스 보험회사 엔지니어링과
손실 통제 부서에 근무하고 있었지요

하인리히 법칙은 이른바 1:29:300입니다
어떤 큰 인재人災가 있기 위해서는
그에 앞서 29번의 작은 재난들이 있었고
이들 29번의 재난이 생기기 전에
300회 정도의 조짐이 있었다고 하는 게
이른바 1:29:300의 법칙이며
또는 달리 300:29:1의 법칙입니다
'다행多幸'이라는 낱말은 꽤 재밌습니다
곧 '다행할 행幸 자' 한 글자 만으로도
충분히 다행의 뜻이 들어있는데
새김에서도 '다행多幸'이라 하는 것처럼
중복重複의 뜻이 거듭해서 들어있으니까요

'하인리히 법칙'인 '1:29:300'에서
1은 어떤 경우도 다행일 수가 없습니다
왜냐하면 인사사고에 해당하는 까닭이지요
이에 비해 29는 다행幸에 해당합니다
'다행多幸'이 아니라 '행幸'이니까요
29번 사고는 인사人死까지는 아닙니다

으레, 300번 조짐은 다행多幸입니다
300번이지만 실제로는 조짐일 뿐이니까요
따라서 29:300은 다 다행幸이며
중복된 다행多幸 중 하나의 다행입니다

이런 뜻이 다행 행幸 자에는 들어있습니다
'죽음夭을 거스르다屰라는 뜻인데'
이는 '죽음을 면하다'와 같은 의미입니다
다행 행幸 자 파자破字가 이를 가리킵니다
다행할 행幸 자와 고생할 신辛 자는
겨우 한 획 차이라는 걸 알고 있습니까?
고생辛에서 행복幸이 온다는 방증이지요
다른 말로 행복은 홀로 존재하지 않고
반드시 고생을 수반하고 있다는 뜻입니다
매울 신辛의 '매움'이 고생이란 뜻이니까요

따라서 중국어에서는 '고생하셨습니다'를
씬쿨러辛苦了xinkule라고 합니다
'고생하다辛苦'라는 본동사 씬쿠xinku에
완료형 '러了le'를 가져다 붙였습니다
고생과 행복은 공덕천과 흑암천 쌍둥이 자매처럼
단 한 순간도 떨어진 적이 없습니다

고생의 뜻 매울 신辛 자를 보면
십자가에 못박힌 예수님이 떠오릅니다
높은 십자가十 위에 서立있는 모습이지요
십자가에 못박혀 죽음을 기다리고 있는
예수님의 처절한 고통이 느껴지지 않습니까

누구나 자기 입장에서 사물을 바라보고
자기 입장에서 판단하기 마련입니다
다행할 행幸 자를 가운데 놓고
마주 앉은 사람과 바라볼 때
나는 나름대로 영토土를 지니고 있으며
그 영토를 지킬丿 방패干까지 갖추었다며
정말 다행한幸 일이라 느낍니다
이는 상대방도 나와 같은 생각일 것입니다
마치 데칼코마니아 기법에서처럼
가령 '응'이라는 긍정의 답은
어느쪽에서 보더라도 '응'이듯이
이처럼 주관적 생각에서 판단하기에
사람은 누구나 때로 기쁨幸을 느낍니다

갚음을 뜻하는 '보報'의 세계는
이처럼 긍정과 기쁨幸에 겨움及입니다

내가 진 빚debt을 갚을 때도 기쁨이지만
남에게 빌려준 빚loan에 이자를 보태
되돌려받을 때도 하나의 기쁨입니다
열심히 일한 뒤 댓가를 받음도 기쁨이고
애 쓴 이에게 고마움을 표함도 기쁨입니다
쌓은 복이 결과로 나타날 때 기쁘고
닦은 공이 이루어질 때 더 없이 기쁩니다
갚음報에는 기쁨幸의 미침及이 있습니다

노사나불盧舍那佛의 이미지가
둥글고 가득 찬 갚음의 몸圓滿報身임은
중생들에게 중생 스스로 닦은 만큼
반드시 그에 상응하는 결과로 나타난다는 것을
몸소 보여주시기에 붙은 이름입니다
정말 열심히 시험을 준비했는데
막상 아무런 점수도 오르지 않았다고 하면
얼마나 허전하고 속상한 일이겠습니까
맡긴 일을 완벽하게 잘 마무리했는데도
일 맡긴 사람이 입 쓱 닦고 만다면
생각만 해도 얼마나 복장터지는 일이겠습니까

'갚음의 법칙'은 매우 평범합니다

기도한 만큼 반드시 소원은 이루어집니다
이는 부처님이 주는 게 아니고
하느님이 주는 게 아니고
예수님이 주는 게 아니고
신이 주는 게 아닙니다
스스로 지은 만큼 스스로 이루어감입니다
이처럼 평범한 진리를 가르치는 부처가
이른바 원만보신 노사나불이며
여태껏 말씀드린 보신불 이미지입니다

중병으로 신음하는 귀하디 귀한 아들을 위해
자신의 아픈 몸을 통째로 던져가며
매일같이 불전에서 1080배를 올리고
더불어 108독讀 다라니를 외는 어머니가
어느 날 건강을 회복한 아들과 함께
스스로의 건강까지 좋아졌음을 느낄 때
원만보신 노사나불이 누구일까요
열심히 기도한 어머니 자신입니다
어머니 입장에서 본 아들이 누구일까요
그가 어머니 건강을 좋게 하였으니
아들 또한 그대로가 원만보신 노사나불입니다

아미타불이 보신불이고
약사여래가 보신불이고
관세음보살이 보신불이고
지장보살이 보신불이고
문수보살, 보현보살이 보신불이고
독성, 나한, 칠성, 산신이 다 보신불이고
지송한 다라니가 보신불이고
지송한 금강경이 보신불이고
사경한 법화경이 보신불이고
1080배 삼천배가 그대로 보신불입니다
그러나 정작 거룩한 보신불이 누굴까요
이러한 원리에 따라 정진하는 이들입니다

깨끗梵한 그물網
범망梵網 교주敎主가 다른 분일까요?
보답報의 몸身
원만圓滿 보신報身이 다른 분일까요?
이들은 같은 여인을 두고
남편은 아내로/부인으로/집사람으로
자녀들은 엄마/어머니로 부름과 같습니다
같은 사람을 앞에 놓고도
승진하기 전에는 과장이었는데

승진하면서 국장으로 부름과 같습니다

나무 원만보신 노사나불
나무 원만보신 노사나불
나무 원만보신 노사나불
南無圓滿報身盧舍那佛
南無圓滿報身盧舍那佛
南無圓滿報身盧舍那佛

원만보신 노사나불께 귀의하나이다
원만보신 노사나불께 귀의하나이다
원만보신 노사나불께 귀의하나이다

[꽃은 화려합니다. 꽃이 곧 원만보신이지요]

제4장. 개경게 開經偈

무상심심미묘법無上甚深微妙法
백천만겁난조우百千萬劫難遭遇
아금문견득수지我今聞見得受持
원해여래진실의願解如來眞實意

매우높고 심오하고 미묘하신 가르침은
백천만겁 지나도록 만나보기 어려워라
저희이제 듣고보고 받아지녀 외우오니
부처님의 진실한뜻 분명하게 알아지다

#1

아, 거룩한 부처님이시여
자애 그윽한 관세음보살이시여
저희는 행복하나이다.
푸른 별에 태어난 행복이옵니다
우주에는 수천 억 개 별들로 이루어진
수천 억의 은하계가 포진해 있고
그들 은하계가 다시 수천 억인데
그 많은 은하계 가운데서도
우리 태양계가 속한 은하계인 까닭이오며
이 은하계에 푸른 행성 지구가 있사옵니다
이 지구에 태어남이 첫째 행복이나이다

이 지구에 수십 억 년 수천 만 년도 아니고
수백 만 년 수십 만 년도 아니고
고작 1만 년도 아니고
아니, 수천 년 전도 아니나이다
지금 이 시대에 태어남이
둘째 가는 행복이나이다

지구에는 숱한 생명들이 살고 있나이다

포유류가 있사옵고

조류가 있사오며

양서류가 있사옵고

작은 곤충들과

나아가 비늘 생명들이 있사옵니다

이들 생명들 가운데서도

어떻게 사람으로 태어나게 되었는지

아! 이것이 저희가 느끼는

셋째 행복이나이다

지금으로부터 2,600년 전쯤,

부처님께서 살아계실 때가 아니라면

이 순간 여기 살아있음이 행복이나이다

지나간 시간을 아쉬워한들 의미가 없사옵고

오지 않은 시간은 오지 않았기에

미리 앞당겨 걱정할 필요가 없나이다

과거와 미래는 그다지 매력이 없사옵니다

지금 이 순간 살아있음이 기쁨이나이다

아으! 부처님의 가르침을 바르게 이해함이

저희를 가장 기쁘게 하나이다

이것이 저희가 느끼는 넷째 행복이나이다

비록 황금과 보석이 지천으로 널려 있더라도
알아볼 수 있는 눈이 열리지 않았다면
없는 것이나 마찬가지나이다
게송에서는 말씀하나이다

매우높고 심오하고 미묘하신 가르침은
백천만겁 지나도록 만나보기 어려워라

부처님이시여!
바로 그러하나이다
만나보기 어려워서 어려운 게 아니고
이처럼 고귀하고 소중한 가르침을
이해할 수 있는 안목이 그다지 없었나이다
법은 어떠한 질량도 지니지 않았사오니
가령 질량을 갖고 있지 않다면
우주 어디에도 존재하지 아니하기에
결국에는 없는 것이나 마찬가지이옵니다

질량을 갖지 않은 부처님의 가르침을
질량 없는 경전에 담고 있으니
이야말로 최상의 진리이오며
이를 이제서야 느끼게 되었사오니

아! 이것이 저희의 다섯째 행복이나이다

백천만겁은 오랜 시간이나이다
일백 겁이고
일천 겁이고
일만 겁이나이다
이름 모습 모르지만 한 나라에 태어남이
일천 겁에 선근공덕을 함께 심은 인연이나이다
일만 겁이 부모와 자녀의 인연이고
스승과 제자도 일만 겁 인연이나이다

그렇다면 일백 겁 인연은 어떤 것이나이까
일백 겁 인연은 같은 대륙洲 인연이옵고
10겁 인연은 같은 지구인人이오며
1겁 인연은 같은 지구 다른 생명이나이다
사람과 가축은 한 겁 인연이나이다
사람과 애완 동물이 비록 가깝다고 하나
지구 위 어느 모르는 사람과의 인연에 비해
10분의 1의 선근공덕에 지나지 않사옵니다

1겁의 길이는 어느 정도이겠나이까
1겁은 지구령地球齡이나이다

일반적으로 56억 7천만 년이라 하오나
저는 늘 얘기하나이다
'지구의 나이가 곧 1겁'이라고
10억 년 이상 줄어든 지구의 나이
하오나 결코 짧은 시간이 아니나이다
1년에 평균 3cm를 자라는 손톱의 성장속도로
지구를 3바퀴 반을 도는 시간이나이다

이처럼 긴 시간이 1겁이온데
백 겁에도 천 겁에도 만 겁에도 만나기 어려운
형질과 크기와 무게와 부피를 떠난
가장 심오하고 미묘한 가르침을 만났으니
이보다 더 큰 기쁨이 있사오리이까
이보다 더한 행복이 있사오리이까
이보다 더 큰 아름다움이 있사오리이까
이것이 저희의 여섯째 행복이나이다

거룩한 부처님이시여
자애가 가득한 관세음보살이시여
일천 개 손과 눈과 팔과 다리를 지니신 이여
저희는 이 행복을 잃고 싶지 않나이다
과거도 미래도 아닌 지금 여기에서

이와 같이 듣사聞옵고
이와 같이 뵙사見옵고
이와 같이 얻사得옵고
이와 같이 받사受옵고
이와 같이 갖사持옵게 되었사오니
저희가 놓칠 수 없는 일곱째 행복이나이다

거룩하신 부처님이시여
아으! 저희 관세음보살이시여
팔만사천 삭가라수手를 지니신 이여
팔만사천 모다라비臂를 지니신 이여
팔만사천 청정보목目을 지니신 이여
이 경전에 담긴 부처님의 뜻을
하나도 빠짐없이 모두 이해하겠나이다
대자대비 부처님이시여
이것이 저희가 느끼는 여덟째 행복이나이다

으뜸의 으뜸가는 행복이 있나이다
부처님의 가르침을 통하여
함께하는 가족과 이웃이 부처님이고
스승과 제자와 동료와 도반이 부처님이고
생명을 가진 이는 모두 부처님임을

비로소 알게 되었다는
으뜸의 으뜸가는 행복이나이다

나무 서가모니불
나무 서가모니불
나무 시아본사 서가모니불

#2

무상심심미묘법無上甚深微妙法이라
매우 높고 심오하고
미묘하신 가르침이라 풀이하는데
법法에 과연 위없음과 매우 깊음과
작고 섬세하고 아름다운 법이 있을까요?
높낮이를 설정하는 법이 최상일까요
깊고 얕음으로 판단하는 법이 최고일까요
만일 가늘고 미묘한 법이 있다면
이는 굵고 거친 법에 상응하는 법이겠지요
이런 법을 최상의 법이라 하겠습니까

법法이라고 하면 그냥 법일 뿐이지
법에 무슨 높낮이가 있고
깊은 법이 있고 얕은 법이 있을 것이며
지나간 법과 오지 않은 법이 있겠습니까
네 법 내 법과 그와 우리 법이 있겠습니까
법이면 그냥 온통 법일 뿐이지
거기에 무슨 진보가 있고 보수가 있으며
왼쪽과 오른쪽, 중도가 있을 수 있겠습니까
게다가 동서남북과 네 간방과

위上 아래下 법이 있을 수 있겠습니까

그냥 법이면 충분한 거 아닌가요
소승은 무엇이며
대승은 또 무엇입니까
거기에 금강승金剛乘까지 곁들이다니요
아하! 정토淨土와 선禪이 빠져 있고
조계와 태고와 천태도 들어가야 한다고요
젊은이를 위한 법이 필요하고
어르신을 위한 법이 필요하다고요
공양하는 법
차를 마시는 법
마지를 올리고 주력하는 법
경전을 읽고 절하는 법도 필요하다고요

이렇게 반기부터 들고 일어나
끊임없이 늘어놓기만 할 수는 없습니다
뭔가 정리를 하기는 해야 하겠지요
그래서 하나로 '뭉뚱그려圓滿'야겠지요
지금까지 나열할 차별법差別法은
이처럼 떠들어대길 수십년간 이어가고
수백 수천 수만 년을 이어간다 해도

하고 싶은 수다의 만 분의 하나도 못합니다
얼마나 지껄일 일이 많은데
여기서 푸시시 물러앉고 말겠습니까

법法은 곧 물氵흐름去과 같습니다
샘물처럼 샘샘 솟아오르는 물이 있고
산골물처럼 산산골골 흐르는 물이 있지요
도랑물처럼 도랑도랑 흐르고
개울물처럼 개울개울 흐르는가 하면
강물처럼 가앙가앙 하며 흐르기도 합니다
그럼 바다는 바다바다 하며 일렁이나요?
한 마디를 듣고 바로 알아차리니
당신은 그야말로 수재水材입니다그려
석간수는 써서깐간 하며 솟고
폭포수는 푸욱푸욱 하면서 쏟아지나요

위에 쓴 말이 흐르는 물의 의성어인데
물이 어찌 흐르기만 하겠습니까
겉으로 흐르는 물은 물의 일부입니다
보이지 않게 땅속으로 스미고
풀과 나무의 줄기를 타고 위로 올라가면서
잎을 피우고 꽃을 벙글게 합니다

아주 작은 미생물들의 몸 속은 물론
하늘을 날고 땅속에서 살아가는 곤충들
나는 새와 닫는 짐승들을 살리며
생명체들 몸 속에서 움직이고 출렁댑니다

하물며 사람의 몸 속을 흐름이겠습니까
단 하루도 물을 섭취하지 않고
이토록 고귀한 목숨을 유지할 수 있을까요
차라리 밥을 굶으면 굶었지
마실 것을 마시지 않고는 살 수 없다고요
그러나 어쩝니까
밥에도 심지어 마른 누룽지에도
반찬에도 더 나아가 마른 반찬에도
일정한 습기는 필히 들어있게 마련입니다
따라서 물 없는 삶이란 아예 불가능합니다

법은 알고 보면 언어言語와 같습니다
지구상에서 살아가는 뭇생명은
생각이 있고 그 생각을 말로 표현합니다
말 외에 행동과 표정으로도 나타내고
향기와 냄새로 드러내기도 합니다
당연히 그럴 수 있습니다

어찌 의사표현이 말에만 의존하겠습니까
그러나 인간은 언어를 발달시켰고
모여 살며 그들만의 기호를 만들었지요
이게 바로 언어의 표기 문자일 것입니다

혹시 이런 말과 글을 이해할 수 있습니까
[갓수애 어제 포텐 완전 빵빵 터짐
완전 세젤예, 어제 케미 진짜 터졌다니까
너 키스씬 봤어? 아 나 그거 보면서
완전 덕밍아웃 할 뻔 수애]
이들 언어를 급식체, 급식충蟲이라 합니다
난 사실 이런 말들을 잘 모릅니다
비록 설명을 듣고도 금새 잃어버립니다
급식하는 아이들에게서 쓰인다 하여
급식체라 하지만 쉬운 말들이 아닙니다

ㅅㅌㅊ/상타치上打值, 상급수준
ㅍㅌㅊ/평타치平打值, 평균수준
ㅎㅌㅊ/하타치下打值, 하급수준
ㅁㅌㅊ/몇타치, 자기의 수준을 묻는 말
ㅆㅅㅌㅊ/쌉상타치, 매우 상급수준
하투하투/나도나도

데헷/귀여운 행동, 어리둥절한 행동, ㅎㅎ
낄끼빠빠/낄 데 끼고 빠질 데는 빠지고~
스마트폰이 일상이 된 채팅어들인데
이런 말들을 이해하시겠습니까

~각/적절한 상황이 이루어질 것 같다
개이득/ㄱㅇㄷ 개+이득, 크나큰 이익이 들어왔다
레알/Real, 진짜로
에바/오버를 떤다의 변형
앙 기모띠/일본어로 기분이 좋다
오지다/오달지다의 줄임말, 마음이 흡족함
ㅇㅈ? ㅇ ㅇㅈ/인정? 어 인정
느금/느그 엄마, 너희 어머니
니애미/너희 엄마
ㅇㄱㄹㅇ/이거레알
ㅂㅂㅂㄱ/반박불가
ㄹㅇㅍㅌ/레알팩트
현웃/현실에서 웃다와 같은 급식체는요
말할 것도 없이 으레 법입니다

무상심심미묘법은 특출한 법이 아니라
바로 물과 같고 말과 같은 법입니다

단 한 순간도 섭취하지 않거나
배설하지 않고는 살 수 없는 법입니다
종이로 이루어진 불경이나
또는 성경 속에 들어있는 이치만이 아니라
생각한 대로 자연스레 튀어나오는
구어체, 급식체와 같은 말과 글입니다
가장 평범한 글이 가장 값진 것이고
평소 소통되는 말이 가장 미묘한 법입니다

그럼 경전에 기록된 부처님 말씀은
일상의 언어에 비해 별볼일 없는 걸까요
바로 이 점이 불경이 지닌 요지입니다
부처님 말씀의 요점은 여기에 있습니다
세간법이 그대로 최상의 가르침이라는 게
바로 부처님께서 설하신 경입니다
초기불교 경전은 말할 것도 없지만
초기대승불교 경전의 백미로 익히 알려진
소위 《금강경》이나 《반야심경》에서
일상을 떠난 어떤 가르침을 설하시던가요

대승불교의 정점이라 일컬어지는
화려한 꽃의 경전 《법화경》《화엄경》이

평범한 지구 생명의 세계를 떠나
어디 엉뚱한 하늘 얘기나 하고 있던가요
아닙니다
그렇지 않습니다
이웃 종교는 여기서 거론하지 않겠습니다
불교 얘기를 놓고 얘기합니다
부처님 가르침은 생명중심입니다
생명 중에서도 으레 인간 중심이겠으나
불교에서는 작은 곤충하나까지도
소중하다는 것을 힘주어 설하고 있습니다

부처님의 가르침이 위가 없고
부처님의 가르침이 매우 깊고
부처님의 가르침이 미묘하다는 것은
바로 이 평범한 생명의 세계를 논함입니다
이처럼 아름다운 법을 만난다고 하는 게
말처럼 그리 쉬운 일일까요
쉽지 않습니다
마치 매일 섭취하고 배설하는 물이
생명체에게 있어 얼마나 소중한가를
어느 순간 깨닫는 것과 같은 이치입니다

이는 마치 일상에서 주고 받는 언어가
제 뜻을 제대로 표현하는 문자가
얼마나 아름답고 가치가 있는가를
한 순간 깨달을 때 느끼는 환희와 같습니다
우리는 느낍니다
부처님 말씀은 물의 설명이 아닙니다
바로 물 그 자체입니다
부처님 말씀은 말과 글이기도 하지만
말과 글을 통해 전해지는 의사意思입니다
그러니 어찌 기쁘지 않을 수 있겠습니까

아! 깨끗한 그물이여!
범망梵網의 가르침이여!
고귀한 생명의 소리가 담김이여!
참으로 거룩한 범망계본梵網戒本이여!
그러나 물처럼 가장 평범하면서
가장 소중한 말씀이여!
아! 범망의 언어여!

제5장. 대중에게 고함誦者白衆

보살비구 ○○○는 공경하는 마음으로
포살대중 여러분께 정중하게 아뢰리다
대중들의 뜻을받아 보살계를 외우나니
흠이만일 있다하면 자비로써 이르소서

#1

법회의식에 따르면

1. 삼귀의

2. 찬불가

3. 청법가/또는 청법게請法偈

(1)법사 상당上堂

(2)대중 정례大衆頂禮

(3)입정入定

(4)출정出定

(5)설법

(6)법사 하좌下座

4. 사홍서원

5. 산회가 등으로 이어집니다

이는 포살에서도 예외가 아닙니다
대중이 정중하게 포살을 청할 때
보살비구 율사는 포살 법상에 오릅니다
물론 의식 절차없이 포살을 할 수도 있지요
그러나 부처님 법에 어울리게 하려면
청법의식은 반드시 치르는 게 좋습니다
좋으냐 안 좋으냐의 문제가 아니라

청법 의식은 치르는 것이 마땅합니다
법상에 오른 법사에게 지위는 떠나 있지요
지위를 떠나 오직 부처님 법을 설할 뿐입니다

가령 장로 비구들이 자리에 앉고
어린 사미가 법상에 올라앉았다 하더라도
물론 이런 예는 그리 흔치 않으나
비구는 사미를 법사의 예로 모셔야 합니다
마치 조정에서 왕과 관료들이
태자나 왕자를 의례삼아 왕좌에 앉혔더라도
역시 있을 수 없는 일이기는 하나
이미 그것이 대중 공의로 치르는 행사라면
반드시 왕과 신료들은 왕좌에 앉은 이를
왕에 대한 예로 극진히 모심과 같습니다

보살비구가 화상 자격을 얻었다 하더라도
포살에서는 반드시 정해진 의식을 치러
설계 화상을 정중히 예로 모셔야 합니다
또한 화상은 대중들의 뜻을 잘 받들어
단 한 치의 소홀함도 없이 임해야 합니다
부처님 법은 그만큼 소중한 것입니다
게다가 《범망경》'보살계'이겠습니까

위에서 말씀드렸듯이 '법망梵網'은
시간을 날줄로 삼고
공간을 씨줄로 삼으며
존재를 소재로 삼아 짠 깨끗한 그물입니다

다시 말해서 일체 모든 생명과
일체 모든 무생물이 그물의 소재가 되어
우주라는 장엄한 그물이 이루어졌습니다
이처럼 소중한 범망의 가르침을 설하면서
무청자설無請自設로 펼 수 있겠습니까
무청자설의 설設이 설說의 오타가 아니냐고요
오타가 아닙니다
법은 말로서 설說하는 게 맞으나
계율이나 포살은 펼치設는 게 맞습니다
따라서 말씀 설說이 아니라 베풀 설設입니다

대승보살계는 포살布薩 의식을 따릅니다
하여 범망梵網은 설하는 게 아니고
맑고 깨끗한 시공간時空間의 그물을 펴
모든 중생들에게 자비를 베풀고
지혜와 원력과 방편을 나누는 작업입니다
보살 비구의 포살이 서투를 수 있습니다

포살은 학문이 아니라 곧 삶인 까닭입니다
학문은 때로 반복과 훈련이 가능하지만
삶이란 반복과 훈련이 불가능합니다
어떤 삶도 미리 살아본 뒤에 살 수는 없으니까요

따라서 보살계菩薩戒를 외는
거룩하고 성스러운 의식儀式 포살은
하나도 소홀하게 할 수 없습니다
그래서 나는 가끔 이렇게 얘기합니다
인간의 삶은 언제나 '지금 여기'일 뿐이라고요
지금 '이 순간 이 공간'이 중요하듯
한 찰나 뒤 그 시간 내가 처한 그 자리가
곧 그 상황에서의 '지금 여기'에 해당합니다
하여 우리는 영원히 '지금 여기'일 뿐입니다
아! 범망의 가르침은 삶의 가르침입니다

행동을 바르게 하고
언어를 순화하고
마음을 닦을 때
우리는 곧잘 애기하곤 합니다
"마음 하나 잘 닦으면 되지 뭘 더 바래?"
그러면서 행동에 예절과 질서가 없습니다

언어는 순화가 되지 않았습니다
특히 SNS상에서 쏟아내는 욕설은
읽는이로 하여금 깜짝깜짝 놀라게 합니다
언어와 행동과 마음이 따로따로입니까
이들 세 가지가 하나의 틀입니까

마음이 깨끗하면
깨끗한 마음에서 나온 행동이
깨끗한 마음에서 나온 언어가
전혀 엉뚱하게 오염되어 있을 수 있을까요
으레 오염되어 있을 수도 있습니다
새벽녘 화장실이나 남의 집 담벽락 아래
배설물이나 밤새 토해 놓은 토설물을 보며
어떻게 그 고상한 사람의 몸에서
이토록 냄새나는 것들이 담겨 있었을까
그러나 얼마든 그럴 수 있습니다
토설물은 마음이 아니니까요

나는 고귀한 인간의 몸과
그 몸 안에 담겨있던 토설물을 놓고
아름다움과 추함을 논하려는 게 아닙니다
마음을 하나하나 닦아나아갈 때

행동과 언어도 함께 닦아가고 있습니다
그의 행동과 그의 언어는
비록 개차반이고 엉망이라 하더라도
마음만 잘 닦고 깨끗하면 된다는 게
도저히 이론에 맞아떨어지지 않아서입니다
불교에서는 삼밀三密을 얘기합니다
소위 신밀身密 구밀口密 의밀意密입니다

내 행身이 부처님 행에 가까워짐密은
이른바 신밀身密을 비롯하여
내 언어口가 부처님 언어를 닮아密가는
구밀口密 또는 어밀語密이 있는가 하면
내 생각意의 세계가
부처님의 생각과
비슷하게 닮密는 의밀意密이 그것입니다
삼밀가지三密加持는 행의 근간입니다
내가 부처님께 다가감이 지持라면
부처님이 내게 다가오심이 가加입니다
부처님의 가加와 중생의 지持가
하나로 가까워짐이 바로 삼밀가지이지요

아무튼 포살은 삶 그 자체이기에

비록 훈련이더라도 이는 실제입니다
행동과 언어 마음이 불일치를 이루더라도
역시 이는 그대로 삶의 한 모습입니다
그러나 그렇다고 너무 겁먹지는 마십시오
인생살이 자체가 겁을 먹는다 해서
생각처럼 올바르게 살아지겠습니까
범망경 보살계본은 계율 이전의 것입니다
계는 받아도 되고 받지 않아도 됩니다
계는 지키는 자도 깨트리는 자도 있습니다

계를 깨트림도 개인의 몫이고
계를 지킴도 역시 개인의 몫입니다
그러나 범망의 가르침은 계율 이전이고
포살도 계율 이전의 가르침입니다
계율이 만일 자尺와 같고 자동차와 같다면
범망과 포살은 모두 호흡과 같습니다
자동차와 자는 없어도 살아갈 수 있으나
어떤 생명도 호흡하지 않은 채
지구에서 살아있을 수는 없습니다
그럼 포살과 보살계는 어떤 차이가 있을까요

보살계는 보살이 받아지닐 계의 덕목이고

포살은 이들 덕목을 끊임없이 외우며
수행자로서의 덕을 쌓음입니다
보살이 지닌 덕의 뼈를 튼튼하게 하고
보살이 지혜 보검을 날카롭게 하고
보살의 자비 품을 넉넉하게 함입니다
보살의 삶의 근육을 튼튼하게 하고
보살의 방편 자리는 더욱 넓게 펼치고
보살의 정신 세계를 가지런히 하고
보살비구의 원력 끈을 더욱 곱들임입니다

조계종 소의경전《금강경》제2분이 뭘까요
'선현기청분善現起請分'입니다
선현/須菩提이 일어나起 청請하는 대목입니다
〈선현기청분〉은 앞의 〈법회인유분〉과
완벽한 대칭을 이루고 있지요
이는《금강경》제2 '선현기청분'입니다
수보리가 일어나 청하지 않았다면
오늘날 우리가 접할 수 있는《금강경》가르침은
도저히 만날 수 없는 그 무엇입니다

선현이 자리에서 일어나 법을 청하였기에
아름답고 소중한《금강경》이 이루어지듯

포살할 때는 청하는 의식이 반드시 필요합니다
청하였기 때문에 비록 흠이 있더라도
그의 '바로잡음'을 대중에게 청하면 됩니다
포살함에 있어서 부족한 점은
참석한 대중들의 힘으로 메꿀 수 있습니다

나무 범망교주 노사나불
나무 범망교주 노사나불
나무 범망교주 노사나불

제6장. 다그침 策修

[1]여름안거 때[보통음]
이자리에 참석하신 모든대덕 들이시여
여름한철 석달로써 구순안거 삼았더니
보름이미 지나감에 벌써사월 그믐이라
오늘저녁 하루밤과 두달반이 남았도다

[2]겨울안거 때[보통음]
이자리에 참석하신 모든대덕 들이시여
겨울한철 석달로써 구순안거 삼았더니
보름이미 지나감에 벌써시월 그믐이라
오늘저녁 하루밤과 두달반이 남았도다

[범음성梵音聲]
늙음이여 죽음이여 지극히도 가까웁고
거룩하신 부처님법 사라지려 하는도다
포살대중 스님네와 우바새와 우바이는
위없는도 얻기위해 부지런히 정진하라

그대들은 새겨두라 과거모든 부처님도
일심으로 정진하고 힘써닦은 결과로서
위가없는 바른깨침 높은경지 얻었거늘
어찌다시 작은법을 논할것이 있겠는가

이법회에 참석하신 제위에게 고하나니
건강할때 노력하고 부지런히 수행하라
어찌하여 위가없는 도는닦지 아니한채
시나브로 늙어가고 병들기를 기다리랴

오늘이미 지나가매 목숨또한 줄어드니
저승길이 가깝거늘 즐길것이 있겠는가
말라가는 웅덩이의 물고기와 같은지라
시와분을 다투는데 즐거울게 있으리요

#1

꾀 책策, 닦을 수修, 책수策修의 뜻은
직역直譯하면 '닦기를 꾀함'인데
나는 그냥 '다그침'으로 풀이하였습니다
예전에는 가늘고 푸른 대나무를 잘라
말을 모는 채찍으로 삼은 까닭에
대죽竹 부수에 묶을 속束 자를 쓴 것입니다
그리고 닦을 수修 자는 정돈의 뜻입니다
바 유攸에 터럭 삼彡 자를 놓았는데
'수염鬚髯을 가다듬다'의 뜻을 지닙니다

사실 따지고 보면 마음을 닦고
행위를 닦고 한다는 게 무엇을 의미할까요
몸身과 마음心을 가지런히修 함입니다
마구 엉크러진 실타래처럼
가닥을 지을 수 없는 복잡한 마음을
머리 건조기hair drier와 빗을 이용하여
머리를 다듬고 수염을 손질하듯
마음을 잘 정돈하는 것이 닦음修입니다
사람 마음은 매우 복잡complexity합니다
지구상에서 살아가는 생명들 중에서

가장 복잡한 것이 바로 사람 마음입니다

뇌의 구조와 마음의 구조는 비례합니다
뇌가 복잡한 것 만큼 마음이 복잡하고
마찬가지로 마음이 복잡함은
뇌의 구조가 복잡하다는 반증입니다
이들 뇌가 만에 하나 엉키기라도 한다면
마음 또한 한없이 엉켜들 것입니다
마음이 엉크러지면 그에 따라 엉클어짐이
그의 행동이고 그의 언어입니다
마음을 닦고 행을 닦는다고 하는 것은
뒤엉킨 행과 언어와 마음을 정돈함입니다

그래서 나는 늘 이렇게 얘기합니다
깨끗하다는 게 어떤 상태일까요
미세먼지 하나 묻어나지 않는 것일까요
단풍이 들고 낙엽이 지는 공원에
나뭇잎 하나 나뒹굴지 않음이겠습니까
바닷가에는 진펄이 있습니다
진펄은 진흙으로 이루어진 뻘밭입니다
이들 진흙이 신발에 묻어와
거실과 방안에까지 흔적을 남긴다면

보나마나 지저분하고 사람들이 꺼리겠지요
거실과 방은 뻘이 있을 곳이 아니니까요

바닷가 뻘 밭이 호텔 내부처럼
진펄은 물론 먼지 하나 뒹굴지 않는다면
이를 과연 깨끗하다고 할 수 있을까요
전혀 그렇지가 않습니다
세상의 이치는 시공간의 질서인 동시에
시공간에 깃든 사물과 존재의 위치입니다
쓰레기 하치장에 쓰레기가 없다면
쓰레기장으로서의 자격을 상실함이고
홍수가 났는데 맑은 물만 흐른다면
이는 홍수로서 불릴 수 없습니다

따라서 닦음修이란 질서입니다
가지런함이며 정돈입니다
구름도 끼지 않고 비도 내리지 않는 한낮
갑작스레 한밤중처럼 어두워진다거나
보름달이 뜰 때가 아닌 그믐날 밤
전깃불도 촛불도 호롱불마저 없는데
대낮처럼 밝다면 정상이라 하겠습니까
때時間와 장소空間가 마구 뒤섞여 있다면

정상이 아니며 가지런함이 아닙니다
그러므로 닦음이란 곧 질서요 정돈입니다

안거安居에는 연중 두 번 안거가 있습니다
음력 4월보름부터 7월 보름까지
석 달 90일 동안을 여름안거라 하고
음력 시월 보름부터 정월 대보름까지
역시 90일 석 달을 동안거冬安居
곧 '겨울안거'라고 합니다
안거 때는 반드시 보름마다 포살을 하지요
포살하지 않는다면 이는 산철이거나
또는 안거 기간이 아니라 할 것입니다

안거安居의 '안安'에서 뜻하는 것처럼
아내女가 집宀안에 머물면서
안사람으로서 할일을 차근 차근 해나가듯
안거 석달 동안 한 곳安에 머물居며
마음心을 닦修고 행行을 닦음修입니다
인도는 예나 이제나 몬순이란 게 있습니다
지루하게 이어지는 장마 몬순
폭우에 갇혀 나들이를 할 수 있겠습니까
따라서 결제 때는 밖에 나가지 않은 채

사원 건물 안에서 마냥 죽치는 것입니다

그렇게 해서 결제날과 해제날을 빼면
안거마다 다섯 번 포살을 행하는 셈입니다
여름과 겨울 포살을 합하면 10번입니다
따라서 매년 열 번 정도는 포살을 통해
깨끗한梵 그물網의 계목戒目을 외웁니다
하여 열 가지 무겁고 큰 계율十重大戒을
온전하게 온몸으로 받아들임은 물론
48가지 조금輕 오염垢된 계율戒까지
몸과 언어와 마음으로 익힘이 포살입니다
그래서 포살은 닦음에 있어서 근간根幹입니다

포살布薩도 축원祝願과 마찬가지로
때에 따라 반드시 응용을 필요로 합니다
'보름이미 지나감에 벌써 사월 그믐이라
오늘저녁 하루밤과 두달반이 남았도다'에서
보름이미 지나감에는
한달이미 지나감에를 비롯하여
한달보름 지나감에
두달이미 지나감에
두달보름 지나감에 따위로 송해야겠지요

계절이 만일 겨울안거 때라면
역시 그에 따라 응용해야 합니다
'오늘저녁 하루밤과 두달반이 남았도다'에서도
오늘저녁 하루밤과 한달반이 남았도다
따위로 응용해서 외워야 합니다

'다그침策修'에서는
대중들에게 무엇을 다그치고 있습니까
으레 바른 법과 보살계를 닦음입니다
하늘天 땅地은 안不 어질다仁고 했듯이
시간과 공간도 너그러움이란 게 없습니다
어린 아이거나
젊은 사람이거나
나이가 지긋한 사람이거나
시간은 결코 기다려 주지 않습니다
노약자거나 환자거나 착한 사람이거나
선근 공덕을 많이 지은 사람에게도
결코 저승가는 길을 늦춰주지 않으며
또한 버스전용차로로 달려가지도 않습니다

그렇다면 어찌하여 구순九旬일까요
순旬이 '열흘 순'자이니 90일입니다

여름안거 구순에
겨울안거 구순을 더하면
년간 180일로서 360일의 절반입니다
수행자가 정진을 함에 있어서도
정진한 만큼 반드시 쉬고
쉰 만큼 반드시 정진함입니다
이는 마치 숨 쉬는 호흡呼吸과 같아
내 쉬는 호呼만큼 마시는 흡吸이 있어야지요
1년 360일의 절반을 정진精進한다면
그의 절반은 반드시 쉬어주어야만 합니다

가령 끊임없이 내쉬기만 한다던가
끊임없이 들이마시기만 함이란 없습니다
예를들어 10초간 내쉬는 숨이라면
10초간 들이마시는 숨이 있어야겠지요
년간 180일 정진을 한다고 했을 때
나머지 180일은 쉬어야 합니다
머리에 붙은 불을 끄듯 정진해야 하는데
어찌하여 주어진 시간의 절반만 정진하고
절반의 시간을 쉬는 것으로 소비하느냐고요
결론부터 말씀드리면 쉼도 곧 정진입니다

아침부터 한낮을 거쳐 저녁까지
깨어있음만이 꼭 살아있음은 아닙니다
저녁부터 한밤중을 거쳐 새벽까지
잠자는 시간도 실은 살아있음입니다
광합성작용에 의해 만들어진
시큼한 산소를 들이마심만 호흡이 아니라
몸속에서 온 몸을 돌고 돈 끝에
타고 남은 탄소를 몸 밖으로 배출하는 일도
호흡의 절반을 담당하고 있는 셈입니다
그러므로 쉼이 쉼이 아닌 것이지요

#2

사랑이 크신 관세음보살이시여
고통의 바다를 무사히 건너게 하소서
하오나 관세음보살이시여
고통의 바다라 하오면
무엇을 일컬어 고통苦이라 하오며
어떤 것을 일컬어 바다海라 하옵나이까
낳음生이 고통이나이까
산모가 아기를 낳음이 고통이나이까
저희는 곧잘 얘기하나이다
세상살이가 아무리 힘들고 어려워도
애 낳는 고통에 비하면 견딜 수 있다고요

사랑이 크신 관세음보살이시여
산고의 고통을 생각하며 살아가겠나이다
태어남生born이 고통이나이까
엄마의 산도를 통과하는 아기의 고통이나이까
산도를 일컬어 질膣이라 하나이다
질膣에 육달월月이 붙어있음은
살아있는 생명의 살肉=月인 까닭이나이다
엄마의 산도는 늘 열려있지 않나이다

산도는 살月이 맞닿아 언제나 막혀窒 있기에
옛사람들은 '질膣'이라 표현하였나이다
아! 좁은 산도를 통과하는 고통이옵나이다

사랑이 크신 관세음보살이시여
요컨대 삶生life 자체가 고통이나이까
삶生은 외나무다리一 위를 조심스레 걷는
위태로운 소牛 걸음에 견줌이나이까
발굽이 있는 동물有蹄動物ungulate들은
외나무다리를 건너기가 어렵나이다
이처럼 삶이란 늘 위태위태한 것이나이다

사랑이 크신 관세음보살이시여
삶에서 다가오는 늙음老이 고통이나이까
생명의 세계는 사람 뿐만이 아니옵고
모든 생명은 늙음을 수반하고 있사옵니다
물론 생명이 없는 것은 낡음이옵고요
늙음을 고통으로 생각하는 생명붙이는
오직 사람만이 있을 것이나이다

사랑이 크신 관세음보살이시여
뜻하지 않게 다가온 질병病이 고통이나이까

모든 생명은 병고病苦를 느끼나이다
육신의 질병은 반드시 고통을 수반하나이다
질병의 고통과 함께 모든 생명에게는
배고픔과 목마름의 고통이 있사옵고
영역을 놓고 다투는 고통이 있사오며
족종보존의 본능에 관한 고통이 있사옵니다

사랑이 크신 관세음보살이시여
삶 속에는 이별離別의 고통苦이 있나이다
사랑하는 이를 떠나보내는 아픔이나이다
아내 남편 연인이 있고
부모 자녀 가족이 있고
벗이 있고 지인이 있고
심지어 반려동물과의 헤어짐도 있나이다
아끼던 것을 잃어버리고
도둑맞았을 때 느끼는 그 아픔이여
저희는 이를 애별이고愛別離苦라 일컫나이다

사랑이 크신 관세음보살이시여
밉고 싫은 자憎와의 만남이 고통이나이다
낯선 사람이거나 처음보는 동물 앞에서
아기는 두려움을 느껴 울어버리나이다

얼굴이 익숙한 존재라 하더라도
일찍이 그에게 당한 외상trauma이 있다면
아기는 울 것이고 피할 것이나이다
하물며 나이든 성인이겠나이까
원증회고怨憎會苦도 본능의 고통이나이다

갖고 싶은 것을 갖지 못하는 고통이 있나이다
아기는 갖고 싶은 것을 제지당할 때
그 자리에서 으앙~ 하고 울어버리나이다
이처럼 갖고 싶은 욕망求不得苦은
어릴 때부터 지녀온 근본적인 본능이나이다
없는 자는 없기 때문에 가지려 하고
있는 자는 있기 때문에 더 키우려 하나이다
참 가난은 더 가지려는 마음이옵나이다

사랑이 크신 관세음보살이시여
생명을 가진 자는 다 고뇌가 있사옵니다
육신을 가진 자는 다 고통이 있사옵니다
육신이 느끼는 고통과
정신이 느끼는 번민을 한데 묶어
오음성고五陰盛苦라 일컫고 있사옵니다
사랑이 크신 관세음보살이시여

삶이란 과연 이처럼 모든 게 고통이나이까

사랑이 크신 관세음보살이시여
한 번 태어난 모든 생명에게는
언젠가는 반드시 찾아오는 고통이 있나이다
바로 죽음死을 맞이하는 고통이옵니다
죽음 자체가 고통이 아니옵고
죽음을 앞에 둔 두려움이 고통이나이다
몸의 고통보다 더 큰 생각의 고통이나이다
그렇다고 하오면 죽음의 고통이란
사람에게서만 나타나는 고통이겠나이까

사랑이 크신 관세음보살이시여
그렇지 않기에 모든 생명있는 것들은
천적이 나타나면 본능적으로 달아나나이다
이를 도주거리flight distance라 하오며
일정거리 안으로 다가오면 방어하옵는데
이를 싸움거리fight distance라 하나이다
생명체는 애써 싸움을 걸지 아니하옵고
가능하다면 평화를 유지하고 싶어하나이다
이를 임계거리critical distance라 하나이다

사랑이 크신 관세음보살이시여
세상은 힘들게 낳고
어렵게 태어나
고통을 느끼며 살다가
고통으로 삶을 마무리하기에
물氵이 늘每 한결같은 수량과 부피를 갖듯
고통이 늘增고 줆減이 없기에 바다이나이까
모든 것을 다 '받아들이기'에 '바다'이나이까

사랑이 크신 관세음보살이시여
이들 고통은 실존實存하는 것이옵니까
반드시 몸으로 건너야 할 고해苦海이나이까
일체개고一切皆苦라시니
세 가지 법인法印 하나이나이까
모든 게 다 고통이라 하시니
세상 이치가 고통 아닌 것이 없음이나이까

어즈버! 관세음 보살이시여
저희는 반야선般若船에 오르겠나이다
지혜를 소재로 하여 건조한 반야선에 올라
부처님께서 이미 만들어 비치하신
설명서說明書operating manual에 따라

괴로움의 바다苦海weary world를 건너고
마침내 행복으로 느낄 수있는 바다로
느낌의 체계를 바꾸어가도록 하겠나이다
단지 생각 하나를 바꿈에 따라
온갖 고통이 그대로 기쁨임을 알게 하겠나이다

나무 마하반야바라밀
나무 서가모니불
나무 서가모니불
나무 시아본사 서가모니불

제7장. 스님네 갈마 짓기作僧羯磨

보통 주고 받는 대화체로 하되 진솔하게
교수사가 묻고 유나維那가 답합니다

문 : 대중이 다 모였습니까?

답 : 이미 다 모였습니다.

문 : 화합합니까?

답 : 화합합니다.

문 : 대중이 모여 화합함은 무엇을 위함입니
　　까?

답 : 보살계를 설하여 포살하기 위함입니다.

문 : 보살계를 받지 않았거나 부정한 이는 나
　　갔습니까?

답 : 보살계를 받지 않았거나 부정한 이는 없
　　습니다.

문 : 보살계 수계와 청정을 위임한 이가 있습
　　니까?

답 : 어느 것도 위임한 이는 없습니다

교수사가 짓는 마무리 갈마 한 마디
“있다면 여법하게 위임한 사실을 말하고
없을 경우 잠자코 계십시오.”

#1

승갈마僧羯磨가 무엇일까요?

'스님僧네를 위한 갈마'가 아니겠습니까.

스님네는 알겠는데 갈마는 무슨 뜻일까요?

한문에 조예가 있다는 이가 찾아왔습니다

"동봉 큰스님, 제 생각으로는요!"

말을 꺼내놓기는 했는데 잇지 못했습니다

내가 물었습니다

"거사님, 뭐 하실 말씀이 있으신 거지요?"

그가 용기를 내어 말했습니다

"네, 큰스님. 제 생각에는요."

"네, 말씀하십시오. 거사님 생각에는요?"

"제가 한문학을 가르치는 대학교수입니다"

"아! 네 거사님, 그러시군요"

"갈마羯磨에 대해 좀 생각해 보았습니다."

"그렇습니까? 거사님, 매우 궁금합니다."

"네 큰스님, 갈마를 찾아보니까~"

"네, 찾아보니까 답이 나오던가요?"

교수는 처음과 달리 말에 힘이 붙습니다.

"네 불깐 양 갈羯에 갈 마磨 자이니~"

내 눈치를 힐끗 살피고는 말을 이었습니다
"한자로 놓고 보면 거세된 양羯이~"
"거세된 양이?"
"아무래도 '종족보존의 본능'이 없겠지요?"

불깐 양, 곧 '거세된 양'이란 말과
'종족보존의 본능'에 귀가 솔깃했습니다
내가 재촉하듯 물었습니다
"그래요, 그래서요?"
"종족보존 본능에 무심한 양羯과 같아질 때
비로소 마음을 닦을磨 수 있지 않을까요?"
"아, 네. 그런데요?"
우리말이 분명 맞긴 맞는 듯싶은데
이 말들이 선뜻 이해가 되지 않았습니다
'상대가 치매癡못일까, 내가 치매일까?'
그런 생각을 하면서 나는 고개를 흔듭니다

그 뒤로 이어지는 그의 지루한 얘기는
한 마디도 귀에 들어오지 않았습니다
언어란 때로 느낌대로 풀기도 하지만
그렇다고 하여 함부로 해석할 수 없습니다
가령 '오줌'이란 단어를 놓고 볼 때

'오줌'을 통째로 이해함은 가능하겠지만
'오' 자와 '줌'자를 따로 나누어 풀이한다면
되려 더 이상하게 꼬일 수 있습니다
오줌은 혈액 속 노폐물과 수분이
신장에서 걸러져 방광 속에 괴어있다가
요도를 통해 몸 밖으로 나오는 액체입니다
빛깔은 누렇고 지린내가 나지요

이럴 경우 '오줌尿urine'에 대한 단어를
'오'와 '줌'으로 나누어 풀 게 아니라
통째로 풀고 이해하지 않으면 안 됩니다
'갈마羯磨karma/kamma'도 마찬가지지요
소리 옮김音寫이 아닌 뜻 옮김意譯으로서
대표적인 단어 '업業/업장業障'이라든가
작법作法, 변사弁事 따위로 전해졌다면
그래도 쉽게 이해할 수 있었을 것입니다
그런데 '갈마羯磨'로 음사된 단어를
음사된 발음기호에서만 찾는다면 어떨까요

이미 눈치 챘겠지만 '갈마羯磨karma'는
불간 양 갈羯 자와 갈 마磨 자와는 무관합니다
두 글자에는 뜻이 들어있지 않습니다

이는 그냥 발음기호일 뿐이지요
그럼에도 그 교수 말이 참 재미있습니다
'갈마'에 그런 뜻이 들어있다고 봄이 말입니다
불 깐 양羯처럼 욕망을 벗어나야
마침내 소중한 마음을 닦을磨 수 있다니요
정말 말대로 그런 내용이면 참 좋겠습니다
그럼 불 깐 양은 욕정이 일지 않을까요?

배란기에 접어든 암컷을 만나더라도
불 깐 양은 욕정이 전혀 일지 않을까요?
불 깐 양과 달리 욕정은 별개이기 때문에
때로는 욕정이 일어나기도 하고
때로는 욕정이 일어나지 않기도 할까요
그런데 그건 아닌 것 같습니다.
아는 사람이 애완견을 기르고 있었습니다
그는 강아지를 분양 받아 집에 오자마자
가장 먼저 할 일이 '정관수술'이었습니다
그러나 정관수술을 마친 강아지지만
수컷으로서의 마운팅 행위를 멈추지 않았습니다

그 녀석은 암컷에게뿐만 아니라
같은 수컷이거나 주인의 무릎, 발등에서도

동일한 마운팅 행위를 계속했습니다
그렇다면 이게 무엇을 의미할까요
비록 정관수술을 마쳤다고 하더라도
욕망의 세계는 실로 원초적이란 것이지요
마음 자체에서 비워내지 않는다면
'불 깜'만으로는 쉽게 바뀌지 않습니다
갈마의 전혀 엉뚱한 뜻이기는 하지만
불 깐 양과 갈마에는 연결점이 있긴 있습니다
그렇다면 그 교수는 이를 이미 알고 있었을까요

단언하건대 그는 분명 몰랐을 것입니다
그건 그렇고却說요
결론부터 말씀드리면 갈마羯磨는
카르마karma/캄마kamma의 음사입니다
대표적인 뜻이 크게 3가지인데
첫째는 업業/업장業障이고
둘째는 작법作法/예법禮法이며
셋째는 변사弁事/변증辯證입니다
물론 이 밖에도 여러 가지 뜻이 들어있으나
여기에서는 둘째와 셋째의 뜻입니다
작법에는 또 4가지가 있는데
크게 법法, 사事, 인人, 계界로 나누지요

보살계를 설하거나 포살布薩함에 있어서
이들 4가지가 모두 들어있습니다만
너무 어렵게 생각하기보다는
하나의 의식儀式으로 보면 간단합니다
새벽예불에는 새벽예불 의식이 있고
사시마지에는 사시마지작법이 있습니다
결혼식에는 결혼에 따른 의식이 있고
장례식에는 장례절차가 있겠지요
쉬운 예로 장삼을 입고 가사를 걸친다거나
옷 하나를 입는 데도 절차와 예법이 있듯이요

보살계를 주고 받는 수계식受戒式에서도
또는 보살계를 외는 포살布薩에서도
반드시 그에 합당한 예법들이 있습니다
이것이 이른바 작법이고 예법이며 갈마입니다
보살/포살에서는 세 분의 스승을 모시는데
첫째는 전계대화상傳戒大和尙이고
둘째는 교수아사리教授阿闍梨이며
셋째는 갈마아사리羯磨阿闍梨입니다
'아사리'도 '갈마'처럼 음사音寫이기 때문에
한자漢字에 뜻이 있는 게 아닙니다
제자를 가르치고 행위를 바르게 지도하여

그 모범이 될 수 있는 수행자를 가리킵니다

그렇다면 변사弁事는 또 어떤 뜻일까요?
쉽게 말해 '사건事의 변증辯證'이며
사건에 대한 변호辯護입니다
변사弁事의 '변弁'은 고깔 변弁 자이나
말씀 변, 즐거워할 반, 갖출 판으로도 새깁니다
보살계를 받을 자격을 갖추었는지
보살계를 욀 수 있는 그런 자인지
행동과 언어와 마음이 모두 깨끗한지를
하나하나 판단하고 가려내는 변사입니다

#2

"우리 아저씨 수계증도 함께 주십시오."
나이가 제법 지긋한 노보살님이
아사리 앞에서 빠르게 입을 열었습니다
"거사님 수계증도 함께 달라고요?"
갈마를 맡았던 스님이 물었습니다
"네, 스님. 제가 지난 번에 접수했습니다"
"아, 수계법회에 거사님도 올리셨군요?"
주위가 시끄럽다 보니 목소리가 높습니다
"네, 스님 그뿐만이 아닙니다"
"그뿐만이 아니라니 뭔가 다른 게 있나요?"
"네 스님, 울 아들도 둘이나 접수했습니다."

한국불교에서는 신기할 게 하나도 없습니다
아들이나 딸은 말할 것도 없고
며느리, 사위, 손자, 손녀를 비롯하여
외손자 외손녀까지 수계를 대신 받습니다
하물며 영감님이며 이저씨겠습니까
영감은 노보살이 자기 남편을 지칭함이고
아저씨는 중년여인의 남편 호칭입니다
강원도에서는 깜짝 놀랄 일이지요

어떻게 아저씨하고 같이 사느냐는 겝니다
강원도에서 '아저씨'는 친척이며
항렬이 아버지, 어머니와 같은 계열입니다

아저씨는 보통 5촌 이상 홀수 촌수지요
친삼촌, 친고모부를 비롯하여
친이모부는 절대 아저씨가 될 수 없습니다
5촌부터 해당하기에 당숙이 아저씨고
재당숙 삼당숙이 모두 아저씨며
당고모부 당이모부 외당숙이 아저씨입니다
그보다 먼 촌수는 당연히 '아저씨'이며
장가 안 간 총각은 '아제'입니다
세상에 어떻게 '아제'와 같이 살며
어떻게 '아저씨'하고 같이 산단 말입니까
심지어 강원도에서는 이런 생각도 합니다
'혹시 개 족보?'

참고로 말씀드립니다만
영남에서는 남편을 '아저씨'라 부르더군요
요즘 젊은이들 호칭으로 보면 '오빠'지요
아저씨는 그래도 5촌 이상이지만
오빠는 2촌 4촌 이상의 같은 항렬이니

아저씨보다 훨씬 가까운 근친상간이지요
오빠와 함께 사는삶 생각하면 아뜩합니다
말세末世는 그야말로 말세입니다
'어떻게 오빠와 같이 산단 말이냐'입니다
하긴 세상이 다 '강원도 촌수 문화'는 아니니까요

그런데 '아저씨' '오빠'란 호칭은
아내가 남편을 남 앞에서 지칭할 때고
남편은 아내를 '아줌마' '누이'라 하지 않습니다
남편은 '집사람'을 아내로 삼아 살아가는데
아내는 오빠와 살고 아저씨와 삽니다
아내 쪽에서는 분명 잘못 사는 것이지요
그건 그렇고, 아저씨 계를 대신 받을 수 있나요
보살계와 포살을 대신 받을 수 있습니까
자식 입에 밥 들어 감이 행복이라지만
보살계와 포살은 전혀 다른 문제입니다

내 합격合格의 기쁨이 아니라
아들 합격을 나의 합격처럼 기뻐하듯
수계도 대신 받고 대신 느낄 수 있습니다
남편의 보살계나 포살을 대신 받고
아저씨 보살계나 포살을 대신 받으며

아들 딸 수계를 대신 받을 수는 있겠지요
그러나 함께 기뻐하는 마음과 달리
이는 그저 위임받은 심부름일 뿐
당사자와는 전혀 아무런 관계가 없습니다

그래서 묻습니다
"왜 거사님 계를 대신 올리고 대신 받습니까?"
노보살님이 답합니다
"네, 스님. 저희 아저씨가 죄가 많거든요"
"죄라니, 거사님에게 어떤 죄가 있습니까?"
"지 몰래 부적절한 죄를 쪼매 지었거든요."
"보살님 몰래 바람을 피웠습니까?"
"네 스님, 한두 번도 아니고 노상 그리 살았습니다
그러니 어떻게 부처님 앞에 나올 것이며
어떻게 계를 직접 받을 것이며
어떻게 청정을 피력할 수 있겠습니까?"

사실 따지고 보면 얘기는 간단합니다
죄 짓고 파계한 자가 몸소 참여해야 합니다
때를 씻으려면 물에 들어가야 하고
빨래를 말리려면 햇살을 쬐어야 하며
용서를 구하려면 당사자에게 찾아가야 하고

배가 고프면 몸소 먹어야 합니다
사람에게 죄를 짓고 하느님에게 빌고
폭력을 휘두르고는 부처님에게 기도하지만
그러나 남을 대신하여 밥을 먹을 수 없고
목마른 사람 대신하여 물을 마실 수 없습니다

남편 대신 나와 계를 받고 포살하며
자식을 대신하여 뉘우칠 수는 있습니다만
계가 받아지고 죄가 없어지지는 않습니다
남편 대신 고백성사를 할 수 있나요
자식의 죄를 대신 고백告白할 수 있나요
이는 직접 나와 신부님에게 고해야 합니다
더 좋은 방법은 신부님에게보다
피해 입은 당사자에게 찾아가 고백함이고
당사자에게 직접 용서를 구함입니다
죄는 A에게서 짓고 B에게 참회하는 것보다
A에게 지었다면 A에게 용서를 구하고
B에게 잘못했으면 B에게 엎드림입니다

이 '스님네 갈마짓기'에서는
이러한 위임委任 패턴이 보입니다
몸소 부처님 앞에 나서기가 쑥스러우니까

아내에게 어머니에게 위임하며
남편에게 자식에게 위임하는 것입니다
세상 일에는 위임할 수 있는 게 있듯
위임으로는 절대 될 수 없는 것도 있습니다
밥 먹고 물 마시고 배설하는 일 따위는
어떤 경우도 대신할 수 없지요
결혼식 장례식 죽음을 대신할 수 없듯
수계식과 포살도 절대 대신할 수 없습니다

그런 뜻에서 '갈마 짓기'는 합리적입니다
보살계를 대신 받으라 위임받았거나
깨끗하지 못함을 위임받은 자는
보살계와 포살에 참여할 수 없다는
교수아사리 갈마법이 타당하다는 것입니다
관공서 일을 대신하거나
은행 일을 대신하거나 하는 것은
누구나 어디서나 위임이 가능한 일입니다
남편 대신 운전을 하고
아내 대신 밥 짓고 설거지하는 일도
누구도 어디서도 위임할 수 있고
또한 위임받을 수 있습니다

그러나 수계작법羯磨과 포살작법作法은
어떤 경우든 대신할 수 없습니다
때로 자손의 기도를 대신하고
아내나 남편의 기도를 대신하고
조상 천도재를 자손들이 올리는 일 따위는
대신할 수 있으며 위임이 가능합니다
그러나 수계와 포살은 위임이 불가합니다
여기 '스님네 갈마 짓기'작법에서
중요 테마theme는 위임의 불가성입니다
해당되지 않는 이는 나가라는 것이지요

다른 것은 다 이해할 수 있으나
위임받은 수계
위임받은 청정
위임받은 포살은 안 된다는 것입니다
우리는 쉽게 얘기합니다
"나는 죄를 짓지만 어머니가 있습니다
어머니가 절에 나가 내 대신 다 참회합니다
나도 인간이기에 잘못을 저지릅니다
한데 아내가 부처님 전에 열심히 기도합니다
나는 그래서 크게 걱정하지 않습니다"라고요
그런데 부모와 아내가 백 번 참회함보다

자신이 몸소 한 번 뉘우침이 더 소중합니다

예나 이제나
부처님 당시나 오늘날이나
동양이나 서양이나
대신하고 위임하는 법은 늘 같습니다
그러기에 갈마에서 교수사는 얘기합니다
보살계를 받지 않은 자와
청정을 위임받은 자는 나가라고요
사람의 말을 알아듣는 자는
어떤 신분 어떤 생명도 포살 참석이 가능하나
위임받은 자는 자격이 없다고 합니다
이 글을 읽는 여러분! 어떻습니까
포살 갈마법이 참으로 재미있지 않습니까?

제8장. 보살계 서문을 외다誦戒序

[범음성梵音聲으로]

포살법회 함께모인 그대모든 불자들은
지성스런 마음으로 합장하고 경청하라
내가이제 부처님의 대계서를 설하나니
대중들은 잠잠하게 스스로를 돌아보라

돌아보아 죄있으면 드러내어 참회하라
참회하면 그자리서 안락하여 지려니와
참회하지 아니하면 죄가더욱 쌓이리니
죄없는이 잠잠하라 깨끗함의 뜻이니라

청정비구 비구니와 식차마나 비롯하여
어린사미 사미니와 우바새와 우바이여
그대모든 불자들은 공손하게 손모으고
지성스런 마음으로 포살법회 몰입하라

부처님이 열반한뒤 말법시대 이르러서
해탈의길 보호하는 보살계를 지닐지니
계를받아 지닌이는 더없는복 받으리라
어둠속에 밝은등불 얻음과도 같으리라

이를테면 가난한이 귀한보배 얻음이요
병든이가 양의만나 쾌차함을 얻음이며
감옥속에 갇힌자가 벗어남을 얻음이요
조난당한 어려운이 구제됨을 얻음이라

그러므로 알지니라 청정그물 보살계는
다시없는 사부대중 말법시대 스승이니
부처님이 이세상에 머무신다 할지라도
지금설한 보살계와 다를바가 없느니라

죄에대한 두려움은 일으키기 어려웁고
착한마음 드러내기 더욱더욱 어렵나니
그러므로 열반경에 부처님이 하신말씀
대승계율 외우면서 마음속에 새겨두되

죄가비록 작다하여 소홀하게 생각커나
제멋대로 과보없다 얘기하지 말지니라
방울물이 사소하나 계속해서 떨어지면
바야흐로 큰그릇을 채우고도 남느니라

한점불꽃 번져나가 만경섶을 불태우고
미꾸라지 한마리가 호수물을 흐리나니
한순간에 지은죄가 비록작다 할지라도
인과법칙 분명하여 무간지옥 가느니라

그리하여 사람의몸 어쩌다가 잃게되면
일만겁이 지나도록 다시받기 어렵나니
덧없어라 백년세월 눈깜짝할 사이이고
삶의세계 빠르기가 전광이요 석화로다

어찌하여 부처님법 갈고닦지 아니하며
한생애가 얼마라고 빈둥대고 게으른가
지수화풍 사대육신 다시없이 무상하니
오래머물 것이라고 기대하지 말지니라

세월이란 빠르기가 질주하는 말과같고
위로부터 쏟아지는 폭포수와 같은지라
화살처럼 날아가고 우레처럼 지나가니
오늘비록 살았으나 내일일을 보장할까

목숨줄이 소중하나 호흡사이 있는것이
꿈과같고 이슬같고 신기루와 다름없고
어찌보면 그림자요 다시보면 거품이라
이를보고 무엇이라 이름할수 없느니라

사부대중 그대들은 분명하게 알지니라
사람의몸 받는것이 다시없이 어려움을
이는마치 눈먼거북 망망대해 바다에서
구멍뚫린 나무판자 만남과도 같느니라

사람의몸 받아나기 무엇보다 어려웁고
부처님법 만나기란 더욱더욱 어려움을
그러므로 우리스승 서가모니 부처님이
중생들을 위하시어 간곡하게 말씀하되

천리만리 있더라도 보살계를 지닌다면
필경에는 참된진리 분명얻을 것이지만
나의곁에 있더라도 나의계율 안지키면
마침내는 행복할수 없느니라 하시니라

자기분수 옳게알아 만족할줄 아는이는
한데잠을 자더라도 다시없이 안락하고
자기분수 모르면서 만족할줄 모르는이
하늘나라 있더라도 마음차지 않으리라

지나치게 인색하고 아끼면서 탐하는이
이는분명 말하건대 마구니의 권속이요
자비로서 보시하는 아름다운 보살들은
이야말로 거룩하신 부처님의 제자니라

이세상에 태어날때 한물건도 없었거니
죽음맞아 떠날적에 빈손으로 가느니라
천만가지 물건들을 지녔다고 하더라도
저승갈때 어느하나 가져가지 못하도다

인과법은 역연하여 어긋나지 아니하니
오직생전 지은죄와 업보만을 갖고가리
사흘동안 닦음마음 일천년의 보배이나
백년동안 탐한재물 하루아침 티끌일세

이에모든 불자들은 지성스런 마음으로
부처님께 귀의하고 다른길을 가지말라
부지런히 수행하여 어서정각 이루어서
널리중생 제도하고 대원력을 세울지라

#1

[범음성梵音聲으로]

포살법회 함께모인 그대모든 불자들은
지성스런 마음으로 합장하고 경청하라
내가이제 부처님의 대계서를 설하나니
대중들은 잠잠하게 스스로를 돌아보라

돌아보아 죄있으면 드러내어 참회하라
참회하면 그자리서 안락하여 지려니와
참회하지 아니하면 죄가더욱 쌓이리니
죄없는이 잠잠하라 깨끗함의 뜻이니라

청정비구 비구니와 식차마나 비롯하여
어린사미 사미니와 우바새와 우바이여
그대모든 불자들은 공손하게 손모으고
지성스런 마음으로 포살법회 몰입하라

보살계菩薩戒는 대승계율大乘戒律입니다
비구, 비구니계가 근본계根本戒라면

보살계는 근본과 지말을 뛰어넘는
실로 완벽한 대승계율입니다
'계율 서문을 외다'라는 송계서誦戒序에서
'대계서大戒序를 설하나니'라 했는데
대계란 '대승계율'을 가리킵니다
욀 송誦 자는 말씀 머리甬를 외움誦입니다
다시 말해 '외다'는 통째甬 언어言로서
완벽하게 통째로 소화함입니다

보살계는 '깨끗한 그물梵網'에서 언급했듯
우주라는 시공간의 시간을 날줄로 삼고
우주라는 시공간의 공간을 씨줄로 삼아
생명과 물질이라는 귀중한 소재로써
엮어 놓은 것이 이른바 보살계라 했습니다
우주에서 시간을 빼거나
우주에서 공간을 빼거나
시공간에 함께하는 물질을 빼고
어떤 것을 일컬어 우주라 하겠는지요
보이지 않는 암흑물질과 암흑에너지일까요
'깨끗한 그물'에는 이들까지 다 포함됩니다

부처님께서는 당신을 제거하려고

몸 받고 몸을 받고 또 몸을 받아 날 때마다
온갖 위해危害를 가한 종제 제바달다와
99명 살인을 저지르고 100번 째로
부처님을 죽이려 했던 앙굴리마라까지도
역행逆行의 스승으로 삼았으며
또한 역행의 제자로 받아들이셨습니다
그래서 부처님은 하늘이시며 땅이십니다
하늘은 어떤 것도 우주 밖으로 내치지 않고
땅은 어떤 것도 지구 밖으로 밀어내지 않습니다
엄청난 살인자도 상상 밖의 위해자도
마침내 하늘이나 지구 밖으로
내치지 않는 게 지구이고 하늘입니다

하늘 땅이 그러하듯 우주가 그러하고
우주가 그러하듯 대승보살도 그러하며
대승보살이 그러하듯 부처님도 그러합니다
따라서 대승보살계는 우주가 배경입니다
보살계를 너무 확대해석한다고요?
알고 보면 학대해석이 아니라
이것도 보살계가 지닌 엄청난 성덕性德의
백천만 분의 하나일까 말까 할 정도입니다
아무튼 범망계/보살계는 거룩합니다

범망계/보살계는 참으로 성스럽습니다
이를 '대계大戒의 서序'라 했는데
실제 《범망경》에는 이 서문이 없습니다
아하! 경전에는 본디 서문이 없다고요?
서품序品은 있으나 서문序文은 없다고요?
그럼에도 불구하고 《범망경》 본경에는
눈 씻고 봐도 이 서문은 찾을 수 없습니다
이는 《범망경》 '독경전범'에 해당합니다
경전을 읽기 위해 '정구업진언'을 읽고
'오방내외안위제신진언'을 읽고
'개경게開經偈'와 더불어
'개법장진언'을 읽듯이
이 '송계서'는 《범망경》의 '독경전범'입니다

죄없는이 잠잠하라 깨끗함의 뜻이니라

'고요의 법칙'이란 게 있습니다
의장이 집회에 참석한 이들에게 묻습니다
"혹시 여러분 중에 다른 의견 있습니까?"
집회 대중은 모두 고요합니다
"다른 의견 있으시면 동의動議하여 주십시오."
그럼에도 불구하고 다들 잠잠하면

의장은 이렇게 결론을 이끌어내겠지요
"이견異見 없으시면 이대로 통과합니다."
이때 참석한 사람 중 누군가가 손을 번쩍 들고
"동의動議합니다" 라고 하면
의장은 그에게 주제 발표의 권한을 줍니다

의장으로부터 발언권을 부여 받은 회원은
자기의 다른 생각 다른 주제를 발표합니다
'동의'에는 크게 두 가지가 있는데
의장이 다른 의견을 물을 때 '동의動議'는
새로운 주제를 들고 나옴이고
의장이 "여러분 동의합니까?"라 했을 때
이때 '동의'는 '동의同意/同義/同議'로서
'다른 의견이 없다' '찬성한다'는 뜻입니다
사실 이 때 '동의합니다'는 필요없지요
그냥 침묵하면 그대로 같은 뜻이 되니까요

죄없는이 잠잠하라 깨끗함의 뜻이니라

교수아사리가 그루박습니다
죄가 없으면 그냥 침묵하면 됩니다
"교수아사리시여, 저는 죄가 없습니다"

라고 굳이 입을 열어 말할 필요가 없습니다
‘침묵의 법칙’ 이른바 ‘침묵의 효과’는
바로 이 ‘포살의식’에서 비롯되고 있습니다
교수아사리가 죄의 유무를 물었을 때
“저는 없습니다”
“저는 깨끗합니다”
“저는 죄가 없습니다”
“죄가 없습니다”라고 앞다투어 대답한다면
모임의 엄숙성이 사라지지 않겠습니까

돌아보아 죄있으면 드러내어 참회하라
참회하면 그자리서 안락하여 지려니와
참회하지 아니하면 죄가더욱 쌓이리니
죄없는이 잠잠하라 깨끗함의 뜻이니라

죄는 자성自性이 텅 비어 있습니다
죄는 햇볕에 노출되면 사라지는 세균입니다
자외선紫外線이 내리쬐는 햇볕에서
전혀 맥을 못추는 바이러스와 같습니다

교수아사리는 말합니다
자신을 돌아보아 죄가 있으면

'대중들 앞에 드러내어 참회하라'고 말입니다
이를 '발로참회發露懺悔'라 합니다
활짝 펼쳐發 드러내露어 참회懺悔함이지요
덕을 쌓고 보살계를 닦는 비구중比丘衆은
자외선을 듬뿍 머금은 햇살입니다
드러내는 즉시 곧바로 죄는 사라집니다
자외선ultraviolet은 줄여서 UV라 하며
이 효과를 '넘보라살 효과'라 부릅니다

사람 육안에는 띄지 않는 영역으로서
전자기파 스펙트럼에서 보라색 띠에 인접한
10에서 400nm 파장 영역750THz이지요
파장은 가시광선보다 짧고 X선보다 깁니다
자외선은 으레 햇빛에서 나오는 파장으로
아크방전할 때 만들어지기도 하고
수은등 따위 장치로 만들어 낼 수도 있습니다

자외선은 이익만 있는 게 아니라
동시에 불이익도 가져다 주고 있습니다
일광욕이라든가 주근깨, 일광화상이
모두 자외선에 지나치게 노출된
좋지 않은 영향이란 공통점이 있습니다

심할 경우 피부암의 위협이 되기도 하지요
태양으로부터 오는 자외선을
만일 지구 대기가 막아주지 않는다면
땅 위 생물은 자외선에 심각한 피해를 입습니다
물론 자외선은 인간을 비롯한 척추동물의
비타민 D를 합성하게 하는 중요 요소입니다

그러나 비유는 어디까지나 비유일뿐입니다
비유가 그 당체에 모두 해당되지는 않지요
햇볕에 든 넘보라살이 세균을 없애지만
지나칠 때 여러 가지 부작용을 일으킵니다
보살계를 닦는 자가 죄를 지었다면
청정한 비구대중이 모두 모인 자리에서
고스란히 드러내놓고 참회하는 것입니다
그런데 대중들이 많이 모였다 하여
때와 장소를 가리지 않고 드러낼 수는 없습니다
넘보라살에 과다노출되면 부작용을 부르듯
발로참회도 아무 때 아무 데서나 할 수는 없습니다

함께 탁발하고
함께 공양하고
함께 참선하고

함께 명상하고
함께 취침하고
함께 예불하고
대중들이 함께하는 때와 장소라고 하여
"나는 죄를 지었소"라며 마구 공개할 수는 없습니다
수많은 대중들이 너나 할것 없이
"나는 죄를 지었소이다"하고 다닐 수는 없습니다

그렇다면 이는 '정신이상자'에 해당합니다
따라서 발로참회도 포살할 때 외에
언제 어디서나 할 수 있는 것은 아닙니다
이는 마치 죄를 지은 가톨릭 신자가
신부님과 단둘이 있다고 하여
언제 어디서나 고백할 수 없음과 같습니다
거룩한 포살법회에서 여건이 주어졌을 때
많은 대중 앞에서 죄를 드러내는 것입니다
드러내는 순간 죄는 저절로 사라지지요
이른바 청정대중의 '넘보라살 효과'입니다

교수아사리는 말합니다
실제 내가 몸 담은 '대한불교조계종'에서는
교수아사리 대신 전계대화상이 맡습니다

'스님네 갈마 짓기作僧羯磨' 작법도
교수아사리와 유나가 주고 받지 않고
전계대화상과 유나가 주고 받는 대화체입니다
전계대화상은 말합니다

청정비구 비구니와 식차마나 비롯하여
어린사미 사미니와 우바새와 우바이여
그대모든 불자들은 공손하게 손모으고
지성스런 마음으로 포살법회 몰입하라

#2

부처님이 열반한뒤 말법시대 이르러서
해탈의길 보호하는 보살계를 지닐지니
계를받아 지닌이는 더없는복 받으리라
어둠속에 밝은등불 얻음과도 같으리라

이를테면 가난한이 귀한보배 얻음이요
병든이가 양의만나 쾌차함을 얻음이며
감옥속에 갇힌자가 벗어남을 얻음이요
조난당한 어려운이 구제됨을 얻음이라

그러므로 알지니라 청정그물 보살계는
다시없는 사부대중 말법시대 스승이니
부처님이 이세상에 머무신다 할지라도
지금설한 보살계와 다를바가 없느니라

말법末法이란 '끝末법法'입니다
바른正법法이 살아있는 시대를 넘고
닮은像법法이 이어가는 시대를 벗어나
끝짱末법法이 횡행橫行하는 시대입니다

횡행이란 ‘모로橫갈行’을 가리키지요
반듯하게 걸어가는 게 아니라
제멋대로 모로가는 것을 횡행이라 합니다
부처님 정법正法이 없어서가 아닙니다
말법시대에도 정법은 살아있고
정법과 닮은像법法이 이어가고 있으나
실천에 옮기는 자가 드문 세상일 뿐입니다

‘말법末法’은 흐름法의 끝末이지요
가령 한 동이 물을 마당에 부었을 때
물의 흐름이 처음에는 굵고 꽤 진합니다만
물 부은 데서 멀어지면 멀어질수록
반비례할 수밖에 없는 게 ‘끝법’입니다
물 흐름의 흔적은 점차 넓어지고
점점 엷어지다가 흔적마저 사라집니다
물氵흐름去의 끝末도 이와 같습니다
바른正법法이 아예 없는 게 아니고
닮은像법法이 없는 게 아닙니다
바른 법과 닮은 법이 좀 엷어졌을 뿐입니다

‘생명의 나무tree of life’에서 바라볼 때
뿌리는 땅 속으로 뻗어갔으므로

사람의 육안肉眼으로는 볼 수 없습니다
그러나 밑동은 굵은 기둥이 보이고
가지 끄트머리는 가지 끄트머리 대로
아주 다양多樣하게 뻗어나가고 있습니다
그림으로 표현된 생명의 나무가 아니라
오랜 역사와 함께한 생명의 나무
육안으로는 전체를 한 눈에 볼 수 없습니다
그만큼 범위가 넓어진 까닭에
도저히 한 눈으로 동시에 볼 수 없습니다
그렇다고 '생명의 나무'를 부정할 순 없지요

쏟은 마당 물의 범위가 그만큼 넓어졌다면
넓어진 만큼이나 진함이 약해졌겠지요
가령 동일한 양식을 나눔에 있어서
두 사람이 나눌 때와 세 사람이 나눌 때는
나눔의 양이 적어지거나 옅어집니다
물질 세계를 예로 들면 분명 그러합니다
서너 명이 나누고
너댓 명이 나누고
예닐곱 명이 나누고
여나믄 명이 나누어갈 때
질과 양은 점점 옅어질 수 밖에 없습니다

그러나 정신세계는 줄거나 늘지 않습니다
이는 마치 하나의 데이터data를
여럿이 동시에 복사copy해 가더라도
질량質量은 늘거나 줄지 않음과 같습니다

우리는 보통 이렇게 이해하고 있습니다
'부처님 법은 하드웨어hardware가 아니다
부처님 법은 소프트웨어software다
하드웨어는 분명 물질이지만
소프트웨어는 비물질의 세계다'라고.
그러나 나는 결론부터 말씀드립니다
부처님 가르침은 소프트웨어이면서
동시에 하드웨어입니다
부처님 가르침은 어느 한 변에 머물지 않습니다
중도中道이면서 통섭統攝consilience입니다

부처님 법이 비물질의 세계라면
그리하여 소프트웨어라면
여러 사람이 데이터를 베낌과 같은 이치로
본디 지닌 데이터도 늘 그대로여야겠지요
그럼에도 불구하고 말법은 옅어집니다
빛깔도 옅어지지만 가르침도 약해집니다

그러기에 부처님의 거룩한 가르침은,
나아가 이 《범망경》보살계본은
소프트웨어이면서 동시에 하드웨어입니다
보살계는 정신세계의 안내서인 동시에
몸의 올바른 실행에 대한 안내서guidebook입니다

지금은 말법시대末法時代입니다
시대劫가 오염濁되어 있고
견해見가 오염되어 있고
번뇌煩惱로 오염되어 있고
중생衆生이 오염되어 있고
삶의 방법命이 오염되어 있습니다
오염되어 있다는 말은 흐려있음이지요
시대가 흐리고
견해가 흐리고
번뇌가 흐리고
생활이 흐리고
중생들이 흐려져 있습니다
이를 '오탁오세五濁惡世'라 하고 있습니다
왜 '오탁악세五濁惡世'를 '오탁오세'로 읽느냐고요?
'다섯 가지로 혼탁한 혐오嫌惡스런 세계인 까닭이지요

말법은 분명 오염된 혐오스런 세계입니다
지척咫尺을 분간할 수 없는 세계입니다
여덟 치咫나 한 자尺 거리距離도
알아볼 수 없는 흐린 세상입니다
여덟 치와 한 자는 눈과 책의 거리입니다
책을 읽을 때 적당한 거리가 있는데
눈과 책의 적당한 거리가 지척咫尺입니다
지척의 거리도 가릴 수 없는 혼탁이라면
이는 분명 흐릿함의 극치일 것입니다

말법末法은 따로 존재하는 것이 아닙니다
말세末世는 주관일뿐 객관이 아닙니다
어느 누구에게나 동일하게 보이는
객관적 현상이 아닌 주관적 세계입니다
보살계를 지닌 자의 입장에서 보면
말법시대는 이름일뿐 실재하지 않습니다
'오탁오세'도 이처럼 보는 자의 소견입니다
보살계를 몸소 닦고 실천하는 이에게
현실 세계는 어떻게 보일까요
기쁨과 희망으로 가득한 세계일 것입니다

보살계는 살아있는 생명체입니다

종이경전《범망경》에 갇힌 세계가 아니라
살아서 꿈틀대는 생명의 세계입니다
따라서 보살계를 지니고 보살계에 의지하면
보살계는 참된 삶의 길을 제시해줍니다
인공지능AI 시대의 자율운전 장치이고
목적지를 옳게 안내하는 네비게이션입니다
보살계는 종이경전에 갇히지 않습니다
보살계는 '지금 여기'를 떠나지 않은 채
언제 어디서나 반드시 인간의 삶과 함께하지요

그러므로 보살계는 계율인 동시에
삶에 필요한 설명서요 전단circulater입니다
따라서 보살계를 제대로 지니고
설명서로서의 보살계를 제대로 이해한 사람은
어둠 속에서 밝은 등불을 얻음처럼
가난한 이가 귀한 보배를 얻음처럼
병든 이가 명의를 만나 쾌유함처럼
감옥에 갇혀 있던 자가 벗어남처럼
조난 당한 어려운 이가 구제됨처럼
어떤 상황에서도 늘 행복하게 살 수 있습니다

보살계는 삶의 스승이십니다

부처님으로부터 보살계를 건네 받고
보살계를 제대로 이용한다면
부처님 재세시거나 열반에 들어계시거나
우리가 말하는 말세이거나 아니거나
인생의 길을 잃어버렸거나 말거나
보살계는 바른 길을 옳게 가리킬 것입니다
어쩌면 그래서일까요
보살계 서를 외는 '송계서誦戒序'에서는
아래와 같이 말씀하십니다

그러므로 알지니라 청정그물 보살계는
다시없는 사부대중 말법시대 스승이니
부처님이 이세상에 머무신다 할지라도
지금설한 보살계와 다를바가 없느니라

#3

죄에대한 두려움은 일으키기 어려웁고
착한마음 드러내기 더욱더욱 어렵나니
그러므로 열반경에 부처님이 하신말씀
대승계율 외우면서 마음속에 새겨두되

죄가비록 작다하여 소홀하게 생각커나
제멋대로 과보없다 얘기하지 말지니라
방울물이 사소하나 계속해서 떨어지면
바야흐로 큰그릇을 채우고도 남느니라

한점불꽃 번져나가 만경섶을 불태우고
미꾸라지 한마리가 호수물을 흐리나니
한순간에 지은죄가 비록작다 할지라도
인과법칙 분명하여 무간지옥 가느니라

'죄송'을 한자로 어떻게 쓰나요
'허물 죄罪' 자에 '두려울 송悚' 자입니다
여기에 접미어 '합니다'를 붙여
어떤 잘못을 느낄 때 '죄송합니다'라 합니다

아래 사람이 윗사람에게 불편을 끼쳤을 때
‘미안합니다’보다 ‘죄송합니다’를 쓰지요
‘미안합니다’보다 강도가 센 편입니다
사실 ‘미안합니다’라는 말의 ‘미안未安’도
내용이 그다지 약한 게 아닙니다
‘아닐 미未’ 자에 ‘편안할 안安’ 자이니까요

‘죄罪’는 한자에서 온 말이고
순수한 우리말로는 ‘허물’이라 합니다
허물은 살갗에서 절로 일어나는 꺼풀이며
파충류나 곤충류들이 성장하면서
벗는 껍질도 허물이라 합니다
또는 잘못 저지른 실수가 허물이고
남에게 비웃음을 살만한 거리가 허물이며
과실, 실수, 흉, 험 따위가 허물입니다
따라서 ‘허물’은 ‘험’ 또는 ‘흠’에서 왔습니다
본디 깨끗한 진여자성眞如自性을
두껍게 감싸 드러나지 않게 함이 허물입니다

또한 허물은 곧 부스럼으로써
살갗에 나는 종기를 통틀어 이르는 말이며
흠 잡힐 만한 실수를 허물이라 하지요

아무튼 '죄송'이란 말에 담긴 의미는
허물罪을 저질러 두렵다悚는 뜻입니다
허물罪이 무엇이며
죄罪가 과연 무엇입니까
그물罒에 걸릴 만한 잘못非입니다
잘못이란 게 실은 단순합니다
서로 마주서서 바라봄與이 '더불어'라면
서로 등을 지고 앉아있음非이 허물입니다
아닐 비非 자는 배신 배北 자와 닮았지요

배신 배北는 등진 모습이 확연하지만
아닐 비非는 등진 모습이 잘 안 나타납니다
단지 법에 적합與하지 못하고
서로간에 등진北 게 이른바 허물입니다
부처님 가르침의 핵심이 무엇입니까
첫째도 화합이고
둘째도 화합이며
셋째도 화합입니다
이는 승가에 대한 부처님의 진리입니다
죄罪를 지어 죄에 묶인束 마음忄
이 죄에 묶인 마음으로부터 벗어남입니다

"요즘 애들은 사과할 줄 몰라!"
"그러게 말이야"
"정중하게 그냥 '미안합니다'라든가
'죄송합니다' 한 마디면 되는데 말이야
자존심 때문에 그게 잘 안 된다니 나 참."
"자존심 중요하지. 그런데 그거 알아?"
"그거 아느냐니, 뭐 말이신가?"
"진짜 자존심은 자존심을 비움에서 시작되지"
"아니 자네가 어찌 이런 명언을!"
그렇습니다
죄罪에 대해 두려운怵 마음을 냄이
막상 부딪히면 꽤나 어렵다는 점입니다

죄에 대한 두려움은 일으키기 어렵다는데
죄에 대한 두려움보다 착한 마음 내기가
수십 배 수백 배 수천만 배 어렵습니다
착한善 마음心 내기가 왜 그리 어려울까요
종교가 신자를 이끌어가는 방식입니다
"그대여, 착한 마음 내어라
너에게 아름다운 결과가 찾아오리니"
누구도 관심 갖지 않습니다
종교에서는 예서 곧바로 방향을 바꿉니다

“그대여, 십일조十一租tithe를 지키라
지키지 않는 자 하느님의 죄를 얻으리라”

하나 이 말에도 사람은 꿈쩍하지 않습니다
하느님을 믿는 자가 십일조를 내지 않는 게
하느님에 대해 왜 죄가 되는지 모릅니다
그 다음 전략이 사람의 마음을 움직입니다
“하느님 죄를 얻으면 연옥불에 태워지리라”
참으로 무시무시한 얘기지요
‘인과응보 법칙’에 따라 스스로 지은 죄는
그에 맞게 스스로 받는다는 불교가 아닙니다
겨우 십일조tithe 하나 지키지 못했는데
산 채로 연옥불에 불태워진다는 논조가
‘십일조’를 지킬 수 밖에 없도록 만듭니다

부처님 앞에서 계율을 약속하고는
우발적으로 남의 고귀한 목숨을 끊고
남의 귀중한 재산을 도륙내고
지위와 힘을 이용하여 성폭행하고
꿈 사주四柱 이름 따위로써 삶을 협박하고
스스로 마약麻藥narcotic drug하거나
남에게 마약하도록 강요한다면

이 죄는 과연 누가 지은 것이며
어떻게 풀어나가야 현명한 방법일까요
으레 이는 스스로 지은 죄며
피해를 입은 당사자에게 이행해야 하지요

불교에서도 죄를 참회하도록 가르칩니다
부처님과의 한 약속이라면
불전참회를 유도하는 게 마땅하나
피해자에게 먼저 참회하라 가르칩니다
불교에서 가르치는 계율의 법칙은
부처님 앞에서 약속했다 하여
꼭 부처님 앞에서 이행하라가 아닙니다
부처님은 인과응보의 법칙을 가르칠 뿐
당신 앞에서 한 약속이기 때문에
당신 앞에세 이행하라는 게 아닙니다
불교 가르침은 주관이 아니라 객관입니다

따라서 살인하고
횡령하고
성폭행하고
혹세무민하고
마약을 하였다고 가정했을 때

반드시 불전에 와서 참회하라가 아니라
피해 당사자에게 뉘우치고 용서를 빔입니다
불교 계율은 어떤 신분에 있든
어떤 상황에 놓였든
스스로 죄를 지으면 죄의 무게에 따라
스스로 죄를 받게 된다는 객관의 진리이지
반드시 부처님이 개입하여
지옥에 보내고 하늘에 보내지 않습니다

우리가 불교를 믿고 좋아하는 까닭은
바로 이 '객관성 진리 때문'입니다
중생 기호嗜好는 죄짓기를 좋아합니다
죄에 대한 두려움이 그다지 없습니다
아예 죄에 대한 두려움이 없거나
그다지 크지 않은 까닭에
스스럼없이 작은 죄를 짓기 시작합니다
죄에는 반드시 면역성이 있습니다
작은 죄를 지으면서 두려움을 이겨내노라면
면역이 되어 사람의 생명을 앞에 놓고도
과감하게 아무렇게나 죄를 짓곤 합니다

그래서 《범망경 포살법문》가운데

'보살계 서문을 외다'에서는 설합니다

죄에대한 두려움은 일으키기 어려웁고
착한마음 드러내기 더욱더욱 어렵나니
그러므로 열반경에 부처님이 하신말씀
대승계율 외우면서 마음속에 새겨두되

죄가비록 작다하여 소홀하게 생각커나
제멋대로 과보없다 얘기하지 말지니라
방울물이 사소하나 계속해서 떨어지면
바야흐로 큰그릇을 채우고도 남느니라

한점불꽃 번져나가 만경섶을 불태우고
미꾸라지 한마리가 호수물을 흐리나니
한순간에 지은죄가 비록작다 할지라도
인과법칙 분명하여 무간지옥 가느니라

죄에 대한 두려운 마음을 일으킴과
'착한 마음 드러내기'에서
후자後者가 더 어렵다고 말씀하십니다
죄에 대한 두려움은 본능을 따르지만
착한 마음을 내는 것은 보살의 마음입니다

'무위심내기비심無爲心內起悲心'입니다
한국불교 소의경전《천수경》말씀이지요
함 없는無爲 마음心 안內에서 일으키起는
사랑悲하는 마음心은 그래서 거룩합니다
중생이 수행자 마음을 내기가 어려우나
중생이 보살 마음을 내기는 더 어렵습니다

면역免疫immunity은 '길들이기'입니다
처음에는 작은 죄라 가볍게 생각한 게
나중에 큰 죄를 저지르면서도
이미 죄에 대한 면역성으로 인하여
큰 죄마저도 크게 느껴지지 않는 것이지요
게다가 큰 죄 짓는 자를 동경하게 됩니다
심지어 인질이 범인에게 동조되는 현상
스톡홀름 증후군Stockholm syndrome까지
자연스럽게 받아들이도록 길들여집니다

아무리 작은 것도 작은 게 아닙니다
아무리 작은 죄도 작지 않습니다
세포가 아무리 작다 하더라도
그 속에는 DNA라는 인자因子가 들어있고
인자 속에는 반드시 핵자核子가 들어있습니다

핵자가 비록 작으나 생명의 원질原質입니다
앞서 나는 죄를 바이러스에 견주었습니다
햇살에 노출되면 사라지는 바이러스라고요
하나 음습한 곳에서 바이러스는 기승을 부립니다
세력을 확장하고 사람의 생명을 위협합니다

바이러스가 작다고 가볍게 볼 수 있을까요
1998년 풀리처 상을 받은 제러드 다이아몬드의
《총, 균, 쇠Guns, Germs, and Steel》를 보셨습니까
총銃과 쇠鐵보다 더 미세한 게 균菌germs인데
때로 총보다 강하고 쇠보다 더 무섭습니다
요즘 ‘2018평창동계올림픽’ 현장이
노로 바이러스로 잔뜩 긴장하고 있습니다
시기가 적절하지 못한 비유인 지는 알고 있으나
여간 걱정되는 게 아닙니다
나는 매일같이 불전에 기도합니다
제발 더 이상 학장되지 않기를 말입니다

#4

그리하여 사람의몸 어쩌다가 잃게되면
일만겁이 지나도록 다시받기 어렵나니
덧없어라 백년세월 눈깜짝할 사이이고
삶의세계 빠르기가 전광이요 석화로다

어찌하여 부처님법 갈고닦지 아니하며
한생애가 얼마라고 빈둥대고 게으른가
지수화풍 사대육신 다시없이 무상하니
오래머물 것이라고 기대하지 말지니라

사람으로 태어남은 최상의 기쁨입니다
처음부터 부처 몸으로 태어나는 이는 없고
보살 몸으로 태어나는 이도 없습니다
성문이나 연각으로도 태어날 수 없고
'하늘天'로 '아수라'로 태어날 수도 없지요
하물며 아귀餓鬼나 지옥의 몸이겠습니까
앞서 '하늘天로'라 언급하였고
방금 '지옥의 몸'이라고 얘기했는데
하늘과 지옥이 공간이 아니라 존재입니까

그렇습니다 하늘도 지옥도 존재입니다

늘 기쁨과 행복으로 꽉차 있는 존재가
하늘이라는 이름의 존재입니다
이들 하늘이라는 존재와 마찬가지로
온갖 슬픔과 고통 절망에 빠져 있는 존재가
이른바 지옥이란 이름의 존재입니다
그러므로 십법계十法界 중에서
하늘과 지옥은 공간이면서 존재이고
존재이면서 또한 공간을 뜻하고 있습니다
슬픔과 고통과 절망을 누가 만듭니까
기쁨과 행복을 누가 가져다 줍니까
그렇습니다
사람이 만들고 사람이 가져옵니다

단 한 가지 축생계 만큼은 다른 세계입니다
십법계 중에서 사람 모습을 벗어난 존재
이들이 바로 축생계입니다
부처, 보살, 연각, 성문, 하늘, 아수라와
아귀, 지옥 따위는 사람 모습이지만
유일하게 축생은 사람과 꼴을 달리합니다
그러면서 사람과 가장 가까이 있습니다

지구 위에서 살아가는 190만 종 생명들,
그 가운데 인간이 1종種species이고
하늘, 아수라, 아귀, 지옥이 신의 종種입니다
그리고 나머지 190만 개 가까이가
다름아닌 불교에서 말하는 축생입니다.

이 축생에 숨은 뜻으로 야생이 포함되고
곤충과 양서류도 다 축생에 포함됩니다
다른 것은 사람으로 태어나 바뀌어가지만
축생은 처음부터 축생으로 태어나지요
사람과 비슷한 형상을 띠고 있는 이들은
신神God의 모습이 모델이 아니라
신조차도 인간의 모습이 모델입니다
성경에서는 신이 자신을 모델로 하여
사람을 만들었노라 하고 있지만
나는 그와 정 반대로 생각하고 있습니다
인간이 인간 스스로의 모습을 모델로 하여
신을 빚고 인간을 빚어낸 것입니다

그리하여 사람의몸 어쩌다가 잃게되면
일만겁이 지나도록 다시받기 어렵나니
덧없어라 백년세월 눈깜짝할 사이이고

삶의세계 빠르기가 전광이요 석화로다

육도윤회六道輪廻를 인정했을 때
생명의 종에서 차지하는 인간계人間界는
자그만치 190만 분의 1인 셈이지요
사람은 사람이니까 나중에 생각키로 하고
하늘 아수라 아귀 지옥 4갈래道도 빼버리고
사람이 190만 종 축생계를 윤회한다고 했을 때
얼마나 많은 시간이 소요될 거라 보십니까
윤회 중에 한 번 사람의 몸을 잃고 난 뒤
다시 사람의 몸으로 되돌아온다는 게
과연 생각처럼 그리 쉬운 일일까요
지금 계산해본 것처럼 어렵고 어렵습니다

깨달은 이 부처가 되기 위해서는
전前 단계段階로 반드시 사람이어야 합니다
성스러운 수행자, 보살이 되기 위해서는
전 단계로 반드시 사람이어야 합니다
인연을 깨달은 성자 연각이 되기 위해서는
반드시 전 단계로 사람이어야 합니다
성자의 부류 성문聲聞이 되기 위해서는
역시 전 단계로 반드시 사람이어야 합니다

아예 태어날 때 부처 모습으로 태어나고
처음부터 성문으로 태어나는 게 아닙니다

일단 사람으로 태어나 부처가 되기도 하고
번뇌에 찌든 중생이 되기도 합니다
사람으로 태어나 제왕이 되기도 하고
학자가 되며 또는 범죄자가 되기도 합니다
어찌 부처님과 보살마하살을 비롯하여
연각緣覺과 성문뿐이겠습니까
따라서 사성四聖과 육범六凡의 뿌리는
어떤 존재도 사람을 떠나 얘기할 수 없지요
따라서 이미 사람의 몸을 받은 것은
태어날 때부터 불가능한 일이었겠지만
불보살의 몸을 받음보다 훨씬 중요합니다

하늘의 신神God으로 태어나기 위해
반드시 우선은 사람이어야 합니다
아수라가 되기 위해서도 사람이어야 하고
다시 사람이 되기 위해서도 사람이어야 합니다
아귀 몸을 받아나기 위해 필요한 전단계는
이또한 반드시 사람이어야 하고
고통의 지존 지옥의 몸을 받기 위해서도

반드시 반드시 반드시 사람이어야 합니다
이미 열반에 드신 청담대종사께서는
육도윤회의 중추를 사람에게 두었습니다만
십법계의 중추도 기본적으로는 사람입니다

선진국을 대상으로 조사한 바에 따르면
요즘 인간의 평균수명이 83세라고 합니다
불과 60년 전 수명이 53세이던 데 견주면
60년 만에 30세가 늘어난 셈이지요
여기 가속도의 법칙이 적용되지는 않으나
당분간은 인류의 수명이 더 늘 것입니다
그렇다고 이 추세로 계속되지는 않겠지요
이 83세라는 수명이 짧은 게 아니라
83년이 너무 빨리 지나가버린다는 것입니다
정말 83년이 빨리 지나가는 게 맞을까요

시간의 속도速度가 빠른 게 아닙니다
인생의 속력速力이 빠른 것입니다
속도와 속력의 내용이 다름은 알고들 계시겠지요?
속도speed는 일반적이며 언제나 일정합니다
으레 속력velocity도 위치에너지와 함께
운동에너지에 비례하여 빠르고 늦습니다만

모든 생명이 지닌 시간 속도는 동일하지요
삶에 대한 애착에 비례하는 속도로
시간은 흐르게 되어 있습니다
가령 무량원겁이 한 생각에 들어있는 자는
시간의 속도를 전혀 느끼지 못합니다

한 생각 한 순간이 무량겁으로 이어진 이는
아무리 빠른 시간도 정지되어 있습니다
'왜 나의 인생은 이리 짧은가?'
'난 할 일이 참 많은 사람'이라며
'시간의 흐름을 아쉬워할 뿐'이라는 식이지요
실제로 시간에 '빠르다' '더디다'라는 개념은
애초부터 존재하지 않습니다
시간의 조급증과 여유로움이 있을뿐입니다
어떤 시간이 어떤 다른 상황에 따라
빠르게 느껴지고 더디게 느껴질 뿐입니다

어찌하여 부처님법 갈고닦지 아니하며
한생애가 얼마라고 빈둥대고 게으른가
지수화풍 사대육신 다시없이 무상하니
오래머물 것이라고 기대하지 말지니라

나는 시간만 아까운 게 아닙니다
나는 공간도 동일하게 아깝습니다
물론 시공간에 함께 하는 물질도 에너지도
한결같이 소중하고 또한 아깝지요
여기서 나온 게 이른 바 엥겔의 법칙이며
‘엥겔 계수Engel’s coefficient’입니다
공동작업, 공동작인作因을 통하여
소비 비율을 줄일 수 있는 경제논리입니다
50평 법당을 혼자 사용하거나
여나믄 명이 사용하거나
또는 40~50명이 함께 사용하거나 할 때
에너지 소비율이 사용자 수에 비례하지 않습니다

옛 사람들은 ‘시간을 아끼라’ 하였으나
나는 ‘공간도 아끼라’고 합니다
놀고 있는 법당과 강당은 써주어야 합니다
농촌에서 트랙터tractor를 구입하였다면
적은 농토에 트랙터 주인만 쓸 게 아니라
놀고 있는 트랙터를 그때그때 임대하여
많은 사람들이 계속 사용했을 때
그만큼 경제유발효과가 커질 수 밖에요
사람의 한 생애가 그렇게 긴 것이 아닙니다

빈둥거릴 시간이 별로 없습니다

하루하루가 달라지는 노년老年입니다
젊은이들은 젊은이들대로 더욱더 정진하고
나이든 어르신들은 공덕을 지을 일입니다
'노는 입에 염불한다'고 했듯이
젖먹던 힘을 다하여 마음공부할 일입니다

옛선사가 한 말씀이 생각납니다
'사흘 동안 닦은 마음 천 년의 보석이고
백년 동안 탐한 재물 하루아침 티끌이다'라고요

#5

세월이란 빠르기가 질주하는 말과같고
위로부터 쏟아지는 폭포수와 같은지라
화살처럼 날아가고 우레처럼 지나가니
오늘비록 살았으나 내일일을 보장할까

목숨줄이 소중하나 호흡사이 있는것이
꿈과같고 이슬같고 신기루와 다름없고
어찌보면 그림자요 다시보면 거품이라
이를보고 무엇이라 이름할수 없느니라

사부대중 그대들은 분명하게 알지니라
사람의몸 받는것이 다시없이 어려움을
이는마치 눈먼거북 망망대해 바다에서
구명뚫린 나무판자 만남과도 같느니라

말馬 하면 뜀박질을 잘하는 동물이지요
하나 어째서 말이 뜀박질을 잘할까에 대해
생각해 본 경우는 거의 없습니다
말은 생각보다 온순하고 순한 동물입니다

초원에서 풀을 뜯는 동물이라 하여
'초식동물草食動物'이라 합니다
육식이 아닌 '풀 먹는 짐승'이란 뜻입니다
초식동물이 다 그렇듯 문제는 있습니다
어떻게 하면 육식동물의 공포와
위협으로부터 벗어날 수 있느냐지요

주변에 만일 공격자가 등장하기라도 하면
생명이 위태롭다는 것은 자명한 일입니다
항상 주변을 경계하고 방어해야 합니다
유사시에는 사력을 다해 도망쳐야지요
여느 초식동물들이 다 그러하듯
숙명적으로 살기 위해 빨리 달려야 했고
자연스럽게 잘 달릴 수 있도록
진화에 진화를 거듭하게 된 것입니다
그렇다면 말은 얼마나 빠르게 달릴까요
말도 말 나름이라고요?

말이 잘 달리는 데는 이유가 있습니다
천적인 맹수들로부터 생명을 지키기 위해
잘 달릴 수 있도록 진화해온 게 사실이지요
말의 생김새를 조목조목 들여다 보면

잘 달리기 위한 신체적 조건을
고루 갖추고 있음을 발견할 수 있습니다
긴 목은 높은 나뭇잎을 먹기에 편리하지만
다리는 때로 달리기의 속력速力을 돕고
스스로 높낮이를 조절하기 쉽게 합니다
게다가 초식동물은 육식동물에 비해
비교적 키가 큰 편입니다

달릴 때는 잃어버린 균형을 잡아주고
착지할 때는 불균형을 보정해주며
진행방향을 바꾸기에도 매우 좋습니다
게다가 말 발굽은 커다란 몸집에 비해
작지만 단단한 구조로 이루어져 있습니다
울퉁불퉁한 흙길 자갈길에서도
얼마든지 견딜 수 있도록 되어 있습니다.
그렇다면 말의 주행속도는 얼마나 빠를까요?
옛날 중국에서는 전쟁용 말을 일컬을 때
천리마, 적토마 따위 이름을 썼습니다
하루에 천리길을 달리기에 천리마고
붉은 먼지를 일으키며 달리기에 적토마지요

이왕 내친김에 경주마 속력을 알아볼까요

경주마競走馬는 개량한 품종입니다

자그마치 300여 년에 걸쳐

인간이 여느 동물보다 더 빠르고

더 강한 스태미너를 지닌 말을 목표로

개량한 품종이 이른바 경주마race-horse입니다

경주마는 유선형의 체형을 지녔으며

게다가 운동기관이 꽤 발달되어 있습니다

빠른 스피드를 갖게 조련되었습니다

'경주말'은 나중에 붙인 이름입니다

경주말이 달리는 평균시속은 얼마일까요?

대략 60~70km정도라고 합니다

보통 말의 몸무게가 약 400~700kg인데

이토록 무거운 몸 무게를 지닌 동물이

그토록 빠른 속도로 달릴 수 있다는 것은

정말 대단하다고 볼 수 있을 것입니다

거구의 몸으로 빠르게

그리고 오래 달릴 수 있는 이유는

강한 심장을 지녔기 때문이라 하는데

이는 제 몸무게 약 50분의 1정도 크기의

튼튼한 심장과 강력한 근육이 있기에

오랫동안 그리고 빠르게 달릴 수 있는 것입니다

다른 육상 동물들 속력도 한편 보겠습니다
분명 속도速度가 아니라 속력速力입니다
첫째, 살아있는 미사일이라 일컫는 치타입니다
치타는 시속 115km까지 달릴 수 있는
육상동물 중 세계 최고기록 보유자입니다
1분 이상 같은 속도로 달릴 수 없는 게
치타가 지닌 단점이기는 하지만 말입니다
치타는 매우 날렵하면서도
공기역학적으로 생긴 몸을 이용해
한 걸음에 자그마치 8m를 뛸 수 있고
게다가 1초에 4걸음을 뛸 수 있다고 합니다

둘째, 프롱혼으로 시속 100km입니다
프롱혼은 '가지뿔영양'을 가리키지요
치타에 비해 시속15km 뒤지지만
시속 100km는 결코 느린 것이 아닙니다
프롱혼은 북아메리카에서 가장 빠른 동물로
한 걸음에 6미터를 뛸 수 있습니다
100km를 m로 환산하면 10만m 입니다
이 10만m를 1시간인 3,600초로 나누고
이를 다시 보폭 6m로 나누면
초당 몇걸음을 달릴 수 있는지 답이 나옵니다

프롱혼은 100km/h의 빠른 속도뿐 아니라
몇시간이나 계속 달릴 수 있는 지구력으로
지구 최상의 육상동물이라 할 것입니다

셋째, 타조는 시속 80km를 달립니다
몸무게에 비해 날개가 작아 날지 못하는 새
낙타처럼 생겼다 하여 이름 붙어진 타조는
날지 못하는만큼 빠른 속도를 자랑하는 동물입니다
다른 동물들이 독립된 근육을 사용하여
4개 다리를 이용해 달리는데 비해
타조는 매우 강한 두 발로 달립니다
최대 보폭 4m며 시속 60~90km입니다
게다가 조류인 만큼 시력이 매우 뛰어나
천적이 비록 멀리 떨어져 있더라도
가장 빨리 알아볼 수 있는 장점이 있습니다

넷째, 재미있는 동물은 바로 토끼입니다
토끼는 몸길이가 43~53cm며
꼬리길이는 2~5,4cm에 불과합니다
토끼는 초원이나 삼림에 사는 초식동물로
먹이는 나무 껍질이나 어린 싹, 풀 따위로
초식동물이면서 야행성이기 때문에

낮에는 풀숲이나 덤불, 바위
그늘 같은 곳에 늘 숨어서 지냅니다
쥐와 같은 설치류齧齒類이면서도
혐오동물 쥐에 비해 사랑받는 동물이지요
시속 70~80km로 달릴 수 있으니
우사인볼트 속력의 2배를 넘는 빠르기입니다

다섯째는 개, 늑대, 이리 따위 동물입니다
모두 개과科family에 속한 동물이지요
박차고 나가는 속도는 치타의 절반이지만
생각보다 빠른 동물들이 개과입니다
자그마치 시속 50km~65km로서
마라토너 '황영조'의 3배 빠르기입니다
개과 동물들은 거의 비슷한 속력을 냅니다
그레이하운드와 같은 사냥개는
자그마치 75km~80km/h까지 달립니다
개과 동물들의 장점은 지구력입니다
치타가 1분 이상 달릴 수 없는 데 비해
개는 프롱혼과 비슷한 지구력이 있습니다

세월의 빠르기를 달리는 말에 견준 비유는
자동차나 비행기가 없던 시절에서는

가장 적절한 비유였을 것입니다
뽀얀 흙먼지를 일으키며 달려오는 말도 말이려니와
더 두려운 것은 말 위에 탄 장수였겠지요
이 《범망경》〈보살계본 송계서〉에서
빠르게 달려오는 말과 함께
하얀 물보라로 쏟아지는 장엄한 폭포
퓽~하고 날아드는 화살
하늘과 땅을 찢어발기는 듯한
번뜩이는 번개와 우레의 굉음은
참으로 놀랍고 두려운 상황의 표현입니다

앞서 나는 시간의 빠르기를
전광電光이요 석화石火라고 했는데
전광이 다름아닌 우레를 동반한 번개이고
석화는 부시와 부싯돌이 부딪치면서
일으키는 불꽃을 가리키는 말이지요
물론, 요즘은 워낙 좋은 라이터lighter가 나와
절에서나 구경하던 성냥조차 사라져갑니다
하물며 부싯돌石火이겠습니까
하여 경전 속에서 들고있는 비유들도
지금은 다른 것으로 바꾸어야 할 것입니다

이를테면 우리 선조들이

100년 전에 스마트폰을 비유로 들었다면

아무도 이해하지 못했을 것입니다

마찬가지로 인공지능AI 시대요

5G시대인 오늘날에 있어서

현존하지 않는 부싯돌을 비유로 들기보다

이 시대에 맞는 비유를 들면 좋겠습니다

아! 전광은 번갯불이니까 그렇다 치고

석화는 부싯돌이 아니라

석수가 돌을 쪼을 때 이는 불꽃이라고요

그러나 예는 늘 일상에서 가져옵니다

부싯돌도 한 때는 일용품이었지요

하나 지금은 눈을 씻고 봐도 찾을 수 없습니다

위에 든 비유처럼 세월歲月은 빠릅니다

세월은 글자 그대로 해歲와 달月로써

둘 다 우주에 떠서 도는 천체입니다

이들 천체가 돌아가는 속도를 아십니까

해가 태양계 가족들을 데리고

은하계 중심으로부터 3만 광년 밖에서

220km/s로 은하를 공전하고 있습니다

이를 시속으로 환산하면 792,000km입니다

참고로 지구가 태양을 도는 공전 속도는
초속30km로 시속108,000km입니다
옛날 분들이 태양의 공전속도와 함께
달의 공전속도를 이미 알고 있었을까요

화살의 속도는 크게 4가지입니다
첫째는 활을 쏜 사람의 느낌이고
둘째는 날아오는 화살을 맞는 이의 느낌이며
셋째는 옆에서 바라보는 이의 느낌입니다
그리고 넷째는 활을 모르는 이의 느낌이지요
어느 상황이 가장 빠르게 느껴질까요
세월은 엄청 빠른 속도로 달려가고 있습니다
무관심하게 나를 스쳐 지나가는 게 아닙니다
반드시 나를 자기 속에 데리고 함께 갑니다
날아가는 화살을 바라보는 셋째 방관자처럼
화살을 본 적이 없는 넷째 느낌처럼
아! 그냥 스쳐 지나가버리면 좋겠습니다

#6

세월이란 빠르기가 질주하는 말과같고
위로부터 쏟아지는 폭포수와 같은지라
화살처럼 날아가고 우레처럼 지나가니
오늘비록 살았으나 내일일을 보장할까

목숨줄이 소중하나 호흡사이 있는것이
꿈과같고 이슬같고 신기루와 다름없고
어찌보면 그림자요 다시보면 거품이라
이를보고 무엇이라 이름할수 없느니라

사부대중 그대들은 분명하게 알지니라
사람의몸 받는것이 다시없이 어려움을
이는마치 눈먼거북 망망대해 바다에서
구멍뚫린 나무판자 만남과도 같느니라

사람 몸 받는 것이 과연 얼마나 어려울까요
태평양이었나 대서양이었나
기억은 가물가물합니다
눈 먼 '바다거북이'가 있습니다

안타깝게도 앞을 보지 못하는 거북이지요
어쩌다 바다거북이가 눈이 멀었을까요
거기까지는 아직 연구가 되지 않았습니다
앞으로 연구 논문 쓰려는 이들을 위해
답을 잘 알지만 나는 여기서 입을 닫습니다
바다거북이는 3년마다 심호흡을 하는데
그때 바다 위로 떠오릅니다

바다에 표류하는 판자가 하나 있습니다
한가운데 구멍이 뚫려있는 판자인데
파도의 너울을 따라 가만히 있질 못합니다
눈먼 바다거북이가 3년 만에 한 번씩
바닷물 수면 위로 머리를 내밀고
깊은 숨을 몰아쉬려 하지만
어쩌나요! 바닷물은 끊임없이 출렁입니다
그 때 공교롭게도 눈 먼 바다거북이가
일렁이는 바다 표면으로 머리를 드러내는데
판자의 뚫린 구멍과 정확하게 일치하여
오랫동안 심호흡을 하게 됩니다

참 멋진 일입니다
격려의 박수를 보낼 만하지요

어떻게 이런 일이 있을 수 있습니까
그러나 이보다 수천만 배나 더 어려운 것이
이 광활한 우주내에서 밀키를 만남입니다
밀키웨이milky way라고도 하는데
바로 우리 태양계가 들어있는 은하입니다
우주 내에서 우리 태양계도 아니고
고작 우리 은하 만나는 게 뭐가 어려울까요
그러나 이는 해운대 해수욕장에 깔린
모래사장에서 바늘 하나를 찾는 격입니다
그것도 모래를 소재로 만든 바늘이며
길이가 모래알의 지름에 해당하고
가늘기는 머리카락 정도입니다
찾는다는 게 그리 쉬운 일은 아니겠지요

아름다운 전설이 하나 있습니다
하늘에 사는 아름다운 천사天使angel가
땅에 사는 목부牧夫를 사랑하게 되었지요
사랑해서는 안될 사람을 사랑한 죄로
3년에 한 번 땅에 내려올 수 있으며
와서는 일각一刻을 머물 수 있었습니다
그러나 그녀가 내려와 머물 장소는
목부에게는 비밀이었습니다

우유를 배달하는 목부에게도 기회를 주었지요
천만 갈래complexity system로 얽힌
복잡한 길 위에서 그녀를 만남이었습니다

그녀가 입은 옷 무게는 1수銖로
1냥의 24분의 1에 해당하는 무게지요
그램으로 환산하면 1.5625그램입니다
옷이 너무 가벼워 미세한 바람에도
옷자락이 얼굴을 가리는 까닭에
누구도 그녀의 얼굴을 볼 수가 없었습니다
아! 이 둘의 만남은 쉽게 이루어질까요
이들이 지구상 정해지지 않은 지역에서
15분一刻이라는 짧은 시간 안에 서로 만남보다
사람 몸 받기가 훨씬 더 어렵다네요
그런데 우리는 사람의 몸을 받았습니다

따라서 생일은 생애에 단 한 번뿐이지만
생일파티는 해마다 한 번씩 열고 있습니다
사람의 몸을 받아 태어남 그 자체가
골백번이고 축하받아 마땅한 일입니다
어떤 이들은 이렇게 얘기합니다
'생일축하 인사로 해가 지겠다'고요

사람으로 태어나 부처님 만나기가 어렵고
깨달아 부처되기는 더 어렵다고 하는데
이들보다 먼저 축하할 일은 그렇습니다
사람으로 태어난 일입니다

앞서 밀키웨이를 얘기하다 말았는데요
하늘에 떠 있는 별이 대략 몇개나 되겠습니까
한 주먹 모래가 대략 10만 개 정도입니다
1kg에는 사막모래가 1천만 개 들어갑니다
10kg 양동이에 1억 개가 들어감이지요
그렇다면 백사장 모래알은 몇개나 될까요
해운대 백사장에 널린 모래와 함께
사하라 사막의 모래알을 합하면 꽤 많겠지요
하지만 우주의 별에는 미치지 못합니다
지구에 있는 모든 바닷가
모든 강변
모든 사막의 모래알을
다 합치더라도 우주의 별에는 못당합니다

그러나 우주 대부분은 텅 비어 있습니다
우리나라 면적이 얼마인지 아시지요
대한민국이 약10만 제곱킬로미터입니다

우리나라 영토에 서너 개 골프공이 있다면
밀도密度density라 하기도 부끄럽겠지요
이 정도로 우주는 텅텅 비어 있습니다
우리나라 전체 영토에 서너 개 있는
골프공을 만나기가 쉬울까요
아무리 '보물찾기'라도 쉽지 않을 것입니다
이보다 더 어려운 게 사람으로 태어남이지요

그럼 우주는 얼마나 클 것 같습니까
과학자들마다 엄청난 차이를 이루는데
아무튼 현대 과학이 측정했다는 설에 따르면
우주 폭의 지름이 1,560억 광년이나 되고
중앙부분 두께가 350억 광년이라 합니다
어떤 학자는 빛의 속도光速velocity of light를
우주의 팽창에 정비례로 삼고 있습니다
따라서 우주나이가 137억 년이면
빅뱅의 중심부로부터 사방으로 퍼져나간
반지름이 274억 광년이어야 한다는 것이지요

이에 반기를 드는 학자도 있습니다
우주 팽창은 광속으로 계산할 수 없다고요
우주 팽창은 우주 중심부로부터

멀어지면 멀어질수록 더 빨리 팽창합니다
하여 우주 지름이 400억 광년이 될 수도 있고
1,560억 광년이 될 수도 있다는 것입니다
이 광활한 우주에서 우리 밀키웨이는
실볼펜으로 종이에 찍은 점에 불과합니다
우리 은하계 지름이 10만 광년이지요
빛의 속도로 10만 년 동안 지나가는 넓이입니다
그럼에도 작은 한 점의 크기입니다

태양은 우리은하milky way 중심에서
약 25,000광년 쯤 떨어져서 공전하는데
공전주기는 2억 2,600만 년입니다
공전속도는 초속 217km입니다
엊그제는 내 글에서 초속 220km라 했지요
태양은 태양계 총질량의 99.9%를 차지합니다
별들은 큰 게 작은 것보다 수명이 짧습니다
태양 수명이 100억 년 정도인데 비해
질량이 100배 큰 항성은 겨우 300만 년입니다
태양보다 수만 배나 더 밝은데
밝은 만큼 에너지를 더 소비하기 때문입니다

그럼 우리가 살아가는 지구는 어떠한가요?

항성恒星인 태양으로부터 3번째 행성이고
태양에서는 1억 5천 만km 떨어졌습니다
이를 천문 단위로 1AU라 부릅니다
지구 평균 반지름은 대략 6,400km이고
자전속도는 초당 0.465km며
공전속도는 초당 29.32km입니다
지구 탈출속도는 초당11.2 km에 해당합니다
이 지구를 질량으로 환산하면
자그마치 5.9742×10^{24}kg입니다

은하에서 태양계를 따로 떼어놓고 볼 때
우리은하도 우주에서는 작은 점인데
태양계太陽系가 크다고 한들
우리은하계에 견줄 수가 있을 것이며
하물며 우리가 살아가는 지구이겠습니까
이 지구에서 우리는 살아갑니다
'우리'라는 말에는 사람만이 아니지요
분명 사람이 중심이 되는 것은 맞지만
사람 밖의 190만 종이나 되는 생명체에서
한두 종種species만 없어지더라도
반드시 생태계 영향을 받게 마련입니다

그러므로 우리는 방생放生을 권합니다

특히 한해의 시작을 알리는 정월 방생은

그래서 더욱 소중하게들 여깁니다

내가 지금 여기 이렇게 버젓이 존재하는 것은

나를 포함한 생태계가 살아있기 때문입니다

방생放生이란 삶生을 풀어放줌입니다

뒤틀린 마음의 삶을 풀어줌이고

경직된 언어의 삶을 풀어줌이고

잘못된 행동의 삶을 풀어줌입니다

사람으로 몸 받아 태어남이 소중하지만

무엇보다 먼저 챙겨야 할 것은

이 소중한 삶을 어영부영 보낼 수는 없음입니다

#7

사람의몸 받아나기 무엇보다 어려웁고
부처님법 만나기란 더욱더욱 어려움을
그러므로 우리스승 서가모니 부처님이
중생들을 위하시어 간곡하게 말씀하되

천리만리 있더라도 보살계를 지닌다면
필경에는 참된진리 분명얻을 것이지만
나의곁에 있더라도 나의계율 모른다면
마침내는 행복할수 없느니라 하시니라

‘4가지 얻기 어려움’이 있습니다
이를 ‘사종난득四種難得’이라 합니다
또는 줄여서 ‘사난득四難得’이라 하는데
‘4가지 어려운 얻음’으로 풀 수도 있습니다
어떻게 풀든 담긴 뜻은 거기서 거기입니다
첫째는 인신난득人身難得이고
둘째는 장부난득丈夫難得이며
셋째는 불법난득佛法難得이고
넷째는 정법난득正法難得입니다

얘기 시작하자마자 법수法數가 나오니까
하마 머리가 지끈지끈 아파오지요?
하여간 이를 자세하게 풀면 아래와 같습니다

첫째, 인신난득人身難得이란
사람으로 태어남이 어렵다는 뜻입니다
우리가 살아가는 지구만 하더라도
190만 종의 생명체가 살아가고 있습니다
이 190만 종에는 인간도 포함됩니다
이토록 말할 수 없는 숱한 생명 가운데
190만분의 1인 사람으로 태어난다고 함이
어찌 어렵지 않겠습니까
사람은 죽어 사람으로만 태어나고
다람쥐는 죽어 다람쥐로만 태어난다면
뭐 그다지 걱정할 게 없겠지요

육도윤회를 놓고 볼 때
축생의 종에서만 살펴보더라도
자그마치 190만 종種species이나 됩니다
이 축생 한 종만 다 돌아다니더라도
상상초월의 시간이 걸리는 데
하늘, 아수라, 인간, 아귀, 지옥계까지

모두 돌아다니려면 얼마나 오래 걸릴까요?
사람은 선과 악을 가려 지을 줄 아는
동일한 값의 저울추 현상 존재입니다
사람이 선을 닦으면 계속 선으로 나아가고
만일 악을 지으면 계속 악으로 이어집니다

악순환惡循還vicious cycle과
선순환善循還goods cycle의 갈림길은
바로 사람에게서 시작됩니다
이를테면 대전에서 KTX에 탑승했을 때
하행선을 타면 계속하여 남으로 달리고
상행선을 타면 북으로 계속됨과 같습니다
따라서 사람의 몸을 마친 뒤에
사성四聖 쪽으로 가면 마침내 부처가 되나
육범六凡 쪽으로 가면 어떻겠습니까
으레 점점 삼악도 쪽으로 이어질 것입니다

그래서 한 번 사람의 몸을 잃고
사람보다 못한 세계로 윤회길을 택한다면
다시 사람으로 태어나는 것은 어렵습니다
지구에 서너 개 밖에 없는 겨자씨에
3년마다 100km 상공에서 화살을 쏘아

그 겨자씨를 맞추는 것 만큼이나 어렵지요
이게 너무 황당한 얘기라고 한다면
상황을 축소하여 사람만 놓고 보겠습니다
이를 야한 얘기로 본다면 예서 접겠습니다

한 남자와 한 여자가 부부로 만나
평생동안 사랑의 몸짓을 나누는 횟수가
대략 2,000회 안팎이라 하지요
남자에게서는 매회 평균 1억 마리 정자가 배출되는데
이를 모두 합한다면 2,000억 마리입니다
베이비붐 세대가 아닌 요즘이라면
자녀는 평균 1.7명에 지나지 않으니
1,176억 분의 1의 경쟁을 제친 존재입니다
그런 까닭에 생물학적으로 보더라도
사람 몸 받기가 얼마나 어려운지 아시겠지요?

둘째 장부난득丈夫難得이란
남자의 몸 받기가 어렵다는 뜻입니다
남녀 성비가 차이를 이루는데
이 성비가 뒤집히는 곳이 절집입니다
법회나 기도 때 참여불자가 100명이라면
20명 미만이 남성이고 80명 이상이 여성이지요

내용은 파레토 법칙에 어울리지 않으면서
숫자만 파레토 법칙과 맞아떨어집니다
대체로 ‘남아선호사상’이 강한 절집안에서
남성의 참여가 여성에 비해 턱없이 저조합니다
재밌지 않습니까?

셋째 불법난득佛法難得이란
불교에 귀의하여 신행信行과 복덕을 쌓으며
거룩한 부처님의 가르침을 만나는 것이
생각보다 훨씬 어렵다는 뜻입니다
그리고 넷째는 정법난득正法難得입니다
‘부처님佛 법法’과 ‘바른正 법法’에 차이가 있나요?
기독교에 비하면 적은 편에 속하지만
불교에는 참으로 종파가 많습니다
화엄종에서는 ‘화엄경이 제일’이라 하고
정토종은 ‘아미타경이 제일’이라 합니다
또한 아함종은 ‘아함경이 제일’이고
천태종은 ‘법화경이 제일’이라 하지요

그래도 이처럼 교리로 인하여
종파가 여러 갈래로 나뉨은 아름답습니다
문제는 교리 문제가 아님이지요

무엇이 문제일까요

그렇습니다

소유한 재산이 문제라면 문제입니다

애써 일궈온 자신의 사설사암을

무엇 때문에 종단에 디미느냐는 것입니다

종단의 싸움이 교리 때문이라면

골백 번을 싸우더라도 환영할 일입니다

교리를 놓고 치열하게 다투는 것은

재산이나 권력 때문이 아니기에 아름답습니다

그러나 어떤 부처님 말씀이라 해도

결국 '팥이 풀어져도 솥 안에 있는 법'처럼

대방광불화엄경의 화엄종이니

묘법연화경의 천태종이니

불설아미타경의 정토종이니

미륵삼부경의 용화종이니 하더라도

알고 보면 다 '한一 부처님佛 제자弟子'지요

그러면서도 재산을 놓고 싸울 때는

정말 불제자라는 게 믿기지 않을 정도로

치열하고 유치하기 짝이 없습니다

《범망경》〈송계서〉에서는 말씀하십니다

"내 곁에 있더라도 보살계를 모르면
결국 행복할 수 없다"고 말입니다
아울러 보살계를 몸소 지닌다면
부처님으로부터 비록 멀리 떨어져 있어도
그는 끝내 참진리를 얻게 되리라는 것을요
그럼 보살계가 왜 그리 중요할까요
보살계는 노사나 부처님께서 설하시고
서가모니 부처님께서 이어 설하셨지만
바로 우주의 질서를 바탕한 까닭입니다
따라서 보살계는 종교마저 뛰어넘습니다

부처님께서 설하신 계율이 다양한가요
당연히 다양할 수 밖에 없습니다
구멍가게에 있는 물품만으로서
대도시 시민들 요구를 충족할 수 없습니다
그래서 하나의 거대한 백화점에는
수십 만 점의 상품들이 진열되어 있습니다
이처럼 보살계는 '10가지 무거운 계'와
'48가지 가벼운 계'로 나누고는 있으나
어마어마한 우주와 생명의 질서를
차분하게 담아내고 있습니다
그러나 이들을 한두 가지로 묶는다면

사랑과 지혜가 뿌리根요 줄기幹라 할 것입니다

실용성과 믿음이 백화점이 지닌 가치라면
부처님의《법망경》보살계품은
그렇습니다
사랑과 지혜입니다
사랑과 지혜를 소재로 한 보살계본은
자동차의 앞 뒤 범퍼와 같습니다
웬만한 충격은 잘 흡수해들이면서
운전자와 승객을 보호하는 게 범퍼이듯
범망경 보살계본은 생명을 감싸는 범퍼입니다
따라서 보살계를 지니면 깨달음을 이루고
보살계를 잃으면 행복할 수가 없습니다

부처님 말씀에는 공간과 거리가 있습니다
천리 만리라는 공간을 설정하여
천리 밖 보살과 만리 밖을 생각합니다
천리와 만리에는 공간성만 내재할 뿐
부처님 당시로부터 오늘 날에 이르기까지
시간성은 들어있지 않습니다
그러나 시간을 떠난 공간이 있을 수 없듯이
공간을 떠난 시간이 있겠느냐는 것입니다

범망경 보살계본은 생명을 소재로 합니다
범망경 보살계품은 시간이며 공간이며
시공간을 소재로 드러내는 참 진리입니다

부처님을 만난 게 큰 행복입니다
부처님의 가르침을 만남이 큰 행복입니다
나를 알고 있고
내가 아는 이들과 함께함이
더없는 기쁨이고 즐거움입니다
그러나 이보다 더 기쁜 소식이 있습니다
내 자신이 바로 사람이라는 것입니다
내가 사람이라는 사실을 앎이 기쁨이고
광활한 우주내에서 지구를 선택함이
기쁨 중의 기쁨이고 행복 중의 행복입니다
주위를 둘러보니 나 혼자가 아닙니다
그렇게 '사람人 사이間'를 이루었으니
아! 함께 춤추고 노래하고픈 기쁨입니다

#8

자기분수 옳게알아 만족할줄 아는이는
한뎃잠을 자더라도 다시없이 안락하고
자기분수 모르면서 만족할줄 모르는이
하늘나라 있더라도 마음차지 않으리라

지나치게 인색하고 아끼면서 탐하는이
이는분명 말하건대 마구니의 권속이요
자비로서 보시하는 아름다운 보살들은
이야말로 거룩하신 부처님의 제자니라

이세상에 태어날때 한물건도 없었거니
죽음맞아 떠날적에 빈손으로 가느니라
천만가지 물건들을 지녔다고 하더라도
저승갈때 어느하나 가져가지 못하도다

‘분수分數’라 할 때 생각나는 말이
“네 분수를 알라”
“사람이 말야, 분수를 알아야지”
“분수도 모르면서 오지랖만 넓어가지곤~”

이 때 쓰는 분수의 뜻이 무엇입니까
자기 자신에게 알맞는 한도이고
얼마에 상당하는 정도이며
사물을 분별하는 슬기를 가리킵니다
또는 백분율을 나타내는 수數로 표현되며
한 수a를 다른 수b로 나눈 몫을
a/b처럼 표현한 것도 분수라고 합니다

나눌 분分 자는 뜻모음會意 문자입니다
다시 말해서 위의 여덟 팔八 자와
아래 갈 도刀 자가 만나 이루어진 글자지요
덩어리를 나눔에는 도구가 필요한 데
그 대표적인 도구가 칼입니다
그리고 나누어진 형태는 반드시
양쪽으로 위아래로 나뉘어질 수 밖에요
이처럼 두 뜻이 모여 이루어진 글자이기에
이를 우리는 회의문자라 이름합니다
그럼 서너 개나 대여섯 개 뜻이 모인다면
그 역시 회의문자 범주에 들어갑니다

환원주의에서 우주를 바라보면
온통 원자原子들의 집합체일 뿐입니다

다시 말해 '원자'라는 최소 단위에서 보면
우주를 '어떤 모습'으로 단정지을 수 없지요
원자라고 하는 녀석이 워낙 작으니까요
물론 원자라는 알갱이 속에는
상상초월의 원자핵이 조용히 자리잡고
그 원자핵 밖으로 전자란 녀석이
핵 가운데 양성자와 동일한 수同數로서
정신없이(?) 돌고 있습니다

전자의 수가 양성자와 같은同 수數인 것은
그 원자의 원소가 무엇이냐에 따라서지요
원소기호가 1번인 수소水素는
원소기호가 1번이듯이
원자 안에 양성자가 1개 밖에 없으며
전자 역시 1개가 고군분투 돌고 있습니다
가령 산소酸素는 원자번호가 8번인데
이는 중성자의 단짝 양성자 갯수가 8개며
따라서 원자 안에서 핵 주위를 도는
전자의 갯수도 8개란 의미입니다

아무튼 환원주의에서 보면
광활한 우주는 말 할 것도 없고

사람이든 동물이든 식물이든 사물이든
오직 원자들의 집합체일 뿐입니다
거기에서 이 원자는 나며 사람이다
이 원자는 내가 사랑하는 스마트폰이다
하는 따위로 얘기할 수가 없습니다
해마다 이맘때면 불청객이 찾아옵니다
중국으로부터 날려오는 미세먼지입니다
이 미세먼지가 무엇입니까
바로 우리가 영원히 사랑하며 살아갈
지구의 부스러기 모습입니다

재미있지 않습니까
서울 중심부 땅 한 평 값이 얼마입니까
평당 억대를 홋가하는 고귀한 땅
이들 땅이 바탕質이 되고
이 땅이 잘게 쪼개져 나온 부스러기에
자동차 뒷꽁무니와 공장 굴뚝에서 나온
화학쓰레기가 만난 게 미세먼지입니다
하나는 한없이 소중하고
다른 하나는 건강에 매우 치명적입니다
하여 이처럼 환원주의에서만 바라본다면
어떤 게 귀하고 천한지 가늠할 수 없지요

그래서 필요한 게 창발주의입니다
사람들은 애기합니다
불교를 좀 안다고 하는 이들이거나
세상의 이치를 좀 깨달았다는 이들입니다
"세상은 다 허무하다"
"다 공空이야, 헛것이라고"
"세상에 영원한 게 어딨어"
"장미가 곱고 연꽃이 우아하면 뭐해
알고 보면 다 무無로 돌아갈 건데"
그렇습니다
다 쓰잘머리 없습니다
환원주의에서 보면 다 헛것입니다
쓰잘데기 없고 씨알데기 없는 것들이지요

어쩌면 그래서일까요?
《금강경》에는 불교의 안회로 일컬어지는
소명태자가 '일합이상분一合離相分'이란
챕터 이름까지 떡하니 붙여놓았습니다
사단법인 올제에서 나온 나의 책《금강경》
386~397쪽에 이르는 해설에서
지금까지 한 이야기가 고스란히 들어있습니다
그런데 미리 앞당겨 말씀드립니다만

《금강경》을 비롯한 모든 대승경전에서는
환원주의의 허무만을 가르치지 않습니다
일합상의 세계 실유實有도 가르칩니다

어제는 일이 참 많았습니다
오전 11시 BTN 신년하례법회와 함께
BTN붓다회 포럼 발대식이 있어서
서울 하림각 크리스탈홀(3층)을 찾았고
종로3가동 대각사에 돌아와
정초기도 나오신 몇몇 불자님들을 만나
또 많은 이야기들을 나누었습니다
그러면서 페북의 오랜 벗을 만났습니다
출판사를 운영하는 내외분이었는데
사람이 얘기가 통하는 사람을 만나면
귀중한 시간마저도 통째로 깔아뭉갠다더니
두 시간 남짓이 찰나에 지나갔습니다

나는 이분들과 많은 시간을 가지면서
환원주의와 창발주의를 얘기한 것 같은데
지금 와서 시나브로 생각해보니
제대로 알지도 못하면서 떠들어댄 것 같아
나 혼자 입가로 웃음을 흘립니다

나는 분수를 모릅니다
분수를 모르다보니 만족할 줄 모릅니다
만족한 줄 알면 한뎃잠을 자더라도
다시없이 편안하고 즐겁다고 했는데
나는 아직 분수를 모르고 만족을 모릅니다
한 마디로 ‘욕심덩어리’입니다

‘보살계 서문을 외다誦戒序’에서는
이렇게 얘기하고 있습니다
‘만족할 줄 모르면 마음에 차지 않는다
하늘나라 하느님 곁인들 무엇하며
극락정토 아미타불 곁인들 뭣하겠는가’
그러면서 또 이렇게 가르칩니다
‘인색하고 탐하는 이 마구니 권속이요
자비로서 보시함은 부처님 자녀다’라고요
그러고 보니 원효스님의 글이 떠오릅니다
짧지만 긴 글《발심수행장發心修行章》이지요

앞에서 분수分數를 언급했습니다
세상은 덩어리에서 시작되어
점차 사방으로 위아래로 흩어져 갔습니다
바로 우주宇宙가 그렇습니다

특이점特異點singularity에서 시작된 우주
singular point라고도 하는 특이점은
복소수複素數 변수變數 함수函數에 있어서
어떤 점 근방에서는 어디서나 미분이 가능하나
이 점에서는 그게 불가능하기에 특이점입니다
이처럼 불가능한 미분에서 뻥 터진 것이지요

137억 년 전 바로 이 특이점에서
빅뱅bigbang이라는 독특한 현상이 일어났지요
절대 미분微分differential의 세계에서
오늘날 우리가 느낌으로 알고 있는
이 광활한 우주가 뻥하고 생겨난 것입니다
재미있는 것은 이 광활한 시공간 속 우주와
그 작은 특이점의 질량값이 동일함입니다
이해가 가지 않는 일이나 분명 그렇습니다
굳이 의상조사 《법성게》가 아니더라도
미세 먼지 속에 우주가 들어있다는 논리는
화엄경 법계연기法界緣起의 근간입니다

나눔分의 법칙이 우주의 법칙입니다
갖고 있는 것을 나누고
알고 있는 것을 나누고

느끼고 있는 것을 나누고

기쁨도 슬픔도 즐거움도 아픔도 나누고

재능과 솜씨를 나누고

부드러운 미소를 나누고

나눌 수 있는 것은 계속 서로 나눔이

바로 우리가 살아가는 우주의 법칙입니다

중국사람들이 팔八 자를 좋아하는 게

현재보다 점점 더 나은 쪽으로

퍼져가기 때문이라고들 얘기합니다

게다가 필 발癶/發 자도 팔八 자와 닮았고

발음마저 비슷하기에 좋아한다지요

그러나 실로 중국인들의 생각은

이런 단순한 생각 너머에 있었을 것입니다

바로 퍼져나감/나눔八/癶이야말로

우주의 법칙이고 행복으로 가는 길임을

이미 알고 있었을 것이라고 나는 여깁니다

만약에 나누어八지지 않으면

도구刀를 써서라도 강제로 나눔이 분分이지요

그리고 이 나눔分의 이치數를 아는 것이

이른바 분수를 앎이 될 것입니다

보살계 서문을 외다誦戒序'에서는
또 이렇게 얘기하고 있습니다

이세상에 태어날때 한물건도 없었거니
죽음맞아 떠날적에 빈손으로 가느니라
천만가지 물건들을 지녔다고 하더라도
저승갈때 어느하나 가져가지 못하도다

#9

인과법은 역연하여 어긋나지 아니하니
오직생전 지은죄와 업보만을 갖고가리
사흘동안 닦음마음 일천년의 보배이나
백년동안 탐한재물 하루아침 티끌일세

이에모든 불자들은 지성스런 마음으로
부처님께 귀의하고 다른길을 가지말라
부지런히 수행하여 어서정각 이루어서
널리중생 제도하고 대원력을 세울지라

원인과 결과를 놓고 볼 때
원인의 값과 결과의 값이 달라지는 것은
첫째, 시간이 곁들여지기 때문입니다
치약을 어떻게 짤까에서처럼 작은 원인이
살상殺傷이란 엄청난 결과를 가져 온 데는
곁들여진 시간의 연역 법칙 때문이지요
이와 반대로 원인은 살상이었는데
참회와 용서라는 멋진 결과를 가져온 데도
거기에는 보이지 않는 시간이 있었습니다

그렇다면 시간만 개입되면 모든 사건의
원인과 결과가 반드시 달라질까요

반드시 그렇지는 않습니다
불교에서는 이를 '전법의 현상'에 견줍니다
전해지는 법에 질량質量이란 없습니다
질량은 영어로 매스mass라 풀이하듯이
덩어리며 모갯돈이며 전체며 하나입니다
여기 질소는 이 질소質素simplicity지
이 질소窒素nitrogen가 아닙니다
법이라는 게 질량 자체를 뛰어넘다 보니
원인에 비해 결과의 질량이 늘거나
줄어드는 일 없게 자연적으로 관리됩니다

그럼 무게質와 함께 부피量가 없다고 해서
소프트웨어에는 차별이라는 게 없을까요
결론부터 끄집어 내놓는다면
소프트웨어에도 차별이란 게 있습니다
다름 아닌 용량用量이란 것이지요
가끔씩 데이터나 사진을 E-mail로 보낼 때
알맞은 용량을 선택하기도 합니다
파일을 첨부할 때 용량이 크면

‘파일 용량이 커서 보낼 수 없다’고 합니다
데이터에 비해 사진이나 동영상은
의외로 용량이 매우 크기 때문이지요

하여 《금강경》〈제17 구경무아분〉에서
부처님은 수보리 존자에게 질문을 던집니다
너의뜻에 어떠하냐 수보리야 여래께서
연등불이 계신데서 위가없고 크고넓고
평등하고 방정하며 빈틈없는 아뇩보리
얻을만한 어떤법이 있었느냐 없었으냐

영특한 수보리 존자가 답합니다
없나이다 세존이여 부처님의 말씀속에
담겨있는 깊은뜻을 제가이해 하기로는
연등불이 계신데서 여래께서 얻으신바
아뇩보리 높은법이 따로있지 않나이다

전법의 알갱이 법은 질량이 없기 때문에
전하다 받다라는 움직씨가 없으며
전하다 받다라는 움직씨가 없는 까닭에
늘어나거나 줄어듦이란 게 없습니다
늘어나거나 줄어듦이 없다고 하는 데는

그만큼 더러움도 깨끗함도 없으며
새로 생기거나 없어짐도 없다는 것입니다
따라서 작은小, 또는 적은少 원인이
큰大, 또는 많은多 결과를 가져올 수 없지요

사랑을 주고 받음에 표시가 있던가요
미움을 주고 받음에 표시가 있던가요
마음을 주고 받음에 표시란 것은 없습니다
깨달음을 주고 받음에 있어서도
깨달은 내용의 법을 주고 받음에 있어서도
역시 눈에 보이고
귀에 들리고
코에 맡아지고
혀에 맛보여지는 게 없고
의식 세계에 새겨지는 게 없습니다
그래서 사랑의 신표信 票로 반지를 고르고
전법의 신표로 가사와 발우를 전했습니다

나는 1979년 3월 5일 은법사이신
전조계종정 고암대종사로부터 전법게와 함께
그 신표로 《40권본 화엄경》을 받았습니다
리퉁쉬엔李通玄litongxuan 장자의

아름다운 회석會釋이 곁들인 경전이지요
내가 이 얘기를 하면 어떤 이는 말합니다
전법의 신표가 경 어딘가에 쓰여 있느냐고요
중국 선종의 제6조 훼이닝慧能huineng이
5조 훙렌弘忍hongren으로부터
가사와 발우를 신표로 넘겨 받았는데
가사 발우에 신표를 인증할만한 글씨를 남겼습니까

마음에서 마음으로 이어짐에는
원인과 결과라는 게 뚜렷하지 않습니다
그러나 그것이 언어로 표현되고
행동으로 두드러질 때 상황이 달라집니다
이를테면 대도를 깨달은 선지식과
수행의 걸음마를 막 시작한 수행자가
겉으로 보기에 차이가 확 두드러지던가요
겉으로 드러나지 않는다 해서
보이지 않는 마음 세계에 변화가 없습니까
32가지 꼴相은 눈에 다르게 띨지 모르나
80가지 인상好은 느낌으로 전해질 것입니다

꼴相figure로 표현되는 형체 세계는
동일한 DNA 유전의 법칙을 따르는 까닭에

원인에서부터 결과까지가 동일하지만
인상印 象impression으로 표현되는
이른바 느낌feeling의 세계는
공교롭게 유전의 법칙을 따르지 않습니다
원인인 아버지와 또는 어머니
결과인 아들 딸의 관계를 확인하는 일은
느낌好으로서가 아니라 분명 꼴相입니다
그럼 아버지가 선을 닦으면 자녀가 공을 받으며
아버지가 죄를 지으면 자식이 벌을 받나요

인과율의 관계는 복잡계複 雜 系입니다
컴플렉시티 시스템complexity system입니다
만일 육신의 윤회를 인정한다면
가령 사람이 죽어 개로 태어난다 했을 때
개의 유전자가 전생의 사람과
완벽하게 동일해야만 할 것입니다
그러므로 육신의 윤회를 인정하려 한다면
우선 DNA의 동질성을 찾아내야 하겠지요
그러니까 죽은 뒤 가져가는 것은
지은 죄와 업보뿐이라는 말씀이 나올 수 밖에요

육신의 윤회輪廻metempsychosis에 대해서는

아무래도 흠결mistake이 좀 많습니다
그럼 업業karma의 윤회까지 부정할까요
모토로라를 휴대전화로 처음 구입한 것이
1993년 봄이었으니 하마 25년 전입니다
그 뒤로 12년을 이어온 모토로라를
동아프리카 탄자니아에 나가 있으면서
노키아 제품으로 바꾸었으며
휴대전화에 들어있던 데이터를 옮겼지요
그 뒤 2009년 2월 귀국하면서
다시 삼성 제품 스마트폰으로 바꾸었습니다

그리고 평균 2년마다 폰을 바꾸며
데이터를 옮기는데 전혀 지장이 없었습니다
몸이 바뀌면 그 몸과 함께했던 정신과
카르마 세계도 바뀌어야 하지 않겠는지요
그럼에도 불구하고 단말기는 바뀌었으나
앞서 있던 단말기에서 옮겨 온
주소록과 메시지는 여전히 잘 작동됩니다
아하! 육신은 비록 인연따라 바뀌나
육신과 함께했던 업은 그대로 이어진다는
이 '보살계 서문을 외다'의 말씀이
틀린 게 아니구나 하고 느낍니다

그러기에 이렇게 얘기합니다
인과법은 역연하여 어긋나지 아니하니
오직생전 지은죄와 업보만을 갖고가리
사흘동안 닦음마음 일천년의 보배이나
백년동안 탐한재물 하루아침 티끌일세

이에모든 불자들은 지성스런 마음으로
부처님께 귀의하고 다른길을 가지말라
부지런히 수행하여 어서정각 이루어서
널리중생 제도하고 대원력을 세울지라

이를테면 평생 금강경을 독송하고
금강경을 사경하고
금강경을 풀이하고 강설하고
금강경 가르침을 중생들에게 전하고
밥을 먹으면서도 금강경을 외고
잠 속에서도 오직 금강경을 생각하고
그러다 죽어 개 몸을 받는다고 했을 때
으레 DNA는 전생 사람과 다르다 하더라도
전생에 지어온 금강경 인연으로 인해
가끔은 개가 데쟈뷰 현상을 느끼지 않을까요
나는 더러 절에서 키우는 개들을 보면

"저 녀석이 전생에 수행자였을까?"
하는 생각을 하곤 합니다

그렇게 금강경 공덕을 쌓았는데
개 몸을 받는다는 게 말이 되느냐 하겠으나
인과율에서 보면 불가능해 보이는 일도
대승불교의 진리에서는 얼마든 가능하니까요
부처가, 그리고 보살이 중생을 교화하고자
이종기생異種寄生heteroecism했을 수도
얼마든 있을 수 있지 않았겠느냐입니다
관음경에 따르면 관세음보살이
32응신, 또는 33응신으로 모습을 드러내
그들 종種Species을 교화하신다고 하지요

나는 앞서 원인의 값과 결과의 값이 달라짐이
첫째 시간이 곁들여지기 때문이라 했습니다
그럼 둘째 셋째 넷째 따위도 있지 않을까요
네, 그렇습니다
둘째는 소위 환경이라는 공간 때문이고
셋째는 다른 생명체와의 관계 때문입니다
넷째는?
다섯째는?

그리고 여섯째는?

내 생각이 《금강경》마지막 사구게四句偈의
여러가지 인연으로 생멸하는 유위법은
꿈속이요 신기루요 거품이요 그림자요
아침이슬 다름없고 번갯불과 같노라고
언제든지 모름지기 이와같이 볼지니라
를 연상학습聯想學習associative learning케 하더
라도.

제9장. 삼보에 귀경하다 歸敬三寶

노사나불 부처님과 시방금강 부처님께
한마음을 다기울여 귀의공경 하사옵고
또한앞의 논주이신 당각여래 자씨존께
두손모아 마음모아 삼가예배 하나이다

내가이제 보살승의 삼취정계 설하나니
이자리의 보살들은 다들함께 경청하라
부처님의 대승계는 밝고밝은 등불이라
길고긴밤 어둠들을 말끔하게 소멸하며

부처님의 대승계는 으뜸보배 거울이라
법의실상 하나하나 선명하게 비춰주며
부처님의 대승계는 마니주와 같은지라
누리가득 베풀어서 가난구제 하느니라

고해바다 훌쩍건너 속히성불 하는데는
애오라지 대승계가 무엇보다 으뜸이니
그러므로 권하나니 일체모든 보살들은
부지런히 닦고닦아 고이간직 할지니라

#1

앞서 여러 번 얘기하였듯이
노사나불은 둥글圓고 꽉 찬滿 부처이시고
보답報으로 나투시는 몸身이십니다
'둥글고 꽉 찬'이라 했는데
어떤 모습을 일컬어 '둥글다'하고
어떤 상태를 '꽉 찼다'고 하겠는지요?
둥글다는 것은 모나지 않음이며
서로 조화를 이룸이며
끊임없이 순환하는 그 자체입니다
서클circle이며 또한 사이클cycle입니다

'보답報으로 나투는 몸身'이라니
아무리 생각해도 이해가 안 된다고요?
공간적으로 한량없無量는 광명光과 함께
시간적으로 한량없無量는 목숨壽을 지닌
아미타불이 대표적 보신불이지만
그러나 그리 쉽게 이해가 되지 않습니다
만일 아미타불이 보신불의 상징이라면
노사나불은 어떤 부처님이실까요
노사나불은 고유명사가 아니라

보신불의 보통명사이겠네요

아! 어떻게 제대로 짚었다고요?
맞습니다
노사나불은 고유명사라기 보다
보신불에게 따라 붙는 보통명사입니다
법신 비로자나불과 같이 쓰이기도 하지요
자, 이렇게 생각해보면 어떨까요
가령 피겨여왕 김연아를 보면 어떻습니까
그녀가 피겨여왕이라는 선입견이
이미 자리를 차지하고 있기 때문일까요
선입견이라고 해도 좋습니다
그녀에게서는 피겨여왕이 느껴집니다

'박지성'이라 하면 축구를 떠올리고
'허재'하면 농구를 떠올리지 않습니까
왜냐하면 허재가 축구장을 누빈 적이 없듯
박지성이 농구장을 누빈 적이 없습니다
그보다는 농구하는 허재를 보았고
축구하는 박지성을 본 기억 밖에 없습니다
그리고 주위에서 듣는 말이
박지성은 국가대표팀 축구 선수였고

허재는 우리나라 농구 국가대표였지요
실제가 때로 소문을 만들어내고
소문이 사실을 더욱 사실화시킵니다

이처럼 아직 한 번도 본 적이 없는데
'세종대왕' 하면 한글을 떠올리고
'한글' 하면 세종대왕을 떠올리는 것처럼
반복된 언어는 사실을 만들어냅니다
그래서 10,000원권 지폐에 오른
세종대왕 모습을 보며 세종을 느낍니다
이처럼 '아미타불' 하면 보신을 느끼듯
노사나불 하면 바로 '보신'을 떠올립니다
그것도 '원만보신'을 붙여 노사나불입니다
하여 노사나불은 보신불의 보통명사입니다

보신의 보報는 이미지의 축적입니다
지장보살 하면 원력이 떠오르고
문수보살 하면 지혜가 떠오르고
관세음보살 하면 자비가 떠오르고
약사여래 하면 손에 든 약단지가 떠오르고
아미타불 하면 48가지 원이 떠오릅니다
이처럼 노사나불 하면 보신이 떠오릅니다

으레 '원만보신'을 앞에 붙여 말입니다
청정법신 하면 비로자나불이 떠오르고
천백억화신 하면 서가모니불이 떠오르듯
원만보신 하면 으레 노사나불입니다

쌓아온 기능의 이미지가 곧 보신입니다
쌓아온 명성이 그의 이미지입니다
천하장사 '이만기'를 아는 이들은
그에게서 결코 바둑을 연상하지 않습니다
마찬가지로 최고의 기사 이세돌에게서
요리사를 떠올리지는 않습니다
하여 보신이란 축적報된 이미지身입니다
그래서 얘기합니다만 노사나불은
비로자나불일 수도 있고
서가모니불일 수도 있습니다만
그가 지닌 고유명사를 붙여 놓았습니다

시방十方 금강불金剛佛도 마찬가지여서
'곤지암 우리절'처럼 그냥 고유명사이거나
내가 다니는 '우리절'처럼 보통명사입니다
금강처럼 심지가 굳은 마음 부처님이지요
이 또한 오랜 세월 축적된 이미지지요

수염 기른 스님 하면 동봉東峰이고
'동봉' 하면 사명대사가 떠오르곤 합니다
십자가에 못 박힌 분이 예수님 한 분일까요
역사 속에 십자가를 진 분은 참 많습니다
그럼에도 불구하고 십자가를 생각하면
으레 예수님이 떠오르듯 금강불도 마찬가지입니다

당각여래當覺如來의 당각當覺이란
크게 두 가지 뜻이 있습니다
첫째는 '당장當場'처럼 방금 깨친 분이고
둘째는 미래當에 깨달을覺 부처님입니다
'자씨 미륵'은 미래불未來佛입니다
한데 미래불을 '당각'이라 표기한 것입니다
당각當覺은 희망불希望佛입니다
다가오지 않은 세계는 설렘이고 두려움이지요
더 나은 내일을 꿈꾸기에 설렘이고
모르는 세상이기에 두려운 것입니다

일반적으로 미륵보살彌勒菩薩은
서가모니불의 가르침을 받아 수행하다가
미래에 성불하리라는 예언을 받고
목숨을 마친 후 도솔천에 태어나

현재 거기서 수행중인 보살이라 합니다
경전에서는 서가모니 부처님 입멸 후
오랜 세월이 지나 이 세상에 내려와
화림원華林園 용화수龍華樹 아래에서
성불하여 미륵불이 된다고 합니다
미륵은 마이트레야maitreya입니다

미륵부처님 세계가 되면
인간의 평균 수명은 8만 세가 됩니다
당시 세상에는 약 300억 인구가 삽니다
참으로 엄청나지 않습니까
화림원 용화수 아래에서 성불하며
3회 걸친 설법으로 중생들을 건지는데
첫 법회에서 96억 명을
버금 법회에서 94억 명을
마지막 법회에서 96억 명이 깨달음을 얻어
총 286억 명을 교화한다고 합니다
이것을 일컬어 '용화삼회설법'이라 하지요

이들을 모두 교화하는 법회 횟수는
3회설법이지만 오랜 시간을 요합니다
서가모니 부처님의 교화에서 누락된

그 모든 중생들을 다 제도하는 데
자그마치 6만 년의 시간을 요하니까요
용화회상 교화가 끝난 뒤 열반에 드시는데
서가모니 부처님 업적을 돕는다는 뜻에서
보처존補處尊 미륵불이라 하지요
또는 자씨보살慈氏菩薩이라 하는데
현겁賢劫 천불 중 다섯번 째 부처님입니다

자씨는 사랑으로 똘똘 뭉쳤다는 뜻입니다
미륵이라 하면 돌부처가 떠오릅니다
동네 어귀나 뜨락이나 할 것 없이
쉽게 볼 수 있는 돌부처 미륵보살입니다
미륵은 도솔천 내원궁에서 대기중이라는데
알고보면 도솔천 내원궁이 사바세계지요
동네 어귀나 뜨락이 다 도솔천입니다
나는 곤지암 우리절에 미륵을 모셨는데
2층 법당과 서재 냉장고 위
2층 다실 선창에도 있고
심지어 관음전 창고에도 모셔져 있습니다

앞으로 첨단과학의 발달로
욕계 제4천 도솔천 내원궁에서 지구까지

단숨에 올 수 있다 하더라도
미리 와 중생들의 삶을 살펴보는 일은
장차 중생교화를 담당한 자씨미륵보살의
중생 사랑이며 배려일지 모릅니다
하여 서가모니 부처님께서 열반하시자
무불시대無佛時代를 대비하여
곧바로 도솔천을 떠나 여기 오신 것입니다
그것도 수천 억의 분신分身으로서요
이는 마치 《지장보살본원경》둘째 품인
분신집회품의 지장보살 분신과 같습니다

경전에 따르면 도솔천의 하루는
사바세계의 4천년에 해당한다고 합니다
곧 $1/4000 \times 365 = 1,460,000$이니
지구시간에 비해 146만 배 더디 가는 곳
천체물리학 입장에서 꼽아볼 때
도솔천은 상당히 먼 우주 어디일 것입니다
마야부인이 머무는 욕계 제2천 도리천도
해발 84,000유순由旬이나 되는
수미산 정상에 있다고 하는데
욕계 제4천 도솔천은 상상 밖 먼 곳입니다

그런데 이 도솔천이 지구에 있습니다
시골 동네 어디서나 쉽게 볼 수 있습니다
제주도에 가면 돌하르방 모습이고
깊은 산 절벽에는 마애불 모습으로 나투고
장독대 한 켠에 발효신이 되어 있어
우리 사는 세상이 그대로 도솔천입니다

여기도 도솔천이고
저기도 도솔천이다

어제도 도솔 향취 그윽했는데
오늘도 도솔 내음이 그윽하다
내일도 도솔 정취가 함께하겠지

미륵 머무는 곳이 도솔이다
미륵이 부처며 사람이다
사람과 부처가 함께 하는 곳이다
바로 지금 여기 떠나 도솔천이 있을까

#2

열네 살 되던 해 가을이었지요
마당질을 끝낸 콩이 국화꽃보다 곱습니다
3/8일로 서는 양평 양동장에 가기 위해
닷말 콩을 마대 자루에 담았습니다
아홉살에 초등학교에 들어간 지 4년 뒤
12살 때 4학년 수료증도 받지 못한 채
가난 때문에 학업을 그만 두어야만 했지요
농사일에 뛰어든지 이태가 흘렀습니다
지금은 한솔 오크벨리 골프장이 들어서
예전 월송리 상닷둔 마을이 통째로 없어졌지만
30여 집이 사는 고즈넉한 마을이었습니다

내가 살던 편알골에서 밤골을 거쳐
상닷둔까지는 큰 고개 3개를 넘어야 했고
상닷둔리에서 양동장까지는
상상초월의 히말라야를 넘어야 했습니다
아낙네나 큰애기, 아직 어린 아이들은
홀로 산을 넘을 수 없었기에
장날이면 최소한 예닐곱 명 이상이 모여야
비로소 장에 갈 수 있었습니다

아무튼 나는 장날을 손꼽아 기다렸지요
열세 살부터 농삿꾼이 된 나는
내가 손수 지은 농작물을 짊어지고 가
쌀로 바꾸어 오거나 일용품을 사왔습니다

상닷둔에서 양동까지는 시오리 길이었으나
워낙 산이 높아 3시간 이상 걸었지요
그날은 장마당이 떠들썩 했는데
사당놀이패가 양동장에 들어온 것입니다
꽹가리에 장구에 북이 울리고
젓대를 부는 이들이 화답을 했습니다
까마득한 공중에 매어놓은 외줄 위에서
긴 장대 하나를 옆으로 비껴 들고
줄타는 묘기는 내게 꽤 신나는 일이었지요

바로 그때였습니다
느닷없이 내 또래 친구가 뛰어들더니
광대들이 공연 중에 받아 놓은
모자 속 돈과 함께 모자까지 집어들고
한달음에 튀어나가고 있었습니다
나는 짚고 있던 지게작대기를 내밀었습니다
어떻게 내게 그런 재치가 있었는지 모릅니다

소년은 작대기에 걸려 그 자리에 넘어졌고
광대들이 달려들어 모자와 함께
흩어진 돈을 모두 회수했습니다

광대들의 구타가 시작되려는 찰나
내가 잽싸게 뛰어들었지요
"아저씨!"
소년에게 내리치던 몽둥이가 내게 떨어졌습니다
그 새 소년은 죽을 힘을 다해 달아났고요
광대들은 내가 소년과 짠 것으로 오해하고
엄청난 매질을 내게 가해왔습니다
우리 일행들이 나서 진정은 되었으나
난 태어나 처음으로 뭇매를 맞았습니다
내게 필요한 것은 나의 잘못이 아니라는
그 한 마디였는데 _

그때 나를 구한 사람은 스님이었습니다
광대놀이가 좋아 가끔은 장에 온다는
계정리와 양동면 소재지 사이
잿마루에 있는 사과 과수원 한 녘
조그만 토굴에 산다는 젊은 스님이었는데
아직까지 그의 법명은 모릅니다

그는 나를 위기로부터 구해주었고
광대들을 설득해 내 누명을 벗겨 주었으며
내게 먹을 것까지 사주었습니다
그때 그 스님에게 진 빚이 한없이 고마워
꼭 찾아뵙겠다 했는데
여덟 해 남짓 뒤 내가 그의 신분이 된 것입니다

삼취정계三聚淨戒
세三 가지가 모인聚 깨끗淨한 계戒입니다
세 가지가 모였다면 어떤 것들일까요
첫째가 섭선법계攝善法戒이고
둘째가 섭율의계攝律儀戒이며
셋째가 섭중생계攝衆生戒입니다
섭율의계가 첫째고
섭선법계가 둘째며
섭중생계가 셋째인데 순서가 틀렸다고요?

이들 삼취정계는
마치 삼각대의 세 다리와 같고
무쇠솥의 세 발과 같습니다
불법승佛法僧 삼보三寶도 이와 같습니다
삼각대와 무쇠솥은 그렇다 쳐도

불법승 삼보를 같은 위치에 놓는 것은
아무래도 불보佛寶가 낮게 평가되고
승보僧寶가 높게 평가된 거 아니냐고요?
결론적으로 말씀드리면 삼보三寶에는
우열優劣superiority or inferiority이 없습니다
부처가 높지 않고 스님네가 낮지 않습니다

이를테면 세모꼴三角形 어디가 높던가요
산 정상처럼 위로 솟은 게 높은 곳이고
밑변 삼각형 양쪽에 놓인 게 낮은 것일까요
마찬가지로 부처님과
부처님의 가르침과
가르침대로 닦아가는 스님네를 놓고
차례대로 부처님이 가장 높고
부처님께서 설하신 가르침이 둘째며
부처님의 계율과 가르침대로
실천하는 스님네가
반드시 셋째라고 하는 등식은
아무리 눈을 까뒤집더라도 띄지 없습니다

그렇습니다
부처님佛을 맨 위에 놓고

가르침法을 중간에 두고
스님네僧를 맨 아래 놓고 있습니다
그러나 이 셋에 높낮이란 없습니다
가령 부처님은 가치가 높게 평가되었는데
스님네 가치가 낮게 평가되었다면
이는 오직 부처님은 위대하고
스님네는 별볼일 없는 것이 아니라
불제자로서의 삶을 잘 살지 못한 것입니다
스님네가 제대로만 잘 살았다면
부처님 못지않게 평가되었을 것입니다

삼취정계에서도 예외는 아닙니다
나는 삼취정계를 가나다 순으로 놓았으나
가나다순이 아니라 섭율의계 섭선법계
섭중생계 순으로 놓아도 문제가 없습니다
삼취정계가 어떤 가르침입니까
대승불교의 뿌리 가르침이 아니던가요
그렇다면 뭐니뭐니해도 중생이 으뜸이고
선법이 버금이며 율의가 마지막입니다
대승불교에서 중생을 제쳐둔 채
선법과 율의가 우선일 수는 없는 까닭입니다

섭중생계에 담긴 뜻이 무엇입니까
직역하면 중생을 섭수攝受하는 계입니다
섭攝은 '다스릴 섭'이고 '잡을 섭'이고
'소곤거릴 섭'입니다만 '귀기울임聶'입니다
아래의 두 귀는 왼쪽 귀와 오른쪽 귀며
위에 올려진 귀는 골전도로 듣는 귀입니다
귀가 먹은 사람도 골전도로 듣는 귀는
기능이 여전히 열려있기에 잘 들립니다
왼귀든 오른귀든 골전도귀든
남의 얘기를 제대로 들으려면
네, 그렇습니다
귓바퀴 뒤에 손바닥扌을 대고 듣습니다

따라서 보살이 중생을 섭수함에 있어서
첫째 조건은 중생의 소리를 들음입니다
귓바퀴 뒤에 손바닥을 대고 들음이지요
보살이 계율을 지니는 목적이 무엇입니까
죽을 때 좌탈입망하기 위해서인가요
살아있을 때 율사로 대접받기 위해선가요
남에게 부끄럽지 않기 위해 계를 지킵니까
적어도 보살이 계를 지니는 첫 목적은
중생들을 섭수攝受해들이기 위해서입니다

계를 지니는 둘째 목적이 무엇입니까
좋은善 법法을 섭수攝하기 위한 것입니다
좋은善 법法이라면 무슨 법입니까
곧《범망경》과 같은 대승보살계 법입니다
이처럼 좋은 법을 알고 있고 지녔다 하더라도
혼자만 지니고 있으면 무엇합니까
이는 마치 훌륭하고 멋진 견본으로 진열된
그러나 팔지 않는 백화점 상품과 같습니다
아무리 좋은 상품이면 무엇합니까
쓰고 싶은 사람이 당장 쓸 수 없다면
그야말로 그림畫 속中 떡餠일 따름입니다

섭율의계攝律儀戒가 어떤 계율입니까
바로 중생들을 섭수攝衆生하기 위한
질 좋고 괜찮은 상품攝善法들을
고르攝게 알맞律게 몸소儀 나눔戒입니다
하여 이들 삼취정계는 대승계율의 꽃이지요
출가한 스님네 뿐만 아니라
더 나아가 재가불자在家佛子까지도
범망경 보살계攝律儀戒를 받아 지님은
좋은 상품攝善法을 만들어戒내어
중생들攝衆生에게 나누기戒 위함입니다

서가모니 부처님께서
설산에 들어가신 지 6년 간의 고행 끝에
대도를 이루어 완전한 각자가 되었더라도
중생을 위한 교화를 펼치지 않았다면
청정한 율사로서 계율은 잘 지켜
수행자의 모범이 될 수는 있을지라도
계의 공덕을 중생에게 몸소 나누지 않는
그냥 율사와 다를 게 무엇이겠습니까
보살은 계율의 옷만 입은 로봇이 아닙니다
보살은, 적어도 대승보살大乘菩薩은
불교의 고귀한 가르침을 나누어야 합니다

나중에 계목戒目에 가서 애기할 것이지만
열十 가지 무거운重 큰大 계율戒과
마흔여덟四十八 가지 가벼운輕 흠垢 계율戒이
결국 삼취정계三聚淨戒 안에 들어갑니다
다시 말해서 보살계 모든 계목 내용은
셋三이 모인聚 깨끗淨한 계율戒입니다
부처님의 대승계大乘戒에 해당하는
보살의 삼취정계는
밝고 밝은 등불이고
으뜸가는 보배 거울이며

나아가 마니주와 같은 것입니다

밝고 밝은 등불이기에
기나긴 밤長夜의 어둠을 없애고
으뜸가는 보배 거울이기에
법의 실상實相을 선명하게 비추며
지장보살이 지닌 마니주摩尼珠이기에
세상 온갖 가난을 다 구제한다 합니다
'삼보에 귀경하다歸敬三寶'말씀입니다

제10장. 청정함에 대한 질문

보통음으로 읽음

이법회에 함께모인 일체모든 대중이여
보름마다 포살지어 보살계를 설하나니
대중들은 일심으로 귀기울여 들은뒤에
죄있는자 참회하고 죄없는자 잠잠하라

잠잠하면 대중들이 깨끗한줄 짐작하여
맑은그물 범망경의 보살계를 말하리라
이와같이 범망경의 대계서를 설한뒤에
다시한번 대중에게 여법하게 묻삽나니

포살하는 이자리가 진정깨끗 하나이까
포살하는 이자리가 진정깨끗 하나이까
이자리의 유나에게 다시한번 묻삽나니
포살하는 이자리가 진정깨끗 하나이까

포살하는 이자리에 함께모인 대중이여
삼취정계 닦아가는 대승계율 수행자여
세번묻고 기다리매 세번모두 잠잠하니
포살하는 이모임이 청정한줄 알리로다

#1

지금으로부터 99년 전인
1919년 3월 1일이었습니다
불교계에서는 용성과 만해가 일떠섰고
기독교계에서는 16명이나 서명하였으며
천도교에서도 15명이 참여하였으니
삼일독립선언 민족대표 33인이었습니다
그날의 함성이 쟁쟁하게 들리는 듯
조선의 해방은 간절했습니다
독립 또한 간절했습니다
나라는 독립하여 홀로 우뚝 섰는데
우리 마음은 상기도 흔들리고 있습니다
이제는 홀로獨 일어서立야 합니다
예수님 하눌님으로부터 홀로 서고
부처님에게서 반드시 홀로 설 때입니다
그러나 우리는 여전히 홀로 서지 못합니다
종교로부터 아직 홀로 서지 못하고
믿음으로부터 여전히 자유롭지 않습니다
99년 전은 이처럼 종교가 똘똘 뭉쳤는데
지금 서명자의 종교인 수를 세고 있습니다
어즈버!

#2

여름 결제 때 다섯 번 포살법회를 열고
겨울 결제 때도 다섯 번 포살법회를 엽니다
음력 4월 보름날 여름 결제를 하고 나면
(1) 4월 그믐
(2) 5월 보름
(3) 5월 그믐
(4) 6월 보름
(5) 6월 그믐 등 5회 포살을 봉행합니다
결제할 때와 해제할 때는
포살이 없으므로 다섯 번이지요

동안거冬安居 겨울 결제도 마찬가지로
음 10월 보름날에 결제를 한 뒤
(1) 시월 그믐
(2) 동짓달 보름
(3) 동짓달 그믐
(4) 섣달 보름
(5) 섣달그믐 등 5회 포살을 봉행하는데
결제날 해제날은 포살을 하지 않으니까
결국 겨울 결제도 포살은 다섯 번 뿐입니다

포살하는 데는 반드시 목적이 있습니다
첫째는 죄罪를 걸러냄이고
둘째는 오염惡染을 걸러냄이며
셋째는 대중을 청정하게 함이고
넷째는 계율을 청정하게 함입니다
죄罪의 기준은 어디쯤일까요
구속拘할 정도의 잘못非이 기준입니다
비록 잘못非이 있기는 하나
구속拘할 꺼리가 되지 않는다면
그냥 흠결은 되더라도 죄罪는 아닙니다

둘째 오염惡染을 걸러냄이라 했는데
남들이 싫어할惡 정도로 물들었染다면
이는 오염汚染이 아니라 오염惡染입니다
오염汚의 '오汚'는 더러움이기 때문에
물로 닦거나 세제로 닦으면 곧 없어지지만
오염惡染의 '오惡'는 미움입니다
싫음이고 미움입니다
싫음과 미움은 마음 작용입니다
따라서 '걸름'이라는 작업을 통하여
싫음과 미움의 대상을 걸러내는 것입니다

싫음과 미움으로 표현되는 미워할 오惡는
좋음好의 상대적 개념입니다
으뜸 마음이 아닌 버금亞 마음心입니다
선善이 소박하고 순수한 마음이라면
악惡은 선 다음에 놓인 버금 마음이듯이
미움과 싫음의 오惡로 발음하더라도
근원적인 버금 마음에는 변함이 없습니다
물질로 이루어진 세계라면
물이나 세제로 세탁이 가능하겠으나
마음 세계는 세제로는 깨끗해지지 않지요

오염惡染에서 근본가치는 미움惡에 있지
결코 물들임染에 있지 않습니다
물들임은 그냥 하나의 화학작용일 뿐입니다
좋음好과 싫음惡이 없고
참眞과 거짓假이 없고
부드러움善과 모짐惡이 없고
아름다움美과 추함醜이 없고
고귀함貴과 천박함賤이 전혀 없습니다
세상에는 숱한 컬러가 있습니다만
컬러에 고귀함과 천박함이란 게 있던가요

물들일 염染 자의 서러움은 선입견입니다
'물들다'라는 단 한 마디로 인하여
'순수'를 잃어버렸다고 하는데
자신이 왜 푸대접을 받아야 하는지
도무지 이해가 가지 않는다는 것입니다
자신의 작업인 '물들임'이란 과정을 통해
별볼일 없는 피륙이 예술품으로 태어나고
물들임 작업을 통해 금상첨화가 되고
물들임을 통해 사랑을 만들어냅니다
그런데도 '물들임'이 안 좋은 작업일까요

셋째는 대중을 청정하게 함이고
넷째는 계율을 청정하게 함이라 했는데
목적어 '대중大衆'과 '계율戒律'에 앞서
청정淸淨에는 어떤 의미가 들어 있습니까
맑음淸의 뜻이고 깨끗함淨의 뜻이지요
늘 얘기하지만 나는 '정돈'이라 풀이합니다
다시 말해 어떤 사물이든지
반드시 있어야 할 곳에 있음이 정돈입니다
필요한 세간살이를 한 방에 마구 쌓아놓고
정돈하지 않는다면 그게 깨끗하게 보일까요

방 한 구석에 놓였어야 할 쓰레기 통이
밥상머리에 반찬과 함께 놓여있다면
이를 깨끗한 상태라 하겠습니까
가령 강아지 먹이그릇에 숟가락이 담겨있다면
이를 정돈된 상태라 여길 수 있겠습니까
그룹에서 회장은 그 회사의 최고 책임자입니다
그런데 회장이 결석하였다 해서
사장, 전무가 회장석에 앉을 수는 없지요
자기 위치를 소중하게 여김이 곧 청정입니다

따라서 청정은 곧 정돈입니다
모든 것이 으레 제자리를 찾음입니다
대중을 청정하게 한다고 했는데
대중들이 있어야 할 자리를 지킴입니다
대중들이 있어야 할 자리에도
몸으로 표현될 자리가 있고
말로 쓰일 자리가 있으며
마음이 있어야 할 자리가 있습니다
다들 앉아야 할 때 저 홀로 서있거나
모두들 침묵해야 할 때 홀로 떠들어대거나
남들이 다 슬퍼할 때 홀로 히죽거릴 수 없지요
이는 계율에 있어서도 마찬가지입니다

열 가지 무겁고 큰 계율十重大戒 가운데
살생하지 말라고 했다 해서
어린아기 옆에 독충이 있는데도
물리치지 않고 나아가 죽이지 않는다면
어떤 경우도 불살생계는 설 자리를 잃습니다
모든 생명의 세계가 평등함은 사실입니다
그러나 파리나 모기를 비롯하여
독사와 전갈의 생명과 함께
사람의 생명을 같은 선에 놓을 수는 없지요
그렇게 되었을 때 그 계율은 몰가치하며
정돈이 되지 않은 계율입니다
다시 말해 청정한 계율이 되지 못합니다

청정의 반대 개념은 흐림이 아니라 지저분함이고
정돈의 반대 개념이 곧 흐트러짐이지요
'물들다'란 움직씨에 잘못이 없는 것처럼
계율의 청정에는 다른 잣대가 적용됩니다
계율 조목은 단지 계율 조목일 뿐입니다
계목戒目 그 자체에는
선善이 없고 악惡이 없으며
참眞이 없고 거짓假이 없으며
아름다움美이 없고 추함醜이 없습니다

어떻게 하면 이 아름답고 소중한 계율을
더불어 살아가는 삶에 적용시킬 것인가에
방점傍點side dots을 찍을 따름입니다

내 말이 좀 어려운가요?
가령 여기 한 덩어리 빵이 놓여 있을 때
이 빵에는 탄수화물carbohydrate을 비롯하여
일정량의 단백질protein도 좀 들어있고
지방fat도 조금은 들어 있겠지요
물론 이 밖의 다른 영양소들도 함께요
하나 빵 그 자체는 생명을 살리지 못합니다
먹지 않은 채 그대로 둔다면
빵이라는 이름만 갖고 있을 뿐입니다
아무런 기능도 발휘하지 못합니다
먹어 그 빵에 담긴 영양소를 섭취했을 때
빵은 비로소 '생명 살림'이라고 하는
그의 소중한 역할을 다할 것입니다

죄가 없다면 잠잠潛潛하라
이 말은 매우 중요한 말 중 하나입니다
죄가 없는데 구태여 떠벌일 게 있습니까
떠벌일 게 없으면 잠잠하면 됩니다

"저도요" "저도요?" 하지 않아도 됩니다
잠자코 있으면 반타작은 한 셈입니다
배고프면 앞에 놓인 빵을 먹을 일입니다
구태여 배고프다고 광고할 것 없이
앞에 놓인 고요潛潛의 빵을 먹으면 됩니다
계율은 바로 그런 것입니다

앞에 놓인 빵을 먹고 몸의 에너지를 채우듯
계율을 자신의 것으로 소화할 일입니다
빵을 먹는 일이 자랑거리가 아니듯
수행자가 계율을 지니는 것은
아무런 자랑거리가 되지 못합니다
생명이 있는 것은 반드시 먹이를 섭취하듯
수행자라면 차분히 계율을 섭취하여
행동과 언어와 마음을 바르게 할 뿐입니다

여기 모인 여러 모든 중생들이여!
잠잠하고 묵연하라
잠잠하고 묵연하라
잠잠하고 묵연하라
잠잠하고 묵연할 때
계율이 이미 정갈하게 정돈되었으리니

제11장 바르게 계경을 외다正誦戒經

불설범망경佛說梵網經 권하卷下
보살심지품菩薩心地品 하편之下

바야흐로 계경을 외다正誦戒經
[범음성梵音聲으로]

어느때에 원만보신 노사나불 부처님이
백천만억 항하사수 표현할수 바이없는
한량없는 법문중에 마음자리 심지법문
포살대중 위하시어 털끝만치 설하시니

지난세상 부처님이 이미말씀 하셨삽고
지금세상 부처님이 말씀하고 계시오며
이와같이 이어지고 이와같이 이어져서
다음세상 부처님도 장차말씀 하시리라

과거모든 보살들이 이와같이 배웠삽고
지금모든 보살들이 이와같이 배워가며
이와같이 이어지고 이와같이 이어져서
미래모든 보살들이 장차배울 것이니라

나는이미 백겁동안 심지법문 닦고닦아
노사나불 여래라고 이와같이 불리나니
그대여러 부처들도 내가말한 바와같이
중생에게 일러주어 심지길을 열게하라

하늘빛이 번쩍이는 장엄스런 연화대장
사자좌에 앉으옵신 노사나불 부처님이
밝은광명 놓으시고 그와같은 광명으로
일천연꽃 위에계신 부처님께 이르시되

내가설한 심지법문 아름다운 이말씀을
서가모니 부처님과 중생에게 전해가라
내가설한 심지법문 차례차례 일러주고
수지하고 독송하고 일심으로 닦아가라

일천연꽃 잎사귀에 머무시던 부처님과
천백억의 화신으로 나투시는 서가여래
장엄스런 연화대장 사자자리 일어나사
모두각기 하직하고 자리물러 가시니라

물러나는 노사나불 천백억의 서가여래
생각할수 바이없고 말로할수 바이없는
아름답고 밝은광명 온몸으로 놓으시니
광명마다 한량없는 부처님몸 나투시네

한꺼번에 나투시는 변화의몸 서가세존
파란연꽃 노란연꽃 빨간연꽃 하얀연꽃
원만보신 노사나불 여래전에 공양하고
보살심지 높은법문 받들어서 지니시네

연화대장 세계에서 그모습을 감추신뒤
체성허공 화광삼매 고요하게 드시옵고
근본세계 남섬부주 보리수하 돌아오사
체성허공 화광삼매 뚜렷하게 나오시며

금강천광 왕의자리 묘광당전 법석에서
십법계의 열린바다 오묘법문 설하시고
그자리서 일어나사 제석천궁 드신뒤에
열가지의 머뭄세계 십주법문 설하시며

그자리서 일어난뒤 야마천궁 들어가사
열가지의 행의세계 십행법문 설하시고
그자리서 일어난뒤 넷째하늘 들어가사
열가지의 회향법문 빠짐없이 설하시며

그자리서 일어난뒤 화락천에 들어가사
열가지의 선정법문 남김없이 설하시고
그자리서 일어난뒤 타화천에 들어가사
열가지의 보살경지 십지법문 설하시며

그자리서 일어난뒤 초선천에 들어가사
열가지의 금강세계 금강법문 설하시고
그자리서 일어난뒤 이선천에 들어가사
열가지의 인욕경계 십인법문 설하시며

그자리서 일어난뒤 삼선천에 들어가사
열가지의 크신원력 십원법문 설하시고
그자리서 일어난뒤 사선천중 들어가사
마혜수라 천왕궁에 여법하게 앉으시어

연화대장 장엄세계 노사나불 여래께서
뿌리줄기 말씀하신 보살경지 심지법을
한소절도 빠짐없이 모두연설 하옵시니
천백억의 화신여래 서가세존 이시어라

서가모니 부처님도 이와같이 설하시니
보신이신 노사나불 화신이신 서가여래
둘도또한 아니지만 다르지도 않음이라
현겁품중 그가운데 설하심과 같느니라

#1

어느때에 원만보신 노사나불 부처님이
백천만억 항하사수 표현할수 바이없는
한량없는 법문중에 마음자리 심지법문
포살대중 위하시어 털끝만치 설하시니

지난세상 부처님이 이미말씀 하셨삽고
지금세상 부처님이 말씀하고 계시오며
이와같이 이어지고 이와같이 이어져서
다음세상 부처님도 장차말씀 하시리라

과거모든 보살들이 이와같이 배웠삽고
지금모든 보살들이 이와같이 배워가며
이와같이 이어지고 이와같이 이어져서
미래모든 보살들이 장차배울 것이니라

어느 젊은 스님이 물었습니다
"큰스님, 불경과 성경이 비교가 될까요?"
내가 대답했습니다
"글쎄, 아직 견주어보지 않아서~"

그가 중얼거렸습니다
“제 생각엔 100배 정도는 될 듯싶은데”
내가 되물었습니다
“100배라면 어느 쪽이 많은 걸까?”
“네, 큰스님. 당연히 불경이 많지요”
내가 놀라며 물었습니다
“그렇게나 많은 차이가? 100배 씩이나?”

이번에는 내가 되물었습니다
“불경과 성경을 양量으로 견주기는 그렇고
이를 만약 질質로 견주면 어떻게 될까?”
“질로 견준다고요?”
“그렇지, 내용의 깊이를 놓고 보면”
“당연히 불경이 훨씬 심오深奧하지요.”
“그걸 어떻게 잴 수 있을까?”
젊은 스님이 머뭇거렸습니다
거기까지는 준비가 덜 된 듯싶었습니다
“글쎄요, 큰스님 재보지는 않았지만서두”

합천 해인사 팔만대장경각에 소장된
고려대장경판이 81,250장에 달합니다
대장경 한 면에는 23줄이 세로로 새겨졌고

1줄에는 돌을새김으로 14자가 되어
양쪽을 합하면 644자에 이릅니다
이를 합산하면 고려대장경 글자수는
대한민국 전체 인구수를 훌쩍 뛰어넘지요
모든 경판이 완벽한 644자는 아니기에
5,200만 자에서 5천만 자로 줄이자고요
아무튼 경전 전체를 한글로 옮겼을 때
한자漢字1 : 한글2.5의 비율로 보면
자그만치 1억 2,500만 자에 해당합니다

이에 비해 성경은 신구약 모두 합하여
대략 132만 자에 이릅니다
이렇게 볼 때 성경1 : 불경100이 아니라
성경1 : 불경94 쯤이 맞을 것 같습니다
신구약 66권의 94배에 이르는 양으로
권卷 수數로는 1,538종 6,805권입니다
그러고 보면 젊은 수좌의 애기가
대체로는 맞아떨어진다고 할 수 있겠네요
어쩌면 우리 태양계에서
태양 질량이 99%를 차지하는 데 비해
태양계 가족 총합 1%와 닮은 꼴일 것입니다

그런데 이런 비교가 왜 필요할까요
성서와 불경이 100대 1이든
또는 94대 1이든 무슨 상관이겠습니까
태양과 지구 질량차는 332,946배입니다
다시 말해 태양 질량이 지구에 비해
33만 2,946배나 된다는 것이지요
물론 부피로 보면 지구의 130만 배입니다
설사 불경이 태양에 비교되고
성경이 지구에 비교된다 하더라도
이 둘의 부피와 질량의 차이는 중요하지 않습니다

만일 크기와 부피, 곧 질량으로 따진다면
아예 처음부터 상대하지 않아야 합니다
불교문헌학이나 편찬사에 남아있는
불교 경전 모두를 다 모은다 하더라도
백천만억 항하사 수 법문에 견주면
그야말로 ‘새鳥발足의之 피血’인 격입니다
사바세계에 유통되는 불교 경전은
신구약 성경의 94배, 100배라 하더라도
‘미세먼지微塵 수數 챕터品’로 이루어진
광본廣本《대방광불화엄경》에 견주면
100억 분의 1, 천억 분의 1에도 미치지 못합니다

하물며 항하사 수數 챕터章로 이루어진
대승《불설범망경》내용이겠습니까
항하사수를 얘기할 때 1차적 뜻은
북인도 북서에서 발원하여 동남으로 흐르는
갠지스강변 모래수에 해당하는 수이고
2차적 뜻은 '수의단위'의 실수實數입니다
항하사는 수의 단위에서 꽤 높은 편입니다
자그마치 자연수 뒤로 0이 52개 붙습니다

나는 어렸을 때 '수의단위송'을 만들어
홀로 외기를 좋아했습니다
아래 게송은 나의 '+수의단위송'입니다
그리고 이들은 1보다 많은 수입니다

일십백천만억조一十百千萬億兆
경해시양구간정京垓秭穰溝澗正
재극항사아승지載極恒沙阿僧祇
나유불가무량수那由不可無量數

물론 이 위로도 수의 단위는
계속해서 더 올라가지만
실생활에서는 아무런 쓸 곳이 없습니다

그러나 보십시오

항하사恒河沙 10^52

아승지阿僧祇 10^56

나유타那由他 10^60

불가사의不可思議 10^64

무량대수無量大數 10^68 따위가

한결같이 익숙한 단어들이 아니던가요

일一 10^0 = 1

십十 10^1 = 10

백百 10^2 = 100

천千 10^3 = 1,000

만萬 10^4 = 10,000

억億 10^8 = 100,000,000

조兆 10^12 = 1,000,000,000,000

경京 10^16

해垓 10^20

시秭 10^24

양穰 10^28

구溝 10^32

간澗 10^36

정正 10^40

재載 10^44

극極 10^48

항하사恒河沙 10^52

아승지阿僧祇 10^56

나유타那由他 10^60

불가사의不可思議 10^64

무량대수無量大數 10^68

이왕 수의단위를 살펴보는 김에

거대세계만이 아니라

미세한 세계까지 곁들여 볼까요

이 '- 수의단위송'은 1보다 작은 수입니다

역시 외기 위해 칠언절구로 만들었지요

《해탈주解脫呪》에 나오는 용어들과 함께

익숙한 '찰나刹那10^-18'라는 단어가

어떤 뜻을 가지고 있는지를요

찰나는 나노초10^-9를 나노초로 곱한

상상 밖의 짧은 시간10^-18이란 뜻입니다

일분리모사홀미一分厘毛絲忽微

섬사진애묘막호纖沙盡埃渺漠湖

준순수유순식탄逡巡須臾瞬息彈

찰나육덕허공정刹那六德虛空淨

이해를 돕기 위해 아래에 전체를 싣습니다

일一 10^0 = 1

분分 10^-1 = 0.1

리厘 10^-2 = 0.01

모毛 10^-3 = 0.001

사絲 10^-4 = 0.0001

홀忽 10^-5

미微 10^-6

섬纖 10^-7

사沙 10^-8

진塵 10^-9

애埃 10^-10

묘渺 10^-11

막漠 10^-12

모호模湖 10^-13

준순逡巡 10^-14

수유須臾 10^-15

순식瞬息 10^-16

탄지彈指 10^-17

찰나刹那 10^-18

육덕六德 10^-19
허공虛空 10^-20
청정清淨 10^-21

《범망경》 가치는 수량에 있지 않습니다
젊은 스님이 성경과 불경을 견주어
많은 것은 적은 것보다 우월하고
큰 것은 작은 것보다 우월하다고 보았으나
단지 이로써 가치를 매길 수는 없습니다
만일 그렇다면 우리는 작은 지구를 버리고
지구 질량의 333,000배에 달하는
저 거대한 태양에 나가 살아야 할 것입니다
그런데 태양에 생명이 살 수 있습니까
열원에 해당하는 태양 에너지로 인해
지구 생명이 살아가는 것은 맞지만
태양에서는 도저히 살아갈 수가 없습니다

태양의 부피 130만 분의 1인
작은 세계가 우리의 삶 터 지구이지만
우리는 지구를 떠날 수가 없습니다
작지만 참으로 아름다운 별인 까닭입니다
인류만이 아니라 뭇생명이 살아가기에

온갖 조건이 참으로 완벽하게 갖추어진 곳
살아서도 죽어서도
우리가 있을 곳은
태양도 아니고
다른 별들도 아니며
하늘나라天國도 아닙니다
바로 우리의 푸른별 지구입니다

그렇다면 불경과 성경을 놓고
크기 부피 무게 따위로 비교하는 것은
그리 큰 호응을 얻지 못할 것입니다
크기를 떠나 깨끗한 그물 《범망경》이
진정한 가치를 지님은 '심지心地'입니다
계율을 설명하는 《범망경》〈보살계본〉이
어떤 챕터品에 들어있습니까
그렇습니다
〈심지법문품心地法門品〉입니다
그것도 그냥 '마음心 땅地'이 아니라
'보살菩薩이 닦아갈 마음 땅 법문입니다'

한 항하사10^52 수도 아니고
백 억 천 억 만 억의 항하사수입니다

이처럼 엄청난 법문 가운데
보살이 닦아갈 마음의 땅 법문입니다
이 마음의 땅 법문 모두도 아니고
그 속에서 겨우 털끝만치 설하실뿐입니다
비록 육중한 타워크레인이라 할지라도
크레인 기사의 손끝 하나로 움직이듯
심지법문이면 전체를 움직일 수 있습니다
그러기에 이렇게 말씀하고 계십니다

지난세상 부처님이 이미말씀 하셨삽고
지금세상 부처님이 말씀하고 계시오며
이와같이 이어지고 이와같이 이어져서
다음세상 부처님도 장차말씀 하시리라

과거모든 보살들이 이와같이 배웠삽고
지금모든 보살들이 이와같이 배워가며
이와같이 이어지고 이와같이 이어져서
미래모든 보살들이 장차배울 것이니라

#2

나는이미 백겁동안 심지법문 닦고닦아
노사나불 여래라고 이와같이 불리나니
그대여러 부처들도 내가말한 바와같이
중생에게 일러주어 심지길을 열게하라

하늘빛이 번쩍이는 장엄스런 연화대장
사자좌에 앉으옵신 노사나불 부처님이
밝은광명 놓으시고 그와같은 광명으로
일천연꽃 위에계신 부처님께 이르시되

내가설한 심지법문 아름다운 이말씀을
서가모니 부처님과 중생에게 전해가라
내가설한 심지법문 차례차례 일러주고
수지하고 독송하고 일심으로 닦아가라

겁劫은 범어 칼파kalpa의 음역입니다
오랜 세월로 영겁永劫의 뜻이 있고
무궁한 시간의 뜻이 있으며
천문에서는 우주의 한 시대를 가리킵니다

이언aeon이라 하여 10억 년을 지칭하며
또는 지질학에서도 이언eon이라 하여
연대 구분의 최대 단위로 100억 년입니다
다른 말로는 누대累代라 일컫는데
영원永遠eternity이란 말도
바로 예서 나왔다고 보면 좋을 것입니다

긴 시간인 겁劫에 또 2가지 뜻이 있으니
첫째는 불교의 일반설이고
둘째는 '수의단위'의 '무량대수' 다음입니다
불교의 일반설에 또 3가지가 있는데
첫째는 기간겁期間劫이고
둘째는 겨자겁芥子劫이며
셋째는 반석겁磐石劫입니다
기간겁은 56억 7천만 년설과 함께
또 다른 5억 6,700만 년설이 있습니다
나는 56억 7천만 년설을 바탕으로 하여
'지구령설地球齡說'을 새롭게 만들어냈습니다

지구령은 겁을 지구 나이로 본 것입니다
지구령은 지금까지 밝혀진 설에 따르면
46억 5천만 년 정도 되었습니다

불교의 기간겁설에 비해 짧은 편입니다
자그마치 10억 2천만 년이 준 셈이지요
2,000만 년이 짧게 느껴지는 이유는
앞의 억億이라는 큰 수가 있기 때문인데
2,000만 년은 결코 짧은 게 아닙니다
예수께서 이 땅에 온 역사의 1만 배입니다
한두 배나 서너 배도 아니고
대여섯 배나 예닐곱 배도 아닙니다

수의 단위 무량대수 다음은
그야말로 상상초월의 긴 시간입니다.
앞서 살펴본 것처럼 '무량대수無量大數'는
자그마치 10의 68승을 가리킵니다
그런데 '겁'은 무량대수 다음 수數로서
10의 72승에 해당하는 수지요
다시 말해서 무량대수의 1만 배입니다
우리가 일반적으로 알고 있는
56억 7천만년을 초秒second 단위가 아닌
찰나, 곧 10의 마이너스 18승 초로 쪼갠
그 숫자보다 수천억의 수천억 배입니다

이는 137억년 동안 끊임없이 팽창해 나간

우주의 넓이 300억 광년 안에 들어있는
모든 물질
모든 암흑물질
모든 에너지
모든 암흑 에너지 따위를
원자보다 더 작은 쿼크quark
쿼크보다 더 작은 세계로 나누어
그 수를 계산한 것보다 더 많은 수입니다
이처럼 '수의단위'에서의 겁은
'많다'는 표현 자체가 거추장스럽습니다

다음으로 겨자겁芥子劫은
겨자가 한자로는 개자芥子이기에
한글로 찾으려면 '겨자겁'에서 찾고
한자라면 '개자겁'에서 찾아야 가능합니다
한 변이 1유순由旬인 입방체로 된 성안에
겨자씨를 가득 채워 놓고
그것을 100년에 1개씩 꺼내
다 없어지는 기간을 1겁이라 합니다
1유순은 약 16km 정도 거리입니다
16km라면 한 면이 40리에 해당하지요

자, 한 번 생각해 보십시오
한 변이 16km가 되는 입방체3D라면
과연 얼마나 큰 공간이겠습니까
그 안에 담긴 겨자씨가 몇개 쯤이나 될까요
지구상에서 가장 가는 모래를 꼽으라면
세계 10대 미섬인 잔지바르 해변 모래와
남아프리카 서쪽에 자리한 나라 나미비아
이 나미비아 모래가 가늘기로 유명하지요
10kg들이 양동이에 1억 개가 담깁니다
한 양동이의 모래를 100년마다
한 개씩 꺼낸다면 100억년으로서
지구 나이의 2배가 걸리겠습니다
따라서 한 변의 길이가 16km 곳간이라면
과장이 심해도 좀 심한 편입니다

반석겁盤石劫도 마찬가지입니다
1겁이 대관절 얼마나 긴 시간인지를
이해하기 위한 비유로 반석겁이 있습니다
사방의 길이와 폭이 8km나 되고
높이가 히말라야 정도나 되는
그 거대한 바위가 가벼운 옷자락에 스쳐
다 닳아 없어지는 시간이 곧 1겁입니다

인간의 백년이 겨우 하루 밖에 안 되는
장수천長壽天이라는 하늘나라가 있습니다
거기에는 인간 세상에 대해 궁금하게 여기는
하늘天 사람人들이 살고 있습니다

그들은 그들 시간으로 백년마다 한 번씩
인간 세상을 구경하기 위해
이 바위 위에 잠시 내려왔다 올라갑니다
그들이 입고 있는 옷의 옷감은
최첨단 과학이 개발한 극세사로 지은
무게가 겨우 12수銖에 지나지 않습니다
1냥兩이 10돈, 24수銖로 37.5g이니까
12수라면 5돈, 19그램도 안되는 무게지요
이리 가벼운 옷자락이 바위에 스침으로써
바위가 다 닳아 없어지는데 걸리는 시간이
이른 바 1반석겁이라 합니다

이를 겨자겁이나 반석겁이 아닌
'손톱자라기'로 계산하면 어떻겠습니까
사람의 손톱은 연평균 3.6cm씩 자랍니다
물론 사람이나 연령에 따라 차이는 있지요
다시 말해서 열흘에 1mm씩 자랍니다

손톱이 자라는 속도로 자란다면
지구령 46억 5천만 년이면 얼마나 될까요
놀라지 마십시오
자그마치 167억 4천만cm입니다
이를 km로 환산하면 167,400km입니다
그런데 56억 7천만 년으로 계산하면
204억 1,200만cm/204'120km로
지구를 5바퀴나 돌 수 있는 거리입니다

생각만 해도 참으로 지루한 성장이지요
적어도 손톱이 자라는 속도로
지구를 5바퀴나 돌 수 있는 시간이
이른바 1겁이라는 장구한 시간입니다
실제 지구의 역사는 손톱자라기 속도로
끊임없이 변화하여 왔습니다
판구조론板構造論plate tectonics에서
대륙과 대양이 쪼개지고 합해지기를
끊임없이 반복한 속도가 '손톱자라기'입니다
그러나 앞서 겨자겁이나 반석겁에 견주면
그래도 짧은 시간이라 할 것입니다
하물며 수의단위 무량대수 다음의 겁劫을
시간의 겁 개념으로 가져온다면

수천만억 년 동안 놀라다 볼일 다 볼 것입니다

그래도 이 장수천은 도솔천보다는
지구에서 매우 가까운 별이라 여겨집니다
왜 그러느냐 하면 지구에서 멀어질수록
실제 시간이 점점 더디 흐르는 까닭입니다
도솔천과 지구의 시간 차이는 엄청 나서
지구에서 4.000년을 지나간다고 했을 때
도솔천은 겨우 하루에 지나지 않습니다
이에 비해 장수천의 하루는
인간세상의 100년에 해당한다고 하니
도솔천보다는 지구에서 가까운 편이지요
아무튼 색다른 세계를 느낄 수 있습니다

겨자겁이든 반석겁이든
참으로 긴 시간임에는 틀림 없습니다
이처럼 지구령을 중심으로 한 겁도 깁니다
한 겁도 길다고 여기는데 무릇 백 겁입니다
백 겁 동안 '마음 땅 법문'을 닦고 또 닦아
마침내 노사나불이라 부르게 되셨습니다
이 말씀에 돈오돈수는 들어있지 않습니다
닦는 것도 오랜 시간을 요구하듯

깨달음도 단박에 깨치는 게 아니라
오랜 시간에 걸쳐 아주 서서히 깨달아갑니다

마음 땅心地 법문法門을 닦기 위해서는
마음 땅心地 길道이 필요합니다
커다란 열차가 움직이기 위해서는
열차가 지나갈 철로가 필요함과 같습니다
법문은 있는데 법문이 전해질 곳이 없다면
배가 아무리 크고 화려하다 하더라도
배 띄울 물이 없는 것과 같은 이치입니다
하여 노사나불은 심지길을 열라고 하십니다
마음 땅 법문, 마음 땅 길이 중요합니다
서방정토 극락세계는 무엇으로 되어있나요
어디를 가나 황금으로 대지를 이루고
건축물은 일곱 가지 보석으로 지어졌습니다

그런데 《범망경》논주 노사나불이 계시는 땅은
온통 마음을 소재로 한 땅으로 되어 있지요
마음을 소재로 하여 이루어진 땅에
마음을 재료로 한 건조물을 짓습니다
극락세계가 화려한 물질을 중시한다면
노사나불의 마음 땅 세계心地世界는

오직 마음을 중시한다는 것이 다릅니다
노사나불은 시간적으로도
마음 땅 세계에서
마음 땅의 길을 닦고
마음 땅을 소재로 삼아 닦아가며
이러한 법칙을 서가모니 부처님과 함께
미래 다가올 부처들에게 이어가게 하십니다

#3

일천연꽃 잎사귀에 머무시던 부처님과
천백억의 화신으로 나투시는 서가여래
장엄스런 연화대장 사자자리 일어나사
모두각기 하직하고 자리물러 가시니라

물러나는 노사나불 천백억의 서가여래
생각할수 바이없고 말로할수 바이없는
아름답고 밝은광명 온몸으로 놓으시니
광명마다 한량없는 부처님몸 나투시네

일천 연꽃 잎사귀에 서계시는 부처님
일천 연꽃 잎사귀에 앉아계신 부처님
일천 연꽃 잎사귀에 누워계신 부처님
일천 연꽃 잎새위를 걷고계신 부처님
일천 연꽃 잎새위로 오르시는 부처님
일천 연꽃 잎새에서 내리시는 부처님
일천 연꽃 잎새에서 합장하신 부처님
일천 연꽃 잎새에서 미소짓는 부처님

아무래도 연꽃이 생화가 아닌 듯싶습니다
어쩌면 철제가화鐵制假花일 것입니다
그러지 않고서야 장육금신丈六金身
우리 서가모니 부처님께서
어떻게 연꽃 위에 오르사
서 계시고
앉아 계시고
누워 계시고
걸으시고
오르시고
내리시고
합장하시고
자연스레 미소를 지으시겠습니까

이는 실물實物 부처님이 아니라
그림으로서의 부처님이기 때문이라고요
그림은 단지 그림이기 때문에
점點과 선線과 면面으로 이루어졌으되
높이와 두께를 지니지 않았다고요
물론 원자의 크기로 깊이 파고들어가면
그림도 또한 상상 밖 원자들의 집합체라서
거기에는 질량이 거론될 수도 있다고요

아니, 그보다 더 중요한 것은
그림에서는 그림 속 부처님뿐만 아니라고요

이게 도대체 무슨 말씀이냐고요?
거룩하신 부처님 모습도
네 가지四 빛깔色로 곱게 핀 연꽃蓮花도
그 연꽃을 피워낸 호수/연못까지도
모두 그림이기 때문에 문제가 없다고요
느낌으로는 입체감이 가능하나
그림은 결국 3차원/3D이 아닌 까닭에
연꽃 위에 부처님보다 더 큰 분이 올라가도
연꽃과 연꽃잎은 찌그러지지 않고
그러면서 호수에 빠지지도 않는다고요
아! 정말 그럴까요?
정말이지 입체가 아니라면
어떤 경우도 물에 첨벙 빠지지는 않는군요

인커네이션, 곧 분신分身incarnation은
살색의 뜻을 지닌 커네이션carnation에서
육체를 가진 존재에로의 구체화입니다
하여 분신은 분명 질량을 갖습니다
불교에서는 이런 원리를 펼치고 있습니다

incarnation of the Buddha가
곧 부처님의 변화신을 뜻하는 말인데
여기에는 질량 없는 그림 속 분신이 아니라
분명 질량을 지닌 실체實體의 구현입니다
이 말씀이《지장보살본원경》에 나옵니다

제1 도리천궁신통품과
제2 분신집회품에
지장보살 분신에 대한 내용이 실려 있지요
가령 지장보살 분신들이 길을 걸을 때
만약 거미줄 사이를 지나가게 되면
얼굴에 거미줄이 걸리게 되고
지장보살 분신들은 거미줄을 걷어냅니다
그들이 비 개인 뒤 흙길을 걸을 때
흙길에는 선명하게 발자국을 남깁니다
이게 무엇을 의미하겠습니까
그렇습니다
분신이 질량을 지니고 있다는 반증입니다

이들이 곧 지장보살 분신이라는 것은
당신의 생모生母이신 마야부인을 위하여
도리천에 오른 서가모니 부처님에 의해

서서히 그러나 완곡하게 표현됩니다
서가모니 부처님이 문수보살에게 묻습니다
문수보살은 지혜가 뛰어났으며
수학에도 그야말로 천재적인 분이었지요
"문수사리여! 그대는 알겠는가?"
문수보살이 되묻습니다
"부처님이시여, 무엇을 말씀하시는지요?"
부처님께서 답하십니다
"여기 모인 보살들이 몇 명쯤이나 될까?"

문수보살이 주위를 다시 한 번 둘러본 뒤
"스승이시여! 거룩하신 부처님이시여!
제가 제게 주어진 지혜를 모두 동원해도
이 모임의 청중들을 헤아릴 수 없나이다"
"지혜가 뛰어난 문수사리여,
이들 보살들이 다들 누구라 생각하는가?"
"이토록 다양한 키에
이토록 다양한 몸집에
이토록 다양한 피부색에
이토록 다양한 표정을 지녔사오니
어느 누구 한 사람을 지칭할 수 없겠나이다"
서가모니 부처님께서 말씀하십니다

"이들이 다 지장보살의 분신分身이니라"

부처님께서 덧붙이십니다
"이들은 모두 지장보살 분신으로서
중생을 교화하기 위하여
이처럼 다양한 모습을 나타냈느니라"라고
그래서 뭐가 어떻다는 말씀입니까?
지장보살이 중생들을 교화하기 위해
헤아릴 수 없는 분신으로 현신現身한 것과
이처럼 걷다가 거미줄에 걸리고
비갠 뒤 흙길에 발자국을 남기는 것이
대관절 무슨 관련이 있다는 말씀입니까

이는 질량을 지니고 있다는 증거입니다
그래도 그렇지요
분신은 그림자와 같은 몸이라
으레 질량을 지니지 않아야 하는데
무게와 부피를 갖고 있다는 것이
이게 도대체 말이 되느냐는 것입니다
"사람만이 아니라
로봇도 거미줄에 걸리고
로봇도 길을 걸으면 자국을 남긴다고요"

으레 로봇은 자국을 남깁니다
로봇에게는 질량이 있는 까닭입니다

《지장보살본원경》에서는 표현하십니다
하늘에 뜬 거대한 본 달本月과
물 있는 곳마다 비친 물 달水月이 같다고요
모습이 같고
밝기가 같고
무게가 같고
부피가 같고
그래요, 한 마디로 질량까지 똑 같다고요
물론, 경전에는 질량質量mass이라는
과학 용어 그대로 실린 게 아니고
그와 비슷한 뜻으로 표현되어 있습니다
아무튼 찻잔 속에 비친 달의 질량이
하늘에 뜬 달과 완벽하게 같다는 것입니다

스마트폰smart phone이 있습니다
'다기능 지능형 복합 단말기'로 풀이되는
이 조그만 기계 하나만 있으면
전 세계에서 일어나는 온갖 사건 사고와
현재는 물론

무한한 과거로부터
끝없는 미래에 이르기까지
모든 정보를 앉은 자리에서 알 수 있습니다
그러면서 때로 독특한 정보를 접하고는
눈물 흘리며 펑펑 울기도 하고
때로는 기쁨에 가득 차
엉덩이를 들썩이며 '야호!'를 연발합니다

이런 현상은 수퍼컴퓨터에 저장된 내용과
단말기에 나타난 내용이 질량면에서는
전혀 차이가 없기 때문일까요
수퍼컴퓨터에 실린 내용을 전달하는 것은
이미 한 물 지나간 구시대 얘기라고요?
클라우드 컴퓨팅cloud computing 시대에
무슨 호랑이 담배 태울 때 이야기냐고요
보내는 곳이 따로 정해져 있고
받는 곳이 따로 정해져 있다는 것은
아주 오래 전 이야기니 들먹이지 말라고요

아무튼 경전을 읽어내려가다
이런 대목에 이르면 나는 중얼거립니다
'도대체 부처님의 IQ는 얼마쯤이나 되실까?'

'요즘도 아니고 이미 2,600 여 년 전에
어떻게 이런 생각까지 하셨을까?' 하고요
양자물리에서나 언급이 가능한
'본체와 그림자의 동일질량비'가 아닙니까
어떻게 찻잔 속 비친 달과 하늘의 본 달이
동일한 질량을 갖고 있다고 하셨을까요

심지어 《법화경》〈제16 여래수량품〉에서
시간의 화살arrow of time이라는
이른바 시간의 열역학적 법칙을 두고
과거와 미래를 자유롭게 오가심을 접하며
부처님의 '사고의 자유'는 어디까지일까
법화경이 왜 그토록 위대한 경전인지
이제 비로소 쪼매 알겠구나 싶기도 합니다
깨끗한 그물 《범망경》보살계본
'마음 땅 법문心地法門'을 접하면서도
나는 똑같은 희열에 깊이 빠져들고 있습니다

아! 참으로 거룩하셔라!
우리의 스승이시고
모든 생명의 스승이신
서가모니 부처님이시여!

본 몸本身 떠나지 않으신 채
천백억 화신으로 몸을 나투심이여!

#4

한꺼번에 나투시는 변화의몸 서가세존
파란연꽃 노란연꽃 빨간연꽃 하얀연꽃
원만보신 노사나불 여래전에 공양하고
보살심지 높은법문 받들어서 지니시네

봄이 어디서부터 누구에게로 오느냐기에
나는 이렇게 대답했습니다,
봄은 그 출발지가 겨울이고
여인들 맵시로 다가온다 했습니다
추운 겨울이면 겨울색이 다들 그렇습니다
검은색 아니면 그저 흰색이듯
빛깔色이 의외意外로 단조롭습니다
그런데 이게 봄이 되면 화려하게 바뀌지요
우선 겨우내 거칠던 피부도 더 부드러워지고
무엇보다 옷맵시가 다양해지게 마련입니다

여인은 꼭꼭 싸매고 있던 몸을 열어
자연에게 자연스럽게 먼저 드러내지요
봄이 되면 산과 들과 냇물도 활발발하고

지표를 뚫고 솟아오르는 새싹들도
겨울잠을 자던 곤충붙이들도
개구리 두꺼비 족제비도 눈을 비빕니다
긴 하품과 늘어진 기지개로 봄을 맞습니다
자연을 변화시키는 리더가 누굴까요
이 지구 위에서 살아가는 여인들입니다
여인들의 매무새가 봄을 맞이하면서
계절의 매무새도 새롭게 아름답게 바뀝니다

변화신의 모습은 부처님에게서보다
여인들의 성장에서부터 먼저 시작됩니다
부처님이 변화신의 대가라고요
하지만 여인의 대변혁이 한 발 앞섭니다
여인들이 노란 옷으로 갈아입자
세상은 온통 노란 개나리로 피어나고
여인들이 분홍 빛깔로 단장하자
진달래와 철쭉으로 온통 세상을 덮습니다
여인들이 걸친 보랏빛 캐쥬얼에서일까
보랏빛 목련이 화들짝 피어납니다

대자연의 변화를 이끌어가는
지구촌 여인들이야말로 변화의 주역입니다

봄은 저 홀로 스스로 오지 않습니다
여인들의 상냥한 모습을 통해 움직이고
여인들의 나물캐는 짧은 소매 끝에서
파아란 햇잎으로 돋고
지표를 뚫고 새싹으로 돋아납니다
여인들의 역할은 계절의 변화만이 아니라
이 땅 사람들의 삶에서 화려하게 빛을 냅니다
그래서 나는 이렇게 얘기합니다
천백억화신 서가모니 부처님에 앞서
여인들의 느낌과 사랑과 슬기가
이미 구원겁 전부터 있어왔다고 말입니다

서가모니 부처님을 가리켜
'천백억화신千百億化身'이라 합니다
'천백억'이란 '천구십구억' 다음이 아니고
'천이백억'이나 '천삼백억' 이전도 아닙니다
이는 때로 천 억의 몸으로 변화하시고
때로 백 억으로도 변화하신다는 뜻입니다
따라서 '천백억화신'의 천백억이란
어떤 지정된 숫자로서의 수가 아니라
그만큼 많은 변화신을 나투신다는 뜻입니다

서가모니 부처님이 화신을 나투실 때
시간적 종적縱的으로 만이 아니라
공간적 횡적橫的으로도 함께하는 까닭에
변화신을 한꺼번에 나투신다고 합니다
아무리 짧은 시간이라 할지라도
시간적 종적으로만 화신을 나툰다면
자식이 부모의 분신임과 같은 원리입니다
부모님은 할아버지 할머니의 분신이고
할머니 할아버지는 증조부모님의 분신입니다
이렇게 보았을 때 이는 순차적 분신이라
동시에 여러 곳에 몸을 나투는
소위 공간적 횡적 분신은 되지 못하겠지요

서가모니 부처님의 변화신은
공간적 횡적 분신의 출현이 가능합니다
그러기에 '바야흐로 계경을 외다'에서
'한꺼번에 나투시는 변화의 몸'이라 합니다
서가모니 부처님은
동시에 여러 곳에
각기 다채로운 모습으로 나타납니다
이는 마치 같은 내용을 전달하는
다양한 단말기와 같다고 할 수 있습니다

가령 같은 시간에 펼쳐지는 컬링 경기를
어떤 사람들은 TV 화면으로 감상합니다

TV가 한 가지 만은 아니지요
아직도 옛날 브라운관으로 보는 이가 있고
어떤 사람은 UHD TV로 관람하며
어떤 사람은 작은 화면으로 보고
어떤 사람은 초대형 화면으로 봅니다
어떤 사람은 데스크 탑으로 보고
어떤 사람은 노트북으로 감상합니다
대중교통을 이용하면서
혹자或者는 공원에서
또 어떤 이는 찻집에 앉아
또 어떤 이는 길을 걸어가면서
스마트폰으로 컬링을 관람하고
동시에 '영미야, 영미야!'를 외쳐댑니다

어디 스마트폰이라고 다 동일한 기종일까요
단말기 제조회사에 따라
삼성samsung 갤럭시가 있고
엘지lg V30이 있으며
샤오미 미 믹스2가 있고

화웨이 메이트10이 있습니다
그러고 보니 애플의 아이폰도 있습니다
비록 아무리 같은 회사 제품이라 해도
3G냐 4G냐에 따라 다르고
최첨단 기술의 총아 5G 송출에 따라
화질이 다르고
모양이 다르고
색깔이 다르게 나타납니다

출력 단말기가 다채롭고 다르다는 것은
그만큼 동일한 내용이로되
다른 몸으로 나타내는 변화신과 같습니다
아무리 최첨단 기법으로 송출하더라도
단말기가 옛날 배불뚝이 브라운관이라면
출력 화면은 흐릿하게 보일 것입니다
똑 같은 사물을 접하더라도
어떤 빛깔의 안경을 썼느냐에 따라
사물의 빛깔이 그에 맞게 다르게 보입니다
동시에 그러면서 다채롭게 나타나는
모니터 기능을 접하며
나는 천백억화신 서가모니불을 생각합니다

이를 '바야흐로 계경을 외다'에서는
파란 연꽃
노란 연꽃
빨간 연꽃
하얀 연꽃으로 표현하고 있습니다
이는《불설아미타경》에 기록된
극락세계 카피라이팅copywriting과 같습니다
경전에서는 이렇게 말씀하시지요
"파란 연꽃에서는 파란 광채靑色靑光가
노란 연꽃에서는 노란 광채黃色黃光가
빨간 연꽃에서는 빨간 광채赤色赤光가
하얀 연꽃에서는 하얀 광채白色白光가"라 하여
어떤 단말기 어떤 모니터냐에 따라
거기에 어울리게 출력되는 컬러인 셈입니다

이처럼 단말기가 다르다면
내용이 비록 동일하다 하더라도
출력과 느낌은 다양할 수 밖에 없습니다
변화신의 제왕이신 서가모니 부처님이
다앙하고 다채롭게 변화신을 나투는 목적은
오직 하나 중생들에게 당신의 메시지를
완곡婉曲euphemism하게 전하려 하심입니다

바로 이 완곡한 부처님의 설법을 두고
'일원一圓효과'가 탄생하게 되었습니다
'일원효과'는 마명보살의 《대승기신론》에 실린
일음一音과 원음圓音에서 살짝 따다가
내가 명명한 심리학 용어입니다

이 《범망경》에서 전하고자 하는 것은
다름아닌 '보살의 마음 땅心地 법문'입니다
보살심지법의 전논주이신 노사나불이
현논주이신 우리 서가모니 부처님에게
완곡하게 전하려 하심은 곧 '마음 땅'입니다
'마음 땅'은 직역이기에 좀 딱딱하지요?
좀더 부드럽게 푼다면 '마음 경지心地'입니다
보살이 닦아가야 할 법문이 무엇입니까
그렇습니다
첫째도 마음 경지이고
둘째도 마음 경지이며
셋째도 보살이 닦을 '마음 경지 법문'입니다

#5

연화대장 세계에서 그모습을 감추신뒤
체성허공 화광삼매 고요하게 드시옵고
근본세계 남섬부주 보리수하 돌아오사
체성허공 화광삼매 뚜렷하게 나오시며

금강천광 왕의자리 묘광당전 법석에서
십법계의 열린바다 오묘법문 설하시고
그자리서 일어나사 제석천궁 드신뒤에
열가지의 머뭄세계 십주법문 설하시며

연화대장蓮花臺藏은 연꽃세계입니다
이는 노사나불의 활동무대이니
곧 비로자나불의 활동무대인 셈입니다
비로자나불과 노사나불은
법신불이고 보신불이기는 하나
알고보면 한 부처님에 지나지 않습니다
노사나불은 비로자나불이 그러하듯
우주를 그대로 교화 구역으로 삼습니다
비로자나불이 대일여래大日如來이듯

거룩한大 태양日을 몸으로 삼은 여래입니다

연꽃으로 잘 꾸며진 연화대장세계입니다
이 연화대장에 때로 앉고
때로 서 계시고
때로 걷고
때로 갖가지 동작을 보이시되
노사나불의 체중을 감당할 수 있음은
앞서 언급했듯 철제가화 연꽃이 아니고
노사나불이 반중력反重力인 까닭입니다
반중력은 때로 척력斥力으로도 작용합니다
'체성허공화광삼매體性虛空花光三昧'
바로 이 삼매 이름에 정답이 들어있습니다
체성體性을 허공虛空처럼 비운 상태에서
꽃빛삼매花光三昧에 들어있기 때문입니다

자, 한 번 상상해 보십시오
작은 지구촌이 아니라
태양계로 생각의 스케일을 넓히자구요
아닙니다, 태양계보다는 은하계가
은하계보다 광활한 우주로 나가보자구요
그 우주 한 가운데 연화대장이 있습니다

일천 송이 연꽃으로 장엄한 연화대장
보살의 덕성이 깃든 연화대장이 있습니다
맨 안쪽에 일천 송이 연꽃 연화대가
밖으로 나갈수록 연꽃 둘레는 더 커집니다

그리하여 우주 전체로 퍼져갈수록
더 많은 연꽃 송이로 장엄한 연화대장이
노사나불을 받들어 모시고 있습니다
이처럼 아름다운 연화대장이
서가모니 부처님을 모시는 쪽으로
주불主佛의 이동이 가닥을 잡아가고 있습니다
연꽃과 연꽃에서는 스스로 빛을 발하되
파란 연꽃에서는 파란 빛이
노란 연꽃에서는 노란 빛이
빨간 연꽃에서는 빨간 빛이
하얀 연꽃에서는 하얀 빛이 아름답습니다

이들 네 가지 빛깔로 다채롭게 핀 연꽃
이들 연꽃이 상징하는 것은 어떤 것일까요
깨끗梵한 그물網로 표현된 길經입니다
《범망경》은 우주를 배경으로 한 꽃입니다
복잡하고 다양하게 얽힌 그물입니다

나는 《범망경》을 놓고 이렇게 생각합니다
첫째 파란 연꽃은 시간의 광명입니다
둘째 노란 연꽃은 공간의 광명입니다
셋째 빨간 연꽃은 물질의 광명입니다
넷째 하얀 연꽃은 에너지 광명입니다

나는 이들 네 가지 빛깔의 연꽃을 보며
깨끗한 그물의 길 《범망경》에 담겨 있는
또 다른 이미지를 떠올려 생각합니다
어제가 '세계 여성의 날'이었지요
요즘 세계에서 일고 있는 Me Too 운동은
다른 말로 표현한다면 '순수 운동'입니다
성性의 순수를 지키려는 운동이지요
그 이미지 꽃이 바로 하얀 장미입니다

첫째 파란 연꽃은 희망입니다
둘째 노란 연꽃은 불변입니다
셋째 빨간 연꽃은 정열입니다
넷째 하얀 연꽃은 순수입니다

결국 앞의 논주論主였던 노사나불로부터
계주봉繼走棒babton을 이어받은 뒷 논주

온 인류의 거룩한 스승이신 서가모니불이
연화대장세계로부터 모습을 감춘 뒤
차분히 체성허공화광삼매에 들어가십니다
서가세존께서는 삼매에 드신 채로
당신께서 처음으로 도를 깨달으셨던
부다가야 보리수 나무 아래 나타나십니다
범망경 시작은 곧 여기 보리수 아래서입니다

여기 중요한 게 놓여 있습니다
노사나불은 시간의 부처님인데 비해
서가모니불은 공간의 부처님이십니다
일천 연꽃 송이마다 화신으로 몸을 나투신
천백억화신 서가모니 부처님에게
노사나불은 계주봉을 전하셨습니다
일천 꽃잎 위의 일천 서가모니 부처님이
일천 제곱으로 계속 이어나가면서
마침내 천백억화신으로 나투신 것이지요
부다가야 보리수 아래 서가모니불은
1천 석가의 1천 제곱인 1백만 석가십니다

서가모니 부처님의 변화신은 이어집니다
1백만 석가가 10억 석가로

10억 석가가 1조 석가로
1조 석가가 1,000조 석가로
1,000조 석가가 100경 석가로 이어집니다
체성허공화광삼매에 드신 채로
부다가야 보리수 나무 아래 몸을 나투신
인류의 스승 서가모니 부처님께서는
마침내 체성허공화광삼매에서 나오십니다
그리고는 금강천강왕 왕좌와 묘광당에서
'열가지 세계 바다十世界海'를 설하십니다
열 가지 세계 바다가 어떤 것들일까요
지구 위에서 살아가는 생명체 세계입니다
지옥 아귀 축생 하늘 아수라 인간과
성문 연각 보살 부처 등이 십법계입니다

진리라는 게 특별한 게 아닙니다
지구 생명체와 이들 생명체가 살아가는
시간과 공간이란 환경을 어떻게 이해할까
하는 데서 한 치도 벗어나지 않습니다
이들을 떠나 다른 세계만을 고집한다면
이는 쓸 데 없는 떠벌이일 것입니다
열 가지 생명계 일반이 '중생세간'이라면
이 열 가지 생명계 중 깨달은 자의 세계를

소위 ‘지정각知正覺 세간’이라 합니다
그리고 이들 생명체가 숨 쉴 공간과
반드시 없어서는 안 될 시간의 세계를 묶어
기세간器世間, 환경environment이라 합니다

일천 제곱 화신 서가모니 부처님께서 설하는
열 가지 세계 바다는 ‘삼종세간’입니다
서가모니 부처님 가르침 가운데
가장 복잡하고
가장 높고
가장 넓고
가장 심오한 법문이 ‘삼종세간설’이고
펼치면 ‘열 가지 세계 바다’ 가르침입니다
가게를 예로 들면 ‘백화점百貨店’입니다
글자 그대로 ‘온百상품貨가게店’지요
아무튼 department store에 담긴 뜻도
‘온상품 가게’와 정확하게 일치합니다

대학에 들어가 전공을 선택하기에 앞서
반드시 통째로 이수해야 하는 기초처럼
‘십세계해十世界海’는 진리의 기본입니다
그리고 나서 일천 제곱 서가모니 부처님께서는

욕망의 세계 제2천 도리천으로 옮기십니다
도리천의 다른 이름이 '삼십삼천'인데
한 복판 제석천/제석궁을 중심으로 하여
동서남북으로 각기 여덟 하늘이
고르게 분포되어 있습니다
팔정도를 상징하는 수레바퀴 모습이
이 삼십삼천 이미지라는 설도 있습니다만

일천 화신의 서가모니 부처님께서는
이 제석궁帝釋宮에서 열 가지 머묾에 대해
깊이 있고 상세하게 말씀하고 계십니다
백화점이 진열된 상품들을
한 번 쭈욱 훑어보는 과정이라면
열十가지 머묾住 세계는 전문과정이지요
원하는 상품들이 진열되어 있다면
상품에 대해 제대로 파악해야 할 것입니다
마음을 닦는 데 꼭 필요한 도구들을 한 번 볼까요

01) 발심주發心住
02) 치지주治地住
03) 수행주修行住
04) 생귀주生貴住

05) 구족방편주具足方便住

06) 정심주正心住

07) 불퇴주不退住

08) 동진주童眞住

09) 법왕자주法王子住

10) 관정주灌頂住

이들 '열 가지 머묾十住'전에 닦아야 할
'열 가지 믿음十信'단계가 있는데 보실까요

01) 신심信心

02) 염심念心

03) 정진심精進心

04) 혜심慧深

05) 정심定心

06) 불퇴심不退心

07) 호심護心

08) 회향심廻向心

09) 계심戒心

10) 원심願心

이 깨끗한 그물의 길 《범망경》보살계는
크게 두 가지 성격으로 나눌 수 있습니다

첫째는 불성계佛性戒요

둘째는 심지계心地戒입니다

첫째 모든 생명이 지닌 그 생명의 본질은

불성佛性으로서 더없이 고귀한 까닭에

소중하게 대하고 사랑해야 한다는 것이며

이를 떠난 계율은 사실상 무의미합니다

둘째 마음 경지를 소중히 여기지 않은 채

계율을 얘기한다는 것도 어불성설입니다

백화점에 좋은 상품들이 진열되어 있음은

실로 보기 좋고 아름다울 수 있습니다

아무리 좋은 계율조목이 있으면 뭐합니까

실생활에 도움을 주지 않는 계율

'부처님佛 마음性'에 대한 존중이 없고

'마음心 땅地'을 떠난 계율이

왜 어째서 필요합니까

범망경은 바로 이 불성계와 함께

심지계를 닦게 하고 일러주는 로드맵이며

친절한 보살 계율의 네비게이션입니다

#6

그자리서 일어난뒤 야마천궁 들어가사
열가지의 행의세계 십행법문 설하시고
그자리서 일어난뒤 넷째하늘 들어가사
열가지의 회향법문 빠짐없이 설하시며

그자리서 일어난뒤 화락천에 들어가사
열가지의 선정법문 남김없이 설하시고
그자리서 일어난뒤 타화천에 들어가사
열가지의 보살경지 십지법문 설하시며

그자리서 일어난뒤 초선천에 들어가사
열가지의 금강세계 금강법문 설하시고
그자리서 일어난뒤 이선천에 들어가사
열가지의 인욕경계 십인법문 설하시며

그자리서 일어난뒤 삼선천에 들어가사
열가지의 크신원력 십원법문 설하시고
그자리서 일어난뒤 사선천중 들어가사
마혜수라 천왕궁에 여법하게 앉으시어

연화대장 장엄세계 노사나불 여래께서
뿌리줄기 말씀하신 보살경지 심지법을
한소절도 빠짐없이 모두연설 하옵시니
천백억의 화신여래 서가세존 이시어라

삶은 연극이라 했습니다
연극은 감상할 수 있는 장면과
감상할 수 없는 장면이 있습니다
감상할 수 없는 장면을 '막간'이라 하지요
막간幕間이라면 그렇습니다
인터미션intermission입니다
미션과 미션 사이가 곧 인터미션인데
막이 내렸다가 다시 막이 오르는 순간
이 사이를 우리는 막간이라 합니다

이 '바야흐로 계경을 외다正誦戒經'의
중반에서 내용은 막간을 보여줍니다
노사나불의 바톤baton을 이어 받은
우리 인류의 거룩한 스승 서가여래께서는
연화대장세계에서 그 모습을 감추신 뒤
체성허공화광삼매에 드시고

그대로 당신께서 깨달음을 여셨던
부다가야 보리수 아래에 나타나십니다

이 자리에서 금강천광왕위와 함께
묘광당 법석에서 십법계해를 펼치십니다
모든 생명의 실상을 낱낱이 드러내신
열 가지 법계 바다에 관한 말씀은
화엄 계위를 밟아오르는 수행자에게 있어
반드시 거쳐야 하는 기본basis입니다
이처럼 오묘한 법문을 설하신 뒤
그 자리서 일어나사 제석천궁에 드십니다
제석천궁에서는 열 가지 머뭄十住에 관해
상세하게 일러주십니다

그 자리에서 일어나신 뒤
천백억 화신化身으로 일컬어지시는
변화신의 최고 고수 서가세존께서는
도리천과 도솔천 사이 욕계의 셋째 하늘인
야마천궁으로 설법 자리를 옮기십니다
열 가지 수행 세계十行에 대해 설하시고
그 자리에서 일어나신 뒤
넷째 하늘 곧 도솔천으로 장소를 옮기시어

열 가지 회향十廻向 법문을 설하십니다

부처님의 중생 교화는 예서 멈추지 않지요
서가세존께서는 그 자리에서 일어나신 뒤
색계의 다섯 째 하늘에 해당하는
화락천化樂天으로 설법자리를 옮기십니다
거기서 열 가지 선정十禪定에 대해
우리 부처님께서는 고구정녕히 설하십니다
부처님의 순회법회가 예서 끝날까요
그렇지 않습니다
부처님께서 여섯 색계의 마지막 하늘인
타화자재천他化自在天으로 옮기십니다

여기서 설한 가르침이 '십지법문'입니다
보살의 '열 가지 수행 계위十地'지요
만에 하나 이 십지법문이 없었다고 한다면
대승불교의 꽃 《대방광불화엄경》도
아마 성립되지 못했을 것입니다
서가세존께서는 마침내 욕계를 벗어나
색계色界 네 하늘四天 가운데
첫째 하늘 초선천初禪天으로 들어가시어
열 가지 금강 세계十金剛에 대해 설하시고

거기서 일어나신 뒤 둘째 하늘인
이선천二禪天으로 자리를 옮기시지요

이선천에서 설하신 법문이
그 유명한 '열 가지 참음 법문'으로서
이를 '십인법문十忍法門'이라 이름합니다
부처님께서는 이선천에서 일어나신 뒤
삼선천三禪天으로 설법장소를 옮기십니다
삼선천에서는 열 가지 원력에 대해
십원법문十願法門을 설하시지요
드라마틱한 서가세존의 순회법회는
여기 삼선천에서 쉽게 끝나지 않으십니다

그 자리서 곧바로 다음 설법장소인
사선천四禪天으로 이동하십니다
사선천에는 '마혜수라천왕궁'이라고 하는
색계에서 가장 화려하고 잘 지어진
상상초월의 아름다운 궁전이 있습니다
색계色界가 음욕色의 세계界가 아니라
실은 물질色의 세계界입니다
음욕欲으로 꽉 찬 세계界는 색계가 아닌
우리 인류가 함께 살아가는 욕계欲界지요

따라서 색계는 순수한 물질 세계입니다

이 물질 세계의 최고 하늘이 사선천
그 사선천의 천주天主가 머무는 왕궁이니
어찌 화려하지 않겠습니까
바로 이 최고의 시설 마혜수라천왕궁에서
서가모니 부처님께서는 법을 설하십니다
앞서 욕계 마지막 하늘인 타화자재천에서
이미 십지법문十地法門을 설하셨으나
색계 마지막 사선천 최상의 시스템에서
부처님께서는 당신의 모든 것을 여십니다
노사나불에게 전해 받으신 법문이지요

같은 주제의 '십지법문'이지만
욕망으로 점철된 욕계 중생들이 아닙니다
비록 같은 삼계三界 중 색계이기는 하나
욕망을 털어버린 하이클래스 세계입니다
그들에게는 무엇 하나 부러울 게 없지요
생각만 내면 그 자리에서 다 이루어지니까요
이들에게 필요한 법문이 무엇이었을까요
그렇습니다
쉼입니다

음욕은 끊었으나
아직 물질욕이 남아 있습니다

같은 주제의 '십지법문'이라 하더라도
청중이 다르면 내용도 달라집니다
사실 나는 이들 법문보다도
앞 장소에서 다음 장소로 이동되는 사이
이른바 막간幕間interval에 관심이 많습니다
이 '바야흐로 계경을 외다正誦戒經'에서처럼
어디에서 일어나 어디로 옮기시고
법문이 끝나신 뒤 다시 게서 일어나시어
다음 장소로 옮기시는 낱낱 장면들을
이처럼 매우 사실적이고
드라마틱하게 설하신 곳이 드문 까닭입니다

나는 바로 이 막간을 이용하여
평창동계패럴림픽개막식을 감상하고 싶었습니다
새벽이 되어서도 글 쓸 생각이 없었지요
패럴림픽개막식開幕式 장면이
참으로 신나고 참으로 아름다웠습니다
새벽 일찍 잠자리에서 일어난 뒤에도
글 쓸 생각을 하지 않았습니다

기포의 새벽 편지 그냥 하루 쯤 쉬고 싶었지요
그런데 부처님께서 순회법회를 여시며
앞 장소에서 다음 장소로 이동하시는
막간에 대해 쓰고싶은 충동을
나는 도저히 억누를 수가 없었습니다

아무튼 나는 글쟁이임에 틀림없습니다
생각했던 글들을 털어놓고 나니
마냥 꾸물대면서 막간을 이용하려 했던
나의 게으름이 마침 빛을 발하는 순간입니다
막간, 한 가지 법문이 끝나고
다음 법문 장소로 이동하는 동안의
부처님 마음은 어떠셨을까를 생각합니다
부처님께서 원고를 준비하셨을까요
원고 없이 법문하시던 우리 부처님께서
느닷없이 원고 들고 틀에 박힌 법문을 하셨을까요

우리 서가모니부처님께서는
항상 수기설법隨機說法을 하셨습니다
적재적소에 알맞는 법문을 하셨지요
우리 부처님께서는 막간을 이용하여
다음 장소에 모일 청중들을 생각하셨습니다

그들의 삶에 대해 생각하셨을 것이고
그들 의식구조와 문화에 대해 생각하시고
그들에게 무엇이 불필요한 잉여剩餘이며
과연 무엇이 필요한가를 생각하셨지요

부처님에게는 막간도 설법시간이셨습니다
삼매에서 일어나 삼매에 들고
법회를 마치고 법문을 준비하고
그렇게 욕계육천欲界六天과
색계 18천天 중 사선천四禪天에 이르러
낱낱 장소를 삼매로 이동하시면서도
부처님의 생각은 오로지 중생이셨습니다
'평창동계패럴림픽개막식'을 보면서
하루쯤 쉬고 싶다는 생각에 젖었던 내게
개막식 중 장면이 바뀔 때마다
짧지만 느낄 수 있는 막간이 참스승이었습니다

내일 새벽 계속해서 이어지는 내용은
막간이 아니라 막이 오르고
그 막이 내릴 때까지의 내용일 것입니다
막간은 순간瞬間보다 약간 긴 시간일뿐입니다
눈깜짝일 순瞬 자에 사이 간間 자입니다

막간보다 짧지만 그러나 순간이 없다면
어찌되겠습니까
으레 눈병이 나고 말겠지요

#7

서가모니 부처님도 이와같이 설하시니
보신이신 노사나불 화신이신 서가여래
같은분도 아니지만 다르지도 않음이라
현겁품중 그가운데 설하심과 같느니라

범망계본발원문

깨끗한 그물의 길 '범망경梵網經'이여!
깨끗한 그물의 시간과 공간이여!
당신 따라 열十 가지 행行을 닦겠나이다
기쁨歡喜의 길을 뚜벅뚜벅 걷겠行나이다
그리하여 내 마음 넉넉饒해지고
이웃에게 이익益될 수 있기를 염원하면서
그 길을 꾸준히 닦아行 가겠나이다
아! 깨끗한 그물
범망의 그물을 던져
진리의 생명을 건져올리시는
우리의 크신 스승 서가모니 부처님이시여!

부릅뜬 눈瞋 거듭 치켜뜨고 성을 내거나
원망恨으로 한숨 짓는 삶을 접겠無나이다
고요의 길을 걸어가겠行나이다
다함盡 없無는 길行을 가겠나이다
마음 속 어리석음癡을 떨치고
행동에서의 어지러움亂을 내려놓은 채
참신하고 올곧은 길을 닦겠行나이다
아으! 거룩하신 스승이시여!
노사나불로부터 바톤을 이어받으신 이여!
항상 아름다움善이 나타나現도록
닦고 닦고 또 닦아가겠行나이다

마음의 아름다움善이
느낌으로도 아름다울美 수 있음은
바탕에 소박함眞이 깔린 까닭이나이다
나는 이들 소박함眞과
마음의 아름다움善과
느낌의 아름다움美을 바탕으로 하여
결코 부질없는 것에 연연着함이 없無는
안개 같은 삶을 살아行가겠나이다
내가 바로 나 스스로도 존중하지 않으면서
남이 나를 존중하길 감히 바라오리이까

오만과 아집을 떠나 스스로를 높일 수 있는
존중행尊重行을 나는 닦아가겠나이다

아으, 거룩하신 스승이시여!
우리의 서가모니 부처님이시여!
저희는 착善한 법法을 닦겠行나이다
누가 시켜서가 아니옵고
부처님의 가르침 때문도 아니나이다
제 마음 속에서 진실眞實한 마음을 내어
올곧게 소박하게 참되게 닦아가겠나이다
아름眞답게 실다움實게 닦겠行나이다
참으로 거룩하신 스승이시여!
우리 모두의 서가모니 부처님이시여
저희들을 굽어살피사 증명하여 주시옵소서

앞前 논주論主이신 노사나불이시여!
우리 부처님께 법을 전하신 이여!
우리 서가모니 부처님으로부터
더없는 존경을 한 몸에 받으시는 분이시여!
당신께 서원의 말씀을 올리나이다
열十가지 되돌림廻向을 실천하겠나이다
일체 중생들로부터 받은 생명의 빚을

그들을 위해 되돌리겠나이다
그리하여 어떤 부조리한 환경 속에서도
되돌림의 생각을 무너트리지 않겠나이다

세상에는 특별히 잘난 존재도 없거니와
유독 못난 존재도 없다고 하셨나이다
부처님의 고귀한 가르침은 불문율이나이다
모든 생명의 가치가 동등함을 알아
이들이 모든 부처님과 더불어 다르지 않다는
클래식한 되돌림 생각을 이어가겠나이다
아으! 거룩하신 이여,
우리 서가모니 부처님이시여!
이 되돌림 의식이 일체처에 이르고
더 나아가 다함이 없는 공덕장功德藏을
끝없이 끝없이 되돌리도록 힘쓰겠나이다

어떤 것도 평등하나이다
과거에도 평등하였고
지금도 평등하오며
내세에도 평등할 것이나이다
평등한 마음으로 이미 심은 선근善根에
다함께 들어가겠다는 되돌림이나이다

어떤 부처님에게도 다 따르듯이
어떤 가르침도 존중하며 따르겠나이다
저희는 일체중생을 평등하게 대하겠나이다
이 되돌림보다 우선하는 공덕은 없사옵니다

언제나 참眞되고 닮如은 모습으로
불보살을 바라보는 되돌림을 닦겠나이다
어떤 얽매임도 없고
어떤 집착도 없는
최상의 행복, 해탈에게로 되돌림하는
수행자의 길을 닦고 또 닦아가겠나이다
그리하여 저희가 궁극적으로 향할 곳은
헤아릴 수 없는 법계이나이다
법계法界는 그대로 법의 세계이오니
네四 부류 성자聖들 세계와
여섯六 부류 중생凡들의 세계
이들을 떠나 어떤 기쁨도 없음을 알아
이들 세계로 되돌리려는 행을 닦겠나이다

거룩하신 원만보신 노사나불이시여!
노사나불의 다른 모습 비로자나불이시여!
청정법신이신 비로자나불이시여!

천백억의 변화신 서가모니 부처님이시여!
보살이 닦을 열十 가지 경지地이나이다
저희가 걸어갈 길經과 경지地이옵나이다
첫째는 이름하여 환희지歡喜地이오니
내가 닦은 터와 행복과 기쁨의 땅에
내 스스로 나의 선근 뿌리를 내리고
이웃과 더불어 모두 함께 기뻐하나이다

둘째는 이구지離垢地이나이다
온갖 욕망의 때垢를 떠난離 경지地이오니
이를 일컬어 저희는 보살의 계위 중
마흔두 번째 자리로서 자리매김하였나이다

셋째는 발광지發光地이니
밝은 빛을 흩뿌리는 경지이나이다
어둠을 살라먹고 수평선 위로 떠오른 태양
붉다못해 무량無量의 광명을 발하시는
아! 거룩하여라
밝은 빛뿌림 경지 보살이시여!
태양처럼 모든 것의 열원이신 이여!
오늘 저희는 당신의 공덕을 찬탄하나이다

넷째는 염혜지焰慧地이니
타오르는 지혜의 불꽃 경지이나이다
세상의 온갖 욕망과 집착을 태우옵나니
그 뿌리根와 줄기幹까지 다 사라져
다시는 싹을 틔울 수 없는 경지이나이다

다섯째는 난승지難勝地이니
어떤 마구니도 이 보살을 이길 수 없고
어떤 도적도 이 보살을 당해낼 수 없나이다
아무리 악독한 아수라라 할지라도
단언하건대 이 거룩한 난승지 보살을
마침내 흐트러뜨리지 못할 것이나이다

아으! 천군만마千軍萬馬를 이기는 것보다
자기 자신을 이김이 가장 뛰어난 영웅
저희는 난승지 보살을 만난 인연으로
저희 자신을 이기는 길을 닦아가겠나이다

아으! 거룩하신 이여!
여섯째 현전지現前地 보살이시여!
구름 뒷편 태양이 아무리 위대하단들
구름 밖 드러난 해맑은 햇살에 견줄 것이며

곧 지는 석양이 비록 아름다운들
곡식을 영글게 하는 한낮 햇살이오리이까
앞前에 나타난現 경지地를 저희는 사랑하나이다

당신이 가시는 길이 비록 멀다 하오나
내 마음은 당신을 쉽게 보내지 아니 하오니
거리에 멀고 가까움이 있겠사오리이까마는
당신의 작은 덕은 지척咫尺에 머물고
당신의 큰 공덕은 멀리遠까지 가시行옵소서
이것이 내가 진정 당신을 사랑함이나이다
오, 참으로 거룩하신 이여!

일곱째 원행지遠行地 보살이시여!
당신의 크신 이름이 두루 퍼져가소서
내가 당신을 사랑하는 진짜 이유이나이다

여덟째는 부동지不動地 보살이나이다
어떤 유혹에도 흔들리지 않는 보살
나는 당신의 그 굳건함을 사랑하나이다
당신이 내게 관심을 갖기보다
당신이 나 밖 다른 데 더 관심을 갖는 것이
내게는 참을 수 없는 슬픔이었사오나

상기도 당신을 사랑하는 까닭이 있사오니
움직動이지 않不는 당신의 경지地가
뚜렷하게 자리함을 믿는 까닭이나이다
아! 거룩하신 우리 부처님이시어!
바라옵나니 제게도 흔들리지 마시옵소서

아홉째는 선혜지善慧地이오니
아름善다운 지혜慧를 얻은地 분이나이다
당신의 발 아래 엎드려 절하옴은
당신 외모가 결코 뛰어나서도 아니옵고
당신 음성이 자상하기 때문도 아니나이다
당신의 번뜩이는 그 날카로운 지혜가
내 마음의 무명을 잘라버린 까닭이나이다

열번째 경지는 법운지法雲地이오니
법法은 다름 아닌 구름雲 경지地이나이다
하여 법은 결코 영원하지 않사옵니다

법은 동일한 모습을 떠난 구름이듯이
제행무상諸行無常의 법칙을 따르나이다
막이 오르고 다시 막이 내려오기까지
십행과 십회향과 십지에 대해 살폈사오나

이 또한 구름과 같이 고정되지 아니 하나이다
아으! 법운지法雲地 보살이시여!
진리의 구름 경지가 아니라
진리는 곧 구름과 같이 자성이 빈 경지라는
소중한 가르침을 한아름 가득 안고
이 새벽 휴지통wastebasket으로 달려가나이다
왜냐하오면 결국 다 비워야 하는 까닭이나이다

나무 서가모니불
나무 서가모니불
나무 시아본사 서가모니불

제12장 범망경보살계본 梵網經菩薩戒本

바로그때 우리본사 서가모니 부처님이
처음으로 나투셨던 연화대장 세계에서
동쪽으로 오시어서 천왕궁중 드신뒤에
마구니를 교화받는 경을설하 시옵고는

남염부제 가비라국 정반왕궁 탄생하니
어머니의 고운이름 마야부인 이시옵고
아버지의 크신이름 깨끗한밥 정반이며
내이름은 모두이룸 실달타라 하였어라

출가하고 수행한지 일곱해를 지난뒤에
서른살에 바야흐로 바른깨침 도이루니
그로부터 나의이름 한순간에 바뀌면서
석가족의 출신으로 석가모니 불이로다

고요하고 텅빈세계 적멸도량 시작으로
금강화광 왕의자리 용상위에 앉음부터
마혜수라 천왕궁전 사자자리 앉음까지
열곳에서 차례대로 법을설하 였느니라

바야흐로 원만보신 노사나불 여래께서
대범천왕 왕궁안의 중중무진 인드라망
장엄스런 망라당을 보시옵고 말씀하되
한량없는 무진법계 그물코와 다름없네

세계마다 빛과그물 서로서로 같지않고
서로서로 차별하되 중중무진 다함없고
끊임없이 이어지는 한량없는 갈래처럼
부처님의 교법또한 분명이와 같느니라

천백억의 화신이신 서가모니 부처님이
거룩하신 음성으로 이와같이 말씀하되
한량없는 시간속에 중생제도 위한고로
이세계에 거듭오기 팔천번에 이르렀네

올때마다 사바세계 중생들을 위한고로
금강화광 왕의자리 법석으로 앉았으며
마혜수라 천왕궁에 사자자리 이르도록
심지법의 졸가리를 항상설하 였느니라

다음으로 마혜수라 천왕궁전 그로부터
남염부제 가비라국 보리수하 내려와서
이땅위의 살아가는 하고많은 중생들과
범부들의 어리석음 계로이끌 었느니라

또한나의 근본이신 노사나불 부처님의
성스러운 마음경지 심지법문 그중에서
일용중에 평소외던 한가지계 말하나니
이름하여 성스러운 광명금강 보계니라

이는모든 부처님의 뿌리줄기 근본이며
일체모든 보살들의 근본불성 종자니라
일체모든 중생들이 부처성품 지닌고로
온갖뜻과 모양또한 마음안에 자리했네

이와같이 모든것이 불성중에 들었나니
인과율이 역연하기 너무나도 분명하다
모든존재 거기에는 결정된인 있으므로
영원불멸 법신세계 항상하는 것이니라

그리하여 대승보살 열가지의 해탈세계
시나브로 이세상에 이와같이 드러나니
삼세모든 중생들이 이와같은 보살계법
머리이고 받들어서 굳게지킬 것이니라

내가이제 이와같이 대중들을 위한고로
거듭하여 무진계품 고구정녕 설하나니
이는일체 중생들이 본디지닌 심지계로
맑고맑은 본원자성 말씀하신 그대로라

내이름은 원만보신 노사나불 여래로서
바야흐로 연화대에 정중하게 앉아있네
둘러싸인 일천꽃잎 그들모든 꽃잎위에
일천석가 백억화신 거듭하여 나투셨네

한꽃잎에 백억세계 장엄하게 나투시고
세계마다 나투옵신 거룩하신 서가세존
그들모든 보리수밑 가부좌로 앉으시어
한날한시 부처님도 원만하게 이루셨네

이와같이 나투신몸 천백억의 부처님몸
그들나툰 모든몸은 노사나가 본몸이라
천백억의 화신으로 나투옵신 서가여래
화신마다 미진수의 청중들을 거느리사

주석하는 나의도량 한가지로 함께와서
내가외는 부처님계 귀기울여 경청하니
십중대계 바라이와 마흔여덟 가벼운계
열반묘법 감로문이 바야흐로 열렸어라

바로이때 천백억의 서가여래 화신께서
본디부터 주석하던 도량으로 돌아가사
각기모두 보리수밑 결과부로 앉으시니
노사나가 설하옵신 마음땅의 심지계라

심지계의 밝음이여 해와같고 달과같고
찬란하고 아름다움 영락주와 다름없네
미세먼지 티끌수의 한량없는 보살대중
이런인연 말미암이 바른깨침 이루도다

앞의논주 노사나불 외우옵신 심지계를
나도또한 이와같이 정성스레 외우나니
이제새로 부처님계 배워가는 보살이여
이마위에 모시고서 옳게받아 지닐지라

이와같이 소중하게 받아지닌 다음에는
한량없는 중생들과 함께하게 전할지라
내가외는 심지계를 마음속에 새길지니
부처님의 가르침중 으뜸가는 계장이라

해탈경계 열어가는 계장이요 첩경이니
대중들은 마음속에 고이고이 간직하라
그대들은 언제가는 이루어갈 미래부처
나는이미 이와같이 모두이룬 부처니라

언제든지 이와같이 믿는마음 지어가면
불성계도 심지계도 이미구족 하였도다
이세상에 존재하는 마음가진 이들이여
누구든지 부처님계 섭할수가 있음이라

이세상의 모든중생 부처님계 받고나면
성스러운 부처경지 그자리서 들어가리
부처자리 동등하면 깨달음도 같음이라
바야흐로 불제자라 이름할수 있음이라

대중들은 한결같이 공경하는 마음으로
내가외운 부처님계 지심으로 들을지라
내가외운 부처님계 지심으로 받아들여
내가외운 부처님계 지심으로 소화하라

바로그때 우리스승 서가모니 부처님이
처음으로 부다가야 보리수하 앉으시어
위가없고 평등하신 바른깨침 이루시고
처음으로 보살계의 목차법을 만드시니

이는바로 부모님과 스승님과 삼보님께
효순하는 법도이며 바른도를 따름이라
효도하고 수순함이 그대로가 보살계요
모든악을 끊어내고 중지하는 법이니라

부처님이 입으로서 무량광명 놓으시니
그자리에 함께했던 백만억의 대중들과
보살들을 비롯하여 십팔범천 육욕천자
십륙대국 제왕들이 두손모아 합장하고

곡진하온 마음으로 금구성언 들었으니
부처님이 설하시는 대승보살 계법이라
서가모니 여래께서 보살에게 설하시되
내가이제 보름마다 보살계를 외우리니

이와같이 마음발한 그대모든 보살들과
열가지의 발취세계 열가지의 금강이며
열가지의 보살경지 뛰어오른 이들이여
두손모아 마음모아 함께외울 것이니라

그러므로 그대들은 분명하게 알지니라
보살계의 자비광명 언어에서 나오나니
보조연이 있는곳에 질료인이 없지않고
그광명과 다른광명 또한다시 이와같아

파랗지도 않거니와 노랗지도 아니하고
빨갛지도 않거니와 하얗지도 아니하며
까맣지도 않거니와 물질세계 아니로다
마음또한 아니지만 마음떠나 따로없네

있는것도 아니지만 없다고도 할수없고
인과법도 아니지만 부처님의 본원이며
보살도를 실천하는 뿌리이고 바탕이며
대중들의 바탕이고 불자들의 뿌리로다

그러므로 불자들은 마음깊이 새겨두라
일체모든 불자들은 안과밖과 허와실에
보살계를 받아지녀 간직하고 독송하고
여법하게 수지하며 배워가야 하리로다

불자들은 명심하고 귀기울여 들을지라
보살계를 받는이유 국왕이든 왕자거든
정승백관 비롯하여 청정비구 비구니와
십팔범천 육욕천자 일반서민 내시들과

음남음녀 노비들과 팔부귀신 금강신과
축생이며 사람이며 사람으로 변한이도
포살법사 설한말씀 이해할수 있다하면
한결같이 보살계를 받을수가 있느니라

포살법회 동참한이 너희에게 설하나니
이와같은 불자들은 보살일수 있느니라
이들모두 보살계를 받을수가 있으므로
맑고맑은 수행자라 이름할수 있는도다

1) 세존의 가계

바로그때 우리본사 서가모니 부처님이
처음으로 나투셨던 연화대장 세계에서
동쪽으로 오시어서 천왕궁중 드신뒤에
마구니를 교화받는 경을설하 시옵고는

남염부제 가비라국 정반왕궁 탄생하니
어머니의 고운이름 마야부인 이시옵고
아버지의 크신이름 깨끗한밥 정반이며
내이름은 모두이룸 실달타라 하였어라

출가하고 수행한지 일곱해를 지난뒤에
서른살에 바야흐로 바른깨침 도이루니
그로부터 나의이름 한순간에 바뀌면서
석가족의 출신으로 석가모니 불이로다

판소리대본

붓다여! 붓다여! [부처님의 生涯]

대본 東峰 스님

01. 도솔내의상 兜率來儀像

아니리 : 저 때에 호명보살이 도솔천 내원궁에서 사바세계 인연처를 가만히 살펴보니

중모리 : 수미산을 중심으로 동쪽의 승신주는 신장이 열 두 자에 수명은 이백 오십이요, 서쪽의 우화주는 신장이 스물 네 자에 수명은 오백세며 북쪽의 구로주는 신장이 마흔 여덟 자에 수명은 천년이라. 또 헌 군데 살펴보매 남쪽의 섬부주로 신장은 여섯 자에 수명은 백세이니 그곳 중생이 진실로 불쌍허여 인연처가 분명허다 남쪽의 섬부주를 다시 은근히 살펴보는디, 해동의 조선땅은 나라는 작으오나 백두산을 중심으로 북으로는 만주벌 요동벌이 멍석처럼 주르르르 펼쳐 있고, 남으로는 반도인디 묘향산 금강산과 설악 태백 지리산으로 저 - 한라산에 이르도록 불끈불끈 솟아있어 웅크린 범일러라. 골골이 냇물이요 버덩마다 장류수라 기맥이 이러하니 분명코 여기로구나! 호명보살이 역사를 더듬고는 어

허! 좋기는 장히 좋다마는 지금 이땐 아니로다. 어찌하여 이때가 아닌고 허니, 과거세의 여섯 부처 조선 땅에 나리셨고 도리천궁 제석천의 환웅태자 영을 받아 단군천손 낳으시고 지덕겸비 단군왕검 천시를 여신지가 우금 일천칠백년이 되었구나. 지세와 역사가 이러헌디 인심 또한 농후허여 높은 담장 필요 없고 너 내 것이 따로 없어 우선은 인연처가 아니로다.

아니리 : 이리 한참을 살펴보다가 딱 눈이 맞는 곳이 있었으니

중모리 : 인도의 동북방에 작은 나라 있었으니 이름은 가비라요 국왕은 정반으로 감자왕의 후손이며 왕후는 마야로다. 주변의 나라를 볼작시면 마가다 코살라 반사국 아반티와 카시국 코삼비 마투라 간다라 등 크고 작은 나라들이 십륙대국으로 벌려 있고, 석가족 말라족 바찌족 리차비족 팔만사천 부족들이 바둑판에 돌 놓이듯 질서없이 모였는디 바라문 찰제리 폐사 수다라와 불가촉천민의 계급제도 뚜렸하며 구십육종 외도들의 허고많은 사상들이 우후죽순이라 서로가 영토분쟁 편할 날이 전혀 없이 날만 새면 으르렁이요 달만 뜨면 호시탐탐이니 지옥 극락 헌데 엉켜 지척을 분간키가 어렵구나. 엎친 데 덮친 격으

로 정반왕과 마야부인 아직꺼정 세자 없어 눈물로 지새이니 저들 몸을 의탁하여 인간하생 하리로다.

02. 비람강생상毘藍降生相

자진모리 : 도솔천 내원궁의 미래부처 호명보살 부처 근기 이미 익고 인연처를 바로 찾자 육아백상 코끼리 등에 서부렁섭쩍 뛰어 올라 마야태중에 드는구나. 정반왕궁 마야부인 춘곤증을 못이기여 잠시 졸음 청하올 적 꿈인지 생시인지 비몽사몽간에 육아백상 흰코끼리 붉은 해를 등에 얹고 품으로 달려드니 태몽이 분명허다. 그로부터 정반왕도 생기를 되찾았네. 어화둥둥 내사랑 어화둥둥 우리사랑 이리보아도 우리 마야 저리보아도 우리 정반 얼씨구나 절씨구 가비라국 경사로세. 현숙하온 마야부인 태교를 실천허니 어화 불자들아! 그녀으 거동을 들어보소. 맵고 시고 떫고 짜고 자극적인 음식일랑 드시지 아니하고 모난 음식 부스러기 일체 입에 대지 않고, 앉을 때는 한가운데 가장자리 취치 않고 비탈지고 울퉁불퉁 거친 자리 앉지 않고, 잠자리에 들 적에는 침상자리 올바른지 다시 한 번 돌아보고, 걸음거리 보폭 좁게 조심 조심 조심 조심. 대인접화 허올적엔

자비로운 그 미소를 얼굴에 잃지 않고, 베다성전 옆
에 두고 시시때때 염송하고, 경쾌하고 부드럽고 좋
은 음악 가려듣고, 한서질천 자나깨나 태아만을 생
각허네.

아니리 : 이러구러 열 달이 가득차서 마야부인의 부
른 배가 남산만이나 허였겄다. 정반왕께 아뢰기를
"해산일이 가까와오니 친정에 가서 낳으오리다. 허
락하소서" 정반왕이 정색하며 "그 무슨 말씀이요.
나라 풍습도 그러하니 친정에 가서 아이를 낳는 것
은 당연하지 않소이까. 염려 말고 다녀 오시구려"
이때 마야부인이 출산을 허기 위해 친정인 구리성으
로 향하는디

중모리 : 비람동산 다다르니 기화요초 만발허고 벌
나비는 훠얼 훨 – 날아든다. 근심 걱정 없앤다는 무
우수 꽃향기에 듬뿍 취한 마야부인 오른손을 살폿
들어 나뭇가지 잡는 순간 홀연 산기 느끼면서 우리
본사 서가세존 우협탄생 허시었네. 이 때가 어느 땐
고 갑인 사월 초파일로 우금 이천육백십육년이 되었
어라. 태어난 그 자리에 꽃비가 흩날리고 하늘음악
장엄하니 성인 오심 완연허다. 하늘 선녀 목욕 준비

향탕수를 마련하고 연못아닌 비람동산 온갖 옛꽃 피었으니 붉은 꽃 푸른 꽃과 노리고도 하얀 꽃이 아기부처 발 아래에 천지사방 피었도다. 아기부처 사방으로 일곱 걸음 걸으시며 "천상천하 유아독존" 사자후를 외치시니 이 말뜻이 무엇인고 성인 중의 성인이요 하늘 중의 하늘이라. 얼씨구나 절씨구 씨구씨구 어절씨구 오시었네 오시었네 삼계도사 우리 스승 부처님이 오시었네. 오시었네 오시었네 태란습화 사생자부 대보살이 오시었네. 경사로세 경사로세 육도중생 의지처니 참으로 경사로세. 어화 우리 불자님네 모두 함께 기뻐하세. 광명으로 복덕으로 아기부처 오셨네라 우리 모두 찬양하세. 연꽃이라 하는 것이 탁한 물에 피건마는 탁한 물 아니묻듯 오탁악세 사바세계 자비로 오셨으니 어화어화 불자님네 우리 모두 찬양하세.

03. 사문유관상四門遊觀相

아니리 : 갓 태어난 태자이름을 실달타라 하였으니 모든 것을 다 성취하라는 뜻이렸다. 헌디, 옛말에 호사다마라 좋은 일에는 마가 많이 끼는 법이라 허

였거니와 산후조리가 부실허였던지 아기 낳은 칠일 만에 마야부인이 그만 덜컥 세상을 떠나가니 생명있는 모든 중생 한 번은 가는 것이지만 어허! 이 무슨 시샘이란 말이더냐. 가비라국으 백성들과 정반왕궁은 온통 슬픔에 잠기고 마는구나. 그로부터 실달태자 파사파제부인 손에 양육되니 아무리 이모지만 계모임에 틀림없어 콩쥐가 따로 없고 장화홍련 따로 없다. 허나 워낙에 총명한 태자인지라 보고도 모르는 체 가슴 속에 묻어 두고 듣고도 못들은 체 바람결에 날려 보내니 느는 것은 우울과 사색이라. 태자 나이 점점 자라 학문을 연마할제 바라문의 베다학문 오의서와 예의범절 낱낱이 섭렵하고 구십육종 사상가인 제자백가 이론들을 빠짐없이 익힌 뒤에 병법으로 들어가서 말달려 활쏘기며 진지구축 전차몰이 신체단련 창검술 등을 낱낱이 익혔겄다. 허지만 제자백가와 온갖 병법을 다 익혀도 오롯이 남는 의문 "우리 모후 어디 계시며 도대체 인생이란 무엇인가?" 시위를 벗어난 화살마냥 세월이 흘러감에 태자 나이 열 아홉이라 부왕이신 정반왕께서 태자비를 물색헐제

진양 : 오천축 전역에서 최고 미인 뽑았으니 그녀 이

름은 야수다라요 꽃다운 나이 십륙세라. 총명하고 상냥하고 예의범절 분명하여 아미를 살짝 들면 하강한 선녀인듯 눈부시고 황홀하여 마주보기 어려웁고 고운 자태 맑은 용모 요조숙녀 장히 좋다. 두 사람 마음 맞아 돌쩌귀 아귀맞듯 안고지고 사랑하기 한낮도 야밤인 듯 주야를 잊었구나. 그러구러 십년 세월이 얼른얼른 지나갈 적 야수다라 잉태하여 아들을 하나 낳았으니 이 분이 뉘시던가 부처님의 십대제자 밀행제일 라후라라.

아니리 : 하루는 실달태자 마음이 답답하고 심사가 울적하여 부왕의 허락 받아 시종 하나 대동하고 동문을 썩 나서니 노인이 있었겠다.

중모리 : 저 노인네 거동 보소! 허리는 꼬부라져 무릎은 어깨를 지나는데 지팡이를 짚었으니 다리가 셋일러라. 허연 머리 합죽이에 큰비 온 뒤 골 패이듯 깊은 주름 사이사이 검버섯은 어인 일고. 남문으로 나가노니 담장 아래 거적 깔고 병들어 신음하고, 서문 밖 썩 나서매 상두소리 구슬프다. 구중심처 실달태자 이런 광경 처음이라 시종다려 이르기를 "저것들이 다 무엇이더냐?" 시종이 흠칫하며 할 수 없이 답

을 하되 "노인이요 병든이요 죽은이인 줄 아뢰오"
"나도 저리 되겠느냐?" "생명을 가진 자는 피할 수
없는 줄 아뢰오" 가위에 눌린 가슴 천만근을 더했구
나. "아이고! 답답하여라! 애, 다른 문으로 나가 보
자!" "예이!" 북문 밖 썩 나서자 단정하고 기품있고
당당한 이 만났어라. 시종이 여짜오되 "불사의 도를
찾아 근심 걱정 생사윤회 뚜렷이 초월하온 출가수행
자인가 하나이다."

04. 유성출가상踰城出家相

진양 : 라후라와 야수다라 곤히 잠든 모습 그윽이 바
라보며 실달태자 하직인사를 허는구나. "여보! 미안
하오! 야수다라여! 미안하오! 검은머리 파뿌리 되
도록 같이 사자 하였으나 생사길이 예 있음에 내 갈
길이 급하구려. 아들아! 내 아들아! 사랑하는 라후
라야! 모후 없이 자란 내가 외어미 맡기려니 참으로
미안하구나. 그저 아무쪼록 티없이 자라거라. 다시
볼 날 있으리라."

중모리 : 하직인사 하는 중으 첫새벽 닭이 홰를 치니

하마 이월 초여드레가 시작되였구나. 이 때으 실달태자 마부 차익 불러내어 애마를 대령하여 안장지우라 이른 뒤에 말안장에 덥썩 올라 살금살금 살금살금 성문 빠져 나오는디 "가자 가자 어여 가자! 어서 가자 바삐 가자! 삼계고해 갖은 욕망 끊기 위해 어여 가자! 팔만사천 번뇌적을 반야지혜으 보검으로 서부럭 선뜩 베어내고 생사윤회 없는 길로 애마야 어서가자. 과거세으 모든 부처 이 길로 가시었고 미래세의 부처님네도 이 길을 가시리니 나 또한 대장부라 부처의 길 가리로다." 실달태자 태운 말이 성벽을 훌쩍 넘자 속삭이던 별빛마져 숨죽여 지켜보고 새봄을 준비허던 다람쥐 청살모 잔나비도 멈칫헌다. 동으로 말을 달려 구리족 너른 영토 한달음에 가로질러 남으로 내려가다 아노마강을 건넜구나.

아니리 : 옛말에 든 흔적은 없어도 난 흔적은 크다고 허였으니 태자 떠난 정반왕궁에 올 사람은 아니 오고 태자의 옷 한 벌과 소지품 신고 마부와 애마만이 쓸쓸히 돌아오니 태자으 소식에 목을 빼던 야수다라는 혼절하였다 일어나서는 방바닥을 쥐어뜯고 자그마나 큰 가슴을 두 주먹으로 두드리며

진양 : "아이구머니나! 그예 가셨군요! 지아비 있을 적
엔 설산처럼 의지허여 마음이 편하기가 대지와 같았
더니 나더러 어찌 살라 허시구 혼자서만 가오니까.
견우와 직녀는 오작교라도 있거니와 당신과 야수다
라넌 무엇으로 이으오리. 무심하고 야속하오 실달
다여! 야속하오 으흐흐흐흑! 어차피 떠날 양이면 귀
띔이라도 주실 일이지. 어허! 당신 본디 이런 사람
이었소? 아이구우! 여보! 여보! 여보!"

05. 설산수도상雪山修道相

아니리 : 한편, 실달다 대보살은 삼단같던 긴머리를
작두에 여물썰듯 싹뚝 자른 뒤에 일천 오백리 머너
먼 길을 구도의 일념으로 걷고 걸어 히말라야 설산
의 고행림에 들었겄다. 육사외도 여섯 명의 고행자
를 차례로 벗을 삼아 그들으 경지를 터득한 뒤 물어
가로되 "고행의 목적이 무엇이오?" "하늘에 태어나
기 위해서외다" 보살이 이 말을 듣고 "생천을 목적
으로한 고행은 의미가 없다. 그것은 다만 육체를 괴
롭힐 뿐이니 쾌락의 추구보다 나을 게 없으리라."
허고 미련없이 곁을 떠나 다음으로 두 명의 명상가
를 스승으로 모셨으니 아라람과 울두람이라. 이들

의 최고 경지인 비상비비상처정도 수삼삭만에 터득
하고 보니 그 역시 궁극은 아니었다. 보살이 생각하
되 '이제 이 세상에 나의 스승이 될만한 이 없다. 나
자신을 스승삼아 깨달음을 이루리라.' 허고는 저 전
정각산 중턱 한적한 곳에 터를 잡아 깨달음을 향한
일념으로 육년간을 고행허였겄다. 육년 자란 터럭
위는 새들의 보금자리 움푹 패인 눈자위는 깊이가
팔십리라 뱃가죽 등에 붙고 얼굴에는 거미줄 해골인
듯 빨래판인 듯 드러난 갈비뼈에 어허! 참으로 목불
인견이로구나. 하루는 보살이 가만히 생각하되 '깨
달음이란 중도를 택해야 하리라 고행만으로도 쾌락
만으로도 깨달음은 이루어지지 않는다. 이제부터는
소위 고행만을 위한 고행은 그치리라.'

진양 : 이리 비틀 저리 비실 술객인가 거지인가 전정
　　　각산을 내려간다.

06. 수하항마상樹下降魔相

아니리 : 흐르는 니련선하에 목욕을 마친 뒤 수자타
　　　녀 공양을 받고 기력을 되찾았다. 보리수 아래 금강
　　　보좌 길상초 듬뿍 깔고 결가부좌 맺고나니 섣달 초

하루 신새벽이 되었구나. 보살이 결심허되 '도를 깨
닫기 전에는 내 결단코 일어나지 않으리라.' 하루
가고 이틀 가고 사나흘 닷새 엿새 밤 떠난 그 자리
엔 새벽이 자리하고 한낮을 언뜻 지나 땅거미 스며
든다. 저 때에 마왕 파순이 가만히 생각허니 보살이
도를 깨닫게 되면 마왕으 궁전이 깡그리 무너지게
되었더라 이에 보살의 성도를 방해할 양으로 가진
계책을 꾸미는디

중모리 : 마왕의 거동보소 마왕 파순의 거동을 보아
라. 의관을 정제허고 점잔빼고 다가와서 갖가지로
회유를 헌다. "당신도 참 어리석소 좋은 옷 좋은 음
식 부귀공명 마다허고 우쭐려고 그 고생을 짐짓 사
서 허려 하오" "마왕아 파순아! 너의 속셈 내가 안
다. 너의 짓이 구름이면 내 마음은 하늘이요 너의
속셈 계란이면 내 결심 바위이며 너의 방해 티끌이
면 이내 또한 수미산이라." 마왕이 할 수 없이 미인
계로 공격하니 큰딸 이름 욕염이요 능열인이 지차이
며 가애락은 막내로서 다시 없는 절세가인 세상 미
녀 아닌 데다 잠자리 날개인가 물항라 비단인가 비
칠 듯 안보이고 안뵈듯 비치는디 가슴 따로 허리 따
로 엉덩이 따로 춤을 춘다. 악마 속셈 아는 보살 점

잖게 호령하되 "마녀야! 썩 물러가거라!"

아니리 : 마왕이 다시 전열을 가다듬어 보살을 공격
하는데 이러허였겄다.

중중모리 : 마왕 파순 명령따라 온갖 마군 모여든다.
어떤 놈은 창을 쥐고 어떤 놈 칼을 들고 어떤 놈은
삼지창에 어떤 놈은 금방망이 말채찍 쇠사슬과 톱
들고 도끼 든 놈, 돼지 나귀 말대가리 낙타 들소 낯
짝이며 족제비 몸집에다 코끼리 다리인 놈 한 몸뚱
이 여러 머리 배불뚝이 키다리며 외눈박이 되빡이
마 흡혈귀 이빨이며 호랑이 가죽옷에 입에서 불 뿜
는 놈 독사허물 목에 걸고 왕방울 눈 번뜩이며 방
앗간에 참새 꾀듯 보살에게 달려든다. 보살이 꾸짖
어 왈 "나는 이미 선과 악 두 극단을 여의였으며 사
랑도 미움도 떠났도다. 내 너희의 본체를 알거니 더
이상 너희 스스로를 수고롭히지 말라" 봄바람을 가
름인가 하늘에 침 뱉긴가 깊은 골의 메아린가 보살
마음 부동이라 날아드는 화살들은 무지개 수를 놓고
잡은 병기 던진 창은 봉황되어 춤을 추고 후려치던
번개 천둥 하늘음악 대신하고 쏟아지던 우박들은 연
꽃으로 피어나고 하늘로 솟았는가 땅 밑으로 꺼졌는

가 협박하던 마군들은 흔적없이 사라진다.

아니리 : 신새벽의 샛별을 바라보는 순간, 번쩍! 우르르르르 꽝! 이게 무슨 광경인고 허니 취모리 보검으로 무명업식의 싹을 싹뚝 자르는 모습이며 마왕의 궁전이 와그르르르 무너지고 대보살이 부처님으로 거듭 태어나는 소리이니 부처님의 나이 서른 다섯 되던 섣달 초여드레였다.

중모리 : "얼씨구나 절씨구 이리도 좋단말가 얼씨구나 저절씨구 저리도 좋단말가! 설산을 번쩍들어 방외로 던져볼까 도도한 항하수로 조어채찍 삼어볼까. 삼천세계 너른 우주 한 손으로 걷어 내고 무시무종 항사겁을 또 한 손에 거머쥘까 삼계육도 중생계에 마니보주 나눠주고 과현미래 불국토에 심외무법 알려볼까" 되셨구나 되셨어 부처님 되시었네! 열렸구나 열렸어 불국토가 열리었네!

07. 녹원전법상鹿苑傳法相

아니리 : 깨달음의 기쁨을 고이 간직한 채 열반에 들까 허시던 부처님께선 중생을 교화해야겠다는 마음

으로 마가다국 불타가야를 출발 육백리 머너먼 길을
열 이틀간 걷고 걸어 바라나의 녹야원에 당도하셨겄
다. 일찌기 대보살을 모시고 설산에서 고행하다가
보살이 수자타녀에게 유미죽 받아 드심을 보고 타락
하였다 허여 버리고 떠났던 다섯 명의 비구가 거기
에 있었으니 모두가 부처님의 인척으로 그들의 이름
은 교진여 액비 발제 십력가섭 마남구리였겄다. 부
처님을 보자마자 저들끼리 수작을 헌다. "타락한 수
행자니 아는 체 하지 마세" "그리 합세" "약속 어겨
맞이허면 무슨 벌칙 정해 볼까" "군밤이 어떠헐지"
"그거 좋지"

중모리 : 오비구의 거동보소 다섯 비구의 거동을 보
아라. 서가세존 부처님 가까이 다가오자 금새 약속
잊었는가 자리 털고 일어서서 두 손모아 합장하고
쭈르르르 달려나가 가사 발우 받는 비구 보리수 금
강보좌 길상초 까는 비구 선수 놓친 한 비구는 손
씻을 물 길어 오고 한 비구는 풀잎 묶어 주변을 청
소하고 또 한 비구 들꽃 꺾어 무릎꿇고 공양을 헌
다. 그 때에 서가세존 보좌 위에 선뜻 올라 자비광
명 놓으시고 금구성언 열으시니 칠년대한 가문날에
단비를 내림인가 구년지수 장마 끝에 밝은 해 비침

인가 이역만리 타국에서 온갖 고초 겪는 중에 고향
의 까막 까치 홀연히 만남인가 육칠십 늙은 과부 외
자식 잃은 줄로 눈물 뿌려 지새다가 생존 소식 접했
는가 사나흘 굶주린이 만반진수 이 아닌가 모랫바
람 너른 사막 맑은 샘이 분명허다. 필두로 야사장자
그의 아들 오십 인과 사리불 목건련으 이백 제자 다
음이고 삼형제 삼가섭과 천 명 대중 교화하니 일천
이백 오십 명의 상수제자 어엿허다. 그 중의 십대제
자 어떠한 분이던가 지혜제일 사리불과 신통제일 목
건련과 두타제일 대가섭과 천안제일 아나율과 해공
제일 수보리와 설법제일 부루나와 논의제일 가전연
과 지계제일 우바리와 밀행제일 라후라와 다문제일
아난타라 법고 소리 두웅둥! 뛰는 즘생 제도되고 목
어 소리 따르륵 따륵! 비늘 즘생 교화되고 운판 소
리 데엥뎅! 깃털 즘생이 마음을 열고 범종 소리 꾸
웅꿍! 지옥마져 사라졌다. 밤하늘 수를 놓는 별들의
화음으로 진리의 수레바퀴 영원히 굴러간다. 밤하
늘 수를 놓는 별들의 화음으로 진리의 수레바퀴 영
원히 굴러간다. 밤하늘 수를 놓는 별들의 화음으로
진리의 수레바퀴 영원히 굴러간다.

08. 쌍림열반상雙林涅槃相

아니리 : 항아리 속의 막걸리 익어가듯 중생들의 근
기는 서서히 익어가고 때가 되었음을 아신 부처님께
서는 제자들을 이끌고 구시라성으로 향하셨다. 두
그루의 사라수가 쌍으로 서있는 곳에 이르러 제자에
게 자리를 마련하게 하시고 마지막으로 유언허시되

중모리 : “보라! 저 앙상한 나뭇가지들이 보이느냐.
물 오르고 꽃 피고 잎 피우고 비바람 몰아치고 뙤약
볕 천둥 번개 시련으로 무성하고 단풍에 낙엽지고
앙상한 가지 위에 눈보라 사나웁고 또 다시 물오르
고…..비구들이여! 게으르지 말고 부지런히 정진하
라. 고기를 낚은 뒤엔 통발을 잊고 호수를 건넌 후
뗏목은 두고 가듯 옛부처 남기신 법 오롯이 전해받
아 너희에게 전하노라” 닭기똥 굵은 눈물 제자들 울
먹이며 “만경창파 거센 파도 돛대 우지끈 부러지고
삿대 철부럭 놓쳤으니 무엇을 의지하리 대스승 가시
옴이 이다지도 속하온가 삼계도사 사생자부 부처님
가시다니 어미 잃고 방황하는 어린 사자 어이하리”
마지막 남긴 말씀 “스스로를 등불삼아 그 자성을 밝
히우고 진리를 등불삼아 중생계를 비추어라 이제 여

래가 반열반에 들려하니 더 이상 슬퍼하지 말라” 제자들 목이 메어 말을 잇지 못하는데 쉬는 듯 잠자는 듯 대열반에 드셨으니 이월의 보름날로 세수가 여든이라. 두 그루 사라수도 슬픔을 못이기여 학인 듯 고니인 듯 소복을 입었으며 하늘도 울고 땅도 울고 나는 새 닫는 짐승 물고기도 슬피 울고 구름도 울고 가고 바람도 울고 가고 해와 달 흘린 눈물 타는 노을 꺼져가네

아니리 : 이리 한참 슬피 울적 한 파수가 지나갔겄다. 변방에서 전법하던 대가섭이 늦게 도착허어 무릎 꿇고 두 손으로 부처님의 관곽을 부여잡고 “부처님 정말 가셨나이까. 영원한 이별이옵니까. 아직도 못다 허신 교화 중생이 무량하온데 그들 남겨 두고 그냥 가셨나이까.” 그 때 부처님이 관 밖으로 두 발 내어 보이시니 천폭의 연화문에 법륜이 뚜렷허였겄다.

엇중모리 : 보이는 모습으로 여래를 판단하고 들리는 음성으로 여래를 구한다면 나무를 사랑하여 물고기 구함이요 잔나비 연못에서 둥근 달 건짐이라. 가신 자 누구이며 남은 자 누구인가 다비장 타는 불꽃 부처 모습 완연허다. 더질더질.

2) 십처십회설법十處十會說法

고요하고 텅빈세계 적멸도량 시작으로
금강화광 왕의자리 용상위에 앉음부터
마혜수라 천왕궁전 사자자리 앉음까지
열곳에서 차례대로 법을설하 였느니라

우리 서가모니 부처님께서는
욕망欲의 세계界와
물질色의 세계界 등 열 곳에서
자그마치 10회에 걸쳐 법을 설하셨습니다
욕망의 세계에는 여섯 개 하늘이 있는데
사천왕은 제1천으로 수미산 중턱에 있고
도리천은 제2천으로 수미산 정상에 있으며
야마천은 제3천으로 도리천 위에 있고
도솔천은 제4천으로 야마천 위에 있으며
화락천은 제5천으로 도솔천 위에 있고
타화천는 제6천으로 욕계 정상에 있습니다
보통 삼계 28천이라 할 때
욕망의 세계가 6개 하늘로 되어있고
물질 세계가 크게 네四 선정禪 하늘天인데

이를 세분하면 18개 하늘天이 됩니다
첫째 초선천初禪天에 3개 하늘이 있고
둘째 이선천二禪天에 3개 하늘이 있으며
셋째 삼선천三禪天에 3개 하늘이 있고
넷째 사선천四禪天에 9개 하늘이 있습니다
이들 물질色로 된界 네四 선정禪 하늘天은
나름대로 특성이 있습니다

첫째 초선천은 범천의 세계입니다
나는 경명《범망경梵網經》을 설명하면서
계속 '깨끗한梵 그물網'이라 하였으나
범천의 세계가 그만큼 깨끗하다는 뜻에서
'깨끗함'만을 이끌어 왔을 따름입니다
범梵이 지닌 브라흐만Brahman의 뜻이
깨끗함보다 우선한다는 차원에서
초선천에는 범중천梵衆天과 함께
범보천梵輔天과 대범천大梵天이 있지요
범중천은 범천이 무리 지어 사는 하늘입니다

또한 범보천은 서로 돕는 범천이고
대범천은 거룩한 범천왕들의 세계입니다
이에 비해 이선천은 빛으로 꾸며진 곳으로

소광천少光天을 비롯하여
무량광천無量光天과
광음천光音天 따위가 있습니다
일설에는 소광천을 설명하면서
광명光이 적少은 하늘天이라 하였으나
적을 소少 자는 '적다'는 뜻과 함께
'젊다'의 뜻도 함께 지니고 있습니다
따라서 소광천은 빛이 적은 하늘이 아니라
'섬세少한 빛光'으로 풀이함이 좋습니다

다시 말해서 소광천少光天이란 하늘은
빛을 섬세하게 쪼개고 분석하여
예술적으로 승화시킬 줄 아는 하늘입니다
빛은 밝음에만 뜻이 있지 않습니다
어떻게 하면 어둠과 조화할 수 있느냐지요
이를 조명의 예술이라 하고
빛의 예술optical art이라 합니다
빛 다루는 학문을 광학光學이라 하는데
소광천은 옵티칼 과학optical science
곧 광학을 과학으로 승화시킨 하늘입니다
나가도 너무 많이 나갔다고요?
무량광천은 일단 빛의 세계에서는

최고의 질량質量을 자랑하는 하늘입니다
그러기에 그 이름이 무량광천입니다
그리고 광음천光音天도 이름 그대로
빛光과 소리音의 조화를 추구하는 하늘입니다
어느 세계나 마찬가지입니다만
생명이 없는 세계라면 거론할 게 없으나
일단 생명이 살아가기 위한 필요 조건에
빛과 소리는 기본 중의 기본입니다
빛이 비추지 않는 2,000미터 해저에서도
생명은 살아있다고 강변할 수 있습니다

그러나 해저 3,000미터 이하 더 깊은 곳
그나마 빛마저 이르지 못하는 곳에
생명체가 살아갈 수 있을까요
물론 있을 수 있습니다
지구에는 음파音波가 전해지는 곳이니까요
소리까지 없다면 삶은 불가능합니다
하늘의 세계도 마찬가지입니다
소리를 전달할 수 있는 매질媒質이 없다면
다시 말해서 공기가 없는 곳에서는
어떤 생명도 살아 숨쉴 수 없습니다
그러므로 광음천은 어느 학자의 풀이처럼

'광명에서 말하는 하늘'이라 할 수는 없지요

색계의 셋째 하늘인 삼선천三禪天은
소정천少淨天을 비롯하여
무량정천無量淨天과
변정천徧淨天으로 짜여 있습니다
소정천은 소광천과 마찬가지로
깨끗함이 적다기보다 섬세한 청정입니다
깨끗함의 정의는 지저분하지 않고
오염된 먼지 하나 없는 곳을 가리킵니다
그러나 진정 깨끗함이란 정돈입니다
어떤 존재나 사물이 그가 있어야 할 곳에
제대로 놓여있음이 곧 정돈이며
이를 우리는 비로소 깨끗하다고 얘기합니다

따라서 소정천은 하늘의 신들 세계가
섬세하고 아름답게 정돈되어 있음입니다
무량정천은 소정천의 세계가
시간적으로 끊임없이 이어진 하늘이고
변정천은 공간적으로 뻗은 무한대입니다
그 깨끗한 하늘이 자체적으로 완전하면서
시간과 공간에 제약을 받지 않는

영원함과 무한대가 삼선천의 세계입니다

어떻습니까

이런 하늘이라면 살아보고 싶겠지요?

만일 내게 답을 요구한다면

나는 그런 하늘도 나름 좋겠으나

좀 오염되어 있더라도 지구를 더 사랑합니다

색계의 마지막 하늘 제4선천에는

아홉 하늘이 포진해있습니다

1. 복생천福生天

2. 복애천福愛天 혹 무운천無雲天

3. 광과천廣果天

4. 무상천無想天

5. 무번천無煩天

6. 무열천無熱天

7. 선견천善見天

8. 선현천善現天

9. 색구경천色究竟天입니다

복생천은 복이 샘처럼 솟아나는 하늘이고

복애천은 복되고 사랑스러운 하늘이며

광과천은 수행의 결과가 넓은 하늘이고

무상천은 생각을 초월한 하늘이며

무번천은 번거로움이 없는 하늘입니다
무열천은 열뇌가 완전히 식은 하늘이고
선견천은 아름다운善 견해가 살아있는 하늘이며
선현천은 아름다움이 잘 나타난 하늘이고
색구경천은 글자그대로 물질色 세계에서
가장 궁극적이고 가장 완전한 하늘입니다

거룩하신 우리 서가모니 부처님께서는
부다가야 보리수 아래 적멸도량에서
체성허공화광삼매에 드신 채로
금강화광왕궁의 용상을 시작으로
마혜수라천왕궁 사자 자리에 이르기까지
열 곳에서 차례대로 법을 설하셨지요
이들 10곳 법석 가운데 사천왕천 대신
부다가야 보리수하에서 법을 설하시고
나머지 욕계欲界 중 다섯 하늘과
색계 네 부류 하늘에서 법을 설하십니다

그런데 나는 늘 의문을 품어왔습니다
부처님께서 이들 욕계 여섯 하늘과
색계 네 부류 18하늘로 자리를 옮기실 때
어떤 탈것을 이용하셨을까 하고요

요즘처럼 으레 과학이 발달하지 않았고
또 과학이 비록 발달한 오늘날이라 해도
1사천하四天下인 초선천을 비롯하여
1소천세계小千世界인 이선천과
1중천세계中千世界인 삼선천과
1대천세계大千世界인 사선천까지를
어떻게 단숨에 옮겨다니시며 설법하셨을까
아무리 생각해도 답이 나오지 않습니다

그런데 이《범망경》에 그 해답이 있습니다
체성허공화광삼매가 바로 그 답입니다
체성이 허공처럼 텅 비워진 상태에서
꽃빛花光삼매에 드신 채로의 이동입니다
몸이 있기 때문에 호흡에 제약을 받고
몸이 있기 때문에 음식에 제약을 받고
몸이 있기 때문에 이동에 제약을 받고
몸이 있기 때문에 거리에 제약을 받고
몸이 있기 때문에 언어에 제약을 받고
몸이 있기 때문에 체온에 제약을 받고
몸이 있기 때문에 생각에 제약을 받습니다

나는 늘 고민했습니다

부처님께서 지구로부터 수십억
또는 수십억에 수십억을 곱한 머나먼 거리
그 곳까지 가시는 것도 문제지만
그들 하늘 나라에서 드시는 것에서부터
심지어 생리현상인 배설에 이르기까지
그리고 그들 다양한 하늘 신들에게
어떤 언어로 말씀하시고
어떻게 이해시킬까를 생각했습니다
그런데 바로 이《범망경》에 답이 있습니다

3) 스토커 발원문

바야흐로 원만보신 노사나불 여래께서
대범천왕 왕궁안의 중중무진 인드라망
장엄스런 망라당을 보시옵고 말씀하되
한량없는 무진법계 그물코와 다름없네

세계마다 빛과그물 서로서로 같지않고
서로서로 차별하되 중중무진 다함없고
끝임없이 이어지는 한량없는 갈래처럼
부처님의 교법또한 분명이와 같느니라

천백억의 화신이신 서가모니 부처님이
거룩하신 음성으로 이와같이 말씀하되
한량없는 시간속에 중생제도 위한고로
이세계에 거듭오기 팔천번에 이르렀네

서가모니 부처님이시여!
저는 행복하나이다
스토킹stalking의 달인

인류 역사상 최고의 스토커stalker
당신에게 제가 스토킹을 당했다는 것이
생각하면 생각할수록 행복하나이다

저도 스승이신 당신 따라
당신을 뛰어넘는 스토커가 되겠나이다
보잘것없는 이 중생을 위하여
무릇 8,000번이나 이 세상에 오셨으니
당신의 스토킹 정신에 감읍하나이다
아! 당신은 참 멋진 분이십니다

거룩하신 스승이시여!
제가 누구이나이까
바로 당신의 제자입니다
결코 8,000번에서 멈추지 않겠나이다
무릇 8만 4천 번이 넘더라도 오겠나이다
이는 제자인 제가
스승이신 당신보다
더 나아서가 결코 아니나이다

당신의 10분의 1도 못되고
당신의 100분의 1도 못되며

당신의 1,000분의 1도 못되고
당신의 만 억 조분의 1도 못되는 까닭에
여러 번에 걸쳐 이 세상에 오려는 것입니다

아으!
저는 행복하나이다
저는 거룩하신 스승님에게서
서원 세우는 법을 착실히 배웠사옵니다
이런 서원을 세울 수 있다는 게
아! 더 없는 기쁨이나이다

그러고 보니
부처님이시여!
일음一音이 일음에서 그치지 않고
원음圓音으로 이어지나이다
제가 부처님 당신에게서
한없는 기쁨을 느끼옵듯이
옆의 모든 이들도 기쁨을 느끼나이다
이것이 곧 '일원一圓의 법칙法則'이나이다

따라서 제가
당신에게 스토킹을 당했 듯

제 주변에서 살아가는 모든 중생들도
당신에게서 스토킹을 당하였나이다

아! 어떻게 아느냐고요?
원리는 매우 간단하나이다
'염분비 일정의 법칙'을 통해서이나이다
전세계 모든 바닷물의 염비는
분명 35퍼밀을 밑돌지 않사오며
결코 3.5퍼센트를 넘지도 않사옵니다

인류로서 지구상에 태어난 이상
남녀를 떠나고
나이를 떠나고
종교를 떠나고
피부 색깔을 떠나고
신분의 여하如何를 뛰어넘어
당신에게서 스토킹을 당하였나이다
거룩하신 서가세존이시여
인류는 당신에게 스토킹을 당했나이다

아으!
그러하옵기에

저희는 한없이 기쁘옵니다
저희는 더없이 행복하나이다

한 송이 꽃을 올리나이다
환희의 꽃이옵고
행복의 꽃이나이다

나무 서가모니불
나무 서가모니불
나무 시아본사 서가모니불

4) 마음 땅 졸가리

올때마다 사바세계 중생들을 위한고로
금강화광 왕의자리 법석으로 앉았으며
마혜수라 천왕궁에 사자자리 이르도록
심지법의 졸가리를 항상설하 였느니라

첫째 주제

서가모니 부처님께서는
이 땅에 8천 번이나 다녀가셨다 합니다
그것도 이 땅 전체 중생들이 아니라
한 중생을 위해서 8천 번입니다
놀랍지 않습니까?
이왕 이 땅에 오신 길에
'도랑 치고 가재 잡고'도 좋을 텐데
한 중생을 교화하기로 마음을 먹고는
그 한 중생이 교화될 때까지
오직 거기에만 신경을 쓰신 것이지요

그런데 어찌 부처님이신들
시간과 공간의 효율성을 모르셨겠습니까
한 중생을 제도하려 이 땅에 오셨는데
제도할 중생은 아직 인연이 익지 않았고
생각지 않았던 익은 근기를 만나십니다
그 기회를 놓치실 리가 없지요
우리 서가모니 부처님께서는
익지 않은 과일은 잠시 미루어 두고
이미 익은 과일 쪽으로 눈길을 돌리십니다
이것이 '시공간 효율성의 법칙'이지요

당신에게 주어진 시간은 한정되었습니다
왜냐하면 한 번 사람의 몸을 받으면
기껏해야 100년 미만을 주기로 하여
삶을 거두고 돌아가야 합니다
그가 왔던 길로 되돌아감입니다
실제 서가모니 부처님 생애주기生涯週期는
역사적으로 겨우 80세이셨습니다
우리 서가모니 부처님께서는
자그마치 8천 번이나
이 땅에 다녀가시면서 단 한 번도
주어진 시간을 헛되이 보내지 않으셨지요

부처님이 새벽에 일어나 마당을 쓸려는데
밤새 비가 내려 쓰레기가 땅에 붙었습니다
비질하기가 영 여의如意치 않습니다
마침 옆에 휴지 집게가 눈에 띄었습니다
'그래, 이럴 때는 쓸 게 아니라 주워야지'
쓰레기를 다 줍고 돌아서려는데
부처님 눈에 다른 모습이 들어옵니다
지난 밤 휘몰아친 세찬 빗줄기 때문에
뿌리를 허옇게 드러낸 안쓰러운 꽃입니다
부처님은 빗자루를 한 녘에 세우시고
꽃밭으로 눈길을 돌리십니다

쓰러진 꽃의 드러난 뿌리가 안쓰러워
옆에 있는 흙을 끌어모아 뿌리를 덮습니다
부처님 손길에 사랑이 담겼습니다
그렇게 하기 8천 번째 이 땅에 오셨을 때
아으! 처음부터 염두念頭에 두었던 중생이
바야흐로 마음에 동요를 일으킵니다
선정으로 흔든以定動 뒤에
슬기로써 뽑는다以智拔고 했듯이
올 때마다 만나 은은히 마음을 주었던
여래의 간절함이 그를 움직인 것입니다

부처님은 날렵한 지혜의 쪽집게로서
그동안 그에게서 무성하게 자란
번뇌 잡초를 하나씩 하나씩 뽑아내십니다
마음 속에 깊이 간직했던 원願이
마음心 땅地에 뿌리를 더욱 튼실하게 하고
마침내 줄기와 가지를 힘차게 뻗습니다
꽃을 피우고
잎을 피우고 하더니
열매를 맺어 알알이 영글어갑니다
한 중생을 교화하러 8천 번째 오셔서
결국 부처님은 그를 온전하게 이끄십니다

둘째 주제

자, 그건 그렇고요
겨우 엊그제 일입니다
어느 벗과 마주 앉아 차를 나누는데
그 친구가 물어왔습니다
"스님, 뭐 하나 말씀드려도 될까요?"
나는 반가웠습니다
"그럼요. 말씀하십시오."

그가 차분하게 얘기를 꺼냈습니다
본디 성격이 참 차분한 사람이었습니다
"오늘 아침 스님 글을 읽다 느낀 건데요
부처님께서 삼매에 드신 채로
욕계欲界 여섯六 하늘天과
색계色界 네四 선정禪 하늘天을
순회하시면서 설법하셨다고 하셨지요?"

내가 질문을 다그쳤습니다
"맞아요. 그렇게 말했습니다. 그래서요?"
그가 말을 이었습니다
"네, 스님께서 말씀하신 대로
삼매에 드신 채 다니실 수도 있었겠으나
어쩌면 부처님의 말씀을 듣는 이들 속에는
이미 욕계 여섯 하늘 경지에
딱 어울리는 이들이 있지 않았을까요?"
나는 그의 이야기에 빨려들어갔습니다
"그래서요?"
"어쩌면 색계 네四 선정禪 하늘天 경지도
저는 마찬가지였을 거라는 생각입니다"

아! 이렇게 기쁠 수 있단 말입니까

내 생각과 일치된 생각을 만나게 되었으니
어쩌면 학문하는 자의 기쁨이
바로 이런 것이라고 나는 생각합니다

솔직히 나는 거기까지는 생각지 못했는데
이미 청중 속에 욕계 여섯 하늘이 들어있고
이미 색계 네 선정 하늘 경지에 이른
근기 높은 청중들이 있지 않았겠느냐니
이렇게 엄청난 생각을 듣고
기뻐하지 않는다면 학인이 아닐 것입니다

애써 서가모니 부처님께서는
삼계 구별을 짓지 않으셨을 것입니다
어디서 어디까지가 욕계 중생이고
어디서 어디까지가 색계 중생이며
어디서 어디까지가 무색계 중생이라는
소위 공간적 경계 구별이 없었을 것입니다
이러한 구별은 정신적 차원이지
그의 생각처럼 공간적으로 나뉘어질 게
아니었을 수도 있습니다
우리 사는 세상 바로 이 속에
하늘에서나 있을 법한 근기 높은

‘하늘 사람天人’이 있지 않았겠느냐입니다

셋째 주제

어제 혜총 큰스님 법문을 들으며
일음一音과 함께 원음圓音을 느꼈습니다
이를 나는 ‘일원효과一圓效果’로 부릅니다
혜총 큰스님께서 설하신 법문은
그야말로 법法이 드나드는 문門이라
오늘날 딱 들어맞는 말씀이구나 했는데
나만 그렇게 느끼는 게 아닌 듯 싶었습니다
대각사 법당을 가득 메운 불자들 표정이
어쩌면 나와 똑같을 거라 생각했습니다
‘아! 어쩜 나를 두고 하신 말씀이네’ 라 하면
이는 개별적 말씀 곧 ‘일음一音’이 되고
주위를 돌아보아 다 같은 표정들이라면
모두에게 다 어울리는 말씀이기에
이는 전체적 말씀 곧 ‘원음圓音’이 됩니다

넷째 주제

우리 부처님께서는 이 세상에 오실 때마다
이 세상 사바세계 중생들을 위하여
금강화광왕좌를 법석으로 삼으면서부터
마혜수라천왕궁 사자좌에 이르기까지
늘 한결같이 빼놓지 않는 게 있으셨으니
마음心 땅地 법문法의 졸가리였습니다
이 《범망경》하권 보살계본이
다름아닌 '심지법문품心地法門品'입니다
그런데 처음부터 오시는 부처님이
다만 《범망경》을 설하러 오셨을까요
처음부터 《화엄경》을 설하러 오셨을까요

결론부터 말씀드리면
우리 부처님께서는 법을 설하실 때
"이것은 범망경이고 저것은 화엄경이다"
"이것은 법화경이고 저것은 반야경이다"처럼
아예 정해놓고 하신 말씀이 없으십니다
설해진 말씀들을 모아 편집할 때
후대 부처님 제자들이
또는 학자들이 붙인 이름이며 제목이지요

하지만 일관되게 흐르는 맥이 있었습니다
그것이 이른 바 '마음 땅心地'이었습니다

어때요
오늘만큼은
마음땅 법문에 젖어보심이
어때요
오늘만큼은
일음과 원음에 들어보심이
어때요
오늘만큼은
일상을 벗어나 자유로움이
어때요
오늘만큼은
오랜만에 나를 돌아보심이
어때요
오늘 하루 만큼은 말입니다

5) 계율은 영양소다

다음으로 마혜수라 천왕궁전 그로부터
남염부제 가비라국 보리수하 내려와서
이땅위의 살아가는 하고많은 중생들과
범부들의 어리석음 계로이끌 었느니라

또한나의 근본이신 노사나불 부처님의
성스러운 마음경지 심지법문 그중에서
일용중에 평소외던 한가지계 말하나니
이름하여 성스러운 광명금강 보계니라

이는모든 부처님의 뿌리줄기 근본이며
일체모든 보살들의 불성이며 종자니라
일체모든 중생들이 부처성품 지닌고로
온갖뜻과 모양또한 마음안에 자리했네

계율에는 다른 뜻이 있습니다
첫째는 뭐니뭐니해도 광명光明입니다
뜨겁게 타오르는 불꽃光입니다
온갖 번뇌를 모조리 사르는 불꽃입니다

불꽃은 어둠을 밝힙明니다
어둠을 밝혀 어둠을 없앱니다
그러나 과연 빛이 어둠을 없앨까요
빛은 어떤 경우도 어둠을 없애지 않습니다
빛은 다만 어둠과 멋진 조화를 이룰 뿐이지
어둠 자체를 아예 없애지는 않습니다

빛은 어둠을 없애는 게 아니라
어둠과 조화를 이루면서
아름답고 멋진 예술세계를 만들어냅니다
어떤 빛도 영원히 어둠을 없앨 수는 없지요
다만 그 어둠을 어떻게 하면
빛의 아름다운 반려자로 삼을 것인가가
빛이 끝까지 남아서 할일입니다
빛이 어디서 탄생했습니까
어둠입니다
어둠이 빛의 어머니입니다
따라서 빛은 어둠을 아예 떠날 수 없습니다
세상에는 빛이 있기 전 어둠이 있었지요
그러나 한 번 보십시오
단지 기존旣存의 어둠만으로는
어떤 예술작품도 만들어낼 수 없었기에

어둠 속에 잉태되어 있던 빛이
서서히 어둠 밖으로 모습을 드러냅니다
아주 찬란하고 화사하게 말입니다
빨강 주홍 노랑 초록 파랑 쪽빛과 함께
보랏빛으로 화려하게 모습을 드러냅니다
이들 일곱 가지 무지개 빛깔은
본디 어둠 속에 잉태되어 있던 빛에
은근히 감추어져 있었던 것들입니다

둘째로 계율은 질서입니다
우주宇宙라는 본디 깜깜한 어둠 속에서
밝은 불꽃光이 솟구치면서
바야흐로 찬란하게 누리를 밝힙明니다
계율戒律도 마찬가지입니다
무질서의 혼돈渾沌 속에서
서서히 자리를 잡아가는 질서입니다
계율은 마구 엉킨 실타래를 풀어감입니다
우리가 삶을 살아가는 생명활동에서
어떻게 조화롭게 살아갈 수 있을까
그 길을 올바르게 잡아주는 질서입니다

셋째로 계율戒律은 바로 금강金剛입니다

금강은 보석 가운데 하나입니다만
그 본바탕은 지혜입니다
겉으로 보면 분명 돌에 지나지 않는데
그 재질을 파고 들어가면 반야般若입니다
금강반야가 아니고서는
보리를 키우는 밑거름이 번뇌인 줄 모릅니다
연꽃은 맑은 허공에서 피지 않습니다
번뇌 연못에서 깨달음의 연꽃이 자랍니다

넷째로 계율은 빗입니다
나는 반야를 빗櫛comb에 견줍니다
엉클어진 머리를 빗는 바로 그 빗 말입니다
금강은 그래서 엉크러진 번뇌를
올올이 풀어놓는 얼개요 참빗입니다
번뇌 자체를 없애버리는 게 결코 아닙니다
번뇌도 보리菩提의 한 단면입니다
번뇌 떠난 깨달음이란 없습니다
다만 번뇌에 얽히지 않을뿐입니다
엉켜버린 번뇌를 가지런하게 빗음입니다

다섯째 계율은 똥오줌입니다
좀 더 쉽게 얘기할까요?

번뇌는 몸 속에 들어있는 똥 오줌입니다
똥 오줌이 더러운 것은 맞지만
장내에 똥오줌을 다 비워버리고 나면
사람은 물론 어떤 생명도 살 수 없습니다
마찬가지로 번뇌를 아예 없앨 게 아니라
어떻게 하면
과연 어떻게 하면
번뇌를 보리菩提로 바꿀까를 생각함이
이른바 반야요 지혜며 금강입니다

여섯째 계율을 번역하면 청정淸淨입니다
이미 완벽하게 맑아있는 상태가 아니라
흐림을 맑히는 과정 그 자체입니다
청정이란 용어는 어떤 그림씨가 아닙니다
온전하게 다가온
이름씨, 그림씨가 아니라
진행되고 이루어가는 움직씨일뿐입니다
세탁이 완전히 끝난 상태가 아니라
세탁과정에 있는 현재가 곧 계율입니다
그러므로 계율은 완전한 완료형이 아니라
생애를 통해 영원히 함께하는 삶입니다

일곱째로 계율은 호흡呼吸입니다
어떤 생명체도 공기 중에 산소를 머금고
탄소를 배출하는 존재라고 한다면
단 한 순간도 숨 쉬지 않을 수는 없습니다
이렇게 말하면 어떤 사람은 얘기합니다
“나는 20초 정도는 숨을 참을 수 있다”
“나는 1분 동안 숨 쉬지 않을 수 있다”
“나는 5분 동안 숨을 멈출 수 있다”고요
그러나 그 20초, 1분, 5분이란 시간이
순간을 벗어나 따로 존재할 수 있겠습니까
그러기에 호흡은 잠시도 멈출 수 없습니다
율사律師는 이루어진 자가 아니라
현재 진행형으로 그냥 닦아가는 자입니다

여덟째로 계율은 보배입니다
이를 다른 말로 풀면 보계寶戒입니다
보석寶이란 우주宇 내에서
최상玉의 가치를 담은寶 보배貝입니다
그렇다면 이 드넓은 우주 내에서
최상의 가치를 담은 보배가 무엇일까요
그렇습니다
계율입니다

계율은 묶음이 아니라 풂입니다
그러므로 계를 해탈解脫이라 풀이합니다
생명을 자유롭게 하기 위함입니다
어떤 생명도 속박을 바라지는 않습니다

아홉째로 계율은 부처佛의 본질性입니다
모든 부처님의 뿌리根요 시원源이며
모든 보살들의 뿌리根요 줄기幹입니다
생명체에게 필요한 영양소입니다
계율은 삶에 있어서 단백질이며
계율은 탄수화물이며
계율은 지방이며
계율은 비타민이며
계율은 필수아미노산이며
계율은 칼슘이며 나아가 무기질입니다

열째로 계율은 생명 그 자체입니다
지구상에 살아가는 모든 존재가
그 내면에 간직하고 있는 것은 생명입니다
어떤 존재도 살아生 있는 목숨命을 떠나
하늘大氣圈을 애기할 수 없고
땅巖石圈을 애기할 수 없고

물水圈을 얘기할 수 없고
생물生物圈을 얘기할 수 없으며
에너지能energy를 얘기할 수 없습니다
이를 떠나 어떤 가치도 얘기할 수 없습니다
생명 그 자체가 으뜸가는 광명금강보계입니다

6) 인과율은 빈틈없다

이와같이 모든것이 불성중에 들었나니
인과율이 역연하기 너무나도 분명하다
모든존재 거기에는 결정된인 있으므로
영원불멸 법신세계 항상하는 것이니라

그리하여 대승보살 열가지의 해탈세계
시나브로 이세상에 이와같이 드러나니
삼세모든 중생들이 이와같은 보살계법
머리이고 받들어서 굳게지킬 것이니라

내가이제 이와같이 대중들을 위한고로
거듭하여 무진계품 고구정녕 설하나니
이는일체 중생들이 본디지닌 심지계로
맑고맑은 본원자성 말씀하신 그대로라

알람은 2시 30분과 4시로 되어 있으나
12시 30분에 잠시 잠이 깨었다가
곧바로 다시 잠이 들었지요
저녁 9시부터 시작하여 10시 30분까지

관장약 쿨프렙 산 A제, B제를 풀어 마시고
절반 남은 물까지 2리터를 모두 다 마신 뒤
12시가 가까워지도록 장을 비웠습니다
지친 몸으로 어떻게 잠들었는지 모릅니다
생체 리듬 시계는 정확히 2시 29분에
그예 나를 잠자리에서 일으켜 앉혔습니다
하나의 습관이란 게 이렇습니다

세상에서 보상심리가 가장 뛰어난 녀석이
다름아닌 '비둘기'라고 합니다
비둘기 다음이 개犬지요
보상심리報償心理가 무엇일까요
말 그대로 보상받고 싶은 정신반응입니다
영어로 mentality of compensation으로
어떤 사건에 대해 댓가를 바라는 심리입니다
보상심리가 가장 뛰어난 게 비둘기란 말은
단지 동물을 놓고 하는 얘기입니다

사람에게도 똑같이 보상심리가 있습니다
이 보상심리에는 올바른 보상심리와
올바르지 못한 보상심리가 있는데
개나 비둘기와 같은 동물에게도

전혀 없는 것은 아니나
잘못된 보상심리는 인간에게서 두드러지지요
우리는 운전 중에 곧잘 이런 말을 합니다
"내비게이션은 종일 가도 짜증을 안내
길을 잘못들었으면 잘못 들었다고
열 번이고 백 번이고 반복할 따름
어떤 경우도 화를 내지 않더란 말씀이야"
이는 기계니까 그럴 수 있습니다

인공지능이 화를 내겠습니까?
스스로 생각해내는 인공지능이라 하더라도
아직까지는 같은 일을 반복시킨다 하여
짜증을 내거나 또는 해코지하지 않습니다
처음부터 인공지능 중앙처리장치에
선기능을 심어놓기는 하였으나
악기능까지 심어놓지는 않은 까닭입니다
이에 비해 동물은 보상심리에
약간의 선기능과 악기능이 있습니다
주인에게는 선기능이 메모리되어 있는데
주인 이외에는 달리 적용되기도 합니다

개는 하루 종일 혼자 버려두거나

또는 어떤 공간에 가두어두었더라도
나중에 꺼내주는 것 하나만으로 만족하지요
개는 좋은 주인에게는 영원히 복종하지만
나쁜 주인이거나 해를 끼친 자에게는
끝내 마음을 풀어놓지 않습니다
선기능만 보상심리가 아니라
악기능도 보상심리의 한一 가지種입니다
인간이 신에게 길들여짐도
일종의 보상심리가 기인하고 있는데
이른바 '병 주고 약 주고'의 심리입니다

'병주고 약주고'의 심리는 신의 본성입니다
신은 인간에게 먼저 악罪惡을 줍니다
인간이 악을 저질렀기에 악을 보상합니다
인간은 무슨 잘못을 저질렀는지도 모른 채
원죄를 저질렀다는 알 수 없는 이유만으로
엄청난 댓가를 두고두고 치러야만 하지요
내가 지은 것도 아니고
나의 선조의 선조의 선조의 선조가
어느날 잘 익은 나무열매 하나 따먹었다가
상상 밖 연좌제에 걸려든 것입니다
게다가 공소시효라는 게 없는 죄입니다

20대 30대 선조도 아니고
200대 300대 선조의 잘못도 아닙니다
그런데 원죄라는 이름 아래下에
대대로 연좌제에서 벗어날 줄 모릅니다
실제 '원죄原罪original sin'라고 한다면
아무리 뉘우치더라도 없어지지 않습니다
예수님의 이름을 골백번을 부르고
하나님 찬양하기를 수천만억 번 하더라도
지워지지 않는 게 원죄입니다
그런데 회개하면 완벽하게 없어진다고요

원죄가 어떻게 없어집니까
원죄를 다른 말로는 Adam's sin입니다
이름 뒤 s를 붙여 소유격을 만들었네요
이와 같이 아담이 지은 죄라면
아담에게만 죄를 물으면 될 것입니다
그런데 왜 모든 인간이 죄를 이어야합니까
정말 우리가 아담의 후손이 맞습니까
아담의 DNA에는 모든 게 다 들어있나요
아담은 백인도 낳고 동시에 흑인도 낳나요
아담은 아시안 동양인의 피부와 함께
아프리칸 검은 피부도 낳습니까

아담이 유러피안이라면
계속해서 유러피안만이 그의 자손들이며
그들만이 연좌제에 걸려야 합니다
어찌하여 피 한 방울 섞임 없는 동양인이
아담의 죄罪sin 연좌제에 걸려야 합니까
생물속생설生物續生說biogenesis은
모든 생물은 생물에서 발생한다는 가설로
19세기 프랑스 학자 루이 파스퇴르의
자연발생설을 반증하며 나타난 것이지요
이는 자연발생설을 반박하면서
생명은 반드시 DNA의 계통을 밟는다는
지극히 단순하면서도 정확한 논리입니다

이 말은 아버지 어머니의 DNA가
그대로 자손들에게 이어진다는 것입니다
다른 말로 DNA가 한 가닥이라도 다르면
이는 결코 그 생명의 계통이 되지 못합니다
어떻게 희어멀끔한 유러피안에게서
검은 피부 아프리칸이 태어날 수 있을 것이며
또한 아시안이 태어날 수 있겠습니까
어떻게 우리 인류의 조상이 아담일 것이며
아담의 DNA를 다양한 피부로 이을 수 있습니까

조상의 핏줄이 아니라고 한다면
연좌제로 엮어 원죄를 씌울 수는 없습니다

불교에서는 쓰는 인과율은
스스로 지은 공덕은 스스로 받듯이
스스로 지은 죄도 스스로 받게 마련입니다
그렇다면 불교에는 연좌제가 없을까요
으레 불교에도 연좌제가 있습니다
조상이 지은 죄가 자손에게 미치고
내가 사회에 큰 죄를 저질렀다면
내 자손들이 얼굴을 들고 다닐 수 없습니다
마찬가지로 조상이 나라를 구했다면
자손들이 조상의 명예를 이을 수 있지요

다만 불교에서는 원죄를 부정합니다
원죄는 반드시 뿌리가 있고
그 뿌리는 원죄이기에 없어질 수 없습니다
중간에 회개하여 없어질 것이라면
이는 원죄original sin라 할 수 없습니다
불교에는 아예 원죄란 것이 없는 까닭에
철저히 개인은 개인에게 죄를 묻고
단체는 단체에게 죄를 묻습니다

따라서 죄는 본디 뿌리가 없는 까닭에
참회하고 용서하면 없어질 수 있습니다

밝은 불빛 아래 어둠이 사라지듯이
밝은 마음 아래 죄의 어둠은 사라집니다
왜냐하면 죄는 어둠과 같기 때문입니다
뿌리 없고 실상 없는 어둠이지요
이른 아침 기후를 따라 내려와
산 아래를 뒤덮었던 안개가 밝은 햇살 따라
서서히 걷히는 현상과 같습니다
그렇다고 어둠과 안개가 뿌리가 없다 하여
어둠과 안개 따위가 영향이 없지 않습니다
뿌리는 없지만 불빛이 없으면
지척을 분간할 수 없어 허방을 딛게 되고
안개 속을 운전하다 사고를 낼 수도 있지요

나는 보상심리로 글을 시작했습니다만
사실 오늘 '기포의 새벽 편지' 첫연은
관성효과慣性效果inertia effect입니다
매일 밤 12시부터 새벽 4시까지
어김없이 글을 써 온 버릇 때문입니다
자명종없이 만약 12시에 잠이 깨지 않으면

새벽 2시 30분에 맞춰놓은 알람 때문에
늦어도 이 때는 꼭 잠에서 깹니다
그런데 오늘 새벽은 알람을 꺼 두었지요
병원에서까지 알람을 켜고 싶지 않았습니다

관성효과에서 시작된 글이
보상심리를 거치며
아담의 원죄로 한참 달려갔다가
다시 이렇게 이 자리로 되돌아왔습니다
여전히 여기는 병원입니다
몸이 아파서가 아니라
종합검진을 위해 어제 들어온 것입니다

7) 생명이 곧 불성이다

이와같이 모든것이 불성중에 들었나니
인과율이 역연하기 너무나도 분명하다
모든존재 거기에는 결정된인 있으므로
영원불멸 법신세계 항상하는 것이니라

그리하여 대승보살 열가지의 해탈세계
시나브로 이세상에 이와같이 드러나니
삼세모든 중생들이 이와같은 보살계법
머리이고 받들어서 굳게지킬 것이니라

내가이제 이와같이 대중들을 위한고로
거듭하여 무진계품 고구정녕 설하나니
이는일체 중생들이 본디지닌 심지계로
맑고맑은 본원자성 말씀하신 그대로라

어제는 가온봄春分이었는데
지역 따라 제법 많은 눈이 내렸습니다
영남지역을 중심으로 쏟아진 함박눈
내린 눈만큼이나 봄을 한아름 안고 오지 않을까요

머잖아 시새움淸明이 다가올테고
그 뒤를 이어 농삿비穀雨가 내릴 것입니다
몇년 전에도 6월 초에 폭설이 내렸는데
그에 비하여 '가온봄春分 눈'은 당연합니다
우리 속담에 '여명이 가장 어둡다' 하고
또는 '해돋이에 얼어죽는다' 하지 않던가요

서울아산병원 건강증진센터 15층 룸에서
내려다 본 일부 서울 모습은
'서울은 살아있구나!' 하는 것이었지요
그 높은 곳에서 보이는 것은 사람이 아니라
인공지능AI/artificial intelligence입니다
아직은 홀로 움직일 수 없는 자동차
절반 인공지능에 절반의 사람 두뇌
이들이 오늘날의 과학기술입니다
아무튼 새벽 5시부터 7시까지
제2차 관장약 복용과 함께 바쁘게 드나드는
화장실 출입을 제외하고는 창가를 떠나지 않았습니다

저토록 많은 차량들이 사람의 걸음보다
10배에서 15배는 빠르게 움직이는데
'저들을 움직이는 게 무엇일까

자동차 겉모습을 비롯한 바디body일까
바디 이외의 섀시chassis일까
두뇌에 해당하는 엔진engine일까
아니면 자동차를 운전해가고 있는
운전석에 앉은 사람driver일까
그의 두뇌head/brain/brains에 속한
큰 뇌일까
작은 뇌일까
다른 어떤 기관일까
아니면 바디의 반대말인 마인드mind일까
비슷한 뜻 soul일까 spirit일까' 하고

마당가에 쭈그리고 앉아 바라봅니다
개미를 비롯한 곤충들의 걸음이 참 잽니다
어떻게 저리 빨리 움직일 수 있을까
아무리 생각해도 답이 나오지 않습니다
사람의 몸에 비하면 몇만분의 1 크기입니다
이토록 작은 개미의 평소주행속도가
거의 사람에 버금갈 정도입니다
만일 도주거리 안으로 천적이 들어왔다면
그의 걸음걸이는 더욱 빨라지겠지요
누가 무엇이 달리게 하느냐입니다

개미는 주행속도도 속도이지만
어떤 경우도 교통사고를 일으키지 않지요
바로 이들 개미에게서 얻은 게
카투카 시스템car-to-car system입니다
게다가 개미끼리 서로 정보를 교환하는
카투엑스car-to-x 시스템이 있습니다
이들은 먹이를 물고 길을 가면서도
천적이 있다거나 동료가 다쳤다거나 하면
카투엑스 시스템으로 정보를 주고 받습니다
요즘 최첨단 AI자동차는 물론이려니와
복잡계複雜系complexity system에서도
개미들의 삶을 끌어드리고 있습니다

생명生命life이 이들을 이끌고 있습니다
이들 생명 자체가 지닌 기능입니다
이를 물론 다른 말로 설명할 수도 있겠으나
생명이라는 고귀한 단어를 빼놓고
붙인 다른 이름은 죄다 별명일 뿐입니다
나뭇가지 끝에서
앞으로 더 나아갈까
아니면 되돌아갈까를 생각하며
긴 몸뚱이를 늘여 머리를 몇번을 휘졌다가

아무 것도 닿는 게 없으면 뒤돌아서는
징그럽지만 좀 귀엽게 생긴 자벌레에게도
분명 그에게는 고귀한 생명이 있습니다

생명은 글자 그대로
살아있生는 목숨命을 가리킵니다
삶生이란 내가 늘 얘기하듯이
외나무다리一 위를 걷는 소牛입니다
삶이 결코 녹록碌碌지 않음을 뜻합니다
원숭이처럼 발가락이 길게 생긴 발은
외나무다리를 건너는 게 식은 죽 먹기지만
소나 말처럼 생긴 굽발은 쉽지 않습니다
삶이 이처럼 어렵다는 뜻이며
언 땅 지표를 뚫고 돋生는 새싹生이
역시 생각보다 쉽지 않다는 뜻일 것입니다

게다가 목숨命이 무엇입니까
입 구口 자와 명령 령令 자의 만남입니다
왕의 명령은 직령口과 대독令이 있습니다
직령은 왕이 해당 사신使臣을 불러
어떻게 하라는 명을 몸소 내림口이고
대독은 임금이 몸소 참여할 수 없을 때

주변이나 사신을 시켜 대신 읽게 함이지요
대통령이나 국무총리 장관의 글을
대신 읽는 대독代讀이 있습니다만
이 또한 같은 힘power을 지니고 있습니다

목숨命은 맥박脈博pulsation입니다
일정한 간격을 두고 계속 두드림입니다
다른 말로 스피그머스sphygmus이지만
담긴 뜻은 생리현상으로 두드림입니다
목숨 명命 자에서 사람 인人 자는
꼭 사람만이 아니라 생명체의 통칭입니다
생명人은 하나ー 밖에 없습니다
게다가 섭취기관口이 하나ー뿐입니다
어떤 생명체도 배설기관은
오줌 누고
똥 누고
콧물 흘리고
땀을 배출하는 등 여러 개일 수 있으나
한 개 이상 섭취기관을 갖고 있지는 않지요

이처럼 생명체人는
하나ー의 섭취기관口 을 지니고

일정하게 맥박이 뛰며脈는 존재입니다
아무리 작은 생명체라 하더라도
산소酸素를 들이마시고
그 산소를 온몸 구석구석에 흘려보내는
심장의 펌프질을 하는 존재라면
그는 분명 살아있生는 목숨命이 맞습니다
그래서 나는 얘기합니다
불교에서 말하는 부처佛의 본질性은
다름 아닌 살아있는 생명체 자체라고요

이 세상 어떤 존재도 생명활동을 떠나
이른바 불성佛性을 얘기할 수는 없습니다
생명이 이미 완전히 끊어진 자에게서
사람이든 개狗든 개미든 또는 자벌레든
결코 불성을 얘기할 수는 없습니다
따라서 생명활동을 지속하는 한에 있어서
그들에게 불성을 얘기할 수는 있겠으나
호흡하던 숨이 끊어지고
두드리던 맥박脈이 멈춘 상태에서
생명의 세계를 얘기할 수는 없습니다

여기 《범망경》서문에서는 말씀하십니다

‘모든 게 불성 중에 들었다’고요
그렇다면 불성은 큰 개념이고
존재는 작은 개념이 되지 않겠습니까
곧 ‘불성 속에 모든 게 들어있다’이니까요
이와 반대로 다른 경전에서는
모든 중생이 불성을 지니고 있다 했습니다
거기서는 중생이 큰 개념이고
불성은 작은 개념에 지나지 않습니다

무엇이 어디에 들어있다 할 때
가치개념이 아니라 부피개념에서는
안으로 들어가는 게 작은 개념에 해당하고
어떤 것을 담는 그릇은 큰 개념이지요
모든 것이 불성 안에 들어있다 했을 때
가치면에서도 부피면에서도
불성이 큰 개념에 속한다 할 것입니다
이에 견주어 모든 중생이
다 불성을 지니고 있다고 한다면
불성이 지닌 가치는 항상 그대로이겠지만
중생의 그릇器 개념은 불성보다 큽니다
나의 이 말이 단지 말장난일 수 있으나
짚고 넘어갈 것은 반드시 짚고가야 합니다

그러므로 나는 얘기합니다
목숨을 이어가는 생명의 최고 가치는
뭐라 뭐라 해도 호흡하며 살아있음입니다
이 가치를 뛰어넘는 것은 진리가 아닙니다
여기에는 모든 생명이 다 해당됩니다
일체중생一切衆生이 실유불성悉有佛性이라
모든 중생이 다 불성을 지니고 있다는
열반경이나 법화경 말씀은
불성의 가치를 고스란히 드러내고
모든 것이 불성 속에 들어있다고 하는
범망경 말씀은 생명의 가치를 드러냅니다
왜냐하면 불성이 곧 생명이니까요

이처럼 깨끗한 그물《범망경》은
생명을 가치의 중심에 두고 있는 한편
대승불교의 꽃인《열반경》과《법화경》은
불성을 가치의 중심에 두고 있습니다
여러분, 어떻게 느끼십니까
《범망경》가르침이 실로 멋지지 않습니까
생명生命을 가볍게輕 보는視 풍조가
살그머니 고개를 드는 오늘날에 있어서
우리《범망경》이야말로 으뜸가는 경전이 아닐까요

불성佛性이 곧 생명生命 그 자체이며
생명life 그대로가 곧 불성입니다
불성은 자연自然nature 그대로입니다
깨끗한 순수純粹pure가 아닙니다
순수를 불교의 최고 이상으로 알고 있지만
불교의 최고 이상은 곧 자연입니다
모든 게 섞여 있는 그대로의 자연입니다
서가모니 부처님의 본질도 이와 같습니다
그래서 나는 이렇게 외칩니다
"이미 죽은 자에게서 사리를 찾지 말라
살아있는 자에게서만 찾으라
삶life과 자연nature을 떠나 찾는 사리는
그게 무엇이든 다 몰가치하다"라고.

8) 십중바라제목차十重波羅提木叉

이와같이 모든것이 불성중에 들었나니
인과율이 역연하기 너무나도 분명하다
모든존재 거기에는 결정된인 있으므로
영원불멸 법신세계 항상하는 것이니라

그리하여 대승보살 열가지의 해탈세계
시나브로 이세상에 이와같이 드러나니
삼세모든 중생들이 이와같은 보살계법
머리이고 받들어서 굳게지킬 것이니라

내가이제 이와같이 대중들을 위한고로
거듭하여 무진계품 고구정녕 설하나니
이는일체 중생들이 본디지닌 심지계로
맑고맑은 본원자성 말씀하신 그대로라

열 가지 무거운 해탈 계목
열 가지 중한 바라제목차, 같은 말입니다
산스크리트어 쁘라티목사pratimoksa는
'별해탈別解脫'이라 번역되듯이

매우 특별別한 해탈解脫을 가리키며
해탈하여 별리別離한다는 뜻입니다
다른 말로는 계목戒目이라 풀이되는데
열 가지 무거운 계목이라면
아무래도 십중대계十重大戒이겠지요
보살의 십중대계는 사미십계와
같은 계목도 있고 다른 계목도 있습니다

열 가지 무거운 바라제목차에는
십중대계설 외에 다른 계목이 있습니다
이른바 '식차마나式叉摩那'입니다
산스크리트어로 식사마나siksamana며
식차마나니siksamanani라고도 합니다
사미니沙彌尼에서 비구니가 되기 전
2년 동안 6법法을 지키면서
수행하는 예비 비구니를 가리킵니다
다른 이름으로 '학법녀學法女'이며
또 다른 이름은 정학녀正學女가 있습니다
이들 예비 비구니가 닦는 계목은
사미니 비구니 4근본계와 6법입니다

사미니로서 구족계를 받고자 하는 여승은

18세가 되면서부터 20세에 이르기까지
자동적으로 식차마나(니)가 됩니다
이 기간 동안 4가지 근본계根本戒와
6가지 법을 지켜서 허물이 없을 때
구족계를 받아 비구니가 될 수 있습니다
허물이 없다는 것은 비구니로서의
자격을 지녔다는 뜻인데
사미니로부터 식차마니로 있는 동안
임신여부妊娠與否까지 시험하게 됩니다

그만큼 이 식차마나 단계라 하는 것은
사미에게서는 찾아볼 수 없는
사미니에게만 적용되는 제도입니다
매우 특수한 승려僧侶 형태로서
불교가 여성에게는 철저한 계율 준수를
요구한 데서 기인한 제도라 할 수 있습니다
우리나라에서는 불교가 전래된 당시부터
출가수행자의 다섯 부류 중衆 하나로
식차마나가 한 제도를 채택하였고
오늘날까지 그대로 전승되어오고 있습니다

첫째 4가지 근본계根本戒는

1. 음행하지 말고

2. 도둑질하지 말고

3. 살생하지 말고

4. 허황된 말을 하지 말란 것입니다

둘째 6가지 법은

1. 탁한 뜻으로 남자와 몸을 맞대지 말 것

2. 남의 금전을 훔치지 말 것

3. 축생의 목숨을 함부로 끊지 말 것

4. 작은 거짓말도 하지 말 것

5. 때 아닌 때에 음식을 먹지 말 것

6. 끝으로 술을 마시지 말 것 따위입니다

식차마나를 한문漢으로 번역譯할 때

첫째 '학법녀學法女'라 하고

둘째 '정학녀正學女'라 한다고 했습니다

물론 여기서 첫째, 둘째는 번호순이 아니라

그냥 내가 붙인 번호일 뿐입니다

첫째 '법을 배우는 여인'의 뜻이고

둘째 '바르게 배우는 여인'의 뜻입니다만

만약 남자였다면 어떻게 번역되었을까요?

학법남學法男, 정학남正學男 일까요

첫째 '법을 배우는 남자'라든가

둘째 '바르게 배우는 남자'로 풀이될까요

우리는 이런 사례를 많이 봅니다

여류女流 문인

여류 작가

여류 화가

여류 감독

여류 시인

여류 문학가

여류 소설가

여류 수필가

여류 스파이

여류 조각가

여류 마라토너

여류 피아니스트

신예 여류 시인 등등이 있습니다

남자에게는 놓이지 않는 '여류'!

학법녀니 정학녀니 하는 용어들도

여류라는 말보다 나을 게 전혀 없습니다

얘기가 옆길로 새고 있습니다만

특히 가장 민망憫憫스러운 말이 있습니다

장례식장 전광판에 새겨진 유족 관계
효자, 효녀, 자부, 사위, 손자 정도는
상주로, 손상주로 쓰든 상관이 없습니다만
아내를 '미망인未亡人'으로 쓴 것은
애써 좋게 보려해도 좋게 볼 수가 없습니다

'미망인'에 담긴 뜻은 이미 잘 아시겠지요
'아직 못未 죽은亡 사람人'입니다
세상에 이런 망발妄發이 어디 있습니까
버젓이 살아있는 사람에게
남편 '따라 죽어야 할 사람'으로 치부함이
그냥 '아내'나 '부인'으로 쓰면 덧납니까
아내가 먼저 세상을 떠났을 때
전광판에는 어떻게 기록되어 있을까요
모르긴 해도 '미망인'은 아닐 것이고
'남편'이나 '부군'으로 되어있을 것입니다

중학교면 그냥 중학교지
여학생들만의 학교라 하여 여중이고
고등학교면 그냥 고등학교지
여학생들만의 학교라 하여 여고라고요
심지어 절반의 학생 신분에

절반의 사회인이라는 대학교에서도
남녀가 함께하는 대학은
그냥 접두어 없이 대학교인데
여학생들만의 대학은 여자대학입니다
학법녀 정학녀라는 말이 많이 거슬립니다

스님네를 호칭할 때도
남자 스님들은 단순하게 '스님'이라면서
여자 스님은 꼭 '비구니 스님'이지요
'비구니' 란 용어 자체가 '여자 스님'인데
지금처럼 '비구니 스님'이라고 하면
이는 '여자 스님 스님'의 뜻이 됩니다
기록할 때 성별에는 남男, 여女를 쓰더라도
부를 때 꼭 비구니를 앞에 얹을 필요가 있나요
'스님'이란 호칭 앞에 법명 얹는 것으로 충분합니다
열 가지 바라제목차를 사언절 번역에서
나는 '열 가지 해탈 계목'이라 했습니다
열 가지 해탈 계목의 또 다른 뜻은
보살계본의 십중대계十重大戒일 것입니다
앞서도 여러 번 언급했습니다만
계율의 뜻은 해탈이지 구속이 아닙니다
'비구 250가지 계율을 어떻게 다 지켜?'

'비구니 348계를 어떻게 다 지키라고?'
하면서 지레짐작부터 겁 먹을 게 없습니다
계율이란 도로교통법과 같은 꼴입니다

도로교통법을 읽어본 적 없다고요
그렇다면 운전면허시험은 통과했겠지요
이미 운전면허를 취득했다면
필기와 실기를 모두 통과하지 않았을까요
무면허가 아니라면 걱정 안 해도 됩니다
가장 상식적인 면에서 운전하면 되니까요
부처님의 금계禁戒도 이와 같습니다
이미 사미 사미니계를 받아지니고
비구 비구니계를 받아지녔다면
게다가 보살계까지 이미 받은 상태라면
마치 능숙한 운전자가 자동차를 운전하듯
그냥 편안하게 행行을 닦으修면 됩니다

계율戒律은 풀解고 벗음脫입니다
탐욕과 분노와 어리석음을 가닥으로 꼰
번뇌의 고삐를 한 매듭 한 매듭 푼 뒤
몸으로부터 완벽하게 벗어던짐입니다
계율은 부림말目的語로서의 '해탈'이면서

움직씨動詞 '풀解고 벗는脫 일'입니다
목욕 한 번 하고 나면 영원히 깨끗한가요
시간이 흐르면 몸에 다시 때가 낍니다
집안의 먼지를 한 번 터는 걸로 끝인가요
가능하다면 매일 청소를 해야 합니다

계율도 이와 같습니다
해탈을 목적으로 삼은 진행형 해탈입니다
낀 때는 그때 그때 계속 닦아야 하고
먼지는 앉을 때마다 자주 털어야 합니다
어린 아이들이 함께 있는 가정은
매일 어질러진 집안을 매일 정돈해야지요
해탈을 목적으로 한 진행형 해탈입니다
정지된 바라제목차는 의미가 없습니다
끊임없이 살아움직이는 바라제목차라야
비로소 바라제목차로서의 가치가 있습니다

9) 무진장계품無盡藏戒品

이와같이 모든것이 불성중에 들었나니
인과율이 역연하기 너무나도 분명하다
모든존재 거기에는 결정된인 있으므로
영원불멸 법신세계 항상하는 것이니라

그리하여 대승보살 열가지의 해탈세계
시나브로 이세상에 이와같이 드러나니
삼세모든 중생들이 이와같은 보살계법
머리이고 받들어서 굳게지킬 것이니라

내가이제 이와같이 대중들을 위한고로
거듭하여 무진계품 고구정녕 설하나니
이는일체 중생들이 본디지닌 심지계로
맑고맑은 본원자성 말씀하신 그대로라

‘무진장無盡藏’이란 말을 많이 씁니다
다함이 없이 굉장히 많다든가
덕이 넓어 끝이 없다든가
닦修고 또 닦行아도 다함이 없는

진리法의 뜻義을 이르는 말이기도 합니다
비슷한 말로 무궁무진無窮無盡이 있고
또한 무한량無限量이 있습니다
이를 줄여서 무진無盡이라고도 합니다
이들의 어원은 불경佛經에서 비롯됩니다
곧《대방광불화엄경》〈무진장품〉이지요

그런데 바로 이《범망경》서문에서
무진장계품無盡藏戒品을 설하고 있습니다
우리가 알고 있기로 보살계품菩薩戒品은
오직《범망경》〈보살계품〉하나뿐입니다
그렇다면《범망경》의 〈무진장계품〉이
화엄경의 〈무진장품〉처럼 고유명사일까요
아니면 보살계품과 같은 계품들이
그 양을 헤아릴 수 없이 많다는 뜻으로
보통명사를 빌려 '무진장계품'이라 한 것일까요
나는 전자前者 보다 후자後者 쪽입니다

《대방광불화엄경》〈무진장품〉에서는
'무진장無盡藏'을 열 가지로 설하십니다
화엄경은 십진법十進法의 총아지요
그러면서 이들 무진장품은

이미 과거의 모든 부처님께서 설하셨고
다가올 미래 모든 부처님이 설하실 것이며
지금 현재 모든 부처님이 설하고 계신다며
무진장품의 중요성을 설하십니다
무진장품에 담겨있는 내용들이
그만큼 한없이 중요하다는 뜻일 것입니다
그렇다면 무진장품에는 어떤 게 담겼을까요

첫째는 이른바 믿음信이 담겨藏 있고
둘째는 계행戒이 담겨 있으며
셋째는 제부끄러움慙이 담겨 있고
넷째는 남부끄러움이 담겨 있습니다
다섯째는 들음聞이 담겨 있고
여섯째는 나눔施이 담겨 있으며
일곱째는 지혜로움慧이 담겨 있고
여덟째는 기억念이 담겨 있습니다
아홉째는 지님持이 담겨 있고
마지막으로 열째는 말辯이 담겨 있습니다

믿음信이 담겨藏 있다는 게 무엇일까요
깨달음을 추구하면서 동시에
모든 중생들을 교화하려는 보살행자가

일체 법이 텅 비었음空을 믿으며
본디 고정된 꼴相이 없음無을 믿으며
본디 원願이란 게 없음無을 믿으며
꾸밈作을 떠나 있음無을 믿으며
나아가 본디 분별이 없음을 믿음입니다
모든 법이 의지한 데가 없음을 믿으며
모든 법이 헤아릴 수 없이 많음을 믿으며
모든 법이 위가 없음을 믿으며
법이란 본디 초월함이 없음을 믿으며
법이란 남生이 없음無을 믿는 것입니다

이처럼 도저히 헤아릴量 수 없無고
다함盡 없盡는 그릇藏 안에는
단지 믿음信만 들어藏 있는 게 아닙니다
계율戒도 다함 없이 들어있기에 무진장無盡藏인데
이는 계율 조목波羅提木叉이 아닙니다
계율 조목을 묶어 놓은 품品입니다
품이란 장章이고 편篇이며 부部입니다
영어로 표현하면 챕터chapter지요
낱낱 글자가 모여 단어와 문장을 이루고
단어와 문장이 하나의 챕터가 됩니다

챕터는 문장의 한 단락이지 책은 아닙니다
여러 개의 챕터가 모여 책이 되지요
경전에서의 품품은 그래서 챕터에 해당합니다
예를들어 《금강경》은 5천 여 자字입니다
이 글자들이 모여 문장을 이루며
32분分으로 정리가 되고
이들이 한 데 묶여 한 권의 경전이 되었지요
그리고 이 《금강경》은 같은 반야사상과 어울려
반야부 경전군群에 속하게 되었습니다
이처럼 《범망경》〈무진장계품〉도
고유명사가 아닌 보통명사로 많음을 뜻합니다

〈범망계본〉은 '십중대계十重大戒'와
'48경구계四十八輕垢戒'의 묶음입니다
얼핏 보면 '보살계'가 참 간단한 편이지요?
그런데 정말 계목 숫자만 가지고
그냥 간단하다고 치부할 수 있겠습니까
사람 한 사람 한 사람이 간단할 것 같지만
그러나 그게 그렇게 쉬운 게 아닙니다
그렇기에 현생 인류 역사가 수십만 년인데
아직까지도 사람이란 존재에 대해
완벽한 결론을 내리지 못하고 있습니다

전세계 이름 있는 학자들이 머리를 맞대고
'사람이란 무엇인가'를 연구하였으나
아직 갈 길이 멀다 할 수 밖에요
사람의 몸을 이루는 100조 개 세포를
모두 밝히는 데도 아마 인류는
앞으로 수십만 년을 기다려야 할 것입니다
하물며 인간의 생각/마음에 대해서일까요
이처럼 보살계 중 하나의 계목만으로도
평생을 연구해도 다하지 못할 것입니다
가령 '살생하지 말라'라는 계목을 놓고도
죽음死과 죽임殺을 어떻게 볼 것인가
생生을 어떻게 해석할 것인가에 대해서도
한없이 늘어지는 주제들입니다

앞으로《범망경》〈보살계심지법문품〉
제1조 제1항 불살생不殺生에서
보다 자세하게 다룰 것이기에
여기서는 이렇게 간단히 짚고 넘어갑니다
그런데 어찌 생명에 관한 것뿐이겠습니까
제1조 제2항 불투도不偸盜에서도
제1조 제3항 불사음不邪淫에서도
어디서 어디까지를 훔침으로 보느냐와

어디서 어디까지를 사음으로 보느냐 등은
심도 깊게 다루지 않으면 안 되는 것이지요

사람 하나를 보살계 하나에 견준다면
'무진장계품'은 무진장 사람에 견주어야겠지요
서너 명이 하나의 가족 구성원이 되고
이러한 가족들이 2~30가구에서
4~50가구가 모여 한 개 반班을 이룹니다
반이 모여 통統이 되고
통이 리里가 되고
리가 동면洞面이 되고
동면이 나아가 시군市郡이 됩니다
시군보다 큰 개념으로 광역廣域이 되어
광역시가 되고 도道가 되며 나라가 됩니다
그렇다고 나라에서 끝나지 않겠지요
여기서 나온 말이 소위 인터내셔널입니다
지구상 어떤 나라도 홀로란 없습니다
반드시 서로서로 이어져 있습니다
몇년 전 성주에서 사드 배치를 두고
한 젊은 재담가가 재치를 담아 얘기했습니다
사드는 원산지와 주민등록이 미국이니
반드시 미국으로 돌려보내야 한다고 말이죠

사드 배치에 대한 찬반은 접어두고라도
그럼 한국에 와 있는 다문화가족들은
모두 그들 나라로 되돌려보내야 하겠습니까
메이드 인 차이나made in China 제품은
모두 제조국 중국으로 돌려보내야 할까요

그러면 영어는 영국이나 미국으로 보내고
일본어는 깡그리 일본열도로 보내버리고
프랑스어 독일어는 프랑스 독일로 보내
아예 어떤 외국어도 사용하지 않도록 할까요
국수주의자國粹主義者가 되어 한국 홀로 살아볼까요
인터내셔널을 무진장無盡藏으로 번역하면
번역이 잘못되었다고 할 수 있겠습니까
그렇습니다
범망경 보살계 심지법문품의 '보살계'는
그냥 하나의 챕터에 지나지 않습니다
무진장품은 인터내셔널 너머 유니버셜입니다

우주의 역사 137억 년을 아우르고
400억 광년의 거대한 우주공간을 더듬어
이들 시간과 이들 공간 속에 깊이 자리한
생명과 자연의 질서를 생각한다면

보살계가 '무진장품'일 수 밖에는 없습니다
노사나불의 맥을 이은 서가모니 부처님,
서가모니 부처님부터만 생각하자고요?
왜냐하면 대승보살계가 생긴 게
바로 서가모니 부처님에게서부터니까요
그런데 정말 꼭 그래야 하겠습니까

지구를 비롯한 숱한 행성들과
행성들에 딸린 수많은 위성들까지 거느린
우리 태양이 태양계를 이루고 있습니다
이 태양계 가족 중에서 다 필요없고
지구만 달랑 남아서 유지될 수 있겠습니까
태양계니까 태양은 필히 있어야 하고
가령 달이 없는 지구
수성이나 금성 없이 오롯한 지구
화성, 목성, 토성, 천왕성, 해왕성 없는 지구
어디 단 한 번이라도 생각해 보셨습니까

태양계가 속한 우리 은하는 필요하겠지만
우리 은하 밖의 다른 은하가 없는 지구
심지어 암흑물질을 비롯하여
암흑에너지와 저 블랙홀에 이르기까지

어느 것 하나 빠진 지구를 생각해 보셨나요
우주내에 꽉 찬 100여 개를 훌쩍 넘는
갖가지 원소들 중 하나라도 없는 지구를
단 한 번이라도 좋으니 생각해 보셨습니까
따라서 우리는 국수주의로는 안됩니다
전세계 인터내셔널이 함께 가야 합니다
그래서 유니버셜 무진장계품의 등장은
우리가 요구하기 이전에 필수불가결입니다

한 송이 꽃을 피우는 데도
온 우주의 역사와 도움이 필요합니다

10) 일천 석가 백억 화신

내이름은 원만보신 노사나불 여래로서
바야흐로 연화대에 정중하게 앉아있네
둘러싸인 일천꽃잎 그들모든 꽃잎위에
일천석가 백억화신 거듭하여 나투셨네

한꽃잎에 백억세계 장엄하게 나투시고
세계마다 나투옵신 거룩하신 서가여래
그들모든 보리수밑 가부좌로 앉으시어
한날한시 부처님도 원만하게 이루셨네

#1

나는 꽃이다
연꽃이며 백합이며
동시에 이름없는 들꽃이다

나는 벌레다
풍뎅이며 메뚜기며
동시에 이름없蟲는 벌레蟲다

나는 사람이다
정에 울고
사랑에 울고
서러움에 울다
따스한 햇살에 뽀시시 웃는
나는 그저 그렇고 그런 사람이다

나는 중생이다
시간의 끈을 부여잡고
팔과 다리로 버텨
삶의 공간을 확보하려는
단지 이름없는 범부 중생이다

그러나
나는 알고 있다
나도 그도
주변 모든 이도
내 아는 이도
내 모르는 이들도
시공간 時空間 너머
다같이 서가여래 화신이라는 것을

나는
우리는
지나간 과거
다가올 미래
바로 지금 여기에서
어깨춤에 노래하는
서가여래 화신이라는 것을

어즈버!

#2

보통 화신化身이라고 하면
일차적으로는 변화신變化身입니다
변화신이라면 글자 그대로
바꾼 모습變이며 바꾼 삶化의 몸이겠지요

첫째는 인커네이션incarnation으로
성질이나 관념 따위의
구체화며 실현實現입니다
이른바 방편權으로 나타化낸

화신 덩어리를 가리키는 말입니다
또는 신이 인간이 되기 위함이라든가
신이 육체를 지니게 되는 과정이라든가
어떠한 '모습을 가진 존재로 되기'입니다

둘째는 오감으로 느낄 수 있는
구상具象이고 구현이며 체현體現입니다
임바디멘트embodiment는
화신化身이며
동시에 방편權으로 나툼化이며
또한 구체물具體物로 풀이됩니다
억지로라도 구체화하기 위함입니다
여기에 용기勇氣courage를 덧붙이면
용기의 구체화라 할 수 있을 것입니다
불교의 일체유심조 사상을 바탕으로 하여
새로운 불교를 깊이 느낄 수 있도록
사실적으로 펼쳐나간다고 할 것입니다

셋째는 정신 세계의 화신입니다
여태껏 오감五感도 이해하지 못했는데
어느새 정신 세계 화신이라니요
육체만 변화신을 나투는 게 아니라

정신 세계도 변화할 수 있다는 뜻입니다
따라서 매니페스테이션manifestation은
정신 세계의 명시나 표명을 뜻하며
감정과 신념, 진실 따위의 명시입니다
심령과 영혼의 현시顯示를 비롯하여
유전 형질의 발현發現을 뜻하기도 합니다
다소 좀 어려운 말이지요

말로 표현하지만 차돌처럼 딱딱합니다
그러나 '단지 이해할 수 없다' 하여
계속 뒷문제로 미룰 수는 없습니다
넷째로 퍼스니피케이션personification은
이른바 인격화의 화신化身이고
나아가 의인화擬人化의 화신입니다
보통 방편으로 드러낸 권화權化로부터
문학 작품에서의 성격 묘사라든가
미술 작품 따위에서 사물과
추상적 개념의 구현과 체현體現입니다

다섯째 화신을 얘기할 때 이리 생각합니다
촌수가 가깝거나 마음으로 가까우면
윤회를 통해 더 가까이 만날 것 같은 느낌

그러나 지금 가까이 한 데 산다고 하여
윤회과정에서 더 쉽게 만날 수 있을까요
우리는 곧잘 얘기합니다
"난 다음생에도 당신을 아내로 맞을거야"
"그래? 난 다시는 결혼 안 하고 싶어"라고
그런데 그게 생각대로 다 이루어질까요

인간의 모습이, 삶의 언저리들이
하찮아 보이는 달동네 삶이라 하더라도
모두 우리 서가모니 부처님 화신입니다
우리 스승 서가모니 부처님은
헤아릴 수 없는 숱한 변화신을 나투십니다
낱낱 꽃잎마다 낱낱 변화신을 나투시니
하나의 연꽃에 연꽃잎이 1천 개입니다
하나의 꽃 송이에 일천 꽃 잎이라면
지구에는 없는 매우 특이한 꽃이겠는데요
한 송이 연꽃에서 돋아난 숱한 화신
서가모니 부처님의 중생 사랑은 어디까지일까요

그러나 부처님의 변화신에서는
때로 상식常式을 벗어나기도 합니다
일천 꽃잎마다 서가모니 부처님이 계시고

연꽃에 몸을 나투신 일천 석가가
다시 다른 몸으로 나투십니다
여기에 어떤 꾸밈이나 비교란 없습니다
서가모니 부처님이 다시 몸을 바꾸십니다
일천 석가가 백억의 몸으로 나투시다니
아으! 참으로 장하고 미쁘십니다
그렇습니다.
부처님이시여!
한 번도 중생에게서 마음 거둔 적이 없으십니다

우리가 보통 윤회輪廻라고 하면
금생의 몸과 마음이 그대로 이어진다는
동질同質 삶生의 변환輪만을 생각합니다
이성 동성 상관 없이 매우 자연스러움
여기에는 동일성이 주장되어야만 합니다
엄마가 피겨였다면 딸도 피겨입니다
엄마가 컬링선수라면 딸도 컬링선수지요
하나 기능면에서 딸이 엄마를 닮지 않고
아들이 아빠를 닮지 않는 데 문제가 있습니다
DNA는 선천적이고 기능은 후천적니까요
게다가 생生이 바뀌면서 기능도 바뀝니다

분신을 얘기할 때는 대개 같은 모습입니다
이에 대한 용어를 얘기하라 요구한다면
너무 많아 다 끄집어낼 수 없습니다
그러나 그 가운데서 하나를 콕 찝는다면
도플갱어doppelgänger를 들 수 있습니다
도플갱어를 잘 기억하여 두십시오
다중우주에서나 쓰는 용어用語term로서
쌍둥이의 뜻과는 뭔가 좀 다른 모습입니다
데자뷰deja-vu현상과도 연결됩니다
데자뷰가 자신의 과거로 느껴진다면
도플갱어는 갑작스레 등장한
자신의 다른 모습입니다

데자뷰는 기억의 다른 모습이기에
시간의 중첩성이 개입되어 느껴지고
도플갱어는 같은 모습의 중복이기에
공간의 중첩성이 개입되어 느껴짐입니다
도플갱어일 경우
지하철에서
광장에서
자신과 너무 닮은 사람을 만났을 때입니다
'혹시 나의 쌍둥이가 있었던 거야?' 함이고

데쟈뷰의 경우
어떤 상황에 부딪혔을 때
'그래, 언젠가도 여기 이 장소에서
이런 얘기를 나눈 적이 있었어'따위지요

따라서 하나는 공간/존재의 중첩성이고
다른 하나는 기억/시간의 중첩성입니다만
이를 놓고서 다중우주多重宇宙냐
역사의 반복이냐로 생각할 수 있습니다
데자뷰현상이든 도플갱어든
이를 하나로 묶는다면 '화신化身'입니다
결론부터 얘기한다면 화신은 다채롭습니다
비쥬얼이 한없이 다양하고 다채로우며
라이프 스타일이 한없이 다양합니다
그러나 이들이 다 서가여래 분신입니다

나는 기끔씩 카메라의 작동을 생각합니다
한 사람의 남자와 한 사람의 여자가
삶을 영위하는 단란한 가정입니다
이 카메라가 뒤로 물러나면서
두 사람을 벗어나고
두 사람이 사는 집을 벗어나고

마을을 벗어나고
작은 도시를 벗어나고
카메라는 광역으로 비추면서
마침내 대한민국 지도를 비추다가
점점 뒤로 물러나면서
마침내 아시아대륙을 비추고
지구와 달과 행성과 태양계를 비춥니다

그러다가 거대한 우리 태양계도
우리 은하계의 아주 작은 점으로 사라지고
이 우리 은하계가 또한 다른 은하계와 더불어
밤하늘의 별처럼 하나의 점이 되었다가
마침내 수많은 국부은하단들이
점차 우주의 한 점으로 바뀌는 것을 봅니다
우주 전체에서 보면 아무 것도 아닙니다
장말 태양계가 들어있는 우리 은하계도
숱한 은하단 중 하나인 우리 은하계도
단지 점일 뿐 그야말로 아무것도 아닙니다
하물며 태양계며 지구며 아시아며
더 좁혀 들어와 대한민국이며
내 살아가는 작은 가정이며 삶이겠습니까

서가모니 부처님 변화신은

지나간 과거에서 현재로

그리고 다가올 미래로

끊임없이 이어지는 변화의 릴레이입니다

같은 모습을 두고는 짝퉁이라 합니다

서가모니 부처님의 변화신은

일천 연꽃 잎에서 백 억의 몸을 나투시니

한 본신에서 1000만 배로 늘어나심입니다

1천불佛×1천만 변화신=100억 변화신

그러고보니 백억 변화신이 참 대단하군요

전 세계 인구의 한 배 반이니까요

부처님의 변화신은

시간을 뛰어넘어 영원하십니다

거룩하신 부처님의 장엄스런 변화신은

공간을 뛰어넘어 늘 함께 하십니다

부처님의 변화신은 특종이 없습니다

부처님의 변화신은 일상의 모습입니다

서가모니 부처님 변화신은

결코 짝퉁을 좋아하지 않으시나

한 순간도 짝퉁을 저버리지 않으시고

같은 모습을 좋아하시나

AI만을 고집하지도 않으십니다

서가모니 부처님은 사람을 중시하시나
지구상 모든 생명으로 나타내시고
지구상 모든 생명을 사랑하시나
한 순간도 사람을 저버리지 않으십니다
부처님 사랑은 과거만이 아니라
미래와 지금 여기 중생들을 사랑하십니다
부처님 변화신은 사람 모습만이 아니라
지구 안팎에서 살아가는 모든 생명입니다
새벽녘 달리는 자동차 몸체에 부딪혀
삶을 마감하는 로드킬roadkill 날벌레도
모두가 서가모니 부처님의 화신입니다

그러고 보니 지구상에서
서가모니 부처님의
변화신 아닌 것들을 찾을 수가 없습니다
지구 역사에서 서가모니 부처님의
음성과 향기가 풍기지 않음이 없습니다
생각이 있는 것이거나
생각이 없는 것이거나
꼴이 있는 것이거나
꼴이 없는 것이거나
태생胎生 난생卵生 습생濕生 화생化生도

부처님 모습 아님이 없습니다

아! 참으로 거룩한
천백억 화신 서가여래시여!
당신을 이렇게 만남이
제게는 최상의 행복입니다

11) 프랙털 이야기

이와같이 나투신몸 천백억의 부처님몸
그들나툰 모든몸은 노사나가 본몸이라
천백억의 화신으로 나투옵신 서가여래
화신마다 미진수의 청중들을 거느리사

주석하는 나의도량 한가지로 함께와서
내가외는 부처님계 귀기울여 경청하니
십중대계 바라이와 마흔여덟 가벼운계
열반묘법 감로문이 바야흐로 열렸어라

갑자기 '프랙털fractal'이라니
무엇을 일컬어 프랙털이라 하는지요?
그전에 프랙털의 우리말 표기부터
하나로 통일했으면 하는 마음입니다
일반적으로 사전에서는 영어 fractal을
'프랙털'이라 표기하고 있는데
다른 방송자막에서는 프랙탈로 나옵니다
엊그제 나간 글에서 incarnation을
'인카네이션'이라 표기했더니

'인커네이션'으로 표기하는 게 맞다네요

인커네이션과 인카네이션 둘 중에
과연 어떻게 발음해야 할지 난감할 때
우리말 표기를 잘못 해 놓으면
두고두고 마음에 걸릴 것만 같습니다
지인이 '인커네이션'으로 조율을 해주어
'인커네이션'으로 바꾸어 표기했습니다
같은 body도 어떤 곳에서는 '보디'라 하고
또 어떤 곳에서는 바디로 표기하고 있습니다
바디와 보디 어떤 것이 맞는 것일까요.
어떤 곳에서는 아예 '바리'라 쓰고 있습니다

프랙털의 구조에 대해 알고 싶다고요
'하나를 보면 열을 안다'입니다
보통 점심 때 브로콜리가 밥상에 오르지요
그 브로콜리broccoli에 답이 있습니다
브로콜리 한 송이에서 한 가닥을 떼어내면
그 한 가닥에 전체 모습이 들어 있습니다
한 가닥에서 다시 한 가닥을 떼어내면
그 작은 한 가닥에 또 그와 똑같은
작아진 브로콜리가 나옵니다

앞의 원형과 크기만 작아졌을 뿐 똑같지요
그렇게 하기를 여러 차례 거듭하더라도
작은 조각에 든 전체는 늘 동일합니다

이는 양치류 고사리bracken를 비롯하여
육각형 눈송이에서도 발견되고 있지요
고사리는 고사리손에서 볼 수 있듯
조각 조각으로 된 고사리손에서
전체 고사리손과 같은 꼴을 볼 수 있습니다
이는 고사리 잎에서도 그대로 나타납니다
작은 이파리에 이파리 전체가 들어있지요
이는 눈송이에서도 엿볼 수 있습니다
육각형 눈송이에서 작은 구성도를 보면
그 작은 조각에 전체 눈송이가 나타납니다
어디 그뿐인가요
러시아 인형 마트료시카matryoshka에서도
우리는 프랙털의 구조를 찾을 수 있습니다

프랙털의 기원은 산의 높낮이起伏를 비롯하여
해안선에도 똑같이 나타나기 때문에
프랙털 기하학geometry이 탄생하게 됩니다
해안선을 여러 차례 세분細分해도

같은 구조가 계속해서 나타나는 도형입니다
혼돈 원리chaos theory의 응용인 셈이죠
사람들이 살아가는 세상이나
생물계, 자연계에 있어서
불규칙적 꼴의 해명에 이용하는 논리입니다

프랙털의 구조에 대해서는
평생을 연구해도 시간이 모자랄 정도로
매우 폭넓고 중요한 학문이라 할 것입니다
프랙털은 다른 말로 자기 유사성입니다
또한 프랙털의 세계는 모양만이 아닙니다
작용에 있어서도 공통분모를 지니지요
이를테면 동일한 불개미를 놓고 볼 때
전세계 어느 곳을 가더라도
모두 동일한 몸짓에
동일한 구조의 개미성을 짓습니다
삶의 패턴이 전세계 어느 곳이나 같습니다

가령 동일한 종種species 까마귀라면
대한민국의 까마귀나
일본 까마귀나
러시아 까마귀나

탄자니아 까마귀나 다 같습니다
사람은 나라와 부족에 따라 언어가 다르나
까마귀는 세계 어느 곳 까마귀라도
동일한 언어로 자기 의사를 표현합니다
이러한 얘기에 까마귀들은 답할 것입니다
“웬걸요 사람님, 우리 까마귀들도
속으로는 지역 따라 피부색이 달라요”라고
어쩌면 그럴지도 모릅니다

프랙털 이론은 종이 다르거나
또는 지역이 다를 경우
삶의 패턴이 다를 수 있음을 뜻합니다
겉으로 보면 완벽하게 동일한 종일지라도
적도에서 살아가는 도마뱀과
극지방에서 살아가는 도마뱀들은
행동이 그 지역에 맞게끔 길들여졌습니다
어디 공간 뿐입니까
이는 시대에 따라서 변형을 달리합니다
다시 말해서 프랙털의 이론은
공간만이 아니라 시간에 따라서도
약간의 차이를 보이는 게 사실입니다
자기 유사성의 프랙털 구조는

어떤 한 동식물이나 사물에서만이 아니라

전체적인 동식물이나 사물에서도

늘 동일한 모습으로 짜여 있다는 것입니다

전세계 인구가 비록 다른 언어를 쓰고

다른 피부색을 지니고

다양한 삶의 문화를 지니고 있더라도

몸의 구조는 말할 것도 없거니와

생각도 결국 동일하다는 것입니다

의학계에서 피부에 따라 달리 처방하지는 않지요

또한 이를 표현하는 게 소위 본능이기도 합니다

언어와 문화를 떠나 본능은 동일하지요

물론 그래서 본능本能instinct이겠지만요

일천 잎의 연꽃 송이가 있습니다

솔직히 이는 상징일뿐 존재하지 않습니다

일천 잎 연꽃이란 있을 수 없는 연꽃이지요

그런데 오직《범망경》〈보살계본〉에서

일천 잎의 연꽃이 있다 말씀하시고

낱낱 연꽃 이파리마다 서가모니 부처님이

앉아 계신다는 얘기를 하고 있습니다

이는 프랙털 구조를 이해한 바탕에서 나온 말입니다

서가모니 부처님을 천백억 화신이라 합니다

천억의 화신이고 백억의 화신이신
그런 서가모니 부처님의 프랙털 부처님이십니다

천백억 화신은 엄청난 변화신을 뜻함이나
동시에 1천 연꽃 잎 위 1천 서가여래께서
1천의 1천만 배 되는 다채로운 변화신
곧 100억 화신을 표현한 말이기도 합니다
따라서 천백억 화신의 '천백억'이란
1천千 연꽃 위에 앉으신 화신여래께서
다시 1천만의 화신으로 나투신 부처로서
철저히 프랙털 구조를 보여주고 계십니다

프랙털에 대해 처음 언급한 브누아 망델브로
(프랑스어: Benoît B. Mandelbrot, 1924년 11월
20일 ~ 2010년 10월 14일)는 폴란드 태생으로
프랑스와 미국의 뛰어난 수학자입니다
프랙털 기하학 분야를 처음으로 연
중요한 사람 중 한 분으로 평가되고 있지요
그는 예일 대학교 명예 교수이며
IBM 토머스 J. 왓슨 연구소의 명예 펠로입니다
그러나 이미 《범망경》이란 불교 경전에서는
프랙털의 구조로 화신불을 말씀하셨지요

그게 어디 《범망경》뿐이던가요
대승불교의 꽃 《화엄경》도 프랙털 구조입니다

요즘은 채혈한 한 방울의 피로서도
그 속에 건강 정보가 완벽하게 들어있음을
한 눈에 파악할 수 있다고 합니다
이게 다름아닌 프랙털 구조론입니다
염분도 일정의 법칙이라는 논리를 통해
지구상 모든 바닷물을 다 파악할 수 있듯이요
'하나를 알면 열을 알고'를 뛰어넘어
이제는 백을 알고 천을 알며 억수를 알 수 있습니다
그래서 《원각경》〈제3보안보살장〉에서는
한 마음이 맑으면 모든 마음이 맑고
한 세계가 깨끗하면 모든 세계가 깨끗하다며
프랙털의 구조론을 진작부터 펼치고 있습니다

시나브로 프랙털 이야기를 하다 보니
문득 '생명의 나무Tree of Life'가 떠오릅니다

아! 나여!
내 몸이여!
나는 어떤 구조일까요?

12) 감로문을 열어라

바로이때 천백억의 서가여래 화신께서
본디부터 주석하던 도량으로 돌아가사
각기모두 보리수밑 결과부로 앉으시니
노사나가 설하옵신 마음땅의 심지계라

심지계의 밝음이여 해와같고 달과같고
찬란하고 아름다움 영락주와 다름없네
미세먼지 티끌수의 한량없는 보살대중
이런인연 말미암이 바른깨침 이루도다

앞의논주 노사나불 외우옵신 심지계를
나도또한 이와같이 정성스레 외우나니
이제새로 부처님계 배워가는 보살이여
이마위에 모시고서 옳게받아 지닐지라

이와같이 소중하게 받아지닌 다음에는
한량없는 중생들과 함께하게 전할지라
내가외는 심지계를 마음속에 새길지니
부처님의 가르침중 으뜸가는 계장이라

감로문甘露門이 열립니다
열반묘법涅槃妙法의 감로문이 열립니다
달 감甘 이슬 로露 문 문門 감로문입니다
달 감甘 자에는 꿀이나 설탕 맛처럼
우선 '달다'의 뜻을 비롯하여
달게 여기다, 맛좋다, 익다, 만족하다
들어서 기분 좋다, 느리다, 느슨하다
간사하다, 거짓으로 남의 비위를 맞추다
감귤, 맛있는 음식 따위입니다
우리나라에 감甘 씨 성姓이 있지요

입 속에 뭔가 물고 있음을 나타내며
입속에 머금고 맛봄을 뜻합니다
달 감甘 자의 모양이 이와 같다면
소릿값조차도 머금다의 뜻을 나타냅니다
더 나아가 맛있다, 달다의 뜻이기도 합니다
달 감甘 자를 부수部首로 한 글자가
부수 자체를 포함하여
모두 12글자가 있습니다
좀 지루하겠지만 한 번 보실까요

01) 달 감甘 : 앞서 살펴 본 바와 같습니다

02) 달 대甙 : 꿀이나 설탕 맛처럼 달다
글루코시드glucoside는 화학용어로
'글루코사이드'로 읽기도 하는데
배당체配糖體, 당원질糖原質이라 하지요
03) 심할 심甚 : 심하다, 정도가 지나치다
지나치다, 깊고 두텁다, 초과하다, 사납다
많다, 탓하다, 꾸짖다, 심히 따위가 있습니다

(04) 도가니 감坩 : 쇠붙이를 녹이는 그릇
도가니를 비롯하여 단지가 있는데
목이 짧고 배가 부른 작은 항아리입니다
(05) 달 첨甛 : 꿀이나 설탕 맛처럼 달다
곤히 자다, 기분 좋다, 즐겁다, 행복하다 따위입니다
(06) 달 첨甜 : 앞의 달 첨甛 자와 견주어
소릿값 혀 설舌 자가 자리를 바꾸었을 뿐이지요
(07) 맛볼 상嘗 : 맛보다, 음식을 맛보다
경험하다, 시험하다, 체험하다, 겪다
가을의 제사 따위가 들어있습니다

(08) 흰범 감螭 : 흰범을 표현할 때 쓰지요
(09) 방이 깊숙한 모양 담/불 활활 타는 모양 흠歆 :
방이 깊숙한 모양, 성대盛大한 모양

불 활활 타는 모양을 뜻할 때는 ‘흠’으로 읽습니다
(10) 흠 흠/흠 감㷒 : 대표적 소릿값이 ‘감’인데
쓰임새는 아직 밝혀진 바가 없습니다
(11) 향기로울 혐㷌 : 향긋하다, 향기롭다입니다
(12) 즐길 담/즐길 탐㷎 : 어느 발음이든
즐기다, 맛있다의 뜻을 지니고 있습니다

이슬 로露 자는 비 우雨 부수에
길 로路 자가 소릿값입니다
이슬 로露 자에 담긴 뜻으로는
이슬을 비롯하여 진액, 좋은 술, 허무함
보잘것없음, 러시아Russia의 뜻입니다
드러나다, 나타나다, 은혜를 베풀다
일을 벌이다, 도와주어 혜택을 받게 하다
고달프다, 고달프게하다, 적시다, 젖다
물이 배어 축축하게 되다, 허물어지다
부서지다 따위의 뜻도 함께 들어있습니다

비, 비가 오다의 뜻을 나타내는 비 우雨와
소릿값을 나타내는 동시에 잇닿다의 뜻
길 로路 자로 이루어진 글자입니다
수증기가 낱알처럼 잇닿은 모습이지요

하여 '이슬'의 뜻을 머금고 있습니다
위 두 글자가 만나 감로甘露가 되었는데
옛날에 천하가 태평하면 하늘이
상서로 내리는 것이라 하여 감로라 했습니다
또는 불사천주不死天酒라 하여
영원히 죽지 않는 하늘이 내린 술로서
부처님의 가르침이나 깨달음을 뜻합니다
도리천에 있는 신령스럽고 달콤한 액체로
한 방울만 먹어도 온갖 괴로움이 사라지고
산 사람은 영원히 늙지 않고 장수하며
죽은 사람은 다시 살아난다고 했습니다

'단 이슬'로 번역되는 감로甘露가
부처님의 가르침을 대변代辯한다는 것은
그만큼 부처님 교설이 고귀하단 뜻이겠지요
누구든 싫어하지 않을 뿐만 아니라
최상最上의 맛을 느낄 수 있는 까닭입니다
달 감甘 자는 초두⁺⁺ 아래 입 구口 자로
'자연艹에서 채취한 맛口이 달다甘'입니다
인간이 음식을 만드는 행위를 가리켜
요리料理라 하고 조리調理라고도 합니다
'요리' '조리'에 최고의 화학이 들어있습니다

요리란 화학인 동시에 으뜸가는 예술입니다
재료米를 어느 정도斗 어떻게 섞을 것이며
얼마 동안 숙성시키고 발효시킬 것이며
어떻게 익히고 어떻게 식힐 것인가이지요
첫째 재료米의 선택을 중시합니다
둘째 재료의 양斗을 중시합니다
셋째 어떻게 조화調를 이룰 것인가입니다
넷째 자연의 섭리理를 제대로 앎입니다
다섯째 가장 중요한 단계가 있습니다
아무리 맛있는 음식을 만들었다 하더라도
음식을 맛있게 먹는 이가 있어야 합니다

최고의 요리사/조리사가 영양을 맞추어
비록 으뜸가는 음식을 만들었다 하더라도
그 최상의 요리를 먹어줄 이가 없다면
으뜸가는 요리가 과연 으뜸이 되겠습니까
다가오는 일요일이 부활절復活節Easter입니다
십자가에서 죽임을 당했던 그리스도가
죽음에서 다시復 살아난活 축일節 입니다
정말 예수님이 완전히 숨이 끊겼다
다시 이어진 호흡의 생물학적 부활일까요
그건 누가 뭐라 하든 옳은 답이 아닙니다

여기에는 두 가지가 있습니다
아예 숨이 끊어지기 직전 도움을 받았거나
둘째 그의 생물학적 몸 죽음을 통하여
불의에 굴복하지 않는 정의의 부활입니다
예수님은 완벽하게 죽은 몸이 아니라
가사 상태에서 부활 아닌 소생이셨거나
또는 완전한 육체적 죽음으로 인하여
그의 고귀한 정신이 다시 태어난 것입니다
누가 뭐라든 나는 후자 쪽입니다
왜냐하면 진정한 종교는 무쬬가 아닙니다
논리적, 과학적으로 완벽한 가르침입니다

이와 마찬가지로
조화調로운 이치理가 토대가 되어
모든 자재米가 적절斗하게 잘 섞이고
그래서 맛있는 최상의 요리를 만들었다 한들
이를 먹고 몸소 느낄 줄 아는 이가 없다면
아무리 좋은 음식도 쓸모가 없듯이
비록 그리스도가 부활하셨다고 하더라도
부활의 참 뜻을 제대로 이해하지 못한다면
다시復 삶活이 무슨 의미가 있겠습니까
이처럼 부처님 가르침이 감로라 하더라도

감로에 담긴 뜻을 제대로 알아야 합니다
그래서 감로는 중요합니다

앞서 언급했듯이 《범망경》은 감로입니다
최후의 가르침 《열반경》만이 아닙니다
이토록 멋진 범망의 가르침이 있고
심지계心地戒라는 으뜸가는 감로가 있고
나아가 보살계의 핵核인 심지계가 있더라도
이를 환희로 받아들일 불제자가 없다면
최상의 요리사가 만든 감칠맛 나는 요리를
맛보고 먹어줄 사람이 없음과 같습니다
이게 무슨 말일까요
으뜸가는 범망경 심지계가 있더라도
감로의 문이 닫혀 있으면 어찌 되겠습니까

감로의 문을 있는대로 활짝 열어야 합니다
중생들이 감로문을 지나 불계로 들어가고
불보살님이 감로문을 통과하여
중생들 세계로 낱낱이 찾아나가십니다
하여 감로문甘露門은 도어door의 뜻보다
오히려 게이트gate의 뜻이 더 강합니다
결격 사유만 없다면 누구나 들고날 수 있는

게이트야말로 감로문이라 할 것입니다
세상世上은 부처님이 주主가 아닙니다
세상은 세상 중생들이 주입니다
하늘에서는 하느님이 주님일지 모르나
땅에서는 땅의 생명들이 곧 주主님입니다

바로 이런 가르침이 펼쳐지는 현장입니다

바로이때 천백억의 서가여래 화신께서
본디부터 주석하던 도량으로 돌아가사
각기모두 보리수밑 결과부로 앉으시니
노사나가 설하옵신 마음땅의 심지계라

심지계의 밝음이여 해와같고 달과같고
찬란하고 아름다움 영락주와 다름없네
미세먼지 티끌수의 한량없는 보살대중
이런인연 말미암이 바른깨침 이루도다

앞의논주 노사나불 외우옵신 심지계를
나도또한 이와같이 정성스레 외우나니
이제새로 부처님계 배워가는 보살이여
이마위에 모시고서 옳게받아 지닐지라

이와같이 소중하게 받아지닌 다음에는
한량없는 중생들과 함께하게 전할지라
내가외는 심지계를 마음속에 새길지니
부처님의 가르침중 으뜸가는 계장이라

아! 오늘은
적어도 오늘 만큼은
감로주甘露酒sweet liquor에
한 번 깊이 취하고 싶습니다
오늘로서 출가出家 43주년을 맞이했으나
어느 것 하나 이루지 못한 필부입니다
허송세월虛送歲月한 큰 허물을
독한 감로주로 씻고 싶습니다
아! 어즈버!

13) 된 부처 될 부처

해탈경계 열어가는 계장이요 첩경이니
대중들은 마음속에 고이고이 간직하라
그대들은 언제가는 이루어갈 미래부처
나는이미 이와같이 모두이룬 부처니라

언제든지 이와같이 믿는마음 지어가면
불성계도 심지계도 이미구족 하였도다
이세상에 존재하는 마음가진 이들이여
누구든지 부처님계 섭할수가 있음이라

이세상의 모든중생 부처님계 받고나면
성스러운 부처경지 그자리서 들어가리
부처자리 동등하면 깨달음도 같음이라
바야흐로 불제자라 이름할수 있음이라

대중들은 한결같이 공경하는 마음으로
내가외운 부처님계 지심으로 받을지라
내가외운 부처님계 지심으로 지닐지라
내가외운 부처님계 지심으로 소화하라

#1

부처골에 가니
온갖 게 다 부처다

눈에 띄는 모습 말고
귀에 들리는 소리 말고
코에 맡아지는 냄새 말고
혀에 느껴지는 맛 말고
피부에 와 닿는 바람결 말고
뜻밖엣것들이 한결같이 다 부처다

가온봄春分 지난 지
열흘도 못된 겨우 아흐레
엿새 남은 시새움淸明이 더 가깝다며
한껏 들떠 있는
동군東君이 부럽다

봄 오니
잎새 봄
꽃도 봄
너도 봄

나도 봄
그도 봄
모두가 봄이다
봄 떠나 봄을 찾을 수가 없다

물곰waterbug
타디 그래이드tardigrade
35억 년 수령을 자랑하는
'생명의 나무'에서
가장 윗그룹에 속하는
바로 그 물곰이 이렇게 말했다

"부처골에만
부처가 있는 게 아니야
부처 세상season이 오면
어디나 다 부처라고
간 부처
산 부처
올 부처
모두가 부처라고 말야!"

옛사람이 읊었다

"순간 순간念念
열린菩提 마음心이니
곳곳處處 마다
부처安樂 세상國이다"

부처 세상 오니
된成 부처佛
될成 부처佛
세상이 온통 부처뿐이다

#2

우리는 곧잘 "성불成佛하세요"를 씁니다
이 '성불'이란 쓰임말用語에 대해서는
크게 3가지로 풀이할 수 있습니다
용어를 그대로 둔 채 번역한다 하더라도
첫째는 '이미 이룬成 부처佛'이고
둘째는 '지금 이루어成가는 부처佛'며
셋째는 '장차 이룰成 부처佛'입니다
첫째는 이미 이룬 부처이니 부처 신분이고
셋째는 아직까지이니 중생 신분이며

둘째는 닦아가는 중이라 보살 신분입니다

내 책《아마타경을 읽는 즐거움》에서는
이를 이금당己今當佛의 법칙이라 하여
이미己 이룬成 부처佛와
지금今 이루어成가는 부처佛와
장차當 이루어成 갈 부처佛로서
새롭게 새로운 이름 하나를 붙였습니다
사실 '이금당의 법칙'에 대한 이야기는
불설아미타경 거의 끝부분에 나오는 말로
이발원己發願 금발원今發願과 함께
당발원當發願을 설하며 붙인 논리입니다

뒤돌아보면 모두가 다 부처이셨고
직시하면 지금 모두들 부처이시며
내다보면 모두 부처가 되실 분들이지요
그럼 부처 아닌 다른 이들이 존재하던가요
그렇습니다
지구에 살아가는 생명들은 다 부처입니다
지나간 시간에 이미 이룬 부처였거나
지금 이루어가는 부처만이 아니라
언젠가는 장차 이루어갈 부처까지도

가능성을 지니고 있다는 데서 흥분이 되지요

그런데 이들 삼세여래三世如來가
된 부처이고
될 부처일 수 있음은
내면에 자리한 고귀한 생명 때문입니다
이 생명을 가리켜
혹은 부처佛 성품性이라 하고
또 혹은 마음心 땅地이라 하고 있습니다
부처 될 성품을 바탕으로 한 계율이기에
이를 불성계佛性戒라 이름하고
마음心 땅地을 바탕으로 한 계율이기에
이를 심지계心地戒라 일컫습니다

부처란 '부터佛'입니다
다른 말로 하면 마루宗입니다
하여 '부터'와 '마루'는 본디 같은 말인데
이를 상황에 따라 나누어 설명할 수 있지요
마루는 순우리말로서 '하늘'의 뜻이고
부터는 순우리말로 시원始源의 뜻입니다
시원은 맑고 순수하기에 퓨어pure이고
하늘은 걸림이 없기에 텅 빔입니다

따라서 종교란 '하늘/하느님 가르침'이고
불교란 '시원의 가르침'인 셈입니다
세상에는 두 가지 진리가 있는데
하나는 종교이고 하나는 불교이지요

지금은 종교宗敎religion라는 틀 안에
기독교 불교 이슬람을 비롯하여
유대교 유교 힌두교 등이 들어있습니다
그런데 여기서 불교를 제외하고는
모두 믿고信 우러르는仰 종교입니다
오직 불교만이 믿고信 실천行할뿐입니다
그래서 불교는 신행信行이고
종교는 신앙信仰입니다
엄격히 따지고 분석해 들어가면
불교는 사실 종교가 아닙니다
스스로 깨달아 스스로 부터始源가 될 뿐
신神의 종servant이거나 대리자가 아닙니다

우리 불자님들은 곧잘 이렇게 얘기합니다
"알고 보면 종교는 다 같은 거 아닌가요
모두 착하게 살라는 가르침이니까요"
그 때 내가 답할 수 있는 말은 하나입니다

"맞습니다 거사(보살)님. 그렇구 말구요"
종교간의 갈등을 봉합封合하고자
불교인들이 먼저 나서서 하는 말입니다
신의 가르침과 부처의 가르침이 모두
착한 사람 되라고 가르치심도 맞습니다
누구나 알아들을 수 있는 언어로
이렇게 덧붙여 얘기합니다
"종교는 다 좋은 것이여"라고 말입니다

기독교인은 이런 말을 하지 않습니다
세상에는 '오직 예수'만이 있을 뿐이고
절대자 하느(나)님만이 있기 때문입니다
그 점에서는 나도 마찬가지입니다
그런데 그때는 말 한 마디 못하다가
꼭 이럴 때 되어서야 이렇게 얘기합니다
"세상에는 오직 '마루宗 가르침敎'과
'부터佛 가르침敎'이 있다"고 말입니다
어떤 경우도 종교와 불교는 다르다고요
그러면서도 우열에는 토를 달지 않습니다

아무튼 종교는 신의 가르침이고
불교는 깨달은 이의 가르침이 맞습니다

종교와 불교에 우열이란 없습니다
기독교가 최고냐
가톨릭이 최고냐
이슬람이 최고냐
힌두교가 최고냐
유대교가 최고냐
그리고 불교가 최고냐
이들 종교에 우열을 논하지는 않습니다
또한 우열을 얘기해서도 안 됩니다
단지 이들에게는 특성이란 게 있을뿐입니다

불교는 신의 종교가 아니기에
밖에서 찾는 일이 없고
반드시 내면으로 찾아들어갑니다
부처의 가르침은 어떤 경우도
자아를 떠나 논할 수 없기 때문입니다
그 내면 깊숙이 자리한 불성佛性 때문이고
이 잠자는 불성을 두들겨 깨우는 게
수행자가 닦을 콘텐츠contents 중 하나로
이른바 계목戒目인 '바라제목차'입니다
보살계는 이 불성계佛性戒와 함께
심지계心地戒를 근본 바탕으로 삼습니다

언제부터인가 글을 쓰면서
나는 나들이를 즐기게 되었습니다
어떤 때는 도로 지도 하나 지니지 않은 채
너무 먼길을 나갔다가 방향을 잃곤 했지요
네비게이터navigator도 대동하지 않고
같은 자리에서 뱅글뱅글 돌곤 했습니다
오늘 '기포의 새벽 편지'를 쓰면서도
너무 멀리 가버린 것도 문제이지만
남의 집에 함부로 들어갔다가
빠져나오느라 고생이 많았습니다
나는 다시 심지계 불성계로 돌아왔습니다

솔직히 나는 '된 부처'에게는
지금까지 큰 관심을 둔 적이 없습니다
오직 내가 관심 가는 쪽은 '될 부처'입니다
이미 '된 부처'는 내 손길이 필요치 않습니다
정작 내 손길과 내 관심이 필요한 곳은
나처럼 아직 아무것도 못 이룬 '될 부처' 쪽입니다
된 부처에게는 불성계도 필요 없고
심지계조차도 전혀 필요하지 않습니다
깊은 여울을 건넌 나그네行人는
타고 온 나룻배에게는 관심이 없습니다

오늘은 부처님께서 대열반하신 날입니다
음력 4월 초여드렛날 태어나신 뒤
음력 2월 보름날 열반에 드셨으니
햇수로 80세를 머무셨는지
만으로 80세를 머무셨는지는 잘 모릅니다
햇수로 여든 되시던 해 열반하셨다면
한국 나이 셈법을 따르셨을 테고
만으로 여든을 꽉 채우셨다면
다른 나라 나이 셈법을 따르셨을 것입니다
나는 음력 2월 보름 열반재일 때만 되면
늘 이런 고민에 빠지곤 합니다

그게 뭐 그리 대단하냐고요?
그렇습니다
한국 나이 셈법은 참으로 멋있습니다
모태母胎에 착상着床했을 때부터
하나의 생명으로 인정해 주는 문화이니까요
다른 나라 나이 셈법은 두루 알다시피
모태로부터 세상으로 밀려나온 날부터
하나의 생명으로 인정 받는 것이니
두 문화를 놓고 보았을 때
나는 모태에 착상되었을 때부터

하나의 고귀한 생명으로 인정 받는 게 좋습니다

적어도 모태에 착상하기 전까지의
정자精子와 난자卵子는 생명체가 아니라
그냥 각기 하나의 세포였을뿐입니다
이 두 세포가 만나 태중에 자리를 잡으면서
비로소 살아있는生 맥박命으로 인정 받고
이 살아있는 맥박이 성장하면서
모태중에서 264일 쯤 지난 뒤
태어나生 빛日을 본 게 곧 생일生日입니다
나는 이처럼 태중에서의 소중한 기간을
정말 고귀한 생명으로 인정하고
나이로 인정해 주는 한국 나이가 좋습니다

다시 생각해봅니다
서가모니 부처님의 생애 80년은
어느 나라 '나이 셈법'을 따랐을까요?

14) 보살계는 효순이다

바로그때 우리스승 서가모니 부처님이
처음으로 부다가야 보리수하 앉으시어
위가없고 평등하신 바른깨침 이루시고
처음으로 보살계의 목차법을 만드시니

이는바로 부모님과 스승님과 삼보님께
효순하는 법도이며 바른도를 따름이라
효도하고 수순함이 그대로가 보살계요
모든악을 끊어내고 중지하는 법이니라

#1

계는 효순孝順입니다
부모님과 스승님을 비롯하여
불법승佛法僧 삼보三寶님께 효순함이며
나아가 바른 도를 따름입니다
바로 이 말씀 한 마디에
보살계의 근간根幹이 들어 있습니다

대승보살계의 종지宗旨입니다
효도하고 수순함을 떠나
보살계의 대의大義는 따로 없습니다
효순에는 모든 악을 끊어내고
멈추게 하는 큰 힘이 깃들어 있습니다

이태 전 1년간 쓴 '천자문 강의'에서
'효당갈력孝當竭力' 중
불교의《부모은중경》중송분重頌分을 뺀
앞 뒤 부분을 모두 가져옵니다
참고로 왼쪽 번호는 천자문 글자순입니다
이를테면 효도 효孝 자는
천자문 249번 째 글자이고
마땅 당當 자는 천자문 250번 째 글자며
이와같이 다할 갈竭은 251번 째고
파워 력力 자는 252번 째 글자입니다

0249효도 효孝
0250마땅 당當
0251다할 갈竭
0252파워 력力

-효도함에 모름지기 힘을다하고-
(충성함에 그목숨을 던질지니라)

0249효도 효孝

효孝 자는 부수가 아들 자子입니다
늙을 노耂 자에서 보느냐
아들 자子 자에서 보느냐에 따라
생각의 기울기가 다르고
생각의 높낮이가 다르고
생각의 깊이와 두께와 굵기가 다릅니다

보통은 부수 '자子' 입장에서 해석하기에
'치효도 내리사랑'이라 생각합니다
그러나 한문의 문자 개념에서 보면
'내리효 치사랑'도 얼마든 가능하지요
효孝란 어르신耂이 위에 계시며
젊은이子들을 보살피고
젊은이들은 아래에 처하면서
웃어르신들을 모시는 것이 효입니다

따라서 효孝는 노소동락老少同樂입니다
서로 가르치고 서로 존중하며

서로 이끌고 밀어주며
사랑하면서 함께 걸어감이 효孝입니다
핏줄로 이어가는 자녀이기 때문에
나이가 적은 아랫사람이기에
싱싱하고 풋풋한 젊은이들이기에
반드시 어버이를 모셔야 하고
어르신들을 받들어야 한다고 강요함이
결코 효孝가 아니라는 것이지요

효孝는 무거운 것도 버거운 것도 아닙니다
효孝는 그냥 가장 인간적 사랑입니다
어떤 강제성이 아니라
자연적으로 이루어지는 효孝의 세계
일방적인 모심이 아니라
서로서로 자연스레 오가는 사랑
이것이 내가 보는 효의 개념입니다
따라서 효孝에 일방통행이란 없습니다

0250마땅 당當
밭 전田자가 부수이고
오히려/숭상할 상尙은 소릿값입니다
좋은 땅田을 보고 가치가 있다는 뜻으로

‘마땅하다’ ‘비기다’라고 풉니다
상尙은 높은 창문冏에서
연기가 솟아오르는小 것을 보면서
“아! 누가 있군”하고 짐작했는데
그게 맞아떨어지자 ‘맞다’의 뜻을 지닙니다

0251다할 갈竭

“사흘 굶어 도둑질 아니할 놈 없다”고
만약 쌀勹이 떨어지게ㅆ 되면
그냥 앉아서 빌曷 수는 없는 노릇입니다
일어나서立 사정曰하는 것입니다
먹지 못하면 삶을 보장할 수 없습니다
온갖 수단과 방법을 다할竭 수밖에요
여기서 다할 갈竭 자가 생겨난 것입니다

0252파워 력力

내가 이 글자를 힘 력力 자라 했더니
어느날 한 젊은이가 찾아와 애기했습니다
“큰스님, 힘 력力 자보다는
파워power 력力 자로 새겨보십시오”
내가 재미있어 하며 되물었습니다
“뭐? 파워 력力 자라고?”

그가 신이 나서 말했습니다
"네 큰스님, 훨씬 신세대답고 포괄적이며
게다가 글로벌해보이지 않습니까?"
내가 크게 웃으며 대답했습니다
"알겠네. 앞으로는 이 힘 력力 자는
힘 력力이 아닌 파워 력力일세 허허허!"

파워 력力 자는 상형문자로서 간단합니다
복잡해보았자 2획 밖에 안 되니까요
팔丁에 힘을 불끈丿 주었을 때
근육이 불거진 모양力입니다
농기구로는 가래에 해당하기에
나중에 '힘쓰다'의 뜻으로 바뀌게 됩니다

효孝는 설렁설렁하는 게 아니지만
죽을 힘을 다하는 것도 아닙니다
저우씽쓰周興嗣 선생은 그의 《千字文》에서
"효도는 마땅히 힘을 다하라"고 하지만
반드시 죽을 힘을 다할 게 아니라
효는 사랑이 바탕이니만치
힘을 다하는 것도 좋지만
사랑과 공경을 다함입니다

효는 부드러움이고 공경이고 사랑입니다

보살계 대의는 이처럼 매우 소박합니다
부모님과 스승님과 나아가 삼보님께
효를 다함이 곧 보살계입니다
으레 스스로 바른 길로 걸어가면서
어르신들이 길은 잘못 찾을까를 염려하여
친절하게 알려 드림이 효순孝順이며
이것이 곧 계戒의 뿌리根고 줄기幹입니다

#2

효孝filial piety는 경건함입니다
효devotion는 깊은 사랑입니다
앞서 말씀드렸다시피 효는
첫째 부모님에 대한 자녀의 사랑입니다
둘째 스승님에 대한 제자의 사랑입니다
셋째 삼보님에 대한 중생의 사랑입니다
넷째 어르신에 대한 젊은이의 사랑입니다
다섯째 나라에 대한 국민의 사랑이고
여섯째 시주에 대한 구도자의 사랑이며

일곱째 환경에 대한 인간의 사랑입니다

이를 '치사랑' '치효도'라 하며
이의 상대적 사랑이 곧 '내리사랑'이지요
첫째 자식에 대한 부모의 사랑이고
둘째 제자에 대한 스승의 사랑이며
셋째 중생에 대한 삼보의 사랑입니다
넷째 젊은이에 대한 어르신 사랑이고
다섯째 국민에 대한 나라의 사랑이며
여섯째 수행자에 대한 시주의 사랑이며
일곱째 인간에 대한 환경의 사랑입니다
이미 앞에서 말씀드렸듯이
효도 효孝 자는 두 세대의 조화입니다
어르신耂 세대와 젊은이子 세대가
만났을 때 비로소 완성되는 글자입니다
늙을노엄耂 부수로 하여 생긴
한자는 생각보다 많습니다만
그 중 어르신을 표시한 글자에는
자체 부수를 비롯하여 5자가 있습니다
(1) 늙을 노耂
(2) 늙을 노老
(3) 늙을 기耆

(4) 늙을 구耉

(5) 늙을 혼耆

늙을 기耆 자에 담긴 뜻으로는
늙다, 즐기다, 좋아하다
미워하다, 증오憎惡하다
사납다, 억세다 따위와
늙은이, 어른, 스승, 등골뼈 따위로 새기며
이루다, 다다르다의 경우는 '지'로 읽습니다
따라서 늙을 기耆 자를 살펴보면
늙을 노耂 자와 뜻 지旨 자의 만남으로
노耂가 의미소고 지旨 가 소릿값입니다
하여 '이룰 지耆' 자로 읽기도 합니다

늙을 구耉 자를 파자破字하면
늙을 노老 자와 글귀 구句 자의 만남으로
노老가 의미소고 구句가 소릿값입니다
담긴 뜻으로는 늙다, 나이가 많다 외에
오래 살다의 뜻이 들어있고
살갗에 생기는 거무스름한 얼룩으로
검버섯과 늙은이의 뜻이 들어 있습니다

늙은 혼蘥 자 라는 독특한 자가 있는데

늙을 노老 자를 나란히 겹쳐놓은 셈입니다

늙을 혼蘥 자는 쌍둥이twins가 아니라

노인과 그의 그림자를 나타낸 글자입니다

젊은이는 곧게 서서 걷기 때문에

그림자 길이가 짧게 보이나

어르신들은 굽은 허리로 걷는 까닭에

땅에 비친 그림자가 더 길게 드리웁니다

늙을 혼蘥 자를 들여다보면

오른쪽에서 왼쪽으로 걷고 있습니다

오전 오후에 따라 그림자 위치가 바뀌지만

아무튼 하나는 본체고 하나는 그림자지요

나이가 좀 많이 드신 어르신耂들은

대자연土에 동화ヒ되어가게 마련입니다

그러기에 흙土과 변화化를 놓고 볼 때

흙土에서는 자연으로의 섭화丿를 더하여

마침내 약자略字 늙을 노耂 자가 되었으며

변화化에서는 사람 인亻 자를 빼

비수 비ヒ 자가 되었으니

이른바 섭화를 더한 늙음耂과

변화化에서 인亻을 뺀 약자 변화ヒ가 만나

늙음이라는 자연스런 변화를 표현했습니다

노老자에는 도플러 효과Doppler effect가
은근히 깃들어 효과를 발휘하고 있습니다
열차가 다가올 때의 소리 진동수는
실제보다 더욱 높게 느껴지고
열차가 멀어져갈 때는 소리의 진동수가
실제보다 더욱 낮게 느껴지듯이
떠오를 때 느껴지던 힘찬 아침햇살이
낙조를 드리울 때는 찬란함보다는
숙연해지는 느낌을 가짐과 같을 것입니다
아침햇살이 젊은 세대라면
저녁햇살은 어르신 세대입니다

게다가 늙을 노老 자에서는
흙土 위로 남아있는 절반의 모습과
흙土 속으로 이미 들어간 절반의 모습을
삐침(丿)geometry으로 드러냈습니다
절반丿 은 이미 흙土 아래 묻혔丿고
절반丿 만이 흙土 위로 남은丿 존재라던
옛말씀이 헛말이 아님을 알겠습니다
따라서 나이가 들어 늙어갈丿수록

변화ヒ를 실감하는 이老가 어르신이지요

어르신 세대를 뜻하는 늙을 노耂 자에는
늙다, 쇠약하다, 늙어 벼슬을 그만두다
생애를 마치다, 오래 되다, 죽음 문턱
이미 절반은 흙이 된 존재耂 등
부정적 뜻만 있는 게 아닙니다
익숙하다, 노련하다, 숙달하다, 대접하다
공경하다, 거느리다, 굳게 하다 등
다양한 뜻을 지닌 동사들이 있고
어른, 부모, 노인, 라오쯔老子의 학설學說
신의 우두머리, 늘, 항상恒常 따위와
접두사接頭辭, 접미사接尾辭로 쓰입니다

어르신耂 세대들에게
가장 필요한 게 무엇이 있을까요
그렇습니다
바로 젊은子 세대의 공경입니다
젊은子 세대를 감싸주는 게 무엇일까요
맞습니다
어르신耂 세대의 사랑입니다
먼저 세상을 넉넉히 살아온 경험이

젊은 세대들에게는 삶의 길잡이가 되고
참신하고 밝은 젊은이들의 사고가
노년의 어르신들을 편안하게 해드립니다

따라서 효孝란 따름順입니다
한자 따를 순順 자에서 보여주듯
머리頁 카락川을 곱게 빗어
가지런하게 단장한 모습이 순順입니다
동서양을 막론하고 옛 사람들은
턱頁 수염彡이나 구레나룻을 길렀기에
가지런하게 다듬음이 순順이었지요
부수수한 머리나 엉킨 수염이 아닌
곱게 가지런히 빗어내린 모습에서
엉키지 않는 따름順을 생각했을 것입니다

계율은 얼개櫛며 참빗篦입니다
헝크러진 머리를 가다듬는 얼개빗이며
이나 서캐 비듬까지 걸러내는 참빗입니다
효순의 상대가 누구입니까
부모님과 자식이며
스승과 제자이며
부처님을 비롯한 삼보와

이를 받들고 이어가는 중생들입니다
그러나 모든 인류를 크게 나누면
어르신老 세대와 젊은子 세대입니다

계율은 일방통행이 아닙니다
중생들에게만 강요하는
부처님의 공포스런 법조항이 아닙니다
부처님과 중생들이 함께 사용하고
스승과 제자가 함께 사용하며
부모님과 자녀가 함께 쓰는 도구로
거친 삶을 바르게 정돈하는 얼개빗이며
미세한 번뇌까지 모두 빗어내는 참빗이고
누구나 함께 사용할 로드맵입니다
계율은 어르신과 젊은이가 화합하듯이
서로 조화를 이끌어가는 도구일 뿐입니다

15) 세상은 결grain이다

부처님이 입으로서 무량광명 놓으시니
그자리에 함께했던 백만억의 대중들과
보살들을 비롯하여 십팔범천 육욕천자
십륙대국 제왕들이 두손모아 합장하고

곡진하온 마음으로 금구성언 들었으니
부처님이 설하시는 대승보살 계법이라
서가모니 여래께서 보살에게 설하시되
내가이제 보름마다 보살계를 외우리니

이와같이 마음발한 그대모든 보살들과
십발취와 십장양과 십금강을 비롯하여
열단계의 보살경지 뛰어오른 이들이여
두손모아 마음모아 함께외울 것이니라

생명체는 세포細胞로 구성되어있습니다
이미 백악기白堊紀 때 자취를 감추어
지금은 화석만이 남아있는
공룡恐龍에서부터

지금까지 끈질긴 생명을 이어가는
완보동물 물곰atardigrade에 이르기까지
모두 세포cell로 이루어져 있습니다
어디 동물뿐이겠습니까
식물도 균류도 죄다 세포로 되어있지요

그런데 이들 세포도 계속 쪼개 보면
결국 원자原子atom의 집합일뿐입니다
물론 원자를 계속해서 쪼갤 수는 있습니다
원자 내부를 자세히 들여다보면
양성자陽性子와 함께 중성자中性子가
원자 한복판 핵核으로서 자리를 틀고 있고
원자 겉껍데기와 양성자/중성자 사이를
전자電子가 끊임없이 움직이고 있습니다
양성자proton를 다시 분석해보면
6가지 쿼크quark 소립자로 되어 있습니다

‘세상은 원자로 되어있다’던 말이
‘세상은 쿼크로 되어있다’로 말이 바뀌고
나중에는 다시 쿼크를 분석하다가
‘세상은 끈으로 되어있다’가 되었습니다
그런데 나는 여기에 토를 달고 나왔습니다

'천자문110' '절의염퇴節義廉退'항입니다
내가 내세운 가설은 '세상은 끈이 아니라'
마디節로 되어있다는 가설이었지요
실제 세상은 마디로 되어있습니다

세상은 '마디'로 이루어져 있습니다
시간의 큰 마디는 과거 미래 현재입니다
한 해는 365일 마디로 되어있으며
이를 닷새씩 72후侯로 묶었고
다시 3후씩 24절節로 묶었으며
또한 2절씩 12달로 묶어놓았습니다
그리고 석 달씩 사계절로 묶어놓았습니다

60분씩 24시간 마디로 하루를 나누었고
1분은 60초로 나누었는데
이도 과학에서는 길다고 느껴지면서
1초를 나노초, 곧 10억 분의 1초로 나누고
이 나노초를 다시 나노초로 나누어
찰나의 세계에 잇대 놓았습니다
불교에서 말하는 겁은 지구의 나이고
찰나는 나노의 나노초입니다
어디에 보니까 찰나를 75분의 1초라 했더군요

시간만 나누어 놓았나요
마찬가지로 공간도 나누어 놓았습니다
어느 날 아주 작고 작고 또 작은 특이점에서
우주가 뻥하고 강력하게 열렸습니다
우주는 생긴 것이 아니라 열린 것입니다
열리는 바로 그 순간이 너무 짧아
나노의 나노초인 1찰나로도 설명이 안 됩니다

지금까지 밝혀진 바에 따르면
빅뱅은 나노초의 나노초 사이라지만
내 생각에 아무리 계산기를 두들겨 봐도
거기서 다시 나노초의 나노초로
극미 시간의 극한까지 밀어붙여야만
빅뱅이 설명된다고 봅니다
다시 말해 1나노초가 −10의 9승이라면
−10의 18승인 찰나의 짧은 시간을
다시 찰나로 쪼갠 −10의 36승쯤 되어야
빅뱅 시간이 제대로 설명될 수 있을 것입니다

어느 날 내가 시간 개념인 찰나를 일컬어
나노초의 나노초인 −10의 18승초라 하자
"애개! 겨우 −10의 18승초라고?"

10의 18승, 곧 100경京!
얼마나 되는지 감이 잘 오지 않습니다
그렇다면 예를 들어볼까요
우리나라 국부國富national wealth가
과연 얼마쯤이나 될 거라 생각하시는지요

동산 부동산 금융을 비롯하여
국보 문화재까지 통틀어 잡는다 하더라도
US달러가 아닌 원화로 환산했을 때
2경 원을 넘지 않을 것입니다
국부란 우리나라 10만 제곱km의 국토와
그 안에 있는 모든 것을 사람을 빼고는
빠짐없이 경제로 환산된 가치입니다

그렇다면 100경이 얼마나 많은 수인지
대충 짐작이 가겠는지요
이 100경분의 1초가 1 찰나입니다
이 1찰나를 다시 100경으로 나누었으니
실로 상상이 안 가는 짧은 시간인데
그 짧은 시간에 우주가 열린 것입니다
어제 새벽 편지에서 천지창조론를 언급하며
지음造에는 소요시간이 들어있지 않다고 했지요

왜냐하면 말씀吾으로 진행近되었으니까

그러나 신의 천지창조설과
우주의 빅뱅설은 전혀 다른 문제입니다
빅뱅설 역시 초超시간에 이루어졌습니다만
우주배경복사가 고스란히 남아있어
정확한 증거를 찾아낼 수 있습니다
하지만 신의 창조설에는 말씀만 있을 뿐
어떤 증거도 발견할 수 없습니다
신의 말씀은 종교일 뿐 과학이 아니며
빅뱅은 물리학이지 종교는 아닌 까닭입니다

우주가 열리면서 시간이 시작되었고
우주가 열리면서 공간이 팽창했습니다
빅뱅으로 우주가 열린 지 137억 년이라면
137억 년 동안 빛의 속도로
공간이 퍼져나갔고
지금도 퍼져나가고 있으며
앞으로도 계속해서 우리 우주는
확장의 운동을 멈추지 않을 것입니다

그렇다면 1찰나가 100경분의 1초라면

이렇게 짧은 시간의 마디들이

이어지고 이어지고 또 이어져서

초秒가 되고

분分이 되고

시간과 하루가 되고

후侯가 되고

절節이 되고

달과 계절이 되고

한 해가 되고 모든 시간의 역사가 됩니다

우주공간을 가득 메우고 있는 게 무엇일까요

공간을 포함하여 원자原子로 알고 있습니다

그리고 그것은 실제 원자가 맞습니다

그런데 언제부터인가

원자를 이루고 있는 것들이

양성자와 중성자 전자로 판명이 되었으며

이들은 다시 쿼크로 되어 있고

쿼크를 세밀하게 분석해 보니

끈이고 파동이었음을 알게 되었습니다

그런데 나는 언제부터인가

이들 끈이론의 끈은 끈에서 끝나지 않고

마디의 이어짐이라는 것을 생각했습니다
천자문 때문이 아닙니다
나의 이 새로운 '마디 가설假說'은
물리학자들이 앞으로 증명할 일이지만
내 이론물리에서는 세상은 마디의 세계입니다

세포의 핵을 이루는 나선형 DNA도
자세히 관찰하면 결국 마디의 복합체입니다
하물며 눈에 보이는 풀과 나무이겠으며
생명의 골격骨格만이 아니라
빛과 에너지까지도 나는 마디라 봅니다
시간이 마디이듯
공간도 마디이며
공간이 마디이듯
온갖 사물이 다 마디이며
사물이 마디이듯
질량으로 표현되지 않는
에너지의 세계까지도 모두 마디입니다

이 글을 쓴 게 2016년 5월 7일이었는데
엊그제 서울 아산병원에 갔다가
'서울아산병원갤러리' 앞을 지나치는데

시나브로 옆을 돌아보게 되었습니다
화려한 빛과 아름다운 소리 때문이었지요
빛과 소리만이 아니었습니다
단조로운 컬러에서 풍기는 향기였습니다
이인호 화백의 초대개인전으로
타이틀이 '결의 미학' 전이었습니다

세상의 원형질은 결grain이었습니다
앞에 붙인 행복Happiness
순수Purity
기쁨My pleasure처럼
작품의 이름도 이름이려니와
mixed media 처럼 작품 구성 때문일까
다양하고 다채로움이 한 눈에 들어왔지요
아! 그래요
그렇고말고요
세상의 원형질은 결grain이었습니다

'결의 미학' 전에 전시된 작가의 작품에는
입자와 끈과 마디를 담고 있었습니다
세심한 듯하면서 매우 단조로웠고
단조로우면서 화려한 빛이 있었습니다

특히 Happiness(행복)은
위로부터 쏟아져내리는 햇살 아래서
빛과 하나가 되어 뛰어노는 아이들과 함께
가장 가까운 반려동물의 몸짓에서도
행복은 이런 것이구나 했습니다

다른 것은 모르겠는데
Happiness라는 작품을 180°돌리면
하늘에서 내리는 축복의 햇살이 아니라
땅에서 솟아오르는 행복입니다
땅에서 솟아오르는 행복의 나뭇가지 위로
새와 천사와 곤충들이 찾아들 듯
아이들이 거꾸로 내려오는 느낌이었습니다
작품 purity와 My pleasure 등은
철저히 '시간의 화살' 법칙을 따르기에
거꾸로 놓고 볼 생각을 하지 않지만
Happiness는 어떻게 놓고 보더라도 좋습니다

부처님이 입으로 무량한 광명을 놓으시니
그 광명에 사랑과 언어가 담기고
바라제목차가 담기듯
세상은 바로 결grain이었습니다

이인호 화백은 새로운 주제를 던집니다
점과 선과 면을 모두 담고
시간과 공간이란 차원을 섞고
끈으로 마디로 되어있다는 원형질에
완벽한 주제 하나를 내어놓습니다
"음! 그래, 세상은 결이다" 라고

16) 유니버설 언어

부처님이 입으로서 무량광명 놓으시니
그자리에 함께했던 백만억의 대중들과
보살들을 비롯하여 십팔범천 육욕천자
십륙대국 제왕들이 두손모아 합장하고

곡진하온 마음으로 금구성언 들었으니
부처님이 설하시는 대승보살 계법이라
서가모니 여래께서 보살에게 설하시되
내가이제 보름마다 보살계를 외우리니

이와같이 마음발한 그대모든 보살들과
십발취와 십장양과 십금강을 비롯하여
열단계의 보살경지 뛰어오른 이들이여
두손모아 마음모아 함께외울 것이니라

#1

우리 서가모니 부처님께서
북인도 부다가야 보리수 아래 이르사

처음으로 바라제목차를 만드시니
이는 부모님과 스승님과 삼보님께
효순하는 법이며 동시에
모든 악한 법을 멈추게 한다 하셨습니다
그렇다면 북인도 부다가야
보리수 아래 이르기 전에는 어땠을까요
'바라제목차'라는 계목이 없었을 것입니다

당시 우리 서가모니 부처님께서
입으로 한량없는 광명光明을 빛뿌리시니
그 자리에 함께했던
백만억 대중들과
셀 수 없는 보살들과
인도 대륙 열여섯 큰 나라 제왕들과
여섯 개 욕계하늘 주재자인 천자들과
열여덟 개 범천들이 VIP로 참석하였습니다
청중 수가 대단한 것도 대단하거니와
색계 십팔 범천 천주天主들이 함께함이며
욕계 육천 천주들도 함께한 것입니다

이들이 모두 한결같이
공경하는 마음으로 합장한 채

부처님께서 설하시는 대승보살 계법을
한 마디도 놓치지 않고 들었습니다
부처님은 어떤 언어를 쓰셨을까요
인도 네팔 파키스탄을 중심으로 쓰는
힌디/우르드어였을까요
산스크리트어나 빠알리어였을까
서가모니 부처님이 분명 인도 분이라면
많은 언어 중 힌디 우르드어였을 것입니다

우선 우리 서가모니 부처님께서
입으로 한량없는 광명을 빛뿌리십니다
어떻게 입에서 빛이 나올까요
그냥 느끼는 느낌 정도의 빛이 아닙니다
헤아릴 수 없는無量 광명光明입니다
헤아릴 수 없다는 뜻은 크게 두 가지입니다
첫째는 빛이 뿜는 파장의 양일 것이고
둘째는 빛의 다양성일 것입니다
가시적 빛이 있다면 비가시적 빛도 있습니다

부처님께서는 정수리로 빛을 뿜거나
이마眉 사이間 뽀얀白 털오라기毫에서
헤아릴 수 없는 다채로운 빛을 뿌리십니다

또는 명치에서 빛을 뿜기도 하고
두 개의 안구眼球에서 빛을 뿜으십니다
심지어 손바닥에서도 발바닥에서도
부처님은 상황 따라 빛을 빛뿌림하시지요
하지만 우리가 육안으로 볼 수 있는 빛은
전체 빛의 3%에 불과하다고 합니다
우주 내의 97% 빛은 눈에 띄지 않습니다

빛이란 무엇일까요
what is light?
빛이란 시각視覺 신경神經을 자극하여
물체를 볼 수 있게 하는 전자기파며
태양이라든가 고온의 물질에서 나오는데
어떠한 물체가 광선을 흡수하거나
또는 반사하여 나타내는 빛깔이기도 합니다
아무튼 한 마디로 얘기하면 전자기파입니다
빛의 속도와 전자기파 속도는 동일합니다
그렇다면 빛의 속도는 얼마나 될까요
진공에서 초당 299,792,458m며
1광년은 9,454,254,955,488,000m입니다

빛을 영어로는 라이트ligh라 하고

중국 일본 등 한자문화권에서는 광光이며
세계표준어 에스페란토는 lumo입니다
라틴어는 lux라하며
lumen이라고도 합니다
우리말로는 빛입니다
이 빛에서 다시 빛光을 비롯하여
볕熱, 빛깔色, 물질色, 색色이 드러나지요

전자기파의 종류는 크게 6가지가 있습니다
첫째는 감마선gamma rays이고
둘째는 X선이며
셋째는 자외선紫外線이고
넷째는 가시광선可視光線입니다
다섯째는 적외선赤外線이며
여섯째는 전파電波 곧 전자기파입니다
이 가운데서 육안으로 볼 수 있는 빛은
글자 그대로 가시광선뿐입니다

만약 빛이 전자기파電磁氣波라면
전기電氣와 자기磁氣에서 나오는 파장波長이니
파장이라면 글자 대로 파동의 길이입니다
파동 마루에서 이웃 마루까지의 거리며

이웃하는 골과 골 사이의 거리입니다
빛은 색깔에 따라 주파수와 파장이 있는데
설법하는 서가모니 부처님 모습에서도
이런 빛깔과 파장이 느껴졌을까요
너무 어려운 얘기로 들어가는 것 같다고요

거룩한 스승 서가모니 부처님께서는
빛으로 표정으로 몸으로 법을 설하십니다
입을 통해 나오는 언어구조 이전입니다
백만억 대중이 모인 장소라면
그 넓이가 우리의 상상을 초월합니다
교황 방한시 백만 명이 모인 광화문 광장도
어마어마한 관중의 모임이라 했습니다
진제 조계종정의 간화선 법회 때도
광화문 광장에 70만 명이 모였습니다
센터에서 먼 곳은 종정의 모습을 볼 수 없었고
마이크 없이 목소리를 들을 수 없었습니다

하물며 백만억 청중들이 모였습니다
백만억은 1백만이거나 또는 1억 청중입니다
또 달리 풀면 100만×1억=100조입니다
어느 쪽이든 적은 청중이 아닐터인데

마이크를 쓰지 않은 상태에서
어떻게 부처님 말씀을 들을 수 있을 것이며
자그만치 100조에 달하는 청중이라면
전세계인구의 15,000배에 해당하는데
어떻게 부처님 얼굴을 뵐 수 있었을까요
하여 100만×1억=100조는 아닐 것입니다

그렇다면 앞서 계산한 대로 100만이거나
1억 명 정도가 한 데 모였겠지요
1억 명도 우리나라 전체 인구의 2배로서
이 또한 적은 청중이라 할 수 없습니다
당연히 음성으로는 접할 수 없고
빛으로만이 가능하다고 할 수 있겠는데
1억 명이 모인 저 먼 가장자리에서
대형 전광판이 없는 상태라 가정했을 때
설법하는 부처님 모습을 볼 수 있었을까요
아무리 생각해도 무리였을 것입니다
그러나 경전에서 없는 말을 했겠습니까

만약 세상에 빛이 없었다면
나는 당신의 뽀야디 뽀얀 뺨과
발그레한 얼굴을 볼 수 없었을 것입니다

만약 세상에 빛이 없었다면
부처님 모습을 볼 수 없었을 것입니다
만약 세상에 빛이 없었다면
부모님 사랑도 볼 수 없었을 것입니다
만약 세상에 빛이 없었다면
귀여운 손자손녀들 모습도 볼 수 없겠지요
게다가 내 자신이 어떻게 생겼는지
내 주위에 누가 있고 무엇이 있는지
환경은 어떠한지 전혀 알 수 없었겠지요

#2

보살이 보살일 수 있음은
겉으로 드러난 모습 때문이 아닙니다
어느 호학자好學者가 있었습니다
말 그대로 배우기를 좋아하는 사람입니다
어느 날이었습니다
그는 한 여성 불자를 붙잡고 물었습니다
"저, 거사居士님. 여쭈어볼 게 있는데요"
여성 불자가 답했습니다
"저는 거사가 아니라 보살인데요"

"그래요? 거사님이 아니시라고요?"
여성 불자가 불같이 화를 내며 말했습니다
"네, 저는 보살이예요
어디로 봐서 제가 남자로 보입니까?"

그는 불교용어 하나를 익힌 셈입니다
어느 날이었습니다
신이 난 그는 한 남자를 붙들고 물었습니다
남자는 절에 나가는 불자였지요
"저기, 보살님. 뭐 좀 여쭤봐도 될까요?"
남자가 말했습니다
"나는 보살이 아닙니다. 거삽니다."
"엥? 보살이 아니시라고요?
지난 번 절에 나가시는 아주머니에게
거사라 했더니 자기는 보살이라던데요"
"그래요? 그는 여자니까 보살이 맞고
나는 남자니까 거사가 맞아요."

그는 또 하나의 용어를 익힌 것입니다
하루는 절에 갔더니
마침 보살 수계식이 진행중이었습니다
청중 속에는 여자만 있는 게 아니라

남자들도 꽤 여럿 있었습니다
3분의 1은 족히 되는 듯 싶었습니디
그는 속으로 생각했습니다
'저 남자들은 옷만 남자들 복장일 뿐
틀림없이 여자들이 맞을 거야.'
시간이 꽤 흐른 뒤 수계식이 끝났습니다
아는 친구가 수계증서를 받아들고
법당문을 나서다가 말고 다가왔습니다

"이게 누구야!
넌 절에 다니지 않잖아
그런데 어쩐 일이니 절에까지 오고"
그는 속으로 생각했습니다
'이 친구는 그 친구가 아닐 거야
분명 여자가 남자로 둔갑했거나 아니면?'
그는 그런 생각을 하며 움찔했습니다
'내가 지금 뭐에 홀린 거 같애
어떤 여자기에 내 친구로 둔갑을 했지?'
마침 그때였습니다
친구가 어깨를 툭 쳤습니다
"무슨 생각을 하고 있어? 나야 나!"
"네, 보살님, 제가 무슨 생각을 하기는요"

친구가 정색을 하며 말했습니다
"얌마! 나 네 친구야!
너, 나 몰라?
나는 여자가 아니야
어디로 봐서 내가 보살이냐
야! 정신 차렴 마"
그는 그럴수록 점점 야릇했습니다
그는 제 손등 피부를 꼬집어 보았습니다
분명 통각痛覺이 있었습니다
그는 중얼거렸습니다
'꿈은 아니네!'

그는 보살계 수계식에 참석한
모든 불자가 모두 다
여성들일 것이라 생각했습니다
그는 생각을 정리했습니다
불교 신자를 크게 두 부류로 나눈다
첫째 남자는 거사다. 이처럼 거사는 남자다
둘째 여자는 보살이다. 보살은 곧 여자다
따라서 보살계를 받는 이는 여자다
남자가 보살계를 받았다면
그는 분명 성전환 수술을 한 게 틀림없다

결론적으로 '아무튼 보살은 여자다.'

우선《범망경》〈보살계품〉에서 말씀한
'십취양금강지十趣養金剛地'를 볼까요
'십취양금강지'는 포살법문을 익힐 때
십발취, 십장양, 십금강, 십지라는
보살이 닦아야 할 덕목을
외우기 쉽게 한 단어로 묶은 것입니다
나는 늘 이런 식으로 만들어 외웠으니까요

십발취十發趣
01) 집착하지 않는 마음
02) 계 지니는 마음
03) 참는 마음
04) 정진하는 마음
05) 흔들리지 않는 마음
06) 슬기로운 마음
07) 깨달음을 원하는 마음
08) 불법 지키는 마음
09) 남의 즐거움을 기뻐하는 마음
10) 정수리 마음

십장양十長養

01) 중생을 사랑하는 어진 마음

02) 중생의 고를 덜어주는 마음

03) 남과 즐거움을 기뻐하는 마음

04) 집착하지 않는 마음

05) 베푸는 마음

06) 좋은 말을 하는 마음

07) 유익하게 하려는 마음

08) 함께 하려는 마음

09) 흔들리지 않는 마음

10) 슬기로운 마음

십금강十金剛

01) 믿는 마음

02) 기억하는 마음

03) 마음 돌려 부처님을 받드는 마음

04) 진리에 통달하는 마음

05) 곧은 마음

06) 물러나지 않는 마음

07) 큰 탈 것 마음

08) 집착을 떠난 마음

09) 슬기로운 마음

10) 무너지지 않는 마음不壞

십지十地
01) 나와 남이 평등한 경지
02) 아름다운 지혜의 경지
03) 빛나고 밝은 경지
04) 번뇌가 사라진 경지
05) 지혜 햇살이 비추는 경지
06) 화려한 빛의 경지
07) 만족할 줄 아는 경지
08) 사자후를 하는 경지
09) 꽃華으로 꾸민嚴 경지
10) 부처세계로 들어가는 경지

이와 같이 일체一切 중생衆生들이
보살도를 닦아가기 위해서는
반드시 갖추어야 할 덕목입니다
위에서 살펴보았듯이 어려운 게 없습니다
보살의 기준은 겉모습이 아닙니다
보살의 기준은 이들 덕목을 닦음입니다
이들 덕목 가운데 십지十地는
화엄 십지十地와 내용이 좀 다릅니다

하지만 용어는 비록 다른 듯하나
내용까지 온전히 다른 것은 아닙니다

아! 그러고 보니
'유니버설 언어' 마무리가 남았네요
'기포의 새벽 편지'를 기대하시라 하곤
'십취양금강지' 얘기하다가
이렇게 또 밀려나게 되었습니다
부처님께는 어떤 언어로 설하셨을까요
인간의 언어였을까요
16대국으로 짜인 힌디어를 설하시며
동시통역으로 이해시켰을까요
인간의 언어는 그렇다 치고
여섯 욕계 하늘 천자들을 비롯하여
열여덟 색계 범천 천주들께서는
과연 어떤 언어로 소통이 가능했을까요?

17) 중도의 법칙

그러므로 그대들은 분명하게 알지니라
보살계의 자비광명 언어에서 나오나니
보조연이 있는곳에 질료인이 없지않고
그광명과 다른광명 또한다시 이와같아

파랗지도 않거니와 노랗지도 아니하고
빨갛지도 않거니와 하얗지도 아니하며
까맣지도 않거니와 물질세계 아니로다
마음또한 아니지만 마음떠나 따로없네

있는것도 아니지만 없다고도 할수없고
인과법도 아니지만 부처님의 본원이며
보살도를 실천하는 뿌리이고 바탕이며
대중들의 바탕이고 불자들의 뿌리로다

그러므로 불자들은 마음깊이 새겨두라
일체모든 불자들은 안과밖과 허와실에
보살계를 받아지녀 간직하고 독송하고
여법하게 수지하며 배워가야 하리로다

반야부의 핵심인《반야심경》에서는
소위 ‘육부중도六不中道’를 말씀하십니다
‘아니 불不’ 자가 6번 들어가는 까닭에
중론中論의 ‘팔부중도八不中道’에서
용어를 살짝 빌려와 내가 새롭게 붙인
중도의 법칙 용어라고나 할까요

1) 불생不生 : 생하지도 아니하고
2) 불멸不滅 : 멸하지도 아니하며
3) 불구不垢 : 더럽지도 아니하고
4) 부정不淨 : 깨끗하지 아니하며
5) 부증不增 : 늘어나지 아니하고
6) 불감不減 : 줄어들지 아니한다고요

어찌 보면 완전히 비논리적입니다
생기지 않으면 그냥 생기지 않는 것이고
멸하지 않으면 그냥 멸하지 않을 뿐입니다
이 둘은 생명에 관한 것입니다
새 생명을 앞에 놓고 새롭게 태어났느니
떠난 이에게 인연이 다했느니 하지만
사실 눈에 보이는 세계를 두고
어디까지를 생生으로 보고

어디부터를 죽음으로 보느냐 하는 것은
다분히 주관적일 뿐 객관적인 게 아닙니다

사람은 생각하는 존재입니다
‘나는 누구며 어디서 왔으며
어디를 향해 가고 있는가’를 생각하고
‘부모미생전’까지 되짚어보곤 합니다
현재 자신에게 주어진 삶뿐만이 아니라
전생을 생각하고 내생을 생각합니다
이처럼 삶과 죽음에 관해 철학하는 사고가
사람에게는 가능할 수 있을지 모르겠으나
다른 생명들에게도 있을 수 있을까요
따라서 ‘생멸’이라는 명제命題는
전혀 객관적일 수 없다는 것입니다

어느날 파리를 본 두꺼비에게 묻습니다
“너, ‘나고生 죽음滅’이라는 말 아니?”
두꺼비가 대답합니다
“쉿! 조용히 해”
이번에는 두꺼비 앞 파리에게 묻습니다
“너, ‘불생불멸不生不滅’이라고 알아?”
파리가 대답합니다

"그게 나와 상관있는 얘기일까?"
이때였습니다
무엇인가 번쩍하는 듯 했는데
두꺼비의 긴 혓바닥에 낚여
파리는 두꺼비 입속으로 사라졌습니다

더럽지 않다면 더럽지 않을뿐이고
깨끗하지 않다면 깨끗하지 않을뿐이지
더럽지도 않고 깨끗하지도 않다는
그런 논리가 왜 필요하느냐 하는 것입니다
이 논리는 미학美學과 관련된 것이지요
더러우면 더러운대로 내버려두던가
아니면 깨끗하게 하면 되고
깨끗하면 깨끗한대로 내버려두던가
아니면 좀 어질러놓으면 되지
그게 그리 대단한 일도 아니잖습니까

더러움과 깨끗함이란 관점도
단지 관찰하는 자에 따른 주관일뿐입니다
객관적으로 어디서 어디까지를
더럽다 또는 깨끗하다로 정의할 지
정확한 판단을 내릴 수 없는 게 사실입니다

더럽지 않다 깨끗하지 않다 하기 전에
더러움의 기준이 과연 무엇이며
깨끗함의 기준은 과연 어디까지일까요
인간이 느끼기에 썩은 생선은 더럽습니다
쉬파리도 이게 더럽게 느껴질까요

인간의 감성으로 보았을 때는
모나리자가 아름답게 느껴질 지 모르나
사람이 아닌 다른 생명체들에는 어떨까요
모나리자가 아름답게 느껴지겠습니까
어쩌면 그들에게는 미추美醜가 없겠지요
좀moth에게는 한낱 놀이터이고
좋은 먹잇감일뿐입니다
아! 그런 명품은 좀이 쓸지 못하도록
완벽하게 방부처리가 되어 상관없다고요
아무튼 더럽다 깨끗하다는 느낌도
뭇 생명에게 똑같이 적용되지는 않습니다

늘어나지도 않고 줄어들지도 않다니
그런 어정쩡한 논리가 있습니까
늘어나면 그냥 늘어나는 것이고
줄어들면 그냥 줄어드는 것 아닌가요

재산이란 게 늘어나기도 줄어들기도 하지
늘어나지도 줄어들지도 않다니요
몸무게가 줄기도 하고 늘기도 하지
줄어들지도 늘어나지도 않다니 가능한가요
그러나 이는 개체의 현상일 뿐이지
지구라는 전체에서 보면 증감이 없습니다

그렇다면 《반야심경》의 육부중도가
지구라는 거대 차원에서 한 말씀일까요?
지구 차원에서 보면 그럴 수 있습니다
코끼리 한 마리가 태어났다 하여
지구 질량質量이 그만큼 늘어났을까요
6,500만년 전 백악기白堊紀 때
지상에서 공룡이 한꺼번에 사라졌다 하여
지구 무게가 그만큼 줄어들었을까요
그렇지는 않습니다
그래서 '부증불감不增不減'일까요

포살계본布薩戒本에서는 말씀하십니다
부처님의 입에서 나온 광명이
파랗지도 않고 노랗지도 않습니다
빨갛거나 하얗거나 까맣지도 않습니다

다시 말해 '청황적백흑靑黃赤白黑'
5가지 빛깔로 표현할 수 없다는 것이지요
이 뿐만이 아닙니다
물질도 아니요
마음도 아니며
마음을 떠나 있는 것도 아니라 하십니다
하여 있는 것도 아니고
없는 것도 아니며
인과법도 아니라 하십니다

이처럼 포살계본에서는
11가지로 부정否定하고 있습니다
다섯 가지 빛깔'로 표현될 수 없는 광명
물질도 마음도 마음을 떠나서도
부처 입에서 나온 광명은 표현불가입니다
그러므로 있는 것도 없는 것도 아니고
인과법으로도 설명될 수 없다는 말씀
이를 '중도中道의 법칙法則'으로 볼까요
나는 그렇게 보지 않습니다
논리 속에 거듭부정이 이어진다 해서
이들이 다 '중도中道'라 보지는 않습니다

오늘의 주제는 중도가 아니라
완벽한 귀납歸納induction의 원리입니다
보살계의 자비광명은 어디서 나옵니까
부처님의 입에서 나옵니다
입에서 나오는 게 무엇이겠습니까
으레 대자대비로 점철된 가르침입니다
이 대자대비의 가르침은
어떤 것에 치우친
획일적 가르침이 아닌 까닭에
자그마치 11차원에 걸쳐 부정하였습니다

그러나 이런 부정이 가능한 것은
앞서 언급한 연역演繹deduction과 함께
다시 그 연역의 꼭짓점으로 되돌아가는
귀납의 원리 때문이라고 나는 얘기합니다
앞서 부처님은 말씀하십니다
"보조연補助緣이 있는 곳에
질료인質料因이 없지 않다" 라고요
이 짧은 한 마디에 담겨 있습니다
부처님께서 왜 자비광명을 뿜으셨으며
그 광명이 하필이면 입에서 나왔겠습니까

미간백호眉間白毫에서 뿜을 수도 있고
정수리에서 광명이 솟아나기도 하고
가슴에서 손바닥에서도 가능한데 말입니다
입에서 자비광명이 뿜어져 나올 때
어느 영화 한 장면을 상상할 수도 있습니다
입에서 불을 뿜는 괴물을 상상합니다
이는 모두가 상대를 제압하기 위함이며
스스로를 방어하기 위한 불꽃입니다
부처님 입에서 나온 신묘한 빛은
자비와 지혜로 된 빛이지 불이 아닙니다

"보조연이 있는 곳에 질료인이 없지 않다"
그렇습니다
어떤 사건이 있기 위해서는
그러한 사건이 벌어지기 이전에
반드시 거기에는 동기動機가 있었습니다
11차원으로 부정되는 자비광명이
부처님 입에서 나온다는 것은
중생들을 바른 길로 이끄시려 함입니다
그 내용이 곧 대승보살계지요
따라서 《범망경》보살계는 자비광명입니다

중생들을 사랑하는 자비광명을 떠나
보살계에서 청황적백흑을 논하고
물질과 마음의 있고 없음을 논한다고요?
의미있는 일이 아닐 것입니다
그러나 이것이 부처님의 본원이고 중도며
보살도를 실천하는 뿌리고 바탕입니다
어찌 부처님뿐이겠습니까
포살대중들의 바탕이고 중도며
불자들의 뿌리根이고 줄기幹입니다
하여 범망계본에서는 이렇게 그루박습니다

그러므로 불자들은 마음깊이 새겨두라
일체모든 불자들은 안과밖과 허와실에
보살계를 받아지녀 간직하고 독송하고
여법하게 수지하며 배워가야 하리로다

18) 수지독송受持讀誦

그러므로 불자들은 마음깊이 새겨두라
일체모든 불자들은 안과밖과 허와실에
보살계를 받아지녀 간직하고 독송하고
여법하게 수지하며 배워가야 하리로다

(1) 받을 수受
청정한 계율 받고자 하나
받을 수 없습니다
받을 공간이
너무 흐린 까닭입니다

(2) 지닐 지持
크신 자비 지니고자 하나
지닐 수 없습니다
지닐 그릇이
상相으로 가득한 까닭입니다

(3) 읽을 독讀
부처 지혜 읽고자 하나

읽을 수 없습니다
부처 지혜는
바코드가 아닌 까닭입니다

(4) 외울 송誦
부처 마음 외고자 하나
외울 수 없습니다
부처 마음은
문자를 초월한 까닭입니다

(5) 마침 종終
그러나 포기할 수 없습니다
부처는 우리에게
포기할 수 있는 법을
아직 한 번도 가르쳐주지 않은 까닭입니다

19) 보살의 자격

불자들은 명심하고 귀기울여 들을지라
보살계를 받는이유 국왕이든 왕자거든
정승백관 비롯하여 청정비구 비구니와
십팔범천 육욕천자 일반서민 내시들과

음남음녀 노비들과 팔부귀신 금강신과
축생이며 사람이며 사람으로 변한이도
포살법사 설한말씀 이해할수 있다하면
한결같이 보살계를 받을수가 있느니라

포살법회 동참한이 너희에게 설하나니
이와같은 불자들은 보살일수 있느니라
이들모두 보살계를 받을수가 있으므로
맑고맑은 수행자라 이름할수 있는도다

"당신은 어느 나라에서 오셨습니까?"
"나는 코리아에서 왔습니다."
"코리아라면 어느 쪽 코리아입니까?"
"어느 쪽 코리아라니요?"

"남코리아 북코리아가 있지 않던가요?"
"남코리아와 북코리아가 있는 게 아니고
코리아에 남녘과 북녘이 있을 뿐입니다"
"그게 무슨 말씀입니까?"
본디 코리아는 하나입니다
체제가 잠시 나뉘었을 뿐입니다."

외국에 나가면 많이 받는 질문입니다
이때 대개 대한민국 사람들은 대답합니다
"나는 남한에서 왔습니다"
"조선민주주의인민공화국이 아니라
나는 엄연한 대한민국 사람입니다."
사실 누구나 이렇게 대답은 하면서도
당당하지 못하고 엉거주춤한 마음입니다
대한민국 사람이라는 것이
당당하지 못할 게 없는 데도 불구하고
남한이냐 북한이냐를 물어올 때는
대답하는 게 부끄러울 때가 사실 많습니다

나는 늘 '남코리아'가 아니라
'코리아 남녘'이라 대답을 하곤 했습니다
코리아는 하나입니다

다만 집정체제가 둘로 나뉘었을 뿐입니다
같은 우리 대한민국 내에서도
16개 광역이 있지 않던가요
그것처럼 같은 한반도 같은 코리아인데
남녘과 북녘이 나뉘었을 뿐입니다
물론 이렇게 답변은 하면서도
속이 그리 시원한 편은 아닙니다

만약 본디 하나의 코리아라면
최소한 왕래만큼은 자유로워야지요
남쪽에 사는 사람이나
북쪽에 사는 사람이나
자유롭게 오갈 수가 없지 않습니까
이게 어떻게 하나일 수 있습니까
그러나 누가 보더라도
우리는 겨레붙이가 하나입니다
같은 동양인을 놓고도
한국 중국 일본 사람이 구별이 됩니다
이는 문화의 가름인 언어 문제가 아니라
어딘가에서는 분명 다름을 느낍니다

이번 동계올림픽을 통해

우리 남북이 한 자리에서 만났을 때
겉으로 드러난 모습으로
남과 북의 다름이 느껴지던가요
다른 사람은 모르겠으나
내게는 구별이 되지 않았습니다
겨레붙이가 하나임이 분명했습니다
그러니 외국에 나갔을 때
현지인이 "어느 코리아냐"물을 수 밖에요
그래서 우리는 보살이 되지 못하고
그래서 우리는 아직 중생일지 모릅니다

대승 보살계大乘菩薩戒 받을 자격을
범망경 보살계본 서序에서는 말씀합니다
국왕이거나
왕자거나
정승이거나나
온갖 벼슬아치를 비롯하여
청정 비구 비구니와
색계18범천色界十八凡天과
욕계 6욕천자欲界六欲天子와
일반 서민들은 말할 것도 없습니다
나아가서는 내시들과

음란한 남자
음란한 여자
노비들과
팔부귀신天龍八部鬼神들과
금강신金剛神과
심지어 축생들과
사람들과
사람으로 변한 이들도 다 포함됩니다

단 이들에게 조건이 있습니다
포살하는 법사의 말을 이해할 수 있다면
그가 누구라도
어떤 생명체라도
보살계를 받을 수가 있다는 것입니다
법사의 말을 알아듣고
법사의 말을 이해하고
마음으로부터 온전히 받아들일 수 있다면
누구나 보살계를 받을 자격이 있고
포살법회에 참석할 수 있다고 봅니다

그가 비록 하늘을 나는 새거나
땅 위를 네 발로 닫거나

물 속 바닷속을 헤엄치거나
땅속에 사는 작은 곤충이라 하더라도
모두 보살 자격이 주어집니다
관문은 단 하나입니다
포살 법사의 말을 알아듣느냐입니다
포살 법회에 동참한 이들은
분명 보살일 수 있다고 말씀하십니다
그리하여 보살계를 받을 수 있다면
그들이야말로 청정수행자입니다

대한민국 국적을 지니고
여권에 대한민국인이라 찍혀 있다면
누가 뭐라든 그는 대한민국 사람입니다
우리가 외국에 나갔을 때거나
외국인이 우리나라에 들어올 때
우선 확인하고 인정하는 게 신분입니다
여권에 오른 사진과 기록을
실물과 대조하여 완벽하게 일치할 때
그를 내국인 또는 외국인으로 인정합니다
이 제도가 바로 여기서 언급됩니다

생명을 가진 자라 하더라도

포살법사의 말을 알아들어야 한다는 것은
겉모습으로 보살을 판단함이 아닙니다
보살이라면 보살로서의 수행지침을
제대로 이해하고 따라야한다는 것입니다
나는 어렸을 때 포살법회에 참석하여
이 서문 외는 것을 들으며
참으로 많은 생각을 했습니다
아! 사람의 언어를 이해할 수 있다면
포살법사의 말을 알아들을 수 있다면
누구나 보살계를 받을 수 있고
보살이 될 수 있구나 하고요

그러나 여기서 말을 알아듣고
말을 이해할 수 있다는 말은 중요합니다
말을 알아듣고 이해한다는 말은
말한 대로 실천하겠다는 의지意志입니다
포살한 내용을 말로 이해하고
논리로 이해하는 데서 끝나는 게 아니라
실천의 의지를 갖고 닦아가야 하지요
우리는 보통 이런 말을 합니다

"내 말이 무슨 뜻인지 알지?"

"그럼 알지!"
"알았지?"
"응 알았어!"

이 짧은 대화에는 실천의 의지가 있습니다
"당신은 어느 나라에서 왔습니까?"
"나는 대한민국에서 왔습니다."
그러면서 비자피visa pay를 내게 되면
그는 대한민국인으로서
그 나라에서 일정기간 머물 수 있고
다니며 일을 볼 수 있는 자격이 주어집니다
보살로서의 자격을 심사하는
보살계 서문에는 이런 뜻이 들어 있습니다

그런데 나는 지금도 고개를 갸웃합니다
아프리카 체재하는 52개월 동안
그들 물음에 대한 나의 답이
과연 맞는 말이었는지
아니면 말장난은 아니었는지 하고요
보살계 서문에서는 보살자격을 심사하면서
포살 법사의 말을 이해할 수 있다면
그의 생명붙이가 어떤 것이든 상관없는데

같은 한민족이면서 체제가 다르다 하여
오갈 수 없고 만날 수조차 없다는 게
사람으로서 참 속상한 일입니다

오늘은 3.1독립선언 민족대표 33인 중
한분이었던 백용성 대종사가
조국의 독립과 해방을 보지 못한 채
1940년 음2월 24일 열반에 드신 날입니다
그 때만 하더라도 남북은 하나였습니다
당시는 북쪽의 조선민주주의인민공화국도
남쪽의 대한민국도 갈라지기 전이라
체제 때문에 오가지 못하는 게 아니였지요
따라서 용성 대종사는
일제로부터의 독립은 물론
남북의 갈림도 전혀 보지 못한 채
통한痛恨의 눈을 감으신 거였습니다

그는 통곡하실 것입니다
남북으로 허리가 잘린 나라를 생각하면
얼마나 마음이 아프시겠습니까
만주의 고토古土를 되찾는 것도 모자라
작은 한반도를 남북으로 갈라놓았느냐며 ㅡ

그는 통곡하실 것입니다
이념이 비록 중요하다고 한들
어찌하여 나라까지 동강내느냐고
용성 대종사시여! 엎드려 참회하나이다

제13장 정종분正宗分

부처님이 일체모든 불자에게 고하시되
그대들은 일심으로 나의말을 경청하라
대승보살 계목에는 중한것이 열가지니
보살계를 받은이는 보름마다 포살하라

보살계를 받은이가 포살하지 아니하면
보살이라 할수없고 불종자가 아니니라
불종자가 아니라면 성불할수 없으리니
그러므로 이와같이 나도함께 외느니라

과거모든 보살들이 이와같이 배워왔고
미래모든 보살들이 이와같이 배울거며
지금모든 보살도도 이와같이 배우나니
그러므로 그대들도 이와같이 닦아가라

내가이제 보살계중 앞에놓인 십중대계
계의틀과 계의모양 간략하게 설하리니
이법회에 함께모인 그대신학 보살들은
공경하는 마음으로 가르침을 봉지하라

삶의 소중한 뼈대

#1

계율은 삶의 뼈대骨格입니다
뼈대가 튼튼하지 않은 채
삶에서 건강을 자부할 수는 없습니다
대승보살계 십중대계는 더욱 그러합니다
여기에 열 가지 뼈대가 있습니다

(01) 살계殺戒
(02) 도계盜戒
(03) 음계淫戒
(04) 망어계妄語戒
(05) 고주계酤酒戒
(06) 설사중과계說四衆過戒
(07) 자찬훼타계自讚毀他戒
(08) 간석가훼계慳惜加毀戒
(09) 진불수회계瞋不受悔戒
(10) 방삼보계謗三寶界

#2

누가 내게 계율이 뭐냐고 묻는다면
나는 한 마디로 '생명'이라 할 것입니다
생명은 항상 현재형現在形입니다
생명에 지나간 과거는 없습니다
생명에 다가오지 않은 미래도 없습니다
오직 그에게 주어진 삶의 기간에
처음부터 끝까지 그냥 이어질뿐입니다
여기에 어떤 특정特定의 존재는 없습니다
왜냐하면 모든 생명은 그 자체로
누구나 매우 특별한 실존이기 때문입니다

그러기에 계율은 지니持는 게 아닙니다
생명이 지닌다 해서 지녀지고
팽개친다고 해서 팽개쳐지겠습니까
생명이 그런 것처럼 계율도 그러합니다
계戒는 지닌持다 하여 지계持戒라 하지만
계가 지닌다 하여 지녀집니까
계가 내려놓는다 하여 놓아집니까
어떤 경우도 계는 갖거나 놓는 게 아닙니다
그러므로 나는 감히 선언합니다

'계戒는 생명生命 그 자체自體'라고요

그러러면 과연 생명이 무엇인지
그에 대한 정의를 내려야 하지 않겠습니까
생명이란 '살아있는生 목숨命'입니다
살아서 숨 쉬고
심장과 맥박이 뛰며
활동할 수 있게 하는 힘을 생명이라 합니다
숨이 멎고
심장이 멎고
맥박이 멎은 자를
결코 생명이라 정의할 수는 없습니다
부처님이 설한 계율도 바로 이와 같습니다
살아있는 사람의 생명과 동떨어진 계율
나는 이런 계율을 생각해보지 않았습니다
아직까지 단 한 번도 말입니다

어미의 자궁 속에 자리 잡고 있으며
장차 태어날 존재를 생명이라 얘기하지요
여기에는 물론 사람을 대전제로 하지만
어찌 사람의 생명만 생명이겠습니까
지구상의 모든 동물動物은 다 생명입니다

동물이란 움직이動는 존재物입니다
그렇다면 움직이는 것은 다 생명일까요
스스로自 움직이動는 탈것車도
바람에 흩날리는 먼지도
기류따라 흐르는 구름도
피어오르는 안개와 연기까지도
움직이는 존재이니
이들을 생명이라 이름붙일 수 있을까요

앞서 얘기했듯이 생명이란 움직이되
숨 쉬고
심장이 뛰고
더불어 맥박이 뛰고
뜨거운 피가 흐르는 존재라야
바야흐로 생명이라고 정의할 수 있습니다
더 간단한 정의를 얘기한다면
세포가 증식하는 게 곧 생물입니다
이러한 조건을 충분히 갖춘
사람을 비롯하여
갖가지 동물animal과
곤충昆蟲insect/bug과
식물植物plant/vegetable까지도

마침내 하나의 살아있生는 존재物로서
비로소 생명이라 정의正義합니다

그러나 어떤 사물이 유지되는 일정한 기간
단지 움직인다動는 사실物 하나만으로
이를 생명이라 정의할 수 있겠는지요
그렇지 않습니다.
동물의 정의는
움직動이는 물체物이면서
동시에 숨 쉬고
심장과 맥박이 뛰고
피부 밑으로 피가 흘러야 합니다
그러기에 안개 구름 연기처럼
바람 따라 기류 따라 움직이는 것이나
중력의 법칙따라 흐르는 물 따위를
움직인다 하여 생명으로 보지는 않습니다

그리스 신화에 따르면 그들은
대지의 여신을 가이아Gaia로 부르며
우리가 살아가는 지구 자체를
하나의 생명체로 간주看做하였습니다
이는 매우 은유적인 표현이지요

바로 이 점에 착안着眼하여
1972년 영국 과학자 제임스 러브록
James Lovelock(1919.7.26일~)은
새로운 논문을 발표하기에 이릅니다

《대기권 분석을 통해 본 가이아 연구》로
대승불교《화엄경》에서나 가능한 학설을
그는 매우 당당하게 내놓습니다
'가이아 이론Gaia hypothesis'이
이미《대방광불화엄경》에 들어있다고요?
그렇습니다
《대방광불화엄경》에는
분명 가이아 이론이 들어있습니다
경전은 '여래의 십신十身'을 거론하면서
허공신虛空身, 국토신國土身을 비롯하여
업보신業報身까지 생명으로 인정합니다

허공이 그대로 생명을 지닌 몸이요
국토가 그대로 생명을 지닌 몸이며
업보 그대로가 곧 생명체를 지닌 몸입니다
그리스 신화에서 든 가이아 여신설은
글자 그대로 신화일 따름이지만

《화엄경》의 십신설은 곧 교리敎理입니다
그후 제임스 러브록 박사는 6년 뒤
1978년 새롭게 다듬어 쓴
《지구상의 생명을 보는 새로운 관점》이란
저서를 통해 우리가 살아가는 지구 자체를
완벽한 하나의 생명체로 간주합니다
그는 현재 살아계시며 올해로 '백수白壽'시지요

나는 사실 가끔 안타까움을 느끼곤 합니다
지금까지 내가 아는 불교경전 속에는
이와같이 첨단과학에서 설파한 내용들이
엄청나게不知其數 들어있는데
과학자들이 앞다투어 발표한 뒤라야
비로소 한 마디씩 맞장구를 치고 있습니다
맞장구는 그래도 그나마 양반입니다
아무튼 경전에서 같은 설을 찾아냈으니까요
뛰어난 불교학자들과
뛰어난 고승들은 생각보다 많습니다
그들이 세계적인 과학자들에 앞서
경전 속에서 미리미리 찾아낼 수는 없습니까

그럼에도 불구하고 생명의 정의는

반드시 숨 쉬고
심장이 뛰고
피부 밑으로 뜨거운 피가 흐르고
섭취하고 배설하며
생각할 줄 아는 이들에게
우리는 생명의 의미를 부여합니다
계율도 이처럼 생명과 늘 함께 합니다
따라서 앞서 이미 언급했듯이
계율은 지니지 않겠다 해서
지녀지지 않는 것도 아니고
지니겠다 해서 지녀지는 물건이 아닙니다
생명은 주고 받는 관계가 아닌 것처럼
계율도 주고 받는 물건이 결코 아닙니다

계율戒律은 해인사 팔만대장경각에
세계적으로 유수한 도서관에
고이 모셔진 고려대장경과
뭇장경 율부律部 속에 갇혀있지 않습니다
계율은 《사분율》등을 비롯하여
이들 종이론 된 《범망경》〈보살계본〉과
심지어 종이로 된 계첩戒牒 속에도
갇혀있는 게 아닙니다

계율은 가이아처럼 살아있는 생명체이기에
어떤 시간 어떤 공간에 가둘 수 없습니다
생명이 지나간 과거에 있지 않고
다가오지 않은 미래에도 있지 않으며
오직 지금now 여기here에서만 살아있듯
계율도 오직 '지금 그리고 여기'에서만
그 실존實存의 가치를 인정할 수 있습니다

매우 어렵고 난해難解한 글이지만
여기 10가지 뼈대가 있습니다
이를 뼈대라 풀이한 데 대해서는
앞으로 충분한 시간을 갖고
하나하나 천천히 이해시켜드릴 것입니다

살아가는 생명에게 필요한 열 가지 뼈대는
죽임殺에 대한 뼈대戒를 비롯하여
훔침과 횡령에 대한 뼈대
불륜에 대한 뼈대
거짓말에 대한 뼈대
술장사에 대한 뼈대
사부대중의 허물에 대한 뼈대
제 자랑과 남 헐뜯음에 대한 뼈대

인색과 비방에 대한 뼈대
화火anger와 용서에 대한 뼈대
삼보비방에 대한 뼈대 따위입니다

#3

누가 내게 계율이 뭐냐고 묻는다면
나는 한 마디로 '생명'이라 할 것입니다
생명은 항상 현재형現在形입니다
생명에 지나간 과거는 없습니다
생명에 다가오지 않은 미래도 없습니다
오직 그에게 주어진 삶의 기간에
처음부터 끝까지 그냥 이어질뿐입니다
여기에 어떤 특정特定의 존재는 없습니다
왜냐하면 모든 생명은 그 자체로
누구나 매우 특별한 실존이기 때문입니다

그러기에 계율은 지니持는 게 아닙니다
생명이 지닌다 해서 지녀지고
팽개친다고 해서 팽개쳐지겠습니까
생명이 그런 것처럼 계율도 그러합니다

계戒는 지닌持다 하여 지계持戒라 하지만
계가 지닌다 하여 지녀집니까
계가 내려놓는다 하여 놓아집니까
어떤 경우도 계는 갖거나 놓는 게 아닙니다
그러므로 나는 감히 선언합니다
'계戒는 생명生命 그 자체自體'라고요

그러려면 과연 생명이 무엇인지
그에 대한 정의를 내려야 하지 않겠습니까
생명이란 '살아있는生 목숨命'입니다
살아서 숨 쉬고
심장과 맥박이 뛰며
활동할 수 있게 하는 힘을 생명이라 합니다
숨이 멎고
심장이 멎고
맥박이 멎은 자를
결코 생명이라 정의할 수는 없습니다
부처님이 설한 계율도 바로 이와 같습니다
살아있는 사람의 생명과 동떨어진 계율
나는 이런 계율을 생각해보지 않았습니다
아직까지 단 한 번도 말입니다

어미의 자궁 속에 자리 잡고 있으며
장차 태어날 존재를 생명이라 얘기하지요
여기에는 물론 사람을 대전제로 하지만
어찌 사람의 생명만 생명이겠습니까
지구상의 모든 동물動物은 다 생명입니다
동물이란 움직이動는 존재物입니다
그렇다면 움직이는 것은 다 생명일까요
스스로自 움직이動는 탈것車도
바람에 흩날리는 먼지도
기류따라 흐르는 구름도
피어오르는 안개와 연기까지도
움직이는 존재이니
이들을 생명이라 이름붙일 수 있을까요

앞서 얘기했듯이 생명이란 움직이되
숨 쉬고
심장이 뛰고
더불어 맥박이 뛰고
뜨거운 피가 흐르는 존재라야
바야흐로 생명이라고 정의할 수 있습니다
더 간단한 정의를 얘기한다면
세포가 증식하는 게 곧 생물입니다

이러한 조건을 충분히 갖춘
사람을 비롯하여
갖가지 동물animal과
곤충昆蟲insect/bug과
식물植物plant/vegetable까지도
마침내 하나의 살아있生는 존재物로서
비로소 생명이라 정의正義합니다

그러나 어떤 사물이 유지되는 일정한 기간
단지 움직인다動는 사실物 하나만으로
이를 생명이라 정의할 수 있겠는지요
그렇지 않습니다.
동물의 정의는
움직動이는 물체物이면서
동시에 숨 쉬고
심장과 맥박이 뛰고
피부 밑으로 피가 흘러야 합니다
그러기에 안개 구름 연기처럼
바람 따라 기류 따라 움직이는 것이나
중력의 법칙따라 흐르는 물 따위를
움직인다 하여 생명으로 보지는 않습니다

그리스 신화에 따르면 그들은
대지의 여신을 가이아Gaia로 부르며
우리가 살아가는 지구 자체를
하나의 생명체로 간주看做하였습니다
이는 매우 은유적인 표현이지요
바로 이 점에 착안着眼하여
1972년 영국 과학자 제임스 러브록
James Lovelock(1919.7.26일~)은
새로운 논문을 발표하기에 이릅니다

《대기권 분석을 통해 본 가이아 연구》로
대승불교《화엄경》에서나 가능한 학설을
그는 매우 당당하게 내놓습니다
'가이아 이론Gaia hypothesis'이
이미《대방광불화엄경》에 들어있다고요?
그렇습니다
《대방광불화엄경》에는
분명 가이아 이론이 들어있습니다
경전은 '여래의 십신十身'을 거론하면서
허공신虛空身, 국토신國土身을 비롯하여
업보신業報身까지 생명으로 인정합니다

허공이 그대로 생명을 지닌 몸이요
국토가 그대로 생명을 지닌 몸이며
업보 그대로가 곧 생명체를 지닌 몸입니다
그리스 신화에서 든 가이아 여신설은
글자 그대로 신화일 따름이지만
《화엄경》의 십신설은 곧 교리敎理입니다
그후 제임스 러브록 박사는 6년 뒤
1978년 새롭게 다듬어 쓴
《지구상의 생명을 보는 새로운 관점》이란
저서를 통해 우리가 살아가는 지구 자체를
완벽한 하나의 생명체로 간주합니다
그는 현재 살아계시며 올해로 '백수白壽'시지요

나는 사실 가끔 안타까움을 느끼곤 합니다
지금까지 내가 아는 불교경전 속에는
이와같이 첨단과학에서 설파한 내용들이
엄청나게 不知其數 들어있는데
과학자들이 앞다투어 발표한 뒤라야
비로소 한 마디씩 맞장구를 치고 있습니다
맞장구는 그래도 그나마 양반입니다
아무튼 경전에서 같은 설을 찾아냈으니까요
뛰어난 불교학자들과

뛰어난 고승들은 생각보다 많습니다
그들이 세계적인 과학자들에 앞서
경전 속에서 미리미리 찾아낼 수는 없습니까

그럼에도 불구하고 생명의 정의는
반드시 숨 쉬고
심장이 뛰고
피부 밑으로 뜨거운 피가 흐르고
섭취하고 배설하며
생각할 줄 아는 이들에게
우리는 생명의 의미를 부여합니다
계율도 이처럼 생명과 늘 함께 합니다
따라서 앞서 이미 언급했듯이
계율은 지니지 않겠다 해서
지녀지지 않는 것도 아니고
지니겠다 해서 지녀지는 물건이 아닙니다
생명은 주고 받는 관계가 아닌 것처럼
계율도 주고 받는 물건이 결코 아닙니다

계율戒律은 해인사 팔만대장경각에
세계적으로 유수한 도서관에
고이 모셔진 고려대장경과

뭇장경 율부律部 속에 갇혀있지 있습니다
계율은《사분율》등을 비롯하여
이들 종이로 된《범망경》〈보살계본〉과
심지어 종이로 된 계첩戒牒 속에도
갇혀있는 게 아닙니다
계율은 가이아처럼 살아있는 생명체이기에
어떤 시간 어떤 공간에 가둘 수 없습니다
생명이 지나간 과거에 있지 않고
다가오지 않은 미래에도 있지 않으며
오직 지금now 여기here에서만 살아있듯
계율도 오직 '지금 그리고 여기'에서만
그 실존實存의 가치를 인정할 수 있습니다

매우 어렵고 난해難解한 글이지만
여기 10가지 뼈대가 있습니다
이를 뼈대라 풀이한 데 대해서는
앞으로 충분한 시간을 갖고
하나하나 천천히 이해시켜드릴 것입니다

살아가는 생명에게 필요한 열 가지 뼈대는
죽임殺에 대한 뼈대戒를 비롯하여
훔침과 횡령에 대한 뼈대

불륜에 대한 뼈대

거짓말에 대한 뼈대

술장사에 대한 뼈대

사부대중의 허물에 대한 뼈대

제 자랑과 남 헐뜯음에 대한 뼈대

인색과 비방에 대한 뼈대

화火anger와 용서에 대한 뼈대

삼보비방에 대한 뼈대 따위입니다

#4

언젠가 한 번쯤은 풀고 갈 필요가 있기에
오늘은 ‘계율戒律’과 관련된 한자부터
차근차근 살펴보겠습니다
계율종戒律宗이라고 있었습니다
불교의 한 파派denomination였지요
계율장戒律藏으로써 교리를 삼아
계율 지킴을 위주로 하는 종파입니다
탕唐tang의 다오쒸앤道宣daoxuan이 열었고
우리나라에서는 신라 선덕여왕 때
자장 율사가 처음 개종開宗하였습니다

오늘날의 양산 통도사가 중심지였지요
신라 오교五教의 하나였습니다
다른 이름으로는 율종律宗이었고
남산종南山宗으로 불리기도 했는데
다오쒸앤道宣이 머물던 데서 기인합니다
계율戒律의 뜻은 실로 매우 간단합니다
타율他律의 계戒와 자율自律의 율律이
한 자리에서 만나 하나가 되었을 뿐입니다
일반적으로는 계戒를 자율로 치고

율律을 타율로 풀이하고 있습니다만
나는 타율의 계와 자율의 율로 풀이합니다

까닭은 계戒와 율律의 파자에 있습니다
계戒에 담긴 뜻으로는 경계하다
막아 지키다, 주의를 기울이다, 경비하다
몸가짐이나 언행을 조심하다, 삼가다
타이르다, 알리다, 이르다, 분부하다
재계齋戒하다, 몸과 마음을 깨끗이 하다
어떤 장소나 시간에 닿다, 도달하다
땅의 가장자리, 경계境界, 경계, 훈계訓戒
행동과 언어와 마음을 정갈하게 하고
부정不淨/不正한 일을 멀리함이며
승려가 지켜야 할 행동이며 규범입니다
여기 타동사는 있으나 자동사가 없습니다

또한 계戒는 말씀언변 경계 계誡 자와 같아
죄악을 저지르지 못하게 하는 경계와
훈계 따위 규정을 의미합니다
신라 화랑의 세속 오계 따위이지요
계는 승려가 지켜야 할 행동 규범으로서
근본계율인 다섯五 가지 계율戒과

열十 가지 계율戒을 비롯하여
사미/사미니 십계沙彌十戒가 있으며
비구比丘들이 지켜야 할 250계와
비구니들이 지켜야 할 348계가 있습니다
또한 보살계에 10중대계十重大戒와
가벼운 48경구계四十八輕垢戒가 있습니다

계戒는 창과 무기를 뜻하는 창과戈 부수와
두 손 모양廾 글자로 이루어졌습니다
두 손 모양은 스물 입廾 자인데
양 손에 각기 창을 세워 든 모습이지요
누구를 위해 창을 들고 있을까요
으레 자기 자신을 보호하기 위해서입니다
이와 비슷한 글자가 곧 나 아我 자입니다
나 아我 자는 데칼코마니아 기법입니다
아我 자의 오른 쪽이 창戈이라면
아我 자 왼쪽도 창 과戈의 다른 모습입니다

또 다른 쪽에서 보면
나 아我 자는 두 손手이 만남입니다
아我 자 왼쪽이 왼손手의 표현이라면
아我 자 오른쪽 창戈이 곧 오른손手입니다

아무튼 자신을 지키려고 하는 본능은
타율이 아니라 철저히 자율에 해당합니다
하여 옛사람들은 계율戒律의 계戒를
오히려 자율적이라고 해석했을지 모릅니다
그리하여 경계하다의 뜻을 담고 있지요
하지만 나는 손에 무기戈를 들었기에
이를 타율로 풀이하고 싶습니다

한자에 '나'와 관련된 자는 많습니다
대표적으로 나 아我 자를 비롯하여
나 여/남을 여余
나 여/줄 여/미리 예予
나 오/친하지 않을 어/땅이름 아吾
나 이/별 태/태풍 태/대 대台/
나 아/막을 어敔
나 엄/클 암俺
나 짐朕
나 찰咱/偺
나 잠喒/偺
나 앙卬/姎
나 농儂/儂 자 따위가 있습니다

중국의 표의문자인 많은 한자에서

'나'를 대표하는 한자로는

나 아我 자를 비롯하여

나 오吾, 나 여余, 나 여予 자 정도입니다

이 중 나 오吾 자에 담긴 뜻이 뭘까요?

다섯五 가지 감각기관口입니다

어쩌면 불교의 오온五蘊/오음五陰이

분명 이에 해당할 터입니다

색色, 수受, 상想, 행行, 식識이고

눈, 귀, 코, 혀, 피부일 수도 있습니다

또는 시각, 청각, 후각, 미각, 촉각을 통해

'나'를 설정하고 표현한다고도 할 것입니다

그리고 여기서 말하는 나 아我 자는

앞서 쭈욱 살펴보았듯이

양 손에 무기를 들고 자신을 지키는

자기 자신의 보호본능을 표현한 것입니다

'나吾'보다 더 근원적인 '나我'입니다

따라서 '나我'를 보호하는 목적은

다섯五 가지 감관口인 '나吾'에게 있습니다

비록 '오온개공五蘊皆空'이라 하여

오온에 대해 집착하지 말 것을 가르치지만

실은 오온 없이 '나'를 설정할 수 없습니다

그리고 계戒 다음으로 율律입니다
우리가 보통 '율律'이라고 했을 때
타율과 자율 중 자율에 무게를 두곤 합니다
법칙 률/율律 자는 두인변彳 부수지요
담긴 뜻은 학문상 법칙을 비롯하여
법法, 규칙, 법령, 계율戒律로부터
자리, 지위, 등급, 한도, 정도, 비율 따위와
한시의 한 체, 가락, 음률音律, 율시
음계의 기준이 되는 악기의 하나로서 피리
본뜨다, 기준으로 삼고 따르다, 말하다
법에 맞게 행동하다, 뜻을 펴다
빗질하다, 빗으로 머리를 빗다 따위입니다

걷다, 자축거리다의 뜻을 나타내는
이른바 두인변彳 부수部首에
소릿값 붓 율聿 자로 이루어졌지요
붓 율聿 자는 붓을 손에 잡은 모양입니다
붓으로 '구획區劃division을 긋다'에서
'꼼꼼히 기록하다'로 발전하다가
나중에 법률法律을 의미하게 되었지요

더 나아가 음률音律의 뜻으로 쓰였습니다
법률과 음률은 어떤 차이가 있을까요
잠깐! 계율戒律에서는 '율律'로 쓰고
법률, 음률에서는 왜 '률律'로 쓰느냐고요?

십중대계를 낱낱이 시작하기 전
부처님께서는 간곡히 말씀하십니다

부처님이 일체모든 불자에게 고하시되
그대들은 일심으로 나의말을 경청하라
대승보살 계목에는 중한것이 열가지니
보살계를 받은이는 보름마다 포살하라

보살계를 받은이가 포살하지 아니하면
보살이라 할수없고 불종자가 아니니라
불종자가 아니라면 성불할수 없으리니
그러므로 이와같이 나도함께 외느니라

과거모든 보살들이 이와같이 배워왔고
미래모든 보살들이 이와같이 배울거며
지금모든 보살도도 이와같이 배우나니
그러므로 그대들도 이와같이 닦아가라

내가이제 보살계중 앞에놓인 십중대계
계의틀과 계의모양 간략하게 설하리니
이법회에 함께모인 그대신학 보살들은
공경하는 마음으로 가르침을 봉지하라

제14장. 십중대계

01) 살계殺戒

거룩하신 부처님이 간곡하게 설하시되
포살하는 불자들은 귀기울여 들을지라
살아있는 생명들을 죽여서는 아니되니
실제로든 방편이든 살생하지 말지니라

제가몸소 죽이거나 남을시켜 죽이거나
방편으로 죽이거나 죽이도록 부추기고
죽이는것 바라보며 박수치고 좋아하며
주문외고 저주하며 죽이는일 없게하라

죽이는인 죽이는연 죽이는법 죽이는짓
어느것도 서슴없이 저지르지 말것이니
나는새와 닫는짐승 물고기와 곤충까지
생명있는 것이라면 살생하지 말지니라

보살들은 모름지기 변함없는 마음으로
자비심을 일으키고 효순심을 일으키어
가지가지 방편으로 생명들을 사랑하고
끊임없이 중생들을 구원해야 하겠거늘

무자비한 마음에다 거침없는 마음으로
살아있는 목숨들을 살생하는 불자들은
보살계를 받았으나 서원력을 어김이라
단두죄에 해당하는 바라이죄 되느니라

01) 살계殺戒

#1

‘죽다’와 ‘죽이다’는 품사가 다르지요
죽다가 ‘제움직씨自動詞’라면
죽이다는 남움직씨他動詞입니다
죽다는 어느날一 밤夕 바뀐ヒ 모습死이고
죽이다는 한 번 죽으면 다시 살 수 없는
나무木를 잘라乂 등걸殳로 만듦殺입니다
약자로는 죽일 살杀 자로 쓰기도 하지요
죽일 살殺 자는 ‘죽일 살’이란 새김 외에
감할 살, 빠를 쇄, 맴도는 모양 설과
윗사람 죽일 시 자로 새기기도 합니다

갖은등글월문攴 부수에 들어있는데
갖은등글월문은 날 없는 창을 가리키며
때로는 회초리 몽둥이 따위로 표현되지요
그리고 우리가 많이 쓰는 성씨 중에
묘卯+금金+도刂 = 유劉 씨가 있습니다만
이는 파자해서 부르는 새김일 뿐이고
성 유/죽일 유劉/치 자로 새기고 있습니다
이에 비해 죽일 류/육戮 자는
하늘 높이 날아가는翏 창戈으로서

무시무시한 도륙의 뜻이 담겨 있습니다

죽일 도/흉노 왕의 칭호 저屠 자는
주검시엄尸에 소릿값인 자者를 붙였지요
요즘도 죽일 살殺 자와 한 데 묶어
도살屠殺이란 말로 많이 쓰고 있습니다
윗사람 죽일 시弑 자는 살殺 자와 같으며
부수가 주살익弋 자입니다
주살과 화살의 차이를 알고 계신지요
화살은 끈이 없는 화살이고
주살은 활의 오니에 끈을 맨 화살입니다
다시 말해서 화살은 일회용이고
주살은 끊임없는 재활용 화살입니다

가장 무시무시한 글자가 있습니다
이른바 '다 죽일 섬殲' 자입니다
죽을사변歹에 부추 섬韱 자를 썼는데
하나도 남김없이 모조리 죽인다는 뜻이며
용어로는 '섬멸殲滅'이 대표적입니다
죽일 살/매우 쇄/빠를 쇄煞 자는
연화발灬 부수며 죽일 살殺 자와 같습니다
죽일 장戕 자는 부수가 창과戈이며

나뭇조각 장爿과 어울려 글자를 이룹니다
나뭇조각 장爿은 장수將帥를 뜻하지요
곧 장수의 칼날에 죽임을 당함입니다

죽일 극/귀양 보낼 극殛 자는
죽을사변歹에 빠를 극亟 자를 붙였습니다
아재 개그에 이런 말이 있지요
"아무리 죽기를 자처한 자라 하더라도
저승길은 전용차로로 달리지 않는다"고요
빠른亟 죽음歹을 극殛이라 합니다
그러나 저승길은 천천히 달리려 합니다
목졸라 죽일 류/유/력/역勠 자를 아시나요
새김 그대로 목을 졸라 죽이는 것입니다
이 밖에도 '죽이다'의 뜻 한자는 많습니다

앞서 언급했듯이 타동사 '죽이다'의
다른 뜻 '죽다'는 으레 자동사입니다
우리가 알고있는 죽을 사死 자와는 달리
본디 죽을사변歹에 사람 인人 자를 썼으나
뒤에 '죽으면 하얀白 뼈骨만 남는다' 하여
변화의 뜻으로 비匕 자를 올린 것입니다
'죽다die'는 '지나가다pass away'입니다

삶과 죽음이란 과정을 거쳐 지나감입니다
아무튼 죽음이란 생명을 가진 모든 존재의
자연스런 현상이기에 '제움직씨'입니다

따라 죽을 순殉 자를 파자하면
죽을사변歹에 열흘 순旬 자입니다
따라 죽다, 순사하다, 순장하다, 따르다
목숨 바치다, 추구하다, 탐하다 경영하다
돌다, 순행하다 따위와
순장殉葬될 사람의 뜻입니다만
대표적인 의미는 '따라 죽다'입니다
따라 죽음殉에는 크게 세 가지 뜻이 있는데
첫째는 같은 날日 함께勹 죽음歹이고
둘째는 열흘旬 안에 뒤따라 죽음歹이며
셋째는 십년旬 안에 뒤따라 죽음殉입니다

이 밖에도 죽음과 관련된 한자는
열 손가락으로 대여섯 번은 꼽아야 하지요
생로병사生老病死는 대자연의 현상이라
생명을 가진 존재는 피할 수 없습니다
짐짓 낳지 않고
짐짓 늙지 않고

짐짓 병들지 않고
짐짓 죽는 게 아닌 자연스러운 현상이지요
보살계 십중대계十重大戒에서
살계殺戒의 살殺이 의미하는 것은
자연스러운 게 아닌 인위적 모습입니다

죽임에는 크게 몇 가지가 있습니다
첫째 자신自을 죽임殺suicide입니다
이를 자살自殺로 풀이할 수도 있겠으나
스스로 택한 죽음 이전의 문제입니다
이른바 삶의 의지를 꺾는 일입니다
요즘은 좀 덜할지 모르겠으나
한 때 불교를 좀 이해한다는 사람은
자칫 허무주의虛無主義nihilism에 빠져
삶의 의지를 꺾고 죽음을 선택하곤 했지요
따라서 허무주의자를 양산하는 종교로
불교가 오인誤認되기도 했습니다

내가 해인사에 발을 디딘 1970년대 중반
유행하는 에피소드episode가 있었습니다
산내 암자 가운데 삼선암이 있는데
비구니 처소로 '승방僧房'이라 하지요

삼선암에서는 어린 여자아이를 키웠는데
어떤 노신사가 삼선암을 참배하던 중
너댓살 어린 사미니를 보게 되었습니다
노신사가 물었습니다
"어찌하여 머리를 깎으셨는가?"
너댓살 어린 사미니가 답했습니다
"네, 거사님. 세상이 허무虛無해서요."

기가 막힌 얘기가 아니겠는지요
불교가 허무나 가르치고 있는 종교입니까
단언하건대 불교는 허무주의가 아닙니다
염세주의厭世主義pessimism도 아닙니다
내면의 실상實相을 드러내기 위해
외향적 가상假相을 표현했을 뿐입니다
《반야심경》의 오온개공설은 방편입니다
'오온개실五蘊皆實'을 드러내려 함이지요
불교를 다시 쓰려함이 아닙니다
부처의 가르침을 반박反駁함도 아닙니다

'오온개공설五蘊皆空說'은
오온이 쓸모 없다는 게 아닙니다
단지 오온의 실상을 설파할 따름입니다

역설적逆說的paradoxical이게 오온개공설에는

오온 그대로 실상이란 뜻이 들어있습니다

애기가 한참 옆길로 샜습니다만

남을 죽이는 것은 으레 큰 죄악입니다

하나 자신을 죽임은 표현불가능의 파계지요

'살생하지 말라'의 명제命題proposition는

뭐니뭐니 해도 바로 스스로에 관한

제 삶의 의지를 죽이지 말라는 뜻입니다

둘째는 남他을 죽이는殺homicide 일입니다

남이라는 용어에는 사람은 물론

지구상에서 함께 살아가는 뭇생명입니다

셋째는 생태계ecosystem의 파괴입니다

여기에 다시 세 가지가 있으니

첫째는 시간이고

둘째는 공간이며

셋째는 물질입니다

주어진 시간과 공간을 허비虛費하는 것은

어떠한 죄악 못지않게 큰 죄악입니다

모기 한 마리 파리 한 마리 죽임은

비록 생명이지만 작은 것에 불과합니다

그러나 시간과 공간은 개인을 넘어
전체 인류 전체 생명이 누려야 할 것입니다
이토록 소중한 시간과 공간을 놓고
독식獨食monopoly하거나
또는 홀로獨 점유占하려 한다면
이는 어떤 죄악보다 크나큰 죄악이지요
세상에 가장 큰 파계가 뭔지 아시겠습니까
살생殺, 훔침盜, 음행淫, 거짓말妄보다
시공간을 허비하는 게으름입니다
인류역사상 이보다 더 큰 파계는 없습니다
부처님께서 열반에 드시기 전 당부 말씀이
"비구들이여! 게으르지 말라"이셨습니다

#2

살생중죄발원문殺生重罪發願文

동봉

관세음보살이시여

살생중죄殺生重罪를 참회하나이다

그냥 살생죄가 아니라

살생중죄를 참회하는 것이며

매우 무거운重 죄罪를 참회하나이다

얼마나 무겁기에 중죄重罪이겠나이까

어느 한 개인의 일을 벗어났으며

일천千 고을里 일이기에 중重하나이다

구속罒될만한 잘못非이기에 죄罪이나이다

관세음보살이시여

살생죄에는 두 가지가 있사옵니다

첫째는 살생죄이고

둘째는 살생중죄이나이다

살생죄는 삶生을 착취殺한 죄이나이다

생명生은 살生 권리가 있사옵니다

큰 생명체든

작은 생명체든
생명은 살아갈 권리가 있사옵니다
어느 누구도 합당한 이유없이
남의 생명을 빼앗을 수는 없사옵니다

관세음보살이시여
두 발로 걷는 생명
네 발로 닫는 생명
허공을 나는 생명
물 속을 헤엄치는 생명
물과 뭍에서 자유로운 생명이든
생명生은 살아生 있을 권리가 있나이다
어울리는 합당한 이유없이
함부로 이들 생명을 뺏을 수는 없사옵니다

관세음보살이시여
풀과 나무 버섯류를 비롯하여
아주 작은 미생물에 이르기까지
모든 생명은 살아갈 권리가 있나이다
태생胎生 난생卵生 습생濕生 화생化生이든
몸이 있든 몸이 없든
생각이 있든 생각이 없든

생각이 있기도 하고 생각이 없기도 하든
생명체는 살아갈 권리가 있사옵니다

관세음보살이시여
이러한 생명의 살生 권리를 억압殺함이
첫째 살생죄에 해당하나이다
죽일 살殺 자는 날 없는 창戈으로
초목木을 베杀고 자름乂의 뜻이며
매殳를 들어 생명을 억압杀함이나이다
하오나 둘째 살생중죄는 다르옵니다
생태계生態系ecosystem는
생명生이 있는有 것物과
생명生이 없는無 것物의 조화이나이다

관세음보살이시여
불교 화엄華嚴에서는 말씀하시나이다
삼종세간三種世間이 있으니
첫째는 그릇 세간器世間이고
둘째는 중생 세간衆生世間이며
셋째는 지정각 세간智正覺世間이라고요
이들 삼세간을 묶어 저희는 생태계라 하나이다
부처와 중생이 더불어 살아가는 세계

중생과 환경environment이 서로 돕는 세계
이를 저희는 행복한 세상이라 부르나이다

관세음보살이시여
반야의 정수《금강경》을 살펴보나이다
제3 대승정종분大乘正宗分에서는
아홉 부류의 중생 세간에 대해 말씀하시고
제4 묘행무주분妙行無住分에서는
시방十方, 그릇 세간에 대해 말씀하시며
제5 여리실견분如理實見分에서는
여래, 지정각 세간에 대해 말씀하시나이다
그리고 제10 장엄정토분莊嚴淨土分에서는
생태계佛土의 진정한 사랑莊嚴은
억지로 손대지 않는 것이라 하셨나이다

관세음보살이시여
누구는《금강경》을 '벼락경'이라 하나이다
이 말이 잘못된 견해는 아니옵니다만
금강경은 생태계의 조화를 들고 있사옵니다
금강경을 지송持誦한 공덕功德이 매우 큰 것은
일차적으로는 부처님 세계佛界인
지정각 세간의 소중한 가치이겠사오나

중생 세간과 그릇 세간과의 조화 때문이나이다
중생 세간 없는 부처님 세간이 없고
그릇 세간 없는 중생 세간은 으레 없사옵니다

관세음보살이시여
화사한 연꽃이 비록 아름답지만
연꽃을 피워내는 탁한 물이 있어야 하고
여러 가지 영양이 가득한 탁한 물이 있더라도
탁한 물을 담아 둘 연못이 없다면
우아한 연꽃은 꽃을 피워낼 수 없나이다
영양분이 없는 깨끗한 모래에서는
어떤 작물도 길러낼 수 없듯
맑은 물은 연꽃을 피워낼 수가 없사옵니다

관세음보살이시여
살아있는 물고기 한 마리 죽이는 죄는
한 송이 연꽃을 없애는 것과 같사옵니다
비록 연꽃을 꺾어 없앤다 하더라도
연못 물과 연못이 그대로 남아있다면
다른 연꽃을 또 피워낼 수 있을 것이나이다
하오나 생태계 균형이 다 깨어지고 나면
연못과 연못물과 연꽃이 함께 없어지나이다

따라서 살생중죄는 생태계 파괴이나이다

관세음보살이시여
고기 잡고 모기 잡고 파리를 죽임이
살생죄가 아닌 것은 아니오나
이것이 생태계에 영향을 미치지 않는다면
이는 가벼운 살생죄에 해당하나이다
그러나 파리나 모기가
희귀동물이요 보호종이라면
파리, 모기를 죽임도 살생중죄이나이다
생태계에 큰 영향을 미치는 까닭이나이다

관세음보살이시여
앞으로 우리 인류가 살아갈 미래에는
몇 가지 커다란 난제가 가로놓여 있나이다
첫째 4차 산업혁명과 인간의 관계 설정이고
둘째 미세먼지와 탄소 증가 등 환경 오염과
셋째 시대의 오염으로부터 벗어남이며
넷째 인성人性과 생태계 복원이나이다

관세음보살이시여
참회하나이다

지구 온난화와 미세먼지 증가에
역할을 한 살생중죄를 참회하나이다
그 바닥에는 탐진치貪瞋癡가 있었나이다
지구 생태계가 계속해서 파괴되고 나면
아! 그 다음은 어찌 하오리이까
참회하나이다
관세음보살이시여
살생중죄를 지심으로 참회하나이다

나무 서가모니불
나무 서가모니불
나무 시아본사 서가모니불

#3

생태계生態系ecosystem는
크게 세 가지로 구분할 수 있습니다
첫째는 시간이고
둘째는 공간이며
셋째는 물질인데
시간과 공간에 대해서는 이미 말씀드렸고
오늘은 물질에 대한 얘기로 이어집니다
물질에 들어가기 전
시공간時空間에 좀 더 알아볼까요
왜 시간과 공간을 분리하지 않고
묶어서 시공간일까요

시간은 초침과 초침 사이
조금 키워 분침과 분침 사이
더 나아가 시침과 시침사이입니다
시간時間이니까 만일 시時를 벗어나면
시간이라 할 수 없는 것일까요
세계기준의 도량형度量衡에서
시간의 기준은 곧 초秒second[2]입니다
이 초를 기준으로 하여 긴 단위로는

분分minute이고
시時hour며
날日day이고
달月month이며
해年/歲year입니다

초秒보다 짧은 시간 쪽으로는
중간 것은 모두 생략하고 짚더라도
10억 분의 1초인 나노nano초가 있고
나노초의 나노초인 찰나刹那가 있습니다
따라서 찰나란 매우 짧은 시간으로서
나노를 다시 나노로 나눈 그 순간이지요
100경京 분의 1초가 1찰나입니다
백 경이라면 10의 마이너스 18승초입니다
가령 1경이 1억의 1억 배라면
100경은 1억의 100억 배에 해당하거나
10억의 10억 배, 100억의 1억 배지요
아무튼 많은 숫자임은 확실합니다

불교에서는 한 찰나도 중히 여깁니다
수행자가 정진하지 않고 게으름은
살생한 죄보다 크고

도둑질한 죄보다 더 크며
음행한 죄보다 훨씬 더 크고
거짓말한 죄보다는 말할 수 없이 큽니다
살생하고 훔치고 음행하고 나아가
거짓말 한 게 단두죄斷頭罪라 하지만
시간을 허비한 죄는 크기를 잴 수 없습니다
시간은 곧 생태계의 하나이기 때문입니다

아무때나 빈둥대는 나 자신이 부끄러워
나는 내게 자호自號를 붙였습니다
첫째 '게으른 비구'
둘째 '아이들idle 비구'
셋째 '게으른怠 늙은이翁'입니다
나는 사실 수행자로서는 완전 빵점입니다
살생하고 훔치고
음행하고 거짓말한
네 바라이죄斷頭罪보다 더 엄청난
게으른 인因, 게으른 연緣, 게으른 법法에
게으른 업業까지 모두 지니고 있으니
나보다 더 업 많은 수행자는 없을 것입니다

공간空間space이란

글자 그대로 빈空 사이間입니다
'빈 사이'라니 성립될 수 있는 말일까요
물질과 물질 사이
곧 물간物間이라면 모르되
빈 사이라면 빔과 빔 사이겠는데
이게 과연 논리적으로 가능한 말이냐지요
논리적으로는 있을 수 없는 말입니다
때와 때 사이인 시간時間과는 달리
빔과 빔 사이라는 용어가 있을 수 없습니다

오로지 이 생각 하나로
숱한 불면의 밤을 지새던 선배가
하루는 나를 찾아 고민을 털어놓았습니다
"어떻게 생각해, 동봉스님?"
"어떻게 생각할 게 있나요 선배 스님!
공간空間이란 말 그대로 '빈 사이'지요"
선배가 고개를 갸웃하더니
"그래, 말이야 쉽지 하지만 공간이란
물질과 물질 사이라야 맞는 게 아니냐고?"
선배의 뜻을 이해 못한 게 아니라
용어 자체를 새롭게 정립해야 했습니다

“선배님이 여기 이렇게 앉아 계십니다”
“그래요 동봉스님. 내가 이렇게 앉아 있어”
“그렇다면 어디에 앉아 계십니까?”
“어디에 앉아 있다니? 공간에 앉아 있지”
내가 웃으면서 말했습니다
“보세요, 공간에 앉아계시잖아요.
만일 공간이 없다면 머물 수 없겠지요?”
“그렇지, 빈 공간이 없다면 머물 수 없지
만일 공간이 무엇인가로 꽉 차 있다면
으레 머물 수가 없겠지.”

“맞습니다, 선배님.
언제나
어디서나
그리고 누구에게 있어서나
항상 자신이 센터가 되어야 합니다.
나를 중심으로 하여 내 주변이
‘비어있는空 사이間’가 없다고 하면
과연 조금이라도 움직일 수 있을까요?”
그제서야 이해가 되는 듯 무릎을 쳤습니다
“맞네, 스님! 이제 이해가 되었네.
사실 간단한 얘기였는데!”

가령 자동차를 운전하여 나아갈 때
달리는 내 차를 중심으로 하여
뒤 차와의 거리는 우선 접어두고라도
앞 차와의 간격이 없다면 어찌될까요?
으레 멈추어 있을뿐 달릴 수가 없습니다
내 차가 시속 몇 km로 달리느냐에 따라
앞 차와의 안전거리가 반드시 필요하지요
이처럼 달릴 수 있는 '빈空 사이間'
내가 운신運身할 수 있는 빈 사이가 있어야
자동차를 운전해 앞 뒤로 나갈 수 있고
또한 몸을 움직일 수 있습니다

다시 말해 앞 차와 내 차와의 '빈空 사이間'
나와 내 주변의 다른 사람이나
놓여있는 물체 사이間가 비어空 있기에
우리는 이를 '빈 사이空間'라 합니다
이는 동시에 빔空으로서의 사이間입니다
그렇다 해서 꼭 진공일 필요는 없습니다
우주 한복판에 나갔을 때처럼
모든 물질이 완벽하게 비어있는 사이라면
오히려 우리는 살아있을 수 없습니다
비어있으나 삶에 반드시 필요한 원소가

공간 속에는 적당히 차 있어야 하겠지요

시간이 삶에 있어 필요불가결이듯
공간도 삶에 있어서는 필요불가결입니다
조금도 비어있는 틈새가 없이
온통 물질로 꽉꽉 채워져있다고 했을 때
인간은 물론 박테리아에 이르기까지
과연 운신할 수 있겠습니까
공간이 이처럼 비어空있는 사이間란 게
아무리 생각해도 다행일 수가 없습니다
따라서 완공頑空이 아니라
필요한 원소로 채워진 빈空 사이間가
너무나 다행일 수 밖에 없습니다

여태껏 시공간에 매달리다가
생태계의 다른 축인 물질에 대해서는
또 이렇게 슬그머니 미끄러져 왔습니다
그렇다면 시공간에 대한 인식은
과연 어디에서부터 풀어가야 하겠는지요?
물질에서 시작하지 않으면 안 됩니다
물질 없는 시공간 설정은 불가능하고
시공간 없는 물질의 설정도 불가능합니다

따라서 시공물時空物은 ‘한몸’입니다
수사數詞로서의 ‘한 몸’이 아니라
숫자를 떠나 분리 이전의 몸 ‘한몸’이지요

절에 가면 대웅전 기둥에서
가장 쉽게 접할 수 있는 주련柱聯입니다

부처님몸 화신으로 시방세계 두루하니
삼세여래 부처님이 한몸이요 한가지라
드넓어라 원력구름 영원토록 다하잖고
아득해라 깨침바다 헤아릴수 전혀없네
불신보변시방중佛身普遍十方中
삼세여래일체동三世如來一切同
광대원운한부진廣大願雲恒不盡
왕양각해묘난궁汪洋覺海渺難窮

이 ‘한몸’과 ‘한 몸’은 의미가 좀 다릅니다
띄어쓰기 ‘한 몸’은 숫자로 ‘한 몸’이므로
시각적으로 보아 한 개의 덩어리입니다
그러나 ‘한몸’은 마음까지 하나인 셈이지요
부처님이 중생을 사랑하는 마음과
부모님이 자녀를 사랑하는 마음은

분명 '한 몸'이 아니라 으레 '한몸' 입니다
시간, 공간, 물질時空物은 '한몸'입니다
이들이 '한몸'일 수 있는 데는
이들이 반드시 조화를 이룰 때 가능합니다

그 주역이 생명生命입니다
생태계生態系를 에코시스템이라 하듯이
살아가生는 모습態의 체계系에 있어서
주역主役이 곧 생명生일 수 밖에요
이 생태계 파괴破壞가 곧 파계破戒입니다
살도음망殺盜淫妄에 관한 바라이죄는
그 바탕을 생태계에 두어야 합니다

02) 도계盜戒

포살하는 불자들은 귀기울여 들을지라
주지않는 남의것을 훔쳐서는 아니되니
실제로든 방편이든 훔치는짓 하지말고
제가몸소 훔치거나 훔치게끔 하지말라

방편으로 훔치거나 주문외워 훔치거나
어떤것도 남의것은 훔치는일 없을지니
훔치는인 훔치는연 훔치는법 훔치는짓
어느것도 서슴없이 가져가지 말지니라

귀신들의 소유거나 주인있는 것이거나
지난시간 도둑들이 이미훔친 장물이나
바늘한개 풀한포기 일체온갖 물건들은
비록작은 것이라도 훔치는짓 하지말라

보살들은 모름지기 변함없는 마음으로
자비심을 일으키고 효순심을 일으키어
가지가지 방편으로 중생들을 도와주어
복과낙이 일어나게 힘을써야 하겠거늘

무자비한 마음에다 거침없는 마음으로
주지않는 남의것을 마음대로 가져가매
보살계를 받았으나 서원력을 어김이라
단두죄에 해당하는 바라이죄 되느니라

#1

훔침중죄발원문偸盜重罪發願文

동봉

관세음보살이시여!
훔친 중죄偸盜重罪를 참회하나이다
매우 무거운 훔친 중죄이나이다
투도偸盜는 훔칠 투偸, 도둑 도盜 자로서
한 데 묶어서 도둑질이라 하나이다
도둑을 들보 위 군자樑上君子라 하나이다
들보 위에 숨어 있는 도둑을 보고
군자라고 칭한 옛사람들의 의식을 접하며
참 멋있는 분들이었다는 생각입니다

관세음보살이시여!
훔친 죄를 참회하나이다
남의 물건을 훔치는 것은 본능이나이다
애기 하면 그냥 줄 수 있는 물건인데
슬그머니 가져 가는데 재미를 붙이나이다
KTX에는 주머니에 월간지가 꽂혀 있나이다
여객기에도 해당 항공사에서 발행한

더러는 꽤 읽을 만한 월간지가 있나이다
읽다가 가져갈 수 있는 책자이나이다

관세음보살이시여!
훔친 죄를 참회하나이다
월간지는 그냥 당당하게 가져가면 되는데
옆사람과 앞 뒤 사람 눈치 보아가며
신문 사이에 슬쩍 끼워 가방에 넣나니다
물론 이 말씀은 10년전 이야기이나이다
우리나라와 동아프리카 탄자니아를 오가며
몸소 벌였던 일을 말씀 드리는 것이나이다

한국에서 아프리카를 오갈 때는
두바이 국제공항에서 갈아타곤 했는데
늘 에미레이트 항공 곧 EK를 이용했사옵니다
기내지에는 전세계 EK 취항지의
아름다운 명소와 문화가 소개되어 있었고
읽을 거리가 제법 쏠쏠하였나이다
읽다가 말면 아쉬우니까 꼭 가져갔는데
그때마다 승무원에게 말하기가 뭣하니까
기내지를 말없이 가져가곤 하였나이다

관세음보살이시여!
훔친 중죄를 참회하나이다
문제는 기내지에서 그치지 않았나이다
기내식이 나오면 식사가 끝나고 난 뒤
미니캔에 담긴 음료를 마시지 않고 챙겼고
스푼 포크 나이프까지 챙겼사오며
나중에는 기내 담요까지 백에 넣어갔나이다
바늘 도둑이 소 도둑이 된 셈이었사옵니다
스푼 포크 나이프 담요 등이 누구 소유이나이까

관세음보살이시여!
훔친 중죄를 참회하나이다
으레 고객들을 위해 제공되는 것이오나
누가 뭐라든 이는 항공사 소유가 맞사옵니다
당당하게 승무원에게 양해를 구한다면
당시로서는 가져갈 수가 있었다고 하나이다
하오나 부끄럽게도 저와 같은 한국인들은
스푼 포크 나이프 따위는 말할 것도 없고
담요까지 얘기하지 않은 채 가져가곤 했나이다

관세음보살이시여!
훔친 죄를 참회하나이다

저는 가장 많이 가져간 게 음료캔이었고
사탕, 과자, 쵸콜릿 따위 먹을 것들이었나이다
국제항공에서는 고객이 원하는 대로
사탕 과자 쵸콜릿 따위는 얼마든 주었으며
맥주나 청량음료 또는 탄산음료도
고객이 요구하면 거절하지 않았나이다
두바이에서 다르에스살람행으로 갈아탄 뒤
5시간 동안 사탕과 과자를 요구했나이다

관세음보살이시여!
훔친 죄를 참회하나이다
승무원에게 쵸콜릿과 음료캔을 부탁했나이다
다르에스살람 국제공항에 내릴 때면
미리 준비한 소프트 가방이 늘어났사옵니다
두바이 면세점에서 가장 많이 사는 게
쵸콜릿이고 사탕이고 과자였는데
이래 저래 가방이 몇개가 늘어난 셈이나이다
주지 않는 것을 달라한 것도 훔친 죄이나이다

관세음보살이시여!
훔친 죄를 참회하나이다
이미그레이션immigration을 통과할 때

출입국 관리인들이 늘 싱그레 웃어주었으며
그들은 사탕 한두 개 씩 입에 넣곤 하였나이다
저는 그게 사람 사는 정이라 여겼나이다
킬리만자로 마랑구 게이트 옆에 있는
제가 지은 토굴에 도착하여 짐을 풀면
어른 아이 할 것 없이 모두들 좋아했사옵니다

관세음보살이시여!
훔친 죄를 참회하나이다
주지 않는 것을 달래서 가져온 줄 모르는
소박한 현지인들과 달콤한 맛을 즐겼나이다
알고 보면 훔친 죄가 맞사옵니다
기내에서 제공하는 음식물 소비는
항공기 내에서만 국한되는 것으로 아옵나이다
저는 기내에서 먹을 것으로 요구하였나니다
다른 탑승객들에게 제공할 음식물인데
따지고 보면 제가 많이 잘못된 일을 하였나이다

관세음보살이시여!
훔친 죄를 참회하나이다
제 훔친 죄는 여기서 그치지 않았나이다
킬리만자로 마랑구Marangu 게이트 오른 쪽

마라웨Marawe라는 작은 마을에
사찰부지를 매입힐 때도 그랬사옵고
탄자니아 수도 다르에스살람 므와쑹가에
학교부지를 매입할 때도 또한 그러하였나이다
그들이 원하는 대로 다 주지 않았고
반의 반 값으로 후려쳐 매입하였나이다

관세음보살이시여!
훔친 죄를 참회하나이다
부처님 말씀에 따르면
주지 않는 것을 달라는 것도 잘못이고
남의 물건의 가치를 너무 깎아내리는 것도
결국 투도죄에 해당한다 하겠나이다
우리 부처님 말씀에 따르면
물건 값을 깎으려하지 말라시나이다

관세음보살이시여!
훔친 중죄를 참회하나이다
대한불교조계종 산하傘下 '아름다운동행'에
사찰부지와 학교부지를 기증하여
종단에서는 커다란 불사를 이룩하였나이다
보리가람농업기술대학을 연 것이나이다

한국불교 1,650년 기나긴 역사 속에서
최초로 아프리카에 대학을 세운 것이나이다
하오나 학교부지 사찰부지를 매입할 때
저는 그들이 원하는 값을 지불하지 않았나이다

관세음보살이시여!
훔친 중죄를 참회하나이다
반드시 훔친 것만 훔친 게 아니나이다
저는 부지를 매입할 때 눈물로 협박하였나이다
만일 탄자니아에 학교를 세우면
땅도 건축물도 한국으로 가져갈 수 없으니
결국은 탄자니아 학교가 되는 것 아니나면서
울음과 눈물 작전으로 협박한 것이나이다
그들도 눈물 앞에서는 약한 이들이었나이다
저는 현지인들끼리 거래하는 가격으로
사찰부지와 학교부지를 매입하였나이다

관세음보살이시여!
훔친 중죄를 참회하나이다
급고독 장자가 기타태자에게 땅을 매입할 때
기타태자의 요구대로 하였사옵니다
온통 황금으로 기원정사 터를 덮었나이다

아! 저는 급고독장자가 되지 못하였나이다
수행자가 아프리카에 학교를 짓겠다면서
킬리만자로에 최초 한국 사찰을 짓겠다면서
원하는 땅값을 후려쳐 깎은 것도
저는 훔친 중죄에 해당한다고 여기옵나이다

관세음보살이시여!
세상에서 가장 큰 훔침이 무엇이나이까
이는 나라를 훔치는 것이나이다
나라를 훔침보다 더 큰 게 있사옵니다
사람의 마음을 훔치는 것이나이다
수상이나 국왕이 나라를 훔치는 자라면
부처님은 사람의 마음을 훔치는 분이시나이다
수상이나 국왕은 시간의 한계성이 있사오나
부처님은 시간의 한계성이 없사옵니다

아, 관세음보살이시여!
나라를 훔치는 자는 욕망이 바탕이므로
언제나 잘못된 정치를 할 수 있사오며
국민의 준엄한 심판을 받을 수도 있사옵니다
하오나 사람 마음을 훔치는 이는
욕망은 물론 마음까지도 모두 비운 까닭에

모든 사람이 존경에 존경을 더하나이다
아! 인류역사상 가장 큰 양상군자시여

그이름도 거룩한 서가모니 부처님이시여!

나무 서가모니불
나무 서가모니불
나무 시아본사 서가모니불

#2

이른 새벽
대각성전大覺聖殿에 오르니
불상佛像이 장엄하다
노사老師의 주장자가 허공을 가른다
"모습에 빠지지 말라
너 스스로 불佛이 되어라."

불전에
침향 사르며
향기香氣에 취醉한다
노사의 죽비竹篦비가 다시 날카롭다
"향기를 훔치지 말라
너 스스로 향기가 되어라."

예불이 끝나고
아늑한 고요
법당문을 나오는데
종묘宗廟에서 들리는
이른 아침 작은 새 소리가 구성지다
어느새 다가온 노사의 일갈一喝

"소리에 홀리지 말라
너 스스로 소리가 되어라."

찻상을 앞에 놓고
지난해 농삿비穀雨 이전에 딴 차
싱그러운 차맛이 혀에 착착 감긴다
빙그레 미소짓는 노사의 표정에 움찔한다
"맛에 취醉하지 말라
너 스스로 맛이 되어라."

기포의 새벽 편지
나는 오늘도 여전히 글을 쓴다
노구老軀를 이끌고 다가오신 거룩한 스승
내 귓전에 간지럽게 속삭이신다
"앎과 너를 나누지 말라
앎이 네가 되게 하고
네가 스스로 앎이 되어라!"

주註

노사老師는 고암대종사(1899~1988)다
용탑선원 도량을 거니시던 노사께서

들국화 향기를 맡는 어린 제자에게
살포시 다가오시더니 하신 말씀
"꽃에 취하지 말고
빛깔에 취하지 말고
향기에도 취하지 말라
벌과 나비는 꿀은 취하되
빛깔과 향기까지 가져가지는 않느니라."
오늘 도계盜戒를 앞에 놓고
문득 노스승의 가르침에 눈시울이 붉다

#3

훔침에도 여러 가지가 있습니다
앞의 사언절 번역본을
원문으로 가져오면 아래와 같습니다
01. 자도自盜로부터
02. 교인도敎人盜
03. 방편도方便盜
04. 찬탄도讚歎盜
05. 수희도隨喜盜
06. 주도呪盜
07. 도인盜因
08. 도연盜緣
09. 도법盜法
10. 도업盜業 따위입니다

01. 스스로 훔치고
02. 남에게 훔치게 하고
03. 방편으로 훔치고
04. 훔치는 걸 추켜주고
05. 훔치는 일에 박수치고
06. 주술로써 훔칩니다

07. 훔치는 질료인을 비롯하여

08. 훔치는 보조연과

09. 훔치는 방법과 더불어

10. 훔치는 짓 따위가 있습니다

한자 '훔치다盗' 라는 '도둑 도盜' 자는

버금 차次 자와 그릇 명皿 자의 합자입니다

가령 누군가 어떤 것을 훔치기 위해

반드시 필요한 게 있다면 그게 무엇일까요

그렇습니다

첫째 그릇皿vessel입니다

훔친 물건을 이동하기 위해서라도

그릇은 반드시 필요합니다

훔친 물건을 손 하나 대지 않고

원래 자리에 그대로 놓아두지는 않습니다

만일 그렇다면 이는 훔침이 아닙니다

반드시 버금次next 장소로 옮깁니다

버금 차次 자가 왜 '버금'일까요?

얼음冫 은 물이 얼어서 된 것입니다

기본은 으레 물이고 얼음은 두번째지요

삼수변에 쓴 도둑 도盜 자도 있는데

삼수변의 물氵은 얼음이 녹아서 된 것이고
수증기가 식어서 된 것에 불과합니다
이처럼 이수변氵 삼수변氵 모두 버금입니다
물은 수증기가 구름이 되고
구름이 비로 내려 물을 이루는 것처럼
아무튼 물이란 수증기의 버금 모습이지요

버금 차次 자에서
삼수변氵이거나
또는 이수변氵에 붙은
하품 흠欠 자는 무슨 뜻이겠습니까
그렇습니다
하품 자체가 제2의 동작입니다
그렇다면 제1의 동작이 무엇이냐고요?
으레 이야기하는 입입니다
이야기하는 입에 앞 선 입은 없을까요
당연히 다문 입이 있습니다

그러나 다문 입은 동작이 될 수 없습니다
제1의 동작은 얘기하는 입입니다
그리고 하품欠하듯 입을 크게 벌리거나
노래하는 입은 제2의 동작입니다

이처럼 버금次은 첫째가 아닙니다
제2의 장소空間며
나아가 제2의 때時間입니다
자루이거나
호주머니거나
가방이거나
다른 어떤 것이라 할지라도
반드시 그릇에 담아 옮김은 분명합니다

따라서 버금 차次 뒤에 그릇명皿 자입니다
어떤 것을 내 것으로 만들고자
비록 머리를 맞대고 고민하지만
결론적으로 '훔침'이란
그릇皿에 담아 버금次 장소로 옮김이지요
이러한 일련의 작업이 곧 훔침입니다
불교에서는 얘기합니다
내 몸도 내 것이 아니라고 말입니다
끝내 죄다 흩어지고 사라질 모습입니다
내게 될 게 과연 무엇이 있겠습니까?

따라서 훔침盗과 도둑盗 질에 담긴 뜻은
생각보다 매우 단순한 편입니다

첫째 훔친 물건이 있을 장소가
본디 있던 자리에서
다른 곳으로 이동할 뿐입니다
그렇다면 장소 하나를 이동하는 데
과연 모든 게 맨입으로 가능할 수 있을까요
당연히 머리를 굴려야 하기에
상상 밖의 두뇌 에너지가 소비됩니다
나중에 들통나지 않기 위해서지요

어떤 경우도 꼬투리를 남겨서는 안되고
설사 나중에 들통이 나더라도
반드시 빠져나갈 구멍을 마련해야겠지요
그러나 진실은 잘 숨겨지지 않습니다
언젠가는 반드시 드러납니다
둘째 또 다른 공간이 필요하게 되고
셋째 아까운 시간을 쓸 수 밖에 없습니다
넷째 결국 훔친 사실이 드러날 때
표현 불가능의 타격을 입을 수 밖에요
인생을 송두리째 맡기게 될지도 모릅니다

요즘 세상을 떠들썩하게 하는
드루킹 사건이야말로

최상의 자리를 점하는 훔침중죄입니다
물건 하나 훔치는 것은
사실 개인에 국한될 수도 있습니다
그러나 이 사건은 어떻습니까
온통 나라를 뒤흔들고
세상을 완벽하게 뒤집어놓는
어마어마하게 커다란 사건 아닙니까
대명천지大明天地 밝은 세상에
도대체 어찌 이런 일이 있을 수 있습니까

이는 바로 나라를 통째로 훔치는 일입니다
나라國 사람民들 마음을 훔침입니다
〈보살계본〉의 훔침 영역마저 벗어납니다
여론을 조작하고 댓글을 조작하다니요
무덤 속 시신이 놀라 벌떡 일어날 일입니다
두루 알다시피 불교의 최대 훔침중죄는
깨닫지 못하고 스스로 깨달았다 함입니다
곧 혹세무민惑世誣民입니다
세상世을 어지럽히惑고
백성民을 속이는誣 엄청난 짓입니다

이 사건도 바로 이와 같습니다

마음을 접는다고 쉽게 끝날 일이 아닙니다
국민을 속이고 호도糊塗함입니다
살생죄에서 최상의 살생중죄重罪는
생태계生態系 파괴라 하였습니다만
훔침죄에서 최고 훔침중죄重罪는
으레 혹세무민입니다
이를 '내로남불'로 끌고 갈 수는 없습니다
반드시 진상眞相truth을 밝혀
어떠한 한 점 의혹도 남기지 않을 때
나라는 다시 건강해지고 안정될 것입니다

《범망경》보살계본에서는 말씀하십니다
스스로 훔치는 것도 모자라
남에게 훔치도록 교묘하게 가르치고
갖가지 방편으로 훔치고
훔치는 것을 잘했다며 추켜주고
훔치는 일에 좋아라 박수 치고
주술로써 훔치거나 훔치게 한다고요
분명 얘기하거니와 온당하지 않습니다
이러한 패턴은 살생죄에서는 물론
여기 훔침중죄를 거쳐
십중대계 전반에 적용되고 있습니다

훔치는 일에는 동기가 있습니다
이를 나는 질료인質料因이라 부릅니다
훔치는 일에는 과정이 있습니다
나는 이를 보조연輔助緣이라 부릅니다
그리고 훔치는 일에는 패턴法이 있습니다
훔침에 익숙한 전례業가 있습니다
그런 면에서 이는 습관성입니다
훔치盜는 패턴法과
훔치盜는 짓거리業가
결국에는 습관성으로 이어지지요

칼자루를 쥔 쪽에서는 다친다 하더라도
세게 잡은 손자국만 남을 것입니다
이에 비하여
칼날을 온몸으로 맞는 이는
과연 어떻게 될 것 같습니까
으레 만신창이滿身瘡痍가 되겠지요
그야말로
온滿 몸身이 부스럼瘡뿐이고
상처痍투성이로서
성한 곳을 찾아볼 수 없을 것입니다
아! 참으로 슬프고 마음 아픈 일입니다

03) 음계淫戒

포살하는 불자들은 귀기울여 들을지라
제가몸소 음행하고 음행하게 하지말며
음행인과 음행연과 음행법과 음행짓등
일체모든 여인들과 음난하지 말지니라

축생중의 암컷이나 모든하늘 여인들과
모든여자 귀신과도 음행하지 말것이며
구강이나 항문이나 길아닌곳 찾아내어
아무따나 즐기거나 음행하지 말지니라

보살들은 모름지기 효순심을 일으키어
일체모든 중생들을 구원하고 건네주되
깨끗한법 일러주어 함께해야 하겠거늘
일체모든 여인에게 음욕심을 내겠는가

축생들을 비롯하여 모녀거나 자매거나
육친들을 가리잖고 음란행을 일삼아서
자비심이 없는자는 서원력을 어김이라
보살계를 받았으나 바라이죄 되느니라

#1

음계淫戒로 표기하기도 하고
또는 음계婬戒로 표기하기도 합니다
'음계淫戒'는 글자 그대로
음행淫行에 대한 금계禁戒입니다
보살의 〈십중대계〉 중 세 번째 계율이지요
다른 계율에 대해 민감한 계율입니다
이 계율이 왜 그렇게 민감할까요?
아무튼 음淫 자는 '음란하다'라는 표현 외에
장마 음/요수 요/강 이름 염으로도 새깁니다
담겨있는 뜻을 한 번 살펴보겠습니다

음란淫亂하다, 탐하다, 욕심내다,
지나치다, 간사하다, 마음이 바르지 않다
사악하다, 도리에 어긋나다, 어지럽다
어지럽히다, 미혹시키다, 빠지다, 깊다
심하다, 정도가 지나치다, 크다, 대단하다
사치하다, 윤택하다, 오래다, 머무르다
제멋대로 하다, 진실하지 못하다
장마, 여름철 계속해서 비가 내리는 날씨
고유명사로 읽을 때 '요수淫水'로 읽고

강江 이름일 경우에는 '염'으로도 읽습니다

일반적으로 간음姦淫이란 뜻 외에
색정色情, 정욕情慾의 뜻이 들어있습니다
뜻을 나타내는 삼수변氵=水, 氺부수와
소릿값을 나타내는 동시에
'물 속에 담그다'의 뜻을 나타내는 글자
'가까이할 음㸒' 자로 이루어졌습니다
'물에 축축하게 적시다'의 뜻이기도 합니다
이에 비해 이 음탕할 음婬 자는
삼수변氵 대신 계집 여女 자를 놓았습니다
사실 2글자는 같이 쓰이고 있습니다

그러나 새김에 있어서는 약간 다릅니다
음淫은 '음란하다'의 뜻이고
음婬은 곧 '음탕하다'의 뜻입니다
그럼 음란과 음탕은 어떤 차이가 있을까요
원문에 '자음自淫'이라 실려있는데
타이완Taiwan본에는 '자음自婬'입니다
자음에 대해서는 크게 두 가지 뜻이 있는데
첫째는 몸소 여인을 가까이함이고
둘째는 수음手淫을 가리키는 말입니다

수음이란 내 개인의 의견일 뿐입니다
경에서는 앞의 것만을 얘기하고 있습니다

교인음敎人淫이란 말이 있습니다
이는 스스로는 음행하지 않고
다른 사람, 다른 수행자로 하여금
여인을 가까이하여 음행하도록 시키면서
마치 야동野動을 즐기듯 즐기는 것입니다
이 또한 몸소 음행하지 않는다고 하여
바라이죄를 비켜가는 게 아닙니다
교인행이란 단어가 있는 것으로 보아
예전에도 옆에서 즐기는 일이 있었다 보입니다
비록 직접 음행하지 않더라도
보살계는 같은 무게로 다루고 있습니다

다시 말해서 스스로 음행하거나
또는 다른 수행자에게 음행하게 하면서
과정을 즐기는 것도 같은 파계인 셈입니다
《범망경》〈보살계본〉 원문에서는
'비도非道'라는 표기가 있는데
직역直譯하면 '길이 아니다'의 뜻입니다
'길이 아니다'는 '질膣이 아니다'지요

나는 구강口腔과 항문으로 덧붙였습니다
구강은 알다시피 오럴섹스oral sex며
cunnilingus, fellatio따위를 가리킵니다

성에 대해서 다양한 체위를 생각하고
다양하게 즐긴 생명체는 오직 인간입니다
어떤 경우도 닭의 체위는 세계가 동일하고
소나 말의 체위도 세계가 동일합니다
매미나 잠자리 개구리 따위가
다양한 체위를 즐기는 것을 보지 못했습니다
따라서 사람 이외의 모든 생명의 섹스 체위는
오직 종種의 행위에 따를 뿐입니다
이는 따지고보면 모든 생명은
종족의 번식을 위해 짝짓기를 할 뿐입니다

오스트레일리아Australian 작가
콜린 메컬로(1937~2015)의 소설
《가시나무새The Thorn Birds》가
6부작 드라마 영화로 만들어졌습니다
나는 그 영화를 보면서 눈물을 흘렸습니다
파계라는 굴레를 뒤집어 씌우기에 앞서
인간의 본능과 함께 사랑의 본질을

한 번 쯤 생각하게 했던 그런 영화였습니다
요즘 세상을 떠들썩하게 하는
미투Me Too와는 질적으로 다른 것이지요

미투는 사랑이 결여된 상태에서 빚어진
성희롱性戲弄sexual harassment이고
성추행性醜行sexual molestation이며
더 나아가 성폭행性暴行rape입니다
부처님 계율戒律 이전에 말씀드리건대
성性sex은 실로 고귀한 것입니다
성은 희롱과 추행으로 표현될 수 없고
성은 폭행으로 소유되어질 게 아닙니다
오직 사랑으로서만이 함께할 수 있는 것이지요
가시나무새는 사랑이 바탕이었습니다
거기에 미투의 '꺼리'는 없었습니다

사람은 사랑을 요구합니다
아니, 모든 생명은 사랑을 요구합니다
남녀간에는 특히 더 그러합니다
존중되기를 기대하는 고귀한 성을 놓고
사랑이 결여된 채
오직 본능만을 채우려는

빗나간 성문화性文化가 미투를 부릅니다
미투를 들고 일떠서는 여성들(?)을
이 사회는 비판하고 나무라기에 앞서
성이 얼마나 고귀한지 먼저 생각해야 합니다

사람의 성性만 고귀한 게 아닙니다
모든 생명은 그가 어떤 종種이든
섹스는 생명을 잉태하게 하는 데 있어서는
심지어 작은 곤충까지도 고귀합니다
나는 어렸을 적 흘레붙는 개에게
찬물을 끼얹어 떼어놓았다가
어머니에게 호된 꾸지람을 들었습니다
지금도 그때 어머니 모습을 잊을 수 없습니다
"너는 사랑이 뭔지 아느냐?"
어머니의 이 한 마디는 곧 진리였습니다

난 그 이후로 짝짓기 하는 것이라면
동물이든 곤충이든 떼어놓지 않았습니다
음계淫戒는 미투에 관한 얘기입니다
음계는 바로 성性과 관련된 얘기입니다
참으로 사랑하는 사이를 갈라놓음도
다름 아닌 음계淫戒를 파계破戒함입니다

따라서 음계는 섹스sex 자체가 아니라
그릇된 관계를 정상화시키려 함이고
진정한 사랑을 이끌어감입니다
진정 고귀한 사랑 속에
결코 미투가 자리할 수는 없습니다

결혼이란 제도하에서 살아가는 이들보다
스님이든 또는 신부神父님이든 간에
홀로 살아가는 수행자들이
성性에 무방비로 노출될 수 밖에 없습니다
왜냐하면 수행자는 독신이니까요
따라서 일반인은 불륜不倫이지만
수행자는 곧바로 파계破戒로 이어집니다
어떻게 보면 음계는 개인적입니다
살인과 관련된 게 아니라면
살계殺戒는 음계淫戒와 더불어
그냥 개인적인 데 지나지 않습니다

그러나 횡령盜戒과 거짓말妄語戒은
개인을 뛰어넘어 전체적일 수 밖에 없지요
이는 생태계 파괴로 이어지고
나아가 혹세무민으로 이어지니 말입니다

그런데 왜 음계淫戒가 다 남자 중심일까요.
여자가 중심이 될 수는 없는 것일까요
미투 운동에 고발자는 죄다 여성뿐이고
남자는 왜 맨날 피의자일까요?
허걱!
이처럼 《범망경》〈보살계본〉에서도
'음淫' 또는 '음婬'은 모두
성性이 남성이 아닌 여성일뿐입니다

나무 서가모니불
나무 서가모니불
나무 시아본사 서가모니불

#2

몸으로 지킬 계율이 '대승보살계'에서는
살생을 비롯하여 4가지가 있습니다
첫째는 불살생계不殺生戒고
둘째는 불투도계不偸盜戒며
셋째는 불사음계不邪淫戒고
넷째가 불고주계不酤酒戒입니다
불고주계는 불망어계不妄語戒 다음으로
다섯번째 계율입니다만
몸으로 지켜야 할 계율이기에
불망어 앞으로 가져왔을 뿐입니다

나중에 언급할 내용입니다만
불고주계不酤酒戒는 십중대계의 하나로
술 장사를 하지 말라는 계율이고
불음주계不飮酒戒는 48경계輕戒의 하나로
술을 마시지 말라는 계율입니다
술을 마시는 행위가 가벼운輕 계율戒인데
술 파는 행위는 무거운重 계율戒입니다
어떻게 이런 일이 가능하느냐 하겠지요?
한데 이게 《범망경》보살계본 말씀입니다

마시는 행위보다 파는 행위가 큰 것이지요

만약 그게 사실이라고 한다면
또 다른 문제가 야기될 수밖에 없습니다
율장에서 설한 내용은 사실입니다
그렇다면 살생을 하는 것보다
살생도구를 만들어내고
살상화학무기를 만들어내고
막강한 군사력의 미사일을 만들어내고
핵무기를 만들어냄이 문제가 아니겠는지요
어찌 이것이 문제가 아닐 수 있겠습니까
창戈과 활弓 화살箭 정도가 아니라
화기와 미사일과 전술핵을 만들어냄은
인류가 끝을 향해 나아감과 같은 것입니다

오늘의 주제는 음계淫戒입니다
오늘 주제에 대해 깊이 생각해야겠지요
음계는 몸으로 지키는 계율이듯이
살생과 도둑질과 함께 행동을 요구합니다
음계를 어디까지 규정해야 하겠는지요?
몸 계율이니 행동으로 국한시킬까요
아니면 '마태복음'에서의 '십계十戒'처럼

마음에 이미 음욕淫欲을 생각할 때
이미 음계를 범한 것이라 해야 하겠습니까
부처님의 말씀도 이와 같습니다

사람이 음욕심을 일으켜
함께 있는 여인에게 성희롱을 하거나
성추행을 한다면 누구의 책임이겠습니까
이는 누구나 답할 수 있습니다
성희롱, 성추행, 성폭행을 실행에 옮긴
당사자에게 먼저 책임을 묻는 게 맞습니다
'그때 거기 하필 여자가 있었느냐'라든가
하는 문제는 당연히 설득력이 떨어집니다
이는 술을 마시는 파계 문제가
술 파는 가게가 있고
술 파는 사람이 있어
초래된 결과로 여김과 같은 논리입니다

처음부터 음욕에 대한 생각이 없었는데
그녀가 마침 그때 거기에 있었다든가
자신은 스스로를 컨트롤할 수 있었는데
그녀가 너무 요염하게 다가왔다던가
하는 문제로는 상황을 해결할 수 없습니다

이런 생각이 그대로 문제가 되기 때문에
아예 여성을 채용하지 않는다든가
근무하는 여성도 정리해고를 권장하는 게
이른바 '미투'에 대한 '펜스룰'입니다
이는 근본적인 해법이 될 수가 없습니다

따라서 《범망경梵網經》〈보살계본〉
십중대계에서 언급하신 '불고주계'가
사실 48경구계輕垢戒에서의 불음주계를
정당화시키려는 것과 다름이 없습니다
따라서 나는 성희롱이나 성추행
또는 성폭행이란 어마어마한 사건들이
하필 거기에 여성이 있었기 때문이 아니라
그런 마음을 컨트롤하지 못한
미투의 대상자에게 책임이 있다고 봅니다
이를 계율과 관련지어 나는 고언합니다

부처님 율장을 언급하는 것은
불제자로서 수행자로서 마땅하지 않지만
십중대계에 불음주계가 와야 하고
불고주계는 48경계로 가야 한다고 봅니다
왜냐하면 술 파는 사람과

술 장사하는 업체보다
마시는 당사자에게 책임이 큰 까닭입니다
본생경本生經에 나오는 말씀입니다
어느날 목마른 사슴이 샘을 찾았습니다
돌 틈 사이에서 맑은 물이 솟고 있었습니다
사슴은 물을 마셨습니다

갈증이 다 가시고 났는데도
샘물은 계속해서 솟아나고 있었습니다
사슴이 말했습니다
"샘물아! 제발 그만 솟아라!
나는 이미 갈증을 완전하게 해결하였다
그러므로 더 이상 물을 마실 수 없다
하니 샘이여! 제발 그만 솟으려무나!"
그러나 여전히 샘은 멈추지 않았습니다
사슴은 치솟는 분노를 견딜 수 없었지요
"솟지 말라는데 왜 자꾸 솟는 거야!"

성난 사슴은 샘을 뿔로 들이받고
뒷발로 차고 하여 아예 망가뜨렸습니다
샘물이 끊임없이 솟아오름이 샘 탓인가요
그렇지 않습니다

이는 결코 샘 탓이 아닙니다
마실 만큼 마시고 갈증이 해결되고 나면
사슴은 그냥 샘물 곁을 떠나면 됩니다
나중에 목마른 다른 사슴이나
토끼, 족제비, 참새, 뱀, 너구리 따위를 위해
샘물은 고이 잘 남기고 떠나야 합니다

동기 없이 결과가 일어나지는 않습니다
동기가 전체적인 책임은 없겠으나
일부 책임은 있을 수 있습니다
따라서 불고주계는 경계輕戒로 보내고
48경구계에 있는 불음주계를
여기 십중대계로 가져오는 게 맞습니다
그렇다면 부처님 말씀을 바꿀 수 있을까요
결론부터 말씀드리면 이는 불가능합니다
어떤 경우도 불경을 바꿀 수는 없습니다
왜냐하면 성언량聖言量이고
또한 불언량佛言量인 까닭입니다

음계淫戒는 불음계不淫戒라든가
불사음계不邪淫戒로 표기하기도 합니다
음계는 성관계를 금하는 것도 포함됩니다

불교에서 성관계를 금하는 것은
수행자에게 국한된 금계일 뿐입니다
가정을 이루고 사는 세간인에게
성관계를 금한다면 금함이 곧 파계입니다
가정을 꾸리고 새출발하는 신혼에게
부부관계를 하지 말라 하면 그게 파계지요
따라서 어떤 계율이든 양면성이 있듯
음계도 모두에게 일방적으로 적용할 수는 없습니다

물水의 재앙災, 불火의 재앙, 바람風의 재앙을
세간에서는 보통 '삼재三災'라 합니다
삼재의 재災가 재앙 재災 자입니다
물巛과 불火의 재앙을 한 데 묶은 글자가
재앙 재災 자며 여기에는 바람이 있습니다
바람酸素이 없다면 불을 일으킬 수 없고
바람氣候이 없다면 수증기와 함께
구름도 비도 끝끝내 만들어지지 않습니다
따라서 재앙 재災 자에 풍재風災가 들어있지요
어떻습니까
글자가 재미있지 않습니까

삼재에 든 양면성을 함께 살펴야 합니다

홍수가 일어남도 수재水災이지만
가뭄으로 식수마저 마름도 곧 수재입니다
불이 나서 산과 집을 태움도 화재火災이나
추운 겨울 난방이 안 됨도 화재입니다
태풍이 농작물을 쓸어감도 풍재風災이나
바람 한 점 없는 삼복더위도 곧 풍재입니다
이와 마찬가지로 음계도 양면성이지요
너 나 없이 다 신부神父가 되고
수사修士, 수녀修女가 되고
비구 비구니가 된다면 어찌되겠습니까

이 아름다운 지구를 누가 물려받겠습니까
그러므로 짝짓기하는 동물은 물론
심지어 작은 곤충에 이르기까지
그들의 참사랑을 방해해서는 안됩니다
생태계의 연계는 사랑에서 시작되고
짝짓기를 통해 종족을 번식시키고
끊임없이 고귀한 생명을 이어감에서입니다
김기덕 감독의《봄 여름 가을 겨울...》에서
한 어린 사미가 짝짓기하는 뱀과
개구리 따위를 떼어놓는 것도 모자라
잔혹하게 짓이겨 난도질을 칩니다

이야말로 어떤 음계보다 중한 파계이지요

세상이 온통 미투 사건으로
떠들썩 함도 음계 파계에 해당하지만
아예 동기를 차단하는 펜스룰 현상現象도
분명 사음계 파계에 다름 아닙니다
전법이란 미명하에 무조건 출가를 권하고
비구 비구니를 양산量産하는 게
불조佛祖의 혜명慧命을 잇는 길로서
대단하게 여길 것은 아니라는 얘기입니다
무조건 신부 수녀가 되길 권함도 그렇고요

#3

사음중죄발원문邪淫重罪發願文

동봉東峰

관세음보살이시여!
사음중죄邪淫重罪를 참회하나이다
매우 부적절하고 지저분한 중죄이나이다
살생殺 훔침盜 사음淫 거짓말妄을
네 가지 바라이죄波羅夷罪로 간주하나이다
바라이는 바라시가波羅市迦parajika
바라사이가波羅闍已迦라 음역하고
극악죄極惡罪
단두죄斷頭罪
무여죄無餘罪
기손죄棄損罪
불공주죄不共住罪
중금죄重禁罪 따위로 풀이하기도 하나이다

관세음보살이시여!
이들 네 가지 바라이죄 가운데
살생 훔침 사음은 몸으로 짓는 바라이이옵고

"

입으로 짓는 바라이는 오직 거짓말뿐이나이다
그리고 이들은 다른 듯 같은 죄업이나이다
살생은 삶生의 의지를 꺾어버림殺이니
앞서 언급했듯이 살생중죄殺生重罪는
삼종세간三種世間의 부조화를 가져 온
이른바 '생태계 파괴'라 할 수 있을 것이나이다

관세음보살이시여!
둘째 바라이죄인 투도중죄偸盜重罪는
나라를 훔친 죄보다 큰 것이 없고
사람 마음을 훔친 죄가 더욱 크다 하였나이다
따라서 인류역사상 으뜸가는 양상군자는
오직 서가모니부처님뿐이라 하였나이다
하오나 관세음보살이시여
부처님께서는 마음을 훔치지 않으셨나이다
부처님께서는 다만 비우셨을 따름이나이다

관세음보살이시여!
부처님 마음은 진공이시나이다
진공의 텅빈 세계는 흡수력을 지니나이다
페트병PET bottle 안의 공기를 모두 뽑아내면
공기가 빠진 것만큼 병은 찌그러지나이다

타이어가 육중한 차체를 싣고 달리면서도
찌그러지지 않는 것은 곧 공기 때문이나이다
아무리 단단한 무쇠 드럼통이라 하더라도
완벽하게 공기를 뽑아낼 수 있다면
일그러진 빈 맥주캔처럼 될 수 있사옵니다

관세음보살이시여!
부처님이 중생과 다른 점은 한 가지이나이다
완전한 진공이 되었느냐 아니냐이나이다
부처님께서는 완전하게 비운 마음자리에
헤아릴 수 없는 공덕을 채우셨사옵니다
능동적으로 채운 것이 아니라
빈 자리에 저절로 채워진 것이나이다
진공청소기의 원리가 어디서 왔나이까
진공묘유眞空妙有 부처님 마음에서 왔나이다

관세음보살이시여!
부처님께서는 중생 마음을 훔치지 않았나이다
그저 마음을 텅 비우셨을 뿐이나이다
텅 빈 진공 상태에 묘유가 들어찬 것이나이다
묘유妙有는 진공眞空과 마찬가지로
이름씨가 아니라 움직씨며 그림씨이나이다

완벽眞하게 빈空 자리에
아름다운妙 덕성이 들어 찬有 것이나이다
아름다움이란 곧 부처님 마음으로서
티없이 맑고 고운 흡입력을 가리키나이다

관세음보살이시여!
블랙홀black hole 역사는 오래지 않사오나
거슬러 올라가면 불교의 '진공묘유설'이나이다
블랙홀은 빛조차도 빠져나오지 못하도록
매우 강력한 흡입력을 지니고 있나이다
부처님 마음이 바로 블랙홀에 해당하나이다
중생들의 마음을 완벽하게 빨아들이는데
선과 악 사랑과 미움 등이 비워진 까닭이나이다
진공묘유의 흡입력을 훔침으로 보겠나이까

관세음보살이시여!
사음중죄를 참회하나이다
살생 훔침 사음 거짓말은 늘 함께하나이다
살생이 있는 곳에는 훔침이 있고
부적절함이 있으며 거짓이 따라가나이다
이는 마치 자동차의 네 바퀴와 같아
어느 하나도 따로 독립할 수 없으며

하나가 없으면 다른 셋이 성립할 수 없사옵니다
때로는 네 바라이 죄가 독립한 듯 보이나
이는 보임과 안 보임의 차이일 뿐이나이다

관세음보살이시여!
사음중죄를 참회하나이다
어느날 한 젊은 불자가 질문을 해 왔나이다
"큰스님, 불교관계 어느 신문에서 보니
'신라 원효스님과 근대 경허스님이
알고보면 모두 파계한 스님들이신데
왜 그들을 존경하는지 모르겠다' 했습니다
이에 대해 스님 생각은 어떠하신지요?"
그렇사옵니다

관세음보살이시여!
원효스님은 요석공주를 만나 설총을 낳았고
경허스님은 말년에 막행막식을 했다 하나이다
제가 미소만 머금은 채 답이 없자
그가 다시 물어왔사옵니다
"큰스님, 비구승과 대처승은 어떻게 볼까요?"
그의 물음 끝에 제가 답하였나이다
"이를테면 원목 가구와 집성목 가구라 할까?"

그가 되물어왔사옵니다
"원목과 집성목이요? 무슨 뜻이시온지?"
그러하나이다
관세음보살이시여!
원목 가구는 원목 가구의 순수 가치가 있고
집성목 가구는 섞임과 조화의 가치가 있나이다

관세음보살이시여!
순수는 순수대로 아름다음이 있고
섞임은 섞임대로 역시 아름다움이 있나이다
다만 비구로서 숨겨놓은 아내隱妻가 있다거나
자녀가 있다면 이는 문제가 크겠나이다
원효스님께서는 요석공주를 알고
공주와의 사이에서 아이가 태어난 줄 안 뒤
자칭 '거사居士'로 살았다고 하나이다
그는 네 가지 바라이죄 가운데에서
불사음계不邪淫戒 하나를 범했을뿐이나이다

관세음보살이시여!
원효스님은 살생중죄를 범한 게 아니나이다
남의 돈을 횡령하거나 도박하지 않았으며
흉기나 지위를 이용하여 공갈하고 협박하여

여자를 취하고 성폭력을 저지르지 않았나이다
그는 혹세무민의 커다란 거짓말로써
수십억 수백억을 가로채지 않았사옵니다
그에게는 이른바 비밀 금고가 따로 없었으며
열반한 뒤 뭉칫돈이 나온 적도 없었나이다

관세음보살이시여!
원효스님은 평생 언어가 방정方正하였고
절집안의 추함을 드러내지 않았고
다른 비구들처럼 남을 헐뜯지 않았나이다
어찌하여 네 가지 바라이죄 가운데
살생 훔침 거짓말을 일삼는 비구는 접어둔 채
요석을 만나 설총을 낳은 사음바라이만으로
비구의 생명을 난도질하는 것이나이까
사음바라이죄는 관계된 두 사람의 일이나이다
이에 비해 생태계 파괴는 개인을 넘어섰나이다

관세음보살이시여!
불사를 명목으로 모연募緣한 돈과 재물을
불사에 어울리게 잘 쓴 것이 아니고
가로채 제 주머니만을 불리는 행위야말로
개인의 일을 넘어서 전체의 일이나이다

이는 바로 숱한 사람의 피땀인 까닭이나이다
원효스님의 파계가 개인의 문제라면
승통이라는 지위를 이용하여
왕과 신료들에게 신라 문화를 버리고
당의 문화를 받들게 한 자장율사와
당시 일부 고승들이야말로
나라를 남에게 갖다 바친 매국노였나이다

관세음보살이시여!
사음한 중죄를 참회하나이다
250가지 계율에 음계만 있는 것은 아니나이다
비구 생명이 음계에만 국한된 게 아니오나
음계를 잘 지킴도 또한 매우 중요하나이다
그와 요석은 진정 서로 사랑하였삽고
강제 추행 등 성범죄를 저지르지 않았으며
남편이 있는 남의 아내를 훔치지 않았나이다
그러나 사음바라이를 범한 것은 맞사옵니다

비록 바라이죄는 아니라 하더라도
원효스님과 경허스님뿐만 아니라
250가지 계율을 다 지키는 스님네는 없나이다
비구는 돈을 지니지 않아야 하는데

단 하루도 돈 없이 살아갈 수 있겠나이까?
현찰이 아닌 신용카드는 괜찮다고요?
비구는 살생하지 말아야 하는데
모기 잡고 파리 잡고 쥐를 잡기도 하나이다
비구는 거짓말은 물론 아첨하는 말
이간질 악담/욕설을 하지 않아야 하는데
입만 열면 남의 잘못을 입에 담지 않사옵니까

관세음보살이시여!
사음중죄를 참회하나이다
원효스님의 파불사음계를 찬탄하지 않나이다
경허스님의 막행을 두둔하지는 않사옵니다
신라의 원효대사나 조선의 경허선사를
한 마디로 '파계승破戒僧'이라 하옵니다만
정확하게는 '파사음계승破邪淫戒僧'이나이다
단지 사음계 하나를 파했을뿐이나이다
250가지 비구계를 다 파한 것이 아니나이다

관세음보살이시여!
관세음보살이시여!
관세음보살이시여!
두 손 모아 합장하고 참회하나이다

파사음계를 두둔한 것처럼 느끼게 한
저의 궤변詭辯을 진심으로 참회하나이다
근대 한국불교의 가장 훌륭하신 고승으로서
대선사며 대율사이셨던 고암古庵대종사가
저의 은사이시며 법사이시나이다

나무 관세음보살
나무 관세음보살
나무 대자대비 관세음보살

04) 망어계妄語戒

포살하는 불자들은 귀기울여 들을지라
몸소남을 속이거나 남을시켜 속이거나
방편으로 주술로서 거짓말을 한다거나
속는것을 바라보며 좋아하지 말지니라

거짓말의 질료인과 거짓말의 보조연과
거짓말을 하는법과 거짓말을 하는행위
어떤것도 서슴없이 행해서는 아니되니
거짓말은 눈덩이라 구를수록 커지니라

직접보지 아니하고 보았다고 한다거나
현장에서 목도하고 못보았다 애기하여
표정으로 마음으로 거짓말을 말것이요
삼업에서 거짓말을 아예짓지 말지니라

보살들은 모름지기 스스로나 남에게나
정직하게 얘기하고 바른견해 일으키어
일체모든 중생들을 구원하고 건네주되
바른말과 바른견해 익혀야만 하느니라

그렇거늘 불자로서 일체모든 중생에게
삿된언어 삿된견해 삿된행동 일으키면
정직함이 없는자요 서원력을 어김이라
보살계를 받았으나 바라이죄 되느니라

#1

망령될 망妄 자는 모두 6획입니다
꼴形소리聲 문자로서
계집녀女 부수部首에
소릿값인 없을 망亡 자를 얹어
망령妄靈되다, 어그러지다
허망虛妄하다, 헛되다
속이다, 잊다, 잊어버리다
거짓, 멋대로, 함부로
대개大槪, 대부분, 모두
널리 따위의 뜻으로 읽히고 있습니다

뜻을 나타내는 계집녀女 부수와
소릿값을 나타내는 동시에
어둠의 뜻을 나타내는 망亡 자입니다
도리道理나 예법禮法에 어둡고
이치에 거슬리다의 뜻으로 쓰고 있습니다
나는 옛 파자 원리와 달리 풀이합니다
망령될 망妄 자는 망령됨 외에
속이다, 헛되다, 잊어버리다, 멋대로처럼
속일 망, 잊을 망, 함부로 망으로 새기지요

따라서 망령될 망忘 자의 파자는
나간亡 여인, 집 나간 아내女의 뜻입니다
집 안宀에 아내女가 제자리를 지키는 집은
분명 편안한安 집안이라 할 것입니다
으레 집안宀에 여자女는 하나여야 하지요
하나일 때 비로소 평안安한 집이 됩니다
둘이면 송사할 난奻 자가 되고
셋이면 간음할 간姦 자가 되는 까닭에
집안이 편안할 새가 없을 것입니다
물론 여기서 말하는 한 집안宀 여자女는
어머니, 딸, 누이 따위는 제외됩니다

아내가 집을 나간 데는 동기가 있습니다
첫째 남편에게 여자가 있어서입니다
둘째 그로 인한 남편의 폭력입니다
셋째 본인에게 정부情夫가 있어서입니다
넷째 고부간 갈등입니다
다섯째 가정경제의 파탄입니다
여섯째 그其 밖他 상황 때문입니다
여기서 첫째가 가장 큰 이유이고
끝으로 갈수록 비율率은 점점 낮아집니다
따라서 아내가 가정을 버린다는 것은

이미 앞서 문제가 컸다고 보아야 합니다

보조국사의 《계초심학인문》에서도
'절집안 추함을 드러내지 말라'하였듯이
예로부터 안 좋은 일은 숨기려 했습니다
벗이 "어떻게 된 거냐?" 물었을 때
100% 사실대로 대답하지는 않습니다
게다가 자신의 잘못으로 아내가 나갔을 때
거기에는 반드시 거짓말이 따릅니다
또 아내에게 남자가 생겼다는 말도
남편으로서는 숨기고픈 얘기일 수 있고요
거짓말은 아내女가 떠난亡 데서 기인합니다

요즘도 아주 예외는 아니지만
조선시대만 하더라도 상상 밖입니다
조선조 때 남편이 첩을 두었다 하여
그를 빌미로 아내가 집을 나갈 수 있습니까
유교 윤리에는 독특한 권리가 있었지요
남편이 칠거지악을 저지른 아내를
자기 마음대로 내쫓을 권리權利였습니다
이를 '기처권棄妻權'이라고 했습니다
이른바 '아내妻를 버릴棄 권리權'이지요

우리 선조들은 참 대단한 시대를 살았습니다

기처권이라고 하는 특수한 권리에는
'칠거지악七去之惡'이 동기가 되었습니다
이 권리는 논리에 부합된 경우도 했고
다른 면에서는 비논리적이기도 했습니다
1) 시부모님에게 불손하고
2) 대를 이을 아들을 낳지 못하고
3) 성생활이 난잡하고 바람을 피우며
4) 남편의 외도를 투기妬忌하며
5) 불치병이나 난치병이 있고
6) 패악悖惡하고 말썽을 일으키며
7) 남편 지갑에 손 대거나 훔침입니다

둘째 대를 이을 아들 못낳는 일을
남편과 아내가 함께 책임지는 게 아니라
오직 아내 책임만으로 떠넘긴 것입니다
셋째 난잡한 성생활이나 바람을 피웠을 때
아내가 제기하면 으레 투기로 몰아가고
남편의 제기는 곧장 내침으로 이어졌지요
따라서 아내의 외도는 곧바로 내침이면서
남편의 외도는 정당화시킨다는 것입니다

아무리 남존여비 사상이 강했다 하더라도
심함을 뛰어넘어 너무 지나쳤다고 봅니다

조선은 남존여비男尊女卑가 아니었습니다
일반적인 남녀 관계를 뛰어넘어
부부에 이르러서도 높낮이가 아니었지요
높낮이가 아니라면 무엇이었을까요
'남귀여천男貴女賤' 시대였습니다
남자는 귀한 사람이고
여자는 천한 사람이었습니다
남편은 땅의 상대인 하늘이 아니라
종교적 차원의 하늘로 모셔야했습니다
그만큼 조선은 독특한 세상을 펼쳐갔습니다

다섯째 불치병이나 난치병을
옛 용어로는 '나쁜 병惡病'이지요
혼인하기 전 건강진단서를 챙겼을 때는
아내는 분명 건강한 사람이었습니다
그런데 혼인하여 살아가는 과정에서
암, 당뇨, 고혈압, 심근경색 등
성인의 사대질병이 자리한 것입니다
여섯째는 패악을 부림인데

아내는 남편 일에 패악을 부리면 안 되고
남편은 아내에게 언어폭력을 써도
정당화된다는 데 이해가 가지 않습니다

칠거지악은 혼인한 뒤 발생한 것입니다
다른 것은 그런데로 보아줄만 한데
난치병에 관한 것은 이해가 되지 않습니다
미리 중병이 있는 줄 알면서
사실을 숨긴 채 혼인한 게 아닙니다
이도 또한 크나큰 문제꺼리가 있는 것이
남편의 난치병은 들먹이지 않은 채
아내의 난치병만을 거론한다는 것이지요
칠거지악에도 구제될 수 있는 게 있습니다
이른바 '삼불거三不去'라는 말씀입니다

첫째 버리면 아내가 의지할 곳이 없을 때고
둘째 부모의 삼년상을 함께 치렀을 때며
셋째 혼인 뒤 재산이 많이 늘어났을 때지요
아무튼 문벌이 있는 집안에서
아내를 내쳤다는 소문이 나게 되면
이를 가문의 큰 수치로 여기곤 하였습니다
따라서 내친ㄴ 아내女에 대해서는

내용을 숨길 수밖에 없었고
으레 거짓말을 할 수밖에 없었습니다
하여 망妄 자가 거짓말을 뜻하게 되었지요

망어妄語의 어語는 '말씀 어'로 새깁니다
말씀 어語 자는 꼴形소리聲문자로
말씀언변訁에 총14획입니다
담긴 뜻으로는 말씀, 말, 이야기
새소리, 벌레소리, 《룬위論語》의 약칭
기뻐하는 모양, 말하다, 논란하다
알리다, 고告하다, 발표하다, 의논하다
모의謀議하다, 이야기하다, 담화하다
대답對答하다, 깨우치다, 가르치다
설명說明하다 따위입니다

이름씨名詞 아래에 붙여
그게 무슨 뜻인가를 나타내는 말이지요
파자하면 뜻을 나타내는 말씀언訁 부수와
소릿값 오픔→어語로 이루어졌습니다
오픔→어는 서로 말을 주고받는 일이며
나중에 오픔를 아我와 같이
나→자신自身이란 뜻으로 썼고

서로 이야기한다는 뜻일 때는
말이란 뜻을 나타내는 언듦을 붙여
따로 말씀 어語로 만들어지게 된 것입니다

보통 열 가지 악업을 열거할 때
몸身으로 짓는 세 가지身三
입口으로 짓는 네 가지口四
뜻意으로 짓는 세 가지意三 라 합니다
몸으로는 살생하고 훔치고 음행하고
입으로는 거짓말 꾸밈말 이간질 악담하고
뜻으로는 탐내고 성내고 어리석다 하지요
이들 삼업三業을 증식增殖시키는 게
바로 다름 아닌 '거짓말'이라는 것입니다
거짓말이 공을 까먹고 허물을 쌓습니다

보살계 십중대계에서도
핵심은 여기 이 거짓말에 있습니다
남의 말이 아니라 바로 '내푬 말듦'입니다
말씀 어語 자는 '내푬 말듦'이니까요
다섯五 가지 감관口으로 느끼는 나푬는
왼손手과 오른손戈이 만나 나我를 이루듯
그렇게 만들어진 게 아닙니다

나吾는 다섯五 감관口으로 느낌입니다
남의 말이 온당한가를 따지기에 앞서
내吾 스스로의 말言이 올곧다면
공이 이루어지지 않을까를 염려할 게 없습니다

#2

거짓말은 말씀language입니다
참말이 아닐 뿐이지 말은 말입니다
침묵沈默silence이 아닙니다
거짓말은 일단 언어로 표현되었기에
사실관계를 확인할 수 있습니다만
침묵은 진실과 거짓으로 가를 수 없습니다
묵비권默祕權은 거짓이 아닙니다
'옳可다 그르否다' 표현하지 않을 뿐이지요
이왕 내친 김에 말씀에 대해 살펴보고
침묵에 대해서도 살펴보겠습니다

말씀 언言 자에는 말씀을 비롯하여
말, 견해, 의견, 말하다
글, 언론, 맹세, 호령
하소연, 딱한 사정을 간곡히 호소하다
건의, 계책, 허물, 잘못
서로 꺼리고 싫어하여 생긴 틈
이에, 요컨대, 다시 말하면
여쭈다, 묻다, 기재하다, 적어넣다
소송하다, 알리다, 예측하다

이간하다, 헐뜯어 서로 멀어지게 하다
조문하다, 위문하다 따위가 들어있습니다

혹은 '언言'을 '은言'으로도 읽는데
화기애애和氣靄靄하다든가
화기애애하면서 삼가는 모양이거나
위엄威嚴이 있는 모양으로 새길 때입니다
한자는 같으나 '은'으로 발음하고 새기지요
그러니까 '화기애애할 은言' 자입니다
화기애애에는 어떤 뜻이 담겨있을까요
온화하고 화목한 분위기가 넘쳐흐름입니다
애靄가 '아지랑이 애'로 새겨지듯
온화한 기운이 아지랑이처럼 피어오르고
안개처럼 구름처럼 매우 자연스러움입니다

말씀 언言 자를 파자하면
매울 신辛 자와 입 구口 자의 만남입니다
매울 신辛은 쥘손이 있는 날붙이 모습이고
입 구口는 맹세盟誓의 뜻입니다
쥘손이 무엇일까요
손잡이입니다
날붙이가 무엇일까요

칼 낫 도끼처럼 날이 있는 연장입니다
다시 말해 '언言' 자에 담긴 파자의 뜻은
만약 '못미더움不信'이 있을 때는
죄罪 받을 것을 전제로 한 맹세입니다
'말을 삼가다'와 '삼가 말하다'의 뜻입니다

좀 어려운 말인가요
사람은 말 한 마디에 따라
때로 목숨이 왔다갔다할 수도 있으므로
그만큼 말口은 신중辛해야 합니다
혼신辛을 다해 입口을 열어야 하지요
그래서 그런 말이 있습니다
'침묵보다 어려운 게 말'이라고 말입니다
정말 침묵보다 말이 더 어려울까요
말이 하고싶어 근질거리는 이에게
침묵은 가장 큰 고문입니다
말하고 싶은데 말을 못한다는 것은
어떠한 고문보다 커다란 고문일 것입니다

침묵沈默은 '고요默 속에 잠김沈'이라
언어와는 완벽하게 다른 것일 수 있습니다
침묵은 언어의 반대개념이 아니라

침묵 그 자체로 하나의 현상現象입니다
따라서 말의 반대 개념은 묵언默言입니다
우리는 보통 침묵과 묵언을 같이 보지만
어떤 경우도 묵언이 침묵일 수 없듯
침묵도 묵언일 수 없습니다
침묵은 명상의 범주이고
묵언은 언어의 범주에 속합니다
묵언默言이란 곧 잠잠한默 언어言며
말言을 안으로 꾹꾹 삼킨默 현상입니다

일반적으로 묵언默言을
하나의 수행으로 삼는 이들은 있으나
침묵을 수행으로 삼지는 않습니다
잠잠할 묵默 자에는 의미가 담겨 있습니다
개犬는 밤黑을 지키는 가축입니다
밤黑은 칠흑漆黑처럼 어둡黑습니다
개는 시각보다 후각이 발달한 동물이지요
후각세포 수가 사람의 500배에 달하며
냄새를 맡는 능력은 사람의 100만 배에서
심지어 1억 배에 달한다고도 합니다

개가 한 밤중에 주인을 알아채고

나아가 인연 있는 이들을 식별하는 것은
눈으로, 시각으로 알아보는 게 아니라
냄새로, 후각으로 알아챕니다
물론 청각도 사람의 청각에 비하면
수십 배에서 수백 배까지 발달되었습니다
아주 가느다란 호흡에서
작은 발자국 소리로만으로도
그가 주인인가 아닌가를 알아챕니다
그런데 청각보다 후각에 많이 의존하지요

어디, 사람 뿐일까요
주인이 모는 자동차인지 아닌지
또는 같은 주인의 자동차라고 하더라도
운전습관에 따라 주인인가 아닌가를
개는 정확하게 판별해냅니다
따라서 주인이 자신의 차를 운전할 때는
당연히 알아차리고 반가워합니다
하지만 주인이 엉뚱한 차를 몰고 오더라도
운전습관으로 인해 주인을 알아봅니다
그만큼 개의 후각, 청각은 발달되어 있습니다

한밤중黑 개犬가 짓지 않을默 때는

반드시 거기에는 어떤 까닭이 있습니다
첫째 주인을 비롯하여 아는 사람이거나
둘째 평소 좋아하는 냄새 때문입니다
평소 좋아하는 냄새가 뭘까요
고기의 뼈다귀도 그 범주에 들어가겠지요
사람의 냄새를 상쇄시킬 수 있는
그만이 좋아하는 냄새가
낯선 사람의 체취보다 우선하기에
개는 꼬리를 흔들어가며 짖지 않습니다

가령 수행자가 묵언한다고 할 때는
말할 줄 몰라서가 아닙니다
모든 기능은 완전하게 갖추고 있으면서도
쓸 데 없는 말을 하지 않으려 함입니다
보통 '묵언默言'이라 하면 '말 없음'이지요
그런데 진짜 묵언은 '말 없음'이 아니고
'쓸 데 없는 말을 줄일 뿐'입니다
사람은 때로 '자신이 하는 말'이
쓸 모 있는지 없는지 모를 때가 있습니다
바로 그렇기 때문에 묵언수행에서는
'쓸 모 있는 말'까지도 아예 하지 않습니다

그러다보니 혹 어떤 묵언수행자는
법당에 들어 예불禮佛하고 염불할 때도
아예 입을 열지 않습니다
왜냐하면 '묵언수행'이니까요
진정한 묵언수행은 그렇게 하지 않습니다
오직 중생의 속된 언어를 줄여나갈 뿐
부처님의 참된 진리를 전합니다
불전에 예불하고 독경하고
부처님의 고귀한 법을 설하는 것
이보다 더 좋은 묵언수행은 없습니다

40여년 전 해인사 강원에서 들은 얘기입니다
인도 서북부 간다라 페샤와르에서 태어난
무착無着Asanga(310~390)보살과
세친世親Vasubandhu(320~400)보살은
삼형제 중 맏이와 둘째로 알려져 있습니다
형 무착보살은 대승불교를 익혔고
동생 세친보살은 소승불교를 익혔습니다
소승불교를 배운 동생 세친보살이
끊임없이 대승불교를 비방함을 보다못해
형 무착보살은 어느날 전보를 보냅니다

"너의 대승불교 비방이 극에 달하여
그 죄를 다 갚을 수 없구나
내가 대신 짊어지고 먼저 갈테니
부디 더 이상 죄 짓지 않았으면 싶구나"
형 무착보살의 전보를 받아들고
동생 세친보살은 크게 뉘우쳤습니다
그로부터 대승불교를 배우고 난 세친은
대승불교의 엄청난 스케일에 감동했습니다
'아! 이것이 곧 대승불교였구나!'
그는 형님에게 진심으로 참회하였습니다

"아! 그리운 형님 무착보살이시여!
대승불교를 비방한 저의 이 죄를
어떻게 하면 다 갚을 수 있겠나이까?
당장 저의 이 세 치 혀를 자르겠나이다"
그 때 귓전에 들려오는 소리가 있었습니다
"아우 세친이여! 방법은 아주 간단하다
너의 그 세 치 혀를 자를 게 아니라
그 세 치 혀로 대승불교를 찬탄하고 전하라!"
소리에 놀라 뒤를 돌아보니
거기에 형 무착보살이 서 있었습니다

형제는 서로 얼싸안았습니다
세친보살은 깨달았습니다
"업을 지은 세 치 혀를 자를 게 아니라
세 치 혀로 대승불교를 펼치라"는 말씀의
그 대승적 차원을 온전히 이해한 것입니다
소승불교에서는 업을 지으면
업의 뿌리를 싹뚝 자르라 가르치는데
대승불교에서는 그게 아니었던 것입니다
가령 그간 악구업惡口業을 지었다면
선구업善口業으로 바꾸면 되는 것이지요

묵언으로 쓸 데 없는 말을 줄일 게 아니라
입을 열어 부처님 말씀을 전하는 것이
묵언보다 더 큰 수행이 되지 않겠는지요
망어계妄語戒에 얽매일 게 아니라
진실어眞實語를 펼칠 일입니다
삼보를 비방한 죄업이 있다면
마음을 돌이켜 삼보를 찬탄할 일입니다
이미 한 번 살생한 죄는 되돌릴 수 없지요
그 대신 방생을 통해 공덕을 쌓을 일입니다

#3

망어중죄발원문妄語重罪發願文

관세음보살이시여!
망어중죄妄語重罪를 참회하나이다
살생殺 훔침盜 사음淫 거짓말妄이라는
네 가지 바라이죄波羅夷罪 가운데
마지막 바라이죄 거짓말妄語을 참회하나이다.
앞서 살펴보았듯이 바라이죄는
극악죄極惡罪며
단두죄斷頭罪며
무여죄無餘罪며
기손죄棄損罪며
불공주죄不共住罪며
중금죄重禁罪 따위로 풀이하나이다

관세음보살이시여!
거짓말에는 본디 크고 작음이 없나이다
거짓말은 그냥 거짓말일 뿐이기에
크다 작다 많다 적다가 없사오며
무겁다 가볍다 하는 것도 본디 없사옵니다

다만 여러 가지 상황과 조건에 따라
때로는 크고 때로는 작은 거짓말이 되나이다
작은 거짓말은 그야말로 작은 거짓이옵고
큰 거짓말은 생각보다 큰 거짓이나이다

관세음보살이시여!
거짓말 성립에는 7가지 조건이 있나이다
첫째는 거짓말을 하는 사람이고
둘째는 거짓말에는 상대가 있사옴이며
셋째는 거짓말 할 때의 주변 상황이고
넷째는 거짓말 할 때의 시기이며
다섯째는 거짓말 내용이나이다
여섯째는 나중에 만들어지는 거짓말이옵고
일곱째는 제 자신에게 던지는 거짓말이나이다

관세음보살이시여!
똑 같은 거짓말이라 해도
누가 하느냐에 따라 힘의 크기를 달리하나이다
수상首相의 거짓말은 서민보다 크나이다
어떤 경우도 서민과 수상의 말 한 마디는
그 파급효과가 상상을 초월하나이다
사원의 한 마디와 그룹회장의 한 마디가

힘에서 도저히 같을 수는 없사옵니다
지위가 높으면 높을 수록
진중을 요하는 것이 다름아닌 말이나이다

관세음보살이시여!
둘째는 거짓말에 상대가 있사옵니다
대상 없이 거짓말이 성립될 수는 없나이다
수상의 경우 국민이 될 수도 있고
내각이나 공무원이 될 수도 있으며
다른 나라 정상이 될 수도 있사옵니다
수행자나 성직자라면 신도일 수가 있사옵니다
거짓을 진실로 믿게 할 수 있는 위치는
가벼운 거짓말도 바라이죄가 될 수 있나이다

관세음보살이시여!
거짓말을 할 때의 주변상황이라면
선거철 유세하는 후보나
또는 선거운동원들로부터
급조되어진 네거티브일 수 있나이다
상황이 상황이니만큼 어떤 꼬투리도
한 쪽에서는 시나브로 호재가 되고
다른 쪽에서는 악재가 될 수도 있사옵니다

물에 빠진 자는 지푸라기라도 잡으려 하나이다
극한 어려움에 처한 사람에게 던지는
혹세무민 한 마디는 판단을 흐리게 하나이다

관세음보살이시여!
거짓말할 때가 어느 때인가이나이다
그리고 거짓말의 내용이 무엇인가는
때로 엄청난 파장을 불러오기도 하나이다
의처증으로 불안해 하는 사람에게 건네는
아주 작은 귓속말은 삶을 파탄나게 하나이다
아첨 이간 악담이 거짓말의 친한 친구이나이다
그리고 선거에 임한 다급한 정치인들의 말이
나중에 지키지 못하는 공약이 되면서
거짓말로 변화하는 과정을 거치나이다

끝으로 자기 자신에게 던지는 거짓말이나이다
술마시는 사람은 매일 술을 끊나이다
애연가들은 틈만 나면 담배를 끊사옵니다
작심삼일作心三日의 거짓말은
스스로에게 던지는 거짓말이나이다
가정에서 직장에서 학교에서 친구 사이에서
약속을 하고 이어서 그 약속을 파기하나이다

사흘만 쓰고 갚겠다면서 빌린 돈을
평생 갚지 않고 되려 등지는 경우도 있나이다

관세음보살이시어!
세상에서 가장 큰 거짓말이 있으니
깨닫지 못한 상태에서 깨달았다는 것이나이다
그리하여 스스로 비까번쩍한 도인이 되고
세상을 마음대로 쥐락펴락하나이다
진돗개를 신봉하는 교단 교주가 되어
악귀가 씌었다면서 어린 아이를 폭행하여
죽게한 일도 있었다고 하옵니다만
혹세무민이야말로 가장 큰 거짓말이나이다

관세음보살이시어!
네 가지 바라이죄를 참회하나이다
얼마나 중한 죄면 '극악'이라 번역하오며
목을 베는 무거운 죄 단두죄라 하겠사옵니까
함께 살 수 없는 자 불공주不共住이겠으며
더 이상 봐 줄 여지가 없는 자 무여無餘이며
저 멀리 던져버려棄 방치損할 자이며
엄중重하고 엄금禁하게 다루겠사옵나이까
이들 네 가지 바라이죄는 무게가 같사옵니다

관세음보살이시여!
네 가지 바라이는 자동차 네 바퀴이나이다
불사음계不邪淫戒를 지키더라도
청정한 율사가 되고 비구가 되기 위해서는
불살생계不殺生戒도 잘 지켜야 하고
삼보정재도 독식하지 않아야하고
이처럼 위의 7가지 조건에서도
진실한 언어 거짓 없는 말을 써야 하나이다
보조국사《계초심학인문》에서 언급했듯이
절집안 추한 얘기도 드러내지 않아야 하나이다

관세음보살이시여!
다른 세 가지 바라이는 범하면서도
단지 사음邪淫바라이 하나
그나마 겉으로 드러나게 지키면
청정비구요, 청정율사라고 얘기하는 것은
부처님 가르침에 어긋나는 법도이나이다
비구가 지켜야 할 250가지 계율 가운데
246계는 저만치 밀쳐두고라도
네 가지 바라이만큼은 온전해야 비구이나이다

관세음보살이시여!

그런데 이들 네 가지 바라이에서
살생하고 횡령하고 혹세무민하는 등
세 가지 바라이는 눈 질끈 감은 채 넘겨버리고
단지 불사음계 하나만으로
지계持戒와 파계破戒를 가르는 것은
잘못되어도 한 참 잘못된 것이나이다
거짓말한 중죄를 참회하나이다
우리 청정비구 승단에
계율 문제를 들고 나온 점을
이제 손모아 진심으로 참회하나이다

참회하나이다
관세음보살이시여!
다겁생래多劫生來에 걸쳐 나와 남이 지은
살생한 중죄를 지금 참회하나이다

참회하나이다
관세음보살이시여!
다겁생래에 걸쳐 나와 남이 지은
훔치고 횡령한 중죄를 지금 참회하나이다

참회하나이다

관세음보살이시여!
다겁생래에 걸쳐 나와 남이 지은
인간의 성性을 가볍게 보아 희롱戱弄하며
사음한 중죄를 지금 참회하나이다

참회하나이다
관세음보살이시여!
다겁생래에 걸쳐 나와 남이 지은
거짓말한 중죄를 지금 참회하나이다

관세음보살이시여!
금강경에서는 말씀하시나이다
여래는 참眞 말씀語을 하시는 분者이고
실實다운 말씀語을 하시는 분者이고
같은如 말씀語을 하시는 분者이고
안不 속이誑는 말씀語을 하시는 분者이고
안不 다른異 말씀語을 하시는 분者이시나이다

관세음보살이시여!
저희 망어중죄참회법妄語重罪懺悔法은
부처님 말씀을 따르는 것으로 하겠나이다
참된 말씀

실다운 말씀

같은 말씀

속이지 않는 말씀

다르지 않은 말씀을 실천하는 것으로

망어중죄 참회법을 저희는 닦아가겠나이다

나무 관세음보살

나무 관세음보살

나무 대자대비 관세음보살

05) 고주계酤酒戒

포살하는 불자들은 귀기울여 들을지라
몸소술을 판다거나 남을시켜 판다거나
술파는인 술파는연 술파는법 술파는짓
어떤것도 서슴없이 실행하지 말지니라

술이라고 하는것은 죄를짓는 원인이라
보살들은 모름지기 일체모든 중생에게
밝게아는 바른지혜 일으키게 노력하고
삿된견해 내지않게 힘써야만 하느니라

그렇거늘 불자로서 일체모든 중생에게
어그러진 전도마음 일으키게 하는이는
고주계를 범함이요 서원력을 어김이라
보살계를 받았으나 바라이죄 되느니라

#1

앙고仰告
시방삼세十方三世
제망중중帝網重重
무진삼보자존無盡三寶慈尊
불사자비不捨慈悲
허수낭감許垂朗鑑

상래소수공덕해上來所修功德海
회향삼처실원만廻向三處悉圓滿
남북통일속성취南北統一速成就
천하태평법륜전天下太平法輪轉
법륜상전어무궁法輪常轉於無窮
국계항안어만세國界恒安於滿歲

우러러 고하나이다
공간적으로는
시방十方에 두루하시고
시간적으로는
삼세三世에 이어지옵신
제석궁전 드리워진 그물코처럼

거듭되고 거듭되어
다함 없는 삼보자존이시여
부디 바라옵건대
자비를 저버리지 마시고
누리에 차별없이 드리우소서

위로부터 지금까지 닦아온 바
아름다운 공덕의 바다여!
깨달음과 실상과 중생들에게
고르게 회향하여 모두 원만하였사오니
저희가 닦아온 이러한 인연공덕으로
남북통일은 속히 이루어지고
온천하가 태평하오며
부처님 진리 수레는
구르고 구르고 또 구르소서
부처님의 자비가호여
영원하고 영원하고 또 영원하소서
나라여! 겨레여! 온 세계여!
천세만세에 언제나 평안하소서

절집에 들어온 뒤

단 하루도 거르지 않은 축원
남북통일의 염원
이 간절한 염원이
아름답게 결실을 맺기를

오늘 남북정상회담을 통해
세계가 평화로 가옵길
인류의 세상에서
영원히 핵이 사라지기를

오늘 저녁
모두 함께 둘러앉아
살생계를 파해 안주를 장만하고
고주계酤酒戒를 깨트려
계명주鷄鳴酒 한 병 내어놓고
자축하는 자리가 되기를

오늘 저녁에는
남북 정상만이 아니라
우리 겨레 모두가
음주계飮酒戒를 깨트려
파계破戒의 계기가 허락되기를

#2

강릉江陵과 원주原州에서
머릿자를 따 강원도라
암하노불巖下老佛이니
바위 아래 늙은 부처인 양
어질고 인자하다나 어떻다나

서울京城과 근기近畿에서
머릿자를 따 경기도라
경중미인鏡中美人이니
거울 속 미인인 양
우아하고 단정하다나 어떻다나

경주慶州와 상주尙州에서
머릿자를 따 경상도라
태산준령泰山峻嶺이니
높은 산 험한 재인 양
선이 굵고 우직하다나 어떻다나

전주全州와 나주羅州에서
머릿자를 따 전라도라

풍전세류風前細柳니
바람 앞 가는 버들인 양
멋과 풍류를 즐긴다나 어떻다나

충주忠州와 청주淸州에서
머릿자를 따 충청도라
청풍명월淸風明月이니
맑은 바람 밝은 달인 양
부드럽고 고매하다나 어떻다나

평양平壤과 안주安州에서
머릿자를 따 평안도라
맹호출림猛虎出林이니
숲을 벗어난 범인 양
매섭고 사납다나 어떻다나

함흥咸興과 경성鏡城에서
머릿자를 따 함경도라
이전투구泥田鬪狗니
뻘 밭 개싸움인 양
맹렬하고 악착스럽다나 어떻다나

황주黃州와 해주海州에서
머릿자를 따 황해도라
석전경우石田耕牛니
자갈밭 일구는 소인 양
묵묵하고 억세다나 어떻다나

한라산 화산석으로 누룩 만들어
제주 앞바다에 던져 넣어
차진 술 빚어놓고
묘향산 옆구리 갈비를 뽑아
향긋한 안주 만들어
거나하게 한 잔 해야겠다

그다지 썩 내키지는 않으나
삼봉三峰 정도전의
팔도평八道評을 곁들이면
술맛이 좀 더 구수할지 어쩔지 몰라
남북이 서로 하나될 수 있다면
아으, 어떤 평評인들 또 어떠랴

고주酤酒는 술을 파는 행위로서
술 마시는 음주飮酒 행위와는 좀 다릅니다
술 고/단술 고/술팔 고酤 자로 새기며
특히 '계명주 고酤' 자로 새기기도 합니다
'계명주鷄鳴酒'는 직역하면 '닭 울음 술'로
전날 담가 다음 날 새벽 닭이 울 때
마실 수 있게 빚은 술을 가리키는 말입니다
담긴 뜻은 술, 빼앗다, 사다, 팔다입니다

앞에서도 이미 좀 언급했습니다만
술 파는 행위는 중대계重大戒에 들어있고
술 먹는 행위는 경구계輕垢戒에 들어있습니다
어떻게 수행자에게 있어서 술 마시는 행위보다
술 파는 행위가 더 큰 파계가 되겠는지요
아무튼 보살계에서는 행위의 동기부여를
과정이나 결과보다 더 중시하고 있습니다

우리나라는 천주교를 포함하여
기독교인들만 술집을 경영하는 게 아니라
불교신자들도 술집을 운영하고 있는데

'술 팔지 말라不酤酒'는 계가 있으니
이럴 경우 어찌해야 하겠습니까
그것도 가벼운 계輕垢戒가 아니고
무겁고 큰 계율重大戒이니 말입니다
무겁고 큰 계율은 바라이죄에 들어갑니다

술 마시는 행위는 성계性戒이고
술 파는 행위는 차계遮戒에 해당합니다
성계란 본성本性에 관한 계율이니
직접적으로 계를 범함이고
차계란 계를 범하게 하는 수단으로
간접적으로 계를 깨트리게 하고 있습니다
하여 아예 동기를 차단한다 하여
차계로서 고주계를 중히 다루고 있습니다

하나 《범망경보살계》'고주계'를 뛰어넘어
그제, 어제, 그리고 오늘까지도 이어지는
남북정상의 '판문점 선언'의 감동을
나는 주체할 수가 없습니다
'고향의 봄'을 부르는 것으로 밖에는
도저히 표현이 안 되니 어쩌면 좋습니까?
오늘 다 같이 불러보자구요!

고향의 봄

1절

나의 살던 고향은 꽃피는 산골

복숭아꽃 살구꽃 아기진달래

울긋불긋 꽃대궐 차리인 동네

그 속에서 놀던 때가 그립습니다

2절

꽃 동네 새 동네 나의 옛 고향

파란 들 남쪽에서 바람이 불면

냇가에 수양버들 춤추는 동네

그 속에서 놀던 때가 그립습니다

06) 설사중과계說四衆過戒

포살하는 불자들은 귀기울여 들을지라
청정비구 비구니와 출가자와 재가자의
죄와다못 허물들을 떠벌이지 말것이니
제가몸소 말하거나 시키지도 말지니라

죄와허물 쌓는인과 죄와허물 쌓는연과
죄와허물 쌓는법과 죄와허물 쌓는짓등
보살계를 받은이는 거론하지 말것이니
어떤일도 아무따나 떠벌이지 말지니라

보살계를 받은이는 조심해야 할것이니
외도악인 들이거나 또는이승 악인들이
부처님법 가르쳐서 법도율도 아니라며
깎아내고 비방하는 그런말을 듣게되면

적대심을 내기전에 자비마음 일으키어
악인들을 맞아가며 하나하나 설득하고
부처님의 대승정법 올바르게 가르쳐서
그와같은 이들에게 바른신심 내게하라

그렇거늘 보살들이 그네들과 어울려서
사부대중 허물들을 서슴없이 떠벌이면
사중계를 범함이요 서원력을 어김이라
보살계를 받았으나 바라이죄 되느니라

#1

옛날 우리 선조들은 이렇게 얘기했습니다
"뒷간은 멀리 있을수록 좋다"고요
물론 "처갓집도 멀수록 좋다"했던가요?
옛날은 오늘날과 달리 뒷간이었고
흘려버리는 화장실이 아니었습니다
뒷간은 분뇨를 저장하는 기능까지 있고
화장실은 물을 내려 말끔히 흘려버리지요
적어도 옛날 우리 농경사회에서는
사람의 배설물이 그대로 거름이었습니다
따라서 이웃집에 마실을 갔다가도
뒤를 보기 위해서는 집으로 달려왔지요
농사를 짓는 데는 분뇨가 필요했으니까요

13살에 학교를 접고 농사일을 시작했지요
아홉 살에 국민학교에 들어갔으니
열세 살이면 초등학교 5학년 나이였습니다
하루는 저녁을 함께하기로 하여
아버지와 함께 이웃집에 놀러갔습니다
이웃집이라 해도 고개를 2개씩이나 넘는
족히 3km는 되는 거리였습니다

평지 3km가 아니라 산길 3km였습니다
4월말 5월 초이니 바로 이맘때였습니다
저녁을 먹고 얘기를 나누는 중에
아버지가 슬그머니 내 손을 이끄셨습니다

"애야! 빨리 집에 가야겠다."
나는 아쉬움을 가득 머금고 여쭈었습니다
"아부지, 갑자기 집에는 왜유?"
아버지가 귓속말로 다시 소근대셨습니다
"으음! 뒤가 마렵구나, 내가 지금 급해!"
"그러세유? 아부지, 그럼 어서 가세요"
아버지가 손을 놓으시며 말씀하셨습니다
"너도 이따가 뒤가 마렵거든 곧장 오너라."
아버지는 그 길로 어둑어둑한 길을
반은 뜀박질로 걸어 집으로 돌아가셨지요
그런데 문제는 집에 도착하시기 전에
도저히 배변욕을 참지 못해
중간에서 볼일을 보고나서야 가셨답니다

다음날 이른 새벽이었습니다
아버지께서는 삼태기에 풀잎을 깔고
그 위에 뭔가를 담아오셨습니다

나름대로 일찍 일어난 내가 여쭈었습니다
"아부지, 이른 새벽에 어딜 다녀오세유?"
아버지가 웃으시면서 말씀하셨습니다
"음, 그래! 어제 저녁 중도에서 본 뒤를
짐승이 먹을까 봐 가서 담아오는 중이다."
허걱! 이럴 때 놀라는 표정을 해야겠지요?
아버지는 이렇게 말씀하셨습니다
"음식은 비록 남의 집에서 먹더라도
뒤는 반드시 집에 돌아와서 보아야 한다."

농사 짓는 농가農家에 있어서
거름은 실로 더없이 소중한 것이었습니다
소똥이나 돼지똥, 또는 닭똥도 아니고
인분人糞이 뭐 거름이 된다고 그러셨을까
그런데 아버지는 아주 철저하셨지요
"농삿꾼은 똥을 우습게 보면 안 된다"시며
어떤 경우라도 뒤는 집에 와서 보셨습니다
그렇다고 그다지 잘 산 것도 아니었지만
아무튼 아버지는 뒤까지도 아끼셨지요
입으로 들이는 것만 중요한 게 아니라
몸에서 밖으로 배설하는 것도
더없이 소중하다는 논리

나는 거기서 '집 가家' 자를 배웠습니다

집 가家 자에 담긴 뜻이 무엇일까요
집 가/여자 고家 자로도 새기고 있는데
그 흔한 꼴形소리聲 문자도 아니고
모은會뜻意 문자文字
곧 '뜻모음會意'문자文字입니다
갓머리宀 부수에 돼지 시豕 자지요
다시 말해서 집이란 돼지우리와 같습니다
불교경전에서 화택火宅이라 함보다도
훨씬 더 소박하고 순수하다고 하겠습니다
'집'이란 집 외에
자기自己, 집, 가족家族
집안, 문벌門閥, 지체라든가
사회적 신분 지위 따위가 깃들어 있습니다

이 밖에도 조정, 도성都城
전문가, 정통한 사람, 용한 이
학자學者, 학파學派
남편, 아내, 마나님
나이가 많은 부인婦人을 높여 이르는 말
살림살이, 집을 장만하여 살다

여자 따위의 뜻이 함께 들어있습니다
소설가, 화가, 작가, 예술가 처럼
일가를 이루었을 때 쓰는 말이기도 합니다
단 여자女子를 지칭할 때는 ‘고’ 로 읽습니다

집 가, 또는 부딪칠 돌宊 자와 같은 자며
시어머니 고姑 자와 통하는 자로
이 때는 으레 ‘여자 고家’ 자로 새깁니다
가령 집 가家 자를 파자破字하면
집 안宀에서 돼지豕를 기른다는 뜻이지요
불교에서 ‘집’이란 ‘돼지우리’입니다
꼭 돼지우리여서 돼지우리가 아니라
그만큼 ‘온갖 번뇌로 가득 차 있음’입니다
돼지우리는 같은 공간에서 먹고
같은 공간에서 배설하는 독특한 집입니다
사람이 사는 집은 주방과 식당
그리고 화장실이 따로 구분되어 있습니다

출가出家와 재가在家가 다른 점은
딱 한 가지를 중심으로 하고 있습니다
그 한 가지가 무엇일까요
으레 ‘집家’입니다

생명은 '집'을 중심으로 살아갑니다
이는 사람만이 아닙니다
생명있는 모든 것들은 집이 있습니다
지구상에 집 없는 생명이 있을 수 있을까요
으레 얼마든 있을 수 있습니다
사자 호랑이 등 고양이과 동물들은
이렇다 할 집을 갖고 있지 않단 말씀인가요

정말 고양이과 동물은 어떤 녀석이나
집을 갖고 있지 않을까요?
반드시 꼭 그렇지는 않습니다
고양이과 동물들은 영역을 설정합니다
이처럼 생명체는 집을 중시합니다
개미든 벌이든 족제비든 곰이든
그들은 반드시 집을 갖고 있습니다
새들도 곤충도 박테리아까지도
집을 중심으로 살아갑니다
심지어 민물고기나 바닷고기조차도
그들의 영역을 특별히 고집하고 있습니다

출가자出家者와 재가자在家者는
두 개의 틀을 형성形成하고 있습니다

하나는 집家을 벗어남出이고
다른 하나는 집家에 머무름在이지요
집을 벗어났으니 집에 머물지 않을 것이고
집에 머무르니 으레 집에 있겠지요
그런데 재미있는 게 있습니다
집을 나온 출가자는 오히려 집에 집착하고
집에 머무는 재가자는 되려 탈속을 꿈 꿉니다
'남의 떡이 더 커보인다'는 효과이겠지요?

어찌하여 법칙法則law이 아니고
효과效果effec라 명명命名하느냐고요?
남의 떡이 더 커보이는 것은 실측이 아니고
그냥 그렇게 보인다는 심리 때문입니다
심리학 용어에서는 효과가 되고
과학이나 물리에서는 법칙이 있습니다
이른 바 원리原理principle/theory이지요
출가자가 집에 집착하고
재가자가 집을 꿈꾸는 것은
반드시 실제라기보다 하나의 심리입니다

어쩌면 그래서일지도 모릅니다
출가자는 그저 큰 절을 지으려 하고

재가자는 살고있는 집마저 버리려 합니다
평생을 집에 가족에 얽매어 살았으니
그러한 집에서 벗어나려 하고
출가한 이래 혈혈단신孑孑單身으로 살다 보니
번듯한 절 한 채 갖고 싶지 않겠는지요
철도는 두 가닥입니다
2가닥 철도는 서로에 대해 생각한다지요
"평생을 함께했으나 도저히 알 수가 없어"

출가자가 재가자를 이해하지 못하듯
재가자도 출가자를 통 알 수가 없다는군요
"스님들 말이야! 도통 알 수가 없어
다 버리고 나와서 뭘 그리 집착하는지?"
그러나 출가자는 출가자대로
나름의 번민을 하나씩 갖고 있습니다
그들 번민이 무엇일까요
출가자는 대관절 어떤 번민이 있을까요?
여기서 출가자들이 지닌 번민을
시시콜콜 다 얘기할 수는 없는 일이나
분명 출가자들도 나름대로 번민이 있습니다

뛰쳐나온出 집家에 대해

미련을 갖고 있느냐 없느냐 하는 것은
철저히 개인적 문제일 수 있습니다
그러나 소위 이루고在 있는 가정家에 대해
어떠할 것인가를 생각하는 문제도
역시 개인적 문제이기에 다룰 수 없습니다
여기 보살계 십중대계에서 강조하는 것은
출가자든 재가자든 이들에 대해
어떤 경우도 "깊이 파고들지 말라"입니다
자기 수행에만 전념하면 충분하지
남에게 신경 쓸 일이 뭐그리 많느냐입니다

#2

'집家'이란 집착執着의 뜻입니다
내려놓지 못하고 집착함입니다
무엇을 내려놓지 못할까요
나我를 내려놓지 못하고
남人을 내려놓지 못하고
중생衆生을 내려놓지 못하고
나이壽者를 내려놓지 못함입니다
중생을 내려놓지 못함에 따라
부처佛에 집착하여 내려놓지 못합니다
부처에 얽매어 열반을 내려놓지 못합니다

열반에 얽매인 삶이나
삶生과 죽음死에 얽매인 삶이나
얽매인 것은 매한가지입니다
열반이란 삶과 죽음을 떠난 세계요
삶과 죽음이란 열반을 모르는 세계이지요
열반을 모르는 삶과 죽음이
삶과 죽음을 초월한 열반만 못하다거나
삶과 죽음을 뛰어넘은 열반 세계가
열반에 이르지 못한 이른바 삶과 죽음보다

훨씬 낫다는 것을 어떻게 증명할까요

나는 지금 말장난을 하는 게 아닙니다
무한한 과거로부터
현재를 거쳐
미래에 이르기까지
그동안 수없이 출현하셨고
또한 출현하실 수많은 부처님들께서
오직 이 문제를 해결하고자 애쓰셨습니다
역대조사와 천하종사도 예외는 아니고
지금 전국 수행도량에서
목숨 떼어놓고 수행하는 납자들도
오직 이 문제에 모든 것을 걸고 있습니다

그런데 이 난제難題를 해결하였나요
삶과 죽음의 문제가 잘 풀렸습니까
열반 경지에 오름을 인정할 수 있습니까
집이란 모음集의 뜻입니다
사성제四聖諦 중 집성제集聖諦입니다
고통을 느끼는 데는 이유가 있습니다
나눌 줄 모르는 이른바 집착 때문입니다
새들隹이 옹기종기 나무木에 모이듯集이

끊임없이 모으고 나눌 줄 모름 때문입니다
여기서 고통이 일어납니다

고통이란 본디 존재하지 않습니다
고통은 이름씨名詞가 아닌 까닭입니다
고통은 형태를 지닌 이름씨가 아니라
집착으로 인해 느끼는 느낌일 따름이지요
고통과 마찬가지로 기쁨도 즐거움도
고정된 이름씨가 아닙니다
때와 장소와 상황에 따라 느낄 뿐입니다
마치 우리가 느끼는 행복처럼
아픔도 슬픔도 기쁨도 즐거움도
모두 주관적일 뿐 객관적 명사가 아닙니다

집이란 매임繫의 뜻입니다
어딘가에 무엇인가에 얽매어 있음입니다
공간에 묶이고
시간에 묶이며
의지에 얽매이고
사물에 얽매이며
정치 경제 사회 문화에 얽매이며
철학과 역사에 얽매인 까닭입니다

그러므로 집은 안주安住를 가리킵니다
인생에 안주란 존재하지 않습니다
시공간 속에서 영원히 움직일 뿐입니다

그러므로 집家을 나온다出는 것은
정체로부터의 이탈을 뜻합니다
따라서 출가자는 안주로부터의 이탈자며
영원히 꿈틀대고 움직이는 삶을
그 삶이 다하는 날까지 이어가는 자입니다
그러기에 출가出家와 재가在家는
벗어남出이라는 움직씨와
머무름在이란 움직씨일 뿐입니다
하지만 앞에서도 이미 언급한 바와 같이
재가자는 끊임없이 이탈을 꿈꾸고
출가자는 늘 안주安住를 생각하곤 합니다

철길은 두 가닥으로 되어 있습니다
단궤철로單軌鐵路monorail도 있다고요?
으레 모노레일도 있습니다
그러나 철로의 대표성은 두 가닥이지요
그리고 비유는 어디까지나 비유인 까닭에
특수성보다는 일반적인 예를 듭니다

출가자와 재가자를 놓고
어느 쪽이 소중하냐고 할 때마다
나는 곧잘 철로rail road에 견주곤 합니다
두 가닥 중에 어느 가닥이 중요하냐고요
답은 이미 정해져 있습니다

재가와 출가는 동일의 가치를 지닙니다
출가자와 재가자는 같습니다
모습이 같으냐가 아니라
역할의 가치가 같다고 말씀드립니다
출가자가 없는 재가자라든가
재가자 없는 출가자는
역할에서 뒤뚱거릴 수 밖에 없습니다
따라서 《범망경》〈보살계본〉 계율 가운데
그것도 48경구계輕垢戒가 아니고
10중대계重大戒에 들어있다고 하는 것은
출가자와 재가자의 동등한 가치를
이미 설정하고 계신 것이라 생각됩니다

'사부대중의 허물을 말하지 말라.'
출가자의 허물을 말하지 말라가 아니고
부처님과 부처님 법이 아닙니다

삼보 가운데 승보에 관한 계율입니다
불자라면 누구든 길을 막고 물어보십시오
승보라고 할 때 누구를 먼저 들까요
으레 일반적으로 출가자를 먼저 꼽습니다
출가자를 먼저 꼽는 게 잘못은 아닙니다
다만 순서를 앞에 둘 뿐입니다
순서를 앞에 둔다고 하여
반드시 가치를 위에 두는 것은 아닙니다

아무튼 출가자를 앞에 두기는 하나
역할 면에서 궤를 달리한다 하여
출가 재가의 가치까지 달리하지는 않지요
마치 두 가닥으로 이루어진 철로에서
어느 한 쪽에 무게를 둘 수 없음과 같습니다
승가僧伽란 출가자만의 명사가 아닙니다
승가 속에는 재가자를 포함합니다
불자들 중에는 더러 그런 말을 하지요
"스님네는 삼보에 들어가잖아!"
그러니 높이 공경하고 받들어야 한다"고

두 가닥 철로에서 어느 한 가닥에
모든 무게를 집중시킨다면

그게 철로로서의 역할을 다할 수 있을까요
무게 중심이 실린 가닥은 실린대로
실리지 않은 가닥은 실리지 않은 대로
균형을 이루지 못해 오래가지 못할 것입니다
그렇다면 출가자가 출가자로서
삭발에 방포원정方布圓頂의 모습을 한 채
가정을 이루고 살아가면 되겠는지요
재가자가 재가자의 모습으로서
출가자처럼 가정을 버리고 산중에 들어
홀로 걸어가는 게 맞는 일이겠는지요

이런 외형적인 모습을 떠나
출가자와 재가자는 동일 가치를 지닙니다
이들 두 부류의 역할이 다르다고 하여
가치에 차이가 있는 것은 아닙니다
그리고 부처님께서는 이들을 묶어
승가僧伽, 또는 승단僧團으로 말씀하셨지요
재가자가 출가자의 허물을 드러내도 안 되고
출가자가 재가자의 허물을 드러내도 안 됩니다
하물며 재가자가 재가자의 허물을
출가자가 출가자의 허물을 얘기할 수 있습니까

절에 처음 들어오면 배우는 텍스트가
보조국사 지눌의 《계초심학인문》입니다
초심학인을 경계하는 글이지요
내용에서는 이렇게 말합니다
"절집안 허물을 드러내지 말라"고요
한데 요즘은 '알권리'라는 미명하美名下에
무조건 까발리기부터 합니다
덮어줌이라는 미덕이 사라진 지 오래지요
사람들은 장점에 관심을 갖기보다
가십꺼리에 더 많은 흥미를 느끼고 있습니다

그러나 무엇보다 우선하는 것은
가십꺼리가 되지 않도록 청정해야겠지요
불교 계율은 바라제목차가 다양합니다
그 가운데 살생 횡령 사음 혹세무민을
네 가지 단두죄라 하여 중하게 다룹니다
그런데 한국불교 계율은 단 한 가지입니다
비구 250계 가운데 249가지 계율을
모두 깨트리더라도 눈도 꿈쩍 안 합니다
단 한 가지 사음계만 있을 뿐입니다
249가지 계율은 파계해도 파계가 아니고
오직 음계 하나 깨트림이 파계이지요

그렇다면 250가지 계율을

굳이 모두 다 받을 필요가 있겠는지요

비구니 348계를 다 받을 필요가 있을까요

대승보살계 10중대계와 48경구계를

애써 포살할 게 있을 것이며

애써 계를 줄 필요가 있을 것이며

애써 이들 계를 다 받을 필요가 있겠는지요

통일신라 시대의 원효스님이나

구한말 경허선사의 파계가 전체적일까요

결론적으로 얘기하면 음계 하나입니다

다른 계율이 얼마나 속상하겠는지요

"우리는 뭐 계율도 아니냐?"고 말입니다

여기 《범망경》〈보살계본〉 십중대계에

'사부대중의 허물을 말하지 말라'도 계율입니다

#3

'인연법업因緣法業'이 무엇일까요?
이게 무엇이기에 10중대계 계목戒目마다
쭈욱 '인연법업'을 열거하고 있을까요
여기 '설사중과계說四衆過戒'에서는
1. 죄과인罪過因
2. 죄과연罪過緣
3. 죄과법罪過法
4. 죄과업罪過業으로 나란히 설정합니다
죄과罪過는 '죄와 허물'로 풀 수 있겠으나
인연법업을 어떻게 풀어야 할 지
고민 되는 게 사실이라면 사실입니다

우선 죄과罪過에 대해 살펴볼까요
1. 죄罪는 죄 죄罪 자 외에
2. 죄 벌罰 자가 있고
3. 허물 죄辜
4. 험준할 죄嵲
5. 험준할 죄嶵
6. 평의할 언/평의할 얼讞
7. 재앙 죄栽

8. 죽일 죄槷 자 따위가 있습니다

대체적으로 죄와 관련된 글자들은
그물罒/冈/㓁이 있지요
그물罒이 얹힌 글자가 80여 자가 넘기에
여기서는 이쯤에서 생략합니다만
기본적으로 잘못非을 저지른 까닭에
양손에 수갑罒을 차거나
전자발찌electronic tagging를 찹니다
잘못非이란 서로 등짐北이지요
크던 작던 서로 얼굴을 붉히고 다투다
마침내 폭력으로非까지 번지면서
전혀 생각지 않았던 수갑罒을 차게 됩니다

죄罪는 죄니까 그냥 그렇다 치고
허물過은 또 어떤 것일까요
허물이란 게 어떤 형태를 지닐까요
반드시 형태가 아니라 하더라도
어떤 특별한 이미지를 담고 있습니까
죄와 마찬가지로 허물도 알고보면
과도過度excess/immoderation입니다
정도를 지나친 데서 오는 현상이지요

따라서 허물 과過를 지날 과過로 새기고
지날 과過를 허물 과過로도 새깁니다

우리에게 너무나 익숙한《천자문》에서는
'지과필개知過必改'를 놓고
알지知 허물과過 반들필必 고칠개改라 하여
'지날 과'로 새기는 것을 허락하지 않고
'허물 과'로 새기라 하고 있습니다
내가 어렸을 적《천자문》을 배울 때도
훈장님은 반드시 '허물 과'로 새겨야
비로소 뜻이 통한다 하셨습니다
다시 말해 '허물을 알면 반드시 고치라'와
'지난 줄 알면 반드시 고치라'는 뜻이 다릅니다

그러나 이 때 '지날 과過'의 새김은
공간적空間的으로 그 곳을 지나치거나
시간적時間的으로 그 때를 지난
어떤 상황을 가리키는 것만이 아닙니다
정도程度degree/extent를 지나침입니다
이는 그레이드grade를 지나치고
또는 레벨level을 넘어서며
스탠다드standard를 벗어남입니다

과유불급過猶不及이라 하던가요
'지나침은 곧 모자람과 같다'는 뜻입니다

《범망경》〈보살계본〉'십중대계'
이 계목에 있는 죄와 허물은 곧 이러합니다
모자람 아니면 약간 지나침이고
지나침 아니면 약간 모자람입니다
많이 모자라거나 많이 지나침이 아니고
약간 모자라거나 약간 지나침이지요
그리고 이것이 죄가 되고 허물이 됩니다
죄는 이처럼 매우 사소한 데서 생겨납니다
반드시 큰 사건이 큰 사건을 일으키고
작은 사건이 작은 사건을 야기하는 게 아닙니다

1. 죄과인罪過因
2. 죄과연罪過緣
3. 죄과법罪過法
4. 죄과업罪過業

죄罪와 허물過은 주어主語이고
인연법업因緣法業은 서술어입니다
서술어敍述語란 어떤 뜻을 지니고 있습니까
문장文章의 주어主語에 대하여

동작이나 형태, 존재, 성질, 작용 따위로
표현되는 말을 가리킵니다
움직씨 그림씨가 여기에 해당되며
이를 줄여 그냥 '술어述語'라고도 합니다

인할 인因 자에는 '인하다' 외에
어떤 사실로 말미암다
원인이나 계기가 되다, 이어받다
의지하다, 의거하다, 겹치다, 잇닿다
서로 이어져 맞닿다, 따르다, 좇다
부탁하다, 쌓이다
친하게 하다, 친하게 지내다
인연, 연고, 연줄, 유래, 연유, 까닭 따위와
원인을 이루는 근본, 관련 따위로
매우 다양하게 표현됩니다

이처럼 죄와 허물을 일으키는 원인과
죄와 허물을 이루는 근본과
죄와 허물이 생기게 된 동기 따위로
매개념媒概念 이전에 개념이라 할 것입니다
어떤 사건이 생기生起고
어떤 사건이 사라지는 원인입니다

작은 입 구口가 아닌 큰입구몸口이지요
이 커다란 큰입구몸口 안에
큰 대大 자를 넣었는데
크다는 것은 부피의 크기가 아니라
이른바 가치價置의 크기를 가리킵니다

사건이나 사물에 있어서
원인이나 동기보다 더 큰 게 있을까요
씨앗囷보다 더 큰 게 있을까요
생명의 세계에 있어서
DNA보다 더 큰 게 과연 무엇이겠습니까
인은 이처럼 질료인質料囷을 가리킵니다
사람이 두 팔을 벌리고 선 큰 대大 자는
바탕의 세계가 가장 당당하고
가장 소중하다는 것을 표현함입니다
불교에서는 자연을 이루는 근본을
네四 가지 큼大으로 설명하는데
흙과 물과 불과 대기라는 요소要素입니다

이 인囷이 근본 씨앗이라면
연은 씨앗이 싹을 틔울 수 있는 조건입니다
따라서 죄罪와 허물過의 연緣이란

죄와 허물의 씨앗이 제대로 싹을 틔우고
엄청난 크기로 자랄 수 있도록
도와주는 보조연補助緣을 가리킵니다
불씨가 큰 불로 타오르는 데는
몇 가지 보조연이 필요하겠지요
계속해서 태울 것이 있어야 할 것이고
바람酸素이 적당히 불어주어야 하며
비나 이슬이 내리지 않아야겠지요
이런 주변 상황들이 바로 보조연입니다

죄罪와 허물過 법法은 방법입니다
어떻게 하면 완벽하게 저지를 수 있을까?
어떻게 하면 남에게 들키지 않을까?
어떻게 하면 완전범죄로 남을 것인가?
하는 방법 따위가 죄과법罪過法입니다
그러므로 죄와 허물의 인이나 연보다
못잖은 것이 죄와 허물을 키우는 법이지요
하지만 방법이 비록 완벽하다 하더라도
실제로 죄罪와 허물過을 짓지 않으면
죄와 허물은 성립되지 않습니다
이것이 곧 죄罪와 허물過의 업業입니다

이처럼 죄와 허물을 일으키는 동기因와
도움이 되는 여러 가지 상황緣과
죄와 허물을 일으키는 방법法과
나아가 몸소 실행에 옮기는 짓거리業까지
어느 것도 입에 담지 말아야 한다는 것이지요
이런 것들을 자꾸 입에 담을 때
이런 죄과罪過 짓는 방법에 대해 알게 합니다
모르는 것도 떠벌임에서 점차 알게 되듯이
단지 사건의 내용만 알게 되는 게 아니라
사건의 방법까지도 알게 만들므로
죄과인과 죄과연과 죄과법과 죄과업에 대해
어느 것도 얘기하지 말라 하신 것입니다

어즈버!
나무 아미타불!
나무 관세음보살!
나무 시아본사 서가모니불!

07) 자찬훼타계自讚毁他戒

포살하는 불자들은 귀기울여 들을지니
스스로를 칭찬하고 남을비방 하지말라
또한다시 남을시켜 저를칭찬 하게하고
다른이를 헐뜯도록 조장하지 말지니라

다른이를 헐뜯는인 다른이를 헐뜯는연
다른이를 헐뜯는법 다른이를 헐뜯는짓
보살들은 모름지기 일체중생 대신하여
헐뜯음과 욕설들을 모두받아 들일지니

이와같이 나쁜일은 자신에게 되돌리고
좋은일은 남들에게 돌아가게 배려하여
불제자로 보살로서 크신공덕 쌓아가라
나누는자 행복하고 베푸는자 기쁘리라

그렇거늘 보살로서 자기덕은 부풀리고
다른이의 좋은점을 숨기도록 공작하면
찬훼계를 범함이요 서원력을 어김이라
보살계를 받았으나 바라이죄 되느니라

#1

나와 남oneself and others은
주객主客subject and object이지요
세상은 이처럼 딱 두 부류입니다
첫째는 '나'요
둘째는 '남'입니다
'나'에는 'ㅁ'받침이 없는데
'남'이 되면서 'ㅁ'받침이 들어갑니다
받침은 불보살상佛菩薩像 좌대座臺처럼
높임과 존중의 뜻이 담겨 있습니다
'나'는 '나'처럼 받침이 없어도 괜찮지만
'남'은 '남'처럼 받침을 준비해주는 배려가
우리말 속에는 깃들어 있습니다

'너'와 '나'가 모음 'ㅓ'와 'ㅏ'로 갈리듯
나와 남도 'ㅁ'받침 있고없음에 달렸습니다
너는 모음이 'ㅓ'로서 안쪽 소릿값이고
나는 모음이 'ㅏ'로서 바깥쪽 소릿값입니다
소릿값이 안쪽이냐 바깥쪽이냐에 따라
나와 너의 신분이 달라진다는 데에
우리는 참으로 신비감을 느끼곤 합니다

구태여 한자漢字의 파자를 들지 않더라도
이처럼 아름다운 순수 우리말에서도
존재의 차이는 어느 쪽에 점을 찍느냐지요

나와 남을 다른 말로는 주객主客입니다
곧 주관主觀과 객관客觀입니다
인간 관계란 2가지뿐입니다
첫째가 주관subjectivity이고
둘째가 객관objectivity입니다
불교에서도 주관과 객관을 중시합니다
이를 '나自'와 '남他'이라 표기하고
달리 '나我'와 '남人'이라고도 쓰지요
두루알다시피《금강경》에서는
아인중수我人衆壽 사상四相을 말합니다

이 4가지 상相을 비워내면
그는 두 말 할 것도 없이 보살이고
4가지 상을 비워낼 수 없다면
설법이 청산유수라도 마냥 중생입니다
나는 '스스로自 oneself'입니다
스스로는 사람이 자신을 가리킴입니다
스스로 외에는 누구든 다 '남others'이지요

이를 한자로 표현하면 '타他'입니다.
'남 타他'로 새기고 '다를 타他'로 새깁니다
남은 곧 나와 전혀 다른 사람이기에
다를 '타他'로 새김이 이상하지 않습니다

스스로 자自 자는 몸소, 자기
저절로, 자연히, ~서부터, 진실로
본연, 처음, 시초, 출처의 뜻이 있으며
코=비鼻 자의 옛古 글자字입니다
이 밖에 말미암다, ~부터 하다, 좇다,
따르다, 인하다, 어떤 사실로 말미암다
사용하다, 더 나아가 '쓰다用'의 뜻입니다
어떤 명사 앞에 쓰여 ~부터, ~에서와
같은 뜻을 나타내는 한자어입니다
시간과 공간에 관한 낱말 앞에 쓰입니다

스스로 자自 자는 그림象形문자文字로서
사람의 코 모양을 본뜬 글자입니다
사람은 스스로의 코를 가리켜
자기自己를 나타내므로
스스로란 뜻으로 삼고 있습니다
또는 '혼자서' '…로부터' 따위로 쓰이지요

나중에 '코'를 뜻하는 글자로서
다소 좀 복잡한 코 비鼻 자가 생겼습니다
코 비鼻 자는 자그마치 14획이지만
자체 부수로 분류되어 있습니다
곧 코 비鼻 자 부수입니다

코 비鼻 자는 코, 콧구멍을 비롯하여
맞트이게 뚫은 자국을 가리키며
처음, 시초, 손잡이의 뜻으로도 새깁니다
종, 사내종인 노복奴僕을 일컬으며
'꿰다'라는 움직씨로 새기기도 합니다
코 모양을 본 뜬 스스로 자自 자와 함께
소릿값을 나타내는 비畀로 이루어졌는데
비畀가 줄 비畀 자로 새김하듯이
잘 포장된 물건田을 쟁반一에 고이 얹어
공손儿하게 건네는 그런 그림문자입니다

전에는 스스로 자自 자가 코의 뜻이었으나
나중에 자自 자는 자기自己를 비롯하여
시공간으로써 대자연大自然이라든가
그 밖의 여러 가지 뜻으로 쓰이게 됩니다
그러다가 어느 때 코의 뜻으로는

코 비鼻 자를 따로 만들어 표현하게 됩니다
따라서 지금도 코 비鼻 자 위에 얹힌
스스로 자自 자를 코와 자기로 표현합니다
왜냐하면 코는 얼굴 중심에 들어있고
가장 소중한 호흡의 역할을 담당합니다

하루 넘게 물을 마시지 않을 수 있고
며칠 동안 음식을 건너뛸 수도 있습니다
눈 감은 채 3년 동안 지낼 수 있고
귀 막은 채 3년을 지낼 수도 있습니다
그러나 코를 막은 채 오래가지는 못합니다
물론 입으로 숨을 쉴 수는 있지만
1. 말하는 기능
2. 먹고 마시고 토하는 기능
3. 입 맞추는 기능
4. 침묵하는 기능 외에
5. 숨 쉬는 기능까지 갖춘 까닭에
우리 인간은 누구나 숨 쉴 수는 있습니다

그러나 입이 숨을 쉴 수 없다면
코는 향기와 냄새를 맡는 기능 외에는
숨 쉬는 기능이 전부인데

숨 쉬는 일이 얼마나 소중하면
여타 다른 기능을 이처럼 축소했겠습니까
호흡은 이처럼 소중하고 소중하며
더없이 소중한 가치를 지닙니다
따라서 코自가 자기 자신을 대변함은
아무리 강조하더라도 좋을 것입니다
아무튼 스스로 자自 자는 자신입니다
이 자기 외에는 모두 남他입니다

남他이란 곧 '사람亻이다也'입니다
'사람人'이란 목적어와 '이다也'란 술어가
한 자리에서 만나 남 타他 자가 되었습니다
물론 '사람'이라는 객관적 용어에는
자신이 포함되어져 있는 게 사실입니다
그러면서도 소위 '사람'이란 단어에
스스로를 넣지 않는 경우를 종종 봅니다
"사람들 참 이상하단 말이야."
"사람이 어쩌면 그럴 수 있느냐고?"
"그는 사람의 탈을 쓴 짐승이야 짐승!"
따위에 자신은 잘 포함시키지 않습니다

'사람'은 '살암'에서 온 말이지만

'사랑'을 바탕으로 한 데서 온 게 맞습니다
'사랑'은 '살앙'이 뿌리말根言입니다
게다가 '살앙'의 어원은 '살'이며
'살갗'이며 '산'이며 '삶'이며 또한 '섬'입니다
결국 사람, 사랑, 살갗, 산, 섬, 삶 따위는
알고보면 '살'이 말뿌리語根입니다
그러고 보면 역시 삶의 언어는
그 이면裏面에
그리고 그 내면內面에
'살'을 바탕으로 한 언어가 살아있습니다

따라서 너와 나를 비롯하여
나와 남, 남과 나란 말을
한 데 하나로 묶은 게 '우리'라는 말입니다
'우리'는 어디서 온 말일까요
두 말할 것도 없이 '울'에서 왔습니다
세상에서 가장 크다는 '한울'에서 왔고
한울에 존칭 '님'을 붙여 '한울님'이다가
하눌님, 하느님으로 점차 달라지지요
모든 생명의 울타리에서 온 '그냥 울'이지요
뭐니뭐니해도 살아서 꿈틀대는
생명의 울타리 '울'에서 온 말입니다

따라서 모든 생명이 그러하듯
인간도 '울'/'우리'에서 그 가치가 오릅니다

'울'이란 가장 근원적根源的이고
'울'은 가장 소박한 삶의 모습입니다
나와 남, 남과 나가 '우리'의 질료인이라면
질료인인 우리는 나와 남을 보호할
그릇器 세간世間의 뿌리根 줄기幹입니다
중생이 살아가는 데 있어서 필수조건이
결국 '환경環境environment'이요
그릇 세간이라고 하고 있으나
그릇만으로 세상은 유지되지 않습니다
이 그릇 세간을 채울 존재가 있는데
사람 등 포유류를 비롯하여
하늘을 나는 조류와 갑각류와
곤충/박테리아에 이르기까지 모두입니다

내가 사람이라는 게 곧 행복입니다
'인간의 삶이 온통 고해苦海'라 했던가요
그렇다면 고해 자체를 마음껏 즐기십시오
부디 고해 바닷가에만 머물지 말고
고해 속에 뛰어들어 고통의 바닷물로

마음의 정화淨化를 마음껏 향유하십시오
《범망경》〈보살계본〉 말씀이
이토록 '아름다운 마음 법문'입니다
계율 법문을 뛰어넘어 곧 '한마음'이지요
하나의 마음인 '한 마음'이며
큰, 그리고 전체의 마음인 '한마음'입니다

귀의하나이다
아미타불께 귀의하옵고
지장보살님께 귀의하오며
서가모니 부처님께 귀의하옵고
관세음보살님께 진정 귀의하나이다
아! 모든 거룩한 보살 마하살이시여!

#2

찬훼讚毀는 전혀 다른 녀석일까요
칭찬과 비방은 정말 함께할 수 없을까요
빛과 어둠처럼 동시에 같은 곳에
함께 있을 수는 없을까요
본체와 그림자는 말입니다
같은 시간 같은 곳에 존재하거든요
포지티브陽positive와
네거티브陰negative는
연인처럼 가끔 토닥거리면서도
때로는 따로 또같이 존재한단 말입니다
그처럼 칭찬과 비방도 동시적일 순 없나요

으레 칭찬과 비방은 동시적입니다
비방이 있는 곳에 칭찬이 있고
칭찬이 있는 곳에 비방이 있습니다
칭찬과 비방의 대상을 달리할 따름입니다
자신을 내세우는 곳에 남은 쪼그라들고
남을 드러내는 곳에 자신은 숨깁니다
내세우는 자신은 과대 포장되어
아름답고 장한 모습일 뿐이고

드러내는 상대는 온갖 단점 투성이로
사회 악을 대변하는 쪽으로 바뀌어갑니다

기릴 찬讚 자는 말씀언言 부수로
총 26획으로 된 '꼴소리形聲문자'입니다
기리다, 찬양하다, 찬조하다, 돕다, 밝다
인도하다, 고하다 따위와 함께
문체 이름으로 공덕을 칭송하는 말이지요
기릴 찬讚 자의 본자本字로
뜻을 나타내는 말씀언言 부수와 함께
소릿값을 드러내는 동시에
앞으로 보내다의 뜻을 내면에 간직한
보낼 찬贊 자로 이루어져 있습니다
사람을 치켜올려 권하는 말이기도 하지요

모양이 비슷하거나 뜻이 같은 한자로
매우 다양한 글자들이 있는데
말씀언변의 기릴 찬讚 자와
입구변의 기릴 찬囋 자가 있는가 하면
일컬을 칭/저울 칭/칭찬할 칭稱
기릴 포/모을 부褒
기릴 예/명예 예譽 자 따위가 있고

모양이 비슷한 한자 도울 찬贊 자와
칭송할 송/기릴 송頌 자 따위가 있습니다
아무튼 기릴 찬讚 자는 '기림'이며
자찬自讚이라면 '제 자랑'이 될 것입니다

'제 자랑'이 죄가 될까요
제 자랑만 놓고 보면 잘못이 아닙니다
문제는 상대적입니다
내세울 게 없는 제 자랑을 위해
남의 장점을 깎아내리고 헐뜯는 것입니다
자기 잘못을 남에게 뒤집어씌우고
남의 장점을 자기 것으로 가로챔입니다
표절剽竊이 이에 해당합니다
작품이나 논문 등 남의 것을 가로채
자기 것으로 발표하는 행위도 해당되지요
완곡적으로 앱스트랙션abstraction이며
보편적으로는 크립crib으로 표현합니다

여기 따라붙는 것이 곧 헐뜯음毁입니다
선거철이 되면 드러나는 현상으로서
과장誇張exaggeration하거나
과장법誇張法hyperbole을 이용하여

자기의 장점은 상상 외로 크게 부풀리고
남의 장점은 지나치게 왜곡하며
남의 잘못은 침소봉대針小棒大하여
세상에서 가장 나쁜 것으로 몰아가고
장점 자체를 아예 덮어버리는 행위입니다
보살계를 받은 자가 할 일이 아니라 합니다

chingchan-eun golaedo chumchuge handa
'칭찬은 고래도 춤추게 한다'는 속담이지요
'자찬훼타自讚毀他'를 바꿔봅니다
바꾸다니 어떻게 바꿀까요?
'자훼찬타自毀讚他'로 바꾸는 것입니다
'스스로를 헐뜯고 남을 칭찬함'이지요
스스로를 헐뜯는다고 했을 때
어느 정도가 자신을 헐뜯음이 되겠습니까
있는 욕 없는 비방을 다 모은다 해도
자기를 비방하는 데는 한계가 있습니다

그러나 남을 칭찬하는 데는
거기에 결코 한계란 있을 수 없습니다
남을 칭찬함에 거짓이 약간 드러나더라도
그것 때문에 사이가 나빠지는 일은 없지요

이를테면 그다지 멋지지 않은 남자에게
"당신에게서는 뭔가 특별한 게 느껴져요"
라고 하면 상대는 뭔지는 모르지만
그렇다고 욕부터 내뱉지는 않습니다
왜 그렇게 생각하느냐며 물을 수는 있지요
그때는 간단합니다
"그냥 그렇게 느껴집니다"라고 하더라도
그로 인해 그가 꼬투리를 잡지는 않습니다

아무리 둘러봐도 칭찬할 꺼리가 없는데
굳이 아부로 느껴지게 할 필요가 있을까요
그러나 알고보면 모든 사람은
그가 누구든 칭찬받을 꺼리는 꼭 있습니다
그가 비록 천하에 고약한 놈일지라도
심지어 사형에 처할 정도 죄를 지었더라도
살펴보면 반드시 한두 가지 장점이 있지요
굼벵이도 구르는 재주가 있다고 했는데
비록 무간지옥에 떨어질 죄인일지라도
칭찬 받을 일은 반드시 있게 마련입니다

하물며 엄청난 죄인도 아니고
평범한 사람이야 말해 무엇하겠습니까

이를테면 '판문점 선언'을 두고
일부 인사들은 갖가지 이유를 들먹여가며
비난할 꺼리부터 찾아내곤 합니다
나름대로 신중함을 챙김도 좋기는 하지만
무턱대고 비난부터 하는 게 올바를까요
과거에 비록 욕먹을 짓을 했더라도
지금 그가 어진 마음 선한 행위를 보인다면
그 선한 행위가 앞의 욕먹을 짓 때문에
깡그리 비난받아 마땅하겠는지요

매일 동생을 비난하고
동생의 선을 가로채 제 공으로 삼고
동생의 '일거수일투족一擧手一投足'을
비난만 해왔던 '놀부孬夫'라고 해서
어느날 문득 마음을 돌이킬 수는 없을까요
어느날부터 놀부가 동생을 사랑함이
평소 '흥부興夫'가 형님을 섬기듯 할 수 있다면
그게 도저히 일어날 수 없는 일일까요
'놀부심사wickedness'라고 하면
영원히 사악하고 부정하고 부도덕하며
못된 짓에 행실이 나쁜 것으로 찍혀 있지요

그럼 놀부는 영원히 도덕적이지 않을까요
부도덕한 품행wicked conduct or practices뿐일까
요
개개의 사악한 행위와
심술과 나쁜 장난과 지독하고
불쾌하며 나쁜놈으로 남아 있을까요
그에게 '개과천선改過遷善'은 없겠습니까
허물過을 고쳐改 선善으로 바뀔遷 수는 없나요
만약 이런 논리가 불변의 진리라면
나는 그런 진리를 믿지 않을 것입니다
흥부가 상황 따라 고약해질 수 있듯
놀부도 자비보살이 될 확률은 늘 있습니다

영국 소설가 로버트 루이스 스티븐슨이
1886년 최초로 발표한 소설이 있습니다
《지킬박사와 하이드 씨Dr Jekyll and Mr Hyde》지요
작품에서 지킬박사는 영원히 착한 모습이고
미스터 하이드는 영원히 나쁜 모습일까요
지킬박사에게서 미스터 하이드가 느껴지고
하이드에게서 지킬이 느껴지는 것은
어쩌면 작가의 트릭일 뿐이지
실제로 선은 영원히 선이고 악은 영원히 악일까요

《지킬박사와 하이드 씨》가 표현하고픈 게
이처럼 획일성의 행동심리일까요

비록 어제까지만 하더라도
나쁜 놈으로 인식되어 있던 어떤 사람이
오늘 문득 착한 사람으로 느껴진다면
있을 수 없는 일이 일어난 것일까요
그렇지 않습니다
세상이 끊임없이 변화의 모습을 보이듯
사람 마음과 행동도 항상 바뀔 수 있습니다
그렇기 때문에 '판문점 선언'에서
우리는 희망이란 단어를 느낄 수 있습니다
앞으로 자신의 부족한 점을 드러내고
남의 훌륭한 점을 드러내기 시작한다면
분명 《범망경》보살계본이 빛을 발할 것입니다

#3

‘어린이’, ‘어린이날’하면 떠오르는 단어
그림씨 ‘어리다’입니다
황홀恍惚하거나
또는 현란絢爛한 빛으로
눈이 부시거나 어른어른합니다
황홀하게 도취되거나
상심이 되어 얼떨떨합니다
그런데 오늘은 이 말이 아닌 듯 싶습니다

움직씨 ‘어리다’
유의어로는 ‘괴다’외에
‘떠오르다’ ‘어른거리다’따위가 있으며
어떤 현상, 기운, 추억 따위가
배어 있거나 은근히 드러남니다
출가하는 아들을 떠나보내며
괸 눈물을 소매로 훔치시던
아버지의 자안慈顔이 어른거립니다
이 말도 오늘은 안 어울리는 듯싶습니다

그림씨 ‘어리다’가 있습니다

‘어리석다’의 옛말이라 했습니다
슬기롭지 못하고 둔하다는 뜻이지요
이 그림씨 ‘어리석다’에서
‘어린이’란 말이 나오지 않았을까요
어원語源을 생각하다가
문득 ‘내가 아직 어린이구나’ 싶습니다

역시 그림씨 ‘어리다’가 있습니다
너댓살에서 초등학생에 이르기까지
때묻지 않은 순수함입니다
이런 나이를 ‘어리다’고 하며
격식을 갖추어 ‘어린이’라고 부릅니다
유의어로는 ‘앳되다’ 외에
‘유치하다’가 있고
‘어리석다’따위가 있습니다

베리에이션variation이
변곡變曲을 뜻하는 말이라 하는데
인생의 변곡점inflection point을 돌아올 나이
그런 시기를 지난 지도 한참인데
아직 ‘어린이’라고 하면
어릴 때로 그냥 미끌어져 들어갑니다

화두가 이렇게 잘 들렸더라면
하마 부처가 되고도 남았지 않았을까요

어린이날이면 소풍을 갔는데
가서 '보물찾기'도 했습니다
한 해에 딱 두 번
가을 운동회 때와
5월의 어린이날 만큼은
어머니가 도시락을 싸 주셨는데
다른 아이들의 고기반찬과 비교가 되어
홀로 구석진 곳을 찾았습니다
어쩌면 '어린이 생각'이었을까
상기까지 견줌을 버리지 못한 걸 보면
난 여전히 어린이일지 모릅니다

그런데 '어린이'를 풀면 순수純粹다
깨끗하고 청결하다
섞임이 없다
100% 순도 맑은 마음이다
정갈하고 자연스러워
바보처럼 챙길 줄 모르기에
한 마디로 퓨어pure며

퓨리티purity라고 한다지요 아마!

어린이들은
제자랑自讚도 좋고
남의흉毀他도 좋지만
그러다가 우리가 언제 그랬느냐는 듯
물과 우유처럼
곧바로 하나가 되곤 하지요
아! 계율이 없어도 마냥 좋으리라 봅니다.

08) 간석가훼계 慳惜加毁戒

포살하는 불자들은 귀기울여 들을지니
시방삼세 어디서나 인색하지 말지니라
제스스로 아끼거나 구박하지 말것이요
남을시켜 아끼거나 구박하지 말지니라

인색하는 원인이며 인색하는 조연이며
인색하는 방법이며 인색하는 업장들을
언제든지 서슴없이 행해서는 아니되며
시와때를 가리잖고 옮기는일 없게하라

몸아프고 배고픈이 찾아와서 구하거든
형편따라 그에맞게 도와줘야 하느니라
그렇거늘 보살들이 성을내고 꾸짖으며
동전한푼 바늘한점 보시하지 아니하고

풀한포기 쌀한톨도 나눠주지 아니하며
구법하는 이들에게 설법하지 아니하고
굴욕적인 언사로써 비방하고 헐뜯으면
보살계를 받았으나 바라이죄 되느니라

#1

간석慳惜의 간慳은 아낄 간 자입니다
심방변忄 부수에 굳을 견堅으로
이 둘의 획수를 합하면 총14획이지요
아낄 간慳의 소릿값 굳을 견堅 자는
굳을 간臤과 흙 토土가 만났으며
간臤 자는 어질 현臤 자로도 새깁니다
현臤은 신하 신臣과 또 우又가 만났으니
아낄 간慳 자 한 글자가 만들어지기까지
얼마나 많은 연구를 거듭하였을까
생각만 해도 옛분들이 대단하기만 합니다

아낄 간慳 자에 담긴 뜻으로는
아끼다, 인색하다, 째째하다
망설이다, 머무적거리다
감추어 두다, 경험하다 따위입니다
아낄 견慳 자는 꼴소리形聲문자입니다
간체자 아낄 간悭의 본자本字며
뜻을 나타내는 심방변忄 부수部首와
소릿값 '굳을 견堅'이 만나 이루어졌습니다
발음은 '간'인데 느닷없이 '견'이라니요?

굳을 견堅 자가 들어간 글자들은
한자에서는 보통 '간'으로 발음합니다

굳을 견堅 자에 담긴 뜻도 매우 다양하지요
굳다, 굳어지다, 굳게 하다, 단단하게 하다
굳세다, 강하다, 굳게, 변하지 아니하다
갑옷, 갑옷과 투구, 곧 갑주甲胄 따위입니다
굳을 견을 어질 현으로도 새긴다 했는데
어질다는 것은 부드러움만이 아닙니다
굳센 의지 강직한 성정이 없고서는
국정을 바르게 보좌해나갈 수 없습니다
어짊臤이란 신하臣로써의 오른팔又입니다
오른又팔 신하臣는 영토土 지킴이堅지요

다음으로는 아낄 석惜 자에 관해서입니다
아낄 간慳 자가 심방변忄 부수이듯이
아낄 석惜 자도 심방변忄 부수에
소릿값 옛 석昔 자를 넣어 총11획입니다
담긴 뜻으로는 아끼다, 소중히 여기다
아깝다, 애석하다, 아깝게 여기다
아쉬워하다, 애처롭게 여기다
가엾게 생각하다, 탐색하다

인색하게 굴다, 두려워하다 따위입니다
간慳이나 석惜이나 심방변忄이듯이
마음을 떠나 설명할 수는 없는 일이지요

아낄 석惜자는 꼴形소리聲 문자로서
뜻을 나타내는 심방변忄 부수와
찔린다는 뜻의 소릿값 옛 석昔 자가 만나
'아끼다'를 표현하게 되었습니다
'옛 석昔' 자에는 '찔리다'라는 뜻이 있는데
마음에 찔리는 아픔으로 표현된 것입니다
간석慳惜에는 시공時空이 들어있습니다
'간석'에 시공간時空間이 들어있다니
이게 무슨 뚱딴지 같은 소리일까요
같은 의미의 글자를 겹치기로 놓을 때
같은 글자가 아니라면 다른 뜻이 있습니다

결론부터 이끌어온다면
아낄 간慳 자는 공간적으로 아낌이고
아낄 석惜 자는 시간적으로 아낌입니다
'간석'은 '인색吝嗇'보다 더욱 직설적입니다
첫째 '아끼다'는 마음의 작용입니다
그러기에 심방변忄이 들어있습니다

아낄 간慳, 아낄 석惜이 모두 심방변이지요
아낌은 마음의 작용이면서 현실적입니다
그것이 공간적 아낌이든
또는 시간적 아낌이든
아낌에는 반드시 마음이 담겨 있습니다

둘째 한자의 소릿값 중 종성終聲입니다
한자에 무슨 초성, 중성이 있느냐 하겠지만
이해를 돕기 위해 내가 붙인 '품사'입니다
아낄 간慳 자 마지막이 흙 토土 자이고
아낄 석惜 자 마지막이 날 일日 자입니다
'흙'이란 땅과 공간을 얘기하며
'날'이란 날과 시간을 얘기합니다
따라서 '간석'에는 시공간이 들어있습니다
마치 우주宇宙에 공간성宇과 함께
반드시 시간성宙이 들어있듯이 말입니다

매주 일요일 밤 KBS1-TV에서 방영되는
'역사 저널 그날'이란 프로그램에서
나는 참으로 많은 것을 보고 배우곤 합니다
하나에서 열까지 자료를 바탕으로 하지만
더러 추측이 실제가 되는 경우가 있습니다

간慳 자와 석惜 자도 그런 예입니다
아낄 간慳 자의 흙 토土 자와 더불어
아낄 석惜 자의 날 일日이 우연이 아닙니다
따라서 간慳자는 공간적으로 째째함이고
아낄 석惜 자는 시간적으로 끈질김입니다

'째째하다'는 질량을 바탕으로 하니
질량은 공간의 점유와 중력이 기본이고
'끈질기다'는 시간을 바탕으로 하니
시간과 함께 에너지energy 양을 표현함입니다
한자漢字가 그냥 만들어진 것이 아니지요
마찬가지로《범망경》〈보살계본〉에서도
이처럼 '간석'이란 글자를 놓은 데는
나름대로 의미를 담고 있다고 할 것입니다
순수 우리말 '아낌'보다 많이 쓰이는 말이
한자 표기 '인색吝嗇'일 것입니다

'인색吝嗇'이란 어떤 의미일까요
체면을 떠나 지나치게 재물을 아낌이지요
오죽하면 인색한 사람을 낮추어 부를 때
'인색한吝嗇漢'이라 하겠는지요
비전문가를 '문밖놈門外漢'이라 하듯

인색한도 '지독하게 인색한 놈'의 뜻입니다
'인색'이란 단어에 마음心은 보이지 않으나
'먹다, 마시다, 말하다 따위에는
모두 한글 자음 'ㅁ'이 들어가 있습니다
한글 자음 'ㅁ'과 한자의 입 구口 자가
같은 의미로 놓여 있다고 생각들지 않나요
먹고 마시고 말하다가 다 입口으로 하듯
먹고 마시고 심지어 말하는 것ㅁ이
아낌ㅁ의 문화文화, 곧 인색의 인吝입니다

인색吝嗇의 색嗇 자도 '아낄 색嗇' 자로
수확한 밀보리 등来을 창고回에 저장하여
바깥으로 드러나지 않게 숨겨둠으로서
아낌嗇의 의미를 표현한 것입니다
이를테면 '아낄 인吝' 자의 입 구口 자가
한 겹으로 된 창고口라고 한다면
'아낄 색嗇'에 놓인 '돌아올 회回' 자는
두 겹으로 지은 완벽한 창고回의 뜻입니다
아무튼 인색吝嗇이란 단어에는
먹고 마시고 말하는 몸'ㅁ'의 문화文와
한 톨의 곡식来마저도
안팎으로 꼭꼭 싸매 보관回한 뒤

베풀지 않으려는 현상이 들어있습니다

'더욱加 헐뜯다毁'는
다름아닌 '아낌慳惜'에서 옵니다
아낌은 정지停止의 상태입니다
돈은 돌고 돈다해서 돈이라 한다 하듯이
물질이 정체되어 있다면 이는 죽음이지요
물질의 죽음이 다름아닌 '가둠'입니다
산소酸素oxygen가 아무리 좋다 하더라도
들여마시고 나서 몸 안에 저장한 채
밖으로 내뿜지 않을 수는 없는 일입니다
산소는 생명을 살아있게 합니다

돈이나 재물은 당장 없더라도
한 시간도 버틸 수 있고
또는 하루 이틀도 버틸 수 있습니다만
산소 없이 1분 이상 버틸 수는 없지요
이처럼 소중한 산소도 몸속에 가두어둔 채
밖으로 내놓지 않고는 살 수 없는데
하물며 돈이며 물질이겠습니까
돈과 금은보화를 금고에 넣어두지 않고
은행에 보관하는 것은 유통을 위해서지요

내 금고 내 지갑에만 고이 들어있으면
경제에도 동맥경화가 올 수 밖에 없습니다

불교에서 보시바라밀을 맨 앞에 둔 것은
경제가 굳어버림을 생각한 것입니다
보시에는 그냥 베풂도 들어가지만
창고에만 쌓아두지 말고 풀라는 뜻입니다
돌처럼 딱딱하게 굳어버린取 땅土에는
어떤 초목도 농작물도 자랄 수 없습니다
곤충과 미생물도 살아있을 수 없습니다
풀섶⁺⁺ 아래ㅡ 시간日을 묶어둘昔 수 없듯
시간昔이 아무리 소중하다 하더라도
지나치게 아끼惜는 것은 좋은 게 아닙니다

이 《범망경》〈보살계본〉에서 말씀하신
'지나친 아낌慳惜이 해毁를 가져온다加'는
바로 이런 계율 때문만이 아닙니다
아낌이 경제 경화硬化를 가져오기 때문입니다
경제 경화를 불러오는 바로 그 일 자체가
결국 '바라이죄'가 된다는 말씀 속에는
불교의 계율이 개인적인 문제를 벗어나
인류의 삶 전체에 영향이 옴을 염려한 것이지요

#2

'가훼加毀'라는 단어를 찾아보았으나
어떤 사전에도 올라있지 않습니다
《법망경》〈보살계본〉에 처음 실려있고
자전字典에도
국어사전에도
지식백과사전에도 없습니다
그래도 인터넷에는 올라있을 것입니다
인터넷인데 설마 올라있지 않겠는지요
불교계에서 가장 완벽을 자랑하는
《가산불교대사림加山佛敎大辭林》에는
실려 있을 것이라 보는데 내게 책이 없네요!

'가훼嘉卉'라는 단어는 있습니다
아름다울 가嘉 자에 풀 훼卉 자를 얹어
'아름다운 초목'으로 풀이되고 있습니다만
이 《범망경》〈보살계본〉과는
전혀 상관相關 없는 용어일뿐입니다
그럼 '가훼加毀'란 어떤 뜻일까요
나는 앞서 '더욱加 헐뜯음毁'이라 했으나
본뜻은 '진분매욕瞋忿罵辱'입니다

두 눈目을 부릅瞋 떠 성瞋 내고
마음心을 찢어발겨忿가며 성忿 내며
말馬로 뒤집어씌워罒가며 꾸짖罵고
아침辰부터 대놓고寸 욕辱하는 것입니다

가축 말馬의 '말'과 언어 말言의 '말'은
소릿값이 똑같이 '말'이기 때문에
말 마馬 위에 그물 망罒자를 놓더라도
똑같이 말로 욕설로 꾸짖다罵의 뜻입니다
이야말로 소릿값으로 빌려온 글자지요
범망경에서의 '아낌慳惜'이란 말씀이나
일반적으로 '아낌吝嗇'이란 표현은
담겨있는 의미가 약간은 달라지겠지만
아무튼 재물을 빌乞고 법을 구求하는 데도
마음을 열지 않음에는 변함이 없습니다

헐 훼毀 자는 헐다, 부수다, 제거하다
철거하다, 무너지다, 훼손하다, 손상하다
불쾌한 감정 따위로 얼굴이 일그러지다
감손하다, 헐뜯다, 비방하다, 몸을 해치다
젖니를 갈다 따위 뜻이 담겨있는데
갖은등글월문攴 부수에 총13획이지요

절구臼와 절구공이杵가 만나고
사람의 힘工이 가해져서
껍데기를 벗기다 부수다 따위로
'뜻모음會意문자'가 맞지만
꼴形소리聲 문자로 풀이하기도 합니다

우리 속담에 '금언 못잖은 명언'이 있습니다
'동냥은 안 주고 쪽박만 깬다'에서
'동냥은 아니주고 자루만 찢는다'가 있고
'동냥은 못 줘도 쪽박은 깨지 마라'가 있습니다
동냥을 구걸하는데 안 주는 게 '간석'이고
쪽박을 깨는 것은 '가훼加毀'입니다
'간석'까지는 그나마 봐줄 수 있습니다
하나 '가훼'까지는 있을 수 없는 일이지요
〈십중대계〉 중 제8계가 '간석가훼계'인데
이른바 '동냥은 고사하고 쪽박까지 깸'입니다

이 범망경 '간석가훼계慳惜加毀戒'에서도
'아끼지 말라'를 바탕으로 하여
'구하는 이를 욕보이지 말라'하고 있지요
만에하나 제 돈이 아깝고
나아가 제 재물이 아깝다고 한다면

돈 안 주면 그만이고
재물도 주지 않으면 그만입니다
불교 얘기도 싫으면 안 해주면 됩니다
그렇다고 쪽박까지 부술 필요가 있을까요?
그런데 보통 돈은 주지 않으면서도
돌아나가는 사람 뒷꼭지에 대고
거의 한 마디씩은 툭 던지게 마련입니다

차라리 면전에서라면 더 나을지 모릅니다
빈손으로 돌아나가는 사람에게
들을 수 있을 정도 거리에서
소근대면서 안 좋게 뒷담화를 한다면
마음에 남는 상처가 의외로 클 것입니다
차라리 들을 수 있을 정도 거리라면
'아이고 이거 미안해서 어쩌지'
'도와드리지 못해서~'라며
아쉬워하는 게 훨씬 낫지 않겠는지요
모든 사람에게는 동일한 인격이 있습니다
잘 살고 지위가 높다 해서 인격이 높고
이와 반대라서 인격이 낮을 수는 없습니다

계율 형식은 '하라'가 아닙니다

불교든 기독교든 계율에 ‘하라’는 없습니다
이 점에서는 이슬람도 같은 형식입니다
유대교나 힌두교도 마찬가지고
우리나라에서 자생한 종교도 마찬가지지요
어떤 종교도 ‘이렇게 하라’가 아니고
특정한 일들은 ‘하지 말라’고 가르칩니다
하여 모든 계율에는 앞에 부정사가 놓이죠
이를테면 ‘죽게 된 생명을 살려라’가 아니라
‘산 생명을 죽이지 말라’로 가르칩니다

계율에서는 왜 부정사를 쓸까요
소극적으로 ‘하지 말라’라는 부정사 말고
적극적으로 ‘하라’를 쓰는 게 좋지 않을까요
이를테면 다섯 가지 계율은
아래와 같이 ‘하지 말라’형식을 따릅니다
1. 살생하지 말라
2. 훔치지 말라
3. 사음하지 말라
4. 거짓말하지 말라
5. 술 마시지 말라입니다
이를 좀더 긍적적 언어로 바꾸면 안될까요

다섯 가지 계율을 긍정의 언어로 바꾸어
1. 방생하라
2. 나누라
3. 순수하라
4. 진실하라
5. 현명하라지요

이들의 뜻을 약간 더 풀어
一. 생명을 사랑하라
二. 아낌없이 베풀라
三. 순수하게 만나라
四. 솔직하게 말하라
五. 맑게 깨어있으라
라고 했을 때 어떤 느낌이 더 좋겠는지요
물론 긍정적 언어가 느낌이 좋습니다
그러나 문제는 구속력이 없습니다
'하지 말라' 했는데 '하면' 죄책감이 높으나
'하라'했는데 안 한 것은 그냥 안 했을 뿐
죄책감까지 들지는 않는다는 것이지요

부처님이나 예수님이 어떤 분들입니까
중국의 고대 콩즈님이나 멍즈님도

사람의 마음을 훤히 꿰뚫어본 이들입니다
인류를 이끌어간 동서고금 성자聖者들은
행동양식까지도 제대로 아는 이들이었지요
이들이 왜 듣기 좋은 긍정적 양식을 버리고
속에 부담가는 부정적 양식을 썼겠습니까
그렇지 않고서는 이끌기 어렵다는 것을
이미 꿰뚫고 있었다고 보아야겠지요
따라서 계율은 모두가 부정적 양식입니다

어느날 암을 이겨낸 한 스님이
나와 찻자리를 하면서 말을 꺼냈습니다
15년 전 감기 기운 때문에 병원에 갔다가
우연히 대장암 판정을 받았다고 합니다
의사가 스님에게 말했습니다
"암이 초기를 벗어나 2기로 접어듭니다
지금 곧 수술하셔야 사십니다
안 그러면 죽습니다
어쩌시겠습니까?"
스님은 '죽는다'는 의사의 말이
목엣가시처럼 딱 걸리고 말았습니다

그는 '죽음'이란 말이 두려웠습니다

건강할 때는 '그까짓 죽음이 대수야' 하면서
대수롭지 않게 넘길 수 있었는데
막상 암이라는 말을 듣고 나서
'죽음'이란 말이 무겁게 다가왔답니다
그는 의사의 말을 믿었고
병원과 담당의사 프로그램에 자신을 맡겨
하라는대로 철저하게 따랐다고 합니다
그는 말했습니다
"긍정적 언어는 자신감을 실어주지만
부정적 언어는 자신을 돌아보게 합니다"

아끼는 것이 반드시 꼭 좋은 것일까요
아끼지 말고 쓸 데 쓰라는 뜻의 속담입니다
'대들보 썩는 줄 모르고 기왓장 아끼는 격'
'서까래감 아끼다가 용마루 썩는다'
'기와 한 장 아끼다가 대들보 썩힌다'
'좁쌀만큼 아끼다가 담 돌만큼 해본다'
'고기를 낚으려면 작은 미끼를 아끼지 말라'
'아끼는 것이 찌로 간다'
'아끼다 똥 된다'
'아끼다가 좋은 일만 한다'
'한푼 아끼다 백 냥 잃는다'

그렇다고 함부로 마구 써버릴 수는 없지요
'아끼는 넙적다리에 종처가 났다'
'분초를 아끼다'
'목숨을 아끼다'
'죽고 못 살다'
'몸을 사리다'
'개도 제 털은 아낀다'
'사자/호랑이 어금니 아끼듯'
'눈동자와 같이 아끼고 사랑하다'
'있을 때 아껴야지 없으면 아낄 것도 없다'
'군자는 입을 아끼고 범은 발톱을 아낀다'

암을 이기고 건강을 되찾은 스님 말이 떠오릅니다
"긍정적 언어는 자신감을 실어주지만
부정적 언어는 자신을 돌아보게 합니다"

#3

대승불교의 꽃은 '육도六度'입니다
육도가 다름아닌 육바라밀六波羅密이지요
바라밀은 범어梵語의 음사音寫로서
'도피안到彼岸'이라 번역됩니다
도피안은 '저 언덕에 이르다'로서
동사와 목적어를 한 데 지니고 있습니다
여기에는 2가지 세계가 설정됩니다
바로 이此 언덕岸과 저彼 언덕岸이지요

이들 두 세계를 연결시키는 다리가 있는데
이 다리를 '육바라밀'이라 하며
그 가운데 가장 대표적 바라밀을 들라면
으레 '보시바라밀布施波羅密'입니다
'간석가훼계'는 보시바라밀의 권장입니다

그러고보니 옛글이 생각나는군요
2014년 7월 23일에 쓴 시입니다
제목이 '금강바라밀의 도시, 서울'이었지요
'금강바라밀의 도시, 서울'에 대한 글을
다시 한 번 느껴보실까요

금강바라밀의 도시, 서울

동봉

세계의 명품도시 서울
서울이 서울일 수 있는 이유 중
첫째는 누가 뭐라든 한강입니다
북한산과 남산
멀리 관악산이 있고
얼마 전에
유네스코에 등재된
남한산성이 있습니다만

동에서 서로 가로지르며
도도하게 흐르는 수도서울의 젖줄
한강이 없었다고 가정한다면
서울은, 우리 서울은
세계적 명품도시 반열에
결코 오르지 못했을 것입니다

모든 생명이 살아가는데
필수불가결의 조건이 있는데
그것은 바로 물입니다

물론 호수처럼 고여 있는 물도
나름대로 중요하겠지만
강물처럼 계속 흘러가야 합니다
세상의 이치는 정체가 아닌
끊임없는 변화이기 때문입니다
이른바 제행무상諸行無常이지요

강이 강일 수 있는 데는
길이와 폭과 깊이
흐름의 양과
흐름의 속도
흐름의 꼴과
물의 수질이
생활에 있어서 크게 좌우되며
삶과 직접적으로 연결되어 있지요

한강을 갖고 있는
우리의 서울은 멋진 도시입니다
따라서 이 서울을
남에서 북으로
북에서 남으로 연결시키는
다리가 무엇보다 중요하고요

바라밀이란 인도말이며
한역하면 도피안到彼岸입니다
이를 우리말로 다시 옮기면
〈저쪽 언덕에 이르다〉가 되며
간단히 말해 〈건너다〉의 뜻입니다

서울 중심부를 관통하는 한강
옛날 같으면
강남과 강북은
삶의 문화 자체가 달랐습니다
그러던 것이 1900년도
한강철교가 처음 개통되면서
지금까지 30여개 큼직한 다리가
강남과 강북을 연결,
건너가고 또 건너왔습니다

다리를 매개로
차안此岸과 피안彼岸
곧 이쪽 언덕과 저쪽 언덕이
삶의 문화와 생존의 가치를
거의 동등하게 누리게 되었습니다
언젠가

밤에 남산타워에 올라
우리 한강을 내려다 보았습니다

서울의 야경이
세계적이라지만
특히 한강의 교량들과
양쪽으로 흐르는 도로의 불빛은
그야말로 장관입니다

서울은
건넘의 도시며
도피안의 도시며
금강바라밀의 도시며
제일바라밀의 도시며
인욕바라밀의 도시며
아인중수를 뛰어넘는 도시며
차안과 피안을
하나로 묶어주는
가장 아름답고 멋진 도시입니다

09) 진심불수회계瞋心不受悔戒

보살계를 받고나서 포살하는 불자들은
출가자나 재가자나 귀기울여 들을지니
행여어떤 경우라도 제스스로 성내거나
다른이로 성내게끔 사주하지 말지니라

성을내는 동기거나 성을내는 조건이나
성을내는 방법이나 성을내는 행위들을
어디서나 마구마구 쏟아내지 말것이요
아무때나 느닷없이 일으키지 말지니라

보살행을 닦는이는 일체모든 중생에게
선의뿌리 바탕으로 다투잖게 해야하고
언제든지 자비심과 효순심을 내게하며
바른길로 나아가게 힘써야만 하느니라

그럼에도 불구하고 보살행을 닦는자가
살아있는 생명에게 악담하고 저주하고
생명없는 집기에게 화를내고 내던지며
주먹질에 발길질에 칼과채찍 몽둥이로

온갖만행 자행하되 거기에서 그치잖고
상대방이 뉘우치며 용서하길 구하여도
갑질하는 그의행이 풀어지지 않는다면
보살계를 받았으나 바라이죄 되느니라

#1

"선배 큰스님, SOS쳐도 되겠습니까?"
"아! 자네신가? 그래, 정진은 여일하시고?"
"네, 큰스님. 잘 지냅니다. 큰스님께서는?"
"으음, 나도 잘 있네. 그런데 SOS라니?"
"네, 간곡히 여쭈어볼 게 있어서입니다."
"어! 어서 물어보시게. 서슴지 말고."
그가 물어온 게 바로 계목戒目이었습니다
법망경 보살계본 10중대계 중 9번째
'진심불수회계瞋心不受悔戒'란 계목이
명확하게 해석이 되지 않는다며
아끼는 후배가 전화를 걸어온 것입니다

그가 말했습니다
"제가 찾아본 자료에 따르면
'성내지 말며 참회하면 잘 받아주어라'
라고 되어있는데 담긴 뜻과는 잘 어울리겠지만
직역이 되어있지 않습니다. 큰스님!"
내가 웃으며 말했습니다
"의미가 통하면 그것으로 이미 완전한데
구태여 직역해야 할 필요가 있을까?"

후배 스님은 아쉬운 듯 덧붙였습니다
"그래도 큰스님, 시원하게 풀어주십시오."
"나 원 참! 이런 친구가 다 있으신가? 알았네."

내가 말을 이었습니다
" '(두 눈을 부릅뜨고)성내는 마음으로
참회를 받아주지 않음에 대한 계'일세."
성낼 진瞋 자는 눈목目 부수가 붙은 것처럼
두 눈을 부릅뜨고 성내는 모습입니다.
이에 비해 바로 이 '성낼 진嗔' 자는
입구口 자가 변으로 붙은 것으로 보아
말로 욕하고 꾸짖으며 화내는 모습입니다
따라서 '진심瞋心'이란 성을 내되
두 눈을 부릅뜨고 성내는 마음이지요
그리고 이어진 '불수회不受悔'는
뉘우치悔나 받아受주지 않는不다는 뜻입니다

뉘우침을 받아주지 않는다는 말은
'용서를 구하는 데도 받아주지 않음'입니다
그러면 보통 이렇게 얘기할 것입니다
"용서를 비는 데도 받아주지 않는다면
뭔가 잘못이 있어도 꽤 큰 잘못이 있을 터

어쩜 용서를 받아주지 않는 쪽보다
용서를 구하는 쪽에 문제가 더 큰 게지."
그렇습니다.
그렇기는 하지만 보살계에서는 말합니다
'용서를 구하는데 받아주지 않으면
이는 보살이 아니며 바라이에 해당한다'고

#2

뉘우침과 용서容恕를 생각해봅니다
첫째, 뉘우침懺悔입니다
뉘우칠 참, 뉘우칠 천懺 자와
뉘우칠 회悔 자의 부수는 심방변忄 이지요
하여 참회는 마음이 뿌리根줄기幹입니다
그러므로 마음이 깃들지 않은 참회는
요식행위에 지나지 않습니다
위의 '뉘우칠 참懺' 자에서 보듯
참懺이란 공간적空間的 뉘우침입니다
심방변忄 오른쪽 소릿값인 부추 섬韱 자에
이미 공간의 뜻이 함께 들어있습니다

부추는 다들 알고 있을 것입니다
영양이 뛰어난 채소로 부추를 넘을 게 없습니다
부추Allium tuberosum는 수선화과
부추아과에 속하는 여러해살이풀이지요
경상도, 충청도에서는 '정구지'라 하고
충남 사투리로는 '졸' 이라 부릅니다
'솔'이라고도 부르는데 전라도 사투리지요
잎이 가늘고 길며 꽃은 흰색입니다
부추에는 비타민 A와 비타민 C는 물론
단백질, 탄수화물을 비롯하여
칼슘, 철, 인 등이 골고루 포함돼 있습니다

뿐만 아니라 몸 속에서 비타민A로 변하는
카로틴carotene도 많이 들어 있지요
특히 몸이 차가운 사람에게는
열을 내는 부추가 제격인데
이는 부추가 몸의 혈액순환을 돕고
신진대사를 활발하게 하기 때문입니다
재미있는 것은 정력에 좋기로 소문이 나서
불교계율에서는 금기한 채소이지요
파 마늘 달래 부추 흥거를 오신채라 하는데
다섯 가지 향신료로 꽤 이름이 높습니다

오죽하면 이런 말이 있을까요?
'부추 씻은 첫물은 아들 아닌 신랑만 준다'고요
부추에 담겨있는 성분 가운데
정력을 좋게 하는 게 그냥 하는 말일까요
아니지요, 매운맛 성분인 황화알릴입니다
황화알릴은 비타민 B1과 결합하여
알리티아민allithiamin이 되는데
이는 곧 피로회복제로 처방되고 있습니다
알리티아민이 피로를 해소하고
몸에 활력을 불어넣는다고 했을 때
정력은 자연스레 증가될 수 밖에 없습니다

우리나라《동의보감東醫寶鑑》에 따르면
'부추는 성질이 따뜻하고
맛이 매우면서 약간 시고 독이 없다
오장五臟을 편안하게 하고
밥통胃stomach의 열기를 없애며
허약한 것을 기위補 주고
허리, 무릎을 덥게 한다'고 나와 있습니다
오늘날 한의학에서는 이렇게 얘기합니다
"부추가 양기를 회복해 주는 까닭에
가령 기운이 없거나 체력이 떨어졌을 때

먹으면 반드시 효과 있다"고 보고 있습니다

몸이 차서 생기는 요통이나
손발저림手足麻痺
아랫배가 차가운 증상 따위에
약재로 쓰이는 게 다름아닌 부추입니다
부추는 1년 내내 출하出荷되지만
5~6월에 나오는 것이 가장 맛있습니다
된장국을 끓일 때 부추를 넣으면
부추가 된장의 짠맛을 감소시키고
된장에 부족한 비타민 A · C를 보완하지요
부추를 구입할 때는 색이 뚜렷하고
가급적이면 줄기가 통통하며
몸통의 흰부분이 긴 것을 고릅니다

냄새를 맡았을 때 특유의 향이 좋습니다
아무튼 이와같이 부추 섬韱 자는
부추 구韭 자와 더불어
소릿값 다할 첨韱 자로 이루어졌습니다
부추 구韭 자는 그림象形문자입니다
다시 보면 부추가 펼쳐진 밭 이랑一마다
파랗고 튼실하게 자람을 드러냅니다

게다가 부추는 그냥 한 포기씩 자라지 않고
다발로 뭉텅뭉텅 자라는 게 보입니다
따라서 번뇌가 저 홀로 일어나는 게 아니라
뭉텅이로 다발로 일어나기에 이끌어온 것이지요

참회懺悔라는 쓰임말用語에서
뉘우칠 회悔 자 한 자만으로도 충분한데
뉘우칠 참懺 자를 가져온 것은
어떤 환경에서나 잘 자라는 부추韯를 통해
때와 장소 가리지 않고 일어나는
번뇌를 상징象徵하려 했을지 모릅니다
아무튼 뉘우칠 참懺 자는
밭 이랑一에 자라는 번뇌韭를 상징하므로
공간적 뉘우침에 다름 아닙니다

이에 비해 뉘우칠 회悔 자는
어느 쪽에서 봐도 시간적 뉘우침입니다
뉘우칠 회悔 자도 마음忄씀이 바탕입니다
부수部首 마음심忄 자를 빼고
소릿값에 해당하는 매양 매每 자를 보면
'매양'이란 우리말에 시간성이 담겨있으며
바다 해海 자에서 삼수변氵만 뺀

매每 자에도 시간성이 들어있습니다
어린아기人가 엄마女 젖÷을 먹는 상황이
하루이틀로 끝나지每는 않습니다
적어도 이유기離乳期가 2살 정도까지라면
그 동안은 매일 모유(女+÷=母)를 먹겠지요

눈치 빠른 분들은 알아채셨겠지만
이미지로 표현한 것이 매양 매每 자입니다
아기人가 태어나자마자 두서너살까지
엄마젖母을 먹는 게 매일每같이 이어집니다
이른바《부모은중경》말씀에 따르면
한 사람이 이유기때까지 먹는 엄마젖 양이
자그마치 여덟 섬 너 말이라 합니다
여덟 섬 너 말이 액체液體일 경우에는
소두小斗가 아닌 대두大斗를 가리키지요
다시 말해서 20리터가 한 말이고
200리터가 곧 한 드럼drum입니다

참회懺悔는 왜 해야 할까요
이른바 '굳음 현상' 때문입니다
흙이 오랜 세월 굳으면 암석巖石이 되지요
그리고 암석 또한 오랜 세월에 걸쳐

풍화風化되면 모래가 되고 흙이 됩니다
자연은 끊임없이 모습을 바꾸니까요
이처럼 번뇌의 때垢가 오랫동안 쌓이면서
동시에 딱딱하게 굳어지게 마련입니다
때나 먼지일 때는 쉽게 제거될 수 있지만
일단 암석처럼 굳어지게 되면
쉽게 닦아내고 지울 수가 없습니다
하여 참회는 그때그때 이루어져야 합니다

이는 참회의 필요성을 얘기한 것이고
참회의 동기는 '잘못 살아옴'입니다
잘못 살았기에 뉘우칠 것이 있지 않을까요
그런데 그 모든 잘못의 터밑基底에는
반드시 마음의 작용이 있어 왔습니다
따라서 참회는 마음↑ 떠나 있을 수 없습니다
이처럼 공간적으로 가까이서 뉘우치懺고
시간적으로 끊임없이 뉘우치悔는데
단지 화가 너무 난다는 이유理由만으로
상대의 참회를 받아주지 않을 수 있을까요
보살은 사랑과 연민의 대명사입니다

둘째는 용서容恕입니다

상대를 받아들임을 용서容恕라 합니다
‘용서容恕(1)forgiveness’는
다른말로 ‘용서容恕(2)mercy’요
또한 ‘용서容恕(3)pardon’이기도 합니다
영어에 담겨있는 뜻은 생략하기로 하고
한자 ‘용서容恕’에 담긴 뜻을 살펴볼까요?
용서는 글자 그대로 ‘표정容의 동일성恕’입니다
표정이 닮아가고 같아진다는 것은
이미 참회와 함께 용서가 이루어짐이지요
이를테면 잘못을 뉘우치는 자乙의 표정과
너그럽게 받아들이는 자甲의 용서의 표정이
동일하게 느껴질 때 같은如 마음心이 됩니다

얼굴 용/받아들일 용容 자를 보면
분명 눈꼬리가 아래로 처져ㅅ 있습니다
성난 사람의 치켜뜬 눈꼬리ソ가 아닙니다
온화한 표정容은 사람을 편안하게 합니다
이미 용납하고 용서하고 받아들였지요
상대를 온전히 너그러히 받아들일容 때
마음心이 상대와 같아如지게 마련입니다
다시 말해서 용서는
얼굴容 가득 받아들임容이고

용서는 같은如 마음心인 동시에
마음心이 같아如진 상태恕를 가리킵니다

참회는 순수한 우리말로 뉘우침입니다
지난 잘못을 뉘우침이지요
뉘우침은 미연未然의 세계가 아닙니다
이미 일어난 기연既然의 세계이지요
참회를 풀이할 때 기미既未를 따집니다
다가올 잘못을 참회함이 참懺이고
지나간 잘못을 참회함이 회悔라고요
어떤 학자들은 반대로 풀이하기도 합니다
아무튼 일어나지 않은 일을 놓고
참회하는 일은 사실 불필요한 일입니다
하여 뉘우침은 과거를 뉘우침입니다
앞으로 일어날 잘못을 미리 뉘우침이 아닙니다

이 세상에서 가장 아름다운 것을 들라면
나는 서슴없이 뉘우침을 들 것입니다
뉘우침에는 눈물이 함께합니다
눈물없는 참회는 보여주기일 뿐입니다
눈물은 인체 속에 자리한 온갖 요소 중에서
가장 값진 것이라 할 것입니다

그런데 이에 못잖은 요소가 또 있습니다
그렇습니다
'용서容恕'입니다
용서는 마음이 너그러워진 상태입니다
나이아가라 폭포보다 훨씬 시원스럽습니다
세상에 너그러운 마음보다 더 값진 게 있을까요?

#3

우리가 알기에 생명生命을 가진 자는
서로 충돌이 일어날 수 있습니다
생명을 가진 자 중에서도
사람끼리 오히려 더 많이 충돌하곤 하지요
그런데 생명이 없는 것에 대해서도
사람들은 더러 화풀이를 합니다
생명없는 것들에게 화 좀 내면 어떻느냐고요
그래서일까, 옛날 어르신들 중에는
집안에 짚이나 왕골, 부들로 만든 그릇들과
싸리나무로 만든 광주리를 진열해 두었지요

식구들 중에 술을 좋아하는 이가 있을 경우

술김에, 홧김에 집기를 집어던질 수 있고
발로 차고 짓밟을 수도 있으니까요
사기그릇을 비롯하여 오지그릇
질그릇, 도자기그릇, 유리제품 따위는
집어던지면 바로 깨져버릴 수 있습니다
하여 깨지기 쉬운 그릇은 장 안에 두고
거실 여기저기에 짚그릇들을 놓았습니다
비록 술김에 집어던지더라도
그릇도 깨어지지 않거니와
으레 사람도 다치는 일이 없어야 하니까요

싸움 중 가장 험악한 게
가장 가까운 '부부싸움'이라고들 하지요
다음으로 부모와 자식 간의 다툼이며
형제간 다툼도 되려 남남을 초월합니다
가까운 사이일수록 더 다투고
먼 사이일수록 덜 다툰다고 합니다
물론 직장에서는 상하간에 충돌이 있고
그리하여 자리를 박차고 나오기도 하지요
문제는 사람과 사람은 이해하지만
집기가 도대체 '무슨 죄가 있느냐'입니다

부하직원에게 종이컵을 집어던지지 않나!
서류를 뺏어 팽개치지를 않나!
물컵이나 서류가 무슨 잘못이 있습니까
그래도 사람에게 치명적이지는 않습니다
이때 집어던진 것이 종이 물컵이 아니고
서류가 아니었다면 어찌 되었을까요
그게 만일 유리잔이고 노트북이었다면
아으! 생각만 해도 끔찍하지 않습니까
하여 《범망경》〈보살계본〉10중대계 중
제9계 '진심불수회계瞋心不受悔戒'에서는
생명이 없는 집기를 집어던지는 행위를
바라이죄로 크게 다루고 있습니다

데살로니가전서 5:16에 의하면
'Give thanks in all circumstances'
'범사凡事에 감사感謝하라'고 가르칩니다
모든 일에 감사한 마음을 갖는 자는
신과 함께 생명을 지닌 사람만이 아니라
생명없는 집기와 사물에 대해서도
늘 감사한 마음을 지닙니다
그것이 어디 그냥 집기 뿐이겠습니까
자신을 둘러싼 온갖 환경에

정말로 감사한 마음을 갖는 것입니다

불교에서는 삼종세간三種世間을 들지요
환경環境이라는 그릇 세간器世間과
환경 속에 살아가는 중생衆生들 세간과
사회를 이끌어가는 리더智正覺 세간인데
이들 중 어느 세간이 가장 소중할까요?
이들 세 가지 세간은 어느 것이 더하고
어느 게 덜하다는 가치를 매길 수 없습니다
부처님께서는 순서를 매기실 때
첫째, 기세간이요
둘째, 중생세간이며
셋째, 지정각세간이라 하셨습니다만
글쎄요. 여기에 가치의 순서가 있겠습니까

비록 생명은 분명 지니고 있되
인간처럼 생각할 수 있는 존재가 아니라
축생이나 야생이나 곤충의 경우도
부처님은 똑같이 소중하게 여기셨지요
그래서 이들 생명의 사랑 방법을
'생명을 죽이지 말라'로 표현하셨습니다
어디 움직이動는 존재物만이 소중할까요

한 자리에 태어나 살다 같은 자리에서 죽는
이른바 풀과 나무에 대해서도
여러 가지 농작물農作物에 대해서도
부처님은 생명의 세계로 간주하셨습니다

우리는 '살생하지 말라'라는 금계를
소, 돼지 등 동물에 한정시켜 생각하지만
풀과 나무 등 식물들에게도 적용됩니다
이미 죽은 멸치, 오징어 따위보다
푸릇푸릇 살아있는 풀잎을 훑어먹는 게
되려 불살생계不殺生戒를 범함이 됩니다
공양 올린 고깃국을 먹는 것보다
밭에서 자라는 마늘쫑 하나 뽑아먹는 게
부처님의 중생사랑을 저버림입니다
그렇다고 아무 것도 먹지 않을 수는 없지요
하여 '모든 것에 감사하라' 한 것입니다

그렇다면 동식물動植物만 중요하고
그 밖의 모든 사물은 다 가치가 없겠는지요
시각적으로 눈에 들어오고
청각적으로 귀에 들려오고
후각적으로 코에 맡아지고

미각적으로 혀에 느껴지고
촉각적으로 피부에 와 닿는
이들 모든 대상塵이 어떻다 여겨지는지요?
이들 모두가 살아있는 유기체입니다
영국의 과학자 제임스 러브록이 발표한
저 유명한《가이아 이론Gaia theory》보다
2,600여년 전 부처님이 먼저 설파하셨지요

거룩한《대방광불화엄경》에 의거하면
국토가 여래의 몸國土身이고
허공이 여래의 몸虛空身이고
업보가 여래의 몸業報身이고
중생이 여래의 몸衆生身이고
슬기가 여래의 몸智慧身이고
포부가 여래의 몸願力身이고
기타 등등, 기타 등등, 其他等等.....
이른바 생명계衆生系와 그릇계器系가
다시 말해서 생태계生態系ecosystem가
모두 부처님如來世間의 다른 모습입니다

그렇거늘 어떻게 화가 난다고 하여
아무렇게나 물컵을 집어던지고

서류를 빼앗아 흩뿌릴 수 있겠습니까
설령 직접 사람을 향해서가 아니고
남의 것을 빼앗아 던지는 게 아닐지라도
성을 내며 사물을 함부로 대하는 것 자체가
이미 '보살행자'에게는 파계破戒입니다
그럼에도 불구하고 화가 치민다 하여
상대가 찾아와 진심으로 뉘우치는 데도
참회를 받아주지 않고 용서하지 않는다면
이것이 곧 바라이죄에 해당합니다

사람에게 사람人으로서 품격格이 있다면
개에게는 개犬의 품격格이 있을 것이고
소는 소牛의 품격格이 있을 것입니다
여말선초麗末鮮初의 황희黃喜 정승은
소에게 멍에 메워 밭을 가는 농부에게서
이른바 '우격牛格'을 깨달았노라 했습니다
내가 들고있는 스마트폰은 소중하기에
누구도 내게서 빼앗아 내동댕이칠 수 없고
남의 손에 들린 볼펜은 값싼 것이기에
함부로 빼앗아 짓밟아버려도 괜찮겠습니까

이는 물건을 지닌 소유자의 인격 이전에

스마트폰이든 볼펜이든 물품 자체에
이미 깃들어있는 물격物格의 문제입니다
그래서 옛어르신들은
발치에 구르는 작은 돌멩이 하나도
조심스레 집어들어 길가로 옮겨놓았지요
함부로 들어 마구 던지다보면
그 사물이 지닌 물격의 반발로 인하여
던진 사람에게 되돌아와서 해를 끼칩니다
사물이 지닌 품격 곧 물격物格까지도
성난 마음으로는 대하지 말라는 것입니다

하물며 그냥 사물도 아니고
자신의 잘못을 뉘우치는 사람입니다
그가 죄를 받고 안 받고는 그의 몫입니다
잘못의 크기는 실로 객관적이라
너무 클 때 법정에서 가름할 일입니다
따라서 가해자가 잘못을 깊이 뉘우치고
피해자가 뉘우침을 받아들여 용서하더라도
워낙 큰 사회적 문제에 해당한다면
개인의 용서를 떠나 대가를 치러야겠지요
그러나 용서는 용서대로 받아들임이
보살행자로서의 할 일이라는 것입니다

세三 가지種 세간世間 중에서

첫째 중생衆生 세간과

둘째 리더智正覺 세간을 담고 있는

셋째 그릇器 세간은 있는데

넷째 시간時間 세간은 왜 없느냐고요

이는 셋째 그릇 세간이란 공간空間에

이미 음陰으로 깊숙이 스며들어있습니다

따라서 우리가 시간조차도 함부로 대하면

반드시 부메랑이 되어 고스란히 되돌아옵니다

공간과 시간, 참 고마운 '실상實相'입니다

10) 방삼보계謗三寶戒

보살계를 받고나서 포살하는 불자들은
출가자나 재가자나 젊은이나 노인이나
제가몸소 불법승을 비방하지 말것이요
남을시켜 불법승을 비방하지 말지니라

비방하는 동기거나 비방하는 조건이나
비방하는 방법이나 비방하는 행위들을
어디서나 아무때나 행해서는 아니되며
어떤상황 일지라도 말속어는 담지말라

보살행을 닦는이는 출가재가 할것없이
이교도나 악인들이 부처님을 비방하면
삼백자루 창으로서 제심장을 찌르듯이
통절하게 아파하고 느껴야만 하느니라

그렇거늘 불제자가 제가몸소 비방하고
남을시켜 불법승을 비방할수 있겠는가
효순심과 믿는마음 견고하게 일으켜서
바른길로 나아가게 힘써야만 하느니라

그럼에도 불구하고 보살행을 닦는자가
악인들과 어울리고 사견인과 입을맞춰
부처님과 가르침과 스님네를 비방하면
보살계를 받았으나 바라이죄 되느니라

#1

'새로운 삼보=너 나 우리'
이 말은 2014년 9월 19일에 쓴 글입니다
이미 《아미타경을 읽는 즐거움》으로
2015년 3월 '민족사'에서 펴냈지요
나는 불법승佛法僧이란 기존 삼보에 대해
'너 나 우리'라는 새로운 삼보를 설정했습니다
또 다른 새로운 삼보가 있는데
이른바 '지구 해 달' 따위입니다
한 번 보실까요?

삼위일체三位一體the Trinity
부처님佛寶Buddha
가르침法寶Dharma
스님네僧寶Sangha
이들을 보통 세 가지 보배라고 합니다
세 가지 보배three jewels
three treasures

난 삼보를 생각하면
언제나 카메라 삼각대가 떠오릅니다

34~5년전 한 때 사진에 빠져
헤어나지 못할 때가 있었습니다
손수 암실을 차려 놓고
인화까지 내 손으로 직접 했으니까요

카메라와 삼각대는
작품을 한다는 이라면
거의 실과 바늘처럼 따라다닙니다
삼각대tripod
삼발이trivit
하여간 중요한 촬영장비입니다

카메라 다리가 왜 삼발이일까요
안정성 때문입니다
두 발은 사람이나 조류처럼
살아있는 생명들에게는
세 발 보다는
거추장스럽지 않아 좋습니다

하지만 생명을 가진 게 아니라면
위치 에너지totential energy와
운동 에너지kinetic energy

법칙에서 보았을 때
다리 세 개를 가지런히 벌려
그 위에 사물을 올리는 게
가장 안전합니다

위에 올리는 것과
받치는 다리의 균형이 깨지면
오히려 네발이가 낫지요
삼각대三脚臺
글자 그대로 세 개의 다리로 된
받침대에서 만에 하나
하나라도 이상이 생기거나 하면
어찌 되겠습니까
서 있는 것 자체가 불가능합니다

그러기에 불법승 삼보도
따로따로 얘기하지 않습니다
일보一寶도 아니고
이보二寶도 아닙니다
반드시 삼보三寶로서만 이름지어지지요
그런데 어떻습니까
우리나라 불교는 삼보묶음입니까

이보 묶음에 일보 무시거나
일보 존중에 이보 무시입니까

절에 다니면서
불보는 존중하는데
법보 승보는 무시하여
법문도 안 듣고 공부도 하지 않으며
불전에 절을 올리고
법문은 듣지만 스님네는 무시하여
합장도 하지 않는 편은 아닌가요
아는 스님 하나 보고 절에는 가는데
불상은 우상으로 치부하고
법문이나 경전에는 관심이 없는
승중불법경僧重佛法輕인가요

성철스님의《중 보러 절에 오지 마》
라는 책이 한 때 유명했습니다만
이 책을 놓고 혹 어떤 이들은
불보와 법보는 중하게 여기면서
승보를 가볍게 만든 것 아니냐는
비판도 서슴치 않았습니다
그러나 행간을 들여다 보면

삼보를 고르게 존중하라는 의미가
깃들어 있다는 것을 느낄 수 있습니다

삼보는 더 없이 소중합니다
서가모니 부처님께서는
우주자연과 생명의 관계를 깨달아
우리에게 가르쳐 주신 스승이시고
팔만사천 대장경의 말씀은
부처님께서 깨달은 성스러운 진리의
상세한 로드맵road map이며
그것을 그 시대, 그시대에
맞는 언어와 기호로
다시 설명해 주는 분들이 스님이지요

그래서 삼보는 소중합니다
따라서 나는 제안합니다
불교의 삼보를 제대로 모시려 한다면
새로운 시스템이 필요하며
이를 〈신삼보新三寶〉라 명명하는데
곧 너와 나 그리고 우리입니다
〈너〉라는 제1의 주제
〈나〉라는 제2의 주제

<우리>라는 제3의 주제를 묶어서
신삼보라 하겠다고요

이 세상 모든 존재는 너와 나이며
너와 나를 이어주는 게 관계입니다
이 세 가지 주제는 끊임없이 이어져
사회social를 이루고
관계networking를 형성하고
틀service을 지음으로써
마침내 지구 전체Global로 퍼지고
그리고 더 나아가서는
우주자연과 하나 되는 세계를
아름답게 가꾸어 가는 것입니다
중첩반복重疊返複
곧 프랙털fractal 구조입니다

0이라는 제1의 주제
1이라는 제2의 주제
섞임과 반복이라는 제3의 주제가
디지털digital 세계를 이루어가는
멋진 과정 앞에서
제안하는 나의 신삼보입니다

나는 지난 6.4지방선거 때
나와 교분이 있는 어느 목사님과
이런 대화를 나누었습니다
그는 우리나라에서
가장 영향력이 있는 광역단체장의
후보 한 분을 밀고 있었는데
고민을 털어놓는 것이었지요

"형님, 목사질이나 하는 제가
정치에 뛰어들려고 하니
하나님을 모시는 것도 아니고
쪼까 그란디 어찌 생각허신다요?"

내가 웃으며 답했습니다
"아우님, 내 중질이나
아우님 목사질이나 다 소중하지라
허지만 난 이런 말을 하고 싶소
열 분의 하나님 모시는 것보다
시민 한 분 제대로 모심이 낫고
시민 열 분 제대로 모시는 것이
하나님 천 분 모시는 것보다 낫다고
부처님 백만 분 모시기보다는

시민 만 분 제대로 모시고
시민 천만 분 모시는 게
해운대 해수욕장 모래알보다
더 많은 부처님을 모시는 일보다
훨씬 낫다 그 말이지라."

그는 나보다 너댓살 적어
나를 스님보다 〈형님〉이라 부릅니다
그러니 나도 때로는 〈아우님〉으로
호칭하고 지내는 사이입니다
결국 그가 지지하는 후보가 당선되었지요

문제는 당선된 뒤인데
후보일 때 먹은 마음이
당선된 뒤에도 지속되어야 하는데
뭐 앞으로 그렇게 만들어 가지 않겠는지요
시민들 살림살이가 보다 나아지고
웃음으로 생기는 주름살 말고는
삶의 과정에서 얼굴을 찌뿌리는 일이
제발 없어졌으면 싶은데
당선인이 공약은 잘 지키겠지요

그게 안된다면
내가 목사님에게 던진 일갈一喝은
그야말로 의미 없는 게 되어버리고 맙니다
시민을 잘 모시는 것이
당선을 위한 전략에 불과하니까요
하나님을 제대로 모시고
불법승 삼보를 제대로 모시듯
시민을 모셔야 하는데

성철스님 말씀처럼
부처님을 무시하고
하나님을 무시하라는 게 아닙니다
그만큼 시민을
인간을
사람을
생명을
소중히 잘 모셔야 한다는 뜻입니다

극락세계에서는
새들의 지저귐을 들으면
저절로 믿는 마음이 도타웁게 우러나
부처님을 생각하고念佛

가르침을 생각하며念法
스님네를 생각하게念僧 된답니다

생각한다는 게 어떤 것일까요
한문의 생각염念자는
이제금今 자 아래 마음심心 자이지요
이는 곧 마음心이란 사념체계思念體系를
이미 흘러간 과거도 아니고
아직 오지 않은 미래도 아닌
바로 '지금 여기今'에 둔다는 것입니다
〈염念〉은 공간적 의미를 내포한 채
겉으로는 시간성을 표현하고 있습니다

'신삼보新三寶'에서는
바로 너와 나라는 두 개체가
이른바 사람과 사람人 사이間라는
관계因緣 속에서
너 혼자와 나 혼자를 더불어로 맺어
'우리'라는 장엄스런 체계 속에서
나는 너를 생각念佛하고
너는 나를 생각念法하며
우리 관계를 생각念僧하는 것입니다

삼보를 생각生覺한다는 말은

불법승 삼보에 대한

소중한 느낌覺을 일으켜生

끊임없이 지속되게 하는 마음입니다

흘러간 시간에 마음을 보내지 않고

오지 않은 시간에 미리 던지지 않은 채

오로지 끊임없는 현금現今에만

마음을 두어 삼보를 생각함이지요

새로운 삼보新三寶의

프랙털 구조에 의해서 말입니다

#2

제1삼보
1)불타佛他/부처님은
진리를 깨달으신 분 곧 부처님입니다
범어 '아누타라삼먁삼보리'는
'무상정등정각無上正等正覺'의 뜻입니다
무상정등정각이 한역漢譯이라서
아무래도 다시 우리말로 바꾸어야겠지요
무상無上아누타라/위없고
정등正等삼먁/가장 평등하며
정각正覺삼보리/올바른 깨달음입니다

그러나 '깨달음'이란 형용사일 뿐이고
깨달음의 내용은 '달마達磨'입니다
이 달마를 깨달은 분이 부처님입니다
부처님에게는 실상에 따라
크게 세 가지 모습으로 나뉠 수 있는데
첫째가 법신불法身佛이고
둘째가 보신불報身佛이며
셋째가 화신불化身佛입니다
법신불의 대표는 비로자나불이고

화신불의 대표는 서가모니불이며
그 밖의 모든 부처님은 보신불입니다

2)달마達磨/가르침은
부처님께서 깨달으신 진리眞理의 내용을
집대성하여 편찬해 둔 것이 대장경이지요
국보 제32호 해인사 팔만대장경각에
국보 제52호 고려대장경이 모셔져 있는데
목조 장경판이 팔만 여 장을 뛰어넘습니다
이들을 크게 세 가지 성격으로 나누면
부처님의 말씀을 담은 경장經藏이 있고
불제자의 율의를 담은 율장律藏이 있으며
불교학자 논사들의 논장論藏입니다

십이분경十二分經으로 나누는데
십이부경十二部經이라고도 얘기합니다
부처님께서 일생에 걸쳐 설한 모든 교설을
그 경문의 성질과 형식으로 구분하여
십이부十二部로 나눈 것입니다
부처님은 깨달은 분으로 간단하지만
가르침은 의외로 방대하고 복잡합니다
좀 길지만 부류 이름을 소개합니다

01) 경經은 산문체散文體 경전이고
02) 중송重頌은 산문체 경전 끝에
그 내용을 운문韻文으로 노래한 것입니다
03) 수기授記는 경의 말씀을 해석하거나
제자의 다음 세상을 예언한 것입니다
04) 고기송孤起頌은 산문으로된
경전 끝에 읊은 아름다운 시구詩句이고
05) 무문자설無問自說은 '아미타경'처럼
묻지 않는데 부처님 스스로 설하신 경이며
06) 인연因緣은 부처님을 만난 인연으로
법에 대해 묻는 것 따위 경전입니다

07) 비유譬喻는 경전 중에서 비유로써
은밀한 교리를 명백하게 드러내보임이고
08) 본사本事는 보살 제자 성문들에게
들려준 전생의 업과 인연에 관한 것이며
09) 본생本生은 전생담前生譚입니다
부처님 자신의 보살행에 관해 말한 것이지요
10) 방등方等은 부처님께서 방정하고
광대한 우주의 진리에 관해 설하신 것이고
11) 미증유未曾有는 부처님께서 신통력을
나타내 보이신 것에 관해 말씀하신 것이며

12) 논의論議는 교법의 뜻을 논의하고
문답한 내용을 담은 경전입니다

3)승가僧伽/교단은
출가중이 있고 재가중이 있으며
출가 재가자의 하나된 대중이 있습니다
출가중에는 비구 비구니가 있고
여기에 사미 사미니 식차마나니가 있지요
사미 사미니는 정식 승려가 아니기에
예비승려로 준비기간중에 있고
식차나나니는 특별한 단계로
사미니에서 비구니로 나아가는 중간입니다
여기 재가대중이 있는데
남성 불자를 청신사로, 거사로 부르고
여성 불자를 청신녀로, 보살로 부릅니다

승가교단의 시초는 비구였고
이와 함께 우바새 우바이가 함께 했습니다
우바새 우바이는 청신사 청신녀지요
그러니까 출가자 비구교단과 함께
재가자 대중이 자연스레 생겨납니다
왜냐하면 부처님과 비구들을 외호하면서

동시에 보필할 필요가 있었으니까요
다음으로 사미가 등장하였습니다
사미는 비구니보다 먼저 생겨났으니
그 최초 사미가 부처님 아들 라훌라입니다

그러다가 비구니가 등장하게 되면서
사미니도 따라서 교단에 생겨나게 됩니다
경전에 따르면 최초 비구니는
마하프라자파티와 야소다라입니다
부처님의 이모이자 계모 마하프라자파티
출가전 부처님의 아내 야소다라
이들이 출가하면서 함께 따른 출가자가
비구 숫자를 뛰어넘는 큰 승단을 이룹니다
계율은 더욱 세부적이고 복잡해지며
마침내 온전한 승가로 태어나지요

여기에 음성적으로 외호체계에서
양성적으로 교단에 참여하는데
이른바 '재가불자 단체'이지요
그러나 아직도 승단의 대표는 비구입니다
정신적으로는 출가자가 이끌어가고
외호는 역시 재가자 담당입니다

상좌부 초기불교 교단에서 출가자 위치는
으레 비구가 절대적입니다
비구니는 무조無條 가사를 입으며
승려로서의 지위를 잘 지니지 못합니다

이에 비해 한국불교 교단에서의
여성출가자 비구니의 위치는
세계적으로 유례를 찾아볼 수 없습니다
비구니가 법상法床에 오를 수 있고
교단 내에서 발언권도 지닙니다
아직까지 대한불교조계종 종정이나
조계종 총무원장 자리는 말할 것도 없이
조계종 중앙종회의장이라든가
조계종 포교원장이나
조계종 교육원장 자리 하나
배당되지 않는 상황이지만 말입니다

나는 위의 제1삼보 외에
제2삼보를 '새로운 삼보'로 설정하였고
더 나아가 제3삼보, 제4삼보
제5삼보 등을 설정해두고 있습니다
'너, 나, 우리'라는 제2신삼보는

나의 책《아미타경을 읽는 즐거움》에
자세하게 설명되어 있는데
삶에 있어서 너와 나와 우리 관계가
불법승佛法僧 제1삼보 가치에 못지않게
너무나 소중하다는 것을 펼치고 있습니다

제2삼보를 한 번 보실까요
첫째는 '너汝'입니다
대명사로서 듣는 이가 친구나
또는 아랫사람일 때 '너'라 합니다
그 사람을 가리키는 이인칭 대명사며
주격조사 '가'나 보격조사 '가'가 붙으면
'너'가 아니라 '네'가 됩니다
호남지방어에서는 '네'가를 '너'가라 하는데
글로 표현할 때는 역시 '네'가 입니다
비슷한 말로는
그대, 군, 자네 따위와
임자, 인자, 당신 따위가 있습니다

둘째는 '나我'입니다
말하는 이가 대등한 관계이거나
아랫사람을 상대하여 자기를 가리키는

일인칭 대명사가 바로 '나'입니다
'너'에서처럼 주격조사나 보격조사가
'가'로 붙게 되면 '나'가 아니고 '내'가 되지요
비슷한 말로 쉰네, 불초자 따위가 있으며
스님네가 자신을 지칭할 때는
빈도, 소승, 산승이라 일컫기도 하고
왕이나 군주는 짐, 과인이라고도 했습니다

셋째는 '우리吾等'입니다
'오등'은 '아등我等' '아문我們'으로도 씁니다
'우리'는 말하는 이가 자기와 듣는 이
또는 자기와 듣는 이를 포함하여
여러 사람을 가리키는 일인칭 대명사지요
또는 일인칭 대명사로 말하는 사람이
자기보다 높지 않은 이를 상대하여
자기를 포함하여 여러 사람을 가리킵니다
또는 일부 명사 앞에 놓여
말하는 사람이 자기보다 높지 않은 이에게
어떤 대상이 자기와 친밀한 관계임을
자연스레 드러낼 때 쓰는 말입니다

'너'와 '나'와 '우리'는 인간관계입니다

따지고보면 인간관계의 인간은

나의 제3의 새로운 삼보新三寶가 있는데

첫째는 인간人間이요

둘째는 공간空間이며

셋째는 시간時間인데

첫째에 해당하는 보배입니다

지구상에서 소중하지 않은 게 있으랴만

개개인의 '사람' 그 자체를 포함하여

'사람과 사람 관계'의 '인간'은 소중하지요

#3

앞서 나는 새로운 삼보를 설정하면서
기존의 '불법승佛法僧' 외에
첫째 너
둘째 나
셋째 우리를 언급했습니다
이들 너와 나와 우리 관계가 무엇입니까
바로 사람과 사람 관계입니다
생명의 세계에서
어떤 경우도 '간間'이라는
관계를 부정하고는 살아갈 수가 없습니다

그러므로 나는
너와 나, 우리를 포함한 '사람人 사이間'를
또 다른 '신삼보新三寶' 가운데
첫번째 자리에 놓았습니다
그렇습니다
'사람 사이人間'가 보배입니다
이를 나는 '인간보人間寶'라 명명합니다
생명체에는 사람 외에도 많습니다
일설에 따르면 지구상에는

자그마치 870만 종 생명이 산다 합니다

사람은 그 870만 종 가운데 하나며
현재 우리 지구에서 살아가는
사람 개체수는 70억을 웃돈다고 하지요
'60억'이니 '65억'이니 하던 때가
엊그제 같은데 많이 늘어난 셈입니다
아무튼 인간 개체수는 앞으로
계속 늘면 늘지 줄지는 않을 것입니다
이유는 간단합니다
인간에게는 천적이 없는 까닭입니다
신삼보의 첫째는 '사람'이 아니라
'생명'이라 해야 한다고 하지 않겠는지요

그러나 나는 얘기합니다
'사람'이 아니라 '인간'이라고요
한 사람 한 사람 개체도 중요하지만
그 한 사람 한 사람이 살아가기 위해서는
'사이間'를 필요조건으로 내세웁니다
그게 바로 앞의 '너' '나' '우리'입니다
이들 '너' '나' '우리'라는
새로운 삼보가 존재하기 위해서는

반드시 필요한 게 있습니다
그렇습니다
둘째 공간보空間寶며
셋째 시간보時間寶입니다

어느날 이런 가설을 내세웠더니
한 사람이 내게 질문을 해 왔습니다
"큰스님께서 내세운 '새로운 삼보설'에서
첫째 '인간'은 이해가 되겠는데
둘째 공간과 셋째 시간은 이해가 안됩니다"
그래서 내가 그에게 되물었습니다
"그래요? 어떤 점이 이해가 안 되나요?"
그가 답했습니다
"왜냐하면 '인간'은 생명이므로
으레 소중한 보배가 될 수 있겠으나
시간과 공간은 자연적으로 주어진 것인데
그게 무슨 보배가 되겠습니까?"

내가 웃으며 말했습니다
"공간과 시간은
존재 이전의 세계가 맞습니다
생명체가 지구에 생겨나기 이전부터

공간은 있었고 시간도 또한 있어왔습니다
가령 먼저 주어진 것이
보배에 들어가지 않는다고 했을 때
내가 태어나기 전부터
내가 태어나게 된 직접적 원인이 되는
부모님과 조상님들은 어떻습니까?
그들이 먼저부터 존재하여 왔기 때문에
소중한 가치를 부여할 수 없을까요?”

그제서야 그는 고개를 끄덕였습니다
고개만 끄덕일 뿐 답은 없었지요
이 시공간을 불교에서는 뭐라던가요?
맞습니다
‘그릇 세간器世間’입니다
‘그릇’이란 이름은 ‘공간’을 생각케 합니다
‘공간’이란 세계는 선험적이지요
내가 필요로 하기 전부터 있어왔습니다
마치 부모님이나 부모님 이전,
그 분들이 내가 있게 된 직접적 원인이지만
아예 내가 필요하기 전부터 존재했으니까
이를 우리는 선험적이라 해야 할까요

따라서 선험 세계로서의 공간은
선험 세계의 또 한 축인 시간과 더불어
가치 이전의 가치이기에
보배로서의 귀한 가치를 매길 수 없나요?
그렇지 않습니다
황금이나 다이아몬드처럼
희귀성만 가치가 높은 게 아닙니다
너무 흔한 까닭에
그래서 짐짓 생각지 않더라도
저절로 우리의 삶과 함께한다 해서
보배에 들어갈 수 없다고는 할 수 없습니다

이를테면 우리 인간은 말할 것도 없이
지구상의 모든 생명체는
그것이 아무리 작은 것이라 할지라도
반드시 호흡하지 않고는 살 수 없습니다
먹는 문제에 음식만 있는 게 아닙니다
마시는 문제에 물만 있는 게 아닙니다
살아있는生 목숨命을 지닌 채
꼬물거리며 움직이動는 모든 존재物는
매일, 매시간, 매순간, 매찰나
반드시 산소酸素를 마신 뒤

이산화탄소二酸化炭素를 배출합니다

이산화탄소carbon dioxide와
산소oxygen에 대해서는
이미 다들 알고 있으시겠지요?
이를테면 산소가 아무리 귀하다 하더라도
산소를 몸 속에 계속 남겨둘 수 없고
어차피 내놓아야 할 이산화탄소라 해서
아예 몸 안에서 만들어내지 않는다면
어떻습니까?
가능한 일일까요?
한 마디로 이는 불가능한 일입니다
그러므로 선험적으로 주어진 시공간이기에
보배의 가치를 박탈할 수는 없습니다

그런데 재미있는 것은
불교에서는 이미 오래전부터
불법승佛法僧이란 삼보三寶 그 이전부터
신삼보新三寶를 설정해 두었습니다
불법승을 삼보로 설정한 역사는
부처님 당시가 아닙니다
서가모니 부처님께서 정하신 게 아닙니다

우리 서가모니 부처님께서
자신을 포함하여 당신의 가르침과
당신의 가르침대로 살아가는 교단구성원을
삼보로 정한 적이 없으십니다

그런데 이미 부처님 가르침 속에
이 '불법승'이란 삼보三寶보다
'삼종세간三種世間'이란 삼보가 있었지요
물론, 여기 삼종세간에 대하여
보배 보寶 자를 붙이지는 않았습니다
이를 새로운 삼보로 설정한 것은
단지 내가 만든 나의 가설일 뿐입니다
삼종세간 중에 첫째가 '그릇세간'인데
이를 생태계 용어로 바꾸면 '환경器'입니다
환경environment에는 몇가지가 있지요

가정 환경domestic surroundings이 있고
사회 환경social environment이 있으며
생활 환경one's living environment이 있는가 하면
자연 환경natural environment도 있습니다
불교에서는 이를 '그릇器'으로 표현합니다
중생 세간衆生世間과 함께

소위 깨달은 이의 세간智正覺世間이
함께 어울려 살아가야할 그릇이기에
이를 '그릇세간'이라 한 것입니다
이 삼종세간 중 어느것이 몰가치할까요

아무리 파고 또 파고든다 해도
여기서 가치없는 것은 찾을 수 없습니다
하여 나는 이들 삼종세간이야말로
'새로운 삼보'로 인가해야 한다고 봅니다
환경단체에서 캠패인을 벌이고 있는데
불교에서 앞장서야 할 주제입니다
실제로 법륜스님이 이끄는 '정토회'에서는
오래전부터 '음식물 남기지 않기'라든가
비닐 쇼핑백이 아닌 장바구니 이용하기
친환경 세제를 만들어 쓰는 등
여러 방면에서 사회를 이끌어가고 있습니다

바로 이런 이들이
법망경 보살계본 십중대계 가운데
제10 방삼보계謗三寶戒를
제대로 실천하는 이들이라 할 것입니다
'방삼보계'에서 '헐뜯을 방謗' 자에는

나무라다, 비방하다, 대답하다 외에
헐뜯다, 헐뜯는 말’ 따위를 담고 있습니다
불교 계율은 부정사가 매우 중요하지요
하여 ‘어떻게 어떻게 하지 말라’입니다
그러나 이런 부정사보다 중요한 게
‘어떻게 어떻게 하라’입니다

삼보를 비방하지 않을 뿐 아니라
적극적으로 삼보를 찬탄할 일입니다
인간은 사람人과 사람 사이間이고
공간은 틈새空와 틈새 사이間이고
시간은 즈음時과 즈음 사이間이듯
존재로서의 사람과
틈새로서의 빔과
즈음으로서의 때가 가치를 지니는 것은
바로 이들을 연결짓는 사이間 때문입니다
그러고 보니 신삼보 ‘삼종세간’에도
시간성 ‘세世’와 공간성 ‘간間’이 들어있네요.

11) 마무리總結

배우기를 좋아하는 모든어진 이들이여
이것이곧 보살계의 십바라제 목차이니
이가운데 하나라도 모름지기 배워가되
티끌만한 것이라도 범하는일 없게하라

어쩌다가 열가지계 모두모두 범한다면
지금현재 이몸으로 보리마음 낼수없고
임금자리 비롯하여 전륜왕의 지위마저
머지않아 완벽하게 모두잃을 것이니라

또한비구 비구니의 신분마저 잃게되고
십발취와 십장양과 십금강과 십지보살
고귀하신 불성종자 어디서나 함께하는
진공묘유 묘한과위 함께잃을 것이니라

모든것을 남김없이 죄다잃어 버린뒤에
삼악도에 떨어져서 두세겁을 지나가도
부모님의 이름석자 말할것도 없거니와
삼보님의 이름마저 듣지못할 것이니라

이와같이 포살법회 함께모인 보살들은
앞서이미 닦아왔고 장차닦아 갈것이며
부단하게 닦아가서 열가지계 지닌뒤에
공경하는 마음으로 삼가받들 것이니라

일체모든 보살에게 자비로써 이르노니
삼천가지 거동이며 팔만가지 마음씀은
대승범망 보살계경 팔만위의 품가운데
자세하게 밝혔나니 그를참조 할지니라

#1

하나의 공모양球體이 있습니다
이 공 안에는 고귀한 생명체가 있습니다
그런데 이 공에는 안팎을 사이에 두고
자그마치 10개의 창문이 있습니다
공모양 중심으로부터 창까지의 거리는
마음껏 활동할 수 있는 여유공간이 있습니다
창문마다 창의 기능이 있는데
첫 창에서 열째 창까지 순서는 없습니다만
창문은 각기 기능이 매겨져 있습니다
눈치가 빠른 분들은 이미 감을 잡았겠지요
10가지 계율이요, 10가지 기능입니다

첫째는 살계殺戒고
둘째는 도계盜戒며
셋째는 음계淫戒고
넷째는 망어계妄語戒입니다
다섯째는 고주계酤酒戒고
여섯째는 설사중과계說四衆過戒며
일곱째는 자찬훼타계自讚毀他戒고
여덟째는 간석가훼계慳惜加毀戒입니다

아홉째는 진심불수회계瞋心不受悔繼며
열째는 방삼보계謗三寶계입니다

이들 10개 창이 있는 공모양 밖으로
둥그렇게 둘러싼 또 다른 공모양이 있는데
이들 공 밖으로 나가본 이는 거의 없습니다
들리는 말에 따르면 바깥 공모양 밖으로는
외기권外氣圈에 해당한다고 하는데
만약 그 외기에 노출되기라도 하면
안쪽 공모양 내부에 사는 생명체에게는
치명적일 수 있다고 합니다
이 바깥 공모양에는 이미 짐작하셨겠지만
자그마치 48개의 창이 나 있습니다
창문의 크기는 바깥 구체의 창문이 크고
안쪽 구체의 창문이 더 작습니다

그러나 창문이 크다고 기능이 크고
창문이 작기에 기능마저 작지는 않습니다
바깥 창문도 창문 나름대로 기능이 있지요
이들 창의 기능은 그리 엄격하지 않습니다
왜냐하면 창문이 좀 삐걱거리거나
또는 좀 열려있다 하더라도

그리하여 창 밖 외기가 들어오더라도
안쪽 구체 내부에 사는 생명체들에게는
그다지 큰 영향이 없습니다
왜냐하면 안쪽 구체가 워낙 튼튼하고
창문도 완벽하게 잘 닫혀있는 까닭입니다

안쪽 구체보다 바깥 쪽 구체가 지닌 역할이
더 없이 중차대重且大한 것은 사실입니다
그러나 그럼에도 불구不拘하고
안쪽 구체 벽은 가까이 있고
바깥 구체 벽은 멀리 떨어져 있습니다
안쪽 구체 밖으로 사이를 좀 둔 상태에서
말하자면 복층유리pair glass 효과 때문에
직접적으로 외기를 받아들이지 않겠지요
따라서 바깥 쪽 구체의 역할보다
안쪽 구체를 더 중하게 여기기 마련입니다

안 쪽 구체 창문은 매우 정교합니다
내부 공기를 밖으로 배출하고
바깥 공기를 안으로 받아들일 때
유해물질有害物質을 제대로 걸러줍니다
그런데 그들 10개의 창문 가운데

만일 1개 창문에 문제가 있다면 어떨까요?
으레 달려가 막던가 정비를 해야겠지요
하나 정도는 힘을 모으면 막을 수 있습니다
그런데 2개 이상 문제가 생기면
그야말로 손 쓰기가 좀 어려울 것입니다

그런데 만일 한두 개도 아니고
서너 개, 너댓 개, 대여섯 개, 예닐곱 개
또는 그 이상의 창문으로 외기가 들어오면
그때는 어떻게 하는 게 좋겠습니다
하물며 10개 창문 모두 시스템이 고장 나
어떤 역할도 기능도 하지 못한다면
그때는 어찌해야 하겠습니까
여간如干 심각深刻한 게 아닐 것입니다
내가 이와 같이 복층유리 비유를 들었더니
아는 후배스님이 비유를 바꿔주었습니다

"큰스님! 비유가 잘못되었습니다"
내가 놀라 물었습니다
"그래? 그럼, 어떤 비유가 좋을까?"
"네, 큰스님, 안쪽 구체에 있는 10개 문과
바깥 구체 48개 문을 하나로 묶으시지요"

내가 이유와 방법을 묻자 그가 답했습니다
하나의 커다란 공모양 건물이 있는데
사람이 드나들 수 있는 10개 큰 문이 있고
드나들 수 없는 48개 창문이 있습니다
창문은 평소에 늘 닫혀 있지만
창 밖으로 방충망을 덧대어 놓았습니다

건물 밖에는 맹수와 독충들이 우글거리고
하늘에는 맹금류가 배회하고 있습니다
10개 문은 최첨단 시스템을 갖추어
문 앞에 서면 자동으로 열리면서
동시에 사람을 보호한 채
자율주행차에 안전하게 태워
원하는 목적지까지 신속하게 모십니다
문을 이용하는 사람이 많든 적든
사람 수에는 전혀 상관이 없습니다
맹수 맹금 독충들의 침입 제어 장치가
자율주행차에는 제대로 갖추어져 있습니다

만일 이들 문 중 하나가 고장나면
으레 최첨단 기술을 이용하여
완벽하게 정비하고 수리할 수 있겠지요

하지만 정비되는 동안은 쓸 수가 없습니다
그런데 이것이 하나나 둘도 아니고
서너 개, 너댓 개 문이 동시에 고장나면
그 때는 걷잡을 수 없을 것입니다
만약 대여섯 개, 예닐곱 개 문이
한꺼번에 망가지면 그땐 어찌해야 하나요
일고여덟 개를 넘어서고
아홉 개 열 개 문이 다 망가지면요

생각만 해도 끔찍한 일이 벌어질 것입니다
따라서 우리 거룩하신 부처님께서는
이 《범망경》〈보살계본〉에서
보살 '십중대계'를 설하시며 말씀하십니다
"털끝만치도 범하지 말아야 하겠거늘
하물며 이들 십중대계를 모두 범함이랴!"라고
우리 속담에
'호미로 막을 것을 가래로 막는다'지요
하나가 잘못 되었을 때는 일이 작으나
여러 개가 고장나면 일이 엄청 커지겠지요

이에 비해 48개의 창은 작습니다
우선 사람이 드나들지 않는 까닭에

위험에 노출될 우려가 전혀 없는 편입니다
그리고 창문 밖은 방충망이 붙어있어
파리 모기도 들어올 수 없습니다
따라서 무엇보다도 위험 부담이
드나드는 10개 문에 비해 현저히 줄겠지요
하여 큰 문 위로 난 작은 창문 48개는
실수로 약간 씩 열어놓더라도
직접 사람에게 치명적이지는 않습니다

그렇다면 이들 48개 작은 창문은
그냥 아무렇게나 쉽게 생각해도 좋을까요
반드시 그렇지는 않습니다
위험 요소라고 하는 것은
뱀과 지네 전갈 등 독충과 맹금류
그리고 맹수들에게만 있는 것은 아닙니다
미세먼지를 비롯하여
공기중으로 전달되는 바이러스와
냄새 분자 따위는 창문으로도 들어옵니다

이 48개 창문에 관한 비유가 뭘까요
바로 48경구계輕垢戒 입니다
10중대계에 10중대죄重大罪가 있듯

48경구계에 48경구죄輕垢罪가 있습니다
다시 말해서 십중대계를 범했을 때
십중대죄가 따라오는 것이고
사십팔경구계를 범하면
사십팔경구죄가 따라온다고 풀이되지요
아무튼 비유는 이해를 돕기 위한 방편입니다

우리는 선학善學이며 인자仁者입니다
선학이란 '잘 배우는 사람'이기도 하겠지만
'배우기를 좋아하는 사람'을 가리킵니다
범망경 보살계에서 계를 지키는 이들에게
배우기를 좋아하는 사람이라 했고
이들을 어진 사람이라 했습니다
여기서 놓치지 말아야 할 대목이 있습니다
계율은 지키는 게 궁극입니다
그렇다면 왜 지켜야 하는지
어떻게 지켜야 하는지 연구해 나아감이
이른바 선학보살善學菩薩이 할 일입니다

#2

'계사별戒四別'이란 말이 있습니다
다른 말로 '계사과戒四科'라고도 합니다
불교 계율을 넷으로 분석한 것입니다
나는 젊어서 계율戒律을 공부할 때
'법상행체法相行體'로 간추려 외웠습니다
첫째 계법戒法이 있고
둘째 계상戒相이 있으며
셋째 계행戒行이 있고
넷째 계체戒體가 있습니다
여기에 순서가 있는 것은 아니지만
편의상 첫째~넷째 등 순서를 붙였지요

첫째, 계법은 부처님의 금계를 일컫습니다
또는 불제자가 받아지니는 계로서
다섯 가지 계五戒를 비롯하여
여덟 가지 계八戒가 있고
열 가지 계十戒가 있으며
열 가지 중하고 큰 계十重大戒가 있고
마흔여덟 가지 가벼운 허물 계四十八輕垢戒가 있
지요

그리고 구족계具足戒가 있는데
여기에는 이백쉰 가지 계二百五十戒가 있고
삼백마흔여덟 가지 계三百四十八戒가 있습니다

재가在家 불자佛子들은
보통 다섯 가지 계五戒를 받아지니는데
1. 생명있는 것들을 함부로 죽이지 말라
2. 주지 않는 것을 훔치지 말라
3. 부부 외에는 관계하지 말라
4. 특수한 경우 외에는 속이지 말라
5. 때가 아니면 술 마시지 말라 따위입니다
물론 이 다섯 가지 계율은
출가 수행자에게도 다 적용됩니다

또한 재가 불자가 받아지니는 계율로서
여덟 가지 계八戒가 있는데
다섯 가지 계율에 세 가지를 더한 것입니다
이를 '팔재계八齋戒'라 하며
'팔관재계八關齋戒'라고도 일컫습니다
덧 붙이는 세 가지는 이렇습니다
첫째, 꽃다발을 쓰거나 몸에 향을 바른다거나
구슬로 된 장식물을 몸에 걸치지 말 것이며

나아가 노래하고 춤 추지 말라
둘째, 높고 넓으며 잘 꾸민 평상에 앉지 말라
셋째, 때가 아니면 먹지 말라 따위입니다

이처럼 재가 불자들에게도
엄격한 계율이 주어지고 있습니다
따라서 뒤의 덧붙인 세 가지는 제외하고
앞의 다섯 가지 계율을 받는 것만으로
'재가오계在家五戒'라 일컫기도 하지요
사실 '팔관재계' 중 덧붙인 세 가지 계율은
일반인들 입장에서는 지키기 어려운 게 있습니다
하지만 이들 팔재계, 또는 팔관재계는
매일매일 적용되는 게 아닙니다
특별한 날에만 좀 조심하라는 것이지요

그렇다면 언제 어느 때 지켜야 할까요
'여섯 번 드는 재일六齋日'입니다
'팔재계' '팔관자계'에서 '재齋'의 날입니다
음력으로 매월 초여드레, 열나흘, 보름
스무사흘, 스무아흐레, 그믐날입니다
음력 작은 달은 스무아흐레가 그믐이기에
작은 달은 다섯 재일五齋日이 되겠네요

요즘 ‘한국불교’에서는 초하루, 초여드레
보름, 열여드레, 스무나흘로서
매월 다섯 번 정도 재일을 지내기도 합니다

이들 재일에는 지거천地居天 중 사천왕四天王이
세상을 돌아다니며 사람의 선악을 살핍니다
따라서 특별히 조심하라는 것이지요
여기에는 인간의 속성이 담겨 있습니다
도로를 달릴 때 카메라가 설치된 곳에서는
속도를 줄이고 신호를 지키며 조심하듯
육재일 또는 십재일十齋日을 삼가는 것도
인간의 속성을 반영한 것이라고 봅니다
아무튼 계법 가운데 들어있는 내용이지요

열 가지 계十戒는 갓 출가한 ‘예비승려’인
사미沙彌, 사미니沙彌尼가 받는 계입니다
실은 행자行者가 이 계를 받고 예비승려가 되지요
그리고 ‘십중대계’와 ‘사십팔경구계’는
이 《범망경》〈보살계본〉의 보살계입니다
‘보살계菩薩戒’는 주어主語가 ‘보살’이듯이
‘대승불교 계율의 꽃’이라 할 수 있습니다
이 ‘보살계’는 출가와 재가를 뛰어넘습니다

따라서 재가자에게도 출가자에게도
모두 적용되는 계율이 곧 보살계입니다
다른 계율에 비해 이 보살계는 그대로 삶입니다

보살계에 대한 말씀은 나중에 하기로 하고
계법에는 '구족계具足戒'가 있습니다
글자 그대로 '다 갖춘 계'로 보면 됩니다
이 구족계에는 다시 두 가지가 있는데
'비구男僧'에게는 이백쉰 가지 계가 있고
'비구니女僧'에게는 아흔여덟 가지를 더한
삼백마흔여덟 가지 계율이 적용됩니다
왜 비구에 비해 비구니 계율이 더 많은가는
분명 숨은 이야기가 담겨 있습니다

둘째, 계상戒相은 앞의 계법에 따라
하나하나 닦고修 또한 실천行함에 있어서
이 계율 조목은 어떤 의미를 담고 있으며
어떻게 배우고 익혀갈 것인가를
세심하게 점검함을 가리키는 말입니다
앞서 '배우기學를 좋아呙하는' 이라 했듯이
계율도 반드시 배움을 통해 이루어집니다
계는 처음 생소할 수 있습니다

그러나 배움이라는 과정을 거치면서
계율이 온전히 제 몸에 배었을 때
셋째, 계행戒行이 저절로 이루어집니다

나는 계사별에서 '계체戒體'를 넷째에 놓았으나
실제는 계법, 계상, 계행 앞자리에 놓입니다
왜냐하면 계체는 '계율의 실상'이니까요
계율의 실상이 무엇이라 생각하십니까?
'칠불통계게七佛通戒偈'에서는
계율戒을 가르침敎으로 표현합니다만
계율 떠나 가르침 없듯 가르침이 곧 계지요
'모든 악을 짓지 말고諸惡莫作
뭇 선을 받들어 닦아衆善奉行
절로 맑아진 그 뜻이自淨其意
이게 곧 부처님 계율是諸佛敎'입니다

나는 칠불통게/칠불통계게 가운데 셋째 줄
'자정기의自淨其意'를 풀이하면서
타동사가 아닌 자동사로 표현했습니다
'스스로 그 뜻을 깨끗하게 함'이 아니고
'절로 맑아진 그 뜻'이라 표현한 것은
율학律學에서만큼은 가능한 얘기입니다

십중대계 '마무리總結' 첫머리 원문에서
'선학제인자善學諸仁者'는 시사함이 매우 큽니다
'잘善 배우는學'도 좋은 해석이긴 하나
더 좋은 해석은 '배우기를 좋아하는'입니다

잘善 배움學은 다른 뜻도 생각하게 하지요
억지로 갖다붙이면 '막惡 배움學'입니다
사실 '막惡 배움學'의 '막惡'에는
싫증, 미움, 게으름도 포함되어 있습니다
하여 '오학惡學은' 공부기피증이기도 합니다
공부하기 싫어하는 학인들도 꽤 많은 편이지요
아무튼 배움에는 좋은 것만 있는 게 아니라
나쁜 짓, 거친 말, 그릇된 문화도 있습니다
범망계본 십중대계 마무리에서는
'배우기를 좋아하는' 데서 끝나지 않고
'모든 어진 이들이여諸仁者'를 덧붙입니다

콩쯔孔子Kongzi(B.C551~B.C479)는
'배우기를 좋아하는好學 자'를 군자라 했지요
인류의 거룩한 스승 콩쯔의 '호학好學'과
이 범망계본의 '선학善學'은 같은 뜻입니다
배우기를 좋아하는 모임이 곧 '포살布薩'입니다

배우기를 좋아하는 어진 사람들은
그들에게 어떤 아름다운 미래가 기다릴까요
그리고 만약 배우기를 싫어한다거나
또는 '십중대계'를 닦지 않는다면
또 어떤 결과가 그들을 기다리고 있을까요

제15장. 시렁 다리架橋

부처님이 일체모든 보살에게 말씀하되
내가이미 이와같이 열가지로 이루어진
십바리제 목차들을 하나하나 설하였고
이제장차 마흔여덟 경구계를 설하리라
佛告諸菩薩言
已說十波羅提木叉竟
四十八輕今當說

이금당己今當의 법칙

#1

원문 22글자 중에 '佛告諸菩薩言'은
이금당을 설하신 설주說主, 부처님이시고
나머지 16글자에 설한 내용이 담겼지요
그 가운데 '已說十波羅提木叉竟' 9글자에
지나간 시간의 뜻 '이경已竟'이 들어있고
이어진 '四十八輕今當說' 7글자 속에
현재와 미래의 '금당今當'이 들어있습니다
과거 현재 미래라는 '이금당己今當'을 보니
문득 2014년 11월 4일과 11월 6일
《불설아미타경》을 강설하며 처음 표현한
'이금당己今當'의 법칙이 생각납니다

시간을 잇습니다
아직 한 번도 끊어진 적이 없었는데
나는 그런 시간을 잇습니다
시간을 잇는 법은 생각보다 간단하지요
시간 한 켠에 사건을 놓아둔 채
다른 한 켠에도 사건을 설정하는 것입니다

꼬박 마흔두 해 전 여름
해인승가대학에서는 여름방학이 주어지자
학인들 절반이 만행길에 올랐습니다
나는 먼저팀과 나중팀 중
다행스럽게도 먼저팀에 해당되었습니다
양양 낙산사에서 진철 사형님을 뵙고
속초 신흥사에서 성준 사형님을 뵌 게
두 분과의 첫 만남이자 마지막이었습니다

꼬박 마흔두 해가 흐른 어제
나는 설악무산 조오현 큰스님 입적으로
설악산 신흥사를 찾았습니다
마흔두 해 전에는 대웅전을 중심으로

몇채의 당우가 전부였는데
지금은 온통 전각들로 빡빡합니다

당시는 주차장이라는 개념이 없었는데
그토록 고즈넉하던 도량이
오늘날은 당우 아니면
그저 자동차 밖에 보이지 않습니다
괄괄하시던 성준 사형님의 준엄한 모습이
푸르게 자란 시간과 시간 사이로
어른거리고 있습니다

아! 그런데 시간잇기는
여기에서 멈추지 않았습니다
성준 사형님의 벗이자 진정한 제자였던
설악무산 대종사를 뵌 게
열두 해 전 만해마을에서였습니다
문인 모임 '창작21'에 인연을 걸친 이가 있어
그를 따라 만해마을에 들렀다가
마당에서 큰스님을 뵌 게 내게는 또한 다였지요

이어지는 시간의 모습은
'도플러 효과Doppler effect'입니다

다가올 때는 요란하게 달려온 사건들이
지나친 뒤 차분하게 멀어져가는 뒷모습에서
한국불교 수행자들의 표상이셨던
설악무산 대종사 모습은 적정寂靜입니다

대종사 영전에 국화 한 송이 올리며
울컥 다가왔던 사건의 그리움
빈소를 돌아나오며
차분하게 느껴지는 대적大寂의 고요가
큰스님의 사자후와 가가가음으로
나의 시간잇기를 장엄하고 있습니다

제16장. 마흔여덟 가벼운 허물 계

01) 불경사우계不敬師友戒

만약모든 불자들이 전륜왕위 오르거나
임금자리 오르거나 벼슬자리 오를적에
무엇보다 모름지기 보살계를 받을지니
일체호법 신장들이 이를기뻐 하느니라

한량없는 선신들이 마음다해 호위함은
보살계를 받은왕과 전륜왕과 관원이요
일체모든 부처님도 보살계를 받은이를
가장먼저 사랑하고 또한기뻐 하시니라

만약보든 보살들이 이미계를 받았거든
효순심과 공경심을 시나브로 일으켜서
상좌이건 화상이건 아사리건 대덕이건
동학이며 동견이며 동행자를 만나거든

반가웁게 맞이하고 문안해야 하겠거늘
보살계를 받은자가 이와같이 아니하고
교만하고 게으르고 어리석고 기피하여
친절하게 맞지않고 예배하지 아니하며

이도또한 모자라서 배척하고 물리치며
법다웁게 공양하지 않을수가 있겠는가
나라팔고 성을팔고 아들딸과 보석팔고
제자신을 비롯하여 남김없이 팔지니라

같은배움 같은견해 같이닦는 도반들을
지극정성 기울여서 공양해야 하겠거늘
보살계를 받은이가 이와같지 아니하면
마흔여덟 경구죄중 첫번째를 범함이라

#1

스승을 공경하지 않고
벗을 신뢰하지 않는다고 했을 때
그 죄의 뿌리는 깊이 뻗어가고
그 죄의 잎은 더욱 무성하리라 합니다

비록 스승과 벗이 중요하단들
나라 팔고
성 팔고
아들 팔고
딸 팔고
보석 팔고
제 몸 팔아서라도
스승과 벗을 공양하라심이
마흔 여덟 가벼운 허물 계 가운데
첫째 계율입니다
윤리와 도덕면에서 계율이 맞긴 맞습니까?

조선 후기 문신 이선李選(1631~1692)이
제주도에 순무사巡撫使로 파견되었을 때
세 고을 생도들을 격려하며 적은 글인데
그의 어록《지호집芝湖集》에서는
〈고유삼읍제생문告諭三邑諸生文〉입니다
《지호집》은 모두13권 6책으로서
활자본이고 간행 연도는 잘 알 수 없습니다
책 머리 조두순趙斗淳 서문에 따르면
철종 7년 1856년에 처음 간행된 듯합니다

권1에 시詩 152수首가 실려 있고
권2~3권에 소차疏箚 17편을 비롯하여
계사啓辭 3편, 서계書啓 1편과
헌의獻議 1편이 들어있습니다
권4에 서書, 곧 편지글이 26편이고
권5~6에 잡저 16편, 서序 4편, 발跋 20편,
찬贊 2편 등 잡동사니 글들로 채워졌으며
권7은 제문 11편, 묘지명 6편입니다
또 권8~13 등에는 행장 19편, 행록 3편과
유사 3편, 전傳 4편 등이 수록되어 있습니다

'고유삼읍제생문告諭三邑諸生文'을
다 같이 한 번 감상해 보실까요?

'스승이 없다 말하지 말라
책方策에서 구하라
책에 많은 스승이 있을 것이다
벗이 없다고 말하지 말라
조용히 책黃卷을 펼치라
거기 좋은 벗이 있을 것이다'
莫曰無師 求之方策 有餘師矣
莫曰無友 靜對黃卷 有其友矣

방책과 황권은 모두 책을 뜻하는 말입니다

세상에는 많은 스승이 있고
참으로 괜찮은 벗이 있습니다
스승師과 벗友을 책에서 찾으라며
지호선생은 독특하게 권유하고 있습니다
역사 속에서 가장 큰 스승을 찾으라 한다면
나 또한 주저없이 책이라 할 것입니다
인류사에 있어서 가장 좋은 벗은
나 또한 서슴없이 책이라 할 것입니다

스승과 벗이 왜 소중하냐 하면
정신적인 세계를 키워주고 넓혀주고
정신 건강을 유지할 수 있는 까닭입니다

부모님이 육신을 낳으셨다면
스승님은 정신을 낳으십니다
부모님이 육신을 기르셨다면
스승님은 정신을 기르십니다
스승師과 어버이父는 하나입니다
여기 옛날에는 임금君을 보탰습니다
스승과 어버이와 함께 임금을 놓은 것은
말할 것도 없이 왕조시대 얘기입니다
오늘날 민주주의에서 비록 임금은 없지만
임금의 역할은 고스란히 살아 있습니다
곧 대통령이고 주석이고 수상입니다

아무튼 국민이 주인인 민주주의에서
임금의 역할인 대통령 자리는
전혀 별볼일 없는 그런 자리일까요
반드시 꼭 그런 것만은 아닙니다
만일 임금이 별볼일 없는 자리라면
국민 중심의 민주주의에서

대통령은 실제로 몰가치해야 할 것입니다
정말 대통령의 자리가 몰가치하다 할까요
전혀 그렇지가 않습니다
비록 민주주의 체제라 할지라도
국민 모두가 다 대통령일 수는 없습니다

국민들은 제 권리를 통째로 위임했지요
누구는 누구이겠습니까
으레 대통령이지요
그러므로 대통령의 역할은
그대로가 국민 전체를 대변함입니다
따라서 대통령의 한 마디 말과
어떻게 손짓一擧手을 하고
어떻게 발을 내딛는一投足가에 따라
국민들의 삶이 달라질 수 있습니다
대통령의 마음은 왜 거론하지 않느냐고요

마음은 일거수 일투족에 담겨있습니다
국민을 바라보는 눈길 하나하나에
몸에 어떤 옷을 걸치고
어떤 빛깔의 넥타이를 매고
손에 무엇을 들었느냐에 따라

국민들 삶이 상당히 달라질 수 있습니다
그러기에 대선大選 때가 되면
각 정당에서는 목숨 걸어놓고 싸웁니다
정말 대통령이 몰가치한 자리라면
그렇게 악다구니를 써가며 경쟁하겠습니까

민주주의 세계에서는 국민이 주인이기에
'군사부일체君師父一體'의 '군君'은
대통령이 아니고 국민이라고요?
한편으로는 맞는 말이기도 하거니와
또 한편으로는 맞지 않는 말이기도 합니다
아무튼 이 말에 담긴 뜻은
임금과 스승님과 부모님 은혜가
결국 동일한 가치를 지녔다는 얘기입니다
예전에는 백성이 나랏님의 은혜를
제자가 스승님의 은혜를
자녀가 부모님 은혜를 생각함이었습니다

그런데 지금은 이를 역逆으로 풀이합니다
대통령君은 국민을 제대로 섬겨야 하고
스승師은 제자를 잘 이끌어야 하며
부모父는 자식을 끝내 사랑함이

완벽하게 일치一體한다 하여

'군사부일체'가 된다고 보면 틀림 없습니다

다른 말로는 어버이의 자식 사랑과

스승의 제자 사랑과

대통령의 국민 사랑은 동일하단 뜻입니다

따라서 같은 '고사성어故事成語'를 놓고

이처럼 풀이를 전혀 다르게 할 수 있습니다

벗에도 이익이 되는 벗이 있고

손해를 끼치는 벗이 있다고들 합니다

첫째는 익자삼우益者三右인데

이를 우리말로 풀게 되면

자기에게 이익이 되는 세 부류 벗입니다

1. 정직한 사람

2. 친구의 도리를 지키는 사람

3. 지식이 풍부한 사람입니다

정직正直에서 정正은 수평적 곧음이고

직直은 수직적 곧음을 뜻합니다

당연히 친구로서의 도리와 함께

충분한 지식이 있는 사람이 좋은 벗입니다

둘째는 손자'삼우損者三友를 가리킵니다

사귀면 손해가 되는 세 가지 친구로서
1. 편안하고 쉬운 길만 찾는 사람이고
2. 남에게 아첨하는 사람이며
3. 입에 발린 말 뿐 성의 없는 사람입니다
거친 일(1) 힘든 일(2) 더러운 일(3)은 피하고
지위 있는 사람 앞에서는 아첨(1)하고
입에 발린 말(2) 뿐만 아니라
거친말 거짓말(3)을 밥먹듯 하고
탐욕(1)스러워 베풀 줄 모르고
시도 때도 없이 화(2)를 내고
아는 게 없(3)는 자는 좋은 벗이 못되지요

스승師과 벗友은
나이齡의 세계를 뛰어넘습니다
손자에게서 스마트 세계를 배운다면
손자가 그대로 스승입니다
자녀에게서 영어英語를 배운다면
자녀가 곧 스승입니다
팔십줄에 접어든 어르신이
젊은이의 지도를 받아 운전을 배우면
젊은이가 스승이고 어르신이 제자입니다
어디 학문과 기능 뿐이겠습니까

모기mosquito에게서도 모성애를 배우고
굼벵이에게서 구르는 재주를 발견하지요

스승과 벗을 공경하라 했는데
예서는 으레 좋은 스승, 좋은 벗입니다
정말로 좋은 스승과 좋은 벗을 만나게 되면
제 몸身oneself도
나라國country도
성城city도
아들男sons도
딸女daughters도
온갖 보석七寶the seven treasures에도
얼마든 마음이 이끌리지 않을 수 있습니다

오죽 스승이 좋고 벗이 좋았으면
나라를 팔고
성을 팔고
아들을 팔고
딸을 팔고
보석을 팔고
자신을 팔아 이바지하라 표현했겠습니까
예서 '팔다賣sale'는 '초탈超脫'의 뜻입니다

#3

자기 자신을 팔고

나라를 팔고

도시를 팔고

아들 딸을 팔고

온갖 보석을 팔고 또 팔아서라도

스승과 벗을 위해 베풀라 하신

《범망경》〈보살계본〉제2조 제1항이

계속 맘 속에 맴돌고 있습니다

부처님 전생이야기 '본생담本生譚'에

사랑하는 아내를 팔고

믿음직한 아들을 팔고

귀여운 딸을 팔고

왕위를 팔고

국토를 통째로 내어 팔고

지닌 삶의 터전 논밭을 팔고

평소 가지고 있던 보석을 팔고

심지어 자기 자신을 팔아

보살행을 닦으셨다는 말씀이 있습니다

본생담의 많은 부분을 차지하지만
그리고 그것이 인도를 비롯한
중앙아시아 전래문학의 한 장르라 하지만
아무튼 오늘날 우리 시각으로 보아
이해할 수 없는 데가 있는 것도 사실입니다
어떻게 사람을 팔 수 있습니까
나라를 팔면 매국노賣國奴가 되고
사람을 팔면 인신매매로서 큰 범죄입니다
어찌 항차 사랑하는 아내를 팔고
그도 모자라 아들 딸을 팔고
거느리고 있던 도우미를 팔겠습니까

나는 앞서 이 보살계 제2조 제1항
불경사우계不敬師友戒를 해설하면서
'팔다賣sale'라는 움직씨動詞는
'매매賣買buying and selling'의 뜻이 아니라
'초탈超脫transcendency'이라 표현했습니다
그러나 이는 나의 '억지춘향이' 논리입니다
솔직히 근거를 댈 수 없는 말이지요
그러므로 이 '팔다'라는 움직씨에는
예로부터 우리가 써 온 관용구나 속담에서
그 의미를 찾을 수 있다고 생각합니다

우리가 많이 쓰는 관용구에
'품 팔다' '품을 팔다'라는 말이 있습니다
사람이 삯을 받고 일하는 것을 일컫습니다
품은 팔기도 하지만 또는 갚기도 합니다
그때는 '품 갚다' '품을 갚다'라고들 하지요
남에게 받은 품을 돌려주기 위하여
상대에게 품을 제공하는 것을 가리킵니다
또 '품을 메다' '품을 벼르다'라는 말도 있고
또는 '품 앗다' '품을 앗다'라는 말이 있는데
바로 이 속에 '팔다'의 뜻이 들어있습니다

'품 메다' '품을 메다'라는 말은
뜻밖의 어떤 특별한 사정으로 인하여
하던 일을 그날 도중에서 그만둠입니다
그리고 '품을 벼르다'라는 말은
강원도 북부 일부 지역에서 쓰고 있습니다
나중에 자녀의 결혼이나 회갑잔치나
여러 가지 경조사 등을 비롯하여
많은 손이 필요한 큰 일이 있을 때
그 때 품을 한꺼번에 돌려받기 위해
먼저 여러 집에 품을 제공하는 것입니다

예로부터 농촌에서는 '품앗이'가 있었지요
사람이 먼저 자신의 품을 제공하고
그 갚음으로 상대의 품을 받는 것입니다
따지고 보면 이는 옛말이 아닙니다
품앗이는 돈이 오가는 게 아니라
서로간에 노동력을 주고받는 체계입니다
그러나 '품팔이'는
시급時給time wages을 비롯하여
일급日給daily pay
주급週給weekly pay
월급月給monthly salary 따위입니다

재미있는 속담이 있습니다
'자식을 키우는 데 오만 자루 품이 든다'고
자식 하나를 키우는 데 부모의 공력功力이
헤아릴 수 없이 많이 든다는 말이지요
'오만'이란 '백팔번뇌' '십만팔천리'처럼
매우 많다는 의미의 대수사代數詞입니다
여기서는 '품'이 공력의 대체용어로서
공력은 몸과 마음 씀씀이까지 포함합니다
일하는 품이 익숙하지 않은 사람에게
'손이 설다' '손이 서투르다'라고도 하지요

속담에 '담배씨로 뒤웅박을 판다'고 합니다
품이 많이 드는 세밀한 일들을
매우 치밀하고 찬찬한 성격으로 인하여
제대로 처리함을 비유로 이르는 말이지요
'뒤웅박을 판다'는 '딴다'라고도 하는데
내용은 결국 같은 뜻을 지니고 있습니다
예서 중요한 말은 짐작하셨겠지만
'품이 많이 드는…'의 '품'입니다
담배씨가 어느 정도로 작은지 아시나요
겨자씨의 1/10 정도 크기로 보시면 됩니다

'팔다'라는 움직씨의 담긴 뜻이
매매의 뜻만 들어있는 것은 아닙니다
'눈' '정신' 따위와 함께 쓰이는데
이를테면 집중해야 할 곳에 집중하지 않고
다른 데로 눈을 돌리거나 하게 되면
"정신을 어따 팔고 있니?"라며 핀잔하지요
이때 '팔다'의 뜻이 이해되시는가요?
또는 자기의 어떤 이익을 위하여
무엇을 끌어다가 핑계를 대기도 합니다
이를테면 "내 아무리 급하다고 하더라도
아버지 이름 팔아 해결할 생각은 없다"지요

옳지 않은 이득을 얻으려고
양심을 팔고 의리를 팔고
지조 따위를 저버림도 '팔다'의 뜻입니다
그런데 특이한 게 딱 하나 있습니다
'쌀 팔다'와 '쌀을 팔다'입니다
"아내는 다니는 싸전에서 쌀을 팔아왔다"
보통은 돈을 내고 쌀을 가져오기 때문에
'쌀을 사오다'가 맞는 말입니다
신발 사고
바지 사고
빵 사고
커피 사는 것까지 대가를 돈으로 지불하고
신발, 바지, 빵, 커피를 가져오지 않던가요

아무튼 '품 팔다' '품을 팔다'처럼
품삯 받고 일하는 것이 '품팔이'입니다
옛날 아래아 한글본 책에 보면
'돌품폴다' 라 하는 말이 버젓이 있는데
한달동안 일한 다음 달삯을 받기로 하고
품을 파는 것으로 '달품팔다'입니다
앞의 월급月給monthly salary이지요
'돌품'은 아래아 한글로 표현한 것입니다

다시 말해서 삯을 받기로 하고
어떤 일에 드는 힘이나 수고를 파는 것입니다
예술인이 사람들에게 재주를 파는 것도
'품팔이'에 해당한다 할 것입니다

이렇게 되었을 때 앞서 계율에서 말씀한
자신을 파는 데서 시작하여
나라 팔고
도시 팔고
아내 팔고
아들 딸 팔고
칠보 보석을 팔아서라도
스승과 벗에게 이바지하란 뜻이 이해됩니다
다시 말해서 부지런히 벌어서
스승에게 공양하고 벗을 돕는 것입니다

국가의 위상을 한없이 드높여
멋진 나라로 만들어가는 것입니다
역사와 문화가 아름답게 꽃을 피우는 나라
4차산업을 발달시켜 세계경제를 이끌어가고
도시의 특성을 살려 부가가치를 높이고
그러면서 아내도 딸도 아들도

음식이든 패션이든 예술이든 지식이든
자신의 브랜드를 한껏 드러내는 것입니다
그렇게 얻어진 수익을 스승을 위해
친구를 위해 돕는 것이 보살의 할 일이지요

1976년 음력 9월 5일 법주사에서
구족계를 주신 류석암 대율사의 설법집
《梵網經》(1988.5.25발행/서울) 352쪽에도
'～제 몸이나 나라의 땅이나 아들이나 딸이나
칠보나 여러 가지 물건을 팔아서라도 공양할지니
그렇지 아니하면 죄가 되느니라'라 하여
일반적인 풀이를 하고 계신데
내가 엉뚱하게 해석한 것은 아닌지
내심 약간 걱정이 되는 것도 사실입니다
율사도 아닌 작자가 제멋대로 해석하다니요
하나 풀이가 그런대로 괜찮지 않습니까?

#4

사람으로서 전륜왕위에 오르거나
또는 왕위에 오르거나
높은 벼슬 자리에 오르고자 하는 이는
반드시 보살계를 받으라 하십니다
호법선신들은 전륜왕과 왕을 비롯하여
고관대작들을 살필 의무가 있되
보살계 받아지닌 이를 우선으로 합니다
호법선신들뿐만 아니라
모든 불보살님도 마찬가지입니다
보살계를 받은 이들을 우선于先하지요

따라서 대통령이 되고
국회의원이 되고
도의원, 시의원이 되고
광역단체장, 기초단체장이 되고
그룹의 총수가 되고자 하는 사람들은
범망경 '대승보살계'를 받으라는 것이지요
계율조항에서도 이미 언급한 대로
불보살님이 가호할 근거가 되고
선신들이 외호할 동기가 되는 까닭입니다

가령 누군가를 도와주고 싶은데
도움 받을 준비가 되어있지 않다면
도움 줄 방법이 없어서도 못 도와줍니다

보살이 닦아갈 덕목을 '바라밀'이라 합니다
바라밀에는 크게 여섯 가지가 있는데
베풂과 계율과 인욕과 정진이 있고
선정이 있으며 지혜가 있습니다
이들 여섯 가지 바라밀에 계율이 있지요
계율 때문이 아니라 바라밀이란
이此언덕岸에서 저彼언덕岸으로의 여행이며
저 언덕에서 이 언덕으로의 귀환입니다
어쩌면 이 반대일 수도 있겠네요

나는 바라밀을 시렁 다리架橋에 견줍니다
또는 사다리에 비유하기도 합니다
불보살님 가호를 받고자 하거나
호법선신들의 외호를 받고자 했을 때
이를 이어주는 시렁 다리가 바라밀입니다
'서울은 바라밀의 도시'입니다
나는 몇년 전《금강경 강좌》글을 쓰면서
'서울이야말로 바라밀의 도시'라 했습니다

한강을 매개로 하여 강남과 강북을 잇는
30여 개 잘 놓여진 교량이 있지요
이 교량을 통해 강북의 600년 깊은 문화와
강남지역의 최첨단 문명이 서로 만납니다

세상에는 열 손가락 안에 드는
참으로 아름답고 멋진 단어가 있습니다
우리말로 표현하면 '시렁架이고 다리橋'입니다
나와 너를 이어주는 시렁 다리
우리와 그들을 이어주는 시렁 다리
아픔과 기쁨을 이어주는 시렁 다리
기쁨과 슬픔을 이어주는 시렁 다리
가진 자와 못 가진 자를 연결하고
갑과 을을 연결시키는 시렁 다리입니다

여기 가교에서 시렁 가架 자는
나무목木 부수部首 위에
더할 가加 자를 얹어놓았지요
'나무목木'이 이른바 의미소意味素라면
'더할 가加' 자는 소릿값에 해당합니다
시렁은 물건을 아래 쪽에서 받쳐주거나
물건이 직접 땅에 닿지 않게 하고

또는 높이 있도록 하는 버팀목입니다
주로 물건을 얹어 놓기 위해서인데
방이나 또는 대청마루 벽 따위에
두서너 개 긴 나무를 가로질러
선반처럼 만든 것을 시렁이라 합니다

한자에는 시렁과 관련된 글자가 더 있는데
한 번 쓰윽 훑으며 지나가보겠습니다
1)시렁 기庋 자는 엄호广 부수에
소리값 지탱할 지支와 만나
꼴形소리聲 문자가 되었습니다
2)시렁 가椵 자는 나무목木이 부수고
집 가家 자가 소릿값이 되었지요
이 시렁가椵 자는 여기 시렁 가架 자의
속자俗字에 해당하는 글자이기도 합니다
3)시렁 개庎 자는 엄호广 부수에
소릿값 낄 개介 자를 놓았는데 살강의 뜻입니다

버스나 열차 항공기 따위에는
머리맡에 선반이란 게 있습니다
옛 시렁을 오늘날에 맞게 만들었지요
전철이나 지하철, 또는 열차에는

선반이 오픈된 상태로 되어있는데 비해
장거리 고속버스나 항공기는
고속으로 달리는 까닭에 덮개문이 있지요
특히 항공기 선반은 난기류에 대비하여
덮개문이 최첨단으로 설치되어 있습니다
선반이 물건을 고정시키는 역할이라면
다리는 이동하는 사람이나 차량을 위한 것입니다

교량 위로는 자동차가 달리고
다리 위로는 사람이 걷고 달립니다
따라서 바라밀의 역할에 해당하는 것은
실제 시렁架이나 선반shelf이 아니고
다리橋며 교량橋梁bridges입니다
다리, 교량에는 육교를 비롯하여
과선교跨線橋가 있고 승강로가 있습니다
열렸다 닫혔다 하는 항구의 개폐교가 있고
바다나 강물에 떠있는 부교가 있으며
적교吊橋suspension bridge가 있고
현수교懸垂橋, 사장교斜張橋가 있습니다

우리는 곧잘 이런 부탁을 주고 받습니다
"내가 총장님을 만나고 싶은데

너 그 쪽에 줄이 닿잖아
어때? 네가 다리가 되어줄 수 있을까?”
“좋아, 우리 총장님도 너 만나고 싶어하서!”
“그래 그럼 너만 믿는다.”
“그런데 총장님은 왜 만나려 하는데?”
“으음, 그것까지는 애기할 수가 없어”
“알았어! 내 말씀드릴께”
그렇게 해서 다리가 되어주기도 합니다

요즘은 지자체 선거를 앞두고 있습니다
지푸라기라도 잡고 싶을 때입니다
큰 법회나 또는 큰 집회라든가
영향력 있는 사람을 만나고 싶어합니다
그럴 때 줄있는 사람에게 부탁하지요
다리 좀 놓아달라고요
선거법에 저촉되지 않는 한
쓸 수 있는 온갖 수단을 다 동원해서라도
표를 얻어야 하기에 다리가 필요합니다
그 다리 역할을 ‘보살계’가 하고 있습니다

작은 벼슬아치가 되고 싶은 이
고관대작으로 승진하고 싶은 이는 물론

작은 나라의 왕이 되고자 하는 이라든가
강대국의 전륜왕이 되고자 하는 이라면
주저할 거 없이 보살계를 받으라 합니다
그랬을 때 불보살님이 가호하시고
호법선신이 은근히 잘 보호해 줍니다
중도에 어떤 불상사가 일어날 수도 있는데
호법선신이 도와 무사히 치르게 하지요
정신적인 문제도 으레껏 잘 풀릴 것입니다

범망경 보살계를 받아지니면
그 마음이 차분하고 들뜨지 않으며
큰 일을 앞에 두고 담담합니다
삶에 있어서 의욕과 자신감이 생깁니다
결코 아첨하지 않으면서 마음이 놓입니다
왜냐하면 불보살님이 가호하시기 때문이며
호법선신들이 옹호하기 때문입니다
그러니 보살계를 한 켠에 밀쳐 두고
달리 다른 다리를 찾을 필요가 없습니다

나무 범망계 보살마하살
나무 범망계 보살마하살
나무 범망계 보살마하살

02) 음주계飮酒戒

불자에게 고하나니 술마시지 말지니라
한량없는 허물들이 술로인해 생기나니
제손으로 잔을들어 남들에게 권하고도
오백세에 두루걸쳐 손없는보 받느니라

일체모든 사람들로 술마시게 하지말고
일체모든 중생에게 술권하지 말지니라
그렇거늘 어찌감히 몸소술을 마실거며
어찌감히 잔을들어 앞장서서 마시리오

제가먼저 잔을들어 몸소술을 마시거나
남들에게 잔을건네 술마시길 강요하면
보살계를 받았으나 보살일수 없음이니
마흔여덟 경구죄중 두번째를 범함이라

#1

음주에 들어가기에 앞서
술의 정의부터 진단해봄이 좋겠지요?
술은 에탄올 1%이상 든 음료의 총칭입니다
영어로는 알코홀릭 드링크alcoholic drink며
알코홀릭 베버릿지alcoholic beverage입니다
《범망경》보살계본 제2조 2항이
곧 '술마심飮酒에 대한 계율戒'입니다
따라서 오늘은 '술마심飮酒'으로 인한
부작용부터 생각해 보면 어떨까 싶습니다

율장에서는 음주 허물을 몇가지로 듭니다
첫째 네 가지 과실4失이니
술을 마심으로 인하여
무심코 살아있는 생명을 죽이고
술김에 남의 물건을 훔치며
성추행이나 또는 성폭행에 이르고
엄청난 거짓말을 하게 된다고 합니다
둘째 열 가지 과실10失이 있고
셋째 서른다섯 가지 과실35失이 있으며
넷째 서른여섯 가지 과실36失이 있습니다

《사분율四分律》의 10실도 유명하지만
《대지도론大智度論》의 35실과 36실은
유석암柳錫巖 율사 설법집《梵網經》
280~284쪽에 상세히 기록되어 있습니다
많은 스님네 또는 불학자佛學者들이
서른다섯 가지 허물35失과
서른여섯 가지 허물36室이
큰틀에서는 같고 약간 다를 것이라 하지만
실제 두 가지는 거의 내용이 다릅니다
서른 여섯 가지 허물을 여기 옮깁니다

01)부모님에게 효도하지 않는다
02)어르신과 벗에게 함부로 대한다
03)삼보를 공경하지 않는다
04)경전 말씀을 믿지 않는다
05)사문을 비방한다
06)남의 허물을 까발린다
07)거짓말을 밥먹듯 한다
08)사람들의 무고에 휩쓸린다
09)남의 이간질을 그대로 믿는다

10)아무때나 언어폭력이다

11)병이 생기는 뿌리가 된다

12)쌈박질의 동기가 된다

13)안 좋은 이름이 널리 퍼진다

14)사람들이 미워하고 따돌린다

15)성인과 현인을 배척한다

16)사업이 망하고 문을 닫는다

17)집과 재산을 모두 날린다

18)마음에 부끄러움이란 게 없다

19)수치심을 모른다

20)이유없이 아래 사람을 구타한다

21)뭇생명을 함부로 죽인다

22)남의 아내를 취한다

23)남의 물건을 훔친다

24)어진 사람을 멀리한다

25)못된 친구들과 어울린다

26)하늘과 땅을 원망하고 더럽힌다

27)아무때나 성질을 달고 산다

28)낮이고 밤이고 근심한다

29)동으로 서로 끌려다닌다

30)남으로 북으로 자리를 잡지 못한다

31)시궁창에 쓰러지고 길바닥에 눕는다

32)수레에 받히고 말발굽에 채인다

33)격류에 휩쓸려간다

34)등불은 있으나 기름이 없다

35)하필이면 더위먹어 죽는다

36)추위에 얼어죽는다

음주에 5가지 허물과 5가지 손실이 따릅니다

첫째. 다섯 가지 허물五過

1)스스로 몸을 해친다

2)지혜로운 이에게 질책을 당한다

3)안 좋은 풍문에 시달린다

4)죽을 때 뉘우치게 된다

5)죽은 뒤 악도에 떨어진다

둘째. 다섯 가지 손실五衰

1)재물을 구하되 얻지 못한다

2)얻더라도 바로 소모된다

3)대중이 싫어하고 공경하지 않는다

4)명예가 실추되고 숨을 곳이 없다

5)죽은 뒤 지옥에 떨어진다

일반적으로 알려진 음주의 허물입니다
일단 술을 자주 마시거나
지나치게 자주 과음 했을 경우에는
암 유발 가능성이 매우 높은 편이라 합니다
1급 발암 물질이 알코홀릭에는 들어있지요
이에 대한 조사는 2010년 유럽에서
36만 명을 대상으로 이루어졌습니다
조사방법은 크게 4가지였지요
첫째는 음주 습관이고
둘째는 음주 시간이며
셋째는 음주량이고
넷째는 성性sex에 관한 조사였습니다

음주 습관과 암 발생률을 놓고 볼 때
암환자 중 성性sex으로 분류하면
남자 10명 중 1명(10%),
여자 30명 중 1명(3%)이
술로 인해 암에 걸린 것으로 나타났습니다
남자의 암 비율은 44%가
식도암, 후두암, 인두암이었으며
간암이 자그마치 33%였고
대장암, 직장암이 17% 로 나타났습니다

여자는 대장암보다 유방암 비율이
훨씬 더 높게 나타나기도 했습니다

음주는 주의력, 판단력, 지각능력과
눈의 기능을 완벽하게 저하시킵니다
그리하여 쉽게 졸음을 부릅니다
자신의 음주량을 제대로 알지 못하여
운전하는 데 지장이 없다고 생각하게 됩니다
술을 마시면 대처 능력이 떨어지는 까닭에
운전시 위급 상황에 직면하게 되지요
눈의 기능 저하로 시야가 점점 좁아져
운전에 커다란 영향을 주는데
특히 야간이거나 세찬 빗줄기 속에서는
정상인 눈 기능도 20~30%나 저하됩니다

가령 술을 마시고 운전을 하게 되면
일반적으로 음주운전이라 합니다
그런데 음주를 하면 으레 졸음을 부릅니다
음주운전보다 더 위험한 게 뭘까요
두말할 것도 없이 졸음운전입니다
사망률을 높이는 졸음운전의 동기인 술
아무리 경계하더라도 지나치지 않습니다

실제로 미국의 화재보험사 RGA가
미국 내 7,400만대 자동차 기록을 통해
음주운전으로 체포된 경험이 있는 이들은
정상 운전자들에 비해 사망률이
71%나 높은 것으로 나타났다고 합니다

서른여섯 가지 허물36失을 비롯하여
다시 다섯 가지 허물5過과
다섯 가지 쇠락5衰에서도 엿보이듯
음주의 허물은 음주운전이라든가
졸음운전의 동기 부여라든가
성인병의 원인이 되고
폭력의 원인이 되고
정신박약의 이상만이 결코 아닙니다
딱 술 한가지에서 36가지 허물이 생깁니다
하물며 어떻게 함부로 술을 마시겠습니까
그렇다면 술은 무조건 나쁜 것일까요

#2

윤선도尹善道(1587~1671) 선샘의
시조 한 수 감상해 보실까요?

술도 먹으려니와 덕德 없으면 난亂하나니
춤도 추려니와 예禮 없으면 잡雜되나니
아마도 덕례德禮를 지키면
만수무강萬壽無彊하리라

"오계를 받은 자에게
'술마시기飮酒'를 허락하노라"
앞서《미증유인연경》을 언급했듯이
위 경전에서는 좀 독특하게 말씀하십니다
'술을 마시지 말라'는 게 계율인데
오히려 오계를 받은 자에게 허락하십니다
오계에는 불음주不飮酒가 들어있는데
이 불음주계가 담긴 오계를 받은 이에게
되려 음주를 허락하신 것입니다

이유가 무엇일까요?
이른바 '절제력節制力'입니다

다시 말해 알맞게 조절調節함이지요
방종放縱하지 아니하도록
자기 욕망을 이성으로써 제어함입니다
오계를 받아지닌 불제자는
오계를 받지 않은 중생들에 비해
그만큼 조심하고 자신을 잘 제어합니다
예를 들면 그렇습니다

펄펄 끓는 국을 담은 놋그릇이 있습니다
손잡이가 없는 까닭에 많이 뜨겁습니다
보통은 왼쪽에 밥그릇이 있고
국그릇이 오른쪽에 놓인 게 정상인데
어쩌다보니 그릇이 서로 뒤바뀌었습니다
오른쪽 밥그릇을 왼쪽에 옮기고
왼쪽 국그릇을 오른쪽으로 옮기려 합니다
뜨거운 줄 아는 사람은 매우 조심하고
뜨거운 줄 모르는 사람은 덥썩 잡습니다
으레 많이 델 수도 있겠지요
하나 그릇이 뜨거운 줄 알고 쥔 사람은
데더라도 그다지 큰 화상을 입지 않습니다

이처럼 오계를 받아지닌 사람은

그의 마음 속에 불계佛戒가 자리합니다
따라서 비록 살생을 하더라도
어쩔 수 없는 경우에 한해서 일을 저지르고
남의 물건도 일부러 훔치지는 않습니다
오계에 사음하지 말라 했는데
계 받은 사람이 함부로 성폭행을 자행하며
계 받은 사람이 거짓말을 밥먹듯 하겠습니까
이는 음주계飮酒戒도 마찬가지입니다
절제력을 가지고 술을 마시지 않겠는지요

면허를 취득한 이의 운전과
아예 면허가 없거나 혹 취하된 자의 운전은
대체적으로 다를 수 밖에 없습니다
처음부터 운전면허증이 없다면
교통법규와 자동차 운행규칙을 모르겠지요
교통법규를 모르는 이의 운전이라면
과연 안심할 수 있겠습니까
안심할 수 없습니다
어떤 신호에서 멈추고
어떤 신호에서 움직이고 달리며
최고속도를 어떻게 맞추어야 할지 모른 채
안전하게 흐름을 타며 운행할 수 있을까요

계율도 이와 같습니다
운전자에게 운전면허가 있어야하듯
삶을 살아가는 이들에게는
반드시 삶의 운전면허가 필요합니다
서울시내 복잡한 도로에서
도심을 벗어난 고속화도로에서
다른 차량과 함께 도로를 이용하려 한다면
반드시 공공의 질서를 익혀야 하고
도로교통법을 지켜야 하겠지요
이처럼 '보살계'는 불계이어서가 아니라
더불어 살아가기 위한 생활의 법규입니다

《미증유인연경》의 줄거리는
전체가 계율에 관한 것이 아닙니다
다만 경전 말씀 가운데 오계 이야기가 있고
그들 이야기 중에 오계의 개차법開遮法이
다른 경전에 비해 좀 특이하다는 점입니다
경전에서는 말씀하십니다
오계를 받아지닌 이가 술을 마실 때는
음주의 허물을 이미 잘 알고있는 까닭에
지나치過게 마시飮지 않고
주도酒度에 어긋나지 않으며

술을 통해 되려 화합의 계기를 마련하므로
실失보다는 득得이 더 많다고 하십니다

위《미증유인연경》말씀에 따르면
아내와 남편의 작은 오해도
술을 통해 이해 단계로 나아갈 수 있고
벗과 벗의 관계도 술을 통해 부드러워지고
상대 바이어를 설득하는 데 있어서도
술자리는 실로 좋은 매개가 된다십니다
술에는 공功 허물過이 함께들어 있습니다
그러므로 반드시 서로 나쁜 관계가
좋은 쪽으로만 풀리게 하지는 않습니다
평소 친하던 관계가 취중 실언으로 하여
상상 밖의 원수가 될 수도 있습니다

술은 '양날의 검'입니다
양날의 검을 다룰 때는 신중해야 합니다
그렇지 않고는 내 쪽을 향한 검 날이
오히려 나를 다치게 할 수 있기 때문입니다
부처님 계율도 '양날의 검'입니다
보살계 가운데 '불음주계'뿐만 아니라
모든 계율이 다 따지고보면 양날의 검입니다

처음부터 술을 가까이하지 않은 사람은
술로 인해 실수도 가져오지 않지만
화합도 가져올 수 없습니다

처음부터 불계를 받지 않은 이는
계를 지킴으로써 얻어지는 공덕도 없지만
계를 깨뜨리므로써 짓는 업도 없습니다
처음부터 운전면허를 따지 않았다면
운전에 대한 즐거움도 공포도 없습니다
그렇다고 운전면허가 없고
스스로 운전석에 앉지 않는다 하여
교통사고와 영원히 결별할까요
반드시 그런 것은 아닙니다
평생 술 한 모금 입에 대지 않는다 하여
실수와 영원히 결별하는 것도 아니듯 말입니다

남과 북의 두 정상이 판문점에서 만나
평화의 술잔을 기울이는 모습을 보며
술이란 게 저토록 좋은 것이구나 했습니다
전통혼례에서 신랑과 신부가
술잔을 주고받는 모습은
언제 보더라도 참 아름다운 풍습인데

서구 혼례문화와 접목하면서
술이 사라진 예식장 모습이
나름대로 한편 좋기는 좋으면서
한편 아쉽기도 한 게 어쩌면 나의 편애일까요

술은 처음부터 음료가 아니었습니다
술은 그대로 마약이었습니다
음주로 인한 갖가지 폭력 사건과
그에 따른 엄청난 사회비용을 생각한다면
그리고 무엇보다 건강을 생각한다면
술은 득보다 실이 많은 게 사실입니다
술은 시시한 마약보다 훨씬 더 치명적입니다
마약은 비록 '미량微量'이기는 하지만
'항정신성물질抗精神性物質'입니다
마약처럼 '미량'이라는 단어를 넘어서면
술은 어떤 마약보다 더 무서운 마약입니다

한국인의 술 소비량이 무릇 세계 13위이며
15살 이상을 대상으로 한 통계에서는
소주 위스키 등 증류주가 세계 1위입니다
이는 순수 알콜 14.8ℓ를 섭취한 양이지요
알콜 도수 20% 소주로 환산한다면

약75ℓ로서 자그마치 너 말에 해당하는데
소주병으로 세면 자그마치 200병입니다
매일 소주 반 병씩인 셈입니다
게다가 맥주는 500㎖기준 146병이고
여기에 위스키, 막걸리를 비롯하여
전통주 포도주 담근술 따위는 아예 별개입니다

꺼억!
꺼억 꺼억!
어이구, 취한다!

아버지와 술 한 잔 하는 날

동봉

아부지
양재기 여기 있어유
한데 양재기는 왜 찾으세유?
으음 그래!
아들아!
막내야!
아무래도 오늘은
막걸리 한 잔 해야겠다

아부지
오늘이 무슨 날인감유?
무슨 날이긴?
오늘이 망종芒種이지
망종이유?
오늘이유?
그래, 보리 거두는 날이란다
그런 날도 있어유?

아무렴!
모내기하는 날이기도 하지
그러니 아들아!
오늘은 우리
막걸리 한 잔 하자꾸나
지두유?
그럼 니두 마셔야지
지는 아직 한참 어린데유?

망종은
보리 수확하는 날
망종은
모내기하는 날
망종은
한 잔 하는 날
망종은
부자가 함께
불그레 싱긋 웃는 날

열세 살
공책과 연필 대신
쇠고삐 조절해가며

생전 처음 써레질하던 날
아버지는 내게 술 잔을 권하셨다

하마 쉰 세 해 전
망종은 보리 수확하는 날이고
망종은 모내기하는 날이고
망종은 막걸리 한 잔 하는 날이라며
내 민속사전에
처음으로 새기던 날

불자에게 고하나니 고기먹지 말지니라
어떤중생 고기라도 먹어서는 아니되니
이세상의 모든생명 그들고기 먹는이는
자비로운 불성씨앗 끊어냄이 되는지라

일체모든 중생들이 두려움을 느끼면서
시나브로 그의곁에 다가오지 않으리니
그러므로 보살들은 자비심을 일으키어
어떤중생 일지라도 그의고기 먹지말라

보살계를 받은이가 고의로서 먹게되면
고기먹는 것으로써 많은죄를 쌓음이라
자비심을 버림이요 보살일수 없음이니
마흔여덟 경구죄중 세번째를 범함이라

#1

내 삶이란 게 우습다

어제는 마시지 말라시고
오늘은 먹지 말라시는데
마셔야 하고
먹어야 하며
쉬어야 한다

왜 마셔야 하고
왜 먹어야 하며
왜 쉬어야 하는 지는 접어둔 채

내 삶을 돌아보니 그동안 참 분주했다
살펴보니 지금도 분주하다
오른손 엄지와 집게로
'ㄴ'자를 만들어 턱을 괴고 보니
난 앞으로도 계속해서 분주할 것만 같다
이런 삶이 결국은 내 삶일 게다

자다가 먹다가 마시다가

싸다가 바지 올리고 나왔다가
무슨 생각하다가 혼자 중얼거리다가
순간 입을 다물었다가
다시 무슨 생각하다가 싸다가
떠들다가 마시다가 먹다가 자다가 아!

누군가 만나 수다떨다가
벙그레 웃다가
싱긋 웃다가
싱그레 웃다가
너털웃음으로 껄껄 웃다가
금세 생각따라 눈시울 붉히며 울다가
목놓아 꺼이꺼이 울다가

앉았다가
누웠다가
딩굴다가
일어났다가
다시 앉았다가 다시 누웠다가
다시 딩굴다가 어느새 다시 일어났다가

밤새 글쓰다가

여명黎明daybreak과 함께
주섬주섬 장삼 가사 갖추어 입고
사부작 사부작 법당에 오른다
하루 알차게 시작하겠노라 다짐하지만
법당에서 내려오면

또 다시 앉았다가
누웠다가
딩굴다가
일어났다가
다시 앉았다가
다시 누웠다가
다시 딩굴거리다가
어느새 다시 일어나 차를 마시다가
밖으로 나가 도량을 거닐다가
절집안 식구들 만나면 기침 한 번 하다가

보지 않고는 살 수 없을까
듣지 않고는 살 수 없을까
맡지 않고는 살 수 없을까
먹지 않고는 살 수 없을까
자지 않고는 살 수 없을까

갖지 않고는 살 수 없을까

웃지 않고는 살 수 없을까

울지 않고는 살 수 없을까

어즈버! 평생 아프지 않고는 살 수 없을까?

아무도 미워하지 않은 채 살고 싶은데

그게 그렇게도 어려운 것일까

어느 누구와도 남이고 싶지 않은데

그게 그렇게도 어려운 일일까

내 아픔 남에게 옮기고 싶지 않은데

남의 아픔 함께 하고 싶은데

왜 이게 단지 생각에서만 머물다 가지?

삶이

내 삶이

실로 우습다

내 삶이 참 우습다

이 우스운 게 내 삶이다

#2

밥 식/먹을 식, 먹이 사, 사람 이름 이食
밥 식食 자체 부수로 총9획이며
'뜻모음會意문자'로 보고 있습니다
'보고 있다'라고 표현한 것은
대개 '꼴소리形聲문자'나
또는 '그림象形문자' 따위는
짜임새나 모양새로 쉽게 이해할 수 있는데
이 '뜻모음會意문자'를 비롯하여
'일가리킴指事문자'나
'거짓빌림假借문자'
'굴러부음轉注문자' 등은 쉽지 않습니다

대표적 새김이 밥 식食입니다
여기에 담긴 뜻은
밥 외에 음식, 먹다, 먹이다, 현혹케 하다와
제사祭祀, 벌이, 생활, 생계, 지우다 등과
먹이 사食 자로 새길 경우
먹이 외에 밥, 기르다, 먹이다 등과
양육養育하다 따위의 뜻이 들어있습니다
사람의 이름으로 쓸 경우는

사람 이름 이食 자로 새기는 까닭에
‘식’이나 ‘사’로 읽지 않고 ‘이’로 읽습니다

이는 마치 ‘아비 부父’ 자를
사람 이름에 적용시켜 놓을 경우에는
‘사내 보父’ 자로 새기기 때문에
‘부’로 발음하지 않고 ‘보’로 발음합니다
예를 들면 야보冶父/야보野父 따위입니다
밥 식/먹을 식飠 자는 식食의 간체자로
독립된 글자보다는 의미소/부수로서
‘꼴소리문자’에서 왼쪽에 놓이게 됩니다

아무튼 ‘밥 식食’ 자는 뜻모음문자입니다
사람人이 살아가기 위해서는
즐겨良먹는 음식물로 밥食을 들겠지요
처음에는 사람에게 먹이다 하여
타동사他動詞였던 것이
먹이 사食 라는 명사로 번져갔고
나중에 먹을 것食이란 명사와
‘먹게 하다飼’라는 사역동사로서
소리값과 의미소도 약간씩 바뀌게 됩니다

고기 육, 둘레 유肉
고기육肉 자체 부수이며 총6획입니다
고기 육肉 자는 육서六書 중
어떤 글자에 해당할까요
첫째 꼴소리形聲문자
둘째 뜻모음會意문자
셋째 일가리킴指事문자
넷째 거짓빌림假借문자
다섯째 굴러부음轉注문자
여섯째 그림象形문자 중 어느 글자일까요
그렇습니다 여섯째 그림문자입니다

이 고기 육肉 자에 담긴 뜻으로는
고기 외에 살, 몸, 혈연血緣 따위가 있고
짐승 고기나 짐승 살의 뜻이 들어있습니다
가령, 둘레 유肉 자로 새길 경우에는
둘레와 함께 저울추의 뜻이 들어있지요
다른異 꼴形 같은同 뜻意의 글자
이체자異體字에 이런 글자가 있습니다
곧 고기 육, 둘레 유宍 자지요
하늘宀 아래 여섯六 방위가 둘레宍입니다
하늘 땅 동서남북 육면체를 가리키지요

따라서 고기 육 자보다는 둘레 유 자입니다

고기 육肉자는 그림문자라 했습니다
신에게 바치는 동물 고기의 썬 조각으로
도마 조俎 자 따위 글자에 포함되는
저녁 석夕 자 비슷한 모양은
본디 고기 육肉 자의 옛 자형이었습니다
나중에 달 월月 자로 쓰는 일이 많아지면서
이것을 해日 달月의 달 월月과 구별하여
육달월부月 부수로 묶어놓았습니다
소릿값 '육'의 음이 부드럽지 않은가요?
가깝고 부드러운 관계를 뜻하기도 합니다

이왕 고기 이야기가 나온 김에
고기 육肉 자를 부수로 한 자들을 볼까요

들 입入 자 아래 고기 육肉 자를 놓은
짝짓기할 조/흘레할 조衉 자가 있습니다
살肉 속으로 파고들어가는入 모습을
그림象形문자로 표현한 글자지요
씹 조/어를 조/성교할 조 자로도 새깁니다
구울 자/구울 적衉 자는 총10획으로

구울 자/구울 적炙 자와 같은 글자입니다
저민 고기와 저미지 않은 고기肉를
화덕 위에 굽는 모습을 표현한 모습입니다

군살 노臑 자는 육서 중 어디에 해당할까요
네, '꼴소리形聲문자'가 맞습니다
의미소意味素인 고기육肉 부수에
소릿값으로 종 노奴 자가 놓였으니까요
총11획으로 군살을 뜻하는 글자입니다
고깃점 자胾 자는 총12획이며
역시 가장 흔한 '꼴소리문자'에 들어갑니다
고기육肉 부수에 소릿값 재𢦏 자지요
저민 고깃덩이 곧 고깃점과
산적散炙을 뜻하는 글자로 보면 좋습니다

썩은 고기 자胔 자도 총12획입니다
의미를 담고 있는 고기육肉 자와
소릿값 이 차此가 만난 꼴소리문자입니다
썩은 고기를 가리키며
살이 붙은 새나 짐승의 남은 뼈
바다거북과의 바다거북을 가리킵니다
저민 고기 련/연臠 자는

저민 고기 련/연臠 자로 더불어
총획수는 12획 25획으로 좀 다르지만
결국 같이 쓰고있는 글자입니다
저민 고기, 고깃점, 쪼개다, 여위다
여윈 모양 파리하다 핏기가 전혀 없다
따위의 뜻을 지니고 있습니다

썩을 부腐 자는 총14획이며
부수 고기육肉에 소릿값 마을 부府가 만난
전형적인 꼴소리문자입니다
썩다, 썩히다, 역한 내가 나다, 마음 상하다
음부를 제거하는 형벌로 궁형宮刑과
개똥벌레/반딧불이의 뜻이 들어있습니다
새알 란/새알 난孿 자는 총17획이고
'일가리킴指事문자'로 여겨집니다
미완未成의 고기肉가 무엇입니까
알입니다. 새알이고, 고환이며, 정소입니다

등골뼈 려/등골뼈 여膂 자는 총16획으로
고기육肉 부수에 나그네 려旅가 만나
이루어진 꼴소리문자입니다
담긴 뜻으로는 등골뼈에 해당하는 척추와

근육의 힘, 등에 지다, 힘쓰다 따위입니다
배꼽 제臍 자도 총16획으로
부수 고기육肉에 소릿값 제齊가 만나
'꼴소리문자'로 되었음을 알 수 있습니다
탯줄 자국인 배꼽과 함께
오이 꼭지를 가리키기도 하고
과일 꼭지와 줄기를 뜻하기도 합니다

볼기 둔臀 자는 총19획입니다
고기육肉에 전각 전殿이 소릿값으로
전형적인 꼴소리문자에 해당합니다
허벅다리 위 양쪽 살이 불룩한 부분으로
볼기를 가리키는 글자입니다
볼기 아랫부분 궁둥이를 뜻하며
밑과 바닥을 뜻하는 글자이기도 합니다
뼈 섞인 젓 니/뼈 섞인 젓 이臡 자는
부수 고기육肉에 어려울 난難 자를 얹은
총25획의 '꼴소리문자'에 해당합니다
소금에 절인 어물로 뼈가 섞인 젓이지요

고기육肉 자를 부수로 한
13글자를 한 자 한 자 짚어보았습니다

온통 뼈가 섞인 젓鷔이기 때문에
고기肉라 하기 어려운難 글자도 있고
먹고 싶어도 썩은府 고기肉라서
도저히 먹을 수 없는 고기들도 있습니다
고기 육肉이 뒤에 육달월月로 바뀌었으니
고기 육肉이 들어간 글자는 겨우 13자이나
육달월月 부수 글자에서 본다면
세상 모든 생명체가 다 고기일 것입니다

따라서 범망계 보살계에서는
어디서부터 어디까지를 '고기'라 하고
어디서부터 어디까지를 먹어야 할 것인지
심각하게 고민해야 할 것입니다
대승보살계 범망경에서는 말씀하십니다
'일체중생의 고기를 먹지 말라'고요
바로 예서 말씀하신 일체중생이
열반경 '일체중생 실유불성'의
'일체중생'과 같은 뜻이라면 포괄적입니다
생명체란 생명체는 모두 포함되니까요

#3

앞에서는 고기肉 애기를 주로 했는데
이번에는 먹는食 애기를 해야 할 듯싶습니다
사람뿐만이 아니라 생명을 가진 존재는
본능적으로 먹지 않고는 살 수가 없습니다
집은 비록 없더라도 견딜 수 있고
옷은 입지 않고 며칠 씩 지낼 수 있지만
음식을 섭취하지 않고는 살 수 없습니다
부처님의 금계를 펼쳐놓고 보면
단지 약藥 건도법 하나에 관한 것이
주거와 옷을 묶은 건도법보다 더 많습니다

오늘은 고기를 제공하는
일체중생에 대해 풀고 싶었습니다만
이는 내일로 하루 정도 더 미루고
동사 '먹다'와 명사 '먹이'에 대해
'밥식食' 자 부수를 놓고 살펴볼까 합니다
'밥식食' 부수로 된 글자가 꽤 많습니다
자체 부수 '밥 식食' 자에 대해서는
이미 실었기에 생략키로 하고
나머지를 놓고 찾아보겠습니다

그래도 3~40자를 훌쩍 넘지 않겠는지요

飧, 飱, 飱
저녁밥 손/먹을 찬飧, 飱, 飱
밥식食 부수에 총11획, 12획, 13획입니다
담긴 뜻으로는 저녁밥, 밥, 익힌 음식
물이나 국에 말다, 짓다, 먹다
음식을 권하다 따위입니다
‘밥식食’ 자가 부수임에도 불구하고
이수변 冫 저녁밥 손飧은 찬 밥의 뜻이고
저녁석夕 저녁밥 손飱은 저녁 밥의 뜻이며
죽을사歹 저녁밥 손飱은 제삿밥입니다
같은 저녁밥을 표현하기는 하였으나

손飧 자와 손飱 자는 ‘꼴소리形聲문자’이고
손飱 자는 ‘뜻모음會意문자’입니다

饷, 饗
잔치할 향饷 자는
잔치할 향饗의 간체자로서
총12획이며 ‘꼴소리문자’입니다
왼쪽에 붙은 시골 향乡 자가 소리값이지요
잔치하다, 권하다, 대접하다, 드리다

제사 지내다 따위 뜻이 들어있습니다

餰, 飦
국말이 찬/된죽 전餰 자는 총12획으로
'꼴소리문자'에 해당하며
국말이, 국밥, 된죽을 가리킵니다
쉴 의飥 자는 12획으로
꼴소리가 아닌 '뜻모음會意문자'입니다
쉰 밥, 밥이 쉬다의 뜻이 담겼습니다

齌, 齋, 桼, 斋, 斎, 齍
재계할 재/집 재齌 자는 총13획이며
재계할 재齍 자 등과 같은 글자입니다
담긴 뜻으로는 재계齋戒하다
시주하다, 공경하다
정진精進하다 따위입니다
재계할 재齌의 파자가 '불식不食'이지요
다시 말해서 먹는食 일을 삼감不도
하나의 재계라고 본 것입니다

養, 养
기를 양養 자는 총14획으로 '꼴소리문자'

낳아서 기르다, 젖먹이다, 심어 가꾸다
수양修養하다, 닦고 가르치다
수양收養하다, 거두어 기르다
남의 자식을 맡아 제 자식처럼 기르다
봉양하다, 공양하다, 가르치다
맡다, 관장하다, 치료하다
질병을 다스리다, 취하다, 숨기다
은폐하다, 가렵다, 즐기다, 다스리다
시간적으로 길다 따위와
땔나무, 산지山地를 가리키기도 합니다

䬻, 餮, 饕
탐할 도䬻, 餮, 饕는 14획, 14획, 22획으로
모두 밥식食 부수에 이름 호号, 號 자와
탐할 도叨 자로 소릿값을 삼습니다
따라서 석 자 모두 '꼴소리문자'입니다
담긴 뜻으로는 탐하다 외에
욕심이 지나치다
사납다, 광포하다 따위와
도饕는 맹수 이름으로 쓰입니다

饜

물릴 자饜 자는 '끝소리문자'입니다
먹을 것. 먹는食 일이 모두
여기此에만 매었으니 지루할 수 밖에요
담긴 뜻으로는 질리다, 물리다 처럼
먹기 싫어하는 모습과 함께
배가 부르도록 이미 실컷 먹어서
'다시는 더 먹고 싶지 않다' 따위입니다

餈

인절미 자餈 자는 총15획이며
으레 '끝소리문자'입니다
떡 중의 하나인 인절미를 가리키며
볏과의 한해살이풀인
기장黍, 피稷와 더불어
곡물, 곡식의 뜻이 들어있습니다
어렵게 살 때는 기장과 피를 먹었으나
먹고 살만 하면서 '피사리'를 통해
벼만 남기고 피와 기장은 다 뽑아버리지요

餍, 饜

포식할 염餍 자는

배부를 염饜 자의 간체자로
총15획이며 '꼴소리문자'에 해당합니다
담긴 뜻으로는 포식飽食하다
실컷 먹다, 물리다, 질리다
싫증을 느끼다, 흐뭇하다 따위입니다
배가 부르면 사람만이 아니라
심지어 개犬도
그 밖의 짐승들도
결국 먹는食 일을 그만둘厂 수 밖에요

餐, 餐

밥 찬/물말이할 손餐, 餐은
으레 흔한 '꼴소리문자'입니다
밥식食 부수에 각각 15획과 16획입니다
담겨있는 뜻으로는 '밥' 외에
점심밥, 저녁밥, 샛밥[간식] 등과
도시락, 곁두리, 음식 따위와 더불어
먹다, 마시다, 칭찬하다
찬미하다, 거두다, 물말이하다
밥을 말다 따위로 매우 다양합니다

饕

탐할 철饕 자는 총18획이며
한자의 생성원리인 육서六書 가운데
가장 많이 차지하는 '꼴소리문자'입니다
밥식食 부수에 다할 진殄 자를 얹어
탐하다, 식탐하다 외에
'그릇 이름'으로 쓰이기도 합니다

餲, 饖
부패한 맛 제餲 자는 총16획이며
역시 '꼴形소리聲문자'입니다
새김처럼 부패한 맛을 뜻하는 글자입니다
부패란 부패균腐敗菌에 의해
단백질을 비롯하여
유기물有機物이
유독有毒한 물질과 악취를
발생시키게 되는 어떤 변화입니다
보리밥 먹을 비饓 자는
총17획이며, 꼴소리문자에
'아닐 비非' 자가 소릿값에 해당하네요
담긴 뜻으로는 '보리밥을 먹다'의 뜻입니다

餲

깨지락거리며 먹을 녁
깨지작거리며 먹을 역餲 자로 새기는 자
누울 와臥 자가 소릿값으로 총17획이며
역시 '꼴소리문자'를 벗어나지 않습니다
구운 떡을 의미하기도 하지만
깨지락거리며 음식을 먹는다는 표현이지요
누워臥서 음식을 먹으려食 하니
아무래도 깨지작거릴 수 밖에 없겠습니다

餬

된죽 호/범벅 호餬 자는 총18획이며
밥식食 부수에 '꼴소리문자'입니다
담긴 뜻으로는 된죽인데
된죽은 어떤 죽일까요
오래 끓여 알갱이가 흠씬 무르게 만든
범벅 비슷한 죽이라 보면 좋습니다
곡식 가루를 된풀처럼 쑨 음식으로
범벅을 가리키기도 합니다
묽을 죽이 아닙니다

饏

맛없을 잠/싱거울 점饏 자는
총20획으로 '꼴소리문자'입니다
밥식食 부수에 벨 참斬 자를 슬그머니 얹어
맛없다, 싱겁다 등 부정적 의미와 함께
맛보다, 간을 보다 등 긍정적 의미가
한 글자 속에 들어있는 독특한 글자입니다

饀

맛없을 담/씻을 함饀 자는 총20획입니다
부수 밥식食 자에
소릿값 견딜 감敢자를 붙인
이른바 전형적인 '꼴소리문자'입니다
맛없다, 씻다, 세척하다를 비롯하여
깨끗이하다 따위 뜻이 한 데 들어있습니다

饔

아침밥 옹饔 자는 총22획입니다
으레 그 흔한 '꼴소리문자'며
의미소 밥식食 부수에
소릿값 화할 옹雍 자를 썼는데
담긴 뜻으로는 아침밥을 비롯하여

익은 음식과 함께
희생하다, 요리하다 따위입니다

饡, 餐, 饌, 籑, 饡
반찬 찬/지을 찬饡 자는 총23획으로
음식食 부수에 셈 산算 자입니다
으레 가장 많은 '꼴소리문자'며
반찬이기에 음식의 대명사이기도 합니다
뜻으로는 반찬飯饌을 비롯하여
음식, 음식을 차리다 외에도
짓다, 시문을 짓다
적다 기록하다 만들다 따위와
저술, 일, 법칙, 규칙, 규정, 사항 등
실로 매우 다양한 뜻이 깃들어있습니다

입으로 들어가는 것을
먹다, 마시다로 표현하고 있습니다만
뇌물을 먹다, 돈을 먹다 처럼
꼭 음식물을 섭취하는 것만이 아닙니다
물론 밥 식/먹을 식食 자를 부수로 했을 때
이에 따른 글자들은 죄다 음식입니다
먹고 마신다는 동사와 함께

동사의 목적어로서의 음식 이름입니다

이번 내용은 매우 지루하셨을 것입니다
밥 식食 자를 부수로 한 글자가
이 외에도 꽤 많은 편이지만
한 자 한 자 파자를 하는 게 아니다 보니
지루하지 않을 수 없을 것입니다
사실 파자법破字法은 지루하지 않습니다
나름대로 은근한 재미가 있습니다

#4

'일체중생一切衆生'이란 말은
금강경 제3장 '대승정종분大乘正宗分'과
열반경 '일체중생실유불성悉有佛性'에서만
회자되고 거론되는 말씀이 아닙니다
이 법망경 보살계본 제2장 제3절
'고기를 먹지 말라'에서도 말씀하십니다
'어떤 고기도 먹지 말라'란 말이 애매하니까
아예 처음부터 구체적具體的으로
'일체중생의 고기之肉를 먹지 말라'십니다

그럼 일체중생이란 어떤 중생일까요
여기는 크게 두 가지 뜻이 들어있습니다만
첫째는 지금까지 알려진 숱한 중생이고
둘째는 내가 새롭게 제시하는 중생입니다
새롭게 제시하다니 단순한 '일체중생'에
다시 뭐 새로울 게 있겠느냐고요
그러나 이는 내가 담낭암 수술을 받기 위해
병원에 입원하여 수술 받고 난 다음
홀연히 깨달은 나만의 경지라 하겠습니다

‘일一’
한 일一 자는 일가리킴指事문자로
한일一 자 자체 부수입니다
한 손가락을 옆으로 펴거나
젓가락 하나를 옆으로 뉘어 놓은
모양으로서 ‘하나’를 뜻합니다
예전에는 일一, 이二, 삼三을
주살익弋 부수 아래에
일弌, 이弍, 삼弎으로도 썼습니다

주살弋이 무엇인지 아시지요
주살은 끈이 달려있는 화살을 가리킵니다
다시 말해 일반 화살이 1회용인데 반해
주살은 재활용이 가능한 화살입니다
부수 주살익弋은 안표眼標 막대기로
일반 화살을 세는 것처럼
한 자루, 두 자루 세 자루로 셉니다

담긴 뜻으로는 하나, 일을 비롯하여
첫째, 첫번째, 오로지, 온, 전, 모든
하나의, 한결같은, 다른, 또 하나의
잠시, 한번, 좀, 약간, 만일, 혹시,

어느, 같다, 동일하다, 한의 뜻이며
더 나아가 성의 하나 따위라 할 것입니다

'체切'

온통 체/끊을 절切 자로도 새기며
총4획에 꼴소리形聲문자'입니다
의미소인 칼도刀 자 부수에
소릿값 일곱 칠七 자가 붙어 있습니다
도刀는 날붙이 자체이고
칠七은 그 날붙이로 물건을 베는 일이며
나아가 절박하다는 뜻으로 보면 좋습니다

여기에 담긴 뜻으로는
온통, 모두, 끊다, 베다, 정성精誠스럽다
적절하다, 중요하다, 절박하다, 진맥하다
문지방, 간절하게 따위와
반절법反切法이 들어있습니다
반절이란 한자 음을 나타낼 때 쓰는 법
다른 두 한자의 음을 절반씩 따서 합치는데
이게 곧 반절법에 해당한다 하겠습니다

'중衆'

무리 중衆 자는 '뜻모음會意문자'입니다
총12획이며 피혈血이 부수고
무리 중眾 자의 본자本字입니다
무리 중眾 자를 들여다보면
사람 인人 자를 세 번이나 그려
매우 많은 사람을 나타내고 있습니다
눈 목目 자를 옆으로 뉘어 놓아
그물 망罒 자로 만들었다고 보는데
그냥 날 일日 자로 놓고 보더라도
결국 태양日이 변한 모양이 눈目입니다

하인들이 뙤약볕 아래서 땀 흘리며
일하고 있는 모습이며
나중에 많은 사람이
한군데를 바라보는 모양으로
'마음을 합하여 일하다'에서
많은 사람, 또는 많음을 생각했습니다
나중에 자형字形 눈 목目 자를
피 혈血로 잘못 쓰는 바람에
중衆이란 엉뚱한 글자가 되어버렸습니다

담긴 뜻은 모여서 뭉친 한 동아리 무리
많은 신하, 온갖 벼슬아치, 백성
서민, 많은 물건, 많은 일, 땅, 토지
찰기가 있는 조, 차조, 장마 따위입니다
장마는 여름철에 여러 날 계속해서
비가 내리는 현상이나 날씨입니다
성姓의 하나며, 많음의 뜻으로 풀이됩니다
여기에 내가 덧붙이는 뜻 하나 +합니다
그게 무엇이며 어떤 플러스냐고요?
무리중衆의 뜻은 다양한 인연입니다

다른異 꼴形 같은同 뜻意 관련 한자로
본딧자 무리 중衆 자와
간체자 무리 중众 자와
같은자 무리 중　자가 있습니다
이 무리중 자를 다양한 인연으로 풀 때
뒤에 라이프life生를 붙이면
비로소 중생衆生의 뜻이 드러납니다
중생이란 생명체를 가리키기도 하지만
삶生에 있어 필요한 갖가지 인연衆입니다
따라서 어떤 중생도 홀로 깨달을 수 없지요

‘생生’
날 생/삶 생/생명체 생生
부수는 날생生 자며 총5획입니다
게다가 이는 ‘뜻모음會意문자’입니다
일설에서는 ‘그림象形문자’로 보기도 하죠
담긴 뜻으로는 나다, 낳다, 살다, 기르다
서투르다, 싱싱하다, 만들다 따위와
백성, 국민의 뜻과 아울러
학식은 있으나 벼슬하지 않은 사람으로
곧 선비를 이르던 말이며
익지 않은 날것을 가리키고
자기의 겸칭이며, 더 나아가 삶입니다

날 생生 자의 단어 뜻풀이로서
첫째 생명生命life이요
둘째 삶生living이며
셋째 겸칭謙稱으로 어른에 대하여
제 자신을 낮추어 이르는 말인 동시에
편지에서 흔히 쓰는 말입니다
그림象形문자로 볼 경우
풀이나 나무가 싹트는 모양에서
생기다, 태어나다, 만들어지다 순입니다

'일체중생 실유불성'의 뜻이 드러납니다
'모든 생명은 불성을 갖고 있다'지요
그런데 나는 이를 달리 풉니다
곧 '일체중생'일 때 '실유불성'이라고요
이게 무슨 뜻이겠습니까
일체중생이란 이 지구만이 아니라
이 드넓은 우주를 통틀어 일체一切입니다
이 우주 내에서 삶에 불필요한 것은
단 한 가지도 있을 수 없습니다
이것이 우주一切내 숱衆한 인연生입니다

따라서 일체중생이 되지 않고는
어느 누구도 어떤 생명체도
그리고 언제時間 어디空間서도
불성佛性 가치를 다悉 드러낼有 수 없습니다
부처를 이룰 뿌리根줄기幹가
빛을 발하기 위해서는 시절時인연空이
완벽하게 익지 않으면 안 됩니다
어제 나는 곤지암 우리절 일요법회에서
처음 언급한 이 절절한 진리에 대해
20시간이 지나갔지만 생생하기만 합니다

그렇습니다
그렇습니다
그렇습니다
깨달음은, 이른바 불성佛性의 발현發顯은
‘일체중생’이 그야말로 ‘일체중생’일 때
비로소 ‘실유불성’이 될 수 있다는 것을요
따라서 일체중생의 고기를 먹지 말라시는
부처님의 대승 범망계 한 조목에는
아주 작은 인연조차도 소중히 여기라는
보다 근원적 가르침이 담겨 있습니다

말라 비틀어진 멸치를 먹었다고 해서
이미 조리된 고기 몇점 먹은 것이
파계破戒가 되는 게 아니라는 것입니다
이 세상 모든 인연을 소중히 여김입니다
이른바 ‘불사일진不捨一塵’이지요
아주 작은 한 티끌도 버릴 게 없습니다
죽은 고기 먹는 것보다
싱싱하게 살아있는 산나물 한 잎 한 줌
훑어먹는 게 더 큰 파계입니다
생명체는 동물이나 식물이나 할 것 없이
똑같이 소중하고 소중한 것들이니까요

04) 식오신계食五辛戒

불자에게 고하나니 오신채를 먹지말라
마늘달래 비롯하여 양파부추 무릇까지
다섯가지 매운채소 양념으로 넣지말고
생으로도 먹지말며 익혀서도 먹지말라

이와같이 오신채를 금하는줄 알면서도
보란듯이 먹는이는 보살계를 어김이라
어기는줄 알면서도 짐짓이를 먹는다면
보살계를 받았으나 경구죄를 범함이라

#1

‘오신채五辛菜’는 나물입니다
오신채는 육식이 아니라 채식입니다
육식肉食meateating이라면
남의 고기를 먹음이니 금한다 치더라도
이는 분명 채식菜食vegetable입니다
술은 사람을 취하게 만들므로 안 되고
고기는 남의 살이라 안 된다고 하겠으나
오신채는 취하게 하는 것도 아니요
남의 고기를 취하는 것도 아닌데
왜 먹지 말아야 하는지 잘 모르겠습니다

다섯五 가지 매운辛 나물菜을 볼까요
첫째 마늘大蒜garlic입니다
둘째 달래茖蔥rocambole입니다
셋째 양파慈蔥onion입니다
넷째 부추蘭蔥leek입니다
그리고 다섯째 무릇興渠squill입니다
오신채가 잎사귀와 뿌리를 먹는 것이지만
마늘 달래 양파는 뿌리 뿐만 아니라
잎사귀까지 모두 섭취하고

부추와 무릇은 주로 잎사귀만 먹습니다

한자 〈보살계본〉에서는 달리 표기합니다
마늘은 큰 대大 마늘 산蒜 대산이고
달래는 달래 각茖 파 총蔥 각총이며
양파는 사랑 자慈 파 총蔥 자총이고
부추는 난초 난蘭 파 총蔥 난총이며
무릇은 일 흥興 개천 거渠 흥거입니다
한자에서 보면 달래 양파 부추는
한결같이 파 총蔥 자가 들어간 것으로 보아
같은 종種에 속하지 않을까 싶습니다

정말 그러한지 어떤지는
관련 자료를 찾아보아야 하겠지요
이들이 서로 비슷비슷한 나물 종류라면
'다섯五 가지 매운辛 나물菜' 이라 한 뒤
낱낱이 이름을 붙이지 않았을 지 모릅니다
따라서 이들 다섯 가지 향신료가 지닌
독특한 향기는 수행자의 입맛을
사로잡기에 충분할 수 있다 할 것입니다
오신채를 금한 이유는 크게 3가지입니다

첫째는 오신채가 지닌 톡 쏘는 냄새 때문에
트림을 통해서나 또는 이야기 도중에
상대방에게 혐오감을 줄 수 있기 때문이고
둘째는 향신료가 워낙 독특한 까닭에
수행자 마음을 방해할 수 있기 때문입니다
수행자의 제1 법칙은 무집착입니다
어떤 경우도 중독성을 지닌 맛에 집착하여
수행을 방해해서는 안 되는 까닭입니다
마늘종에 집착하여 마늘밭을 도륙낸
육군六群 비구니 얘기는 이미 잘 아시지요

그리고 셋째가 오신채의 영양소입니다
학술적 이야기는 차차 하기로 하고
일설에 따르면 마늘 파 달래 등 오신채가
'오음성고'를 도와준다는 것입니다
그럼 오음성고五陰盛苦가 무엇입니까
우선 인간이 겪는 큰 괴로움에는
태어남/삶生 늙음老 질병病 죽음死이란
가장 근원적인 네 가지 괴로움이 있고
여덟 가지 괴로움이 있는데
여덟 가지는 독립獨立된 게 아닙니다

기본의 네 가지 괴로움에
다시 네 가지 괴로움을 더 보탠 것입니다
건봉사에서 펴낸《권왕가勸往歌》는
사언절 150수로 이루어져 있는데
꼭 절반에 해당하는 제75수에
이런 재미있는 가사歌詞가 실려 있습니다

파 마늘을 먹지 마오
생生으로는 진심瞋心 돕고
익힌 것은 음심淫心 돕네
담배 이름 다섯 가지
담악초痰惡草며 분사초焚蛇草라
선신善神은 멀리 하고
악귀惡鬼가 뒤쫓으니
알고 차마 먹을 손가

파 마늘 달래 부추 무릇 등 오신채는
날것으로 먹었을 때 화를 잘 내게 되고
가령 굽거나 익혀서 먹었을 때는
음심淫心을 쉽게 일으킨다는 논리입니다
마늘이나 파 달래 부추 무릇 등에
어떤 영양이 들어있기에 이리 설했을까요

먼저 마늘을 보겠습니다
수분70%, 탄수화물20%, 단백질1.3%며
가식부 무기물은 10,000분 중 회분 99
칼륨 33, 칼슘 21, 마그네슘 5등과
인산 5등이 들어 있습니다

비타민 B1, B2, C를 소량 함유하고 있지요
마늘 특유의 자극적 냄새와 매운 맛은
알리신allicin에 의하는데
이는 전초全草 특히 비늘줄기에서는
알리인alliin 상태로 존재하다가
세포가 죽거나 파괴되면
공존하는 효소 알리나제allinase에 의해
하나 하나 낱낱이 분해되어
항균성 물질인 알리신이 되는 것입니다
항균물질 페니실린보다 효과가 강합니다

비늘줄기는 양념으로 널리 애용됩니다
구워 먹기도 하고 생으로 먹기도 합니다
또 마늘종/꽃줄기의 연한 것은
고추장에 넣었다가 반찬으로 이용하고
아직 여물지 않은 마늘은

설탕, 초, 간장에 절여
마늘장아찌를 만들어 먹습니다
약용주로 마늘주를 담그기도 하며
분말로 가공된 마늘이 시판되고 있습니다

생약 호산은 비늘줄기鱗莖입니다
한방에서는 비늘줄기를
이뇨利尿에 탁월하다든가
가래를 제거하고
바이러스를 죽이며
장 속의 모든 회충을 죽이며
위를 건강하게 하는 발한약으로 씁니다
유럽 미국에서도 소스를 만들어내며
육가공과 향신료로 널리 쓰이고 있습니다
세계에서 마늘 소비가 가장 많은 나라는
중국 남아메리카 북부 여러 나라이고
한국도 마늘소비가 꽤 많은 편입니다

무릇은 아스파라거스과에 딸린
'여러해살이풀'입니다.
무릇은 우리나라가 원산이며
일본과 중국에도 많이 서식합니다

물구, 물굿, 물구지라고도 부르고 있습니다
볕이 좋은 산기슭이나 들에서
무리지어 자라는 향초입니다
꽃줄기 높이는 약 20~50cm이고
잎은 2개씩 나는데 길이 10~30cm
너비 4~6mm 정도로 아주 길쭉합니다

봄과 가을 두 차례 돋아납니다
7~9월 줄기 끝에 조그마한 분홍색 꽃이
총상꽃차례總狀花序를 이루어 핍니다
꽃차례花序 길이는 10cm미터 남짓
꽃 속에는 수술 6개에 암술이 1개입니다.
열매는 9~10월 무렵에 맺으며
길이 4~5mm 되는 럭비공 모양이며
캡슐capsule로 된 삭과형蒴果形입니다
무릇에는 '흰 무릇' 등이 있습니다

열과裂果dehiscent fruit의 하나입니다
겹씨방複子房compound ovary이
매우 발달된 열매로
속이 여러 칸으로 나뉘고
각 칸마다 많은 씨가 들었으며

성숙하면 벌어져 씨가 튀어나옵니다
어렸을 때 봉숭아 씨를 터뜨리는 재미로
해 가는 줄 모르기도 했는데
잘 익은 봉숭아씨는 살짝만 건드려도
톡톡 터지곤 했거든요

#2

향신료 생산에 대해서 한 번 살펴볼까요
이게 2003년, 2004년도 집계라네요
인도 1,600,000톤 86%
중국 99,000톤 5%
방글라데시 48,000톤 3%
파키스탄 45,300톤 2%
네팔 15,500톤 1%
기타 국가 60,900톤 3%
전체 1,868,700톤 100%지요
인도가 전체 생산량의 86%를 차지합니다

전 세계에서 생산되는 1,868,700톤의
향신료 종류는 생각보다 다양합니다

마늘, 생강, 고추, 후추, 바질, 로즈마리
오레가노, 타임, 딜, 타라건, 호로파
카다멈cardamom
올스파이스, 알피니아
월도, 울금, 육두구, 정향
오향분, 계피, 고수, 향채香菜
그리고 코리앤더coriander입니다

꿀을 비롯하여 설탕과 소금 따위는
음식물의 보존 기간을 늘이고
음식의 맛을 더하지만
엄격한 의미의 향신료 범주에는
포함되지 않는다고 보는 게 정석입니다

마늘, 달래, 양파, 부추, 무릇 등 오신채가
맵고 자극적인 향신료가 맞습니다
자극적인 향신료를 찾는다면
어찌 오신채 뿐이겠습니까
고추辣椒/辢椒pepper가 있고
겨자芥子mustard가 있으며
생강生薑ginger이 있고
후추胡椒black pepper가 있습니다

자극적인 음식을 찾는다면
알콜 성분 때문에 건강을 해치는 술과
삭인 음식으로 가오리, 홍어가 있고
몸에 해롭기는 담배도 마찬가지 아닙니까

향신료香辛料spice는
일반적으로 식물의 열매라든가
씨앗, 꽃, 뿌리 따위를 이용해서
음식의 맛과 향을 북돋거니
빛깔을 내어 식욕을 증진시키고
소화를 촉진시키는 기능을 해줌과 동시에
육류 누린내와 생선 비린내를 없애는
기능까지 함께 갖고 있는 것을 말합니다

매우 특이한 향신료를 꼽으라면
홍콩에서 사용하는 진주가루가 있습니다
음식 문화사에서 살펴보면
고대 이집트埃及Egypt에서도
식초에 진주가루를 녹여 먹었다는
매우 진귀한 기록들이 남아있습니다
우리나라에서는 음식 맛을 돋우기 위해
사용하는 재료를 보통 양념이라 합니다

다른 말로는 조미료助味料지요

한식韓食에 주로 사용하는 양념에는
간장, 된장, 고추장, 소금, 설탕, 고춧가루
실고추, 기름, 후추, 식초, 깨소금, 파
마늘, 생강 따위가 있습니다
이 밖에 육고기에 넣은 육두구가 있습니다
영어에서는 양념을 스파이스spice라 하고
일본에서는 향신료를 '향료'로 부릅니다
향신료는 요리에 첨가하여
맛에 변화를 주고
맛을 더해 주고
식욕을 증진시키는 까닭에
조미료, 또는 양념의 뜻으로 표현합니다

독특한 맛을 지닌 재료는 음식 자체에 담긴
역겨운 냄새를 없애는 데 이용됩니다
고기에 넣는 육두구와
생선에 넣는 생강 따위가
그 대표적인 예라면 예일 것입니다
냄새가 느껴지지 않는 소재는
상대적으로 맛을 돋보이게 합니다

또한 향신료는 방부기능과 함께
살균 작용이 강합니다
하여 식품의 보존성을 위한 용도로
이용되는 경우도 많습니다

오늘날이 아닌 중세에서의 향신료 기능은
음식을 장기 보존하기 위한 것으로
중요시 여기기도 했습니다
앞서 얘기했듯이 대부분 향신료는
식물의 열매와 씨앗, 뿌리 따위와
그 자체를 곱게 잘 말린 것들이었습니다
또는 말린 뒤 잘게 부수거나
가루로 만든 것들도 있습니다
적은 양으로도 강한 효력을 내기에
가정용은 아주 작은 병에 담아
판매하는 경우가 많습니다

향신료의 맛과 효능을 특징 짓는
대표적 성분으로 테르펜terpene이 있고
페닐프로파노이드phenylpropanoid가 있으며
알칼로이드Alkaloid 성분이 있습니다
이는 자연적 염기성 존재로

질소 원자를 가지는 화합물 총칭입니다
대부분 물질은 보통 염기성으로서
일부 중성이나 약한 산성을 띤
화합물까지 모두 이에 포함됩니다
때로 유사한 구조의 인공 화합물까지도
알칼로이드라 일컫는 경우가 더러 있지요

이탈리아의 작가이자 뛰어난 탐험가로서
세계적인 불후의 명작 여행기를 남긴
마르코 폴로Marco Polo(1254~1324)를 아시나요
그의 여행기《동방견문록》에 의하면
인도에서는 이미 기원전 3,000년경부터
후추와 정향 등 많은 향신료가 있었습니다
유럽 사람들 대부분은 이미 오래전부터
고기와 생선을 많이 먹었는데
이들 고기와 생선 따위를
겨울철에 이르기까지
장기보존할 필요성이 있었습니다

정향나무와 후추 등은
그 자체로 높은 살균력이 있었기 때문에
음식 재료 저장에는 필수적이었지요

부패를 방지하는 효능은 말할 것도 없고
그 향기가 워낙 독특하여
병마를 퇴치한다고도 믿었습니다
향을 피워 사용한 예가 그 증거였습니다
또 물이 풍부하지 않은 지역에서는
몸을 자주 씻을 수 없었기 때문에
비린내가 강한 고기를 먹었을 경우
몸에서 나는 체취가 문제가 되기도 했지요

조미료는 강한 향기를 요구합니다
정향丁香clove을 비롯하여
육두구肉荳蔲nutmeg등 일부 향신료는
인도네시아 말루쿠 제도에서만 나왔고
후추楜椒pepper/black pepper는
인도 동부 해안 지역을 비롯하여
수마트라 섬에서 많이 생산되었습니다
따라서 이들 지역과 교역을 통해
조미료를 손에 가장 많이 넣는 것이
국가 유지에 중요한 요인이 되기도 했습니다

향신료가 마침내 인도에서 유럽을 거쳐
세계 진출을 꾀하게 되었습니다

고대 로마 시대에는 동양의 향신료가
인도를 통해 유럽에 수출되었고
중세에는 이슬람의 무슬림 상단商團들이
인도양의 향신료 무역을 독점하였으며
유럽에서는 베네치아 공화국이
이집트의 술탄 맘루크 왕조와
오스만 제국에서의 수입을 독점했습니다

베네치아의 향신료 무역 독점을
깨트리기 위해 포르투갈은
희망봉에서 인도로 가는 항로를 개발하고
무역 독점의 또다른 길을 밟았습니다
초기에는 향신료를 얻기 위해
인도 진출을 도모하기도 하였지만
나중에는 무역의 주도권을 확보하기 위한
치열한 싸움으로 번지게 되었습니다
하여 어떤 이들은 서쪽 항로를 주목했지요
크리스토퍼 콜럼버스가 대표적으로
1492년 스페인에서 서쪽으로 출발했습니다

그는 향료의 주산지 인도, 인도네시아는
아예 밟아 보지도 못했습니다만

끝내 아메리카에 이르렀고
그의 존재를 유럽 전역에 알렸습니다
하지만 그의 목적지가
처음부터 인도였기 때문에
아메리카를 인도라고 착각하고
거기에 사는 원주민을 "인디언"이라고
불렀던 호칭이 오늘날까지 남아 있습니다

#3

'고수'라는 나물이 있습니다
일명 '고소'라고도 하는데
'입맛이 쓴苦 채소蔬'의 뜻일 것입니다
빈대 맛이 난다 하여 빈대풀이라고 하는데
미나리과에 딸린 한해살이풀입니다
우리는 다들 인도로 알고 있지만
학자들의 연구에 따를 것 같으면
동유럽이 원산지로 밝혀지고 있습니다
한문으로는 고수胡荽이며
영어로는 코리앤더coriander라 하고
또는 씰랜트로cilantro라 하기도 합니다

분류계에서는 미분류 식물계고
역시 미분류 속씨식물군이며
미분류 '진정쌍떡잎식물군'에 속합니다
목으로는 국화군목이고
과로는 미나리목과며
속으로는 미나리과속에 속하고
그 중에서도 고수속에 속하는 나물이지요
종명은 코리앤드럼coriandrum종이고
학명으로는 코리앤드럼coriandrum
싸티범sativum-L. 1753입니다

식물 분류가 약간 다른 것도 있습니다
Coriandrum sativum L. 1753은 같고
이를 린네의 분류법에 따르면
계/식물계plantea
문/현화식물문anthophyta
강/쌍떡잎식물강dicotyledoneae
목/산형화목umbellales
과/산형과umbelliferae
속/고수속coriandrum
종/고수종coriandrum입니다

이 고수에 대한 이름은 매우 다양합니다
중화권에서는 샹차이로서 향채香菜며
중국어 표기는 샹차이香菜이고
웨이드식 병음으로는 샹차이xiāng cài며
인도에서는 다니아dhania라고 합니다
절에 처음 들어와서 가장 싫었던 게
이 '고소'라는 나물이었습니다
나, 원! 세상에 이리 고약한 냄새에다가
맛없는 나물을 먹으라고 하니
그러나 싫다 하여 안 먹을 수 없었습니다

고수는 한해살이 식물입니다
크기는 대략 30~60cm이쪽저쪽이지요
전체에 털이 없고
줄기는 곧게 서있습니다
속이 텅 빈 대공으로 되어 있습니다
잎에서는 빈대 냄새가 나고
근생엽根生葉rosette은 잎자루가 길며
깃꼴겹잎羽狀複葉으로 되어 있습니다
경생엽莖生葉cauline leaf은 어긋나면서
위로 갈수록 잎자루는 점점 짧아지고
아래 뿌리 쪽 밑은 잎집葉鞘이 되고

갈래는 다시 깃 모양으로 갈라집니다

꽃잎은 흰색입니다
순수의 색깔이라 하겠지요
보통 겹산형꽃차례複繖形花序인데
작은 산형꽃차례繖形花序 생김새는
잎이 3개에서 6개 사이입니다
씨방子房ovary은 하위이고
열매는 분과로서 둥근 모양입니다
처음에는 고약한 맛 때문에 싫어하지만
맛을 들이면 다른 나물에 비해
훨씬 빠르게 좋아하는 쪽으로 바뀝니다

절에서 내려오는 얘기에 따르면
스님들에게 왜 고수를 먹으라 권하느냐면
정력을 감퇴시키기 때문이라 합니다
파 마늘 달래 부추 무릇 따위 채소는
다섯五 가지 매콤辛한 채소菜라고 하여
정력을 돋구는 스테미나 채소인데 비해
이 고수는 오히려 정력을 감퇴시킨다지요
나는 이 대목을 지금도 이해하지 못합니다
이를테면 정력이 왕성하다는 것이

어찌 엉뚱한 데만 쓰겠느냐는 것입니다

화두들고 참선하는 데도 정력은 필요하고
도량 쓸고 닦는 데도 정력이 필요합니다
나처럼 매일 같이 글을 쓰는 데도
정력 없으면 글을 쓸 수가 없습니다
정력精力이란 크게 3가지 뜻이 있습니다
첫째는 몸과 마음의 활동력이고
둘째는 남자의 성적性的 능력이며
셋째는 원기며 활동력이고 근력이지요
이들 세 가지 중에서 정력이라 하면
꼭 둘째만을 꼬집어 생각하며 웃습니다만
정력精力이란 정진할 수 있는 힘입니다

먹지 말아야 하는 식료품이 있고
이처럼 먹어야 하는 식료품이 있습니다
살아있는 생명을 죽이는 것도 아닌데
어떤 식물을 먹으면 안 되고
어떤 식물은 일부러라도 먹어야 한답니다
꼭 정력과 관련지어서가 아니라
혹시라도 숨겨진 다른 뜻은 없는 것일까요
호텔에서도 무릇이 매우 고급요리입니다

그만큼 입맛을 돋우는 데는

고수가 분명 한 몫을 한다 할 것입니다

05) 불교회죄계不敎悔罪戒

포살법회 함께모인 불자들은 경청하라
보살계를 받은이가 오계팔계 비롯하여
십계등을 범했거나 칠역죄를 지었거나
팔난중에 태어날일 동기부여 하였거나

여러가지 부처님계 범한이를 만나거든
지성으로 참회토록 가르쳐야 하느리라
그럼에도 불구하고 보살계를 받은이가
참회법을 가르치지 아니할수 있겠는가

그네들과 어울려서 대중공양 받으면서
참회하지 않는자를 스님으로 인정하고
지금까지 지은죄를 참회토록 아니하고
바른길로 인도하지 아니할수 있겠는가

보살계를 받은이가 닦아갈게 무엇인가
포살법회 참여하여 올바르게 이끔이라
그럼에도 참회법을 가르치지 아니하니
마흔여덟 경구죄중 다섯째를 범함이라

#1

여행하라, 현인이 되리니

동봉

별 경景자와 다닐 행行자는
묶어서 얘기하면 여행을 뜻합니다

여행을 모르는 사람은
춤을 모르고
음악을 모르고
예술을 모르고
시와 문학을 모르고
게임과 스포츠를 모르듯
생각보다 많이 고루하다 할 것입니다

여행을 모르는 사람은
미래가 없고
희망이 없고
과거가 없고
추억이 없고
현재가 없고

웃음이 없습니다
향기와 기쁨이 없고
사랑과 행복이 없듯이
한없이 삭막하고 퍽 딱딱할 것입니다

여행에는 선험적 여행이 있고
경험적 여행이 있습니다
선험과 경험을 얘기하니까
임마누엘 칸트(1724~1804)의
철학을 대하듯 느껴지지 않습니까
선험이란 경험 이전의 세계로
정신적 이론적 여행이 될 것입니다

그렇다면 경험적 여행은 무엇일까요
몸으로 뛰고 발로 뛰는 여행입니다
이론으로 알고 있는 세계를
몸소 실험을 통해 경험함입니다
여행의 묘미는 몸으로 뛰면서
몸으로 느끼는 데 있습니다
몸에는 오감五感이 함께합니다

몸의 여행이 묘미를 느끼려면

정신 여행이 충분해야만 하겠지요
이론 여행이 넉넉하지 않으면
맛을 제대로 느낄 수 없습니다
이론 여행이라면 어떤 게 있겠습니까
보통사람으로는 우주 지식은
거의가 이론에 그칩니다

우주복을 입고
우주선을 타고
지구와 대기권을 벗어나
우주로 여행한 사람이라면
아직 손가락에 꼽을 정도일 것입니다
우리가 우주에 대해서
이러쿵저러쿵하지만
이는 어디까지나 이론일 뿐이지요

그렇다고 모의실험模擬實驗
곧 시뮬레이션Simulation 한 번 없이
고귀한 인간의 생명을
광활하고 거친 저 우주 속에
그냥 던져버릴 수는 없지 않겠습니까

이론 여행을 충분하게 한 뒤
몸 여행길에 오를 때
여행의 재미는 깊이를 더할 것입니다
나는 깨달음도 이와 같다고 봅니다
믿음과 이해와 실천과 궁극이라는
신해행증信解行證에서
믿음과 이해라는 단계 없이
곧바로 실천의 단계로 뛰어드는 것은
시뮬레이션 한 번 없이
곧바로 우주로 나아감과 같습니다

그건 천체 우주물리학이나
핵물리학과 같이 위험한 경우이고
여행은 위험한 것이 아니라서
몸 여행을 먼저 하고
이론 여행은 천천히 해도 된다고요?
그럴 수도 있습니다
영화를 보기 전에
시놉시스Synopsis를 먼저 읽고
나중에 영화를 보게 되면
김이 빠진다는 이들도 더러 있더군요

그런데 나는 아니더라고요
머리가 둔해서 그런지는 모르겠으나
어차피 영화도 이해를 필요로 하니까
미리 골자Synopsis를 읽고 난 뒤
영화를 관람한다면
이해가 빠르지 않겠습니까

나는 할 수만 있다면 인생도
일종의 시놉시스를 설정하고
설정을 따라 열 번이고 백 번이고
시뮬레이션을 거친 뒤에
제대로 한 번 살아보고 싶습니다
세상에 시뮬레이션 없는 것은
소위 가장 소중하다는 인생뿐일 것입니다

한 번도 가보지 못한 우주라든가
한 번도 경험해 보지 않은 물리이론도
시놉시스와 시뮬레이션이 가능한데
어째서 인간의 삶은 그게 불가능할까요

인생은 모의실험이 불가능하고
인생은 줄거리 설정이 불가능하고

사랑은 계획대로 되는 게 아니라 하더라도
여행 만큼은 책을 통해서
인터넷을 통해 미리미리 찾아본 뒤
몸 여행을 떠나길 권합니다

다닐 행行/항렬 항行 자입니다
다닐 행行자는 파자하면 이렇습니다

왼쪽의 두인변彳이 자축거림이고
오른쪽의 촉亍이 멈춤이며
외발로 걸음이며
이는 앙감질함입니다
앙감질이란 한 발로 뛰는 것입니다
다른 한 발은 들고 뜁니다

자축거림이란
조심스러움이고
걸음을 천천히 함이고
뒤뚱뒤뚱 다리를 저는 모습입니다
여행은 뒤뚱거리며 걷는 것입니다
여행은 조심스런 걸음입니다
여행은 새로운 것을 관찰함이 아니라

이미 알고있는 것을 확인함입니다
여행을 통해 현자가 됩니다

#2

코칭coaching
보살행은 코칭입니다
미국에서는 승합자동차를
단순하게 코치coach라 합니다
코치는 동아프리카 탄자니아(TZ)에서는
장거리 승합용 대형버스라든가
관광버스 또는 고속버스를 가리킵니다
영국에서는 공식 마차를 뜻하는데
말 네 필이 끄는 네 바퀴 역마차
곧 대형 마차에서 온 달구지 용어입니다

따라서 국빈용 공식 마차라든가
런던 시장의 공식마차를 가리키는데
원동기 힘으로 가는 것이 아니라
네 마리 건장한 말이 직접 끄는 마차입니다
여기서 유래한 코치가 객차

버스나 철도의 차량으로 번져갔고
여객기의 이코노미 클래스를 비롯하여
해사 함미실艦尾室을 지칭하게 되었지요
나중에 수험생을 위한 가정교사
스포츠나 또는 연기 따위에서 지도자를
코치라는 이름으로 지칭하게 되었습니다

야구에서는 1루 코치, 3루 코치 등이 있는데
주자走者에게 언제 어느 지점에서 어떻게 뛰면
점수를 낼 수 있을까 지도하는 요원이지요
레이스를 위해 조정 선수를
코치하고 지도하는 이가 코치입니다
현대인들이 자신의 자동차를 운전할 때도
반드시 소정의 과정을 이수하고 나서
자격증/면허증을 취득한 뒤
비로소 차를 몰고 거리로 나갑니다

이와 마찬가지로 마차를 모는 데도
반드시 마부로서의 자격증을 따야 합니다
이를테면 말을 어떻게 부릴 것인가
마차를 모는 중 뜻밖의 일이 생겼을 때
어떻게 말들을 안심시키며

무사히 목적지까지 마차를 몰 것인지
반드시 훈련을 통해 익숙해져야만 합니다
보살이 중생을 교화하고 이끌어감에도
반드시 자격증을 취득해야 합니다
세상 쉬운 일만 있는 게 아니네요

그런데 불교에는 보살菩薩이 있습니다
산스크리트어 보디사트바bodhisattva고
빨리어 보디삿따bodhisatta는
깨달은 사람 곧 부처가 되기 위해
수행하는 사람을 가리키는 말입니다
보살은 여러 생에 거쳐 선업을 갈고 닦아
높은 깨달음 경지에 오른 장한 사람입니다
특히 대승불교가 발달하면서
보살은 변화를 거칠 수 밖에 없었습니다

보살행菩薩行은 보살이 닦아갈 덕목으로
여섯 가지 바라밀六婆羅蜜입니다
이들 여섯 가지 바라밀은 다음과 같습니다
1). 보시바라밀/베풀고 나눔입니다
2). 지계바라밀/스스로 올곧게 삶입니다
3). 인욕바라밀/욕됨을 참음입니다

4). 정진바라밀/부단히 정진함입니다
5). 선정바라밀/들뜸을 가라앉힘입니다
6). 지혜바라밀/참된 가치관을 닦음입니다

보살의 원어 보리살타는
산스크리트어 보디사트바의 음역으로
보디는 온전한 깨달음의 뜻이고
사트바는 존재 또는 중생의 뜻입니다
따라서 보리살타는 깨달음을 지향하는 자
또는 이미 깨달은 중생의 뜻입니다
보리살타는 스스로에게 붙이는 말이며
나아가 모든 중생을 보살로 이끄는
지도자manager를 가리키는 말입니다
그런 면에서 나는 코치coach를
보살에서 기인한 말이라 하고 싶습니다

스포츠sports를 비롯하여
예능인entertainer 세계에서는
감독監督보다 '코치'가 더 가깝습니다
사실 외국에서는 감독이 곧 코치이고
코치가 그대로 곧 감독입니다
그러나 우리나라에서는

감독 아래 코치가 있어서
선수나 예능인을 직접 지도합니다
불교에서 본디 부처가 해야 할 일이지만
보살이 중간 지도자 역할을 담당하듯이요

보살은 대승불교가 지닌 특징입니다
개인의 깨달음과 열반뿐만이 아니지요
중생과 함께 열반에 이르는 것을
가장 큰 가치로 삼는 이가 곧 보살입니다
오죽하면 지옥에서 고통 받는 중생들이
모두 구원을 받기 전에는
결코 부처의 경지에 오르지 않겠다는
거룩한 원을 세운 지장보살이겠습니까
또한 마흔 여덟 가지 서원이 이루어졌을 때
마침내 부처가 되겠노라 서원한
아미타불의 전신 법장비구이겠습니까

보살의 사홍서원四弘誓願은
그런 면에서 모든 지도자가 지녀야 할
근본 바탕의 성격이라 할 것입니다
생각해 보십시오
중생이 끝 없지만 기필코 건지리라

번뇌가 다함 없지만 반드시 끊으리라
법문이 헤아릴 수 없지만 반드시 배우리라
불도가 위 없지만 기필코 이루리라
그런 뒤에 자성 중생을 건지고
자성 번뇌를 끊어내고
자성 법문을 배우고
자성 불도를 이루겠다는 보살 서원입니다

가령 감독director이 부처라면
코치achco는 보살입니다
범망경 보살계본 제2조 제5항에서는
보살이 해야할 의무를 말씀하고 계십니다
보살계를 받은 이가
옆에서 오계 팔계 십계를 어겼거나
칠역죄七逆罪를 지었거나
삼재팔난三災八亂 중에 태어날
동기부여動機附與motivation를 했다거나
여러 가지 불계佛戒를 범한 이를 보거든
반드시 참회하도록 가르쳐야 한다는 것이지요

감독의 위치보다 어려운 게 코치입니다
코치는 이끌어갈 선수나 예능인이

스스로 제 길을 찾을 수 있도록 함이지요
말 한 마리 길들여 타고 다니거나
수레를 끌게 하는 것도 쉽지 않은데
네 필의 말이 서로 화합하여
마차를 끌게 한다는 게 얼마나 어렵습니까
그러나 멋진 조어장부調御丈夫라면
네 필의 말이 조화를 이룰 수 있도록
반드시 제대로 길들일 수 있을 것입니다

두루周 아다知시피
윗사람에게 바른 말 하기는 쉽지만
아랫사람에게 곧바로 지적하기가 쉽던가요
어려운 일 가운데 어려운 일입니다
그러나 코치는 꼭 해야 합니다
마찬가지로 보살마하살菩薩摩訶薩은
중생의 잘못을 지적하고 이끌어야 합니다
중생들로부터 갖가지 욕도 먹고
그러면서도 끝까지 그들과 하나 되어
그들에게 담긴 보석을 이끌어내야 하지요

#3

첫째, 여덟 가지 계八戒입니다
① 불살생계不殺生戒
② 불투도계不偸盜戒
③ 불사음계不邪淫戒
④ 불망어계不妄語戒
⑤ 불음주계不飮酒戒
⑥ 불비시식계不非時食戒
⑦ 이가무관청향유도신계離歌舞觀聽香油塗身戒
⑧ 이고광대상계離高廣大床戒

위의 여덟 가지 계율에 담긴 뜻은
① 살생하지 말라는 계율
② 훔치지 말라는 계율
③ 사음하지 말라는 계율
④ 거짓말하지 말라는 계율
⑤ 술 마시지 말라는 계율
⑥ 아무때나 먹지 말라는 계율
⑦ 꽃다발을 쓰거나 몸에 향을 바르고
구슬로 된 장식물을 몸에 걸치지 말며
노래하고 춤추거나 그런 곳에 가지도 말라는 계율

⑧ 높고 넓으며 잘 꾸민 평상에 앉지 말라는
계율입니다

둘째, 오계五戒는 재가자在家者가
기본적으로 수지受持해야 하는
다섯 가지 근본 계율을 가리키는 말입니다
① 불살생계
② 불투도계
③ 불사음계
④ 불망어계
⑤ 불음주계
이들 다섯 가지 계율 해석은 팔계를 참조하십시오

셋째, 십계十戒는 20세 미만 출가수행자
사미, 사미니가 지킬 열 가지 계율입니다
① 불살생계/산 생명을 해치지 말라.
② 불투도계/주지 않는 것을 갖지 말라
③ 불사음계/음란한 행위를 하지 말라
④ 불망어계/거짓을 말하지 말라
⑤ 불음주계/술을 마시지 말라 외에
⑥ 불착향화만불향도신不着香華鬘不香塗身/
꽃다발을 쓰거나 향유를 바르지 말라

⑦ 불가무창기불왕관청不歌舞娼伎不往觀聽/

노래하고 춤추고 풍류에 빠져 구경하지도 말라

⑧ 부좌고광대상계不坐高廣大床戒/

높고 큰 평상에 앉지 말라

⑨ 불비시식계不非時食戒/

아무때나 먹지 말라

⑩ 불촉지생상금은보물不促持生像金銀寶物/

금, 은 보물을 갖지 말라 등입니다

넷째, 칠역죄七逆罪/칠차죄七遮罪입니다
① 부처님 몸에 피를 낸 죄
② 아버지를 죽인 죄
③ 어머니를 죽인 죄
④ 승단의 화합을 깨뜨린 죄
⑤ 경이나 불상을 태운 죄
⑥ 화상을 죽인 죄
⑦ 아사리를 죽인 죄입니다
만일 칠역죄, 또는 칠차죄를 범하게 되면
현생의 몸으로 계를 받을 수 없으며
목숨이 다하면 아비지옥에 떨어집니다

다섯째, 팔난八難이란 불교용어로서

불법을 만날 수 없는 8가지 어려움입니다
① 지옥地獄에 떨어졌을 때
② 아귀餓鬼의 몸
③ 축생畜生의 몸
④ 장수천長壽天에 태어났을 때
⑤ 변지邊地 외지에 태어났을 때
⑥ 맹롱음아盲聾瘖瘂 시각 청각 언어 장애자
⑦ 세지변총世智辯聰 입만 살아있는 자
⑧ 불전불후佛前佛後 부처님 없는 시대입니다

이처럼 팔계, 오계, 십계, 칠역죄를 범했거나
팔난에 태어날 동기를 만들었다면
으레 참회하도록 잘 가르치고 이끌어야 합니다
보살이 이처럼 잘못된 이를 참회시키지 않은 채
함께 어울려 지내며 공양을 받으면 안 됩니다
포살布薩은 포사다Posadha의 음사音寫며
또는 우포사다uposadha의 음사로서
함께 머물다共住 계를 설하다說戒로 풀이합니다

이처럼 포살법회布薩法會는
같은 지역 안에 거주하는 비구들이
한 곳에 모여 계본戒本을 읽고 외우고

그 계본 가르침을 위반違叛했을 경우에는
죄를 고백하고 참회하는 행사입니다
일반적으로는 한 달에 2번 씩인데
매월 음력 보름과 그믐날에 봉행합니다
작은 달은 29일이 그믐이지요
대중이 함께 한 자리에서 범계를 드러내어
참회시키지 않으면 경구죄를 범함입니다

늘 자주 언급하는 것이지만
비구계는 음살도망淫殺盜妄이나
보살계는 살도음망殺盜淫妄입니다
비구계는 음행을 가장 중하게 다루고
보살계는 살생을 가장 비중있게 다룹니다
심지어 오계나 팔계 사미십계 등에서도
음행죄보다 살생죄를 크게 얘기하는데
오직 비구계에서만 음계 중심입니다
그만큼 출가수행자는 청정이지요
첫째도, 둘째도, 셋째도 오직 청정입니다
비구계는 도덕을 중시한다 하는데
실로 도덕은 청정에만 국한되지 않습니다

그러나 대승보살계에서는 사랑입니다

첫째도 사랑이고
둘째도 사랑이며
셋째도 오직 사랑이 있을 뿐입니다
사랑은 다른 말로 자비慈悲입니다
잘한 점을 칭찬玆하는 마음心이 자慈요
잘못을 비판非하는 마음心이 비悲입니다
따라서 사랑과 함께 자비慈悲에는
긍정하는 마음과 때로 부정하는 마음이
한 군데 고스란히 담겨 있습니다
비非의 마음心은 비방이 아닌 비판입니다

비구의 청정은 개인 문제에서 끝나지만
살인과 살생을 비롯하여
음주운전, 뺑소니, 폭행, 게으름
거금의 시주물 착복, 횡령, 마약, 도박
혹세무민 등은 그 영향이 사회적입니다
스님네가 살생하고 살인하고
매일같이 술에 찌들어 살고
상상 밖의 거금을 지니고
노는 입에 염불이 아니라
남의 애깃거리만을 입에 달고 살며
혹세무민에 거짓말을 밥 먹듯 하더라도

그에게 파계란 굴레를 씌우지는 않습니다

그런데 음계를 범하면 평생 파계승입니다
비구계가 자그마치 250가지라고요
천만의 말씀입니다
한국불교에서는 오직 하나입니다
음계 하나만 계율에 해당하고
나머지 249계는 들러리일 뿐입니다
뺑긋하면 입에 담을 수 없는 욕설뿐이고
자신의 수행과 관계가 없는 데도
틈만 나면 남의 험담 뿐이며
돈만 생기면 도박이고 골프입니다
언제부터 절집안에 골프가 들어왔습니까

보살계, 포살에서는
음계淫戒만을 다루지 않습니다
팔계, 오계, 십계, 칠역죄, 심지어 팔난까지
보살행을 닦음에 있어서 문제가 되는 것은
모두 같은 가치로 심도있게 다룹니다
그런데 그러면 뭐합니까
돌아서면 음계를 제외한 모든 계율은
'바라제목차'만이 있을 뿐입니다

부처님 마지막 유언이 무엇이었습니까
'게으르지 말고 정진하라'셨습니다
게으름보다 더 큰 파계가 있다고 보십니까

정진을 안 하는 게 아니지요
종일 '남의말'로 화두를 삼으니까요
그러나 나는 내일來日을 분명 믿습니다
'남의말' 수행자는 극소수란 것입니다
이 땅에는 정말이지
목숨 떼어놓고 정진하는 수행자가
생각보다 훨씬 많다는 것입니다
그러기에 한국불교 미래는 희망적입니다
아! 보살volunteer이 필요합니다
늘 가까이에서 코칭coaching해 줄
매우 괜찮은 코치coach가 필요합니다

06) 공양하고 청법하라

함께모인 불자들은 마음모아 경청하라
대승법을 가르치는 큰수레의 스님네와
대승법을 공부하는 큰수레의 도반이나
같은견해 같은길을 갈고닦는 수행자가

백리천리 마다않고 찾아오게 되었거나
사찰이나 마을이나 성읍에서 오게되면
친절하게 영접하고 예배하고 공양하여
한치라도 머무는데 부족함이 없게하라

설법하는 동안에는 삼시로서 공양하되
매일매일 석량어치 음식차려 접대하며
차와음식 좌복이며 휴식공간 이르도록
법사스님 모시는일 빈틈없게 할지니라

이와같이 하루세때 법사로서 초빙하여
큰수레의 대승법을 설하도록 청을넣되
성내거나 귀찮다는 일체생각 내지말고
법을위해 몸을던져 일념으로 공경하라

이와같이 청법하길 빠뜨리지 말것이니
그럼에도 불구하고 그리하지 않는이는
공양하고 청법하란 보살계를 어김이라
보살계를 받았으나 경구죄를 범함이라

#1

떠나간 벗을 기리며

벗!
나이 들며
점점 늘어나는 것은
외로움이다

나는
며칠 전
소중한 도반을
먼저 그렇게 떠나보냈다

죽음은
주금住今이라
머무름住이란 공간과
이제今라는 시간 사이에서
단 한 발자국도
더 나아가지 못한다

살아온 시간이 길어질수록

남은 벗이 줄어듦은
지울 수 없는
반비례의 법칙

벗이여!
바라건대
고이 잠들라!

#2

큰 탈것大乘은 어느 정도 크며
작은 탈것小乘은 어느 정도 작을까요
작기로 말하면 너무 작아서
도저히 그 실체를 표현할 수가 없고
크기로 말하면 그 또한 너무 커서
설명은 가능하나 역시 그려낼 수 없습니다
큰 탈것은 거시세계巨視世界이기에
지구나 태양계나 은하계로도 불가능하고
작은 탈것은 곧 미시微視 세계이기에
원자나 쿼크로도 설명이 되지 않습니다

대승大乘의 산스크리트어와 영어는
각기 마하야나mahayana이며
그레이트 베히클great vehicle입니다
대승경전은 mahayana sutras며
대승불교는 mahayanist buddhism이며
대승 신도는 pure land sect입니다
글자 그대로 고급 탈것의 뜻이고
거룩하고 장엄스런 탈것의 뜻이며
규모면에서도 대단히 큰 탈것의 뜻이지요

대승大乘은 이처럼 큰 탈것이며
뛰어난 탈것이며 고급 탈것입니다
탈것은 가르침을 비유로 나타낸 것으로
가르침에 의해 사람들을 미혹의 세계에서
깨달음의 세계로 실어가고 있습니다
자기 이익이 목표인 작은小 탈것乘에 견주어
많은 이들의 구제를 목적으로 하는
'큰大 탈것乘'임을 대승은 주장해 왔습니다
알고보면 사실 대중부 불교가
대승불교의 뿌리이고 밑바탕이며
대중부는 소승불교에서 싹을 틔웠습니다

소승小乘이니 대승大乘이니 할 때
수레 승乘을 ‘수레’로 풀면 한계가 있지요
왜냐하면 수레는 바퀴가 달린 것으로
땅 위를 달리는 데 국한되는 까닭입니다
배나 비행기를 수레라 하지는 않지요
그러므로 ‘승乘’을 ‘수레乘’가 아닌
‘탈것乘’으로 풀었을 때 범위는 넓어집니다
지구는 거대한 ‘탈것’입니다
지구는 모든 생명과 무생명을 실은 채
쉼없이 구르고 움직이고 달리고 있습니다

아이를 업고 가만히 있으면 떼를 쓰지요
등에 업힌 아기는 어르기를 바랍니다
아기를 업고 처음에는 ‘둥둥’ 하다가
나중에는 가락을 넣어 ‘둥개둥개’까지 하고
때로는 온 몸을 이리저리 돌리며 까불지요
지구는 온갖 생명을 그의 등에 업고
품에 안은 채 구르며 열심히 달려갑니다
시속 1,674km 속도로 제몸을 굴리며
역시 시속 108,000km속도로
모항성母恒星인 태양 주위를 돌고 있지요

몸집 질량이 5,9736×10^24승kg인데
이 거대한 몸집에 실린 생명체는 물론
저 무생물체無生物體에 이르기까지
어느 하나 지구 밖으로 내던지지 않습니다
어떤 물체든 스스로 지구가 싫어
초속 11.186km라는 엄청난 속도로
밖으로 튕겨나가지 않는다면 말입니다
그래서 지구는 어떤 중생도 버리지 않지요
아무리 못된 짓 미운 짓을 하더라도
지구 자신은 그를 버리는 일이 없습니다

살도음망주殺盜淫妄酒
곧 살생/살인하고 훔치고 사음하고
속이고 술이 떡이 되었다고 하더라도
그리하여 5계를 다 범했더라도
그를 결코 지구 밖으로 내치지 않습니다
오역죄五逆罪로도 모자라
칠역죄七逆罪를 지은 자일지라도
게다가 팔난八難의 동기를 만든 자라도
그를 지구 밖으로 뻥 차버리지는 않습니다
이게 곧 큰 탈것의 비유입니다

그러나 지구는 자정능력이 있습니다
어떤 경우라도 지구 자체내에서
뒷마무리까지 깔끔하게 정리하곤 하지요
제행무상諸行無常의 법칙을 통해서입니다
제행무상의 법칙은 설거지의 대가입니다
모두를 하나하나 변화시켜가고 있습니다
제행무상이 제행무상일 수 있는 원리는
제법무아諸法無我이기 때문입니다
'자아'라 끝까지 주장할 수 있는 게
어디에도 내재되어 있지 않기 때문이지요

99명을 죽인 살인자 앙굴리마라까지도
모두 교화시킨 분이 부처님입니다
이 상상초월의 엄청난 살인자가
한마음 돌이키면서 부처님 제자가 됩니다
그냥 파리나 모기를 죽인 자가 아니고
그물과 낚시로 물고기를 잡은 게 아닙니다
사람을 죽인 살인자입니다
그것도 한둘이 아닙니다
자그마치 아흔아홉 명을 죽이고
100명 째 부처님을 죽이려던 자였습니다

나는 앞서 대승불교大乘佛敎를
지구라는 큰 탈것에 견주기는 했습니다만
정말 대승불교 가르침이 이 정도일까요?
아닙니다
아닙니다
아닙니다
대승불교의 가르침은
지구의 비유에서 멈추지 않습니다
대승불교의 가르침은 지구를 포함하여
태양계太陽系로 그 범위를 점차 확대하고
더 나아가 은하계로 우주로 커져갑니다
대승불교의 가르침은 가히 우주적입니다

그래서 대승과 소승의 '수레 승乘' 자는
땅 위를 달리는 2바퀴 4바퀴 달린
수레에서 멈추지 않습니다
땅 위를 달리는 자동차, 열차는 물론이고
바다 위를 달리는 거대한 크루즈와
바닷속을 달리는 잠수함과
하늘을 나는 점보 여객기 따위입니다
최고 시속 40km로 달리는 마차가 아니라
지구 탈출속도 40,269.6km/h 우주선이

그대로 모두 '탈것乘'의 뜻입니다
지구 탈출속도와 둘레가 묘하게 같은 꼴이네요

대승大乘은 이처럼 대단한데
그렇다면 소승小乘은 과연 어떠할까요
대승이 앞서 살펴본 것처럼
커다란, 뛰어난 가르침/탈것을 뜻하는
범어梵語 마하야나의 번역어인데 비해
소승小乘은 보잘것없고 자그만하며
질이 좀 떨어지는 그런 탈것일까요?
소승은 히나야나hinayana 번역어지요
그야말로 작은 수레, 작은 탈것입니다
크기도 꾸밈도 큰 탈것에 미치지 못하지요

그렇다면 정말 소승불교小乘佛敎는
대승불교에서 본 하잘것없는 그런 불교일까요?
결론부터 말씀드리면 그런 것이 아닙니다
대승이니 소승이니 하는 말은
이른바 대승불교권에서 붙인 말일 뿐
부처님 정통 가르침을 닦는 상좌부에서
스스로를 소승이라 이름하지 않았습니다
나는 앞에서 이미 언급했듯이

대승불교를 거대한 우주에 견주었다면
소승불교는 섬세한 원자에 비길 것입니다

#3

오전 9시부터 오후 4시까지
어제는 서울아산병원 내 신관 동관 서관을
참 열심히도 찾아다녔습니다
그러면서 그제 받은 담도암 2기 판정이
종일 발걸음을 무겁게 했습니다
지난 6월 14일 수술로 담낭을 떼어냈지만
염증炎症inflammation이겠지 했지요
그러나 수술한지 20일이 지난 엊그제
의사로부터 '2기암'이란 말을 들으며
나름대로 일체유심조의 법칙을 느꼈습니다

따지고 보면 염증과 암은 다릅니다
염증은 인플램매이션inflammation이고
암은 암癌이면서 캔서cancer입니다
의학에 깊은 지식이 없는 사람은
염증과 암에 대한 구별을 잘 하지 못합니다

지구나 태양계처럼 큰 탈것도 아니고
이 작은 몸뚱어리를 움직이는
눈에 보이지 않는 작은 작용일 뿐입니다
만일 탈것으로 친다면 그게 아무리 작아도
역시 사람을 싣고 뭇 생명을 싣습니다

게다가 사람 뿐이겠습니까
뭇 생명체이겠습니까
생명을 지니지 않은 갖가지 물건들을 싣고
태양계라는 시스템을 벗어나지 않은 채
끊임없이 움직인다는 것입니다
그것도 엄청난 몸집을 스스로 굴리면서
100km/h 속도로 달리는 승용차의
1,080 배 빠르기로 태양을 돌고 있습니다
그러면서 지구는 결코 어떤 생명도
자신의 품 밖으로 내치지 않는다 했습니다

그러나 사실 이 몸뚱어리가
이러한 사람의 몸을 지닌 채 살아가는 게
어떤 힘 때문인지 알고 있으시겠지요
눈에 보이지 않는 자연의 힘 덕분입니다
특히 전자기력과 약한 핵력

그리고 강한 핵력이 똘똘 뭉친 힘 때문에
이렇게 살아있을 수 있는 것입니다
제행무상 원리原理에서 보면
만남과 헤어짐, 헤어짐과 만남으로 인하여
우리는 이렇게 몸뚱어리를 지탱합니다

이는 분명 보이지 않는 힘입니다
특히 원자原子atom 세계로 들어가면
상상초월의 아주 작은 원자들이 똘똘 뭉쳐
몸뚱어리를 유지한 채 살아갑니다
보이지 않는 작은 원자의 세계가
이 인간의 몸을 80년, 90년, 100년 동안
그대로 서로 붙들어 얽어주고 있지요
그런데 여기에 반기를 들고 일어나는 놈이
우리 인간의 몸에는 더러 있습니다
바로 암癌cancer이라는 녀석입니다

자연에는 4가지 힘이 있습니다
첫째 중력重力gravitational force이고
둘째 전자기력電磁器力electromagnetic force이며
셋째 약한 핵력弱力weak force이고
넷째 강한 핵력強力strong force입니다

이들 네 가지 힘가운데 약력과 강력은
원자핵 내부에서 작용하는 까닭에
일상생활에서 우리는 느낄 수가 없습니다
그러나 자연에 존재하는 상호작용의 힘은
이들 4가지로 이루어져 있습니다

거시세계를 구성하는 힘 중에서는
중력重力gravity force이 기본입니다
만유인력萬有引力으로 알려진 중력은
질량을 가진 모든萬 존재有에는
끌어당기引는 힘力이 있다는 것입니다
뉴튼Isaac Newton이 처음 발견한 힘인데
이는 한 가지 종류로 이루어진
물질의 질량 사이의 상호작용으로서
거시세계巨視世界macro wold입니다
다시 말해서 눈에 보이는 세계에서는
이 중력이 전체를 지배한다고 하겠습니다

이 중력은 사물들objects로 하여금
땅으로 떨어지게 하는 동시에
행성들이나 은하계의 운동을 관장합니다
그러한 면에서는 중력이 가장 큰 힘인데

이는 단지 거시세계일 뿐입니다
원자原子 속 전자電子electrons라든가
원자의 핵核 양성자陽性子proton와
중성자中性子neutron로 된
미시세계微視世界micro world에서는
그 힘이 매우 미미微微한 까닭에
거의 작용하지 않는 것으로 보입니다

미시세계를 구성構成하는 힘으로서
전자기력electromagnetic Force입니다
자연의 전체 힘에서는 중력 다음 둘째이나
미시세계의 힘으로는 첫째에 해당합니다
전자기력도 서로간에 영향을 미칩니다
한 가지 종류로 이루어진 중력과 달리
두 가지 종류로 이루어진 힘으로
전하電荷electric charge 사이의 작용입니다
이를테면 전자기력은 서로 끌어당기며
동시에 서로 밀어내는 힘을 갖고 있습니다

전자기력은 문지름摩擦friction이라든가
자기 작용magnetism과 같은 힘으로
고귀한 사람의 생명이나 사물들로 하여금

떨어져 다치거나 파괴되지 않도록 합니다
자이로 드롭gyro drop이 있습니다
놀이기구 중 대표적인 기구지요
아파트 25층 높이 곧 72m 상공까지
서서히 올라갔다가 단2.5초 만에
시속 94km 속도로 '뚝!' 하고 떨어집니다
물론 자유낙하가 35m입니다

자이로 드롭은 드롭 타워drop tower지요
한꺼번에 40명이 탈 수 있는 기구입니다
이 자이로 드롭이 시속 94km 속도로
눈깜짝할 사이에 떨어지다落下가
거의 다 내려와서 순식간에 멈추되
결코 탑승객들에게 충격을 주지 않습니다
마치 고양이 낙법처럼 사뿐히 멈추지요
여기에 소용되는 힘이 곧 전자기력입니다
전자기력은 중력에 비해 힘이 강합니다
얼마나 강하냐고요?
중력의 10의 36승 배라고 합니다

1조가 10의 12승乘이니까
10의 36승이라면 1조×1조×1조입니다

전가기력에 비해 강한 핵력은
10의 38승이니까 100배는 강한 편이며
약한 핵력은 10의 25승이니
중력을 1이라 했을 때 중력의 1조 배를
다시 10조 배로 곱한 세기라 하겠습니다
그럼 왜 중력이 그리 커 보일까요
중력의 작용 범위가 워낙 큰 까닭입니다
전자기력과 중력에만 지면을 할애할까요

지구와 우주라는 거대한 탈것에 비해
이 거대한 지구와 우주를 움직이는
눈에는 보이지 않지만 거대한 힘이 있지요
나는 이를 '작은小 탈것乘'이라 했습니다
사실 소승은 작은 탈것이 아닙니다
매우 섬세하면서도 막강한 탈것입니다
아주 작은 암세포 하나가 사람을 바꿉니다
생명을 제 멋대로 바꾸는 녀석이기에
캔슬cancel이며 캔서cancer일 것입니다
아무튼 작다고 함부로 볼 수가 없네요

약한 핵력과 강한 핵력에 대해서는
아무래도 좀 더 설명이 필요하겠지요

나는 《범망경》 〈보살계본〉을 읽으면서
특히 이 제2조 제6항의 내용인
'공양하고 청법하라'에 대해 깊이 생각합니다
대승법을 설하는 이는 거시계 학자이고
소승법을 설하는 이는 미시계 학자입니다
우리에게 필요한 것은 우주이기도 하지만
바로 이 몸뚱어리 이 마음이기도 합니다
이 몸과 마음을 평생 붙들고 다니는
보이지 않는 자연의 네 가지 힘일 것입니다

#4

앞서 나는 큰 탈것을 지구에 견주고
작은 탈것을 원자atom에 견주었습니다만
원자보다는 세포細胞가 좋겠습니다
왜냐하면 원자原子도 작으면서
그 속에 양성자와 중성자라는 핵을 싣고
전자까지 함께 지니고 있다는 데서
비유가 맞지 않는 것은 아니지만
아무튼 원자는 알갱이粒子에 해당합니다
오히려 알갱이인 원자의 세계보다는

다양한 것을 담은 세포가 좋을 듯싶습니다
세포의 크기와 원자의 크기는
일반적인 생각보다 훨씬 차이가 큽니다
우리 인간의 몸은 대략 100조 개 세포로
매우 다양하게 구성되어 있습니다
가령 남자 몸무게를 70kg으로 쳤을 때
70kg은 곧 70,000g입니다
이 70,000g을 100조 개로 나누었을 때
약 14억 2,857만 분의 1g 크기입니다
1g의 질량을 14억 2,857만으로 나눈
그 하나이니 세포 크기를 짐작하겠는지요

이 몸과 세포의 차이 만큼이나
세포와 원자의 크기는 비례합니다
따라서 세포가 이처럼 비록 작다고는 하나
자그마치 원자의 100조 배 크기이니
아주 작은 것은 아니겠습니다
세포 속에는 생명의 씨앗이 들어있습니다
다시 말해서 모든 생명의 기본 단위가
다름아닌 세포입니다
'모든 생명'이라고 하니까
동물動物에 국한시키는 게 아닌가 싶지만

식물조차도 모두 세포로 되어 있습니다
동물과 동물 세포는 말할 것도 없고
동물과 식물 세포도 97%가 비슷합니다
그러기에 생명체를 얘기할 때는
동식물을 통틀어 얘기할 수 밖에 없습니다
그래서 나는 가끔 얘기합니다
이미 요리가 된 육류나 어패류보다
살아있는 풀잎 나뭇잎 열매를 훑어먹는 게
훨씬 더 업장이 크다고 말입니다

동물 세포의 단면은 배처럼 생겼습니다
강과 호수 위를 건네주는 나룻배요
이 세포 겉으로 세포막이 있고
안에는 세포질이 있습니다
그 안에 리소좀이 있고
리소좀 옆으로 소포체가 있으며
소포체에는 리보솜이 박혀 있습니다
소포체 옆에 미토콘드리아가 있고
반대쪽에도 미토콘드리아가 더 있습니다

2개의 미토콘드리아와 삼각을 이룬 곳에
소포체와 비슷하게 생긴 골지체가 있고

한가운데는 세포핵이 있습니다
세포에서 가장 중요한 게 무엇일까요
두 말할 것도 없이 세포핵입니다
세포핵에는 유전자가 들어있기 때문입니다
우리가 보통 DNA라 부르는 유전자는
세포 한가운데 세포핵에 들어 있습니다
그러니 유전자는 우리 몸에
한 곳에만 있는 게 아니라 100조 개 세포
그 모든 곳에 다 들어있습니다

세포막은 세포 모양을 유지하며
외부로부터의 침입자를 막는
일종의 경비시설이라 보면 좋습니다
마치 겉으로 드러난 피부가 손상을 입으면
몸 안팎 전체가 위험에 노출되듯
세포막의 역할은 중차대重且大합니다
그리고 많이 들어본 미토콘드리아는
세포가 활동하는 데 필요한 힘
곧 에너지를 만드는 화학발전소입니다
그럼 에너지만으로 세포가 유지될까요

유전자 명령에 따라

단백질을 만드는 화학공장이 리보솜이고
세포 안팎으로 물질을 운반하는
수송시설이 있는데 이른 바 소포체입니다
이름도 나름대로 재미있지 않습니까
집배원으로부터 받는 소포물처럼
그 이름이 소포체니까 말입니다
그리고 골지체는 물질을 저장하거나
저장된 물질을 내보내는 저장 창고입니다

그렇다면 세포핵은 어떤 기관일까요
이는 마치 컴퓨터 '중앙처리장치CPU'처럼
100조 개 모든 세포마다 들어있으며
세포의 작은 기관들에게 명령을 내리는
말하자면 '중앙통제시설'입니다
유전자/DNA 검사 어쩌고저쩌고하는데
바로 이 세포핵에 담긴 유전자입니다
세포가 지금처럼 여러 가지 종류에
많은 세포로 이루어진 것은 나중 일입니다

적어도 35억년 전으로 거슬러 올라가면
생물은 단 하나의 세포였습니다
물론, 지금도 단세포는 의외로 많습니다

이를테면 정자는 크기를 떠나 단세포며

정자의 수천 배 크기 난자卵子도

결국 한 개 세포일 뿐입니다

달걀도 이 달걀보다 엄청 큰 타조알도

들여다보면 한 개 세포입니다

그러기에 원자보다 작은 우주가 있고

태양보다 큰 원자가 있다고 얘기합니다

몸은 세포의 종류에 따라

생김새가 다르고

크기가 다르며

맡은 바 할일이 다 다릅니다

세포 종류는 210여 개가 넘습니다

하는 일과 모양에 따라 조직을 이루는데

상피 조직이니

근육 조직이니

결합 조직이니

신경 조직이니 합니다

상피 조직은 몸의 표면을 덮어 보호하고

근육 조직은 몸을 움직이게 합니다

결합 조직은 조직과 조직을 결합시키고

신경 조직은 외부 자극을 받아들이며

자극에 반응하도록 하고 있습니다
세포핵에는 유전자가 들어있지요
이른바 디엔에이DNA가 바로 그것입니다
DNA는 Deoxyribo Nucleic Acid로
'디옥시리보 핵산'을 줄인 말입니다
유전자는 그냥 물질이 아니지요
두 줄로 꼬인 나선형으로 되어 있는데
유전자는 몸을 만드는 설계도인 셈입니다
이러다가 밤이 샐지도 모릅니다
줄기 세포 얘기까지 하려면 말입니다
아무튼 작은 탈것은 세포와 같은 것이지요

세상을 다 싣고 가는 거대한 탈것
지구가 탈것이고
태양계가 탈것이며
은하와 은하계가 탈것이고
물질계 비물질계/암흑물질계
에너지와 암흑에너지
그리고 블랙홀에 이르기까지
더 나아가 광활한 우주가 큰 탈것입니다
여기 우주라는 단어 속에는
반드시 시간과 공간이 담겨있다고 했지요

그러기에 나는 다시 한 번 강조합니다
대승의 가르침은 거대한 탈것이라고요
곧 우주 그대로가 대승이라고 말입니다

그러나 이처럼 거대한 우주도
은하계도 은하도
태양계도 우리 지구도
이 지구 위에서 살아가는 온갖 생명체도
동물이거나 식물이거나 균계이거나
모두 무엇으로 되어있습니까
아주 작기로 말하면 원자原子이지만
생명체를 하나하나 놓고 본다면
원자들이 모여 이루어진 세포군이지요
세포는 작지만 모든 것을 담고 있습니다
'작은 탈것'이란 '소승小乘'은
우열로서의 크기를 얘기한다기보다
섬세함을 표현했다고 봄이 좋을 것입니다

07) 가서 법을 들으라

부처님의 경과율을 강설하는 곳이거나
강당에서 법당에서 나무아래 공원에서
부처님의 가르침이 전해지는 곳이라면
포살하는 불자들은 어서가서 들을지라

처음으로 부처님법 공부하는 보살들은
거룩하신 부처님의 경전말씀 손에들고
율장말씀 지닌채로 법사에게 나아가서
법을듣고 이해하고 궁금하면 질문하라

숲속나무 아래거나 사원에서 도량에서
부처님법 설하는곳 그런곳이 있다하면
게으름을 피지말고 어서어서 나아가서
부처님의 가르침을 들어야만 하느니라

그럼에도 불구하고 만약그곳 이르러서
듣고또한 염송하되 묻지않고 배우는이
보살계를 받았으나 포살법을 어김이라
보살로서 경구죄를 범하는게 되느니라

#1

앞의 제2조 제6항 보살계가
밖으로부터 대승법사를 초빙하여
부처님의 대승정법大乘正法을 배우고
대승보살계를 몸에 익히는 것이었다면
이번 제2조 제7항 보살계는
내가 몸소 찾아다니며 배우는 것입니다

강당에서
법당에서
공원에서
숲속에서
사원에서
도량에서
뜨락에서
나무 아래에서
부처님 가르침이 있는 곳이라면
어디든 달려가서 배우라는 말씀입니다

학문에는 몇가지가 있습니다
학문學問에 3가지 뜻이 있으니

첫째는 배우學고 물음問이요
둘째는 묻問는 법을 배움學이며
셋째는 물음問 자체가 배움學입니다

학문學文에 5가지 뜻이 있으니
첫째는 글文을 배움學이요
둘째는 문화文를 배움學이며
셋째는 문명文을 배움學이고
넷째는 배움學이 곧 예술文이며
다섯째는 문학文을 배움學입니다

학문學聞에 3가지 뜻이 있으니
첫째는 잘 배우學며 잘 들음聞이요
둘째는 배움學이 곧 들음聞이며
셋째는 듣는聞 방법을 배움學입니다

이 밖에도
공부를 지어가는 학인學人으로서
닦아갈 길은 실로 수없이 많습니다

그러나 뭐니뭐니 해도
학인으로서 배워야 할 게 있지요

첫째 시간을 배움이요

둘째 공간을 배움이며

셋째 세상을 이해함이며

넷째 연기와 인연의 법칙을 익힘이며

다섯째 마침내 자아를 성숙시켜감입니다

#2

기포자괴문起泡自愧文

나는 눈이 없습니다

그래서 실상을 보지 못합니다

나는 흰죽 그릇에 검정콩을 떨궈놓은 듯

육신의 눈을 분명 가지고는 있으나

사물의 이치를 보지 못합니다

생각思을 보는 눈이 없는 까닭입니다

언제나 어딜 가나

법法dharma 없는 곳이 없습니다

그러나 내게는 눈이 없어요

법을 볼 줄 아는 눈이 없는 까닭에

'제법실상諸法實相'을 제대로 보지 못합니다

내 눈은 시차時差를 두고
때로 깜빡이지만
그러나 잠잘 때를 제하고는
깨어나자마자 열심히 열어놓습니다
하나 내 눈은 밖으로만 열려 있을 뿐
안으로는 열려있지 않습니다
닫으면 아예 깜깜 절벽 그 자체입니다

나는 귀가 없습니다
법음法音을 듣는 귀가 없습니다
마치 마른 잎사귀 같은 귀를 가졌으나
이 귀를 단 한 순간도 닫은 적이 없습니다
눈은 때로 깜빡이기도 하고
입은 때로 여닫기에 자유롭지만
귀는 아직 단 한 순간도 닫지 않았습니다

그러나
어찌 된 것이 내 귀는
세상의 시끄러움을 향해 열려있을 뿐
안으로는 열려있지 않습니다

나는 내면의 소리를 듣지 못합니다
내면의 고요를 듣지 못합니다
밖으로는 진리의 귀를 닫아걸었고
안으로는 내면의 소리에 귀를 닫은 까닭에
들고聞 생각思하고 닦을修 줄 모릅니다

내 입은 여닫이가 자유롭습니다
말하거나
침묵하거나
음식을 먹거나
때로 기침하고
때로 하품하거나
때로 염불하고
때로 흥얼거리거나
늘 닫아 놓지 않듯 늘 열어놓지도 않습니다

음식을 먹을 때
입을 열어 음식을 받아들이되
씹을 때는 항상 입술을 굳게 닫습니다
그렇지 않으면 씹는 음식물이
밖으로 그냥 흘러나오기 때문이지요
입이 여닫이에 적절하게 반응하는 것은

언어도 침묵도 그 밖 다른 기능도
다 때를 알기 때문입니다

그러나 내 입은
내 말에는 마음껏 입을 열면서도
남의 이야기에는 입을 굳게 닫아겁니다
그래서 내 입은 물음問의 세계를 모릅니다
앞서 얘기했듯이 학문이 무엇일까요

학문學聞이란 듣는 법을 배움입니다
배움을 떠나 들음이 없듯
들음이 곧 배움입니다
학문學問이란 묻는 법을 배움입니다
배움을 떠나 물음이 없듯
물음 떠난 배움도 있을 수 없습니다

학문學門이란 문 여닫는 법을 배움입니다
따라서 배움을 떠나 문이 없듯
문 그대로가 배움입니다
부처님 말씀이 법문法門이지요
학문學文이란 문화와 문명을 배움입니다
배움 떠나 문화와 문명이 없듯

역사와 문학과 문화를 떠나
참된 학문學文은 있을 수 없습니다

그런데 나는 모르는 것 투성이입니다
나는 볼 줄 아는 눈을 가지지 못했고
나는 들을 줄 아는 귀가 없으며
나는 물을 줄 아는 입이 없습니다
나는 드나들 만한 문을 갖지 못했습니다
아! 나는 부끄러운愧 늙은이翁입니다
아! 나는 지극히 게으른怠 늙은이翁입니다

#3

경經은 곧 길이요
율律은 그 길을 걸어감이다

08) 대승계를 저버리지 말라

포살하는 불자들은 일심으로 경청하라
거룩하신 부처님이 몸소설한 말씀으로
대승세계 상주하는 경전이고 율장이니
보살계를 받은이는 마음깊이 새겨두라

그렇거늘 불자들이 이승들과 말을맞춰
서가모니 부처님이 몸소설함 아니라며
연각이나 성문이나 이승경율 따른다면
보살계를 받은자로 옳지못한 일이니라

외도들의 삿된경전 삿된계율 앞세워서
대승경전 비난하면 옳지못한 방법이라
보살계를 받았으나 보살이라 할수없고
범망계본 여덟번째 경구죄를 범함이라

#1

범망경 보살계본 마흔여덟 경구계 중
제2조 제7항 바라제목차에서
경율에 대해 언급했는데
이 제2조 제8항 바라제목차에서도
대승경율에 대한 말씀이 다시 거론됩니다
경율이란 경장經藏과 율장律藏이고
그냥 줄여서 경율經律이라 합니다
이 경율에 대한 짧은 평을 어제 실었지요
"경經은 곧 길이고
율律은 그 길을 걸음이라"고 말입니다

이렇게 쓰고 났더니
아는 거사님이 질문을 던져왔습니다
경經이 곧 길이고
율律이 그 길을 걸음이라면
논論은 어떻게 풀어야 하느냐고요
경율론經律論 삼장三藏을 물은 것인데
그래서 아주 쉽게 대답했습니다
논論은 평가評價valuation라고요
어떤 길을 어떻게 걸었는가에 대한 평가

그렇습니다. 논論은 평가가 맞습니다

'경율'을 얘기하다 보니
경율이상經律異相이 생각납니다
'경율이상'이란 말씀을 알고 계시나요?
웨이진난베이차오魏晋南北朝
weijinnanbeichao시대
난차오南朝nanchao 양梁yang의
바오창宝唱baochang스님이
양우디梁武帝wudi(464~549) 명에 따라
여러 불전에 등장하는 비유나 전생담 등
신비神祕한 고사故事를 낱낱이 뽑아
22부, 50권으로 편찬한 책입니다
쉰한 개의 세부 항목별로 이루어진
총782개 애깃거리가 소개되어 있습니다

경율이상은 중국 불교 최초의
유서類書books of the same kind로서
말하자면 주제어 사전입니다
따라서 어떤 주제가 결정이 되고 나면
그와 관련된 매우 다양한 내용을
낱낱이 유형화類型化하여 분류分類하고

그에 맞는 내용을 배치하는 형식입니다
그러므로 바로 이 책을 통해서
불교 전체에 대한 이해를 가능하게 하고
또는 해당되는 주제에 대해
체계적인 정보를 얻을 수 있습니다

따라서 책 속에 등장하는 여러 인물의
다양하고 흥미로운 이야기를 통해
부처님과 함께 육도를 윤회하는 중생들이
서로 다른 모습으로 살아가고 있지만
결국은 부처님과 모든 중생들이
하나의 불교적 가치라는
어떤 독특한 모습을 구현하는 것입니다
나는 젊었을 때 이《경률이상》을 읽으며
이탈리아의 시인이자 소설가였던
복카치오Giovanni Boccaccio1313~1375)의
유명한 소설《데카메론Decameron》을
읽는 바로 그러한 느낌이었습니다

데카메론은 조반니 복카치오 작가가
1350년부터 1353년까지 3년에 걸쳐 쓴
100편의 단편소설을 모은 모음집입니다

이는 《대방광불화엄경》〈입법계품〉처럼
완벽한 액자구조 소설로 유명한데
여기 《경율이상》도 바로 액자구조입니다
경율이상은 불교의 스토리텔링의 보고로서
문학작품으로 전혀 손색이 없는 책입니다
그럼 책 이름 《경율이상經律異相》에는
어떤 뜻이 담겨 있을까요?

'경률經律'은 방대한 불교경전을
크게 세 부류로 나누면 곧 삼장三藏입니다
경장經藏, 율장律藏, 논장論藏이지요
이들 삼장에서 논장을 제외하면
크게 경장과 율장만 남게 마련입니다
경이 실상을 설하신 것이라면
율은 출가자와 재가자가 어떻게 살며
어떤 매너를 지닐지를 밝힌 말씀이십니다
경전이 운전면허 매뉴얼manual이라면
율장은 매뉴얼에 따라 손수 운전함입니다

내친 김에 목차를 한번 볼까요

경률이상 서문

제1권

1. 천부天部①

1) 삼계 모든 하늘三界諸天

2) 삼계의 이루어짐과 무너짐三界成壞

제2권

1. 천부②

3) 욕계와 색계 천인欲色天人

제3권

2. 지구에 관한地部 이야기

1) 염라대왕 처소 염부제閻浮提 이야기

2) 수미산 북쪽 울단월鬱單曰 이야기

제4권

3. 불부佛部①

1) 처음에서 마지막 부처님까지應始終佛

제5권

3. 불부②

2) 응신으로 만물을 이롭게 하는 부처님應身益物佛

제6권

3. 불부③

3) 열반하신 뒤의 부처님現涅槃後事佛

제7권

4. 모든 석씨들 이야기諸釋部와

1) 여러 석씨들諸釋 이야기

제8권

5. 보살부菩薩部①

1) 몸소 행하는 보살自行菩薩

제9권

5. 보살부②

2) 바깥으로 교화하는 보살外化菩薩

제10권

5. 보살부③

3) 근기 따라 나투는 보살隨機現身相菩薩

제11권

5. 보살부④

3) 근기 따라 몸을 나투는 보살②

제12권

6. 승부僧部①

1) 출가 보살승出家菩薩僧

제13권

6. 승부②

2) 성문 무학승聲聞無學僧①

제14권

6. 승부③

2) 성문 무학승②

제15권

6. 승부④

2) 성문 무학승③

제16권

6. 승부⑤

2제17권

6. 승부⑥

2) 성문 무학승⑤

——————이하 중략以下中略——————

이렇게 해서 서민들 세계를 다룬

제19 서인부庶人部에 이르기까지

전체 42권이라는 방대한 분량이

모두 인간에 대한 얘기로 꾸며져 있습니다

그리고 이 인간 중생에 대해서도

수행자와 일반 불교도로 구분하였는데

승부僧部의 분량이 특히 많습니다

출가 수행자 사례가 독특한 까닭입니다

수행자가 아닌 일반인에 대한 분류에서
가장 먼저 등장하는 것은
세속 권력의 최상 집단인 국왕과 권속인데
국왕, 왕비, 왕자, 공주 출신으로
불교에 귀의하여 수행자가 되었거나
불교와 인연을 맺은 독특한 예화를
하나하나 뽑아 소개하고 있습니다

맨 나중 후반부 3부는
귀신부, 축생부, 지옥부로 되어 있습니다
귀신부鬼神部에는
아수라阿修羅를 비롯하여
건달바乾闥婆와
긴나라緊那羅뿐만 아니라
아귀餓鬼 등도 포함되어 있습니다

축생부畜生部는 생각보다 재미있습니다
불전 동물학이라고 보면 좋을 것입니다
불전에서 등장한 동물들을
들짐승과 날짐승, 벌레들로 분류하고
그와 관련된 예화를 소개하고 있으며
이를 통해 동물에 대한 불교의 태도나

의미를 부여한 뜻을 쉽게 알 수 있습니다

지옥부地獄部는 여러 불전에 등장하는
다양한 지옥을 비롯해
지옥 중생이 받는 고통이나
고통을 주는 방법 등이
생각보다 매우 자세히 묘사돼 있습니다

'한 방에서 데어죽고 얼어죽는다'라는
재미있는 속담이 우리나라에는 있습니다
번뇌가 완전히 다한 거룩하신 부처님과
육도를 윤회하는 중생들의 삶이란 게
당연한 얘기지만 같을 수 없습니다
그래서 나온 말씀이 곧 이상異相입니다
다시 말해서 《경율이상》의 내용은
부처님과 중생이 같은 사바세계 공간에서
함께 호흡하고 이야기하며 살지만
이들 차이는 엄청 벌어진다는 것입니다

#2

불설佛說은 부처님 말씀이고
비불설非佛說은 부처님 말씀이 아닙니다
당연한 얘기를 왜 하느냐고요
'부처 불佛' '말씀 설說'이니
이건 누가 해석을 하더라도
부처님 말씀이라고 풀 수밖에 없고
아닐 비非, 부처 불佛, 말씀 설說이니
부처님 말씀이 아니라고 할 수 밖에 없지요

문제는 경전들을 펼쳐놓고 볼 때
과연 어떤 경전이 '불설'이고
어떤 경전이 '비불설'이냐는 것입니다
지금까지 모든 과정을 한 마디로 얘기하면
초기경전은 부처님 말씀이고
대승경전은 부처님 말씀이 아니라는
매우 단순한 논리가 적용되고 있습니다

어떤 학자들은 이렇게 얘기합니다
범어梵語sanskrit본이 있으면
이는 더 물어볼 것도 없이 불설이고

만일 범어본이 없다면 어떨까요
그야 두말할 것도 없이
불설이 아니라고 할 수밖에요
분명 불설이 아닌데도 불설이라면
이는 보나마나 위조僞된 경전經입니다

부처님께서 설한 적이 없는 경으로
사람들의 필요에 의해
후대에 만들어진 경전입니다
그렇다면 오히려 위경이야말로
중생들 삶에 팔요한 경일지 모릅니다
아무튼 위경僞經의 구분을
범어본이 있느냐 없느냐로 판가름함은
어찌 보면 현명한 판단인 듯싶지만
사실은 전혀 그렇지 않을 수도 있습니다

대승비불설大乘非佛說의 역사는
짧게 잡더라도 1,500년을 넘을 것입니다
왜냐하면 《범망경》〈보살계본〉이
얼굴을 드러낸 게 5세기이고
바로 이 범망경 보살계본 제2조 제8항
'대승계를 저버리지 말라'에

대승비불설 얘기가 나오고 있으니까요

초기경전에서는 찾을 수 없는 것이
대승경전에서는 눈에 띕니다
인도 문화와 중국 문화는 다릅니다
이를테면, '오방내외안위제신진언'에서
'오방五方'이란 세계는 중국문화라
인도문화에서는 찾기가 어렵습니다
중국에서는 이른바 '오행철학五行哲學'이
인간의 삶 깊숙이 뿌리 박혀 있지요
'목화토금수木火土金水'가 곧 그것입니다

그런데 선생경善生經으로 잘 알려진
소위 《시가라월육방예경》에서는
동남서북 아래 위 여섯 방위를 들고 있고
대승불교 정토사상의 꽃으로 피어난
이른바 《불설아미타경》에서도
동남서북東南西北 네 방위四方에
아래下方와 위上方를 더한
육방六方을 얘기합니다

왜 동북서남순東北西南順이나

요즘 익숙한 동서남북순이 아니고
하필이면 동남서북순일까요
영어로 놓고 보면 북동서남NEWS에
위 아래일 수도 있을 터인데
아무튼 이는 여담이고요
여섯 방위는 동, 남, 서, 북, 아래, 위고
다섯 방위는 동, 남, 중앙, 서, 북입니다

범망경 보살계품 설說을 빌리면
대승大乘은 위대합니다
일불승一佛乘이기에 위대합니다
소승小乘은 불완전합니다
완전한 깨달음에 이르지 못했습니다
소승은 이승二乘을 가리키는데
때로 이승은 사악하기까지 합니다
아직 보살 지위에도 이르지 못한
성문승聲聞乘과 연각승緣覺乘입니다

대승이 위대하다는 말은
언제 어디서나 할 수 있습니다
여기서처럼 스스로를 드러내면서
'대승은 불설이 아니라 하여 저버린다면

이는 보살계를 받은 보살로서는

적절하지 않으며

보살이 아니며

끝내 경구죄를 범함이 된다'고 하십니다

그러면 사람들은 얘기할 것입니다

어느 누구도 아직까지

대승은 비불설이라 하지 않았는데

대승 스스로 화를 내면서

자기를 보호하려 애쓰고 있다고요

그러면 그럴수록 그 스스로가

결국에는 위조된 경전임을

자연스럽게 드러낸 꼴이라고 말입니다

이번 범망계율 제2조 제8항

'대승계를 저버리지 말라'에서

"그렇거늘 불자들이 이승들과 말을맞춰

서가모니 부처님이 몸소설함 아니라며

연각이나 성문이나 이승경율 따른다면

보살계를 받은자로 옳지못한 일이니라"

라고 표현하고 있습니다

위경의 역사는 그다지 짧지 않습니다
위경 역사가 짧지 않은 게 아니라
대승경전을 위경이라 폄하貶下한 역사가
오늘날 우리 학자들이 아닙니다
이미 5세기 이전부터 있어온
보살大乘들과 성문 연각二乘들의
공방攻防offense and defense이었기에
범망경 보살계본에서 언급한 것입니다

#3

앞서 우리는 불설佛說과 함께
비불설非佛說에 대해 생각해보았습니다
그러면서 주제를 부처님의 직설이냐
부처님의 직설이 아니냐로 구분지었지요
다시 말해서 서가모니 부처님이
몸소 설한 말씀이 직설이고
서가모니 부처님이 설하신 게 아니면
결국 직설이 아닌 까닭에 비불설입니다
따라서 일체중생이 불성을 지님은 맞지만
모든 중생이 부처라는 설은 픽션입니다

만일 누가 대승불교의 장점을 묻는다면
그게 무엇이라고 대답하겠습니까
모든 생명체는 다 불성을 지니며
불성을 닦아 언젠가는 성불할 것이며
이를 떠나서는 부처가 없다는 얘기입니다
따라서 대승불교에서는 이렇게 얘기합니다
이 세상에 존재하는 모든 생명체보다
깨달음을 이룬 부처님 수가 더 많다고요
모든 생명체는 곧 중생을 얘기합니다

함께 살아가는 모든 생명있는 것들입니다

이 중생에는 사람을 비롯하여
온갖 축생과 야생과 물고기와 새들과
곤충과 박테리아 등 미생물에 이르기까지
어느 하나도 빠뜨리지 않은 것들이지요
어쩌면 세계에서 가장 큰 사막인
사하라 모래 수보다 더 많을 것입니다
사하라보다 한반도 20배는 더 큰 게
남극대륙에 있는 남극 자갈 사막이지만
모래사막으로는 단연코 사하라 사막이지요
이렇게 많은 중생 수보다 더 많은 분들이
완전한 깨달음을 이룬 부처 수입니다

그것도 그냥 몇 배 많은 게 아니라
중생 수에 중생 수를 곱한 수보다 많은 게
바로 이 땅의 부처님이라는 것입니다
그냥 단지 불성을 지녀서가 아니라
바른 깨달음을 이룬 부처 수를 애기합니다
내가 지금 말장난을 하는 것이라고요?
아닙니다
그럴 리가요

깨달은 부처를 앞에 두고
어떻게 말장난을 하겠습니까
이것이 대승불교에서 말하는 부처입니다

그런데 초기불교에서는
대승에서 일컫는 이른바 이승二乘이나
또는 소승불교小乘佛敎에서는
부처님을 서가모니불에게 한정시킵니다
서가모니불 외에는 인정할 수 없고
오직 서가모니불의 가르침만이
비로소 불교佛敎로서 인정을 받습니다
그러므로 불설이니 비불설이니 하는 것은
초기불교에서 하는 얘기일 뿐입니다
대승불교에서 얘기하는 게 아닙니다

서가모니불 가르침이 아니라 해도
만에하나 부처님 가르침에 부합하다면
곧 부처님 말씀으로 인정할 수 있습니다
따라서 부처님의 설이냐 아니냐가
불교를 판가름한다 하더라도
대승불교에서는 그리 구애받지 않습니다
왜냐하면 깨달은 이의 눈으로 보면

지구를 의지하여 살아가는
모든 생명이 그대로 다 부처님이고
이들이 설한 게 결국 대승이라는 것입니다

'부처님'은 '부처'의 높임말입니다
여래如來, 세존世尊, 붓다Buddha는
인도 불교에서 "깨달은 자"를 가리킵니다
다른 말로는 '눈 뜬 자'의 뜻이기도 합니다
깨달은 자는 누구든 부처라고 할 수 있지만
보통 서가모니불Gautama Buddha을
개별적으로 가리키는 곧 고유명사입니다
사실 자세히 살펴보면 서가모니불은
이 밖에 과거불過去佛이란 개념이 있고
미래불未來佛이란 개념도 갖고 있습니다

따라서 소승불교 초기불교라 하여
일반적으로는 서가모니불 한 분 뿐이지만
그렇다고 반드시 서가여래 한 분에게
모든 것을 다 믿고 떠넘기지는 않습니다
아무튼 이승이나 소승불교에서는
현재까지 출현한 모든 부처가
총 스물 여덟 분이라 여기고 있으며

미래는 미륵불이 출현하게 되어 있습니다
대승불교에서처럼 모든 생명체가
반드시 부처이어야 할 필요는 없습니다

아니, 소승은 그래서는 안됩니다
모든 생명이 불성을 다 지녔다 하더라도
12가지 연기緣起 법칙을 깨닫고
닦고修 익힘行으로 번뇌가 사라지고
'고집멸도성제苦集滅道聖諦'를 깨달아
마침내 팔정도八正道를 몸소 실천했을 때
비로소 부처 경지를 인정할 것입니다
그렇더라도 32상相 80종호種好를
그 몸에 온전히 갖추지 않으면
비록 장로長老는 될 수 있을지언정
부처라 이름하기까지는 어려울 것입니다

그렇습니다
부처는 내면은 말할 것도 없이
외형까지도 경전에서 표현한 것처럼
완벽하게 갖추었을 때 비로소 인정되지요
아무튼 우리는 소승과 대승을 떠나
머리가 곱슬곱슬하거나 뽀글뽀글 하고

도라면 같은 보드라운 손을 지녔으되
한 손을 위로 향하고 한 손은 땅을 향하며
이마 사이에 구슬 하나 박혀 있고
발바닥에는 법륜이 새겨져 있어야 합니다
이 모습이 곧 부처의 본 모습입니다

아무리 처처불상處處佛像이고
나아가 사사불공事事佛供이라 하지만
아무나 붙잡고 부처님이라 하지 않습니다
축생, 야생, 새나 곤충이나 파충류나
나아가 저 미생물에 이르기까지
아무것이나 부처님이라 일컫지 않습니다
왜냐하면 느낌없는 세계보다는
시각적이고
청각적이고
후각적이고
미각적이고
촉각적이고
심리적인 것들로 채워진 까닭입니다

이에 비해 대승불교는 멋집니다
생각의 세계가 자유롭습니다

넓기로는 우주宇宙universe보다 넓고
작기로는 원자原子atom보다 섬세합니다
우주보다 더 넓은 것이 대승불교지만
한 생각 속에 모두 담기고
원자보다 더 섬세한 게 대승불교지만
우주의 품으로도 다 감쌀 수가 없습니다
대승불교 빛깔은 매우 자극적이어서
세상의 어떤 컬러로도 그려낼 수 없습니다

삼원색三原色three primary colors이 빚는
수천만억 컬러로도 담아낼 수 없지만
홀로그램hologram만으로도 그려냅니다
나는 대승을 사랑하지만 싫은 게 있습니다
이 보살계 마흔 여덟 가지 경구계 중
제8 '대승계를 저버리지 말라'에서처럼
소승과 이승을 비판하는 따위입니다
불설이라 해서 대승불교가 더 빛이 나고
비불설이라 해서 대승불교가
더 위축될 것이 없는데 왜 민감할까요

사람을 향해 손가락질을 하면
치밀어오르는 분노를 도처히 참지 못하여

끝내 불같이 화를 내고야 말겠지만
허공을 향해 팔뚝질을 한다고
허공이 노엽다고 언제 성 한 번 내던가요
대승불교라면 이 정도는 되어야 합니다
'대승비불설大乘非佛說'이라 해서
대승불교가 비불설이 되나요
만일 속이 찔릴 게 전혀 없다면
불설이면 어떻고 비불설이면 어떻습니까

'금강경金剛經'에서는 말씀하십니다
소위불법자所謂佛法者는
즉비불법即非佛법이라고요
이른바所謂 불법佛法이라는 녀석者은
비불법非佛法에 즉即해 있습니다
불법은 부처님이 설한 법이고
비불법은 부처 아닌 이가 설한 법입니다
깨달음을 이룬 부처佛가 설說했든
그냥 범부중생非佛이 설說했든
그게 진리와 무슨 상관입니까

대승불교의 아름다움은
자종위배自宗違背에 있습니다

09) 간병看病하라

포살하는 불자들은 일심으로 경청하라
암과당뇨 비롯하여 고혈압과 심근경색
크고작은 질병으로 아픈이를 만나거든
부처님을 보살피듯 공경스레 할지니라

불자들은 명심하라 여덟가지 복전중에
간병복전 이야말로 으뜸가는 복전이라
부모스승 제자등이 병이들어 신음하고
여러가지 질병으로 온갖고통 받게되면

보살들은 팔을걷고 정성스레 간병하여
환자들이 쾌차토록 힘써야할 것이거늘
미워하고 시기하고 혐오스런 마음으로
아픈이를 간호하고 간병하지 아니하며

절과도시 산과들판 숲과길가 곳곳에서
아픈이를 만났는데 구호하지 아니하면
보살계를 받았으나 보살일수 없는지라
아홉번째 경구죄를 범했다고 하리로다

#1

팔복전八福田이란 게 있습니다
여덟 가지 복전이란 뜻이지요
여덟 팔八, 복 복福, 밭 전田자로서
복을 심는 8가지 밭의 뜻이기도 합니다
그 여덟 가지 중에 간병복전이 으뜸입니다
첫째는 불전佛田입니다
부처님이 복의 씨를 뿌릴 수 있는
가장 훌륭한 최상最上의 밭이란 뜻입니다
부처님 이름을 부르는 것만으로도
복의 씨를 뿌림이 됩니다

둘째는 성인전聖人田입니다
성인이라면 어떤 분을 가리킬까요
으레 성聖스러운 분이요
성인聖人 경지에 오른 분을 가리킵니다
성인 경지라면 어떤 분들이 있을까요
공자님 예수님이 성인일 것입니다
모하메드도 원효큰스님도 성인입니다
어떤 이는 원효스님을 깎아내리더군요
요석을 안은 원효가 어떻게 성인이냐고

이는 계율의 안목 때문일 것입니다
그러나 원효성사는 해동의 성인입니다

성인聖人을 파자하면
남의 이야기에 귀耳를 기울이는 자요
나중에 자기 이야기口를 펼치는 분이며
마침내 자유로움壬을 얻은 분입니다
범부들은 제 얘기만 하려 하지
남의 얘기는 잘 들으려 하지 않습니다
중생들은 자기 얘기에 80%를 쏟아붓고
남의 얘기에는 5% 귀를 기울이며
15%는 딴전을 피우는 데 할애합니다
그렇다면 언제 딴전을 필까요
제 얘기가 아닌 남이 얘기할 때입니다

성인은 남의 얘기에 80% 귀를 기울이고
자기 얘기는 5%밖에 안 하지만
나머지 15%도 남의 얘기를 생각합니다
그래서 성인 성聖 자를 파자하면
입구口에 귀 이耳자를 붙이고
맡길 임壬 자를 아래에 놓은 게 아닙니다
귀 이耳 자를 앞에 놓고

그 옆에 입 구口 자를 붙였으며
맡길 임任 자를 맨 마지막에 놓아
성인의 세계가 얼마나 자기를 낮추고
중생 소리에 귀를 기울이는지 알겠습니다

셋째는 화상전和尚田입니다
화상은 아사리보다 한 단계 위입니다
이를테면 전계화상傳戒和尚이 화상이라면
교수사와 갈마사는 보조화상이지요
따라서 화상이야말로 훌륭한 복밭입니다
넷째는 아사리전阿闍梨田입니다
아사리阿闍梨가 어떤 분입니까
제자의 행위를 바르게 이끌어 주며
그의 사범이 되어 지도하는 고승이지요
그러므로 아사리도 복밭이 됩니다

다섯째는 중 승僧 밭 전田입니다
승가僧伽Buddhist priest에서 온 말로
화합和合과 평화平和를 뜻하는 말입니다
스님네는 욕망을 떠나 있고
스님네는 교만을 내세우지 않고
스님네는 언제나 하심을 하는 이들입니다

부처님과 부처님의 가르침으로 더불어
세 가지 보배에 들어가는 단체로
세간의 복전이 되기에 부족함이 없습니다

여섯째는 아버지 부父 밭 전田입니다
아버지 없이 세상에 태어날 수는 없습니다
그러므로 아버지가 곧 복전이라는
부전父田은 그야말로 으뜸 복밭입니다
아버지가 복의 씨를 뿌리는 이라면
일곱째는 어미 모母 밭 전田으로
어머니야말로 복의 싹을 틔울 대지지요
여덟째가 바야흐로 병전病田입니다
글자 그대로 병이 복 씨를 뿌릴 곳입니다
아픈 사람이 있을 때 돌보는 것입니다

이와같이 여덟 가지 복전 중에서
마지막 여덟째가 병전病田입니다
질병病이 곧 복밭福田이지요
그렇다면 병전과 간병복은 다릅니까
같은 내용을 어느 각도에서 보느냐지요
물에 막대 하나를 꽂아놓고도
빛의 굴절현상 때문에 달리 보여지듯이

간병복전과 병전病田도 다르게 보일 뿐
실제는 여전히 동일한 복밭福田입니다
지금까지 여덟 가지 복전은 불교설입니다

다음으로 또 다른 복전을 둘러보겠습니다
첫째 길가에 샘물을 파는 일입니다
둘째 개울에 다리를 놓는 일입니다
셋째 험한 길을 닦는 일이며
넷째는 부모님에게 효도하는 일이며
다섯째는 삼보三寶를 공경하는 일이며
여섯째는 환자를 지성껏 돕는 일입니다
일곱째는 주린 자에게 식사를 제공하고
그리고 마지막으로 여덟 번 째는
무차대회無遮大會를 치르는 일 따위입니다

어찌 지혜를 중시하는 절집안에서
혜전慧田이 아니고 복전福田일까요
지혜의 밭에
지혜의 씨를 뿌려
지혜의 싹을 틔우고
지혜의 줄기와 가지로 자라
지혜의 잎을 피우고

지혜의 꽃을 피운 뒤에
지혜의 열매를 맺게 함이
바야흐로 절집안에서 할 일 아니던가요

그렇습니다
지혜가 소중한 것은 맞습니다
그러나 지혜의 씨를 뿌려
마침내 지혜의 열매를 맺게 하는 데는
바탕에 반드시 복이 필요하다는 것이지요
도대체 지혜 어느 구석에
지혜의 싹을 티우고
마침내 지혜의 열매를 맺게 하는
온갖 자양분이 들어있단 말입니까
지혜에는 들어있지 않은 자양분이
그러나 복밭福田에는 꼭 들어 있습니다

여섯 가지 바라밀六波羅蜜에서도 보면
맨 앞에 보시布施바라밀이 놓이듯
복福이 지닌 덕성은 지혜뿐만이 아닙니다
원력도 방편도 선정도 복을 먹고
실제 몸을 이루는 온갖 세포細胞들도
결국 복福이란 아름다운 양식을 먹습니다

어떻습니까
지혜가 차가운 느낌이 든다면
복은 따스한 느낌이 들지 않던가요
따라서 궁극적으로는
반드시 지혜를 추구하지만
거기까지 가기에는 복이 꼭 필요합니다

다시 덧붙이는 말입니다만
복전福田이란 말을 풀어보고자 합니다
복福 밭田은 이름씨名詞입니다
가사袈裟라는 말 들어보셨습니까
이 가사가 복전의福田衣입니다
이를 복밭옷으로 옮겨도 좋겠지만
익숙할대로 익숙한 복전의가 좋습니다
긴 소매 옷인 장삼長衫 위 왼쪽 어깨에서
오른쪽 겨드랑 아래 사선으로 걸쳐
장엄스레 입는 스님네 법복 가사입니다

본디 시주에게서 얻은 낡은 옷을
조각을 낸 뒤 다시 꿰매어 만든 옷입니다
복전의를 절에서는 해탈복이라 합니다
온갖 번뇌로부터 벗어나는 옷입니다

화재현장에서 화마와 싸우며
목숨 걸고 뛰어드는 소방관들에게는
반드시 소방복이 필요하고
적과 마주하여 싸우기 위해서는
반드시 전투복을 입어야만 합니다
우주로 나가려면 반드시 우주복을 입듯이
수행자는 반드시 해탈복解脫服을 입습니다

복전의가 왜 필요한지
이제 조금은 이해가 되셨습니까
보리菩提의 씨를 뿌리고
보리의 싹을 틔워
마침내 보리의 꽃을 피우고
보리의 열매를 맺기 위해서는
뭐니뭐니 해도 반드시 복밭이 있어야지요
그래서 일본어에 섞여들어온
'기복불교祈福佛敎'의 '기복'이란 말이
기피해야할 용어로 쓰이고는 있지만
인간의 삶에 있어서 복은 꼭 필요합니다

그 복을 가꾸기 위해서는
반드시 복밭福田이 있어야만 합니다

여기에는 여덟 가지 복전이 있는데
그 중에 '간병복전看病福田'이 으뜸입니다
간병이란 '환자病 돌봄이看護'입니다
평소 즐겨쓰는 '병간호病看護'지요
이 병간호를 도치시킨 용어가 간병입니다
볼 간看 자를 자세히 들여다 보면
눈目 위에 손手을 얹은看 게 보이시지요
눈 여겨 좀 더 자세히 살핀다는 뜻입니다

볼 견見 자가 큰儿 눈目으로 봄見이라면
볼 간看 자는 눈 위에 손을 얹어 봄입니다
환자는 사물이 아니라 귀한 생명입니다
따라서 간병인看病人의 의무는
어떤 환자도 무심코 대할 수는 없습니다
보살계본에서 이 바라제목차가
왜 이처럼 소중한지 이제야 알겠습니다
그래서 나는 어제 외쳤습니다
보살계본에서 이 계목이 곧 보석이라고요

#2

인간의 질병은 몇가지나 될까요
불교는 사백사병四百四病을 말합니다
404병이라면 404가지 병으로서
인간이 걸리는 모든 병을 일컫습니다
all varieties of diseases
every diseaseunder the sun
all the ills that human flesh is heir to
그런데 인간의 병이 404가지나 될까요
아니면 겨우 404병 밖에 안될까요
결론부터 얘기하면 404병 뿐이겠습니까

그렇다면 404병은 어디서 온 말일까요?
으레 인간에게서 왔으며
불교에서 지금도 쓰고 있는 용어입니다
가축이나 야생은 질병이 없습니까
파리나 모기는 병이 없을까요
개미, 나비, 잠자리 벼룩 따위에게는
질병이란 게 아예 없겠는지요
그들도 그들 나름의 생애生涯에 있어서
크든 작든 길든 짧든 병고가 있지 않을까요

아무튼 여기서 얘기하는 404병은
인간의 삶에서 부딪히는 온갖 질병입니다

병들 엄疒 부수에 속한 한자가
자전에는 자그마치 339자나 됩니다
병들 엄疒 자와 상관없는 조합된 병명도
그에 못지않게 매우 많이 있습니다
이를테면 암癌은 병질 엄疒 부수인데
고혈압高血压, 당뇨糖尿, 뇌출혈脑出血은
병질 엄疒을 빌리지 않은 병명입니다
병질 엄 부수에 속한 질병 이름이
사전에 올라있는 것처럼 339가지라면
병질 엄을 빌리지 않은 병명病名은
어쩌면 그 10배를 넘고도 남을 것입니다

疒

병질 엄疒에 속한 병명 중 5%만 볼까요
병들어 기댈 녁/역/병들어 기댈 상疒 자는
총 5획으로 때에 따라 '녁'으로 읽고
'역'이나 '상'으로 소리내어發音 읽습니다
담긴 뜻은 병病과 병들어 기대다, 앓다
부수의 하나로 병질 엄病疾疒이 있고

'병들어 기댈 상'으로 읽을 경우에도
역시 병病, 병들어 기대다, 앓다 따위입니다

급성 복통 교, 급성 복통 규疚 자는
급성 복통 교疛와 같은 자로서
병질 엄疒 부수部首에 총7획입니다
글자 그대로 '급성 배앓이'를 비롯하여
병적으로 툭 불거져 나온 살덩어리인
혹腫氣tumor을 가리킨다든가
또는 배가 심하게 아프다 따위입니다
병질 엄疒에 얽힐 구ㅐ 자를 썼으니
속이 뒤틀린 배앓이가 맞습니다

疕
머리 헐 비疕 자는 병질 엄疒 부수에
총7획으로 머리가 헐다
벗겨진 머리, 대머리
헌 데가 아물어 생기는 딱지
부스럼 딱지 따위 뜻을 담고 있습니다
병질 엄疒에 비수 비匕를 놓았으니
잘드는 배코匕로 빡빡 밀듯이의 뜻입니다

疖

부스럼 절疖은 병질엄疒 부수에
총7획이며 큰 부스럼, 작은 부스럼 등과
목 부분의 결핵성 만성 종창으로
나력瘰癧을 가리키기도 합니다
부스럼 절癤 자와 통용되는 한자입니다
부스럼은 피부가 건조하면서 부서지니
부스럼이 맞기는 맞는 말입니다

疗

병 고칠 료/병 고칠 요/병 삭疒 자는
병질엄疒 부수에 총7획으로
병을 고치다, 치료하다, 고통을 면하다
물리치다, 극복하다 등 동사와
병病, 질병疾病 등 명사로 풀이됩니다
병질엄疒에 소릿값 마칠 료了 자를 썼으니
병마를 잘 이겨낸 의미이겠네요

疝

산증 산疝 자는 병질엄疒 부수에
총8획으로서 산증疝症을 의미합니다
산증이란 허리나 아랫배가 아픈 병입니다

하여 배가 아플 때도 산疝이라 하는데
정확하게 허리나 아랫배 통증이지요

疚

오랜 병 구疚 자는 병질엄疒 부수에
총8획이며 고질병痼疾病, 오랜 병
상喪, 거상居喪, 상중喪中에 있을 때며
병으로 오래 고생하다, 가난하다
근심하다, 속을 태우거나 우울해하다
부끄러워하다, 해치다, 꺼림하다
마음에 걸려 언짢은 느낌이 있다 따위지요
고질병 구疚 자와 같이 쓰입니다
오랠 구久 자가 소릿값으로 들었으니
장병長病을 가리킴입니다

획수가 적은 한자들을 보았는데
재미있게 쓰인 한자로 옮겨 보겠습니다

癩

피부병 누/루, 연주창 나/라癩 자는
병질엄疒 부수에 총26획으로서
피부병일 경우 피부병 누/루로 발음하고

피부가 두꺼워진다든가
또는 연주창連珠瘡이라든가
옴일 경우에는 연주창 나/라로 읽습니다
여기서 연주창은 두루周 알다知시피
갑상선종이 헐어 터진 부스럼이고
옴은 옴진드기가 기생하여 일으키는
이른바 전염 피부병을 가리키는 것이지요

疢

멍 지疢 자는 병질엄疒 부수에
총10획으로 멍, 멍들다의 뜻이 있습니다

痐

거위 회痐 자는 병질엄疒 부수에
총11획이며 담긴 뜻으로는
기생충의 한 가지로 거위를 가리키며
회충과의 기생충이 회충蛔虫입니다
거위배라 하여 회충으로 인한 배앓이이며
거위가 있어서 일어나는 병을 가리킵니다
내 어릴 때 기억을 더듬어 보면
강원도에서는 거위를 '거시'라 했습니다

癥

상기 궐癥 자는 병질 엄疒 부수에
총15획으로 피가 머리로 모이는 병입니다
간화선看話禪을 닦는 이들이 걸려
곧잘 고생하는 상기병上氣病입니다
병질엄疒이 없어도 상기 궐欮 자입니다
상기병에 특효약은 화두마저 놓고
완벽한 무심無心 세계로 돌아감이지요

癌

암 암癌 자는 병질 엄疒 부수에
총17획으로 암cancer을 가리키며
피부가 곪으면서 생기는 큰 부스럼으로
종기를 가리키기도 합니다
요즘은 어린 아이들에게도 파고들지만
지금까지 암은 성인병의 대표적이었습니다
암癌이 영어로 캔서cancer이니
캔슬cancel의 사촌뻘 되는 거 아닐까요

癀

음부의 병 퇴癀 자는 병질엄疒 부수에
총17획으로 음부陰部의 병이며

대하증帶下症을 가리키며
산증疝症이기에 산증 퇴疝로도 새깁니다
남자는 남자대로 여자는 여자대로
음부는 인체에 있어서 소중貴한 곳입니다
이곳에 든 질병疒이니 퇴퇴일 수 밖에요

瘂

목구멍이 아릴 험瘂 자는
병질엄疒 부수에 총18획으로
목구멍이 아리다는 뜻이니
인후병咽喉病sore throat입니다

癗

두드러기 뢰/두드러기 뇌癗 자는
병질엄疒 부수에 총20획으로
두드러기나 작은 부스럼을 뜻합니다
병질엄疒 부수에 밭갈피 뢰畾 자이니
밭갈피는 본디 울퉁불퉁합니다
으레 피부에 돋은 두드러기일 수 밖에요

癲

미칠 전癲 자는 병질엄疒 부수에

총21획으로 담긴 뜻은
말과 행동이 보통사람과 달리 미친 병이며
광증狂症, 간질을 속되게 이르는 말로
이른바 지랄병을 가리킵니다
병질엄疒에 엎드러질 전顚 자를 놓았으니
이리 넘어지고 저리 꼬꾸라지며
통증을 호소함이 미친 듯 보일 것입니다

癭
혹 영癭 자는 병질엄疒 부수에
총22획으로 혹 영癭 자와 같이 씁니다
병적으로 붉거져 나온 살덩어리를
우리는 보통 혹이라 부릅니다
벙어리, 언어장애로 말을 못하는 사람
말이 나오지 않는 병, 군더더기, 혹 등
남아도는 물건 따위를 가리키는 말입니다

일반적으로 404병이라 하면
자연의 4가지 요소를 들고 있습니다
인간의 몸도 이들 자연의 4가지 요소가
바탕이 되어 이루어졌다고 보는 것이지요
자연의 4가지 요소가 무엇일까요

1. 대지大地earth/ground

2. 물水water/aqua

3. 에너지火heat/energy

4. 대기風atmosphere입니다

이들 4가지 요소로 이루어진 몸은
언제나 조화調和를 필요로 하고 있습니다
하나 자연계에서도 때로 충돌하는데
인간의 몸을 이룬 상태라고 하여
어찌 항상 조화롭기만 바라겠습니까
따라서 이들 4가지 요소가
서로서로 삐걱거리면서
갖가지 질병을 일으키는데
각 요소마다 100가지 병을 일으킵니다

여기에 각 요소의 핵核이 일으키는 병이
하나씩 더해져서 404병이 됩니다
그렇다면 핵이 일으키는 병은 무엇일까요
400가지 질병은 4가지 원소들이
조화롭지 못해 일으키는 질병이라면
이들 4가지 원소의 핵은 곧 근원적입니다
근원적이라면 신경성神經性이지요

이를테면 두뇌도 같은 세포들의 짜임이나
거기서 정신세계를 만들어내듯이
원소 핵이 빚어내는 질병은 정신병입니다

또 다른 설도 있는데 생각해 보실까요
사람의 오장五臟이 무엇입니까?
다섯 가지 내장內臟으로서
1. 간장肝臟liver
2. 폐장肺臟lung
3. 심장心臟heart
4. 비장脾臟spleen
5. 신장腎臟kidney입니다
각각 81가지 질병을 일으킬 수 있는데
왜 하필이면 81가지일까요
구구단 곱셈의 궁극인 까닭입니다

이들 모두를 합한 게 405병이며
예서 죽을 병 하나를 제하면 404병입니다
따라서 404병은 불치병不治病이나
난치병難治病intractable disease이 아닌
고칠 수 있는 병들입니다

10) 흉기를 장만하지 말라

포살하는 불자들은 일심으로 경청하라
몽둥이를 비롯하여 활과화살 창과도끼
칼과화약 총기류와 살충제와 제초제등
살생하는 기구들을 집에두지 말지니라

물고기를 잡는그물 새를잡는 올가미와
가축들과 산짐승과 들짐승을 잡는덫과
살상하는 도구들은 일체어떤 것이라도
마련하여 둔다거나 재어두지 말지니라

보살계를 받은이는 부모님을 살해하여
한가지로 한하늘을 일수없는 원수라도
원과한을 품지않고 또한갚지 않겠거늘
죄가없는 중생들을 죽여서야 되겠는가

살생하는 도구들을 장만하지 말것이니
마음속에 작정하고 마련하여 두게되면
보살계를 받은이는 보살계를 어김이라
열번째의 경구죄를 범하는게 되느니라

#1

살생하는 도구로는
이를테면 몽둥이를 비롯하여
칼, 활, 화살, 창, 도끼, 화약, 총기류와
살충제와 제초제, 농약 뿐이겠습니까
낚시와 그물과 덫이 있습니다
올모, 함정, 지뢰, 파리채가 있습니다
나아가 수갑, 족쇄, 단두대 등이 있습니다

옛날에는 없던 살생도구가
최근에는 많이 개발되고 생겨났지요
어떤 경우 국력을 다 쏟아부어
몇년 씩 몇십년 씩 걸리기도 합니다
도대체 무슨 살생도구이길래 그럴까요
핵무기가 바로 그런 종류입니다
짧은 거리에서부터 장거리까지
나아가 대륙간 탄도미사일이 생겨나고
여기에 핵탄두를 실어 핵무기로 쓰겠지요

핵무기 이전에 재래식 무기도
실로 무시무시한 것들이 있습니다

전차戰車tank를 비롯하여
잠수함潛水艦submarine이 있으며
전투기戰鬪機fighter가 있으며
레이더에 걸리지 않는 스텔스기가 있지요
전투기에서부터 온갖 미사일과
생화학에서부터 세균에 이르기까지
살상도구는 그 수를 헤아릴 수 없습니다
그러나 정작 무서운 게 있습니다

바로 인간이 지닌 마음입니다
마약을 복용하거나
술을 마시고 운전하거나
피곤이 겹쳐져 생기는 졸음운전 등
일상 속에서 일어나는 사건 중 절반이
다 교통사고로 인한 사상자라는 것입니다
어떻게 우리나라처럼 작은 나라가
세계적으로 교통사고 1위를 차지합니까
뭐니 뭐니 해도 사고의 대부분은
부주의에서 기인基因한 게 사실입니다

부주의를 얘기하니까 생각나는데
어린이집 통학버스라든가

또는 개인 자동차 내에
어린 아이를 남겨둔 채 내려
삼복더위 속에서 사망하게 만들었으니
무엇보다 무시무시한 흉기가 된 셈이지요
무서운 흉기가 어디 그 것뿐입니까
미세먼지를 끊임없이 양산해 내는
공장 굴뚝과 자동차 매연이 있습니다
요즘은 핵보다 무서운 게 미세먼지라지요

죄없는 사람을 무고誣告하는
인간의 입보다 더한 흉기가 있을까요
입만 열면 새벽부터 저녁까지
저녁부터 한밤중까지 만나서 얘기하고
그것도 모자라 나머지는 전화로 얘기하고
더 할 얘기는 다시 또 만나 얘기합니다
그 내용은 오로지 남의 얘기입니다
이야기의 소재가 되는 사람은
나중에 엄청난 피해를 입습니다
애깃거리로 올려놓은 이들은
허물 들춰내기에 시간가는 줄 모릅니다

입의 기능은 크게 세 가지品인데

아래에 가로놓인 두 개 입때은
먹고 마시는 입과 함께 말하는 입이고
위에 놓인 하나의 입은 침묵하는 입입니다
이 세 가지 기능이 제대로 갖추어졌을 때
바야흐로 아름다운 물건 품품 자가 됩니다
살생하는 흉기가 여기서 끝날까요
에이! 그럴 리가 있겠습니까
사람의 생각이 흉기입니다
생각 하나로 사람을 죽이고 살립니다

보리가람 농업기술대학 부지와 함께
조계종 아름다운 동행에 기증한
동아프리카 탄자니아
킬리만자로 마랑구 게이트 2,000고지
오른 쪽 1km에 위치한 사찰 부지
마라웨marawe란 마을은 고즈넉합니다
고즈넉한 마을을 든다면
어디 마라웨 뿐이겠습니까마는
하루 종일 가도 오직 평화만이 흐릅니다
하루는 이웃해 사는 청년 민자minja가
담뱃대처럼 끄트머리가 뭉툭한
자루 긴 몽둥이를 가지고 왔습니다

내가 물었습니다
"이거 어디에 쓰는 물건인데, 민자?"
젊은 청년 민자가 웃으며 답했습니다
"호신용 몽둥이예요, 매스터!"
"호신용이라니, 와 이런데 한 방 맞으면
아무래도 머리 작살나겠는 걸"
"아이고 매스터! 휘두르지 않으면 되지요."
내가 의아해하며 물었습니다
"호신용이라면서? 그럼 휘두를 수 있지"
그의 대답이 자연스러웠습니다
"여기 사람들은 모두들 착해요
다만 만일을 위해 가지고 계세요"

들고 보면 그렇습니다
아예 살상용 무기로 정해진 것도 있지만
아무 때나 어디서나 써먹지는 않습니다
그래도 외진 곳에서 혼자 지내려면
써먹든 안 써먹든 몽둥이는 필요합니다
나는 민자의 마음이 고마워서
몽둥이를 잠자리 옆에 두고 잤습니다
그런데 이 몽둥이를 써먹을 기회를
그들은 단 한 번도 허락하지 않았습니다

첫째는 누가 뭐라든 내가 가진 게 없었고
둘째는 그들이 그렇게 착했습니다

그런데 웬걸 칠흑같은 밤이었습니다
내 토굴에는 전기가 들어왔지만
절전한다고 잘 때 불을 켜지 않았습니다
부스럭 소리가 들려오긴 했는데
뭔지 도통 알 수가 없었습니다
나무 몽둥이 끝을 오른손으로 꽉 잡은 채
다음 동작을 어떻게 할까 생각중이었지요
발자국 움직이는 느낌이 다시 있어
나는 몽둥이를 날렸습니다
손잡이 채 소리나는 곳을 향해 던졌습니다

철부럭! 턱!
몽둥이 떨어지는 소리 외에
어떤 느낌도 느껴지지 않았습니다
날이 밝고 아침이 되어 일어나 보니
산산히 부서진 사과가 하나 있었습니다
옆에는 새 한 마리가 죽어 있었고요
우리에게는 길조吉鳥였으나
그들에게는 흉조凶鳥인 까치였습니다

먹는 사과에 정통으로 맞고는
까치가 그 자리에서 죽은 것입니다
사과가 호신용/살상용 무기가 된 셈입니다

탄자니아에는 사과가 나지 않습니다
남아공에서 수입한 과일이라
생각보다 값이 비싼 편이었는데
내 토굴로 나를 찾아온 현지인 피터가
선물로 가져온 것이었지요
나는 아침에 일어났을 때까지만 하더라도
던진 게 끝이 뭉툭한 몽둥이라 생각했지요
아침에 일어나서 상황을 보고 나서야
몽둥이가 아니라 사과임을 알았습니다
야외에 나갔을 때 물그릇이 없으면
반으로 쪼개 안을 파 먹고 잔으로도 쓰지요

어제 오후, 찌는 듯한 더위를 헤집고
한 달간 단식에 들어계신 설조 노스님을
우정국 단식농성장으로 찾아뵈었습니다
설조 노스님은 생각이 또렷하셨지요
88세로 보기에는 생각이 젊으셨습니다
내가 대각사 주지임을 이미 알고 계셨고

소신은 흔들림이 없어보이셨습니다
나는 노스님의 단식농성장을 나오면서
이 노스님을 단식으로 내 몬 이들이
과연 누굴까를 나는 내게 되물었습니다

결국 인간의 욕망이 흉기입니다
칼이나 창보다도
활과 화살과 덫보다도
올모나 그물이나 낚시보다도
총기류와 살충제, 제초제보다도
핵무기 화학무기 그리고 미세먼지보다도
문명의 이기이자 사고의 주역인
자동차 오토바이 헬기 따위를 비롯하여
숱한 것들이 살상의 도구가 될 수 있으나
정작 살상 무기는 인간의 욕망입니다

마음을 내려놓고
마음을 비울 일입니다

#2

大

慈大

悲大慈

大悲大慈

大悲大慈大

悲大慈大悲大

慈大悲大慈大悲

大慈大悲大慈大悲

大慈大悲大慈大悲大

慈大悲大慈大悲大慈大

悲大慈大悲大慈大悲大慈

大悲大慈大悲大慈大悲大慈

大悲大慈大悲大慈大悲大慈大

悲大慈大悲大慈大悲大慈大悲大

慈大悲大慈大悲大慈大悲大慈大悲

大悲大慈大悲大慈大悲大慈大悲大慈

大悲大慈大悲大慈大悲大慈大悲大慈大

대자대비대자대비대자대비대자대비대자
대비대자대비대자대비대자대비대자대

비대자대비대자대비대자대비대자대
비대자대비대자대비대자대비대자
대비대자대비대자대비대자대비
대자대비대자대비대자대비대
자대비대자대비대자대비대
자대비대자대비대자대비
대자대비대자대비대자
대비대자대비대자대
비대자대비대자대
비대자대비대자
대비대자대비
대자대비대
자대비대
자대비
대자
대

大great 慈mercy and 悲compassion
大great 慈mercy and 悲compassion
大great 慈mercy and 悲compassion
大great 慈mercy and 悲compassion

범망경 보살계본 제2조 제10항
'흉기를 장만하지 말라'는 계율 말씀은
이와 같이 '대자대비'로 묶을 수 있습니다

막간幕間

위와같이 열가지의 보살계를 지송하고
공경하는 마음으로 부지런히 배운뒤에
흐트러짐 없는마음 굳게가질 것이니라
육도품중 말씀에서 자세하게 밝히리라

사이를 보통 막간幕間이라고도 합니다
범망계본은 제 2조 48경계를 설명하면서
(1)제 1항에서 제10항까지
(2)제11항에서 제20항까지
(3)제21항에서 제30항까지
(4)제31항에서 제39항까지
(5)제40항에서 제48항까지
총5막으로 장엄스레 펼쳐가고 있습니다
다시 생각해도 재치있는witty 발상입니다

이미 10가지 제1막의 계율이 끝나고
다음부터는 제2막 10가지가 펼쳐집니다
이들 제1막 끝과 제2막이 시작되기 전
잠시 짬을 이용하여 숨을 고르고 있습니다
이것을 이른바 막간幕間이라 합니다
영어로는 인터미션intermission이고
비트윈 디 액츠between the acts며
인터벌interval이라고도 하지요
연기와 연기 사이를 가리키는 말입니다

그런 의미에서 나는 막간을 중시합니다
범망경 보살계본 48경계 전체를
단숨에 설하기에는
지루한 감이 있을 수밖에 없습니다
전계화상의 포살법문을 듣는
보살들 역시 지루할 수밖에 없습니다
소설이나 수필隨筆이 아니라면
내용을 펜다는 게 그리 쉽지 않습니다
범망경 대승보살계는 결코 수필이 아니고
소설少說fiction은 더 더욱 아닙니다

사이間는 크게 3가지로 나뉩니다
그 첫째는 공간空間의 사이間고
그 둘째는 시간時間의 사이며
그 셋째는 관계關系로써의 사이입니다
그 첫째 공간에는 틈새gap가 있고
중간中間middle이 있으며
중도中道middle road가 있고
도중道中on the way 이 있습니다
중재자仲裁者mediation도
조정자調停者mediator도 같은 뜻입니다

그 둘째 시간에는 여가餘暇가 있고
'사이에'와 '사이를'이 있습니다
여기서 '여가'라고 하니까
휴가休暇라는 말이 생각나는데
옆길로 잠시 새 보는 건 어떨런지요?
내가 설법 도중에 질문 하나를 던졌습니다
"요즘 바캉스계절인데 휴가들 떠나지요?
이 휴가의 '가'가 무슨 '가'자이겠습니까? "
우리절 관음전 법당을 가득 메운
200여 청중들이 한꺼번에 답했습니다
"네, 스님 '집 가家'자입니다"

그때 스마트폰을 손에 든 한 젊은이가
손을 번쩍 들어 발언권을 얻어냈습니다
"어서 얘기 해봐요. 젊은이!"
그는 정직했습니다
자기가 이미 알고 있었던 게 아니라
방금 찾은 사실을 그대로 인정했습니다
"인터넷 자전에 겨를 가暇 자로 나옵니다"
나는 그를 칭찬해주었습니다
"자네 참 정직하구면! 자네 말이 맞아
쉴 휴休 자에 겨를 가暇 자가 정답이라네"

일반적으로는 '겨를暇을 쉬休다'인데
달리 '쉴休 겨를暇'로 풀어도 괜찮습니다
연가年暇는 직장에서 직원들에게
1년에 일정 기간 쉬게 하는 유급 휴가이고
병가病暇는 병으로 인해 얻는 휴가입니다
이때 쓰는 가暇도 겨를 가暇 자가 아닌
집 가家 자로 짐작들 하고 있지만
사실은 겨를 가暇 자가 맞지요
그 겨를이라는 게 여기 '사이間'입니다

그 셋째가 곧 관계關係relation인데
세상에서 가장 소중한 덕목德目입니다
삶을 영위營爲management함에 있어
가장 기본이 되는 게 사이間이니까요
이 사이間가 곧 관계입니다
이를 릴래이션스relations라 하고
릴래이션쉽relationship이라 하며
또는 텀terms이라 표현하기도 합니다
부자 사이가 있고
친구 사이가 있으며
형제 사이가 있고
다정한 사이가 있습니다

좋아하는 사이도 그 속에 들어갑니다

기독교Christianity가
완벽한 전체적全體的 종교라면
그에 견주어 불교佛敎Buddhism는
철저히 개인 중심의 종교입니다
따라서 스님네는 깨끗한 모래알이라
끈끈한 점성粘性을 갖고 있지 않습니다
이를 부처님佛 가르침敎이라 하지만
실제로는 우리 부처님 가르침이 아닙니다
나중에 하나씩 둘씩 만들어진 것이지요
그러나 연꽃이 어디서 피어나던가요
연꽃은 모래사장에서는 피어나지 않습니다

사람이 아니라 인간人間입니다
사람은 홀로일 수 있으나
인간은 사람과 사람 사이를 가리킵니다
사람은 결코 혼자 살지 못합니다
첫째 사람과 사람입니다
둘째 사람과 자연입니다
셋째 사람과 공간이고
넷째 사람과 시간이며

다섯째 사람과 대기입니다

자연에는 많은 동식물이 살고 있습니다
동식물 가운데 어떤 종種species도
지구상에 없어서는 안 됩니다
인간에 의해 나중에 생겨난
바이러스 따위 존재가 아니라면
어떤 생명도 없어서는 안 된다는 겁니다
나는 가끔 아주 엉뚱한 생각을 합니다
암은 생명여탈권生命與奪權이 있다고요
'생명여탈권'이란 말이 좀 심한가요
그렇다면 정정訂正correction하겠습니다

암은 인간의 생명을 쥐락펴락합니다
만약 지구상에 의학이 발달하지 않았다면
그래서 원시세계로 되돌아간다면
그 때도 숱한 암이 있었을까요
과도한 인간 중심의 약이 생겨나면서
결국 생태계 중 어느 한 체계가 무너집니다
모기도 파리도 인체에 해로운 생명체도
아예 처음부터 그대로 두었더라면
그들을 죽이는 약을 개발하지 않았더라면

그 때도 오늘날처럼 암이 많아졌을까요

모르긴 해도 자연 시스템自然系은
스스로에게 주어진 권한으로
생명의 질서를 하나씩 잡아갔을 것입니다
생태계ecosystem라고 하는 세계는
그 자체가 그대로 환경계環境系입니다
본디 환경은 사람에게는 너그럽고
포악한 짐승들猛獸fierce animal과
사나운 새들猛禽類Raptores과
독한 벌레毒蟲poisonous insect라 하여
그들 생명체에 대해 더 가혹하지 않습니다

두꺼비에게 잡아먹히는 파리를 보면서
안타깝게 여기는 사람은 아마도 없겠지만
뱀에게 잡아먹히는 개구리를 보며
개구리에게는 안쓰러운 연민을 느끼고
뱀에게는 미움을 느끼는 게 정석이겠지요
하나 자연계에는 그런 이중잣대가 없습니다
이를테면 똑 같은 생명을 놓고
하나는 작고 혐오스런 생명이기에
다른 하나는 일단 크고 혐오스럽지 않기에

이중잣대로 느끼는 것은 사람일 뿐입니다

한 마디로 사람을 비롯하여
어떤 부류 어떤 생명체라 하더라도
꼭 필요한 것은 '더불어 시스템'입니다
어떤 존재도 홀로 존재할 수는 없습니다
'사람'이라는 하나의 용어에는
'사람=살암' 외에
'사랑=살앙'
'살=피부'
'산山='죽은'의 다른 꼴'
'섬島='서다'의 명사화'
'삶life'의 어근이 모두 '살'입니다

그러나 '사람' 못잖게 더욱 중요한 것이
바로 사람과 사람 사이를 뜻하는
이른 바 '인간人間'입니다
일설에는 '인간人間'이란 말의 소종래가
일본어에서 비롯되었다고 하나
그게 일본어에서 왔으면 어떻고
미국이나 유럽에서 왔으면 또 어떻습니까
man이나

person이나

individual도 중요하지만

human being이나

man kind나

people도 똑같이 소중하다는 것입니다

#2

원문 :

여시십계 응당학 경심봉지 하육도품중 광명
如是十戒 應當學 敬心奉持 下六度品中 廣明

막간幕間이란 목차는 내가 붙였습니다
'첫째 막간'이라 함도 마찬가지인데
이는 앞서 기재하고 밝혔듯이
다섯 번에 걸쳐 막간이 있는 까닭입니다
내 글에서 유례類例없이
한문으로 된 원전原典을 싣습니다
'막간' 글은 앞으로도 이처럼 짧을 것입니다
어제와 그제 글도 좀 고쳤어야 하는데
생각이 미치지 못하여 그대로 나갔지요

열 가지 계율 조목을
마땅히 하나하나 배우고 익힐 것이며
공경심으로 받들어 지니라 말씀하십니다
열 가지 계율을 다 얘기하기에는
좀 지루하겠지만 다시 한 번 훑어볼까요

01) 스승과 벗을 공경하라

02) 술 마시지 말라

03) 고기 먹지 말라

04) 오신채를 먹지 말라

05) 잘못에 대한 참회를 가르치라

06) 공양하고 청법하라

07) 찾아가서 법을 들으라

08) 대승계율을 저버리지 말라

09) 아픈 환우들을 보살펴라

10) 흉기를 장만하지 말라

아래 육도품이 있다 하셨는데
이는 《범망경》안에 '보살계품'이 있듯
범망경 안의 '육도품六度品'을 가리킵니다
육도품에서 '널리廣 밝히明겠다' 하셨는데
미루어 짐작하건대 이 범망경은
율장律藏이기 이전에 경장經藏입니다
일설에는 범망경이 거의 소실되었다지요
그렇지 않았다면 매우 방대한 경전입니다
다시 말해 범망경은 치안治安 경전이며
동시에 국토방위國土防衛 경전입니다
어디 그 뿐이겠습니까

보살계를 담았으니
이는 예절과 문화의 경전이고
환자들을 보살피라시니
몸과 마음의 치유治癒 경전입니다
고기 먹지 말고 흉기를 장만하지 말라시니
대자대비로 충만한 생태계 경전이고
찾아가서까지 법을 들으라시니
서원학誓願學 경전입니다
게다가 아래 육도품六度品이 있다시니
여섯 가지 바라밀을 바탕함입니다
초기불교를 초월한 대승불교 가르침입니다

그렇다면 육도품은 어떤 내용일까요
목차로 보아 '육바라밀'입니다
바라밀paramita을 도度로 풀이한 데는
탁월한 식견識見이 있기에 가능했습니다
바라밀은 '저 언덕에 이르다'로 풀이됩니다
저 언덕이라면 이쪽 언덕도 있겠지요
언덕 얘기에는 뭐가 내재되어 있겠습니까
개울이고 하천이며 강이고 호수입니다
아니, 어쩌면 이쪽 대륙에 대한
저쪽 대륙을 가리키는 말일 수 있습니다

만일 대륙을 놓고 얘기한다면
대륙과 대륙 사이에는
개울이 있을까요
아니면 하천이 있을까요
강도 호수도 아닌 바다가 있을 것입니다
바다에는 거대한 바람이 불곤 합니다
적도赤道equator를 기준으로 하여
남위 10도와 북위 10도까지는
이른 바 '무풍지대無風地帶'라 하지요
다시 말해 바람이 거의 없는 지대입니다

그런데 정말 적도부근은 바람이 없을까요
절대로 바람이 없다는 논리는 아닙니다
강한 태양이 내리쬐는 바다에서는
자연스레 기상의 흐름이 있게 마련입니다
데워진 공기는 위로 오를 것이고
그 빈자리를 메꾸려 찬바람이 일겠지요
따라서 바다에 바람이 인다는 것은
기상氣象weather에서는 자연스럽습니다
중생이 건너려는 고해苦海도 그러해서
언제나 번뇌의 파도로 출렁대고 있습니다

중생들이 머무는 이此 언덕岸이니
부처가 머무는 저彼 언덕岸이니
중생이 건너야할 괴로움苦의 바다海니
하는 이야기들은 실상 있는 게 아닙니다
그저 비유로 가져왔을 따름입니다
괴로움으로 가득한 물 없는 바다를 건너
어떠한 작은 괴로움도 존재하지 않는
오직 행복만이 가득한 저 언덕에
스스로 안착安着한다고 하는 논리 속에는
하나의 비유만이 있을 뿐입니다

깨달은覺 자者의 세계는
이론적으로는 단순하기 짝이 없으나
실제 깨달아 부처覺者 자리에 올랐더라도
아주 작디 작은 방심放心 하나로
쉽게 무너져내리곤 합니다
중생 세계를 흙탕물에 비유합니다
흙탕물을 담은 그릇을 가만히 놓아두면
앙금은 아래로 가라앉을 것이고
맑은 물은 위로 떠오릅니다
이때 눈에 보이는 위의 맑은 물만 보고
그릇을 기울이게 되면 다시 흐려지겠지요

그러나 만일 맑은 물만을 챙기고
가라앉은 앙금은 말끔하게 비운 뒤에
앞서 깨끗한 물을 다시 담아두면
이미 앙금이 남아있지 않는 까닭에
아무리 그릇을 흔들더라도
다시 흙탕물로 흐려지지는 않습니다
부처의 세계는 흙탕물이 가라앉고 나서
앙금을 다 비운 뒤 다시 담은 물과 같지요
그러나 이는 어디까지나 비유일 뿐
부처가 스스로 깨달은 경지를 유지하려면
부단한 정진이 이어지지 않으면 안됩니다

‘엔트로피 증가 법칙’ 때문입니다
the principle ofincrease of entropy
이를테면 커피포트에 물을 끓일 때
포트에 물을 채우고 전원스위치를 누르면
그때부터 물은 끓기 시작합니다
그리하여 물이 마침내 100℃가 되면
중력의 법칙을 거스르며 기화氣化하지요
여기서 만일 ‘계속 가열’ 버튼을 누르면
포트의 물은 모두 기화되어 버리지만
보온의 온도를 설정하고 버튼을 누르면

물은 그 온도까지 내려가 보온은 되되

기화하여 증발하지는 않습니다

부처님께서 깨달음을 얻으신 뒤

그 깨달음의 경지에 머물고자 하신다면

킾keep의 상태를 쓸 수밖에 없습니다

물론 서가모니 부처님은 예외라 하더라도

후대의 조사들이나 종사들이

그리고 오늘날 수선修禪하는 이들이

스스로 깨달음을 얻은 뒤

그 깨달은 상태를 유지하려면

그 경지에 킾하지 않으면 안 됩니다

부처님을 존경하고 믿고 따르는 것은

부처님이 지니신 '킾의 정신' 때문입니다

그렇다면 이此 언덕岸에서

저彼 언덕岸으로 건너가고자 할 때

어떤 탈 것을 이용하면 좋겠는지요

범망계본 막간 끄트머리에서 말씀하십니다

아래 육도품에서 자세하게 밝히겠다고

육도품은 어떤 내용으로 채워졌겠습니까

여섯六 가지 건네줌度의 챕터品입니다

여섯六 가지 길道도 있을 수 있는데
왜 하필이면 길道이 아닌 건네줌度입니까

#3

육도六度가 무엇무엇입니까
대승불교의 여섯六 가지 법칙度입니다
여섯 가지 법칙에 들어가기 앞서
여섯 가지 법칙을 생각해봐야 하겠습니다
그 많은 수에 다섯도 있고 일곱도 있으며
넷이나 여덟이나 아홉 가지도 있는데
어찌하여 하필 여섯六 가지인지요
게다가 '건넴渡'도 다양多樣한데
어찌하여 꼭 여섯六가지 법칙度인지요

우선 '여섯'이라는 수사數詞보다
목적어에 해당하는 도度를 먼저 볼까요
도度는 보통 '법도 도'로 새기며
'헤아릴 탁' '살 택'자로 새기기도 합니다
집 엄广 부수에 총9획이며
꼴形소리聲문자로 보고 있습니다

다시 말해 뜻을 나타내는 집 엄广 부와
소릿값을 나타내는 '서민 서庶' 자
생략형省略形이 만나 생긴 글자입니다

이 도'度'자에 담긴 뜻을 살펴보면
법도法度, 법제法制, 법法을 비롯하여
자, 도구道具와 온도 따위 단위입니다
또한 도수度數로서 거듭하는 횟수와
횟수回數를 나타낼 때 쓰는 '번'과 같습니다
기량技倆과 국량局量이 있는데
국량은 남의 잘못을 이해하고 감싸주며
그러한 일을 능히 잘 처리하는 힘입니다
게다가 '도度'에는 가락이 들어있고
양율律 음려呂를 표현할 때 쓰는 글입니다

이 밖에도 모양, 모습을 나타낼 때
드러나 보이는 사람의 겉모양으로서
풍채風采 따위를 얘기할 수 있습니다
이 '도度자'에는
태양太陽의 하루 해며
천체天體의 속도가 들어있고
때와 기회를 표기할 때 사용합니다

그 밖에 바루다, 바로잡다, 가다, 떠나다
통과하다, 건너다, 건네다 따위와
나르다, 운반하다, 넘어서다입니다

기준基準으로 삼아 따르다, 깨닫다
번뇌煩惱에서 해탈解脫하다
승려僧侶가 되다, 헤아리다 따위와
추측하다까지 '법도 도'자로 발음합니다
그리고 미루어 생각하여 헤아리다와
꾀하다, 생각하다, 던지다, 세다, 재다와
베다 따위로 그릴 때는 소릿값이 다르지요
이 때 새기는 뜻은 '헤아릴 탁度'자입니다
그리고 살다, 자리잡고 살다를 비롯하여
묻다, '물음'을 표시할 때 '택度'이라 하지요

출가하여 머리를 깎은 날을
득도得度라고도 하는데 중요한 의미지요
또는 각도角度의 단위單位와
직각直角의 90분의 1을 '도度'라 하며
경도經度와 위도緯度의 단위單位입니다
곧 지구地球 둘레의 360분의 1입니다
온도溫度의 단위單位를 가리키며

온도계溫度計 눈금 하나를 표현했습니다

문체文體에서 약체와 번체를 쓰는데
바로 그 번체의 '번'이기도 하지만
안경의 강약强弱을 나타내는 단위單位며
경도硬度, 비중比重, 농도濃度와 함께
약간 어슷비슷하거나
같은 것들의 단위單位입니다
어떤 해를 나타내는 이름 밑에 붙어서
그 해의 연도年度를 가리키는 말 이고
한도限度, 정도程度를 나타내는 말입니다

이처럼 많은 뜻을 담고 있는 글자는
언제나 어디서나 항상 환영을 받습니다
영어로는 디그리degree입니다
알콜 도수를 표기할 때 도度를 씁니다
뭐니뭐니해도 중요 새김은 '법도 도度'며
'건널 도度' 자로의 새김이기도 합니다
삼수변氵도渡 자와 같이 풀이되는데
이 건널 도渡 자는 물氵건넘度이겠지만
이 건널 도度 자는 물氵없이 표현됩니다

중생이 마음 속 번뇌를 말끔히 지워버리고
깨달음의 단계로 오르는 데는 물氵과
전혀 상관相關이 없을 수 있습니다
따라서 건널 도渡는 물氵에 국한되지만
이 건널 도度는 모든 곳에 해당합니다
아무튼 '건너다度'라는 움직씨動詞에는
크게 여섯 가지가 있습니다
따라서 이를 육도六度라 이름하고
'육도'를 설명한 챕터를 품品이라 하지요

육도품六度品 중에서
첫째는 '보시도布施度'입니다
다른 말로는 '보시바라밀'인데
자기가 갖고 있는 것을 나눔입니다
먹을 것을 나누고
입을 것을 나누고
아름다운 정情을 나누고
마음과 재주와 기능을 나눔입니다
가진 것을 나눌 때 넉넉함이 생깁니다
따라서 나눔 봉사하는 이들 치고
인색하고 속 좁은 사람은 거의 없습니다

육도품六度品 중에서
둘째는 '지계도持戒度'입니다
지계持戒란 계戒를 지님持인데
계가 무엇입니까
자신을 반듯하게 하고
남에게 번거로움을 주지않으며
도덕道德과 질서秩序로
서로 행복한 사회를 만들어감입니다
음주운전과 졸음운전은 위험이 따릅니다
맑은 정신으로 교통법규를 준수할 때
안전하게 목적지까지 갈 수 있지 않을까요

육도품六度品 중에서
셋째는 '인욕도忍辱度'입니다
어떤 혹독한 상황이 닥쳐오더라도
끝까지 참고 견디는 자가 공을 이룹니다
네四 가지 큰弘 서원誓願의 바탕은
첫째도 인욕이고
둘째도 인욕이며
셋째도 인욕입니다
참을 수 있기에 참는 것이지만
참아야 할 혹독한 상황이라 할지라도

내용이 텅 비어있음을 알아차림입니다

육도품六度品 중에서
넷째는 '정진도精進度'입니다
어지러진 마음을 닦고
주변을 정갈하게 하고
관계를 부드럽게 하고
모든 바라밀度을 알차게 닦아감입니다
육도품六度品 중에서 정진을 빼면
어느 것도 남아있지 않습니다
왜냐하면 정진은 바라밀의 기둥이니까요

육도품六度品 중에서
다섯째는 '선정도禪定度'입니다
잔잔한 연못에서 고운 연꽃이 피어나듯이
빠른 흐름은 연꽃을 피우지 못합니다
이처럼 마음을 고요히 가질 때
불성은 싹을 틔우고 위로 자랍니다
'선정도' 없이 지혜를 배지는 않습니다
번뇌를 없애는 방법에 대해
옛故 사람人이 말씀하셨습니다
"선정으로 흔든 뒤 지혜로 뽑는다고요"

육도품六度品 중에서
여섯째는 '반야도般若度'입니다
반야는 지혜와 같은 뜻을 지닌 말이면서
지혜와 약간의 뉘앙스를 달리합니다
육도품에서 말씀하는 반야의 뜻은
한 마디로 '텅眞빈空 충妙만有'입니다
지혜에는 진공묘유가 없을 수 있겠으나
반야는 그대로가 다 진공묘유입니다
이 진공묘유를 고 법정스님께서는
'텅 빈 충만'이라 하셨는데 명번역이지요.

11) 나라 사신使臣을 맡지 말라

함께모인 불자들은 일심으로 경청하라
이익에만 깊이빠져 옳지못한 마음으로
한나라의 외교로서 사신지위 오르거나
전쟁까지 모의하여 병력동원 하지말라

병력까지 동원하고 외세까지 끌어들여
한량없는 중생들을 죽게하지 말것이니
대승보살 마하살은 자비심을 일으켜서
자기만의 이익위해 전쟁하지 말지니라

그럼에도 불구하고 포살하는 불자들이
만의하나 고의로써 이런일을 하겠는가
보살계를 받았으나 보살일수 없느니라
보살로서 닦아야할 경구죄를 범함이라

#1

비울까

본디

진공眞空이라

텅 비었는데

무엇을 다시 비우랴

채울까

본디

묘유妙有라

꽉 차 있는데

무엇을 다시 채우랴

어제가

버금쉼仲伏이니

오늘도

내일도

한 해 내내

으레 버금쉼이다

쯧쯧咄咄!

#2

저승사자

동봉

저승사자가
지구를 굴리고 있다
쉼없이 지구를 굴리고 있다
어떤 목적이 있어서가 아니고
그냥 그게 하루 일과다

새벽에서 아침
아침에서 한낮
한낮에서 오후
오후에서 저녁
저녁에서 밤중
밤중에서 새벽까지

저승사자는
오로지 지구만을 굴린다
혹 지구 밖으로
튕겨나가는 게 있을까

눈여겨 볼 만도 한데
그는 마냥 지구만 굴리고 있다

헤아릴 수 없는
과거로부터
지금 바로 여기
이 순간까지 지구를 굴리지만
튕겨나가는 놈은
눈 씻고 봐도 하나 없다

누구든 지구를
사랑할 수밖에 없는
그 속 깊은 이유를
지구 스스로 지니고 있다

그런데
요즘
저승사자의 실수가 잦다
궤도를 벗어난 지구
근일점近日點이
너무 가까워진 것일까
생각보다 많이 덥다

오늘도
이 순간에도
저승사자는
땀이 범벅이 된 채
지구를 굴리고 있다

#3

사명대사

그는 조선 사람으로서

임진왜란 때

승병장으로 활약하였지

전쟁이 끝난 뒤 국사國使가 되어

스스로 일본에 건너가

그들 잘못을 호되게 꾸짖고

포로들과 함께 돌아온

위대한 영웅이었지

자장율사

자신에게 주어진

신라 승통僧統의 지위를 활용

당唐나라에 빌붙어

당의 연호를 쓰게 했고

당의 의복 문화를 비롯하여

당의 예의범절을 받아들이도록

자국自國의 여왕 마음을 움직였다지

자장율사

그가 율사였다는 게
뿌듯한 자랑일 수는 있겠으나
한편 우리 불교 역사에 있어서
자장이 승통이었다는 게
왜 이토록 부끄러울까

사명국사泗溟國使!
자랑스러운 영웅
자장승통慈藏僧統
부끄러운 선배
아으!
차라리
입을 다물까보다

12) 인신매매人身賣買하지 말라

포살하는 보살들은 귀기울여 경청하라
장삼이사 비롯하여 하인들과 노비들과
소말양개 돼지닭등 육축들에 이르도록
이네들을 기르거나 사고팔지 말지니라

포살하는 보살들이 이익만을 생각하여
시체담는 관이거나 장례용품 따위들은
만들지도 말것이요 판매하지 말것이니
어찌다른 사람으로 만들도록 하겠는가

보살들은 이와같이 아무거나 만들어서
스스로도 팔지말고 팔게하지 말지니라
보살계를 받은이는 보살계를 어김이라
열두번째 경구죄를 범하는게 되느니라

#1

"범망경 보살계본에 따르면
'인신매매하지 말라'고 하셨던데
그거 보면 범망경 말씀이 퍽 인륜적이야!"
내 말을 듣던 율사가 정색을 하며 되물었지요
"범망경 보살계본에 그런 계목이 있다고?"
내가 웃으며 말했다
"자네, 율사 맞아? 그렇게도 기억이 안 나?"
"에이, 이 친구 그런 계율이 어딨어?"
"보살계본 48경구계 중 12번째잖아"
그가 생각을 가다듬더니
"아하! 나쁜 마음으로 장사하지 말라?"

판매販賣라는 말은
내가 소유하고 있는 물건을
돈을 받고 넘기는 것을 말합니다
이른 바 상품商品을 파는 일이지요
팔 매賣 자에 팖의 뜻이 들어있으나
팔 판販 자는 되팖을 뜻합니다
따라서 판매販賣라는 단어 속에는
내가 처음 물건을 만들어 팔기도 하지만

기존의 물건을 싼 값에 사 두었다가
이문을 붙여 비싼 값에 되판다는
이른 바 되팖의 의미가 들어있습니다

팔 판販 자는 나중에 붙는 팔 매買 자와
세트로 따라다니며 단어를 이룹니다
조개 패貝 부수에 총11획이며
'꼴形소리聲문자'입니다
돈과 재물의 뜻을 나타내는 조개 패貝 자와
소릿값을 나타내는 동시에
되돌리다의 뜻 '반反' 자로 되어 있지요
그러니까 돈으로 먼저 사두었던 물건을
다시 팔아 돈을 되돌려 받는데
살 때보다 일정한 이문을 붙이지요
곧 '장사하다'의 뜻을 나타내고 있습니다

담긴 뜻으로는
팔다
사다
장사하다
무역하다
배반하다

장사
상업 등입니다
팔 판販 자와 관련된 한자로는
간체자로 된 팔 판贩 자가 있고
팔 고沽 자와 팔 매賣 자가 있습니다
모양이 비슷하면서 다른 글자가 있는데
눈 흰자위 많을 판眅 자와
눈 흰자위 많을 반眅 자입니다
조개 패貝 자가 눈 목目 자로 바뀌었지요

팔 매賣 자도 역시 꼴形소리聲 문자로
조개패貝 부수에 총15획입니다
담긴 뜻으로는
팔다
속이다
배신하다
내통하다
넓히다
내보이다
과시하다
뽐내다
자랑하다

으스대다
전력을 다하다
있는 힘을 다 발휘하다 따위입니다

팔 매賣 자는
팔 매売 자의 본자며
돈과 재물을 뜻하는 조개 패貝 부와
내게서 떠나감의 뜻을 지닌
날 출出 자를 줄여
선비 사士 자로 표현했습니다
집안 일을 도맡은 안 식구와 달리
선비는 바깥 일을 보는 바깥양반이지요
따라서 물건을 내는出/士 일과
소릿값에 해당하는 살 매買 자의
합자合字로써 만들어진 글자입니다
하여 팔 매賣는 물건을 팔려고 내놓다
팔다, 또는 파는 행위입니다

이 판매 행위에서
가장 문제가 되는 행위를 꼽는다면
관을 만들어 파는 행위도 아니고
수의壽衣, 유골함을 비롯하여

공원묘원을 분양하는 것도 아닙니다
범망경 보살계본에 따르면
관곽棺槨을 만들거나 수의를 만들거나
유골함을 만들어서도 안 되고
게다가 판매해서는 더 더욱 안 됩니다
사람이 죽었을 때는 어찌할까요
판매하는 게 아니라면 상관이 없습니다

요즘은 국립묘지를 비롯하여
많은 공원묘원들이 있어
소비자의 취향과 형편에 따라
묘지와 납골당 수목장을 분양하고
갖가지 장례용품을 만들어 판매합니다
그러니 지금은 이런 계율 내용이
시대에 맞게 달리 적용되어야 하겠지요
특히 요즘 장례지도사葬禮指導士는
선호하는 직장에 속하고 있습니다
반려동물 장례지도사도 인기가 있어
취업경쟁률이 장난이 아니라고들 합니다

그렇다면 뭐가 문제가 있을까요?
소牛, 말馬, 양羊, 개犬, 돼지豚, 닭鷄일까요

그렇지 않습니다
육축매매를 놓고 문제시하지는 않습니다
문제는 사람입니다
범망경 보살계본 제2조 제12항에서는
'고판매양인노비故販買良人奴婢'라 하여
양인과 노비를 짐짓 판매하지 말라 합니다
양인良人이란 보통사람을 가리킵니다

번역본에 따르면 양인良人을
'어질 양良'에 '사람 인人' 자를 썼다 하여
'어진 사람'으로 풀고 있습니다만
이는 분명 오해를 불러일으킬 해석이지요
어진 사람은 순박한 양민良民입니다
일반적으로 알고있는 어진 사람은
현명賢한 사람人입니다
새기기는 현賢이나 인仁이나 양良이나
모두 '어질다'로 새기고 있습니다만
새김이 같다 하여 뜻까지 같지는 않습니다

인자仁者는 군자君子의 덕성을 지닌 이고
현자賢者는 성자聖者의 버금이거나
현명하고 똑똑한 사람을 가리키고 있으나

양인良人은 곧 양민良民으로서
일반 순수 백성들을 가리키는 말입니다
사람人身을 팔고賣 사는買 행위는
가진 자들이 중심이 되어 성행되어 왔지요
이미 노비 신분은 말할 것도 없거니와
멀쩡한 사람도 물건을 팔고 사듯
그렇게 해 온 것이 동서고금의 역사입니다

요즘은 세계인권위의 제재에 따라
인신매매가 금지되어 있는 게 사실이나
자세히 들여다보면 꼭 그렇지도 않습니다
동아프리카 탄자니아 수도 다레살람에서
북쪽으로 약80km 떨어진 지점에
바가모요Bagamoyo란 항구가 있습니다
이 도시는 서구西歐 열강列強들이
아프리칸 노예들을 마구잡이로 매매하여
유럽과 미국으로 데려간 곳이었지요

지금도 그곳에 가면
떠나기 싫어 울부짖던 아프리칸들의
아프고 슬픈 목소리가 들려오는 듯 합니다
끌려가기 싫어하는 젊은이들과

자식을 떠나 보내는 어르신들의 절규가
바~가~모~요~라는 지명을 만들었습니다
바가모요Bagamoyo에는 '가기 싫어요'와
'언제 다시 만나리'라는 뜻이 들어있답니다
힘 없고 가난한 아프리칸들이
팔려나갈 때 사람 값이 얼마였을까요?

이는 탄자니아만의 얘기가 아니었지요
일제강점기 때에 우리 민족이
일본으로 강제 징용되어 간 것도
알고보면 다 같은 인신매매였습니다
이때 누가 이 일을 주선했습니까
오히려 우리나라 사람이 앞잡이가 되어
양민을 공출하여 일본에 바치곤 했지요
탄자니아도 예외가 아니어서
인도계나 아랍계 아프리칸들이 앞장서서
자국민을 차출하여 팔아넘겼습니다

보살계본에는 양인良人이라 표현했듯이
이《범망경》보살계본이 나올 무렵에
이미 인도를 중심으로 한 나라들에서
육축六畜이나 노비 뿐만 아니라

평범한 사람들도 모두 끌어가
노비로 팔고 사고 하였다는 방증입니다
약소국들의 참으로 슬픈 역사입니다
특히 전쟁의 포로가 되었을 때
얼마나 많은 선량한 사람이 팔려갔습니까

40여 년 전 해인사에서 포살할 때면
나는 한 번도 빠지지 않고 참석하였고
정말이지 율사의 말씀에 귀를 기울였지요
그런데 이 대목에 이르러 율사들은
장례용품을 만들어 팔지 말라는 데는
그토록 목에 힘주어 설명하면서도
보통 사람이나 노비 등을 팔고 사는
인신매매에 대해서는 목소리를 낮추었는데
아직도 그 이유를 잘 모르겠습니다
대관절 왜 그랬을까요?

#2

‘양민오착良民誤捉’이란 말이 있습니다
죄없는 사람을 잘못 잡음이지요
양민을 다른 말로 양인良人이라 하는데
벼슬길에 나아가지 않은 상인常人이며
양반과 천인의 중간 신분입니다
내가 장삼이사張三李四라 한 것도
바로 이러한 맥락에서 표현한 말입니다.
양인良人을 거꾸로 놓으면 인양人良인데
밥 식/먹을 식/먹일 사食 자가 됩니다

사람人이 선량良함을 유지하려면
밥食을 배불리 먹어야 합니다
어디 먹어야 선량해짐이
사람뿐이겠습니까
모든 생명은 배가 부를 때
비로소 옆을 돌아보게 되어 있습니다
배고픈 호랑이 앞에 있는 개는
순식간에 잡아먹히고 말겠지만
배부른 호랑이는 개가 아른거려도
전혀 거들떠 보지 않습니다

어질 량良 자는
괘이름간艮 부수에 총7획이며
그림문자象形文字입니다
이 어질 량良 자에 담긴 뜻으로는
어질다, 좋다, 훌륭하다, 아름답다, 착하다
곧다, 길하다, 잠깐, 잠시, 진실로, 참으로
남편 따위로 풀이되고 있습니다
곡물 중에서 특히 좋은 것을 고르기 위한
기구로 '좋다'의 뜻을 나타낸 것인데
그 기구가 다름 아닌 키箕입니다

사람 인人 자는 총2획이며
자체 부수가 곧 '사람 인人'입니다
따라서 사람 인人 자를 들여다보면
허리를 굽히고 서 있는 것을
옆에서 본 모양을 본뜬 글자입니다
그런데 어찌 보면 가랑이를 벌리고
서 있는 사람을 정면에서 그린 모습이지요
옛날에는 사람을 나타내는 글자를
사람 인人 자 외에
큰 대大
하늘 천天

지아비 부夫 자 등
여러 가지 모양으로 썼으나
실제로 뜻의 구별은 없었습니다

사람 인人 자에 담긴 뜻으로는
사람, 인간을 비롯하여
다른 사람, 타인, 남, 딴 사람
그 사람, 남자, 어른, 성인
백성, 인격
낯, 체면, 명예
사람의 품성, 사람됨
몸, 건강, 의식
아랫사람, 부하, 같은 부류 사람
어떤 특정한 일에 종사하는 사람
일손, 인재 따위입니다

노비奴婢라는 단어에는
크게 두 가지 뜻이 들어있습니다
첫째는 남자 종奴이고
둘째는 여자 종婢입니다
다른 말로는 사내종과 계집종이지요
동지僮指라는 말로도 불리는데

좀 어린 사내종과 계집종입니다
노비와 노예는 약간 의미를 달리하는데
노비는 때로 인간 대접을 받으나
노예는 인간 이하로 취급되었습니다

종 노奴 자는 계집 녀女 변에
또 우又 자를 놓아 총5획입니다
따라서 이 글자는 꼴소리形聲가 아니라
뜻모음會意 문자입니다
담긴 뜻으로는
종, 사내종, 놈, 접미사
자신을 낮추는 말로 '저'가 있고
종으로 부리다
둔하다 따위입니다
사내종의 뜻으로 공천公賤과 함께
사천私賤을 아울러 이르는 말입니다

종 노奴 자는 매우 간단합니다
계집녀女 부수에 '일하다'의 뜻이 담긴
또 우又로 이루어진 글자입니다
계집녀변女에 쓴 것으로 보아
처음에는 노동에 종사하는 여자였는데

나중에 널리 남에게 부림을 받는
천한 사람을 가리키게 되었습니다
그러면서 남자 종奴의 뜻이 되었지요

여자 종 비婢 자는
계집 녀女 변에 총11획입니다
꼴소리形聲문자에 속하며
뜻을 나타내는 계집 녀女 부와
소릿값을 나타내는 동시에
신분身分이 천하다는 뜻을 가진
낮을 비卑 자로 이루어졌지요
따라서 천한 여자, 계집종입니다

#3

백성百姓이여!
온百 성바치姓이여!
이 땅國의 주인 백성民들이여!
꼭 교회 영향이 아닐지라도
실제로는 이 땅의 주인이면서도
늘 아랫것으로
종으로 자처하며 살아 온
이 땅國의 어리석은民 이들이여!

이리 밀면 이리 밀리고
저리 밀면 저리 밀리고
오라면 오고
가라면 가고
먹으라면 먹고
뱉으라면 뱉으면서 살아 온
이 땅國의 농토성이民들
언제 마음껏 다리 뻗고 산 적 있었으랴

배우고 싶어도
도대체 길이 없었고

가르치고 싶어도
가르칠 여유가 없었으니
무지몽매民한 풀잎草들이였지

노근리 양민 학살 사건
거창 양민 학살 사건
문경 양민 학살 사건
6.25 민간 학살 사건도 대단했지

어디 그뿐이랴
대전 산내
경기도 수원
경남 부산
충북 청원
경남 울산 등등
이승만 정권의 통치력이 닿는
모든 지역에서
양민 학살이 자행되곤 했었지

종으로
쌍것으로
아랫것으로

노비로
노예로 팔려간 것은
그나마 목숨이라도 부지扶持했다지만
정책적으로 말 잘 듣지 않는다고
총질로 학살을 자행했으니
그야말로 '니미럴'이었지

양인良人을 일컬어
어진 사람이라고
양반과 쌍놈 사이에서
가장 말 잘 듣는 부류들이라
선량良한 사람人들이라
말들은 번드르르하게 참 좋았지만
좋기는 깻묵이 좋았으랴
피짚에도 뱰이 있고 깨묵에도 씨가 있다고
죄 없는 백성들 말 잘 듣는다고
함부로 사고 또 팔았지

그거 다 옛날 얘기라
지금은 그런 거 없다고들 하지만
맨날 당하는 것은 양민들
양민들 표로 나라의 일꾼 된 뒤

자기들 멋대로
우리 양민을
팽이돌림했으니
상모돌림은 그나마
매질하지 않은 채 돌리기나 하지
팽이돌림은 꼭 매질을 해야 한다니까

양인이든
노비든
소 말 양 개 돼지 닭이든
생명 있는 것들
멋대로 사고 팔고
뒷거래로 돈 받고 보내去고
돈 받고 데려오來고
별의별짓을 다 해 놓고서는
적당한 데 알선했노라며 자랑질하고
그야말로 '염병헐'이지

이 땅國의 백성民들
이제 제발
깊은 잠蒙昧에서
훌훌 털어버리고 깨어나

스스로 주인임을 세상에 알리자
조계종단도 예외는 아니다
벼슬하는 스님네가 주인 아니다
이 땅의 사부대중이 함께 주인이다

#4

범망계본 제2조 제12항에서는
고구정녕苦口丁寧히 말씀하십니다
"평범한 백성良人을 비롯하여
하층민奴婢을 사고 팔지 말 것이요
길러온 육축六畜도 거래하지 말지니라
게다가 장례용품도 거래하지 말라"고요
길러온 육축을 사고 팔지 말라는 데는
아예 육축을 기르지 말라는 뜻입니다
어찌 육축 뿐이겠습니니까

아예 노비奴婢도 두지 말라는 것입니다
우리가 서가모니 부처님을 존경함은
그 분이 일으키신 혁명革命 때문입니다
혁명이이라면 어떤 혁명일까요
볼세비키 혁명일까요
자유주의 혁명일까요
사회주의 혁명일까요
반사회주의 혁명일까요
공산주의 혁명일까요
종교개혁 혁명일까요

천안문 혁명일까요
학생 혁명일까요
농민 혁명일까요
동학 혁명일까요

부처님께서 일으키신 혁명은
인간 가치관에 관한 혁명이었습니다
두루周 아다知시피 당시 인도에는
카스트제도caste system가 팽배했지요
물론 지금도 헌법으로는 금지되어 있으나
실제로 살아가는 삶의 밑바닥에는
카스트제도가 아직 버젓이 남아있습니다
바로 카스트제도에 대한 반기였습니다
이런 카스트제도가 인도 만의 관습일까요
우리나라에도 이 제도는 있습니다

어쩌면 이런 제도가 가장 강한 곳이
세계적으로 오직 대한민국뿐일지 모릅니다
바로 주主와 종에 관한 관념이지요
세계적으로 그 유례를 찾아볼 수 없는
기독교의 파급력이 가져온 문화사조입니다
눈에 보이지 않는 주主님을 설정하고

스스로 그 주의 종임을 자처하고 있습니다
목사님 기도와 설교를 처음 접한
한 젊은이가 목사님에게 물었습니다

"우리 목사님은 종이 맞지예?"
앞 뒤 잘라먹은 채 물어온 젊은이에게
목사님은 벌컥 화가 치밀었습니다
"이봐! 내가 종이라니 그게 무슨 말인가?"
젊은이가 정중하게 그러나 또렷하게
목사님에게 말했습니다
"목사님께서는 아까 말씀하셨습니다
나는, 우리는, 여러분은 다 노예라고요."
목사님이 다시 목소리를 높였습니다
"언제 내가, 우리가 노예라고 했어?"

이에 젊은이도 목소리를 높였습니다
"목사님께서 기도 중 말씀하셨잖습니까
우리는 다 하인이고, 종이라고요
하지만 목사님은 주主를 따로 모시고
스스로 그의 종일지 모르지만
저는 결코 종도 노예도 하인도 아닙니다
저는 당당한 이 나라의 국민입니다."

그제서야 목사님은 기도문을 떠올렸지요
스스로 대기업 노동자들과 함께
종론, 하인론, 노예론 청산을 외쳤는데
그게 기도문과 상대적일 거라고는
한 번도 생각해 본 적이 없었던 것입니다

서가모니 부처님은 말씀하십니다
"모든 강물이 바다에 이르면
그가 지니고 있던 강 이름은 사라진다
그리고 한결같이 짠 맛을 이룬다
이처럼 어떤 신분이든 내게 들어와서는
다 같은 여래의 제자가 된다"라고요
아울러 부처님께서는 말씀하셨습니다
"태어날 때 신분이 정해지는 게 아니라
그의 행동과 언어와 마음 씀씀이에 따라
바라문도 되고 노예도 된다"고 말입니다

양인과 노비를 사고 팔지 말라 한 데는
이른바 인신매매人身賣買가
얼마나 반인륜적인가 하는 것을
매우 적나라하게 보여주고 있습니다
어떻게 사람이 사람을 사고 팔 수 있는가

어떻게 사람을 돈 주고 살 것이며
돈 받고 팔 수 있느냐 하는 것입니다
미국의 제16대 대통령 링컨이
임기내 한 일 중에 가장 존경받을 일이
바로 노예해방운동이라고 하지 않던가요

링컨보다 2천몇백 년이나 앞서
우리 서가모니 부처님께서는
노예를 사고 파는 문제를 비판하셨으며
이러한 문제를 에둘러 표현한 말씀이
이른바 일체중생이 다 불성을 지녔다는
참으로 엄청난 선언이었습니다
양인이나 노비뿐만 아니라
모든 생명은 다들 불성을 갖고 있다는
이 엄청난 선언宣言이야말로
그야말로 생명존중사상의 극치였습니다

닭이나 개도
소나 돼지도
양이나 말도
한결같이 모두 불성을 지녔는데
보살행자가 어찌 이들을 사고 팔 것이며

사고 팔기 전 어찌 기를 것입니까
심지어 먹고 마시는 문제마저
탁발에 의존하는 상황에서
육축을 기르고 또한 거래할 것이며
노비와 양인을 돈 받고 사고 팔 것이냐지요

적어도 입고 먹고 마시고 쉬는 문제를
자체적으로 해결하는 게 아니라
이 문제까지도 탁발에 의존하는데
어떻게 개와 닭과 돼지를 기를 것이며
소, 말, 양을 먹일 수 있느냐는 것입니다
하물며 보살이 장례용품을 만들어
스스로 돈벌이를 할 수 있느냐는 것이지요
장례용품에 문제가 있는 게 아닙니다
율장에서는 장례용품을 예로 들었을 뿐
문제는 장례용품에 있지 않고
돈벌이 자체를 두고 하신 말씀입니다

내 스스로 해서는 안 될 문제들을
나 말고 다른 사람에게 시킨다는 것도
불제자로서 해서는 안 된다는 말씀입니다
왜 돈벌이를 하지 말라 하셨을까요

수행자의 미덕은 무소유인 까닭입니다
하여 범망계본 제2조 제12항 말씀은
철저한 생명평등사조에 관한 선언입니다
나는 범망경 보살계본을 읽을 때마다
이 대목에 이르러 아쉬움을 느끼곤 합니다

이토록 엄청난 선언이
어찌 십중대계十重大戒가 아니고
사십팔경구계四十八輕垢戒냐입니다
인신매매와 육축매매를 비롯하여
장례용품 장만과 매매라고 하는 것이
어찌 열 가지 무거운 계율이 아니고
마흔여덟 가지 가벼운 허물 계율이냐지요
인신매매한 죄가 십바라이죄에
들어가지 않는다는 게 큰 문제입니다

13) 헐뜯고 비방하지 말라

포살하는 보살들은 귀기울여 경청하라
이렇다할 까닭없이 옳지않은 마음으로
어진사람 착한사람 법사님과 스님네와
국왕이며 귀인등을 비방하지 말지니라

근거없이 그네들이 칠역죄를 비롯하여
십중대계 범했다며 곡해하지 말것이니
부모님을 비롯하여 형제자매 육친들과
사랑하는 이웃들과 함께사는 어르신께

효성심과 자비심을 일으켜야 하겠거늘
무고하고 비방하여 불행하게 만든다면
보살계를 받았으나 보살계를 어김이라
열세번째 경구죄를 범하는자 되느니라

#1

옳지 않은 마음惡心에는
크게 두 가지 뜻을 담고 있습니다
첫째는 나쁜惡 마음心이요
둘째는 미운惡 마음心입니다
나쁜 마음이라 할 때는 악심惡心이고
미운 마음이라 할 때는 오심惡心입니다
소릿값이 다르면 새김도 다릅니다
'악하다'는 '선하다'의 상대적인 개념이고
'밉다'는 예쁘다, 곱다의 상대적 개념이지요

선善과 상대적 개념인 악惡이
전혀 다른 두 가지 개념의 충돌이라면
곱다好 밉다惡의 두 가지 개념은
같은 개념의 두 가지 느낌일 따름입니다
그러므로 악惡은 반드시 버려야 하지만
미움惡은 꼭 버려야할 게 아닙니다
사실 미움은 생각하나 돌리면 완벽하지만
악은 생각을 돌린다고 되는 게 아닙니다
미워하는 마음은 자연스런 현상이지만
나쁜惡 생각想은 짐짓 내는 마음입니다

그런데 이 또한 말장난일 따름입니다
악惡이 버금표+마음心이라면
으뜸은 어떤 마음일까요
그렇습니다
착善한 마음心입니다
착한 마음이 햇빛을 받은 세계라면
버금 마음은 햇빛의 그늘진 세계입니다
빛에는 회절回折이란 게 없습니다
다만 오직 직진성直進性만 있는 까닭에
빛을 받는 다른 쪽이 그림자 세계지요

옳지 않은 마음이라면
이는 분명 꼬인 마음이지요
있는 그대로 곧게 펴진 마음이 아니라
꼬일대로 배배 꼬인 마음입니다
그러기에 없는 일을 꾸미기도 하거니와
작은 일을 확대해석하기 좋아합니다
우리 속담에 넙적다리만 보고도
뭐 보았다는 말이 있는것처럼
확대해석하기를 좋아하는 게 구업입니다
모든 업중에 구업口業이 가장 큽니다

범망계본에 '고무사故無事'라 했는데
이게 무엇을 뜻하는 말일까요
'짐짓 아무런 일이 없는 데도'로 풀이됩니다
아무 일도 없는데 일을 꾸미는 것이
마침내 엄청난 죄업으로 만들어갑니다
따라서 어진良 사람人을 비롯하여
착한善 사람人이 구설수에 오르게 되고
나아가서는 법사와 스승과 스님네와
국왕과 귀인에 이르기까지
엄청난 잘못을 저지른 것으로 치부됩니다

절집안에서조차
불신임이 팽배해 있습니다
불제자로서 재가오계在家五戒를 받고
십중대계十重大戒를 비롯하여
마흔여덟 가지 가벼운 계율 등
대승보살계大乘菩薩戒를 받았으나
주변의 소근댐에 귀가 솔깃하여
서로를 헐뜯고 비방하기에 바쁩니다
교단을 가리켜 승가僧伽라 합니다
비구 비구니와 우바새 우바이를 가리켜
사부대중四部大衆이라 하며

이들 성격을 화합으로 규정하고 있습니다

화합을 바탕으로서
함께 갈고 함께 닦아갈 승가가
패가 나뉘어 서로를 비방하고 있습니다
불교에서는 승가에 대해
크게 두 가지 덕목을 얘기합니다
그 첫째가 사섭법四攝法이고
그 둘째가 곧 육화경六和敬입니다
사섭법과 육화경의 섭攝과 화和의 덕목이
얼마나 소중한 것인지 한 번 보실까요

우선 사섭법四攝法입니다
불도의 세계로 중생들을 이끌기 위해
보살이 실천해야 할 네가지 태도입니다
첫째는 보시섭布施攝이니
중생들에게 필요한 것을 공급함입니다
둘째는 애어섭愛語攝이니
부드럽고 좋은 말로서 이끌어감입니다
셋째는 이행섭利行攝이니
서로 이익을 나눔으로서 함께함입니다
넷째는 동사섭同事攝이니

고통과 기쁨도 함께 나눔입니다

여섯 가지 화합과 존경이 있으니
이를 일러 육화경六和敬이라 합니다
첫째는 신화공주身和共住니
몸이 화합하여 함께 머무름이고
둘째는 구화무쟁口和無諍이니
입이 화합하여 다투지 말고 황속함입니다
셋째는 의화동사意和同事니
뜻이 화합하여 함께 일하라는 것이고
넷째는 계화동수戒和同修니
계율로 화합하여 함께 지니고 닦음이지요

다섯째는 견화동해見和同解니
올바른 견해로 서로 화합함입니다
아주 사소한 견해조차도 서로 이해하며
의견을 함께 나누라는 말입니다
여섯째는 이화동균利和同均이니
동등同等한 이익으로 서로 화합함입니다
절집안의 모든 재물을 한 마디로
삼보정재三寶淨財라 명명하곤 합니다
삼보三寶라니 세 보배가 무엇입니까

부처님과 가르침과 교단을 가리킵니다
이들을 중심으로 생긴 깨끗한 재정입니다

어떤 것도 아무리 사소한 것도
마구잡이로 소비해서는 안 됩니다
왜냐하면 모든 재산은 개인의 것을 떠나
삼보를 위해 결성된 것들이기 때문이지요
그러므로 아주 작은 이익조차도
한가지로 균등하게 나누는 것입니다
절집안에서 이 네 가지 섭법과
여섯 가지 화경법이 수행의 근간입니다
이들 덕목을 바탕으로 닦아갈 때
남을 헐뜯고 비방함도 사라질 것입니다

#2

한역 보살계본에는 이렇게 쓰어 있습니다
'방타양인선인법사謗他良人善人法師
사승국왕귀인師僧國王貴人'이라고
사람은 남他을 비방謗하되
어진良 사람人과
착한善 사람人
법사法師님
스님師僧
국왕國王으로부터
저 귀인貴人에 이르기까지
닥치는대로 험담하고 이간하고
욕하고 거짓말하고 발림말을 합니다

인간이 짓는 모든 죄의 80%는
입을 통해서 짓는 언어의 죄업입니다
인간을 제외한 그 밖의 생명체들은
언어의 죄라는 것이 없습니다
그네들에게는 언어가 없는 까닭입니다
인간이 다른 생명체들에 비해
특출한 게 있다면 직립보행 말고도

다양한 말을 만들어 표현할 줄 앎입니다
인간은 동일한 뜻을 가진 말을
부족과 집단에 따라 표현이 다채롭지요

표현이 다채롭더라도
표현 속에 담긴 뜻은 동일합니다
같은 생각을 '또 봐'라고 하든
'짜이지엔再見'이라 하든
'사요나라'라고 하든
'씨유 어게인'이라 하든
혀를 움직이고 입술을 움직이며
목과 입에서 만들어지는 표현방식이
비록 조금씩 다르다 하더라도
전달하고자 하는 내용은 결국 같습니다

다른 생명체가 짓는 업장은 간단합니다
그들에게는 언어가 없으며
있다 하더라도 제 생명 유지를 위한
생존방식의 표현 외에는 없는 까닭입니다
천적天敵을 만났을 때
어떻게 하면 살아남을 것인가
어떻게 하면 상대를 잡아먹을 것인가

오직 두 가지 판단이 있을뿐입니다
그들에게는 언어에 묻어나오는
이른바 욕설과 비방이란 것이 없습니다

인간이 지닌 장점이 언어이기도 하지만
바로 그 언어로 인해 업장을 짓습니다
인간은 언어로 업을 짓는 게 아니라
마음 속에 내재한 욕망이 짓는 것이라고요
딴은 그렇기도 할 것입니다
알고 보면 입이 무슨 죄가 있겠습니까
마음이 생각해낸 것을 다만 전달자인
언어로 표현했을 따름인데요
그러니 입은 죄가 없고 말도 죄가 없다고요

인간의 욕설은 욕설에서 그칠 수 있으나
비방이 섞인 언어가 더 큰 문제입니다
비방에는 욕망과 생각이 따라붙습니다
나에게는 경제적으로 이롭게 하고
윤리적 도덕적으로 흠결이 없게 하고
남에게 갖가지 흠결이 돌아가게 합니다
사람은 자기 자신을 드러낼 때
자기가 지닌 장점을 얘기하기에 앞서

남의 단점을 얘기하도록 되어 있습니다

때로 거짓말을 하고
때로 저주하고
때로 협박하고
때로 으름장을 놓고
때로 아첨하고
때로 이간질을 하다가
그나마 통하지 않으면 욕이 튀어나옵니다
저주가 섞인 욕설이 튀어나옵니다
상대방의 폐부를 갈기갈기 찢어놓는
언어의 폭력을 마구 쏟습니다

남의 이야기를 듣고
이를 사실화하려는 경향이 있습니다
부처님 당시에 부처님을 놓고도
얼마나 많은 험담과 비방이 있었습니까
듣다듣다 더 견딜 수 없던 제자가
부처님께 말씀을 드립니다
"거룩하신 분이시여, 스승이시여!
어찌 이들 모욕을 다 참고 계시나이까?"
부처님께서는 말씀하십니다

“이 또한 지나가리라”라고 말입니다

사흘 가는 소나기가 없고
이레 내내 부는 태풍이 없듯이
결국 뜬소문scandal은 사라질 것이라고
다만 시간의 빠르고 더딤만이 있을 뿐
언젠가는 반드시 사라진다고요
부처님도 그러하셨는데
어찌 장삼이사張三李四이겠나이까
평범한良 사람人이며
선량善한 사람人들이겠습니까
문제는 이들 사이에서 그치지 않습니다

부처님 법을 전하는 법사님과
거룩한 스님師僧네와
나아가서는 한 나라國의 리더王와
정신적 지도자 귀인貴人에 이르기까지
신분의 높낮이를 가리지 않고
필요한 가짜 뉴스들을 만들어냅니다
본인이 확인한 것도 아닙니다
남이 한 애기를 재생산하는 것입니다
그러다 사실이 아닐 경우 하는 말이 있지요

"아니면 말고"

그렇습니다
"아니면 말고" 라고 했을 때
이미 언어 폭력의 중심에 있던 사람은
만신창이滿身瘡痍가 된 상태입니다
어쩌면 고 노무현 대통령도
고 노회찬 의원도 이 희생자일 것입니다
어찌하여 '아니면 말고' 식입니까
자신이 믿고 따르던 법사님과 스님네
사랑하던 제자와 도반들까지
'아니면 말고' 식으로 치부한단 말입니까

불설범망경 대승보살계본
제2조 제13항에서는 말씀하십니다
평범한 사람
선량한 사람
법사와 스승
국왕과 귀인에 이르기까지
헐뜯고 비방하지 말라고 말입니다
보살계본에 의하면 부처님 당시에도
'아니면 말고'식이 팽배했던 듯싶습니다

그러기에 우리 부처님께서
이런 계율 바라제목차를 설하셨겠지요

어제 서울 종로 대각사에서는
불심도문 대종사를 조실로 모셨습니다
평생 용성 대조사의 유훈 하나만을
마음에 품으신 채 살아오신 분이시지요
부처님에게 아난 존자가 계셨다면
용성 조사에게는 불심도문 존자이십니다

#3

차라리 삼함三緘을 할까
주周나라 태묘太廟 동상銅像에
윗입술과 아랫입술을
세 번 꿰맨 자국이 있길래
동상의 등짝을 살펴보니
'옛날 입을 삼가한 사람'이라 했다지 아마?

에라! 모르겠다
당장 대장간으로 달려가

시키면 무쇠로 멍석 바늘을 만들고
굵은 동아줄을 서너 겹으로 꼬아
차라리 내 입을 꿰맬까보다
그러지 않고서야 구업口業을 어찌하랴

첫째 몸을 삼가고
둘째 입을 삼가고
셋째 뜻을 삼가라 해서
나온 말이 '삼함三緘'이라는데
몸 삼감과 더불어
뜻 삼감은 가능하다 하겠으나
과연 어떻게 입을 삼갈 수 있단 말인가

의장마儀仗馬가 한 번 울면
내쫓김을 당했다는 고사故事가 있지
이름하여 '일명지척一鳴之斥'이라고 말야
간관諫官이 상上에게 간諫하다가
자칫하면 내쫓긴다는 뜻인데
당唐 황제 이임보李林甫가
간관諫官을 협박한 데서 나온 말이라네

그거 보면 옛날이 좋긴 좋았어

간관諫官이란 벼슬자리도 있었고 말야
요즘 간관이란 직책이 있는가 몰라
어디 큰 집에 들어가서가 아니라
입을 조심하지 않으면
조심하지 않은 나를 포함하여
선량한 사람들이 다치니까 문제지

내가 슬며시 보탠 '카더라' 한 마디에
보통良 사람民을 비롯하여
좋은善 사람人
법사法師priest
스님師僧Reverend
대통령國王the President
소중한 사람貴人noble man들이
모두 피해를 입을 수 있다는 게 문제지
일명 '가짜 뉴스'라 한다던가

그래, 함구緘口하는 거야
한 마디로 입口을 쫙 꿰매緘는 거지 뭐
그렇다고 함묵아緘默兒까지야!
절에 처음 들어왔을 때
청산靑山이니

백운白雲이니
삼함三緘이니
오관五觀이니 하는 글들이
큰방 바람벽 여기 저기 붙어있었지

몸에 밴 하문불치下問不恥가
가만히 있을 수 있어야지
요즘처럼 인터넷이 발달했다면
찾아보기라도 하겠지만
포행布行하는 스님을 붙들고 물었는데
이 스님 입을 다문 채 말이 없는 거야
난 그가 무식하다고 생각했지

요즘 와서 내가 느끼는 것은
바로 내가 내 자신이 무식한 거고
그는 삼함을 입으로 체현하고 있었던 거지
삼함에 담긴 뜻도 뜻이려니와
묵언默言이 수행의 한 덕목이란 걸
한참 나중에 알고나서야
나는 비로소 혼자 빙그레 웃었지

수행자修行者 맞긴 맞아?

내가 수행자가 맞기는 맞느냐고
서너 해 뒤면 하마 '종심從心'인데
나이가 들수록 게으름만 늘어가네 그려
앉으면 자꾸 눕고 싶고
누우면 일어나기 싫어지고
그러다가 천장天障이 혹 쏟아져내리면
'이크! 이러다가 죽는 거 아냐!'
벌떡 일어나 '이뭐꼬'를 챙기곤 하지

난 자호自號를 잘도 붙였지
스스로 '아이들idle 비구'라고
게으르고 빈둥대길 워낙 좋아해서 말야
그래서 난 '태옹怠翁'이지
나옹懶翁스님 후학後學이니까
하는 일을 돌아보면 '거품 일으키기'야
하여 붙인 게 '기포起泡'라니까
금강경에 '여몽환포영'이라 했지 아마?
삶이란 꿈이고 신기루고
물거품이고 그림자에 지나지 않지

본디 동아프리카 탄자니아 북부
킬리만자로 현지인들이 불여준 이름인데

마운틴 킬리만자로 지역에
외국인 최초로 토지를 매입했다면서
킬리만자로 정상 키보kibo 봉의 현지어
키포kipoo를 땄다지 않는가 말야
난 그래도 억수로 행복한 사람이야

왜냐하면 내가 곧 나일 수 있도록
위에서 선현들이 끌어주고
옆에서 도반들이 부추겨주고
뒤에서 밀어주는 후학들이 있잖아
특히 내가 행복한 것은 말야
함께 걸어가는 시주施主들이 있어서야

40년 넘도록 정진해 온 고요한 밤
자정부터 이튿날 새벽 4시까지
어느 누구와도 단절된
글 쓸 수 있는 조용한 시간
내게는 가장 행복한 시공간이지
이른 새벽이면
어스름과 함께 찾아온
게으른 마음 추스릴 법당이 있고.....

포살하는 보살들은 귀기울여 경청하라
옳지못한 마음으로 마구잡이 불을질러
산림이며 너른들을 마음대로 태우거나
싹이트는 사월부터 열매익는 구월까지

일체모든 생명들이 생동하는 계절에는
산과들과 대지위에 불을놓지 말것이요
남의집과 절과도시 논과밭과 수풀이며
귀신들의 공용물에 불을놓지 말지니라

살아있는 어떤것도 불태우지 말것이니
만약짐짓 불을놓아 생태계를 태운다면
보살계를 받았으나 보살계를 어김이라
열네번째 경구죄를 범하는게 되느니라

#1

범망경
보살계본은
생태계 보호의
으뜸가는 경전이다

#2

가령 방화放火라고 하면
'불火을 놓다放'라고 해야 할까요
'놓아放준 불火'이라 풀어야 할까요
일반적으론 '불을 놓음'입니다
불이란 녀석이 제 멋대로 타오르게 끔
방비하지 않은 채 놓아 둠입니다
이른바 불이라고 하는 녀석은
저절로 타오르는 일은 많지 않습니다
대부분 부주의로 인한 상황이지요

방화放火란 사람이 일부러
건물이라든가 구조물 등 탈 것 따위에

불을 지르는 것을 가리키는 말입니다
한자로는 놓을 방放에 불 화火 자입니다
그렇다면 목적어 불火은 나중에 보고
우선 동사에 해당하는 놓음放을 볼까요
놓을 방放 자는 등글월문攵이 부수며
총 8획으로 된 꼴形소리聲 문자입니다
여기에 담긴 뜻을 볼까요

놓다, 놓이다, 석방되다, 내쫓다, 추방하다
내놓다, 꾸어주다, 버리다, 달아나다
떠나가다, 널리 펴다, 넓히다, 꽃이 피다
빛을 발하다, 내걸다, 게시하다, 그만두다
내버려 두다, 방자하다, 멋대로 하다, 크게
어긋나다, 본받다, 본뜨다, 다다르다, 크다
배를 나란히 늘어놓다, 의지하다, 준하다
이르다, 어떤 장소나 시간에 닿다, 바라다
본보기에 비추어 그대로 좇다 따위입니다

이 밖에 기준으로 삼다, 서로 닮다
지급하다, 형벌刑罰의 한 가지
총포銃砲를 쏘는 횟수를 세는 말
한 발發, 두 발 따위로도 쓰이고 있습니다

놓을 방放 자를 파자하면 간단합니다
뜻을 나타내는 등글월 문攵=攴으로
일을 하다, 회초리로 치다 부수와
소릿값 방方이 만나 이루어진 글자입니다
글자 오른쪽에 놓인 등글월 문攵=攴은
‘손으로 무엇인가 하다’에서 나중에
‘뭔가 무리하게 시키다’의 뜻이 되었지요

소릿값을 나타내는 모 방方 자는
처음에는 ‘좌우左右로 점차 퍼지다’에서
중앙으로부터 떨어지다의 뜻이 되었으며
그러다가 나중에는 중앙으로부터
나쁜 사람을 쫓아내는 형벌刑罰이 되고
다시 또 뜻이 발전하여 나중에 내놓다
내버려 두다, 살짝 물건을 놓다 따위로
의미의 변천을 가져오게 되었습니다
아무튼 ‘놓다’는 ‘손엣것을 내려놓다’에서
마음까지도 내려놓다로 전해집니다

불교에서 쓰는 용어 중에
방하착放下着, 방하放下도 ‘내려놓다’며
이 방하착은 간화선看話禪의 화두로서

선계禪界에 널리 알려지기도 했는데
이미들 알고 있다시피 방하착은
문어체가 아니라 구어체 용어입니다
따라서 '방하착放下着'보다는
'팡샤저放下着'가 더 이해하기 쉽습니다
오늘날 중국에서는 '샤팡윈똥下放运動'이
공직자들에게는 체험학습으로 되어 있지요

다음으로 목적어에 해당되는
불火에 대해 한 번 생각해 볼까요
불 화火 자는 불 화火가 부수 자체입니다
불꽃이 타오르는 모습을 그림으로 표현한
이른바 그림象形문자文字입니다
불 화火 자에 담긴 뜻은 불, 열, 빛, 타는 불
화재, 화, 한의학 용어, 양, 태양, 화성
별 이름, 긴급함의 비유, 한패, 동아리,
같은 뜻을 가지고 모여서 한패를 이룬 무리
동행자, 동반자, 급하다, 불사르다, 태우다
불에 태워 없애다 따위입니다

이 밖에도 화기를 비롯하여
오행의 하나로 두번 째에 해당하는

목화토금수木火土金水의 두번 째지요
방위로는 남쪽에 해당하고
시절로는 여름이며
색으로는 붉음에 해당되고
요일로는 두번 째 화요일입니다
몹시 노염을 타거나
또는 못마땅해서
뜻대로 되지 않거나
언짢아 내는 성질을 화火라고 합니다

앞서 그림문자라 언급했듯이
불이 타고 있는 모양을 본떴으며
화산이 불을 뿜는 모양이라 일컬어집니다
나중에는 불 화火 자와 변화 화化 자의
소릿값 '화'가 동일하다고 하여
물건의 모양을 변경시키거나
없애는 것이라고 설명하곤 했습니다
아주 옛날엔 헐 훼毁 자와 같은 음으로
'태워 없애 버리다'와 같이 쓰이곤 했지요

소릿값이 같으면 같이 쓰인 경우가
언어의 변천에서는 자주 있어왔습니다

불 화凤 자는 불 화火 자의 옛글자로
불火은 바람几을 부르는 힘이 있습니다
물리학적으로도 불이 타오르면
뜨거워진 공기가 위로 오르게 마련이고
그 빈 자리를 찬공기가 채웁니다
으레 바람을 불러올 수밖에 없지요
또한 불 화火는 불 화灬 자와 같은 글자로
불 화灬는 부수 '연화 발灬'로도 일컫습니다

화火라고 하는 말은
주로 화기火氣를 일컫습니다만
2차적인 뜻은 '성 내다'의 그 '화'입니다
심지어 '불같이 화를 내다'라고도 하는데
불같이의 불火과 화내다의 화火가
한자에서는 같은 글자로 쓰이고 있습니다
영어에서는 앵거anger, 레이지rage
패씬passion이나 뢔wrath라고도 하고
또는 인디그내이션indignation
디스플레슈어displeasure
리젠트멘트resentment로 쓰기도 합니다

이들 영어로 쓰여진 용어 속에도

노여움, 화, 성, 격노, 비롯하여
분노, 노발대발, 격정, 격렬한 감정
노여움, 복수, 분개, 비분, 의분
불만, 불쾌, 화냄, 언짢음과
적의, 원한 따위에 이르기까지
매우 여러 가지로 표현되고 있습니다
따라서 '불을 놓다'라는 '방화放火' 속에는
여러 가지 물질세계를 태운다고 하는
가장 일반적 뜻도 들어있습니다

하나 이를 다시 한 번 돌이켜보면
자연발화가 아닌 인위적 방화放火에는
정신적 피폐가 가득 담겨있다 하겠습니다
실로 방화는 자연발화와는 달리
고의성이 들어있는 까닭에
그것이 선의적이든 생계를 위한 것이든
피해는 피해대로 클 수밖에 없습니다
물리적 화火인 불꽃의 세계는
인화물질을 태워버리는 데서 그치지만
정신적 화火인 분노의 불꽃 세계는
생명계를 파괴해버리는 힘이 있습니다

#3

불은 사대四大 중 하나입니다
다시 말해 자연을 이루는
네 가지 요소 중 하나라는 것인데
흙地과 물水과 불火과 바람風 가운데
세 번째가 불이 되겠네요
미리 얘기하지만
이들 네 가지 요소 중에서
흙과 물과 바람은 물질이 맞는데
불은 물질이 아니라 현상現象입니다

물은 수소 분자 2개에
하나의 원자가 결합한 것이면서
이른바 '이것이다' 라는 형태를 지녔으나
불은 '이것이다'라는 형태가 없습니다
물은 생명을 유지하는 데
없어서는 안 되는 화학 물질입니다
물은 지구 위 거의 모든 곳에서 발견되며
지표면의 70% 정도를 덮고 있습니다
물은 액체 상태의 물을 가리키지만
고체 상태를 얼음이라 하고

기체 상태인 것을 수증기라고 부릅니다
그렇다고 '김Steam'과는 좀 다르지요

흙의 구성요소를 살펴보면
흙입자에 물과 공기로 이루어졌는데
이를 보통 삼상관계라고 합니다
이들 비율이 어떠어떠한가에 따라서
땅의 표면 특성이 달라지게 마련입니다
공극空隙과 간극間隙이 있는데
이들은 물과 공기가 차지하는 부분이지요
공극비空隙比니 공극률空隙律이니
포화도飽和度니 함수비니 하지만
복잡한 얘기는 나중에 하자고요

아무튼 흙에는 '이 것이 흙이다'라는
어떤 모습을 지닌 게 분명하지만
불은 그런 게 없습니다
질소 산소 이산화탄소 아르곤 등
다양한 요소로 이루어진 게 대기大氣라면
불에는 그런 것마저 찾아볼 수 없습니다
그렇기 때문에 불은 현상일 뿐
네 가지 요소 중에 들어갈 수 없지요

다시 말해 불은 결코 물질이 아닙니다
홀로그램hologram을 떠올리면 좋겠네요

비록 현상phenomenon이기는 하나
불火이 존재하기 위해서는
세 가지 조건이 꼭 있어야 하는데
첫째는 산소酸素oxygen요
둘째는 불에 타는 물질이며
셋째는 발화점보다 높은 온도입니다
그러나 이들은 자연발화이고
방화放火일 경우 하나가 더 붙습니다
그 하나가 무엇일까요
방화하려는 사람의 의지입니다

물질의 근원을 원소라 하지요
이 원소에 대해 처음 생각한 사람은
밀레토스 학파의 창시자로서
철학의 아버지로 알려진 탈레스입니다
탈레스는 서가모니 부처님보다
약 100년 정도 일찍 살다간 분으로서
아리스토텔레스가 존경했고
피타고라스의 스승이라고도 하지요

경기 관람도중 탈수로 세상을 떠났는데
그는 만물의 근원은 물이라고 했습니다

이 세상 모든 것은
물에서 시작하여 물로 돌아갑니다
어떠한 생물도 물이 없으면
그는 생명을 유지할 수가 없습니다
이에 대해 불을 들고 나온 이가 있었으니
바로 헤라클레이토스입니다
그는 만물의 근원은 불이라 했습니다
불이 타오르고 꺼지는 동안에
흙과 물과 공기가 생겨난다고 보았지요

여기에 다른 원소설을 들고나온 이가
다름 아닌 아낙시메네스입니다
몰라서 그렇지 알고보면
만물의 근원은 공기라는 것입니다
공기가 뜨겁고 옅어지면 불이 생기고
반대로 공기가 차갑고 진해지면
여기서 물과 흙과 바람 따위가 생긴다고요
아낙시메네스는 공기와 바람을
이처럼 각기 다른 요소로 보았습니다.

여기에 네 가지 원소설을 들고 나온
유명한 철학자가 있었습니다
엠페도클레스였는데 기원전 450년경이니
서가모니 부처님보다 100년 정도 늦네요
가령 '불'로 물질을 태우면
거기서 '불'과 '공기(연기)'가 생기고
'물'이 생기며 '재(흙)'가 남습니다
이렇게 보면 만물은 불, 공기, 물, 흙 등
네 가지 원소로 이루어진 게 맞습니다

이 엠페도클래스의 네 가지 원소설이
아리스토텔레스에 의해 발전되었습니다
아리스토텔레스 학설의 특징은
이들 네 원소가 처음부터 존재한다기보다
이들이 어떻게 섞이느냐에 따라
어떤 물질이 생겨난다는
이른바 화학의 필요성을 강조했지요
이런 학설로 2000년 간을 내려왔습니다
그러나 엠페도클래스의 네 원소설과
아리스토텔레스의 화학설은
이미 불교 경전에서 언급되었습니다

아리스토텔레스의 네 원소화학설은

1. 불=뜨거움+건조함

2. 공기=뜨거움+습함

3. 물=차가움+습함

4. 흙=차가움+건조함이라는

매우 독특한 이론으로 포장되었습니다

다시 말해 온도와 건습의 조화에 따라

불이 되고 공기가 되고 물이 되고

나아가 대지를 이룬다고 하는 학설입니다

여기에 매우 독특한 설을 들고나온 이가

18세기 독일의 화학자 슈탈입니다

이 슈탈이 처음으로 언급한 게

불은 실체가 없는 현상이라는 것이었지요

이 설은 과학이 발달한 오늘날에도

맞는 이론으로 인정 받는 학설입니다

그는 흙, 물, 바람은 물질이 맞지만

불은 물질이 아니라 현상이라고 했는데

여기에 매우 독특한 설을 추가했습니다

이른바 플로지스톤phlogiston 설입니다

플로지스톤은 그리스어로 '불꽃'입니다

어떤 물질이 불에 탄다고 하는 것은
그 물질 속에 들어있던 플로지스톤이
불과 연기로 변하여 빠져나가는
일종의 화학현상이라는 것이지요
플로지스톤은 공기 중에 떠도는 것으로
풀이나 나무가 이를 흡수해서
몸집을 키우기 때문에
풀과 나무 속에는
이미 플로지스톤이 내재되어 있습니다

따라서 불에 나무를 집어넣으면
나무가 타면서 플로지스톤이 날아가고
플로지스톤이 빠져나간 재는 가벼워집니다
즉 플로지스톤이 들어있는 나무와
플로지스톤이 날아간 재는
결국 무게가 달라질 수 밖에 없는데
플로지스톤의 유무 때문이라는 것입니다
결국 슈탈의 이 학설은 금속이 탔을 때
금속 무게가 더 무거워지는 현상으로 인해
실패한 이론으로 끝나고 말았습니다

아무튼 인간의 삶에서

불이 차지하는 것은 어느 정도일까요
불에는 열과 에너지 포함입니다
음식을 만들고
어둠을 밝히고
추위를 피하고
도구를 만들고
불꽃놀이를 하고
하여간 물이나 대지나 공기처럼
우리 삶에 없어서는 안 되는 것입니다

세상의 모든 도구는
반드시 양면성을 띠고 있습니다
불을 잘 다루면 한없이 소중한 것인데
불을 함부로 다루거나 딴 데 쓰면
상상초월의 엄청난 재앙을 부릅니다
지금도 자주 일어나는 화재 사건들
가정에서 도시에서 산과 들에서
불로 인한 재앙이 끊임없이 일어납니다
인류 최악의 공포는 핵무기입니다
이 핵을 어떻게 쓰느냐에 따라
인류가 공생할 수도 공멸할 수도 있으니까

15) 궁벽하게 가르치지 말라

포살하는 보살들은 귀기울여 들을지라
청정비구 비구니와 우바새와 우바이와
외도들과 악인들과 일가친척 도반에게
대승보살 범망경의 대승율을 가르치라

하나하나 가르쳐서 수지하게 할것이요
경율의뜻 일러주어 보리심을 내게하되
열가지의 발취심과 열가지의 장양심과
열가지의 금강심등 서른가지 마음내라

이와같이 보살들은 순차법과 내용들을
정확하게 하나하나 이해시킬 것이어늘
포살하는 보살로서 모진마음 앞세우고
성난마음 일으켜서 궁벽할수 있겠는가

성문연각 이승들의 경장율장 비롯하여
외도들의 사견론을 가르쳐선 아니되니
보살계를 받았으나 보살계를 어김이라
열다섯째 경구죄를 범하는게 되느니라

#1

근대의 고승 성철대종사는
아호雅號를 퇴옹退翁이라 했습니다
그냥 풀면 '물러난 늙은이'였지요
아호만큼이나 물러나는 일에 있어서
시기를 알고 있었던 것일까요
대한불교조계종 종정으로 추대되었지만
스스로 추대식에 참석하지 않았고
종정이란 자리에 연연하지 않았습니다

퇴계退溪는 이황李滉의 호號입니다
조선조 육현六賢의 한 사람으로
매우 깨끗하고 올곧은 정치가였지요
그의 호를 퇴계退溪라고 했듯이
제도권制度圈에서 물러退나
계곡을 유유히 흐르는 시냇물溪처럼
늘 자유롭기를 갈망한 건 아니었을까요

조선조 선조 때 영의정을 지낸
홍섬洪暹의 자가 퇴지退之였습니다
이름을 섬暹이라 하니

햇살 치밀 섬/나라 이름 섬暹인데
태국泰國을 달리 섬라暹羅라 했습니다
섬라의 섬이 시암/샴Siam이고
태국의 태의 음사가 Thailand입니다
아무튼 홍섬의 자가 소위 퇴지였는데
적당한 시기에 잘 물러났을까요

퇴지退之라고 하니까
중국의 한문공韓文公이 생각납니다
그가 조주潮州 태수로 있을 때
태전선사太顚禪師를 만나
일대사一代事 일을 마쳤다고 했으니
태전선사가 그의 스승이었던 셈입니다
그가 태전을 만나 깨달은 과정을
시로 읊은 게 있는데 한 번 보실까요

경절지언문태전徑絶之言問太顚
문공양마암규편文公良馬暗窺鞭
민호삼평중지발敏乎三平重指拔
중소운산월당천中宵雲散月當天

태전선사에게 지름길을 물었더니

양마는 채찍 그림자를 보고 뛴다네
민첩하게 삼평이 다시 뽑아버리니
한밤중 구름 흩어지고 달이 솟는다

#2

보살계는 그 명칭이 보살계니
보살만 받는 게 맞을까요
아님 누구나 다 받는 것이 맞을까요
그러면 이렇게 생각할 것입니다
보살계는 계율 이름 그대로
보살이 받는 게 맞으며
이 보살계를 받은 뒤 더욱 정진하여
점차 보살이 되어가는 것이라고요
절반은 맞고 절반은 틀립니다
다른 것이 아니라 틀린 말입니다

한데 범망경 〈보살계본下〉에서는
이렇게 말씀하고 있습니다
불자나 불제자는 말할 것도 없이
대승보살계는 누구나 받아야 한다고

아차! 다시 정정하겠습니다
누구나 받아야 하는 게 아니라
누구에게든 계를 주어야 합니다
전계사의 말을 알아들을 수만 있다면
그는 보살계를 받을 자격이 있고
보살도를 닦아갈 수 있습니다

주는 것과 받는 것은 다른 문제입니다
받는 사람은 받을 수도 있지만
상황에 따라 거절할 수도 있습니다
그러나 주는 사람은 평등해야 합니다
이를테면 어떤 사람이 빵을 나눌 때
누구에게는 빵을 듬뿍 주면서
누구는 빼놓을 수 없습니다
빵을 받느냐 받지 않느냐는
단지 받는 사람에 달려 있을 뿐
주는 사람은 반드시 평등을 요합니다

다른 예를 들어도 의미는 같습니다
가령 누가 황금을 나누어줄 때
어떤 이는 받을 자격이 있고
어떤 이는 자격이 없지 않습니다

정해진 필기와 면접을 치르고
모든 관문을 통과한다거나
또는 그동안의 공과功課를 따져
그에 맞게 주는 것이 아니라면
누구나 다 받을 자격이 있습니다
같은 사람인데 건너뛰면 안 되겠지요

요즘은 코로나 바이러스로 인하여
지구촌이 여간 난리가 아닙니다
지구상에서 살아가는 자라면
누구나 백신 맞을 자격이 있지요
다만 동일한 시간에는 어렵습니다
이처럼 같은 병원 같은 의사에게
동시에 접종할 수는 없으나
접종받을 자격은 으레 있습니다
백인이니까 맞을 자격이 있고
유색인인 까닭에 없는 것은 아닙니다

보살계는 칼로리와 같습니다
어떤 생명이든 살아가기 위해서는
필요한 양의 에너지를 섭취해야 하듯
보살도를 닦아가고자 한다면

반드시 대승보살계를 받아야 하고
받는 것으로 끝나는 게 아니라
보살계라는 칼로리를 잘 소화하여
반드시 보살행을 길러야 합니다
칼로리 섭취가 우선이고
보살행 실천은 그다음입니다

물리학에서의 '에너지 보존 법칙/
law of conservation of energy'은
바깥 경계에 접촉이 없을 경우에
고립계에서 에너지의 총합은
언제나 일정하다는 것으로
물리학의 법칙 중 하나입니다
동물이든 식물이든 또는 균계든
생명을 유지하기 위해서는
섭취하고 배설해야 하는
생의 법칙도 일종의 보존 법칙입니다

엉뚱한 예지만 위험에 처했을 때
구할까 말까를 물어본 뒤에
답을 듣고 구하는 것이 아니라
우선 살려 놓고 보는 게 맞습니다

가령 불자佛子가 출가자라 한다면
불제자佛弟子는 재가자에 해당합니다
그럼 오직 출가자와 재가자만
대승보살계를 받을 수 있을까요
언급하면 그렇지가 않습니다
누구나 받을 수 있습니다

보살계본에서는 이렇게 말씀합니다
외도外道거나 악인惡人이거나
종교와 선악을 모두 떠나서
부모님과 형제자매와
부부와 자녀에 이르기까지
육친六親은 말할 것도 없습니다
말을 알아들을 수만 있다면
누구나 계를 받을 자격이 있고
계사는 계를 베풀 의무가 있습니다
보살계 실천은 그다음의 단계입니다

꼬박 3년 전의 일입니다
그동안 쓰던 글을 멈추었다가
이제 다시 그 글을 이으려고 하니
관성慣性inertia의 법칙 때문이지만

이음새가 영 깔끔하지 않습니다
앞서 〈부모은중경〉 강설도
중간에 여러 달 동안 멈추었다
다시 이어 쓰느라 고생을 했는데
이번에 이 〈범망계본〉 강설은
꼬박 3년을 지난 뒤 다시 씁니다
하여 '왔다리갔다리'가 되었습니다

우리말에 '왔다리갔다리'는 없습니다
굳이 표현하면 '오다가다' 정도지요
아무튼 많이들 쓰고 있습니다
'왔다리갔다리'는 중생의 삶이고
'갔다리왔다리'가 불보살의 삶입니다
우리 중생은 다들 왔다가 갑니다
저승에서 이승에 왔다 가지요
한데 불보살은 갔다 옵니다
적멸의 세계에 들었다가
중생 교화의 본원력으로 인해
'속환사바速還娑婆'하여 다시 옵니다

그래서 산문山門은 들기보다는
나오기가 더욱 중요합니다

일주문 문이 없는 것은
들기보다 나기를 위함입니다
삭발염의로 들어가는 출가문보다
깨달아 중생 교화하러 나오는
교화문을 중시함이지요
나도 마음 같아서는
'왔다리갔다리'가 아니라
'갔다리왔다리'가 되고 싶습니다

나무향운개보살마하살
나무향운개보살마하살
나무향운개보살마하살

#3

모든 생명체는 대칭입니다
정수리에서 시작하여
발끝에 이르기까지
정확하게 대칭을 이룹니다
레오나르도 다 빈치(1452~1519)의
인체비례도를 들먹이지 않더라도
인체는 대칭 바로 그 자체입니다
방정식조차 모르던 다빈치가
뛰어난 수학자가 되었으며
과학자가 되었습니다

대칭이란 게 어디 사람뿐이던가요
앞서 언급했듯 모든 생명체는
그가 날개를 가졌거나
지느러미를 지녔거나
또는 팔다리를 가졌거나
뭍에서 살거나
또는 물에서 살거나
또는 양서류兩棲類거나
모두 대칭의 몸을 지녔습니다

어떤 생명체도 외눈박이는 없으며
홀수의 팔다리가 없습니다
만일 기관이 하나밖에 없다면
보나마나 중앙에 위치해 있겠지요

가르침에 궁벽窮僻이 있어서는 안 됩니다
궁벽은 치우침을 뜻하는 말입니다
어느 한쪽에만 치우침을 일러
편벽하다, 궁벽하다 합니다
범망경梵網經의 '범梵'자를
위에서 아래로 가른다면
치우침 없이 곧게 나누어지듯
범망의 가르침은 궁벽하지 않습니다
알고 보면 소중하다 느끼는 것은
하나에서 열까지 모두 대칭입니다

한 주를 표현하는 한자를 볼까요
일요일을 가리키는 날 일日
월요일을 가리키는 달 월月
화요일을 가리키는 불 화火
수요일을 가리키는 물 수水
목요일을 가리키는 나무 목木

금요일을 가리키는 쇠 금金
토요일을 가리키는 흙 토土 자가
한가운데를 내리그었을 때
양쪽이 한결같이 대칭입니다
일월화수목금토는 별의 이름이라고?
아무튼 소중한 건 사실이니까요

사람을 표현하는 사람 인人에서
하늘을 뜻하는 하늘 천天도
우주宇宙도 허공空도
비雨도 바람風도
자신을 뜻하는 나我도
경작지 논畓과 밭田은 물론
깃들어 사는 집家에 이르기까지
모두가 다 대칭을 이룹니다
심지어 이동수단의 차車와
매일 마시는 차茶에 이르기까지
결국은 치우치지 않는 표현입니다

국가를 뜻하는 나라 국口/國
나라의 통치자 임금 왕王
벗을 뜻하는 벗 붕朋

듣는 귀 이耳
보는 눈 목目
먹고 말하는 입 구口
숨 쉬는 코 비鼻도 대칭이며
지식 전달의 도구 책 책冊
크고大 작고小 아름다움美에서
시간상으로 옛昔과 미래未來까지도
좌左 우右는 획수까지 동일합니다

그래서 범망경은 말씀하십니다
궁벽되게 가르치지 말라고
가르침의 졸가리가 무엇일까요
서른 가지 마음三十心이며
열 가지 보살 행자의 단계입니다
열 가지 발취심十發趣心이며
열 가지 장양심十長養心이며
열 가지 금강심十金剛心이며
나아가 열 가지 경지十地입니다
낱낱이 꼼꼼하게 나열해 보겠습니다

첫째는 열 가지 발취심이니
01) 집착하지 않는 마음

02) 계를 지키는 마음

03) 참는 마음

04) 정진하는 마음

05) 흔들리지 않는 마음

06) 지혜로운 마음

07) 깨달음을 원하는 마음

08) 불법을 지키는 마음

09) 남의 즐거움을 기뻐하는 마음

10) 정수리 마음頂心입니다

둘째는 열 가지 장양심이니

01) 중생을 사랑하는 마음

02) 중생과 함께 아파하는 마음

03) 남의 즐거움을 기뻐하는 마음

04) 집착하지 않는 마음

05) 베풀어 주는 마음

06) 좋은 말을 하는 마음

07) 유익하게 하려는 마음

08) 함께 하려는 마음

09) 흔들리지 않는 마음

10) 슬기로운 마음입니다

셋째는 열 가지 금강심이니

01) 믿는 마음

02) 기억하는 마음

03) 마음을 돌려 부처님을 믿는 마음

04) 진리에 통달하는 마음

05) 바르고 올곧은 마음

06) 물러나지 않는 마음

07) 대승적大乘的인 마음

08) 집착을 떠난 마음

09) 어리석지 않은 마음

10) 무너지지 않는 마음입니다

넷째는 보살행의 열 단계十地이니

01) 체성體性의 평등지平等地요

02) 체성의 선혜지善慧地며

03) 체성의 광명지光明地며

04) 체성의 이염지爾焰地며

05) 체성의 혜조지慧照地며

06) 체성의 화광지華光地며

07) 체성의 만족지滿足地며

08) 체성의 불후지佛吼地며

09) 체성의 화엄지華嚴地며

10) 체성의 입불계지入佛界地입니다

비록 어려운 말씀이기는 하나
귀를 한 번 스치는 것도
입으로 한 번 되뇌는 것도
언젠가는 귀의 종자가 됩니다
역문이종歷聞耳種의 법칙이지요
아픔을 느끼면 아픔이
슬픔을 느끼면 슬픔이
사랑을 애기하면 사랑이
미움을 애기하면 미움이
안 좋은 애기에는 안 좋은 일이
희망을 애기하면 희망이 옵니다

#4

보살계는 크게
십중대계十重大戒와
사십팔경구계四十八輕垢戒로
설해지고 있습니다

열 가지 중하고 큰 계는
이름 그대로 중대한 까닭에
어떤 경우도 잘못 이해할 수 없고
마흔여덟 가지 가벼운 허물 계도
가볍다 해서 쉽게 넘길 수 없습니다

계율에 문제가 있는 게 아니라
계율을 어떻게 이해하느냐
하는데 초점이 있습니다
보살계는 순수합니다
따라서 보살계는
비구 비구니 청신사 청신녀와
여러 겨레붙이와 못된 사람
심지어 타종교인에게도
설할 수는 있습니다

그리하여 보살계를

있는 그대로 순순하게 전하되

받는 이에게 맞추려고 하여

함부로 뜯어고치지 말라는 것입니다

치우치지 않게 가르치라는 말은

배울 사람을 가림이 아니라

전할 내용을 바꾸지 않음입니다

16) 꼼수로 잘못 설하지 말라

포살하는 보살들은 귀기울여 들을지라
출가재가 불자들은 응당좋은 마음으로
대승범절 경과율을 모름지기 먼저익혀
담긴뜻을 분명하게 이해시킬 것이니라

새내기의 보살들이 백리천리 달려와서
대승범절 경과율을 배우고자 마음내면
몸과팔을 불태우고 손가락을 태우는등
고행법의 법다움을 일러줘야 하느니라

그럼에도 불구하고 새내기의 보살에게
몸과팔을 불태우고 손가락을 불에태워
부처님께 굳은신심 드러내게 아니하면
출가자요 보살이라 이름할수 없느니라

굶주린범 이리사자 아귀세계 이르도록
몸을던져 구하려는 자비심을 낼것이니
그와같이 차례차례 바른법을 설해주어
그마음을 활짝열어 통하게끔 할지니라

그렇거늘 보살로서 꼼수에만 마음두어
모름지기 답할것에 바른답을 하지않고
경과율과 문자들을 엉터리로 전하거나
앞뒤없이 아무렇게 설법하지 말지니라

이와같이 대승범절 경과율을 잘못전해
부처님의 가르침을 비방하게 만든이는
보살계를 받았으나 보살계를 어김이라
열여섯째 경구죄를 범하는게 되느니라

#1

어젯밤에 치러진
2020 도쿄 패럴림픽 개막식
선수 입장이 모두 끝난 뒤
'한쪽 날개 꼬마 비행기'
눈보다 더 하얀 옷깃
어린 천사의 연기를 보며
나는 그만 펑펑 울고야 말았다

패럴림픽이란 용어가
어디에서 왔을까
전의 '하반신 마비'를
대마비對麻痺라 하는데
증상은 하반신의 불편함일까
영어로 Paraplegia인데
여기 Olympic을 합성한 말이
곧 '패럴림픽Paralympics'이란다

장애란 마음의 장애가 아니다
단지 몸이 다소 불편할 뿐
한데 이 불편한 세상을

스스로 만들라고
권한 경전이
바로 범망경 하권
심지법문품 보살계다

멀쩡한 보살에게
몸을 태우라 가르치고
줄여서 팔을 태우라 가르치며
더 줄여 손가락을 태우라 가르친다
이를 신학新學 보살에게
잘 일러 주지 않을 때
그는 선학先學 보살로서
자격이 없다고 본다

내 기억으로는
계사戒師 율사律師가
포살布薩할 때
열여섯째 계에 이르러
더욱더 힘을 주어 설한 게 맞다

출가자거나 재가자거나
그의 몸을 불사르고

그의 팔을 지지며
그의 손가락을 태우라고……
앞뒤 그 어떤 이유도 한마디 없이
몸과 팔과 손가락을 태우라
그냥 그렇게 말씀하신 것일까

자, 자, 자, 그렇다면 이를
어떻게 이해해야 할까
범망경 하권 보살계본에서는
소신공양을 말씀하셨다
초기 경전도 아니고
대승 경전이 아니던가
나는 그것이 늘 궁금했다

그런데, 그런데 말이다
어젯밤 밤을 새워 가며
패럴림픽 개막식을 보다가
문득 그에 담긴 소중한 가르침을
비로소 이해하게 되었지 뭔가
아하! 그래
소신공양燒身供養!

#2

범망경 보살계본 48경계 중
열여섯 번째 경구계목에 이르면
부처님 전생 이야기와 함께
식구들을 TV 앞으로 끌어들였던
타잔Tarzan이 떠오릅니다

산신 옆에 빠짐없이 등장하는
다소곳한 범은 무엇을 의미할까요
사람과 범의 삶의 거리입니다
범은 산신인 사람을 지키고
산신은 함께하는 범에게
사랑을 나누어줍니다
'살아있는 신' 곧 '산 신'으로서.....

산신山神의 '산'은 뫼山입니다
평지 위에 솟아오른 언덕입니다
'산'은 곧 '산山'이기도 하지만
'산'과 '죽은'의 한 개념으로
생명의 한 굴대軸인
'살아있음'의 '산 신'입니다

다시 말해 '죽은 신'이 아니라
살아있는 신 '산 신'입니다

내가 자주 언급하듯이
사람은 '살암'에서
사랑은 '살앙'에서
살갗은 '살갈'에서
산山은 '산'에서
섬島도 '산'에서 왔기에
말뿌리語根가 다 '살'입니다

섬이 어떻게 산山이냐고요
섬 도島, 섬 서嶼 자가
모두 산山이 부수이듯이
주위가 수역으로 둘러싸인
육지의 일부 곧 산이 섬입니다
'죽은'은 아예 잠잠합니다
그러나 '산'은 생동감이 있습니다
왜냐하면 살아있으니까요

굶주린 범虎과 사자와
그리고 이리狼와

표현되지는 않았지만
악어, 독사, 전갈, 지네가 있고
나아가서는 아귀에 이르기까지
그들에게 귀한 몸을 던지라는 계율은
나름대로 뜻하는 바가 있습니다
여기에는 생명을 던지라는 뜻보다
생명을 제 자신처럼 사랑하라는
또 다른 뜻이 들어 있습니다

이를테면 애완愛玩의 뜻이
첫째 pet에 있고
둘째 lap에 있듯이
강아지에게 국한되지 않습니다
범망경은 애완의 개념 크기를
가축을 뛰어넘어 야생인
범, 이리, 사자와 아귀로
넓게 확장시키고 있습니다
문득 '범 내려온다'가 생각납니다.

17) 세력에 매달려 구걸하지 말라

포살하는 보살들은 귀기울여 들을지라
마실것과 먹을거리 돈과재물 이양이며
좋은자리 명예위해 국왕왕자 조정대신
벼슬아치 이름팔아 강탈하지 말것이요

높은자리 차고앉아 좋은정보 미리챙겨
갖가지로 협박하여 진상토록 힘을쓰고
어느하나 빠짐없이 모든것을 독식하고
다른이를 내세워서 꾸미지도 말지니라

겉으로는 근엄하나 자비심이 전혀없고
효순하는 마음마저 문을닫아 걸었으니
보살계를 받았으나 보살계를 어김이라
열일곱째 경구죄를 범하는게 되느니라

#1

예나
지금이나
거기서 거기오

17) 세력에 매달려 구걸하지 말라

18) 모르면서 스승이 되지 말라

포살하는 보살들은 매일같이 여섯때에
십이부의 경전이며 계와율을 배우면서
보살계에 담긴뜻과 부처님의 성품까지
하나하나 빠짐없이 익혀야만 하느니라

그럼에도 불구하고 보살행을 닦는이가
경전말씀 한마디와 한계송의 계율이며
보살계가 생기게된 인연마저 모르면서
모든것을 다아는듯 속일수는 없느니라

계와법이 무엇이지 아무것도 모르면서
전계사의 자리올라 계를설해 주는이는
보살계를 받았으나 보살계를 어김이라
열여덟째 경구죄를 범하는게 되느니라

#1

'단지불회但知不會'를 아십니까
삼성동 봉은사 주지를 역임한
명진 스님을 통해 알려진
유명한 단어이지요
끝 자가 모일 회會 자이기에
모임의 이름처럼 느껴지겠지만
실제 모임 이름이 아닙니다
'오직 불회不會를 알 뿐'입니다
그래도 아직 뭔가 딱딱하지 않나요

가령 모일 회會 자를 새기면
'모일 회'는 일반적이고
깃발 괴, 거간꾼 쾌, 상투 괄입니다
새김에 '알 회'라고는 없습니다
그런데 여기 앎의 뜻이 있습니다
중국 후한 때 허신許愼이 쓴
설문해자說文解字에도
역시 모임의 뜻만 있을 뿐이며
앎의 의미는 담겨 있지 않습니다
그 대신 '능숙함'의 뜻이 담겨 있지요

모일 회會 자를 파자해 볼까요
맨 위에 놓인 '삼합 집스' 자를 보면
평평하고 반듯한 땅一 위에
사람人이 서 있는 모습입니다
원래는 세 가지 사물이 잘 어울려
딱 들어맞는 글자 모양입니다
사람人이 모인 곳一이면
우선 음식을 조리皿하게 되고
그러다 보면 애기꽃曰을 피웁니다
이게 '모일 회會' 파자입니다

거기서 어떤 현상이 일어나겠습니까
다양한 idea가 떠오를 것이고
뭔가 앎이 생겨나지 않겠는지요
따라서 모임會은 곧 앎입니다
단지불회의 '불회不會'는
글자 그대로 '모름'의 의미입니다
여기에 앞에 '단지但知'를 얹어
'오직 모름을 알 뿐'입니다
이 말은 보조 국사가 저술한
〈수심결修心訣〉에서 시작합니다

사람이 뭔가를 안다고 하는 게
살펴보면 사실 아무것도 아닙니다
게다가 공부까지 하지 않으면
그나마 아는 것이 없겠지요
열여덟 번째 계목戒目인
'무지위사계無知爲師戒'에서
앎이란 화살矢의 속도 만큼이나
입口에서 빠르게 튀어나옴입니다
모르면 입 다물고 머뭇대겠지만
알면 바로 튀어나오지요

만일 남의 스승이 되고
계율과 앎을 전하는 이라면
전할 내용에 관해 잘 알아야 합니다
선문답 '단지불회但知不會'를
엉너리 하나로 넘길 게 아닙니다
유교에 13경이 있다고 한다면
불교에는 12부 경전이 있습니다
유교의 13경은 묶음이 아니라
그냥 열세 가지 경전이지만
불교의 12부는 열두 묶음입니다

십이부경十二部經이 무엇일까요
서가모니 부처님의 가르침을
그 성질과 형식에 따라서
열두 부류로 분류한 것입니다
이를 십이분경十二分經이라 하며
십이분성교十二分聖敎로
십이분교十二分敎로도 부릅니다
아래 12부 경전을 살펴보면
거의 초기 경전인 듯싶으나
으레 대승 경전도 들어 있습니다

① 산문체 경전을 비롯하여
② 산문 뒤에 붙인 중송
③ 내생의 예언 수기
④ 독립된 시 고기송
⑤ 물음 없이 그냥 설한 경
⑥ 연기/인연 이야기
⑦ 비유 설법
⑧ 본사 이야기
⑨ 전생 이야기
⑩ 방광/방등경 등
⑪ 희유한 이야기

⑫ 문답과 논의 등입니다

보살계본에서는 말씀하십니다
매일 여섯 때에 경을 읽고
차근차근 계율을 익히라고요
사분율 오분율을 비롯하여
범망경 보살계에 이르기까지
율이 어떻게 성립되었는지
그에 담긴 부처님 말씀이
무엇을 의미하는지
바로 알고 전하라 하십니다
심지어 계율 속 불성佛性까지
바르게 알고 전하라는 것입니다

하루를 여섯六 때時로 나눈다면
6시간이 아니라 종일입니다
요즘 세계 표준시는 어떤가요
60초를 1분, 60분을 1시간으로
그리고 하루를 24시간으로 칩니다
그런데 옛날 우리 동양에서는
120분을 1시간으로 치고
하루를 12시간으로 계산했지요

이를 '자축인묘진사오미.....등
12지지로서 표현했습니다

이 12지지를 다시 여섯 때로 묶으니
낮이 세 때고 밤이 세 때가 되어
모두 여섯 때六時가 된 것입니다
그러므로 여섯 때는 하루 종일입니다
보살은 깨어있거나 잠을 자거나
늘 부처님 말씀을 생각하고
스스로 깨어있으라는 게
범망경 보살계 말씀입니다
남을 이끌고 가르치는 스승은
엉너리로 얼렁뚱땅할 수 없습니다

이슬람 가르침 꾸란에 따라
무슬림은 하루에 5번씩
늘 기도를 올립니다
승객이야 재촉하거나 말거나
시간이 되면 택시를 길옆에 세우고
기도를 올린 뒤 출발합니다
쉽게 이해가 가지 않지만
종교란 게 그렇습니다

탄자니아에 머물 때입니다
내가 무슬림에게 물었습니다

버스는
배나 열차는
비행기 조종사는
어떻게 기도하느냐고
돌아온 답이 뭐였을까요?

#2

무지無知렁이

동봉

하늘을 올려다보고
땅을 굽어보나
내가 나에게
던질 이름 딱 하나
한낱 '무지렁이'라는 것

아는 거라고는 텅텅 비어 있고
가진 것은 쥐뿔도 없으면서
똑똑한 체는 혼자 다하는
나는 그러한 수행자
스스로를 속이고
남까지 속이는
무지렁탱이

나는 알거지무지렁이고
알거지무지랭이다
폭삭 헐었거나

무지러져서
못 쓰게 된 것마냥
별 볼 일 없는 거시기

나는 무지랭이고
무지렝이고
무지래기고
무지레이고
나는 무지렝텡이다

하루하루
쌀밥米 먹고
다르쁒게 만드는
그저 제분기製糞機일 뿐
그렇고 그런 수행자
퍽 바보스러운
생각보다
나는

과일이나
푸성귀 따위가
아주 폭삭 늘어져서

다시 더는 만질 수 없듯이
그저 그렇고 그런 작자
밥만 축내고 있지

나는
그렇기에
나를 제어하고
남을 이끌어 갈 만한
그런 스승이 될 수가 없다

19) 이간질하지 말라

포살하는 불자로서 옳지못한 마음으로
계를지닌 비구들이 손에손에 향로들고
보살행을 닦아감을 두눈으로 보면서도
여기에선 이말하고 다른데선 딴말하며

어진사람 속여가며 제멋대로 바방하되
그와같이 나쁜짓을 서슴없이 하는이는
보살계를 받았으나 보살계를 범함이라
결국에는 경구죄를 범하는게 되느니라

#1

내가 평소 즐겨 읽는 책이 있습니다
佛曆2526年[中華民國72] 9月
타이베이시臺北市에 있는
임제호국선사臨濟護國禪寺에서
처음 영인한 책인데 책 이름이
[佛說梵網經菩薩戒本講記]
'불설범망경보살계본강기'입니다

여기서는 이 계목戒目을 두고
투방기현계鬪謗欺賢戒라
어진 사람을 두고
속이거나
비방하거나
다투지 말라는 게
이 열아홉번 째 계율입니다

한데 '범망경보살계포살본'에서는
불기2551년(2007) 3월 5일
당시 총무원장 지관 스님이
양설계兩舌戒라 하여

이를 만약 직역하면
두 개의 혓바닥을 경계한다
곧 두말하지 말라고 가르칩니다

그런데 중국의 의적義寂이 지은
보살계본소菩薩戒本疏에서
이 계율의 계목을 찾아보니
불투양두계不鬪兩頭戒라
두 사람을 사이에 두고
서로 다투는 것을
경계한다 하고 있습니다

역시 중국의 승장勝莊이 저술한
범망경술기梵網經述記에서는
이간어계離間語戒라 하여
둘 사이를 떼어 놓는
이간어離間語
곧 이간질을 경계합니다

또한 범망경고적기梵網經古迹記는
중국 태현太賢 율사가 썼는데
제4권 제19계 계목에서는

투쟁양두계鬪諍兩頭戒

두 사람을 사이에 놓고

서로 투쟁하는 것을

경계한다 하고 있습니다

내용을 보면 비슷비슷한데

계목 용어가 다릅니다

똑같은 말을 놓고도

번역자가 누구냐에 따라

이렇게 다르다는 게

생각해 보면 재미있습니다

구시화문口是禍門이라

입은 곧 재앙의 문이라 합니다

누가 처음 쓴 말인지 모르나

너무 유명한 말이지요

그래서 하는 말

첫째 입조심이요

둘째 말조심이며

셋째 혀 조심이라 합니다

#2

보살계에 웬 비구를 들먹일까요
보살에는 남녀 구분이 없고
머리 깎고 안 깎고가 없습니다
대체로 비구는 드러난 모습 개념이고
보살은 보살행의 실천 개념입니다
그럼 보살행이란 어떤 것일까요
여섯 가지 바라밀 이야기입니다
이를테면 보시와 지계행를 비롯하여
인욕, 정진, 선정, 지혜행으로
서로 마음을 열고 돕는 행입니다

이들 여섯 가지 바라밀波羅密은
세제곱의 육면체 주사위와 같습니다
다른 말로 표현하면 방과 같지요
비록 전후좌우 벽이 있더라도
가령 천정과 함께 바닥이 없다면
그 속에서 살아갈 수 없겠지요
또 천정과 바닥은 있는데
네 벽 중 어느 벽이라도 없다면
삶의 공간이 될 수 없습니다

바람, 추위, 위험을 막을 수 없으니까

그러므로 바라밀을 애기할 때는
여섯 바라밀을 함께 듭니다
이들 육면이 갖추어진 공간 속에서
비로소 삶을 살아갈 수 있듯이
육도만행六度萬行이야말로
바야흐로 갖추어진 보살도입니다
육도는 여섯六 바라밀度이요
만행萬行은 만행滿行으로
여섯 가지 바라밀 그 가운데
온갖 보살행이 꽉 찬 까닭입니다

이들 육도만행을 닦는 이라면
남녀노소男女老少를 떠나
누구나 보살菩薩입니다
출가와 재가에 국한되지 않고
한결같이 누구나 다 보살입니다
따라서 머리를 깎은 비구에게
보살이라 부르는 것은 당연합니다
비구니나 청신사 청신녀에게
구별없이 보살이라 일컫습니다

내 말이 뭔가 이상하다고요?

예를 들어 택시를 탔을 때
드라이버가 남자든 또는 여자든
이들을 다 '기사님'으로 부를 수 있듯
불제자로서 바라밀을 닦는다면
그가 남자든 여자든 상관없이
머리를 깎았거나 깎지 않았거나
보살이라 부를 수 있습니다
이와같이 보살계를 받아 지녔다면
출가자든 재가자든 보살입니다
그래도 이해가 안 된다고요

대체로 절에서 봉사를 한다거나
거사居士를 보고 보살이라 부르면
열에 여덟아홉은 고개를 젓지요
거사지 보살이 아니라면서요
'거'는 곧 세간에 거居함이고
'사'는 '보살 사'로 풀이訓합니다
이처럼 보살에 남녀 구별이 없듯이
거사에도 남녀가 따로 없습니다
타이완이나 중국 등에서는

남녀 모두 거사라 일컫습니다

이왕 머리 얘기가 나와서 말인데
재미있는 얘기 하나 꺼냅니다
오래 전 어느 모임에 갔는데
주최 측 진행자가 공지하였습니다
“오늘 이처럼 행사를 진행하면서
모두들 식사를 하기로 했는데
회비가 두당 3만원입니다
회원 여러분 부탁합니다”
사람 수를 두당頭當이라 한 것인데
그다지 품격있는 말은 아니지요

그래서 한때 고성이 오갔습니다
알고 보면 ‘오감’ ‘오고감’이란
인과의 법칙일지 모릅니다
“저 사람이 내게 이렇게 대했기에
나도 그렇게 대한 것이라고요”
이게 곧 ‘오감’의 법칙입니다
그럼 ‘주고받음’은 어떤 법칙일까요
이는 내가 이렇게 행동하였기에
그와 닮은 값이 되돌아오지요

완전한 인과의 법칙입니다

이런 이치를 알고 있으면서도
우리는 가끔 잘 다툽니다
마음이 악惡하냐 미우惡냐에 따라
내로남불이 되어 서로 다투지요
악惡은 버금표 마음心입니다
선善을 살짝 잘못 건드리면
그게 미움惡으로 번지고
마침내 악함이 되지만
최상 다음의 버금 마음입니다
악함은 저 혼자 일으킬 수 있으나
미움은 필히 상대가 있게 마련입니다

상대가 있으면 비교하게 되고
비교에서 이간離間이 생겨납니다
초지일관初志一貫이 쉽던가요
쉽지 않기에 배신背信하고
바로 그 저버린背 신뢰信로 인해
뒷날을 위하여 줄을 서게 되며
끝내 여기서 이렇게 말하고
저기 가서는 저렇게 말하곤 합니다

머리로 따지고 행동으로 보이며
입으로 이간을 시작합니다

그리고 19번째 계목戒目 끝에
‘무악부조자無惡不造者’는
일반 문장과는 거리가 좀 멉니다
하여 글에 담긴 뜻을 푸는 데는
약간의 어려움이 있습니다
‘무악부조자無惡不造者’보다
‘무불조악자無不造惡者’였다면
‘악을 짓지 않는 자가 없다’로
부드럽게 풀 수 있었을 것입니다
문장의 도치법을 얘기한다면
우리 한글이 훨씬 더 자유롭지요

20) 살아 있는 것을 놓아주라

포살하는 불자들은 자비로운 마음으로
살아있는 생명들을 차별없이 놓아주라
이세상의 모든남자 전생나의 아버지요
이세상의 모든여자 전생나의 어머니라

생명있는 존재라면 세세생생 날적마다
부모님의 몸을빌고 어미아비 의탁하니
그와같은 인연으로 딸이되고 아들되어
이세상에 하나하나 태어났기 때문이라

그러므로 육도중생 모두나의 부모이니
그들목숨 앗는것은 나의부모 죽임이라
그러므로 육도세계 중생살을 먹는것은
이는또한 나의몸을 먹는것과 같느니라

모든흙과 모든물은 나의전생 몸뚱이요
모든불과 모든바람 지난세상 나의본체
그러므로 보살로서 보살계를 받은이는
죽음앞에 닥친생명 구원해야 하느니라

세세생생 몸을받아 이세상에 태어남은
영원토록 변치않는 윤회전생 이치이니
이런이치 아는이는 사람손에 걸린생명
놓아주는 방생업을 권하도록 할지니라

만에하나 보살로서 살생함을 보게되면
측은지심 일으켜서 구제하지 못할망정
여러가지 방편으로 그의고통 풀어주되
보살계를 강설하여 좋은곳에 나게하라

부모님과 형제자매 추모일을 맞게되면
불자로서 모름지기 청정비구 초빙하여
범망경을 강설하고 보살계를 일러주어
영가들의 저승복을 간절하게 염원하며

부처님의 가호로서 영가들을 위무하여
인간계와 천상계에 태어나게 할것이라
그럼에도 불구하고 그리하지 않는이는
보살계를 받은이로 경구죄를 범함이라

위와같이 열가지계 모름지기 배운뒤에
공경하는 마음으로 받아지닐 것이니라
이와같은 말씀들은 대본범망 멸죄품에
하나하나 계율상을 밝힌바와 같느니라

#1

방생放生하는 데 차별은 없습니다
거북, 자라, 붕어는 살려 주며
피라미 송사리에 무심하다거나
괴와 말과 강아지는 중하고
닭, 토끼, 돼지는 가볍지 않습니다
모든 생명은 그 가치에서 평등합니다
물론 파리 모기 깔따구 등이 있고
거미 지네 독사도 있습니다
사람에게 해를 끼친다는 이유로
꼭 피살되어야 한다는 건 아닙니다

범망경 보살계에서는 말씀하십니다
뭇 생명을 차별없이 놓아주라고
그런데 그게 그렇게 쉽지 않습니다
누구도 개를 함부로 다루는 것을
찬성하는 사람이 없는 것처럼
닭고기 돼지고기를 비롯하여
어패류를 뭐라 하지는 않습니다
범망경 말씀을 굳이 빌린다면
평소에 죽이고 죽이지 말아야 할

차별 자체를 둠이 계를 어김입니다

이유가 뭐냐 묻는다면 답이 있습니다
이는 곧 윤회전생輪廻轉生입니다
윤회는 같은 몸을 계속 받음이고
전생은 다른 몸으로 바꿈입니다
이를테면 같은 프로그램이나
같은 어플을 사용하면서도
스마트폰은 다를 수 있지요
같은 마음을 가지고 있다 하여
인공지능처럼 다 똑같지 않습니다
이것이 곧 윤회전생의 법칙입니다

금생에서는 나의 엄마 나의 아빠와
그리고 어미 아비가 확실하지만
헤아릴 수 없는 전생前生에서
받은 전생轉生 몸을 생각한다면
이는 결코 억측이 아닙니다
생명의 풀바이오리듬이지요
무한한 세상을 놓고 생각한다면
이 세상 모든 남자는 나의 아버지요
모든 여자는 나의 어머니입니다

이는 과학이 아니라 생물학입니다

범망경 말씀은 매우 일반론입니다
전생에는 분명 남자였으나
금생에는 여자일 수 있고
금생에는 여자였으나
내생에는 남자일 수 있기에
이 세상 남자가 다 나의 아버지고
이 세상 여자가 다 나의 어머니라는
일반론에 매일 필요는 없습니다
그러므로 범망경 보살계품 말씀은
윤회전생에 방점을 찍었을 뿐입니다

아무리 과학이 발달한다고 하더라도
앞으로 태어날 생명의 아들과 딸을
생각대로 바꿀 수는 없습니다
그러므로 돼지나 강아지 경우에도
한 배에서 암수가 함께 생깁니다
만물의 영장인 사람이라 하여
미리 설계하고 마음먹은 대로
아들딸을 구별해 낳을 수는 없지요
이를테면 일란성 쌍둥이라든가

이란성 쌍둥이가 태어남도
다 생각대로 된 것은 아닙니다

이 세상 모든 남자는 다 나의 아버지며
모든 여자는 다 나의 어머니일까요
반드시 꼭 그런 것은 아닙니다
그렇게 봐야 할 이유도 없고
보지 말아야 할 논리도 없습니다
이를테면 뭇 생명체가 지닌 몸은
모두 무한한 과거로부터
우주와 별에서 왔다고 봅니다
이 유기물有機物에 남녀가 있고
거기에 암수가 정해져 있었을까요

모든 존재는 서로 이어져 있습니다
가령 시간적 이음이 날줄이라면
공간적 이음은 씨줄입니다
혈연에서 혈血이 날줄이라면
연緣은 으레 씨줄입니다
씨줄이 터지면 날줄이 못 버티듯이
날줄이 터지면 씨줄도 터집니다
부모_자녀로 이어지는 날줄만큼

전생 나_금생 나의 씨줄 인연도
알고 보면 더없이 소중합니다
하물며 혈연간 '살殺'이겠습니까

#2

땅이 곧 나의 몸이고
물이 곧 나의 몸이며
불이 곧 나의 본체고
바람이 나의 본체라 합니다
이를 뛰어넘는 법칙은 없습니다
귀가 닳도록 들어온 사대四大 육신을
이제 와서 웬 호들갑이냐 하겠지만
인간의 몸을 이루는 짜임새가
사대를 벗어나지 않습니다
흙, 물, 불, 바람입니다

사대가 육신의 짜임새라면
흙과 물과 불과 바람 가운데서
어느 것을 홀대할 수 있겠습니까
땅地을 홀대할 수 있을까요

인간 삶이 땅에서 이루어집니다
이를테면 땅 한 평이 아니라
아주 작은 말뚝 하나를 놓고도
GPS가 맞느냐 안 맞느냐
경계선이 과연 맞기는 맞느냐며
소송을 걸고 나아가 목숨을 겁니다

인간의 역사를 곰곰이 살펴보면
많은 부분이 땅따먹기였지요
춘추전국시대뿐만 아니라
우리 한반도 역사도 알고 보면
국경을 사이에 두고 싸웠습니다
그럼 땅이란 공간이 왜 소중할까요
우주의 절반을 차지하니까요
우주의 절반이 땅이라면
나머지 절반은 으레 시간입니다
우주는 시공간의 다른 이름입니다

뭇 생명은 살아있기를 요구합니다
살아있으려면 움직여야 하고
움직이려면 공간이 필요합니다
공간은 빈空 사이間입니다

비어있으므로 움직일 수가 있고
움직이는 까닭에 굳지 않고
굳어지지 않기 때문에
몸은 숨을 쉴 수 있습니다
땅이 없다면 중력의 법칙을 따르는
이 몸은 과연 어떻게 될 것 같습니까

처음부터 생기지 않았을 것이고
'나는 누구인가'라는 명제에서부터
'이뭣고' 화두도 없었을 것입니다
아무튼 뭇 생명은 흙에서 와서
흙과 더불어 살다가 흙이 됩니다
흙에 못잖게 중한 게 물이지요
단 한 순간도 땅이 없으면
이 몸이 머물 데가 없는 것처럼
70% 이상이 물로 된 이 몸이
여전히 살아있을 수 있겠습니까

우주에서 외계생명체를 찾을 때
생명체 거주 가능 영역이 무엇일까요
당연히 목성형 행성이 아니라
지구형 행성을 얘기할 수밖에요

게다가 필히 '골디락스 존'이어야 하고
두말할 것도 없이 물이 필요합니다
물 없는 공간을 상상한 적 있나요
서울이 서울일 수 있는 조건은
무엇보다 한강일 것입니다
낙동강 금강 영산강도 삶의 젖줄입니다

어디 생명붙이의 삶에 필요한 것이
방금 말한 땅과 물뿐이겠는지요
에너지가 있어야 가능합니다
에너지라면 곧 태양입니다
왜냐하면 열원熱源이 태양이니까요
지수화풍 사대 중에서 화火는
으레 태양을 가리킵니다
태양계 내에 태양이 없다면
그것이 어떻게 태양계겠는지요
불火은 에너지의 다른 이름입니다

사대 중에 흙으로 풀이되는 땅이
어떻게 해서 생겨난 것일까요
첫째 태양계의 작품입니다
태양계가 일으키는 시스템입니다

이 태양계를 계系로서 묶는데
곧 계는 시스템의 다른 말이지요
이들 시스템에서 빠뜨릴 수 없는 게
다름 아닌 공기氣 흐름流입니다
이 '기류'를 뭐라고 할까요
바람風, 맞습니다. 바람입니다

바람風은 땅地과 물水과 불火처럼
눈에 곧바로 띄지 않습니다만
그러나 없는 것이 아닙니다
이 바람에는 무엇이 있겠는지요
으레 하늘空 기운氣, 곧 공기입니다
이 공기 속에 무엇이 있습니까
호흡하는 생명붙이들에게는
단 1분간도 없어서는 안 되는
이른바 산소酸素가 들어있습니다
이 산소를 머금은 바람이 소중합니다

이들 4가지는 부단히 움직입니다
대지도 물도 에너지도 대기도
경직되어 있지 않습니다
이들이 경직되어 있지 않기 때문에

경직되지 않은 생명체와 함께 합니다
살아있다는 것은 움직임입니다
그러면 죽음은 무엇일까요
한마디로 '뭇 기능의 정지'입니다
숨이 멎는 바로 그 순간부터
빠른 속도로 정지합니다

눈은 사물色을 볼 수가 없습니다
귀는 소리聲를 들을 수 없고
코는 냄새香를 맡을 수 없으며
혀는 맛味이 뭔지 모릅니다
피부는 닿음觸을 느낄 수 없고
그리고 뜻은 법칙法을 모릅니다
따라서 땅과 물과 불과 바람이
내 모습이라며 규정할 수는 없으나
이들을 떠나 날 찾을 수 없으니
어찌 소홀할 수 있겠습니까

알고 보면 지구 안팎의 모든 것은
흙이거나 물이거나 불이거나
또는 바람이거나 다 내 생명입니다
움직動이는 사물物 뿐만 아니라

늘 서植 있는 물질物까지도
한결같이 나의 몸입니다
따라서 동물은 죽이면 안 되고
풀草과 나무木는 죽어도 된다거나
육식은 안 되고 채식은 괜찮다는
그런 논리는 맞지 않습니다

#3

죽은 이를 그리며 생각함을
일반적으로 추모追慕라 합니다
그날을 추모일이라 하며
제사를 올리는 것을 추모제라 합니다
죽음을 다른 말로는 기忌라 하며
그날을 가리켜 '기일'이라 하고
지내는 제를 '기제'라 합니다
출가자에게는 '기제'라는 말 대신에
차를 올린다 하여 다례茶禮라 하고
매년 입적한 날에 올리는 제를
다례제茶禮祭라 합니다

여기 불설범망경 보살계품에서는
추모일을 편하게 얘기합니다
사망死亡한 날이라고요
죽을 사死 자는 변화의 뜻으로
'밤새 안녕'의 표현입니다
어느—날 저녁夕 변匕한 것이며
주검歹으로 바뀐匕 것입니다
망亡은 '없을 무亡'로도 새기듯
재산이나 사업이 망한 것도 있으나
한마디로 눈앞에서 없어진 것입니다

불교계에서는 죽음을 중시합니다
특히 한국 불교는 그렇습니다
어찌하여 죽은 자에게 예를 다할까요
이는 불교가 담고 있는 철학입니다
철학이라지만 내용은 간단한데
곧 삶과 죽음을 따로 떼어놓지 않고
하나의 연장선으로 본 것입니다
눈앞에서 사라진亡 것일 뿐
아주 단절된 게 아니란 뜻입니다
즉, 삶과 죽음은 하나의 선線입니다

우리가 죽음을 표현할 때
크게 2가지로 얘기하고 있지요
하나는 선先이고 하나는 망亡입니다
돌아가신 이를 선先이라 하는데
부모님과 조상을 비롯하여
윗분이 돌아가셨을 때 붙입니다
아랫사람이 죽었을 경우에는
선先보다는 망亡을 쓰지요
돌아가신 부모님을 칭할 때는
망친亡親이 아닌 선친先親입니다

절에서도 스님네 위패를 모실 때
스승을 선사先師라 칭합니다
망사亡師라 일컫지는 않습니다
요즘 한국 불교 사원에서
영가 위패를 모실 때 위패 위에
망亡 자를 붙여 '망부亡父'라 합니다
망모亡母, 망조부, 망조모 등
복위자에게는 분명 윗분이 맞는데
모두 망亡 자를 놓는 까닭에
영 좀 그게 그렇습니다

복위자보다 영가가 윗분일 경우
반드시 먼저 선先 자를 놓고
아랫분에게는 망亡 자를 얹습니다
향가 '제망매가'를 보더라도
'제선매가'로 되어 있지 않습니다
내가 1993년 7월 불광출판부에서
〈평상심이 도라 이르지 말라〉라는
'용성어록'을 번역하여 냈는데
성철 스님께서 서문을 쓰시면서
용선선사를 선사先師라 하셨지요

오늘날 쓰고 있는 불교용품이라든가
또는 영가 위패 어플에 들어가면
한결같이 '亡'자를 올려놓아
이를 '先'자로 고쳐 올리려 해도
어찌 된 게 도통 바뀌지가 않습니다
차라리 '先'이든 '亡'이든 아예 없으면
법도에 맞게 뽑을 수 있는데요
살아있는 자와는 다르게
가신 분에게는 예가 필요합니다
돌아가신 윗분에게 '망亡'이라니요

이를테면 임금님의 똥을 매화라 하고
이동식 변기를 매화틀이라 했지요
일반 백성이나 지체 낮은 이는
함부로 쓸 수 없는 말입니다
집안에서 어르신이 며느리를
'어멈' '어미'로 부를 수는 있으나
남의 며느리에게까지는 불가하지요
이를테면 아내와 남편 사이에서는
서로가 '여보'로 칭할 수 있으나
남에게는 붙일 수 없습니다

어린아이가 어려서 말을 배울 때
엄마 아빠가 주고받는 호칭에서
'여보야' 또는 '자기야'를 듣고
으레 그렇게 부를 수는 있습니다
그러나 성장하면서 깨닫게 되지요
해마다 절에서 백중기도 때가 되면
법당 안에 많은 위패를 모십니다
그런데 모두가 '망亡' 자로
천편일률적千篇一律的입니다
어떻게 위아래 없이 다 '망亡'일까요

물론 어디나 예외라는 게 있습니다
부부는 나이를 떠나 동격입니다
하여 연하의 아내가 세상을 떴을 때
굳이 '망처亡妻'라 쓰지 않습니다
'집室사람人' 앞에 선先을 놓아
'선실인先室人'이라 하지요
'망亡'자가 나와서 말인데
나는 싫어하는 용어가 있습니다
남편이 세상을 떠나고 난 뒤 붙이는
'미망인未亡人'이란 용어입니다

한자 미망인을 우리말로 풀면
'아직 못 죽은 사람'입니다
아내를 먼저 떠나보낸 남편에게
'미망인'이란 호칭을 쓰던가요
아직 그런 예는 없었습니다
남녀평등, 성평등을 애기하면서
버려야 할 이런 비속어 문화가
장례식장에 버젓이 걸려 있습니다
아들, 딸, 며느리, 사위라 쓰듯
그냥 '아내'라고 쓰면 안 됩니까

각설却說하고.....
어떤 이는 이렇게 말하기도 합니다
'망亡'은 내 조상에게 붙일 뿐
남의 조상에는 '선先'을 붙인다고요
호칭은 과연 누가 붙이나요
아직 살아있는 사람이 붙입니다
이처럼 '선先과 망亡'에 담긴 의미도
바르게 찾아 쓰는 게 문화입니다
눈에 보이는 골동품에서만
우리의 문화를 찾을 게 아니라
용어도 한번 돌아볼 필요가 있습니다

21) 무자비하게 원수를 갚지 말라

포살하는 불자들은 귀기울여 들을지라
그가나를 속인다고 나도그를 속이거나
그가내게 성낸다고 성냄으로 돌려주며
그가나를 때린다고 때림으로 갚지말라

수행하는 보살들은 부모형제 육친에게
해를가한 원수라도 보복하지 말것이며
나라님이 적에의해 살해된다 하더라도
그의원수 갚겠다고 마음내지 말지니라

죽음에는 죽임으로 하나하나 보복함은
출가자의 충효로는 적절하지 않느니라
포살하는 불자라면 숙업에만 매달리어
한량없이 많은죄를 겹쳐짓지 말지니라

노비들을 구박하고 매를치고 꾸짖어서
행동언어 마음으로 세가지업 일으키어
날로날로 죄업들을 쌓아두지 말것인데
부질없이 칠역죄를 지어서야 되겠는가

출가제자 보살로서 자비로운 마음없이
포악스런 마음으로 묵은원수 찾아내고
육친들을 위한다고 짐짓원한 갚는이는
보살계를 받았으나 경구죄를 범함이라

#1

포살하는 불자들은 귀기울여 들을지라
그가나를 속인다고 나도그를 속이거나
그가내게 성낸다고 성냄으로 돌려주며
그가나를 때린다고 때림으로 갚지말라

수행하는 보살들은 부모형제 육친에게
해를가한 원수라도 보복하지 말것이며
나라님이 적에의해 살해된다 하더라도
그의원수 갚겠다고 마음내지 말지니라

범망경 보살계본을 읽으면서도
그냥 무심코 넘어가곤 합니다
부모 형제 육친을 비롯하여
더 나아가서는 한 나라의 국왕이
적국에게 잡혀 죽임을 당하더라도
원수를 갚으려 하지 말라 합니다
그렇게 되면 경구죄를 범한다고요

육친六親이 누구누구입니까
부모형제처자입니다

첫째 아버지父요
둘째 어머니母며
셋째 형兄이요
넷째 아우弟며
다섯째 아내妻요
여섯째 자녀子입니다
왜 남편은 빠졌느냐고요
아내의 상대가 남편입니다
어느 하나도 소중함 자체입니다

육친은 무촌에서 2촌까지입니다
무촌無寸은 남남이지만
너무 가까운 관계로
촌수로 계산이 안 됩니다
그럼 무촌은 누구와 누구일까요
이는 아버지와 어머니 사이며
남편과 아내 사이입니다
너무 가까워 무촌이기에
사람들은 곧잘 얘기합니다
부부는 헤어지면 남남이라고요

서글픈 얘기지만 사실이니까요

누구누구가 1촌일까요
부모와 자녀 사이가 1촌입니다
그러니까 나와 부모 관계이며
나와 내 아들딸 관계입니다
따라서 부자간은 1촌이요
형제간은 2촌이 됩니다
앞으로는 출산율의 저하로
그나마 사전에만 올라있을 뿐
실제 혈연으로 이어진 형제가 없고
자매가 없으며 남매가 없어진다지요

그렇다 보니 핏줄血 끄나풀緣의
이모姨母, 이질姨姪이 없고
고모姑母, 외숙外叔이 없습니다
또한 생질甥姪마저 없습니다
백부伯父, 숙부叔父도 없고
종형從兄, 종제從弟와 더불어
재종再從 삼종三從도 다 사라지고
혈연으로 이어진 촌수는 없어집니다
아버지 친구는 모두가 삼촌이고
어머니 친구는 누구나 이모입니다

그러고 보면 이런 촌수들이
사전에서 지워질 일은 없겠네요
남편과 아내 다음으로 가까운 사이가
나와 부모, 나와 아들딸 관계지요
유교에서는 말합니다
부부夫婦 사이는 헤어지면
헤어지는 그 순간 남남이 되지만
부모 자녀 사이는 천륜天倫이라서
자른다고 잘라지지 않는다고요
아무튼 이와 같이 소중한 관계가
화를 당해도 복수하지 말라 합니다

이들 육친에 견주어 본다면
국주國主는 다른 면이 있습니다
국주는 곧 국왕을 얘기하지요
왕은 한 나라의 대표입니다
이 국주가 살해를 당하더라도
원수를 갚으려 하지 말라 합니다
그만큼 대승 보살은 마음을 비우고
수행에만 전념하란 말씀이지요
나는 47년 전 장수멸죄경을 읽고
출가를 단행斷行했습니다

사람은 누구나 업이 있습니다
복업도 있겠으나 죄업이 많습니다
선업이든 악업이든 뭔가 있다는 것은
아예 아무것도 없는 것만 못합니다
눈에는 먼지도 들어가면 안 되지만
황금가루도 들어가면 안 됩니다
진공청소기 속 먼지는 다 털면서
빨아들인 황금은 그대로 두면
진공청소기 기능을 하지 못합니다
선업도 악업도 다 비우는 게 좋습니다

보살계에서는 말씀하십니다
그가나를 속인다고 나도그를 속이거나
그가내게 성낸다고 성냄으로 돌려주며
그가나를 때린다고 때림으로 갚지말라
원수를 원수로 갚고
때림을 때림으로 갚으며
성냄을 성냄으로 갚고
속임을 속임으로 갚지 말라십니다
예수께서도 말씀하셨지요
'오른 뺨을 치면 왼 뺨도 돌려대라'고

#2

죽음에는 죽임으로 하나하나 보복함은
출가자의 충효로는 적절하지 않느니라
포살하는 불자라면 숙업에만 매달리어
한량없이 많은죄를 겹쳐짓지 말지니라

노비들을 구박하고 매를치고 꾸짖어서
행동언어 마음으로 세가지업 일으키어
날로날로 죄업들을 쌓아두지 말것인데
부질없이 칠역죄를 지어서야 되겠는가

출가제자 보살로서 자비로운 마음없이
포악스런 마음으로 묵은원수 찾아내고
육친들을 위한다고 짐짓원한 갚는이는
보살계를 받았으나 경구죄를 범함이라

보살계의 칠역죄는 어떤 죄일까요
칠역은 오역에 둘을 더함입니다
오역에는 일반설 오역이 있고
불교설 오역이 있습니다
일반설은 이러합니다

(1) 주군主君을 시해한 죄
(2) 아버지를 시해한 죄
(3) 어머니를 시해한 죄
(4) 할아버지를 시해한 죄
(5) 할머니를 시해한 죄입니다

불교 오역에도 2가지가 있습니다
첫째는 소승 불교 오역설이고
둘째는 대승 불교 오역설입니다
소승 불교 오역설은 이러합니다
(1) 아버지를 시해한 일
(2) 어머니를 시해한 일
(3) 아라한을 시해한 일
(4) 승단화합을 깨뜨린 일
(5) 부처 몸에 상처를 입힌 일로
무간/아비지옥에 떨어질 중죄입니다

대승 불교에서 설하는 오역죄는
첫째, 절이나 탑을 파괴하고
불경과 불상을 불태우고
삼보三寶를 함부로 대하되
몸소 하거나 시키는 일입니다

둘째, 성문, 연각을 비난하고
셋째, 스님네를 죽이고 방해하며
넷째, 소승 불교 오역의 하나를 짓고
다섯째, 업보를 부정하는 일 등입니다

가령 업보가 없다고 부정하게 되면
십악十惡을 저지르기 마련이고
교사敎唆할 수도 있습니다
십악에도 국법의 십악이 있고
불교의 십악이 있습니다
조선 시대 대명율大明律에서는
모반죄謀反罪, 모대역죄謀大逆罪
모반죄謀叛罪, 대불경죄大不敬罪
내란죄內亂罪, 부도죄不道罪
불목죄不睦罪, 불의죄不義罪
불효죄不孝罪, 악역죄惡逆罪입니다

불교의 십악은 아래와 같지요
몸으로 짓는 죄 3가지
(1) 살생殺生/산목숨을 죽임
(2) 투도偸盜/도둑질, 약탈
(3) 사음邪淫/불륜

언어로 짓는 죄 4가지
(1) 망어妄語/거짓말
(2) 기어綺語/아첨
(3) 악구惡口/욕설
(4) 양설兩舌/두 말/이간질
뜻으로 짓는 죄 3가지
(1) 탐욕貪慾/욕심
(2) 진에瞋恚/화
(3) 우치愚癡/어리석음

아무튼 오역에 2가지를 보탠 게
이른바 '칠역죄七逆罪'며
달리 '칠차죄七遮罪'라 합니다
거스를 역逆 자와 가릴 차遮 자가
일의 진행을 방해한다는 뜻에서
두 글자는 같이 쓰이지요
2가지 죄는 수행을 막는 일로
첫째, 계사戒和尙을 죽이는 죄
둘째, 은사師僧를 죽이는 죄입니다
은사恩師 계사戒師는 같은 높이지요

대한민국 헌법은 법률상으로는

사형제도가 유지되고 있는데
실은 폐지국과 다름이 없습니다
최근 사형일은 1997년 12월 30일로
사형수 23명에게 사형을 판결한 뒤
오늘날까지 24년이 가깝도록
사형을 언도하지 않습니다
상식이지만 사형을 내릴 때는
으레 살인을 저지른 까닭입니다
그게 다름 아닌 오역죄 때문입니다

이처럼 사람을 죽였는데도
판결에 사형을 언도하지 않음은
보살계 제21계목과 닮아 있습니다
법구경, 장수멸죄경 등에서도
원망을 원수로 갚지 말라 합니다
원망을 원수로 갚기 시작하면
원망은 끝내 사라지지 않는다고요
만약 죽임이란 원망에 매달리면
그게 결국에는 숙업이 되어
죄를 겹쳐 짓게 됩니다

조선 시대에만 하더라도

반상班常이 관계를 좌우했지요
양반은 양반끼리만 어울려
상민을 사람 취급하지 않았으나
상민은 저들끼리 어울리고 싶어도
그럴만한 자유가 없었습니다
노비들을 구박하고 매를 쳤습니다
행동과 언어와 함께 뜻으로 짓는
세 가지 업三業과 더불어
세부적인 열 가지 악十惡은
곧 양반들의 전유물이었습니다

따라서 조상이 양반이었다는 것은
노비들을 구박하고 매를 치고
함부로 욕설하고 꾸짖어
악업을 지었다는 방증입니다
그런데 지금은 어떻습니까
반상이 완전히 다 사라졌나요
등급class이란 게 없습니까
묵은 원한이나 들추어내며
겁박하고 보복할 것이 아닙니다
반상의 반대말은 어울림이니까요

22) 거들먹대며 법을 우습게 보지 말라

포살하는 불자들은 귀기울여 들을지라
처음출가 했을때에 아무것도 모르면서
총명하고 슬기롭고 세간지위 높다거나
나이만을 내세우며 으스대지 말지니라

조상들이 훌륭하고 많이알고 복이많고
칠보로서 꾸며놓은 많은재산 내세우며
먼저배운 선학에게 우쭐대는 마음으로
경과율을 익히는걸 가벼웁게 생각말라

앞서닦은 선학으로 드문성씨 이라거나
혹은나이 젊다거나 그의가문 낮다거나
가난하고 천하거나 가진몸이 불구라도
실제로는 닦은덕이 있을수가 있느니라

일체모든 경과율을 깊이이해 하였다면
처음으로 공부하는 후학보살 입장에서
선학자의 세간신분 일체보지 말것이요
출가문중 따지면서 묻는것을 삼갈지라

그러므로 출가하여 도를닦는 불자라면
으뜸가는 대승정법 제일의제 바라볼뿐
든게없이 우쭐대며 으스대지 말것이니
보살계를 받았으나 경구죄를 범함이라

말이
필요 없는
참 이치입니다

23) 잘난 체 편벽되게 설하지 말라

포살하는 불자들은 귀기울여 들을지라
서가모니 부처님이 대열반에 드신뒤에
보살계를 받으려는 좋은마음 일으켜서
불보살님 모신데서 계받기를 서원하라

모름지기 이레동안 불전에서 참회하되
좋은징조 얻게되면 계받음이 되겠지만
만에하나 좋은징조 전혀얻지 못한다면
여러날을 두고두고 참회하고 서원하라

이칠일과 삼칠일과 또는일년 일지라도
좋은징조 얻으려면 불보살님 모신데서
서상수계 이뤄짐을 시나브로 알리로다

만에하나 보살로서 참회발원 하였으나
그에맞게 좋은징조 건져내지 못한다면
불보살을 모신데서 보살계를 받았으나
보살계를 얻었다고 애기할수 없느니라

이미앞서 보살계를 옳게받은 법사에게
그가얻은 보살계를 고스란히 받는다면
좋은징조 나타나길 기다리지 않을지니
어찌하여 그러하며 그이유가 무엇인가

법사에게 받은계는 법사에서 법사에로
서로전한 까닭이라 좋은징조 필요없고
법사에게 계받을때 계가이미 전해지니
매우중한 그마음이 계얻음이 되느니라

천리안에 계를전할 전계사가 없다하면
계사없는 그자리를 어찌함이 옳겠는가
불보살을 모신데서 계얻기를 서원하되
좋은징조 나타나고 보여야만 하느니라

경과율을 안다하고 대승계를 배운법사
국왕태자 백관에겐 좋은관계 맺으면서
신학보살 찾아와서 경율의뜻 묻게되면
경멸하는 마음으로 대꾸조차 아니하네

후학들이 조심스레 경과율을 묻는데도
가벼웁고 미운마음 교만에찬 마음으로
하나하나 그에맞게 답하기를 꺼려하니
보살계를 받았으나 경구죄를 범함이라

#1

포살하는 불자들은 귀기울여 들을지라
서가모니 부처님이 대열반에 드신뒤에
보살계를 받으려는 좋은마음 일으켜서
불보살님 모신데서 계받기를 서원하라

모름지기 한이레를 불전에서 참회하되
좋은징조 얻게되면 계얻음이 되겠으나
만에하나 좋은징조 전혀얻지 못한다면
여러날을 두고두고 참회하고 서원하라

두이레나 세이레나 내지한해 일지라도
좋은징조 얻으려고 부지런히 참회하고
좋은징조 얻게되면 불보살님 모신데서
징조따라 수계함을 자연스레 알리로다

만에하나 보살로서 참회발원 하였으나
기다리던 좋은징조 얻어내지 못한다면
불보살을 모신데서 보살계를 받더라도
보살계를 얻었노라 이름할수 없느니라

23) 잘난 체 뽐내듯이 설하지 말라

부처님의 죽음을 멸도滅度라 합니다
이는 위대한 열반을 번역한 말로써
느낌의 구조 몸뚱이가 남아 있는
소위 유여열반有餘涅槃이 아닙니다
한마디로 몸과 함께 느낌 체계가
완전히 사라진 죽음입니다
일반적으로 열반을 얘기할 때는
"열반에는 두 가지가 있어
하나는 유여열반이고
또 하나는 무여열반이야"라 합니다

이 두 가지 열반에서 유여열반은
글자 그대로 남음이 있으니
완벽한 깨달음을 얻기는 했으나
업보에 의한 몸이 남아 있다면
그리하여 달리 얘기해서 살아 있다면
이는 그대로 유여열반입니다
수행자로서 깨달음을 이루었으나
깨달음을 담고 있던 몸과 느낌마저
완벽하게 사라질 때 무여열반입니다

만일 죽음을 놓고 열반이라 한다면

이는 출가 수행자뿐만이 아니라
어떤 죽음도 다 열반입니다
이를 열반으로 표현하지 않음은
유여열반, 곧 깨달음이 없을 뿐입니다
열반경은 죽음의 경전인 동시에
깨달음에 관한 경전입니다
살아 있으면서 깨달은 경지와
마음으로부터 느낌 체계를 설명하고
마침내 무여열반 즉 죽음에 관하여
어떻게 받아들일까를 설했지요

모든 생명은 죽음을 두려워합니다
이는 뭇 생명붙이의 본능입니다
하물며 사람이 느끼는 죽음이겠습니까
삶生만큼이나 죽음死은 중요합니다
생로병사生老病死를 얘기하지만
생生은 피동적 태어남과 함께
능동적 낳음産을 상태로 표현함이고
거기에 '살아있음' 전체가 생生입니다
늙음老과 질병病도 삶의 자락입니다
생로병 셋은 한데 묶어 삶生이고
오직 '사' 하나만 죽음死입니다

딸과 엄마가 전화로 주고받습니다
엄마 : 우리 딸 잘 오고 있는 거지?
딸: 음 엄마, 나 잘 가고 있어!
이 짧은 대화에서 엿볼 게 있습니다
이처럼 같은 상황을 앞에 놓고
엄마 쪽에서 보면 오고 있는 중이고
딸 쪽에서는 가고 있는 중입니다
딸 쪽에서는 가는 자가 자기지만
엄마 쪽에서는 오는 자가 남입니다
보는 방향이 그만큼 중요합니다

열반경은 죽음을 무대로 삼습니다
'아! 모든 존재는 한결같이
성주괴공成住壞空하고
생주이멸生住異滅하며
생로병사生老病死하는구나!'
태어나는 바로 그때가 생生이라면
늙음老, 질병病, 죽음死을 묶어
죽음死의 과정으로 표합니다
그러니까 모든 생명붙이는
태어나자마자 죽음으로 향하지요
죽음으로 가는 과정이 멀거나

짧고 가까울 따름입니다

범망경 보살계 48경구계 가운데
제23계 '輕新求學戒'에서는
'불멸도후佛滅度後'를
맨 앞자리에 놓고 있습니다
부처님 열반하신 뒤를 뜻합니다
부처님께서 살아 계실 때在世時는
부처님의 "어서 오라!"라는 한 마디로
모든 게 '오라이All right'였으나
부처님께서 열반하신 뒤에는
상황이 180° 바뀌었지요

하여 수계授戒/受戒가 필요했고
의식儀式ceremony을 거쳐
계를 주고받게 되었습니다
엄마와 딸의 통화 '오가다'처럼
계도 '주고받음'이 동시적입니다
계를 주授는 스승의 마음과
계를 받受는 제자의 마음이
어느 순간 하나가 됩니다
도킹Docking이란 과정을 딛고

랑데부Rendez-Vous 하는 편이지요

멸도滅度의 사전적 풀이를 살펴보면
모든 번뇌의 얽매임에서 벗어나고
진리를 깨달아 불생불멸의
법을 체득한 경지이며
불교의 궁극적 실천 목적입니다
한데 여기서는 죽음입니다
멸滅은 꺼질 멸, 멸할 멸로 새기지요
꺼질 멸 자를 한번 파자해볼까요
불꽃火은 덮으ᅳ면 꺼지지만
창戈으로 끄고 도끼戌로도 끕니다
무엇보다 물氵힘으로 끌 수 있습니다

멸도滅度의 '멸'을 상황이라 한다면
멸도의 도度는 degree라 하듯
법도, 법제, 법, 도구, 자尺
온도, 정도, 가락, 율려
모양, 모습, 때, 기회 등과
바루다, 바로잡다, 건네다, 건너다
나르다, 깨닫다, 해탈解脫하다
나아가 출가出家에 이르기까지

이밖의 그 어떤 복잡함까지도
다 소멸된 게 이른바 멸도입니다

우리가 평소 쓰는 고사성어 가운데
환골탈태換骨脫胎가 있습니다
남송의 고승 혜홍 스님이 쓴
냉재야화冷齋野話에 나오는 글로
'야화'라는 어록 이름이 표현하듯
재밌는 얘기 모음집일 것입니다
환골탈태를 직역하면
성을 바꾸듯 뼈대를 바꾸고
의탁했던 모태를 벗어남입니다
이는 윤회輪廻의 다른 모습입니다

삼성 그룹의 고故 이건희 회장이
"아내 빼고는 죄다 바꾸라"라며
삼성을 세계적인 기업으로
우뚝 세웠다고 들었습니다
환골탈태는 매우 불교적입니다
멸도는 바꿈에서 끝나지 않습니다
뼈대骨도 태胎도 모두 다 벗어난
완벽한 무소유를 가리킵니다

#2

이미앞서 보살계를 수지하는 법사에게
계를받을 경우에는 좋은징조 나타나길
기다리지 않을지니 어찌하여 그러한가
법사에서 법사에로 서로전한 까닭이라

그러므로 법사에겐 좋은징조 필요없고
법사에게 수계할때 계가이미 전해지니
지극하고 중한마음 그마음이 바탕이라
그러므로 그자리서 계얻음이 되느니라

계를전할 전계사가 천리안에 없다하면
계사없는 그자리를 어찌함이 옳겠는가
불보살을 모신데서 계얻기를 서원하되
좋은징조 나타나고 보여야만 하느니라

한 상냥한 가족이 참배 왔습니다
코로나19로 마스크를 했는데
마스크가 좀 다양했습니다
빛깔도 모양도 질감도 다릅니다
엄마, 아빠와 위로 큰딸이고

아래로 아들이 둘인데
마스크가 하도 예뻐서
멍하니 서서 바라보았지요
"스님, 여기에는 스님만 계시고
법사님이나 그런 분은 안 계세요?"

어럽쇼! 나는 속으로 생각했지요
'절에 와서 스님을 만났다면
스님에게 물으면 될 텐데
법사님도 다 알고
참 멋진 친구들이네'
내가 웃으며 답했습니다
"아이쿠 그래. 어서들 와요
여긴 법사님은 없고....."
아이들은 법당으로 뛰었습니다
자동문 앞에서 장난하고 있었지요

역시 십 세 미만 어린이들입니다
스스로 던진 물음에 관하여
답은 기다리지도 않은 채
이미 법당으로 향했으니까요
'응무소주應無所住요

이생기심而生其心입니다
결코 집착이 없는 것은 아니나
어린이에게 정지停止란 없지요
스물네 시간 늘 생각이 깨어있는 이
이들이 바로 어린이들입니다

어린이가 찾는 법사는 누구일까요
예전 우리절에 다녔던 분이라면
영허 법사님이라고 계셨으니
그 법사님을 아는구나 하겠지만
우리절을 처음 찾아왔다면
생각에 둔 법사는 아니겠습니다
대개는 '법사'와 '스님'을 구분합니다
삭발을 하고 먹물옷을 입고
장삼이나 가사를 수垂했다면
으레 스님이라 부를 수 있겠습니다

하나 겉모습이 이와 같지 않다면
스님으로 부르긴 좀 그렇지요
법사法師는 폭이 넓은 편입니다
부처님의 바른 법을 전하는 이라면
그가 머리를 깎은 스님들이거나

머리 기른 우바새 우바이거나
젊은이거나 어르신이거나
입은 옷에 상관없이 법사입니다
대학에서 학문을 가르친다면
신부도 목사도 승려도 다 교수이듯이

보살계가 보살과 법사를 언급한다면
이는 초기 불교 경전이 아닙니다
법망경은 곧 대승 불교 경전입니다
초기불교는 매우 순수하지요
부처님 향기가 느껴집니다
어느 하나 덧붙임이 없으니까요
이미 2,600년간의 시간을 넘겼지만
가르침이 여전히 싱그럽습니다
때 묻지 않은 초기 불교는
단이슬白露, 찬이슬寒露입니다

그럼, 대승 불교는 때가 묻었나요
당연히 때만 묻은 게 아닙니다
세상의 모든 지식을 다 갈무리하고
세상의 모든 삶을 다 경험하고
찌는 듯한 무더위를 지나고

선선한 가을 바람을 만나면서
시큼한 땀을 금기金氣로써 날리고
추운 겨울을 온몸으로 견디며
봄이 되면 새로운 모습으로
화사한 꽃을 피워냅니다
대승 불교의 어른스러움입니다

묘법연화경妙法蓮華經 〈법사품〉에
설해진 '오종법사五種法師'처럼
첫째 수지受持니 받아지니고
둘째 읽을 독讀이니 읽고
셋째 욀 송誦이니 외우고
넷째 해설解說이니 풀어 설명하고
다섯째 서사書寫니 쓰고 베낌일까요
아니면 여기 범망경에서처럼
역대로 이어온 불계佛戒를
후대에 전하는 분일까요

화려하게 잘 지어진 절이라 해도
전법하는 스님이 우선이고
비록 이름 있는 학교라도
잘 가르치는 선생님이 있어야

비로소 좋은 학교라 할 것입니다
이와 같이 훌륭한 경전이 있다 한들
해인사에 소장된 팔만대장경이
신구약의 100배라고 한들
제대로 풀어낼 법사가 없다면
박물관 진리니 의미가 있겠습니까

가르치고 전할 법사가 필요합니다
법사에서 법사로 전해지고
하여 부처님의 계율이
영원토록 이어지게 함이
곧 법사가 할 일일 것입니다
어느 학자의 말마따나
절에서 개량 한복이나 입고
겉만 보여주는 법사가 아니라
입성이야 어떻게 입든
마음 자락 한 켜 한 켜가
자비로 꽉 찬 법사가 필요합니다

#3

만에하나 법사로서 스스로가 생각하길
경과율에 능통하고 대승계를 배웠다며
국왕태자 백관들은 좋은벗을 삼으면서
후학들이 찾아와서 경과율을 묻게되면

조롱하고 미워하고 교만에찬 마음으로
하나하나 좋은답을 일러주지 않는다면
먼저배운 선배로서 가르치는 법사로서
보살계를 받았으나 경구죄를 범함이라

몇 해 전 여름입니다
동국대학교 경주캠퍼스에서
아는 스님의 고별 강의가 있었습니다
대학교수로서 오랫동안 정들었던
교정을 떠나는 이별의 장입니다
많은 시간 함께한 동료 교수와
선후배 교수들을 비롯하여
그의 지도를 받은 몇몇 제자가
자리를 조금 메웠습니다

교수로서 고별강의 치고는
강당이 너무나 썰렁하였습니다
미국 UCLA에서 유학을 하고
게서 학위를 받은 교수였다는데
영상에 UCLA 교정은 보이지 않았고
관광지만 펼쳐진 듯싶었습니다
한데 솔직히 영상의 99%가
오로지 자기 과시였습니다
영상도 동영상이 아니고
사진을 모은 사진첩이었습니다

교수로서 강의하고 연구하고
학술 모임에서 연구 내역을 발표한
그런 영상은 한 컷도 없었습니다
후학들을 가르치고 이끌어주고
대승불교의 보살이며 지도자로서
장삼이사張三李四와 함께한 사진은
눈을 씻고 찾아도 없었습니다
그의 강의를 듣는다는 것은
실로 엄청난 인내를 요구합니다

반복되는 그의 언어 때문입니다

말 앞뒤가 연결이 안 됩니다
그를 지도 교수로 모신 대학원생도
교수의 강의를 이해 못 할 정도니
그의 어눌함은 상상 밖입니다
수강 신청하는 학생이 없어
매년 거의 모든 학기를
자기 주머니를 털어가면서
수강생을 채우고는 했다 합니다

그날 고별 강의는 없었습니다
슬라이드 영상이 끝난 뒤
'자, 갑니다'가 마지막이었지요
그래설까 좀 서글펐습니다
그런데 정작 고별강의가 있는 날
그를 빛낼 인물은 오지 않았습니다
국내외 인물이 없었습니다
나는 보살계가 떠올랐습니다
스물세 번째 계율이 생각났지요

어떤 이들은 말합니다
'호가호위狐假虎威'라고요
여우가 호랑이 위세를 빌린 거라고

한데 출가수행자가 여우던가요
불교에서는 출가수행자를
수사자에 견주곤 합니다
법상을 사자좌獅子座라 하고
법문을 사자후獅子吼라 합니다
성체 수사자는 실로 힘이 대단합니다
수사자는 백수百獸의 왕王입니다
따라서 여우는 말도 안 됩니다

요즘도 아주 극히 일부 스님들 중에는
이처럼 유명 인사와 어울리면서
입만 열면 정치인 누구누구를 알고
검찰 누구누구를 안다고 합니다
그러면서 정작 후학이 찾아와
도를 물으면 답이 짧습니다
"뭘 그런 걸 꼬치꼬치 묻고 그래
마음 밖에 부처는 없어....."
한마디로 귀찮은 것입니다

이 보살계 스물세 번째 경구죄는
초학 보살初學菩薩이 아니라
초학 보살을 이끌 법사 얘기입니다

서민이 짓는 죄는 작은 편입니다
그만큼 그릇이 작은 편이지요
그러나 만약 사회적 지위가
높으면 높을수록 죄는 커집니다
왜냐하면 그만큼 손이 커지니까요
법사는 높은 사람 아는 걸 내세웁니다

국왕國王과 태자太子와 함께
이른바 백관百官이라면
한 나라의 최고위지요
이들을 아는 것은 좋습니다
문제는 곧 저울추의 중심입니다
저울대 한쪽에만 무게를 주게 되면
한쪽은 절로 가벼워지겠지요
이게 경구죄輕垢罪입니다
가벼울 경輕, 티끌 구垢
'가벼운 티끌'이니까 괜찮다고!
'티끌 모아 태산'이란 말이 있지요

24) 대승을 등지고 소승을 향하지 말라

부처님의 경과율과 대승법을 비롯하여
바른견해 바른성품 바른법신 있음에도
만일능히 부지런히 공부하지 않는다면
칠보보석 다버리고 삿된견해 배움이라

연각성문 이승이며 외도세속 학문이며
아비담론 비롯하여 잡론서기 배우지만
이와같은 학문들은 불성종자 끊는인연
학불하는 수행자의 가는길을 막음이라

이는실로 보살도를 닦아감이 아니나니
잘못인줄 알면서도 고의로써 짓는다면
보살계를 받아지닌 포살하는 불자로는
스물넷째 경구죄를 범하는게 되느니라

#1

초기 불교는 순수 그 자체입니다
부처님이 설한 소중한 가르침을
고스란히 이어온 까닭입니다
이토록 순수한 초기 불교가
점차 갈라지기 시작했고
그 갈래는 갈래를 낳고
또 그 갈래는 갈래를 낳아
잔잔한 호수에 이는 파문처럼
더욱 널리널리 번져 나갔습니다

이게 이른바 부파部派 불교입니다
그러면서 나이가 든 수행자들은
초기 불교의 순수를 좋아하고
나이가 좀 젊은 수행자들은
새로운 세계를 꿈꾸게 되면서
고답한 초기 불교에서
새로운 세계를 펼쳐 나갑니다
이것이 곧 대승 불교입니다
짜여진 틀에 얽매인다는 것이
젊은이들은 죽기보다 싫었습니다

알고 보면 사실 초기 불교나
대승 불교나 뿌리는 하나입니다
초기 불교에서는 대승 불교를 가리켜
소설이나 쓰고 있는 단체라 하고
대승 불교에서는 초기 불교의
틀에 박힌 세계를 탓합니다
부파 불교나 대승 불교의 태동을
많은 세월이 흐른 뒤로 내다보지만
실제 부처님 당시부터 있었습니다
무슨 뚱딴지같은 소리냐고요

제자들의 반란이 두드러진 사건이
법화경 오백제자수기품에서
적나라하게 나타납니다
부처님 말씀에 반기를 든 것인데
그럼에도 불구하고 부처님은
나중에 그들에게 수기를 내립니다
부처님께서 열반하신 뒤에는
말할 필요도 없이 혼란스러웠지요
후계자가 없는 상태에서
선지자 모하메드가 사망하자
갈라진 수니파와 시아파처럼(?)요

많은 사람이 더불어 살아가는 데는
여러 의견이 있기 마련입니다
가령 같은 문제를 앞에 놓고도
야당이었을 때와 여당이었을 때가
해석에 완벽한 차이를 이룹니다
이를 '내로남불'이라고 하지만
어쩌면 그럴 수밖에 없을 것입니다
좀 심하면 결국 국민으로부터
아주 멀어질 수도 있기에
내로남불도 수위를 조절하지요

대승 불교가 소설을 쓰고 있습니까
초기 불교가 답답하기만 할까요
보살 사상을 내세우는 대승이
소갈머리가 더 좁은가 하면
순수 불설을 주장하는 초기가
되려 가식으로 포장되어 있습니다
인간은 최첨단의 현대를 살면서
전기가 발견되기 이전 세상을
추억하는 이들이 있습니다
추억이야 얼마든 할 수 있으니까요

어린이집과 더불어 유치원에서는
쉬운 말을 배우고 셈을 익히며
서로서로 어울림을 배웁니다
그러다가 학교에 들어가면
업그레이드된 세상에 눈뜨지요
가령 초등학교에 들어가서도
유치원생일 때를 고집한다거나
중고등학교에 진학한 뒤에도
초딩 교과서만 뒤질 순 없습니다
대승 불교가 뜻하는 게 그것입니다

법화, 반야, 열반, 화엄경 등에서
수행자가 얻는 게 무엇입니까
초기 불교에서는 생각하지 못했던
누구나 깨달으면 부처가 될 수 있다는
이른바 앞이 보이는 철학입니다
성불成佛하려면 초기 불교에서는
세 아승지겁을 열심히 닦아야
마침내 부처가 될 수 있다고 하는데
대승 불교에서는 순간瞬間이지요
이는 선가禪家의 애기라고요?

아무튼 범망경 보살계본
48경구게 중 제24 계목에서는
초기 불교에 관한 험담이 좀 심합니다
심지어 '아비담론'까지 부정합니다
포살할 때마다 늘 느끼면서도
나는 해인사 시절을 생각합니다
당시 해인총림 방장 성철스님께서는
법회 때마다 자주 말씀하셨지요
차라리 지옥에 떨어질지언정
성문, 독각, 아라한은 되지 말라고

한데 여기서도 같은 말씀입니다
연각, 성문, 이승, 외도, 세속의 학문과
아비담론과 잡론과 서기書記 등은
불성 종자를 끊는다고 합니다
뿐만 아니라 수행자의 길을 막고
깨달음을 방해한다고 합니다
하물며 소승 경전을 가까이함이
잘못인 줄 알면서 짐짓 가까이 하면
이 또한 경구죄가 된다고 합니다
이게 뭘 의미한다고 보십니까

생각의 지평地平을 활짝 열어젖히고
작은 데 머물지 말라는 말씀입니다
인간의 능력은 무한대입니다
'부처는 석가모니 한 분으로 족하다
나는 단지 부처가 걸어가신 길을
흠모하며 걸어갈 뿐이다'라며
푸시시 주저앉지 말라는 말씀입니다
'부처는 오직 석가모니로 족하다'와
'누구도 예수가 될 수는 없다'는
같은 맥락이라 할 것입니다

25) 소임자는 이름에 걸맞게 움직이라

서가모니 부처님이 대열반에 드신뒤에
설법주가 된다거나 행법주가 된다거나
승방주가 된다거나 교화주가 된다거나
좌선주가 된다거나 행래주가 되었을때

자비마음 일으켜서 대중들을 화합시켜
삼보물을 수호하되 개개인의 물건처럼
소중하게 여기면서 마구쓰지 말것이니
포살하는 불자라면 마음깊이 새겨두라

그럼에도 불구하고 화합하는 대중들을
갖가지로 어지럽혀 싸우게끔 부추기며
삼보물을 마구쓰면 보살계를 받았으나
마침내는 경구죄를 범하는게 되느니라

#1

아이가 내게 물었습니다
"스님스님, 아빠는 왜 '아빠'예요?"
내가 당당하게 답했지요
"으음, 앞장서시는 분이니까"
"그게 진짜예요 스님?"
"아, 그럼, 진짜고말고"
아이가 다시 물었습니다
"스님스님, 바다는 왜 바다예요?"
내가 또 얼른 대답하였지요
"으음, 모든 것을 다 받아들이니까?"

잠시 후 아이가 물었습니다
"바다는 물만 받아들이지 않나요?"
내가 얼른 말을 받았습니다
"바다는 물만 받아들이지 않고
높은 하늘도 받아들이고
하얀 구름도 받아들이고
낮이면 밝은 해를 받아들이고
밤이면 달과 별을 받아들이고
갈매기도 고래도 다 받아들이고

심지어 우리 마음까지 받아들인단다"

아이가 갸웃하면서 물었습니다
"마음도 받아들여요 스님?"
설명이 필요한 답이어야 했지요
"그럼, 그런 까닭에 바다를 생각하면
거길 막 가고 싶어지는 거야
바다가 우리를 오라 손짓하니까!"
"아하! 그래서 '바다'라 했구나
스님스님 그런데 또 물어봐도 돼요?"
나는 솔직히 약간 긴장했습니다
"그럼 뭐든지 물어보렴"

아이가 머리를 긁적이며 물었습니다
"이건 좀 어려운 질문인데요 스님"
잠시 뜸을 들이는가 싶더니
아이가 입을 열었습니다
"그럼 사람은 왜 사람이라 해요?"
쉽지만 어려운 과제입니다
"으음, 사람은 '사랑'에서 온 말이야
사랑이 있기에 사람이라 불러"
아이 표정이 밝아졌습니다

"아하, 사람과 사랑은 같은 거구나!"

부처님께서 살아계실 때는
부처님 그늘 아래서 행을 닦았지요
그러다가 부처님께서 열반하시니
제자들은 스스로 헤쳐 가야 했습니다
부처님 가르침을 설하는 주인인
설법주說法主가 필요했으며
가르침대로 닦아야 했기에
행법주行法主를 내세웠습니다
절 운영을 책임질 소임으로는
승방주僧坊主가 있어야 했습니다

교화주教化主는 교화의 담당이고
좌선주坐禪主는 선禪을 이끌며
행래주行來主는 스님들을 대신하여
저리 가行고 이리 오來면서
책임主지고 잔심부름을 했습니다
그리하여 생겨난 게 소임이며
용상방龍象榜입니다
이 스물다섯 번째 보살계는
이처럼 소임에 관한 계율입니다

‘육화경六和敬’이란 말이 있듯이
여럿이 생활하는 데 있어서는
으레 소임도 필요하겠지만
소임에 알맞는 행동과
나아가 마음가짐까지도
더없이 소중所重했습니다
스님네가 쓰는 물건 속에는
개인 게 있고 사중 것이 있습니다
개인 것을 현전상주現前常住라하고
사중 것을 시방상주十方常住라 합니다

이를테면 스마트폰을 비롯하여
옷과 신발 모자 등은 개인 것이니
이는 현전상주물에 해당하고
법당에 모셔진 불상이나
범종 목탁 등은 죄다 사중 것이니
이는 시방상주물에 해당합니다
누구나 개인 것은 소중합니다
개인 것을 이처럼 중히 여기듯
사중 물건도 중히 여기라 합니다
시방상주는 곧 삼보물三寶物입니다

삼보물은 함부로 써도 안 되지만
소임자라면 맡은 역할에 대해
최선을 다하라 가르칩니다
이것이 곧 율의律儀입니다
계율대로 말하고 행동함이지요
그만큼 스물다섯 번째 계율은
수행자로서 공公과 사私에 관해
올바르게 인식시키는 계목戒目이며
어떻게 닦고 실천할까를 가르치는
더없이 소중한 계목입니다

26) 손님을 대할 때 법도를 지키라

포살하는 불자들은 귀기울여 들을지라
이를테면 절에먼저 주석하고 있으면서
승방이나 사택이나 성읍이나 왕궁이나
안거처를 비롯하여 대중처소 곳곳에서

찾아오는 보살이나 스님네를 보게되면
친절하게 맞이하고 여법하게 배웅하되
객이와서 있는동안 음식방사 와구평상
모든것을 두루두루 보살펴야 하느니라

만에하나 이바지할 기물들이 없게되면
자기몸을 판다거나 아들딸을 내놓거나
자기살을 베어서도 찾아오는 손님들을
빠짐없이 고루고루 공양해야 하느니라

단월들이 찾아와서 대중공양 청하거든
보살이나 스님네도 참여자격 지녔으니
소임자는 공평하게 공양청을 알려주어
모두함께 한자리에 참여하게 할지니라

그럼에도 불구하고 먼저있던 소임자가
주석하던 스님들만 공양청을 받게하고
보살이나 객승들을 공양청에 빠뜨리어
그동안에 쌓은공덕 한꺼번에 잃지말라

이와같이 소임자가 한없는죄 얻게되면
축생들과 다르잖고 사문축에 들수없어
서가모니 부처님의 불종자가 아니나니
보살계를 받은자로 경구죄를 범함이라

#1

밤새 쓴 글이
터치 하나로 날아가니
아쉬움보다는 인생을 배운다
맞이迎하고 보내送는 길途 위에서
부딪히는 주객主客의 관계
이 계목이 참 눈물겹다

날아간 녀석은
그냥 웃으면서 보내고
오늘은 오늘 시간을 만들자
내일은 또 내일을 만들어야겠지
이게 나의 시간 다스림이다

그저
더도 말고
덜도 말고
가윗날만 같기를

#2

논어 위령공편衛靈公篇 제8장章에서
공자孔子는 아래와 같이 설합니다
'살신성인殺身成仁'하라고
자신을 죽여 인仁을 이루라 함은
인을 위해 제 몸을 던지란 것이지요
그만큼 공자는 인을 중시하였고
인간의 궁극은 곧 인입니다
이를 새기면 '어질 인仁'이지만
'어질다'로는 표현이 다 안 됩니다
어짊은 폭이 좁고 인은 폭이 넓지요

여기 범망경 보살계본에서는
앞으로 한발짝 더 나가는 편입니다
자신을 팔고 아들딸男女을 팔고
나아가 제 몸 살을 베어서라도
원주 소임을 맡고 있는 자기 절에
방문한 스님이나 보살들에게
정성껏 공양하라는 얘기입니다
객으로 온 보살客菩薩이거나
또는 객승客僧에게도 그러한데

하물며 자기 절의 대중이겠습니까

자신을 파는 건 모르겠으나
아들男을 팔고 딸女을 팔라시니
그래도 그렇지 좀 심한 게 아닐까요
하긴 불교의 의식문을 펼치면
온통 '지심귀명례至心歸命禮'입니다
지심귀명례 뜻이 무엇인가요
궁극至까지 밀어붙인 마음으로
목숨命 바쳐歸 예禮함입니다
소중한 목숨을 바쳐 귀의함이지요
아들딸을 팖이 대수롭지 않습니다그려

다른 종교도 다 마찬가지입니다만
쓰는 용어가 심할 때가 많지요
배가 고파죽겠네에서부터
미워 죽겠네라든가
또는 속상해 죽겠네 처럼
부정적일 때도 죽음을 내세우고
참말로 좋아 죽겠네라든가
또는 귀여워 죽겠네처럼
긍정적일 때도 극에 달합니다

목숨 내놓고 밀어붙이라 합니다

여기에서는 손님을 맞고 보내는 일
마중迎과 배웅送을 얘기합니다
맞을 영迎 자에 담긴 뜻은
나卬 자신을 맞이하기 위하여
몸소 길辶까지 나서는 것입니다
꼿꼿이 서있는 왼쪽 손님卜과
오른쪽에 무릎을 꿇은 주인卩의
만남을 표현함이 곧 '나卬'며
나卬는 주인과 객의 합일입니다
말하자면 주반중중主伴重重이지요

재밌는 얘기지만 나는 곧 남입니다
이는 마중을 뜻 맞을 영迎 자의
소릿값 나 앙卬 자에서 발견됩니다
'나는 누구인가'라는 명제를 펼 때
그 '나'는 완전히 객관화됩니다
나는 누구인가를 탐구하면서
자기 자신을 객관화시키지 않은 채
자신을 들여다볼 수는 없습니다
그러므로 나 앙卬 자 속에는

반드시 객관화된 주관이 있습니다

결국 마중이란 게 남을 맞이한다지만
사실은 남을 통해 자신을 발견하는
매우 독특한 구조인 셈입니다
따라서 손님을 맞이하면서
내가 누구인가를 찾는 것입니다
마중의 맞을 영迎 자가 이와 같다면
배웅을 뜻하는 보낼 송送 자에는
과연 어떤 뜻이 담겨 있을까요
웃음关과 함께 보냄辶입니다
찡그린 표정이 아닌 웃음입니다

사원을 방문했던 객스님과 객보살이
어찌 보면 자기 자신일 수 있지요
웃음은 관계关를 바탕합니다
혼자 웃는 웃음도 있다고요
으레 홀로 웃을 수도 있겠으나
그럴 때는 자신을 '타자화'합니다
나 속에 다른 나 곧 남을 설정합니다
물론 내가 남이 운영하는 절에 가면
그가 주인이고 나는 객이 되지요

이것이 곧 관계关입니다

여기서 웃음笑/咲/关이 나옵니다
어린이夭는 아무때나 웃습니다
약간의 바람에도 사각거리는
대나무竹 숲과 같습니다
배웅送에는 웃음이 있지요
보내는 주인은 흡족해서 웃고
돌아가는 객은 고마워서 웃으며
주인과 손님은 관계이기에 웃습니다
보낼 송送 자에 담긴 의미가
맞을 영迎 자와 다를 게 없습니다

낮에 방문했다가 저녁에 헤어질 경우
손님에게 필요한 것이 무엇일까요
길辶에 불씨㶶를 밝힘입니다
불은 생명의 매개체이기에
두 손廾을 펼쳐 불火을 받들어
꺼지지 않도록 신경을 바짝 씁니다
평소에는 저녁에 손님을 맞迎고
아침이 되면 보내送는 까닭에
떠오르는 햇살卬과 함께

어둠을 밝히는 불꽃炷입니다

단월檀越은 시주施主의 뜻입니다
보시布施하는 사람으로서
사원 경제의 한 축을 담당하는
남녀 모든 신도信徒를 가리킵니다
스님네가 스님네를 청하지는 않습니다
스님네를 걸사乞士라 번역하듯이
가진 것이 없는 수행자입니다
그러므로 초대하는 이들은
대체로 경제활동을 하는 까닭에
당연히 베풀 수 있는 재가자입니다

우리는 곧잘 이런 인사를 합니다
누군가를 방문하여 대화하고
차 나누고 시간이 흐르면
일어나면서 하는 인사가 있습니다
'귀하신 시간을 뺏어 미안합니다'
'시간 내어 주셔서 고맙습니다'
시간은 누구의 것이 아니나
쓰는 자의 것입니다
땅 한평 놓고 다툴 게 아니라

누구나 쓸 수 있는 시간을 놓고

그야말로 빡세게 다투어야 합니다

27) 별청을 받지 말라

포살하는 보살들은 귀기울여 들을지라
모름지기 수행자는 따로따로 청을받아
보시하는 공양물을 독식하지 말것이니
아주작은 것이라도 함께받을 것이니라

시주자가 마음내어 정성스레 공양함은
시방모든 스님에게 두루속한 것이어늘
그럼에도 불구하고 혼자청을 받는다면
스님들의 낱낱몫을 독차지한 것이니라

여덟가지 복전중에 부처님을 비롯하여
성인들과 스님네와 아버지와 어머니와
환자들이 받을몫을 가로채서 가짐이라
보살계를 받았으나 경구죄를 범함이라

#1

제26 계목이 신도가 청하는 것이라면
이 계목은 스님네가 받는 것입니다
청하는 것과 받는 것은 다릅니다
청하지 않는데 들고 다가옴은
단월의 업장이 줄어들지만
줄 생각이 없는데 달라 하면
받는 이의 업장이 배로 늡니다
이는 공양청 뿐만이 아닙니다
스님을 골라서 청하면 안 되지만
스님네도 별도로 받으면 안 됩니다

여기에는 아주 중요한 게 있습니다
이른바 시방승물十方僧物입니다
시방승이란 이름 그대로입니다
살아있는 스님 모두입니다
시방은 공간적 의미일 뿐이며
삼세三世라는 시간이 없습니다
불교는 '시공즉일時空卽一'의 종교지요
어떤 경우에도 불교는 시간과 공간을
따로 떼어놓고 말하지 않습니다

시공은 본디 하나니까요

그런데 여기서 시방승은 얘기하면서
삼세승은 아예 언급조차 없습니다
시방승은 바로 지금 이 시간
어딘가에서 수행하는 스님이며
현전승은 곧 눈에 띄는 스님입니다
시방상주물은 불보살상이나
범종, 도구, 대웅전처럼
개인 소유가 아닌 공물입니다
훗날 소임자가 바뀌게 될 것이며
주인이 달라지기에 시방상주입니다

시방상주물과 달리 현전상주물은
핸드폰, 자격증, 신분증이라든가
바리때, 칫솔, 승복, 가사 등은
당연히 개인 것이므로
함부로 가져갈 수 없습니다
그러나 공양청을 받게 되었을 때
공양물이 현전승물이 아니고
만에 하나 시방승물이라면
이를 혼자 받을 수는 없습니다

이것이 이 제27 계목 내용입니다

예를 들면 이미 입적한 스님은
초대에 참여할 수 없습니다
이유는 아주 간단합니다
그는 살아 있지 않으니까요
공양물에는 음식만이 아닙니다
가사 장삼 승복 발우 등이니
이는 현전상주물 공양이며
기타 태자의 기원정사 터 기증과
급고독 장자의 기원정사 건축 등은
으레 시방상주물 공양입니다

그렇다면 복전福田이 무엇일까요
순수 우리말로는 복 밭입니다
초청 그 자체가 복전입니다
복전에 복의 씨를 뿌리고
뿌린 복 씨의 싹을 틔워
복의 줄기를 키우고
복의 가지를 뻗으며
복의 꽃을 피우고
복의 열매를 맺습니다

공덕은 복전에서 시작하지요

복전에는 8가지가 있습니다
이를 하나하나 열거하면
첫째는 불전佛田이고
둘째는 성인전聖人田이고
셋째는 승전僧田이고
넷째는 화상전和尚田입니다
다섯째는 아사리전阿闍梨田이고
여섯째는 부전父田이며
일곱째는 모전母田이고
여덟째는 병전病田입니다

이들을 일컬어 복전이라 한 것은
정성껏 공양하고 잘 모셨을 때
복이 돌아오기 때문입니다
거룩한 부처님과 성인은 물론이고
스님네 자체가 그대로 복밭이며
계를 전하는 화상和尚도 복밭이고
계를 해설하는 아사리도 복밭입니다
이들 다섯 복전은 출가 수행자고
뒤의 세 복전은 세간인이지요

아버지와 어머니를 모시고
간병함은 으뜸가는 복 밭입니다

또 다른 8가지 복 밭이 있습니다
첫째 먼 길에 우물을 파고
둘째 물가에 다리를 놓고
셋째 험한 길을 잘 닦습니다
넷째 부모님에게 효도하고
다섯째 스님네에게 공양하고
여섯째 환자를 간호하는 일입니다
일곱째 재난당한 이를 구제하고
여덟째 무차無遮 대회를 열어
외로운 넋을 구원함입니다

팔난八難에는 2가지가 있는데
첫째는 세간의 팔난이고
둘째는 불교의 팔난입니다
이 팔난을 뒤집어 해결할 때
팔복八福이 돌아옵니다
세간의 팔난으로는
배고픔과 목마름
추위와 더위

물과 불

감옥의 칼과

전쟁의 병란兵亂입니다

부처님을 한번도 제대로 뵙지 못하고

불법을 듣지 못하는 8가지 장애로

불교의 팔난은 아래와 같습니다

1. 지옥에 떨어져 있기에

2. 아귀 몸을 받아서

3. 무지렁이 축생이기에

4. 장수천長壽天에 태어났기에

5. 울단월鬱單越에 태어났기에

6. 눈멀고 귀먹고 벙어리라서

7. 너무 똑똑하고 언변이 뛰어나서

8. 불전불후佛前佛後 때문입니다

이들 팔난도 바꾸면 팔복전이 됩니다

28) 일부러 큰스님만 초청하지 말라

포살하는 보살들은 귀기울여 들을지라
출가보살 재가보살 또는모든 신도들이
위없는복 짓기위해 스님네를 초청하여
마음속에 원하는바 이루고자 하려는가

소임보는 이를찾아 절에가서 물어보되
덕이높은 스님네를 저희들이 초청하여
마음속에 원하는바 이루고자 하옵는데
어찌함이 좋겠는지 삼가일러 주십시오

소임자가 답변하되 차례대로 한분한분
범부승을 청하는게 오백나한 보살승을
특별하게 청함보다 그공덕이 낫사옵고
시방세계 스님들을 쉽게얻으 오리이다

만에하나 스님네를 따로따로 청한다면
이게바로 다름아닌 외도들의 법칙이라
과거칠불 법도에는 별청함이 없었나니
효도에서 어긋날뿐 순종함이 아니니라

그러므로 스님네를 별청하는 보살들은
집을나온 보살이나 집에있는 보살이나
보살계를 받았으나 법도에서 어긋나며
가벼운죄 경구죄를 범하는게 되느니라

비도 꽤나 여러 가지인 모양이야
안개처럼 피어오르는 안개비
안개비보다 굵은 는개
좀 더 있으라고 내리는 이슬비
어서 가라고 내리는 가랑비
봐 달라고 내리는 보슬비가 있고

가느다랗게 내리는 가는 비
가는 비보다 세다고 할까
적란운에서 내리꽂는 소나기
엄청나게 쏟아붓는 폭우
그의 다른 이름 호우
소나기 주의보는 없어도
호우 주의보는 있다고 하지

채찍으로 맞는 것처럼
따끔따끔 내리쏘는 채찍비
눈과 비가 섞여 내리는 진눈깨비
햇살 아래 깜짝 내리는 여우비
오랜 가뭄 끝에 내리는 단비
동이로 쏟아붓는 동이비
억수로 쏟아지는 억수비가 있지

청한다는 것이 참 다양하기도 하지
한데 이들 비가 청請해서 왔던가
어느 누구도 청하지 않았지만
제 스스로 알아서 쏟아지니
'불청지우不請之友'라고
한마디로 청하지 않는 데도
슬그머니 찾아오는 벗이라 할까

자그마치 1억 5천만 km 먼 길을
겨우 8분 20초 만에 달려와
칠흑같은 어둠을 밝히고
뭇 생명에게 에너지를 주고
광합성 작용을 일으켜
지구촌을 푸르게 가꾸는
또 다른 불청지우 태양처럼

누군가를 청請한다는 것이 뭐야
거기에는 분명 절차가 있어
반드시 말言을 통해서고
그 말은 살아生/主 있어야 하고
샘물井/丹처럼 맑아야 한다고
이들 언주단言 主丹을 묶어

청할 청請이라 새기고
'받을 정'이라고도 새긴다니까

푸를 청靑 자에는 다른 뜻이 있지
그 다른 뜻이 도대체 뭐냐고?
굳이 알 것까지는 없어
한데 청請이 신경이 쓰여
어떻게 청請할 것인가와 함께
그 청을 어떻게 받을請 것이냐지

불설범망경 보살계본 내에
이렇게 까다로운 게
또 있을까 싶어
청할 때 조심해 청하듯
준다고 덥석덥석 받지는 마
내친김에 인사 한마디
주역周易의 아름다운 괘사
부디 '화천대유火天大有'하시길

29) 일부러 삿된 사업을 짓지 말라

출가수행 하는이는 삿된생활 하지말라
옳지않은 마음으로 이양만을 추구하여
남성이나 여성이나 성을팔지 말것이요
몸소나서 밥을짓고 요리하지 말지니라

맷돌갈고 방아찧고 관상보고 점치거나
길하거니 흉하거니 꿈풀이를 한다거나
자궁속의 아들딸을 미리예언 한다거나
주술외고 부적그려 현혹하지 말지니라

요상스런 마술로서 사람들을 속이거나
매를조련 시키거나 독약들을 연구하여
독사로써 만든독약 금과은을 섞은독약
독충들을 이용하여 고독실험 하지말라

자비로운 마음없고 효순하는 마음없이
이와같은 사업들을 손수해선 아니되니
만에하나 출가자로 이런일을 하는이는
보살계를 받았으나 경구죄를 범함이라

#1

목숨에는 어떤 뜻이 담겼을까요
숨으로 명을 이어감입니다
살아 있는 목숨입니다
사람이나 동물이 숨을 쉬며
살아 있기에 목숨이라 합니다
불교의 뿌리根요 줄기幹인
여덟八 가지 바른正 길道에는
정명正命이 깃들어 있습니다
이를 직역하면 '바른 목숨'이나
보통은 '바른 생활'로 번역합니다

목숨 명命 자는 생활입니다
'명命' 자 앞에 '정正'이 앉으면
정명正命 곧 바른 생활이 되고
삿될 사邪 자가 올라앉으면
사명邪命 곧 삿된 생활이 됩니다
직업에는 귀천이 없다고들 얘기하나
이는 오직 재가자에 속할 뿐이고
출가자는 관점이 달라집니다
이들은 걸식이 생활화되어

음식과 요리를 만들 수 없습니다

스리랑카, 미얀마, 타일랜드와
말레이시아, 캄보디아, 베트남 등
남방으로 전해온 초기 불교는
부처님 당시 생활을 이어오기에
탁발이 일상화되어 있습니다
손수 밥을 짓지 않으며
몸소 요리를 하지 않지요
당연히 국도 끓이지 않습니다
그러므로 보살계에서 말씀하는
이 계목은 뜻을 완전히 달리합니다

범망경이, 그리고 보살계본이
중앙아시아 문화를 거치고
중국인의 삶을 거치면서
필요에 의해 변형되었습니다
중국이나 우리나라처럼
추운 지방에서는 탁발보다
몸소 농사를 짓고 밥을 지으며
반찬을 손수 만들어 먹습니다
그럼에도 불구하고 보살계본은

일부 수정하지 않은 채 넘어왔지요

많은 불교학자들은 범망경이
중국에서 만들어진 위경이라 합니다
이 말에 반대하는 사람은 없습니다
하나 100% 중국산은 아니지요
부처님 가르침이 중심이고
북방의 중국 문화가 스며들면서
일부는 부처님 말씀 그대로고
일부는 약간 변형이 된 것입니다
삶과 문화는 반드시 변합니다
이것이 곧 '제행무상'이지요

음식을 손수 만들어 먹기 위해서는
맷돌에 곡물을 갈아야 했으며
방아나 절구에 찧어야 했습니다
몸이 아프면 민간요법을 쓰고
간단한 비상약을 준비했으며
때로는 식중독을 대비하여
해독재를 개발해야 했습니다
그런 일들은 재가자가 할 일이고
출가자는 절대 해서는 안 된다지만

깊은 산사에서는 셀프가 필요했지요

밥을 짓고 반찬을 만들려면
맷돌을 돌리고 방아를 찧습니다
그때 미생물들이 죽게 되지요
때로 불을 지펴야 하고
때로 낫을 들어 풀을 베고
톱, 도끼로 나무를 자르고 패며
삽과 괭이와 호미로 땅을 파다 보면
벌레가 죽임을 당할 수 있습니다
살충제나 해독제를 만들 때도
실험을 통해 독충이 죽게 됩니다

어떤 경우에도 출가 수행자는
이러한 일을 하지 말라는 것입니다
보살계본이 실체를 드러내고 있습니다
대승 불교를 지향하는 범망경에서
생명을 건드려 죄를 짓는 일은
재가자在家者에게 맡기고
출가자는 밥도 국도 요리도
불을 피우고 물을 끓여야 하기에
아예 하지 말라는 것 아닙니까

어찌 보면 모순이 아닐 수 없습니다

#2

어느 날 손님이 몇 분 찾아왔습니다
초행길에 혼자 다니는 여성은 없지요
일행 중 나이가 젊어보이는 이가
대뜸 입을 열었습니다
"여기 절 맞아요"
내가 웃으며 답했습니다
"네 절 맞습니다."
"여기 뭘 잘 본다던데....."
말끝을 흐렸지만 경험에 따라
무엇을 묻는지 알 수 있었습니다

함께 온 여성 중 한 사람은
팔짱 낀 채 먼산바라기를 하고
또 한 사람 역시 팔짱 끼고
위아래로 나를 훑어보고 있는데
앞서 묻던 여인이 묻습니다
"스님이세요?"

내 답이 짧아집니다
"네, 그래요"
"그럼 관상 볼 줄 아시겠네"
"잘 모릅니다"
"무슨 스님이 관상도 못 봐"

혼잣말처럼 중얼거리더니
재차 물어 왔습니다
"그럼 사주도 안 보시겠네"
묻는 여성 말꼬리가 낮아집니다
나도 말끝을 낮출까 하다가
같은 높이로 답했습니다
"내가 안 보는 걸 알고 계셨군요"
내 말을 잘못 이해하였는지
갸웃거리며 물었습니다
"무슨 말씀이신지?"

시비가 일어날 듯 싶었습니다
내가 먼저 접을 수 밖에요
"아이구, 이거 참 미안합니다
내가 뭘 좀 안 봐드려서 미안해요"
둘은 이미 휭하니 돌아서 가고

묻던 여인이 발길을 돌렸습니다
우리절 관음전 오층정중탑이
고개를 흔들었습니다
바로 그때였지요
"저 스님!"
"네."

"어머! 어찌 된 스님이
관상도 사주도 다 안 본데요
그럼 부적은 쓸 줄 아세요 스님?"
나도 다짜고짜 답했습니다
"네 쓸 줄 모릅니다"
"그럼 굿도 할 줄 모르시겠네"
"네 굿은 더더욱 모릅니다"
"그럼 개명이나 작명은 하세요?"
갈수록 점입가경漸入佳境입니다
"네 어떻게 하다 보니."

떨어져 있던 일행이 불렀습니다
"야, 뭐해? 그냥 가자"
관음전 맞은편 태화산이
봉우리를 좌우로 흔듭니다

직업은 실로 여러 가지입니다
관상, 사주, 부적, 작명이 일입니다
지구에 70억 인구가 살아간다면
70억 개 일자리가 있습니다
그런데 한 사람이 평생에
한 일에만 종사하나요

사주, 관상, 부적, 굿을 비롯하여
결혼 날짜, 이삿날, 개명과
작명하는 법을 모르면
스님이 아니라 생각하는지
다는 아니지만 관점이 문제입니다
평생 염불 한자락 안 하고도
화두 하나로 평생 사는 스님이 있고
경과 율을 강설하고 해석하고
범패와 작법을 연구하고
가람 수호에 전념하기도 합니다

율장 말씀처럼 꿈을 풀고 주술 외고
매를 조련시겨서 사냥을 하고
독약을 연구하고 하는 게
무조건 나쁜 것일까요

한마디로 '아닙니다'
하는 일이 다를 뿐입니다
가령 관을 만드는 사람이 없고
또한 장례지도사가 없다면
막상 상을 당했을 때
과연 얼마나 불편하겠습니까

불교 수행자는 수행이 기본입니다
나아가 자리이타自利利他가
보살의 기본 덕목이지요
기본을 저버리지 않는다면
어떤 일도 다 필요불가결입니다
서구에서는 가톨릭 신부가
오직 신을 모시면서도
완두콩과 바이러스를 연구하고
화학, 물리학 등에 힘을 쏟았습니다
이 얼마나 멋지고 아름답습니까

거대 그룹이 골목상권까지
독차지하는 것은 옳지 못합니다
스님네가 사주, 관상, 지관, 부적까지
해몽에 이삿날에 혼삿날에 굿까지

다 싹쓸이해서야 되겠습니까
구한말 고승 경허 선사는
그의 말년을 한센병을 앓던
한 여인에게 바쳤다고 합니다
그가 한센병 치료약을 개발했다면
삼수갑산까지 가지 않았을지 모릅니다

30) 흰옷 입은 이들과 경리하지 말라

포살하는 보살들은 귀기울여 들을지라
출가수행 하는이가 나쁜말과 마음으로
입만열면 삼보비방 교활하게 펼치면서
친근한듯 공경한듯 스스로를 드러내네

입으로는 색즉시공 공즉시색 말하면서
하는행동 뜯어보면 유위속에 걸려있고
흰옷입은 세인들과 경영논리 따져가며
재물에만 마음두고 이익만을 추구하네

청춘남녀 좋은인연 맺어줌도 있거니와
십중팔구 하는일은 그렇지가 아니하여
적절하지 않은관계 은근하게 연결하고
애정덫에 걸리도록 슬그머니 꾀를쓰네

육재일을 비롯하여 삼장재월 맞으면서
살생하고 겁박하며 재와계를 깨트리니
이와같은 보살들은 보살계를 받았으나
실제로는 경구죄를 범한것이 되느니라

이와같은 열가지계 모름지기 몸에익혀
공경하는 마음으로 받아지닐 것이니라
불자로서 이에관해 자세하게 알고픈가
범망경중 제계품에 밝힌바와 같느니라

#1

여기서는 경리하지 말라 하십니다
먹물옷을 몸에 걸친 수행자는
세상 사람들과 서로 뒤엉켜
사업하고 경리해서는 안 됩니다
수행자의 본분은 뒷전이고
오직 돈에만 눈을 뜨게 되니까요
'경리백의계經理白衣戒'가
바로 이를 경계한 계율입니다
이것이 곧 삼보를 비방함입니다

으레 먹을 가까이하다 보면
저절로 손에 먹물이 묻게 됩니다
달인은 먹물을 묻히지 않는다고요
달인은 묻히지 않을 수 있지요
그러나 이는 익숙한 이들 경지고
보통 사람들은 아예 처음부터
먹을 멀리하는 것입니다
손이 닿지 않는 곳에 있으니
저절로 깨끗할 수밖에 없습니다

오로지 마음을 닦는 수행자는
세상일에 눈 뜨지 말라는 것이지요
이 계목에서 조심하라 하는 것은
'근묵자흑近墨者黑'에 있지 않습니다
이는 어디까지나 단지 비유일 뿐
세상 사람과 어울리다 보면
자신도 모르게 삼보를 비방합니다
세상에서 가장 무거운 죄가
다름 아닌 삼보를 비방함이지요

이는 이웃 종교에도 해당합니다
누구도 하느님을 비방하고
그리스도를 비방해서는 안 됩니다
으레 그리스도의 가르침도요
불교나 기독교 등 가르침을 두고
비교하고 연구할 수는 분명 있겠으나
비방의 대상이 될 수 없습니다
잘못 말하고 행동하는 수도자들의
그릇된 삶 때문일 수는 있으나
무작정 비방하면 그게 곧 업입니다

삼보가 왜 비방의 대상이 될까요

부처님과 가르침과 스님네가
도대체 뭘 잘못했습니까
삼보는 비방의 대상이 아닙니다
부처님도 부처님의 가르침도
가르침대로 닦는 수행자도
안주거리가 될 수는 없습니다
문제는 경영에 끼어드는 일입니다
출가한 수행자가 세간 깊이 파고들어
엉뚱한 길을 걸어감입니다

정진 중에 어떤 이가 불쑥 묻습니다
"큰 스님께 한 가지 여쭙니다"
내가 입을 열었습니다
"네 말씀하십시오."
"부처는 깨달았습니까?"
"아무렴 깨달으신 게 맞지요"
"뭘 깨달으셨는지요?"
"깨달은 내용이 경전에 있습니다"
"그 말씀을 믿을 수 있습니까?"
"사람亻 말言은 곧 믿음信입니다"

해가 밝으면 그림자도 선명하고

어둠이 짙으면 아무것도 안 보입니다
교리를 좀 안다고 하는 이들이
곧잘 삼보를 비방합니다
그러나 불교를 모르는 이들은
비방하지 않기에 업을 짓지 않지요
불교는 십악업을 애기합니다
몸으로 짓는 세 가지 업
입으로 짓는 네 가지 업
뜻으로 짓는 세 가지 업입니다

입으로 짓는 네 가지 업장이 있습니다
첫째 거짓말妄語로 짓는 업이요
둘째 비단말綺語로 짓는 업이며
셋째 갈래혀兩舌로 짓는 업이고
넷째 모진입惡口으로 짓는 업입니다
이 중에서 거짓말이 가장 큽니다
거짓말 중 가장 큰 죄를 들면
깨닫지 못한 채 깨달았다는 것입니다
주변에는 더러 그런 이가 있지요
그렇게 사람을 미혹시킵니다

어디서 그토록 많은 불교 명사와

형용사를 주워들었는지 모르나
순수한 불교에 자신의 디자인을 입혀
세상에 아무렇게나 펼쳐 놓습니다
어떤 이는 명리학命理學으로
사이를 갈라놓기도 하는데
가장 위험한 걸 든다면
전에는 미륵의 용화를 열고
예수의 재림과 휴거를 들었는데
지금은 무리 지어 '내로남불'입니다

31) 재난을 보거든 눈 감지 말라

부처님이 설하시길 불자들은 들을지라
삼계도사 사생자부 여래께서 멸도한뒤
다섯가지 혼탁하고 좋지않은 세상에서
외도들과 악인들과 검은마음 도적들이

부처님상 비롯하여 자애로운 보살상과
정반왕과 마야부인 양친어른 영정이며
범망경과 보살계와 비구또는 비구니와
아뇩보리 마음내신 보살들과 도인들을

이양따라 여기저기 아무데나 사고팔되
혹은관청 가까운곳 심부름꾼 되게하고
남의집의 노예로서 끌려감을 보게되면
자비심을 일으켜서 방편으로 구원하라

여기저기 다니면서 온갖재화 마련하여
불상이며 보살상과 비구또는 비구니와
마음내신 보살들과 경과율에 이르도록
어느하나 빠짐없이 구제해야 하느니라

그럼에도 불구하고 이와같은 사실들을
두눈으로 보면서도 속죄하지 아니하고
깊은신심 일으켜서 참회하지 아니하면
보살계를 받았으나 경구죄를 범함이라

#1

세계에서 가장 큰 대양이
한반도의 동해와 남해로 이어진
태평양/太平洋/Pacific Ocean으로
북극권 베링해Bering Sea에서
남극 대륙의 로스해Ross Sea까지
그리고 인도네시아부터
콜롬비아까지 뻗어 있습니다
표면적은 무려 1억 8천만km²로서
한반도 우리 대한민국 육지의
1,800배 크기와 같습니다

지구의 모든 대륙을 합친 것보다 넓어
지구 표면의 1/3을 차지하지요
동아프리카 탄자니아에 있을 때
현지인들이 인도양 크기를 자랑할 때
나는 늘 태평양으로 답을 했습니다
참고로 대서양도 좀 살펴볼까요
세계에서 두 번째 큰 대양으로
표면적은 1억 650만km²입니다
유럽 대륙과 아프리카 대륙

아메리카 사이에 있는 바다로
지구 표면의 약 1/5을 차지합니다

지구의 표면적이 어느 정도나 될까요
자그마치 510,100,000km²입니다
태평양과 대서양을 합했을 때
두 바다가 차지하는 지구 면적이
대단히 크다는 게 짐작이 되겠습니다
인도양은 어느 정도의 크기일까요
대한민국 국토의 70배 크기로
70,560,000km²입니다
물론 우리나라는 삼면이 바다며
영해까지 포함하면 작지 않습니다

얘기는 크기로 끝나는 게 아닙니다
인도양은 세계에서 3번째로 큰 바다며
전체 바다 면적의 20%입니다
북으로는 인도 아대륙과 아라비아반도
서로는 동아프리카와 맞닿아 있고
동쪽은 인도차이나반도와 순다 열도
그리고 오스트레일리아가 이어졌고
남쪽은 남극해로 둘러싸여 있습니다

이름이 인도로부터 유래된 까닭에
동아프리카 옆구리를 채우지만
역시 이름은 인도양입니다

바다 표면 총면적은 지구 1/3인
3억 6천만㎢에 이릅니다
이 중 인도양이 셋째로 자리합니다
아무튼 열대 바닷가에 앉으면
출렁이는 인도양과 함께
이야기도 출렁이지요
이리 큰 바다를 낀 아프리카가
바다 이름이 인도양이라는 데 이르면
나는 그때마다 서글픔을 느낍니다
노예 매매 선적이 드나들었으니까요

탄자니아 수도 다르에스살람 북쪽에
프와니Pwani라는 주가 있습니다
스와힐리어로 연안을 뜻하지요
이 프와니주에 위치한 도시로
바가모요Bagamoyo 시가 있습니다
바가는 동사 '내려놓다'의 뜻이고
모요는 명사 '심장'의 뜻입니다

그러므로 바가모요에 담긴 뜻은
'심장을 내려놓다'라든가
'심장이 내려앉다'일 것입니다

왜 바가모요 얘기를 하느냐 하면
인신매매, 노예 매매 역사 때문입니다
나는 바가모요를 자주 찾았습니다
아픔의 바가모요 뿐만 아니라
인도양의 흑진주로 알려진
잔지바르Zanzibar 제도가 있고
잔지바르 남쪽에는 발음이 특이한
마피아 섬Mafia Island이 있습니다
탄자니아에는 10개 섬이 있는데
펨바Pemba도 그중의 하나입니다

인도양을 끼고 곳곳에서
노예 매매가 이루어졌습니다
특히 바가모요는 이름에서 드러나듯
심장을 통째로 내려놓지 않고는
그 아픔을 견딜 수 없었을 것입니다
귀여운 딸이 사랑하는 아내가
아빠와 남편 곁을 떠나 팔려가고

아들과 남편이 팔려가는 아픔을
아내로서 딸로서 지켜봐야 했지요
인도양 아프리카 바닷가 역사입니다

우리나라 역사를 거기서 읽었습니다
우리나라도 노예 매매가 심했지요
삼국시대보다 고려조가 심했고
조선조는 고려조보다 심했습니다
우리는 노예奴隸라는 말보다
하인下人이니 종이니 했습니다만
종이나 하인이나 노예나
부르기만 다를 뿐 같은 것이지요
고려조까지만 하더라도 없었던
승려의 신분 저하가 좀 심했습니다

인간 평등을 얘기하는 불교와 달리
군자君子와 소인小人이라는
이분법적 세계를 지향한 유교
그 밑바탕에는 공자의 군자론이
적잖게 작용했을 거라 여겨집니다
불교가 인간 평등을 주장할까요
대승 불교는 특히 그렇습니다

누구나 다 부처가 될 수 있는
진여眞如 불성佛性을 지녔기에
마음, 부처, 중생을 하나로 꿰었지요

한데 이 범망경 보살계에서는
이처럼 노예 얘기를 하고 있습니다
불상과 보살상을 비롯하여
탑과 부도를 돈으로 사고팔며
그것도 모자라 고승 대덕에서부터
평범한 비구와 어린 사미와
비구니와 식차마나, 사미니까지
단지 불교를 믿는다는 그 이유 하나로
주릅이 앞장서서 끌어갔습니다
주릅에게는 위에 상전이 있었습니다

우리의 귀한 불교 문화재들이
해외로 반출될 때는 어떠했을까요
불상과 보살상 탑과 부도가
힘에 의해 이리저리 팔려 갈 때
이를 구하려면 어떻게 해야 했을까요
보살계 말씀처럼 재화가 있어야 합니다
종로 원각사가 기방妓房이 되어

연방원聯芳院으로 이름이 바뀝니다
하물며 주릅에 끌려가는 가족을
두 눈으로 보면서 심장이 어땠을까요

나는 심장을 내려놓는 바가모요와
햇살이 화사하기로 이름난 마피아 섬
웅구자, 펨바를 다스리는 잔지바르
이들 섬과 해안을 생각하면서
흑역사黑歷史에 잠깁니다
흑역사는 검은 역사면서
어둠의 역사입니다
슬픔과 아픔의 역사입니다
지구상에서 이런 어둠의 역사는
다시는 되풀이되지 않아야겠지요

32) 중생을 해치지 말라

불자들은 명심하라 칼과창과 회초리와
활과화살 활촉등을 판매하지 말것이요
장사할때 저울눈을 임의대로 속이거나
도량형에 어긋나는 되와말을 쓰지말라

수행자가 보살로서 세간권세 등에업고
유지하는 남의재물 가벼웁게 생각하며
해롭게할 생각으로 구속하지 말것이요
다른사람 이룬덕을 깨트리지 말지니라

삵과개와 고양이와 축생야생 동물들을
때와장소 가리잖고 기르려고 하지말라
그럼에도 불구하고 이런일을 하는이는
보살계를 받았으나 경구죄를 범함이라

#1

때늦은 감이 없지는 않으나
개고기 식용 금지법을 추진하려는
정부에 후한 점수를 줍니다
그런데 하필 지금일까
생명을 살리는
다라니가 있습니다
천수경에 실린 다라니지요

[신묘장구대다라니]
神妙章句大陀羅尼

나모라 다나다라 야야 나막알약 바로기제 새바라야
모지 사다바야 마하 사다바야 마하가로 니가야 옴 살
바 바예수 다라나 가라야 다사명 나막 가리다바 이맘
알야 바로기제 새바라 다바 니라간타 나막 하리나야
마발다 이사미 살발타 사다남 수반 아예염 살바 보다
남 바바말아 미수다감 다냐타 옴 아로계 아로가 마지
로가 지가란제 혜혜하례 마하모지 사다바 사마라 사
마라 하리나야 구로구로 갈마 사다야 사다야 도로도

로 미연제 마하 미연제 다라다라 다린나례 새바라 자
라자라 마라 미마라 아마라 몰제 예 혜혜로계 새바라
라아 미사미 나사야 나베 사미사미 나사야 모하자라
미사미 나사야 호로호로 마라호로 하례 바나마나바
사라사라 시리시리 소로소로 못자못자 모다야 모다야
매다리야 니라간타 가마사 날사남 바라 하라나야 마
낙 사바하 싣다야 사바하 마하 싣다야 사바하 싣다유
예 새바라야 사바하 니라간타야 사바하 바라하 목카
싱하 목카야 사바하 바나마 하따야 사바하 자가라 욕
다야 사바하 상카섭나녜 모다나야 사바하 마하라 구
타다라야 사바하 바마사간타 이사시체다 가릿나 이나
야 사바하 먀가라잘마 이바사나야 사바하 [나모라 다
나다라 야야 나막알야 바로기제 새바라야 사바하]

   [ ]안은 마무리할 때 세 번 반복합니다

#2

이는 사업에 관한 얘기입니다
평범한 사람들이 아니라
출가자의 사업에 관한 것입니다
보살계를 듣는 포살 법회에 참여한
많은 불자들은 생각할 것입니다
'칼刀을 만들어 팔면 안 되고
몽둥이杖도 만들어 팔면 안 되며
낫이나 도끼나 창을 만들거나
중간에서 유통해서도 안 되겠네?'
다시 얘기하지만 출가자에 한합니다

칼과 몽둥이 낫이나 도끼 따위는
가까이 있는 적을 물리치는 데 쓰지만
활과 화살은 멀리 있는 상대를
제압하기 위해 만들어진 무기입니다
활과 화살은 따로 떨어진 게 아니라
늘 함께 있어야 하는 것이지요
가령 활은 있는데 화살이 없거나
화살은 있는데 활이 없다면
이들 둘이 다 쓸모가 없습니다

채는 있는데 꽹과리가 없는 것처럼

'축경칭소두畜輕秤小斗'라 했는데
축畜을 명사 짐승으로 새길 때는
'짐승 축畜'으로 읽는 게 맞으나
쌓는다는 동사로 읽을 경우
'쌓을 축畜'으로 새깁니다
같은 동사면서도 소나 개나
말, 돼지, 고양이 등을 기를 때는
'기를 휵畜'으로 새기고 발음합니다
한데 언제부터인가 '휵생畜生'을
'축생畜生'으로 읽게 되었지요

'축경칭소두'에서 축은 장만의 뜻입니다
칼과 몽둥이는 팔면 안 되는 것이고
길이度와 부피量와 무게衡를 재는
자尺와 말斗과 저울秤 따위는
어떤 경우도 정직해야만 합니다
부피를 속이는 가벼운 저울과
무게를 속이는 작은 말을 주문하고
제조하고 파는 일을 해서는 안 됩니다
이는 칼이나 창도 마찬가지이고

활과 화살도 마찬가지입니다

한자리하는 지인의 세력을 업거나
자기 자신의 지위를 이용하여
소중한 재산을 약탈하거나
싼값으로 후려쳐 산 뒤
생각 밖의 고가로 되파는 일을
보통 사람이라도 해서는 안 됩니다
하물며 출가 수행자이겠습니까
유통流通circulation은 원활입니다
물의 흐름처럼 예상을 요함니다
갑자기 줄거나 불어남이 아닙니다

이번 대장동 사건을 바라보며
많은 이들은 아마 생각할 것입니다
'아! 이건 흐름의 법칙이 아닌데!'하고
평소 흐름을 감당해 내던 냇물이
갑자기 수십 배 수백 배로 늘어나면
내川는 내 대로 감당할 수 없고
갑자기 불어난 엄청난 홍수로 인하여
피해는 상상을 초월하게 됩니다
서서히 밀려오는 쓰나미는 없습니다

이 사건은 곧 쓰나미 사건입니다

평범한 장삼이사張三李四는
혼자 힘으로 할 수 없는 일입니다
큰 세력을 업지 않고는 불가능합니다
범망경 보살계에서는 말씀하십니다
세력을 업고 남의 재물을 빼앗고
해치려는 마음으로 옭아매고
남의 성공을 깨부순다고요
이 일을 장삼이사가 저질렀다면
곧장 불려가 고苦를 치를 일이지만
세력을 가진 이들은 쉽게 벗어납니다

여기 또 한 가지 계戒가 있습니다
고양이나 삵이나 돼지나 개 등
동물을 기르지 말라 하십니다
소, 말, 닭, 돼지 따위는 가축家畜이고
삵은 가축이 아니라 야생野生이며
개 고양이는 반려伴侶 동물입니다
'반려' 두 자에 사람 인亻 자가 들어 있듯
사람의 귀한 짝이 되는 동물입니다
동물이니까 사람이 아니라고요?

고등 동물高等動物도 동물이니까요

절에서는 그리고 수행자는
동물을 기르지 말라 가르칩니다
한 마디로 애착愛着 때문일 것입니다
오래 전 멸도하신 법정 스님께서는
"기르는 난 때문에 외출할 때는
늘 걱정이었다" 하셨습니다
식물도 그런데 반려이겠습니까
어떠한 가축도 기르지 말라십니다
오계 십계 만이 계가 아닙니다
사육 그 자체가 파계입니다

보살계본 매 계마다 앞에 놓인
'약불자若佛子'란 대명사가 있습니다
매우 가까운 제일 인칭 대명사도
조금은 먼 제삼 인칭 대명사도 아닌
제이 인칭 대명사에 해당합니다
불자佛子를 직역하면 어떻게 되나요
일차적으로는 '부처님 아들'이고
그다음이 '부처님 딸'이 됩니다
여기서 불자佛子의 뜻이 뭘까요

한 마디로 '부처佛님 씨앗子'입니다
장차 성불할 씨앗을 지닌 이들입니다

33) 보고 듣는 것으로 악을 짓지 말라

포살하는 보살들은 귀기울여 들을지라
옳지않은 마음으로 남자여자 싸우거나
군부대가 진을치고 목숨걸고 싸우거나
도둑들이 이익놓고 싸우는것 보지말고

소라불고 북을치고 거문고를 연주하고
비파뜯고 피리불고 공후뜯어 흥돋구며
노래하고 춤을추고 덩실대는 그런곳에
함께하지 말것이요 구경조차 하지말라

옹기종기 서로모여 투전하고 도박하고
바둑두고 장기두고 오목이니 주사위니
제기차기 돌팔매질 항아리에 겨릅넣기
팔도행성 끌어들여 허송세월 하지말며

손거울로 관상보고 톱풀로써 점을치고
버들가지 잘라다가 귀신들을 불러내며
바리때와 해골로서 점치는일 말것이요
도적들과 어울려서 심부름을 하지말라

이와같이 싸움하고 노래하고 춤을추며
도박하고 점치는일 일체하지 말것이니
만에하나 이런일에 고의로서 참여하면
보살계를 받았으나 경구죄를 범함이라

#1

싸움에 세 가지가 있나 봅니다
첫째는 남녀 간 싸움이요
둘째는 영토 간 싸움이며
셋째는 패거리 싸움입니다
남녀 간 싸움은 부부싸움일까요
아니면 또 다른 것이 있을까요
영토 간 싸움은 땅뺏기일까요
아니면 경제를 놓고 싸우는 걸까요
패거리 싸움은 이곳이 문제겠지요
도적들 싸움이 다 거기서 거기니까요

포은 정몽주 선생 어머니가 쓰셨다는
자식 염려의 시조 한 수가 있지요
제목은 '가마귀 싸호는 골'인데
실제 포은의 시조라고 합니다
어머니 마음을 담았겠지요
현대어 번역이 아닙니다

〈가마귀 싸호는 골에〉
가마귀 싸호는 골에 白鷺야 가지 마라

검은 가마귀 흰빗츨 새오나니
蒼波에 죠히 씨슨 몸 더럽힐까 하노라

싸움鬪은 묘한 심리를 일으킵니다
싸울 투鬥 자는 상형 문자로
서로 얼굴을 맞대고 서 있습니다
임금 왕王 자로 머리를 풀어 헤치고
두두두됴됴됴 두두두斗斗斗
두 주먹寸을 번갈아 내지릅니다
싸움은 말리고 흥정은 붙이랬다지만
불구경, 소싸움, 닭싸움만큼이나
재미있는 것이 싸움 구경입니다
스포츠의 시초는 싸움이지요

1975년 해인사에 들어갔을 때
가장 놀란 것이 TV시청이었습니다
저녁이면 심검당尋劒堂에 모여
흑백 TV에 방영되는 권투에
혼신을 빼앗기는 모습이었습니다
도반과 선후배 스님들뿐만 아니라
큰스님들까지 한자리에 모였습니다
당시는 고교 야구도 참 대단했는데

스포츠는 묘한 끌림이 있습니다
싸움도 예외는 아닐 것입니다

범망경 보살계에서는 싸움과 함께
가무에 빠질까를 경계합니다
노래歌하고 춤 춤舞인데
노래란 알다시피 보컬입니다
무가舞歌는 서로 독립될 수 있으나
대신 가무歌舞는 한 단어처럼
서로 떨어질 수가 없습니다
춤은 음악만 있어도 가능하지만
노래에는 춤이 있어야 제격입니다
판소리에도 너름새가 있지 않던가요

수행자는 노래를 불러도 안 되지만
춤추는 일은 더더욱 안 됩니다
아예 춤추고 노래하는 곳에
참석하지도 말라고 말씀합니다
왜 이런 얼토당토않은 독특한 계가
불교에서는 설해진 것일까요
세간의 언어로 '공부' 때문입니다
춤추고 노래하고 피아노를 치고

스포츠나 기술 따위에 몸을 담아도
이를 공부로 여기지 않습니다

교과서에 충실해야 공부입니다
국어와 영어와 수학 따위에 전념해야
비로소 공부한다고 얘길 하니까요
공부工夫는 학문과 기술을 닦음인데
학부모는 학문만을 공부로 칩니다
공부는 공푸工夫gongfu에서 왔지요
신체적 단련을 공푸라고 합니다
사원에서는 공부를 얘기하면서
간경, 화두, 계율에 전념해야 하기에
춤도 노래도 모두 안 된다는 것입니다

사실 곰곰이 따져 생각해 보면
사미십계沙彌十戒에서부터
수행자는 노래하고 춤추지 말고
아예 그런 곳에 가지도 말라 합니다
초기 불교에나 있을 법한 계율이
대승 불교라고 일컫는 보살계에서도
청교도 율법처럼 꽁꽁 묶어버립니다
꼭 그렇게 해야 수행이 가능할까요

계율은 춤추고 노래하지 말라면서
찬불가는 왜 지어 부를까요

어쩌면 편견일 지도 모르겠으나
승복을 입은 채 서로 싸우고
혹은 노래방에 나타나고
사복으로 갈아입고
골프 치러 나가고
하는 모습들이 좋지는 않습니다
한마디로 수행자답지가 않습니다
수행자가 춤추고 노래하는 것이
뭐가 문제냐고 하겠지만
문제가 아닌 것도 아닙니다

근대 한국 불교의 거목巨木이셨던
경허 선사는 그의 참선곡에서
하루 종일 화두를 들고도
저녁이 되면 깨닫지 못하여
두 다리 뻗고 엉엉 울었다 하십니다
범망경 보살계 제33계목이
수행자들에게 던지는 메시지는
그리 케케묵은 것이 아닙니다

이 계율만큼은 시대를 뛰어넘어
길이 수행자의 지침이 될 것입니다

그래도 한마디 던질 것이 있습니다
계戒는 촘촘하게 울짱丼을 치고
창戈을 움켜쥔 채 경계합니다
철저히 엄격한 모습이지요
계율戒律의 계가 굳음이라면
계율의 율律은 과연 어떠할까요
서예가彳손에 들린 붓聿과 같습니다
잉어가 헤엄을 치듯 부드럽습니다
계戒가 외골격에 해당한다면
율律은 내골격에 비길 것입니다

그런데 율사들은 달리 얘기합니다
율은 딱딱하고 융통성이 없으며
오히려 계가 더 부드럽다고요
그러고 보면 율사들 얘기는
외강내유外剛內柔의 갑각류와
내강외유內剛外柔의 척추동물을
계율에 적절하게 비유한 듯싶습니다
강하지만 매우 부드러운 속살과

부드럽지만 되게 단단한 속뼈
참 재미있는 견줌입니다

#2

언제나 관청觀聽이 문제입니다
대체로 새鳥의 부류類는
높은 시력을 자랑합니다
타일랜드 오지에 사는
특유의 부족을 제외한다면
뭇 사람들은 시력이 비슷합니다
1: 0을 중심으로 1: 2, 1: 5 등이 있고
혹 마이너스로 떨어지곤 합니다
어떤 이들은 아예 더 떨어져
시력이 0: 01 이하이기도 합니다

척추동물이나 조류의 시력 중에서
첫째는 매라고 알려져 있습니다
타조는 사람보다 10배 이상 높아서
4km 밖의 물체를 식별한다지요
황새鸛는 시력이 나쁜 편이라

먹이를 놓치는 경우가 종종 있어
멸종 위기에 처해 있다지만
사람에 견주면 훨씬 높습니다
따라서 황새는 시력이 낮은만큼
더욱더 세밀하게 살핀다고 합니다

황새 관鸛 자는 명사 '관鸛'과
동사 볼 견見을 하나로 묶어
이른바 볼 관觀 자를 만들었지요
'아발로키테스바라Avalokitésvara'
라고 하는 자비가 충만한 보살을
'관세음보살觀世音菩薩'로
번역하기에 이르렀다고 합니다
'세상의 소리를 관하는 보살'이지요
꼬리가 긴 새를 '조鳥'라 하고
꼬리가 짧은 새를 '추隹'라 합니다

황새가 꼬리가 짧은 새인지는 모르나
새隹의 두 눈매이 눈썹艹으로 덮어
물체를 제대로 볼 수 없기 때문에
관세음은 세상의 소리를 관할 때
한번 더 마음을 써서 살핀다고 합니다

투전이니 도박이니 놀음을 한다거니
바둑, 장기를 두고 오목을 튕기고
윷놀이로 말 가는 곳을 살피는 것도
시력이 조금 어둡다는 황새雈가
눈目을 크게儿 뜰 수밖에요

소라를 불고 북치고 거문고를 뜯고
또는 비파를 뜯고 피리를 불고
수공후에 누운공후 소공후를 뜯으며
흥을 돋우는 음악의 세계는
눈으로 보기보다 귀로 듣습니다
〈보살계〉에서는 관청觀聽을 묶어
좀 더 경계하고 조심하라 합니다
이를테면 동물 중 두더지처럼
시각, 청각이 뒤떨어진 것도 있으나
사람은 보고 듣는 게 70%이지요

또는 제기차기를 한다거나
돌팔매질을 하는 경우도 그렇고
항아리에 겨릅이나 막대기를 던져
점수를 계산하는 투호投壺는
시각과 청각도 중요하지만

팔과 다리와 손과 몸의 움직임이
더없이 중요한 스포츠입니다
보살계에서는 '관청'이라 하였으나
향내와 냄새는 후각을 간질이고
좋고好 싫음惡을 구별하게 합니다

아무튼 행을 닦고 마음을 닦는 데는
밖으로 다가오는 화려한 세계와 함께
감미로운 음악과 춤도 그렇거니와
코를 간질이는 분자를 따르고
혀와 피부를 간질이는 데
신경을 보다 덜 쓰라고 가르칩니다
마음은 안팎 중 어디에 있을까요
몸 안에 꽁꽁 숨어 있을까요
몸 밖에 여기저기 퍼져 있을까요
혹은 몸 안팎을 들락날락하겠습니까

가령 마음이 몸 밖에 퍼져 있다면
내면을 살필 때 밖에서 오갈 것이고
마음이 몸 안에 들어 있다면
참하고 아름다운 모습이라든가
은근하고 감미로운 음악이

아무리 밖에서 유혹한다 해도
좀체 신경 쓸 일이 없을 것입니다
보고 듣는 데 따라가지 말라 합니다
그럴수록 수행은 더 더디고
마음 찾는 일은 더 멀어지겠지요

들음聽은 봄觀 다음입니다
오감五感 중 첫째가 견색見色이고
그다음이 청성聽聲이 됩니다
들음은 소리聲의 피동被動이지요
소리 성聲 자를 얼핏 들여다보면
고막耳을 두드리炭는 울림声입니다
이 울림을 어떻게 받아들일까요
덕悳으로 승화시킴입니다
덕은 곧은直 마음心입니다
듣는 기능耳의 거룩함王입니다

보는 기능觀과 듣는 기능聽에는
아예 좋고 싫음好惡이란 게 없습니다
보면서 아름다움과 추함을 가리고
들으며 호감과 싫증을 느낍니다
눈과 귀에 잘못이 있을까요

당연히 눈과 귀에 잘못이 없지만
보고 들음에도 역시 잘못이 없습니다
보고 듣고 어떻게 받아들이느냐
어떻게 몸으로 표현하며
어떻게 결과를 만들어가느냐지요

싸움 구경하고, 춤추고, 노래하고
상 보고, 사주 보고, 점치고
굿하는 데 잘못이 있지 않습니다
이를 무턱대고 미신으로 몰고
부정否定부터 하고 보는데
바람직하지가 않습니다
앞서도 언급한 바 있습니다만
대그룹에서 골목 상권까지 빼앗으면
소상공인은 설 자리가 없어집니다
마음공부는 비움이 필요합니다

그래도
스포츠만큼은
참으로 아름답지요

34) 잠시도 보리심을 떠나지 말라

포살하는 보살들은 귀기울여 들을지라
수행하는 불자로서 엄한계율 지녀가되
다니거나 머물거나 앉았거나 누웠거나
밤낮으로 여섯때에 보살계를 독송하라

몸과언어 마음가짐 금강처럼 견고하고
부낭타고 너른바다 무난하게 건너듯이
풀한포기 생각하여 자비심을 일으키신
초계비구 크신아픔 마음속에 새길지라

대승불교 착한신심 언제든지 일으키되
언젠가는 부처될줄 분명하게 알지니라
나는비록 중생이나 미완성의 부처이고
삼세모든 부처님은 이미이룬 부처라고

보리심을 일으켜서 순간순간 이어가되
한순간도 보리심을 저버리지 말것이요
이승이나 외도마음 잠시라도 일으키면
보살계를 받았으나 경구죄를 범함이라

#1

염분비 일정 법칙/鹽分比一定法則
law of the regular salinity ratio
지구상에는 오대양이 있습니다
어마어마하게 큰 바다지요
그런데 이들 바닷물에
각 염료가 녹아 있는 비율은
세계 어느 바다에서나
반드시 일정하다는 법칙입니다
톺아보면 참 아름다운 법칙이지요

부처님 말씀을 접할 때면
나는 자주 이 법칙을 떠올립니다
왜냐하면 이 아름다운 법칙은
경전 말씀 곳곳에 들어 있으니까요
아니, 곳곳이 아니라 전체입니다
그래서 불교 경전을 평할 때
이 말을 자주 쓰곤 합니다
'초선중선후선初善中善後善'이라고
어느 하나 아름답지 않은 곳이 없다고
굳이 강변할 수 있겠지만 말입니다

범망경 보살계본을 푸는 중입니다
우리말 사언절로 풀기 시작한 지
어느새 214회를 맞이합니다
그런데 이 214회에 이르기까지
부처님 말씀이 아름답다 여겼지만
이 서른네 번째 경구계에서
나는 경전의 극치를 느낍니다
이보다 더 멋질 수는 없을 테니까요
이 서른네 번째 계목戒目 안에는
톺아볼 게 몇 가지가 있습니다

첫째는 행동의 연속성입니다
행주좌와行住坐臥의 연속입니다
다니거나 머물거나 앉았거나 누웠거나
행동은 이 네 가지에 들어 있지요
이 법칙은 사람만이 아닙니다
모든 생명체의 삶의 모습이
이들 네 가지를 벗어나지 않으니까요
사람은 네 가지 몸의 움직임 외에도
의사소통으로 넷이 또 있습니다
'어묵동정語默動靜'이지요

둘째가 시간의 연속성입니다
이른바 일야육시日夜六時입니다
예로부터 인간은 하루를 크게 나누어
낮 세 때와 밤 세 때로 구분했는데
낮 세 때는 아침 낮 오후이고
밤 세 때는 저녁 밤중 새벽입니다
이들 시간은 이어져 있습니다
한순간도 끊어진 적이 없습니다
단 한 점도 단절된 공간이 없듯
찰나一念도 끊어진 적이 없습니다

셋째는 동식물의 동질성입니다
불교를 잘못 이해하는 이들은
불살생不殺生을 들먹이면서
마른 멸치도 먹으면 파계破戒라 하고
파리 모기나 심지어 바이러스까지도
함부로 죽이면 살생이 아니냐면서
온갖 걱정을 다하고 있습니다
그러면서 채소나 과일이나
푸성귀는 마구 먹어도 된다고 봅니다
그런 법은 불교에는 없습니다

범망경은 초계草繫 비구를 내세워

동물만이 아니라 식물과 균까지

같은 측은지심으로 대합니다

어쩌면 이 초계비구는

인간과 동물, 곤충과 버섯

심지어 풀과 나무와 넝쿨까지도

동일한 가치의 생명체로 본 것입니다

실제 동물과 식물과 또는 균菌은

DNA의 90% 이상이 같습니다

이게 과연 무엇을 뜻할까요

움직이는 동물만 생명이 아니리

움직이지 않는 풀과 나무도

이끼와 버섯도 모두 생명입니다

초계 비구 행동을 일화로 가져왔지만

범망경 보살계본의 멋진 가치를

이 제 34계목은 표현합니다

이 계목에서 그냥 지나칠 수 없는

소중한 가치를 말하라 한다면

미완의 부처와 완성된 부처입니다

염분비 일정 법칙을 표현한 것입니다

넷째가 마음의 동일성 표현입니다
사람 마음은 원숭이 행동과 같아
늘 동일연속성을 거부합니다
잠깐도 가만히 있지를 못하니까요
하여 보살계에서는 이렇게 설합니다
수행자가 지녀야 할 게 있다면
'보리심'을 저버리지 않음이라고요
나는 이 보살계를 읽을 때마다
여기 이 계목에 이르게 되면
벅차오르는 환희를 주체할 수 없어
그냥 앉았다 일어났다를 반복합니다

35) 큰 원을 세워라

불자들은 모름지기 모든서원 일으키되
부모님을 비롯하여 스님에게 효순하고
거룩하고 반듯하신 스승님을 비롯하여
같은과의 선지식과 만나기를 발원하라

나로인해 언제든지 대승경율 가르치되
십발취와 십장양과 십금강과 십지까지
수행히는 절차들을 여법하게 풀어주고
보살계를 굳게지켜 바른길을 걷게하라

그리하여 귀한목숨 버리는한 있더라도
순간순간 보리심을 떠나서는 아니되니
만에하나 이런서원 일으키지 않는이는
보살계를 받았으나 경구죄를 범함이라

#1

원은 '원할 원願' 자로 표기합니다
담긴 뜻은 희망, 소망, 기대
....이길 바라다, ...하길 바라다
바람, 요구, 욕구, 욕망 따위입니다
영어로 hope며 wish며 desire입니다
원할 원願 자 부수는 머리 혈頁이고
근원 원原이 소릿값에 해당합니다
일반적으로 한자를 파자할 경우
부수와 소릿값 둘 중에서
부수에서 의미를 선택하지요

그런데 이 '원할 원願' 자는
소릿값과 부수에서 함께 찾습니다
부수에 해당하는 머리 혈頁은
원願의 오른쪽에 붙은 글자입니다
머리 혈頁은 아래 하丁, 눈 목目
여덟 팔八로 되어 있습니다
사람의 얼굴은 이마가 위에 있고
눈이 있으며 맨 아래 턱이 있습니다
상형문자라서 머리 혈頁 자는

그 뜻이 그냥 드러납니다

한데 다시 보면 눈은 눈 목目 자를
옆으로 눕혀 놓아야 정상입니다
사람의 눈은 가로가 길고
세로는 짧은 편입니다
눈 목目 자에 담긴 뜻은
얼굴 모습 전체의 그림입니다
관상에서 눈은 가장 기본입니다
눈에 그 사람의 생각과 지혜와
삶의 철학과 미래가 담겨 있지요
관상觀相보다는 관안觀眼입니다

머리頁와 근원原이 만났으니
원願이며 이는 그의 삶 전체입니다
하지만 과거가 아닌 미래입니다
소릿값 원原을 발음 기호로 읽는데
여기서는 소릿값에도 뜻이 있습니다
원原은 언덕배기厂 아래에 있는
샘泉을 표현한 자로 석간수石間水며
언덕배기 아래 샘은 원천입니다
흐름의 중간이나 하류가 아닌

최초의 샘 남상濫觴입니다

그래서 원願은 그의 생각이며
원은 그의 미래에 관한 희망입니다
모든 생명은 과거를 살아왔으나
삶은 오직 현재일 뿐입니다
미래는 미생未生의 희망입니다
부처님이 수기受記하실 때는
과거에 어떻게 살았느냐보다는
미래의 삶을 예견하고 예언하십니다
누구나 할 것 없이 원은 지금 세우나
그 결과의 열매는 늘 미래입니다

범망경 발원은 간단합니다
보리심에서 물러나지 않음이지요
보리菩提는 깨달음이며 궁극입니다
모든 보살의 궁극은 깨달음이며
행복 가득한 미래 삶입니다
이 보리심에 모든 원이 들어 있지요
사홍서원四弘誓願을 비롯하여
약사여래의 12대원이 있고
아미타불의 48대원이 있으며

서가모니불 500대원이 있습니다

내 첫째 원은
세세생생 불제자로
승복 입기를 바람입니다
다른 원은 그 속에 포함됩니다

36) 열 가지 큰 서원을 일으켜라

포살하는 보살들은 귀기울여 들을지라
불제자가 열가지의 크나큰원 세웠다면
부처님의 금계들을 오롯하게 지니면서
이와같은 서원말씀 하나하나 새길지니

활활타는 불속이나 구덩이나 칼산옥에
초개같이 이한몸을 던지는일 있을망정
삼세제불 경과율을 제멋대로 어겨가며
부적절한 행위들을 하지않으 오리이다

이런서원 다시짓되 활활타는 쇠그물로
천겹이나 이내몸을 두루얽어 맬지언정
계를파한 몸으로서 신심있는 단월들이
시주하는 어떤옷도 입지않으 오리이다

이런서원 다시짓되 타는철환 끓는쇳물
백천겁을 마시면서 지내는일 있을망정
계를파한 입으로서 신심있는 단월들의
베푼음식 어떤것도 먹지않으 오리이다

이런서원 다시짓되 펄펄끓는 쇳물이며
쇠그물의 평상위에 앉고눕고 할지언정
계를파한 몸으로서 신심있는 단월들이
시주하는 평상좌복 받지않으 오리이다

이런서원 다시짓되 삼백자루 창끝으로
이내몸을 쑤셔가며 한두겁을 지낼망정
계를파한 몸으로서 신심있는 단월들의
간병이며 의약등을 받지않으 오리이다

이런서원 다시짓되 끓는기름 가마솥에
백천겁이 지나도록 이한몸을 담글망정
계를파한 몸으로서 신심있는 단월들의
집과방과 밭과정원 받지않으 오리이다

이런서원 다시짓되 머리에서 발끝까지
쇠망치로 짓이기어 미세먼지 만들망정
계를파한 몸으로서 신심있는 단월들의
공경하는 어떤절도 받지않으 오리이다

이런서원 다시짓되 펄펄끓는 무쇠로된
백천개의 창과칼로 양쪽눈을 뽑을망정
계를파한 마음으로 단월들이 시주하는
가치있는 좋은물건 보지않으 오리이다

이런서원 다시짓되 백천자루 송곳으로
양쪽귀를 쑤셔가기 한두겹이 될지언정
계를파한 마음으로 칭송함을 기대하며
아름답고 고운음성 듣지않으 오리이다

이런서원 다시짓되 보살행을 닦는이가
백천자루 창과칼로 그의코를 벨지언정
계를파한 마음으로 좋은향기 좋은냄새
하나하나 골라가며 맡지않으 오리이다

이런서원 다시짓되 보살행을 닦는이가
백천자루 창칼로써 그의혀를 벨지언정
계를파한 마음으로 단월들이 공양하는
좋은음식 챙겨가며 먹지않으 오리이다

이런서원 다시짓되 날카로운 도끼로써
그의몸을 자근자근 쪼을수는 있을망정
계를파한 마음으로 부드럽고 좋은촉감
하나하나 가려가며 찾지않으 오리이다

이런서원 다시짓되 일체모든 중생들이
모두함께 성불하길 발원해야 할것이니
보살로서 이런서원 일으키지 않는이는
보살계를 받았으나 경구죄를 범함이라

#1

대승 보살계 열 가지 중하고 큰 계와
마흔여덟 가지 가벼운 계 중에서
가장 긴 계가 이 제36 경구계입니다
반야바라밀다심경 길이에 견주어
경구계 하나가 1.8배에 달하니
생각보다 꽤 긴 계목이지요

경전 말씀에 따르면 열 가지라는데
실제로는 열세 가지 서원입니다
포살布薩하는 법회法會에서
이 계목을 듣고 욀 때마다
두주먹을 불끈 쥐곤 했습니다

#2

계율에는 억압적 금계禁戒가 있고
부담 없는 권계勸戒가 있습니다
금계는 좀 무시무시한 편이나
권계는 마음을 편안하게 합니다
금계는 '차라리寧'와 같은 부사를 끼고
끝에 가서 .....망정 .....이언정을 붙여
극적인 효과를 드러내고 있습니다
제36 금계가 이에 해당합니다
무시무시한 계율이지요

불교 계율은 오계가 기본입니다
첫째는 불살생不殺生이요
둘째는 불투도不偷盜요
셋째는 불사음不邪淫이요
넷째는 불망어不妄語요
다섯째 불음주不飮酒입니다
이들 오계五戒의 '아니 불不' 자는
스스로 '.....하지 않겠다'도 되지만
'.....하지 말라'는 뜻입니다

만약 이 오계를 권계로 풀이한다면
아래와 같이 옮길 수도 있을 것입니다
1. 자비로 모든 생명을 사랑하라
2. 보시로 모든 이에게 베풀어라
3. 몸과 마음을 청정하게 행하라
4. 항상 부드럽게 진실을 말하라
5. 올바른 지혜로 자아를 찾으라
곧 '…하지 말라'가 아니라
이들 다섯 가지 기본 계율을
이리이리 하라며 권하고 있습니다

오계는 '차라리 ~망정'의 부담이 없지요
범망경 보살계는 대승 경율입니다
그럼에도 불구하고 계율은
'차라리 날카로운 삼백 자루 창으로
수천만 년 몸을 쑤실지언정' 이라든가
'차라리 펄펄 끓는 무쇠물을 마시고
'차라리 백천 개의 창칼을 들고
두고두고 두 눈을 도려낸다든가
'차라리 날카로운 송곳으로
여러 겁에 걸쳐 귀를 찌른다든가

수백 수천 개의 무시무시한 쇠뭉치로
머리에서 발뒤꿈치까지 짓이기고
그렇게 해서 코를 도려내고
혀를 뽑은 뒤 잘라 내고
수백 자루 도끼로 몸을 찍어 내고
'차라리 ~할지언정' 등으로 압박합니다
우리 속담에도 이런 말은 많습니다
'차라리 내가 죽으면 죽었지'에서부터
'내 눈에 흙 들어가기 전에는'따위와
'내 손가락에 장을 지진다'합니다

대인 관계에서는 열 번 나무람보다
한 번 칭찬이 훨씬 중요합니다
꼭 '차라리..... 할지언정'없이
그냥 '살생하지 말라'
남의 물건을 훔치지 말라
성폭행 성추행을 하지 말라
까닭없이 거짓말을 하지 말라
술을 마시고 운전하지 말라
마약을 가까이하지 말라 따위는
나름대로 얼마든 할 수 있는 말입니다

그런데 '차라리 …… 할지언정'
경율이지만 마구 해서는 안 됩니다
그보다는 '힘내' '넌 할 수 있어' 따위가
마음에 훨씬 크게 다가올 것입니다
나는 좋아하는 발원문이 있습니다
'나옹화상발원문'인데
그 중에서 이 두 줄은 참 멋집니다
내이름을 듣는이는 삼악도를 면하옵고
내모습을 보는이는 모두해탈 얻어지다
이 얼마나 뿌듯하고 장엄스럽습니까

'누군가 내 이름을 듣기만 하더라도
지옥 아귀 축생계를 벗어나고
누군가 내 모습을 보기만 하더라도
무한 번뇌로부터 해탈하리라'고요
이름과 목소리만 들어도 신나고
먼발치서 얼굴만 바라보아도
좋아 어쩔 줄 모르는 이가 있습니다
이왕 이렇게 얘기가 나온 김에
나옹화상발원문 전문을 싣습니다

나옹화상발원문

동봉 옮김

바라오니 이내몸이 세세생생 어디서나
언제든지 반야에서 퇴전않게 하옵소서
우리본사 스승이신 서가여래 용맹처럼
높고깊은 깨달음은 노사나불 경지처럼

날카롭고 명석하기 문수보살 지혜처럼
넓고크신 실천력은 보현보살 행원처럼
가이없는 몸나투기 지장보살 원력처럼
서른둘의 대자대비 관음보살 응신처럼

시방세계 어디든지 인연따라 나투어서
중생들을 이끌어서 무위세계 들게하되
내이름을 듣는이는 삼악도를 면하옵고
내모습을 보는이는 모두해탈 얻어지다

이와같이 교화하기 항사겁이 다하도록
필경에는 부처없고 중생마저 없어지길
시방삼세 항상계신 거룩하신 삼보전에
두손모아 마음모아 지성발원 하나이다

바라오니 천룡팔부 한량없는 선신이여
저희들을 옹호하여 멀리가지 마시옵고
어려운일 당할곳에 어려운일 없게하며
이와같이 크나큰원 이뤄지게 하옵소서

나무 서가모니불
나무 서가모니불
나무 시아본사 서가모니불

#3

이런서원 다시짓되 일체모든 중생들이
모두함께 성불하길 발원해야 할것이니
보살로서 이런서원 일으키지 않는이는
보살계를 받았으나 경구죄를 범함이라

앞의 열세 연聯이 모두 .....언정/망정의
금계를 바탕으로 한 원력이었다면
제36계의 마무리로 올린 이 연은
대승 불교의 원력이 들어 있습니다
그래서 앞의 열세 연은 모두 접고
제14연 하나만 원문과 함께 올립니다

이런서원 다시짓되 일체모든 중생들이
모두함께 성불하길 발원해야 할것이니

바로 이 말씀을 도출하기 위해서
앞의 여남은 원願이 올라온 것입니다

일체중생一切衆生과 함께

실득성불悉得成佛을 얘기하며
열 가지 원력의 끝으로 마무리합니다
사실은 열세 가지 원력이지만……
아무튼 이 마지막 원이 있었기에
범망경 보살계본이 큰 힘을 얻습니다
'모든 중생이 모두 부처가 되길'
이라는 것보다 큰 서원이 있을까요
이는 모든 중생이 원하는 것이고
모든 불보살님의 서원입니다

이 원에서 중요한 것은 중생이고
모든 중생은 진여를 지닌 까닭입니다
많은 분들은 중생衆生을 얘기할 때
생명을 지닌 모든 존재를 가리킵니다
이를 사전적 용어로 살펴보면
곧 산스크리트어 사트바sattva의
번역어로 유정有情이라 합니다
삶을 누리는 생류生類를 가리키며
미망迷妄의 세계 깨닫지 못한
생명을 뜻하기도 합니다

대개는 깨달은 자와 깨닫지 못한 자의

이른바 이분법적으로 분류합니다
이를테면 파리, 모기, 진드기 따위는
생명이 꿈틀댄다 하여 중생이라 하면서
풀과 나무 또는 흙이나 돌 따위는
비정非情/비유정非有情이니 하여
아예 중생 범주에 넣지 않습니다
중생은 무정물無情物에 대하여
어떤 삶의 의식과 감정을 지닌
생물체를 가리키는 명사입니다

여기서 나온 게 일체 중생衆生은
모두 불성佛性을 지녔다 하여
언젠가는 성불成佛한다고 합니다
하여 파리나 모기는 중생인 까닭에
결코 살생해서는 안 된다 하면서
풀草과 나무木 흙과 돌 따위는
무정이라 하여 죄의식이 없지요
파리, 모기는 죽이면 살생이고
초목을 비롯하여 흙과 돌 따위는
함부로 해도 살생이 아니라 봅니다

앞서 본 것처럼 중생은 사트바지요

곧 생명을 지닌 모든 존재이며
소위 깨닫지 못한 것들이지요
중생은 '무리 중衆' '삶 생生'입니다
곧 '무리 지어 사는 삶'이기에
사회적 생물이라고 할 것입니다
또는 아버지와 어머니, 자신이라는
세 인연으로 생긴 존재이기에
핏줄血로 이어진 세 사람 입니다
따라서 '중생'이란 사람에 국한됩니다

그러므로 '일체중생 실유불성'에서
중생은 오직 사람을 가리키며
불성佛性은 곧 부처가 될 수 있는
씨앗seeds이 들어 있어야 합니다
부처 불佛 자 속에도 사람 인亻이
부수로 들어 있는 것과 같이
중衆도 사람 셋 의 합일체지요
그러니까 중생과 부처는
서로 이어질 끄나풀이 있습니다
불성은 오직 사람에게만 있습니다

‘생물속생설生物續生說biogenesis’
루이 파스퇴르가 발견한 생명 이론인데
이러한 아름다운 법칙에서 볼 때
부처와 중생은 사람人이 바탕입니다
따라서 어떤 생명도 부처가 되려면
반드시 사람 몸을 받은 뒤라야
가능하다는 논리가 이루어집니다
그리고 풀과 나무 흙과 돌 등은
무생물이라 좀 건드린다 하더라도
죄의식을 갖지 않는데 그건 아니지요

이 지구 자체를 하나의 생명체로 본
가이아 이론Gaia theory이라면
풀 한 포기도 함부로 할 수 없습니다
사람과 식물과 균류와 미생물이
90% 이상의 같은 DNA를 지녔다면
풀과 나무도 또는 과일과 채소도
똑같은 진여眞如를 지녔기에
소중하게 다루어야 하지만
성불 만큼은 사람만이 가능합니다
진여는 있을망정 불성은 아니니까요

산스크리트어 타타타tathātā를
옮긴 말이 진여眞如입니다
‘있는 그대로의 것’으로 풀이됩니다
한데 이 말이 생각보다 어렵지요
진여니 여여니 하는 말을 즐겨 쓰지만
정작 무슨 뜻이냐 하고 물으면
위의 답 외에 뾰족한 수가 없습니다
쉽게 얘기하면 생명生命입니다
생명은 사람에게만 있는 게 아닙니다
모든 동물, 모든 식물을 포함하여
가이아에게도 적용됩니다

일체중생 실득성불一切衆生悉得成佛
‘일체 중생들이 모두 성불하길’이라는
이 참으로 아름다고 멋진 원은
보살계의 최고 정점입니다
우리절에서는 사언절로 풀이한
〈상단예불문〉에 진여를 집어넣었지요
기존의 상단 예불문 구성을 보면
삼귀의三歸依가 전부입니다
대승기신론에서 표현한 사신四信 중
신진여信眞如가 빠져 있습니다

불법승 삼보는 밖에서도 찾지만
진여는 생명 바로 그 자체인 까닭에
반드시 내면에서 찾습니다
대승기신론의 '기신起信'이 뭡니까
대승적으로 일으키는 믿음입니다
사신 중의 백미는 진여의 믿음이지요
참고로 예불문 전문을 싣습니다

상단예불문上壇禮佛文

茶偈1[새벽예불]
청정수를 길어다가 감로다로 만들어서
삼보전에 올리오니 자비로써 받으소서
삼보전에 올리오니 자비로써 받으소서
삼보전에 올리오니 자비로써 받으소서

五分香禮[저녁예불]
계율선정 지혜향과 해탈향과 지견향의
광명구름 무리지어 온법세에 두루하매
시방세계 한량없는 삼보님께 공양하고
헌향진언 외우오니 옴바아라 도비야훔

茶偈2[사시헌공]
시방삼세 항상계신 거룩하신 부처님과
팔만사천 한량없는 청정하온 가르침과
삼승사과 해탈승께 지성공양 하옵나니
자비하신 원력으로 굽어살펴 주옵소서

욕계색계 무색계의 자상하신 길잡이요
태란습화 모든생명 자애로운 어버이며
사바세계 교주이신 저희들의 크신스승
서가모니 부처님께 귀명정례 하나이다

시방삼세 어디에나 항상계신 부처님께
이한생명 다바쳐서 귀명정례 하나이다
시방삼세 어디에나 항상계신 가르침께
이한생명 다바쳐서 귀명정례 하나이다

크신지혜 문수사리 크신행원 보현보살
크신자비 관음보살 크신원력 지장보살
이들사대 보살님과 거룩하신 마하살께
이한생명 다바쳐서 귀명정례 하나이다

부처님법 부촉받은 십대제자 십륙성자

오백성자 독수성자 일천이백 아라한등
밤하늘의 별들처럼 한량없는 자비성중
이한생명 다바쳐서 귀명정례 하나이다

인도에서 중국으로 우리나라 이르도록
역대전등 제대조사 천하종사 선지식들
먼지처럼 셀수없는 거룩하신 큰스님께
이한생명 다바쳐서 귀명정례 하나이다

시방삼세 어디에나 항상계신 스님들께
이한생명 다바쳐서 귀명정례 하나이다
일체중생 모두지닌 아름다운 마음진여
이한생명 다바쳐서 귀명정례 하나이다

다함없는 삼보자존 크나크신 자비로서
저희정성 받으시고 명훈가피 하옵소서
다만오직 바라오니 법계모든 중생들이
너나우리 한꺼번에 같이성불 하사이다

37) 위험한 곳에는 짐짓 들어가지 말라

포살하는 보살들은 귀기울여 들을지라
도를닦고 행을닦는 출가재가 보살들은
봄과가을 알맞을때 두타행을 할것이요
한겨울과 한여름엔 좌선행을 닦을지라

여름안거 결제때도 상용물을 챙길지니
이를닦는 칫솔이며 손을닦는 비누에다
승가리와 울다라승 안타회의 세벌가사
물병이며 좌복이며 바리때와 주장자와

탁향로와 칼과수건 물거르는 주머니와
부싯돌과 쪽집게와 노끈으로 만든평상
경전이며 율문이며 작은불상 보살상을
하나하나 빠짐없이 챙겨야만 하느니라

두타행을 닦을때나 제방으로 행각할때
백리천리 인연따라 가고오고 오고가되
칫솔비누 비롯하여 보살상에 이르도록
열여덟종 상용품을 지녀야만 하느니라

두타행을 하는때는 안거철을 비낌이니
이른봄과 가을이라 행각하기 좋은계절
음력정월 보름부터 음력삼월 보름이요
음력팔월 보름부터 음력시월 보름이라

봄과가을 두계절에 열여덟종 상용품이
잠시라도 그의몸을 떠나서는 아니되니
나는새의 날개처럼 다시없이 소중하고
닫는수레 바퀴처럼 없어서는 아니되리

포살하는 때가되어 갓배우는 보살들은
보름마다 포살하되 십중대계 비롯하여
마흔여덟 경구계를 읽어야만 하느니라
보살계를 읽을때는 때와장소 가릴지니

불보살님 모신자리 법당에서 읽어가되
교수사에 해당하는 한스님이 읽느니라
두세사람 백천사람 대중포살 일지라도
읽는이는 마찬가지 한스님이 읽느니라

읽는이는 모름지기 높은자리 올라앉고
듣는이는 겸손하게 낮은곳에 자리잡되
스님들의 분에따라 구조칠조 오조가사
엄숙하게 수한뒤에 합장하고 경청하라

여름안거 중이라도 여법하게 수행하고
부처님의 자제로서 교만하지 말것이요
두타행을 행할때도 위험하다 느껴지면
부디조심 할지언정 경동하지 말지니라

험한나라 국경이나 험한임금 있는나라
지리또한 고르잖아 울멍줄멍 한곳이나
풀과나무 넝쿨들이 얼기설기 무성하고
범과사자 맹수들이 출몰하는 곳이거나

물과불과 바람따위 삼재있는 곳이거나
산적도적 해적들이 기다리는 으슥한길
독사들과 독충들이 득실대는 그러한곳
전해듣고 느껴지면 들어가지 말지니라

두타행을 닦을때나 여름안거 중이거나
위험한곳 어디라도 들어가지 말지니라
그럼에도 불구하고 호기로서 들어가면
보살계를 받았으나 경구죄를 범함이라

보살계에서는 열여덟 가지지만
일상에서는 비구가 꼭 지닐
여섯 가지가 있었지요
'비구육물'입니다
그러다가 반세기 전에는
녹음기와 카메라가 추가되었는데
지금은 스마트폰 하나면 충분하지요

37) 위험한 곳에는 점차 들어가지 말라

38) 높고 낮은 차제를 어기지 말라

포살하는 보살들은 귀기울여 들을지라
포살하는 자리에는 여법하게 앉을지니
먼저계를 받은이는 앞자리에 자리잡고
뒤에계를 받은이는 뒷자리에 자리잡되

나이따져 어르신과 젊은이를 묻지말라
비구들과 비구니와 귀인국왕 왕자들과
황문에서 노비까지 격에맞게 자리잡되
계를받은 순서따라 여법하게 앉을지라

이를테면 외도들과 어리석은 사람처럼
늙은이와 젊은이가 앞도없고 뒤도없고
병졸이나 노비처럼 질서없게 하지말라
우리불법 문중에는 무질서란 없느니라

앞선자는 앞서앉고 뒷사람은 뒤에앉아
여법하게 차례대로 질서있게 앉을지니
만에하나 이와달리 중구난방 하는이는
보살계를 받았으나 경구죄를 범함이라

#1

계戒를 받은 순서와 연도에 따라
윗자리 아랫자리가 정해집니다
같은 분을 스승으로 모셨는데
사형師兄이 되고 사제師弟가 됨은
태어난 나이로부터가 아닙니다
언제 계를 받았느냐입니다
그것이 사미(니)계일지라도요
이 계를 중심으로 한 사형 사제가
구족계, 보살계를 중심으로 바뀝니다
여기서는 보살계를 얘기하지요
다시 말해서 그때까지의 사형 사제의
호칭과 자리가 바뀐다는 논리지요
사미는 정식 승려가 아닙니다
요즘 용어로 예비 승려이기에
인턴이라든가 조교를 두고
교수로서 부르지 않는 것처럼
굳이 호칭을 만들어 부를 때
사미님으로 부르는 게 맞습니다
인턴이나 조교에게 선생님이라고 하듯
그냥 부르기 뭣해 '스님'입니다

가령 구족계나 보살계를 받을 때
사형보다 사제가 좀 빨랐다면
전과 달리 사형으로 바뀌게 됩니다
앞서 사미 시절 사형이던 이는
구족계가 늦어지면서 사제가 됩니다
보살계 제38 경구계는 명료하게
'존비 차제를 어기지 말라'고 합니다
그간 출가하여 사미계 받은 서열로
사형과 사제로 불려오던 호칭이
보살계, 구족계를 받으며 바뀝니다

이를테면 사미 시절 사형 사제가
같은 때 같은 자리에서 구족계라든가
또는 보살계를 받았다고 했을 때
사미 시절 호칭은 그냥 이어지겠지만
때로는 그때 바뀌는 경우도 있습니다
세간 나이에 준할 수 있으니까요
이렇게 견주면 이해가 될까요
사미계는 학사學士에 견주고
보살계는 석사碩士에 견주며
구족계는 박사博士에 견준다고

보살계와 구족계는 서열이 없습니다
하나 구별조차 없는 것은 아닙니다
계율 내용으로 놓고 보았을 때
구족계와 보살계는 다릅니다
구족계가 개인 중심이라면
보살계는 사회적 중심입니다
구족계가 승려 개개인에 국한한다면
보살계는 생명체 전체로 번집니다
구족계가 초기 불교설이라면
보살계는 대승 불교 논리입니다

보살계는 크게 두 가지로 설합니다
출가자로 비구 비구니가 있으며
재가자로 귀인 국왕 왕자와
황문/내시, 노비에 이르기까지
부처님 말씀을 알아들을 수 있다면
으레 보살계를 받을 자격이 있고
점차 성불할 수 있다고 말입니다
하여 신분 자체가 없어지진 않습니다
그러나 성자이신 부처님 앞에서는
어떤 신분도 내세우지 않지요

이는 마치 훈련소와 같습니다
그가 누구든 또는 어떤 신분이든
반드시 주어진 훈련을 받아야 합니다
하나 모든 훈련을 무사히 통과하면
능력과 소질에 따라 자대에 배치됩니다
이와 같이 국왕, 왕자, 황문, 노비들도
계를 받기 전에는 서열이 분명하나
보살계를 받게 되면 연도에 따라
선배 후배가 가려지게 됩니다
빠르면 앞에 늦으면 뒤가 되지요

불교는 질서를 중요시합니다
그러므로 정토淨土를 이야기할 때
나는 늘 정토整土를 곁들입니다
정토란 깨끗한 곳이기도 하나
정리정돈이 아주 잘된 곳이라고요
가령 같은 크기의 텅 빈 두 공간에
같은 질량의 물건들을 채웠을 때
오방난전으로 마구 흐트러진 곳과
대형 마트처럼 잘 정리된 곳이 있다면
어디에 큰 점수를 주겠는지요

불교는 역할을 매우 중시합니다
가령 큰 건축물을 지으려고 한다면
여러 가지 건축 자재가 필요합니다
기둥과 대들보 감이 있을 것이고
서까래 감과 주춧돌 감이 있습니다
벽돌 한 장 흙 한 줌 물 한 바가지가
모두 쓰일 자리가 있을 것입니다
어느 하나 버리는 게 없습니다
하지만 설계 없이 아무렇게나
세우建고 쌓는築다고 하여
그대로 건축물이 될 수는 없습니다

보살계를 받기 전에는 귀인과 국왕과
왕자에서 황문 노비에 이르기까지
또는 출가자로 사미 사미니와
비구 비구니 자리가 분명 다릅니다
계를 받기 전에는 있던 세간 차별이
계를 받으면서 수계 순서를 따르다가
일상으로 돌아가면 역할도 환원됩니다
왕은 왕 자리로 노비는 노비 자리로요
설계도 앞에 놓여 있던 여러 자재가
건축을 하면서 역할이 바뀌듯이요

마찬가지 같은 곳 같은 때
같은 전계화상에게서 보살계나
구족계를 받았다면 형제가 바뀝니다
나이가 좀 든 스님은 사형이 되고
좀 젊은 스님은 사제가 됩니다
사미는 승납일뿐 법납이 아니기에
출가 입산한 순서에 따랐지만
함께 구족계 보살계를 받은 뒤에는
법랍에도 세간 나이를 참작하기에
사제가 사형이 될 수 있습니다

구족계 보살계를 누가 먼저 받느냐에
사형 사제는 갈라지게 마련입니다
하루라도 먼저 구족계를 받거나
보살계를 받으면 나이를 떠나
늙어 죽을 때까지 사형이고
늦게 받으면 영원히 사제입니다
이는 출가자에 한하는 까닭에
왕과 황문, 왕자와 노비까지
자기 자리가 바뀌는 것은 아닙니다

39) 으레 강설할 곳에서는 강설하라

보살들은 언제든지 중생들을 교화하되
산림토지 장만하여 절을짓고 불탑세워
겨울안거 여름안거 좌선처를 준비하고
수행할곳 하나하나 차근차근 마련하라

보살들은 모름지기 모든중생 위한고로
대승경율 강설하되 국가간의 전난이며
생각밖의 유행병과 도둑들이 창궐할때
부모형제 화상이며 아사리가 떠났을때

때와장소 가리잖고 대승경율 강설하라
첫이레와 두이레와 삼사이레 오륙이레
칠칠일에 해당하는 사십구재 당해서도
부처님의 대승경율 필히강설 할지니라

여러가지 재회때에 원하는바 기원하고
그날그날 비용들을 피땀흘려 마련할때
큰화재가 일어나고 갑작스레 불은홍수
사업들을 경영할때 대승경율 강설하라

느닷없이 폭풍불어 배가전복 하려할때
너른강과 푸른바다 쓰나미를 만났을때
대승경전 법망경을 독송하고 강설하며
심지법문 보살계를 잊지말고 강설하라

그밖에도 온갖죄보 몸소받게 된다거나
세가지의 악업이며 여덟가지 재난이며
일곱가지 반역죄를 어쩌다가 지었을때
수갑이며 족쇄차고 철창속에 갇혔을때

음란스런 마음이며 성질내는 마음이며
어리석은 마음들이 마구마구 일어날때
질병으로 신음하고 업장속을 헤맬때도
모름지기 법망경을 강설해야 하느니라

그럼에도 불구하고 새로닦는 보살들이
부처님의 대승경율 강설하지 않는이는
그가비록 불자로서 보살계를 받았으나
결국에는 경구죄를 범한것이 되느니라

서른한번 째로부터 서른아홉 계율까지
불자라면 모름지기 하나하나 배운뒤에
공경하는 마음으로 받아지닐 것이니라
범단품에 이르러서 밝힌바와 같느니라

#1

사자死者를 위해서는
무상계無常戒가 으뜸입니다
내가 옮긴 무상계는 두 가지인데
하나는 사사오송四四五頌 무상계고
하나는 사언절四言節 무상계입니다
노래 가사로는 사사오송이 좋고
장엄염불로는 사언절이 제격입니다

무상계 원문原文은 하나인데
우리말 사사오송은 29연聯이고
사언절은 5연이 줄어 든 22연입니다
사언절 옮김이 모두 1,408자인데 비해
사사오송 옮김은 1,508자인 까닭에
사사오송이 100자가 는 셈입니다
다음은 사사오송 무상계입니다

사사오송 무상계

一圓 東峰옮김

끊임없는 변화원리 덧없는세계
한마디로 설하옵신 무상계법문
열반세계 들어가는 관문이되고
고통바다 건네주는 자비의배라

그러기에 예로부터 모든부처님
무상계를 말미암아 열반하시고
시방삼세 한량없는 많은중생들
무상계를 말미암아 고해건너네

선망조상 영가시여 고혼이시여
여섯가지 감각기관 벗어버리고
여섯가지 바깥대상 훌쩍뛰어나
신령스런 알음알이 드러내신이

오늘이제 부처님을 모신자리서
위가없고 깨끗하온 삼귀의계를
열려있는 마음으로 받게되오니
이얼마나 다행스런 일이오리까

선망조상 영가시여 고혼이시여
겁의불길 온세상을 태우게되면
삼천대천 너른세계 함께무너져
어느것도 건질것이 하나없으며

수미산과 철위산등 아홉산들도
완전하게 마멸되어 남음이없고
향수해등 여덟바다 모두말라서
먼지만이 온천하에 흩날리오리

그렇거늘 인연따라 이뤄진육신
나고늙고 병이들고 죽어감이며
근심이며 슬픔이며 온갖고뇌를
어찌능히 멀리멀리 벗어나리까

가신이여 가신이여 조상이시여
머리카락 솜털이며 수염과눈썹
손톱이며 발톱이며 윗니아랫니
살과살갗 근육이며 굵고가는뼈

골수뇌수 때와먼지 피부색들은
본래온곳 흙의세계 되돌아가고

침과눈물 고름이며 붉고붉은피
진액가래 땀과콧물 남녀정기와

똥과오줌 거품이며 온갖수분은
본래온곳 물의세계 되돌아가고
몸뚱이를 덥혀주던 따스한체온
본래온곳 불의세계 되돌아가며

호흡하고 움직이던 바람의기운
본래온곳 바람으로 되돌아가서
사대요소 제뿔뿔이 흩어져가면
가신이의 오늘몸은 어디계시오

가신이여 가신이여 조상이시여
지수화풍 사대요소 자성이없고
허망하고 거짓되온 인연의모임
애착하고 슬퍼할게 전혀없어라

적멸세계 드신시여 당신께옵선
그시작을 알수없는 옛날로부터
오늘바로 이자리에 이르기까지
열두가지 연기법을 의하셨나니

무명으로 말미암아 움직임있고
움직임은 앎의체계 반연하오며
앎의세계 이름모양 만들어내고
이름모양 여섯가지 감관을내며

여섯가지 감관에서 접촉이있고
접촉에서 느낌체계 생기게되며
느낌에서 사랑하는 마음을내고
사랑하는 마음에서 취착하오며

취착하는 마음에서 존재케되고
존재함을 인연하여 태어났으며
태어남에 늙고죽음 근심과슬픔
일체고통 온갖번뇌 생겼나이다

그러므로 그원인을 되짚어보면
열두가지 연기법은 무명이뿌리
무명만일 사라지면 움직임없고
움직임이 사라지면 앎이없어라

앎의세계 사라지면 이름모습도
이름모습 사라지면 여섯감관도

여섯감관 사라지면 접촉도없고
접촉만일 사라지면 느낌없으며

느낌만일 사라지면 사랑도없고
사랑만일 사라지면 취착없으며
취착함이 사라지면 존재도없고
존재만일 사라지면 태어남없네

태어남이 사라지면 늙고죽음과
온갖근심 온갖슬픔 다사라지고
사고팔고 일체고통 다사라지며
팔만사천 온갖번뇌 사라지리다

그러므로 모든법은 본래로부터
언제든지 그스스로 고요한모습
불자로서 이와같이 체득해가면
오는세상 얻으리다 부처이룸을

이세상의 온갖행은 영원치않아
생겨나고 사라지는 그러하온법
생겨나고 사라짐이 모두다하면
평화로운 기쁨이리 적멸의세계

적멸세계 드신시여 당신께옵선
거룩하신 불타계에 귀의하옵고
거룩하신 달마계에 귀의하오며
거룩하신 승가계에 귀의하소서

한량없는 지난세상 보승부처님
여래시며 응공이며 정변지시며
명행족에 선서시며 세간해시며
무상사며 조어장부 천인사이신

부처로서 세상에서 가장높은분
이와같이 아름답고 장엄한덕호
열가지를 모두갖춘 부처님전에
마음모아 지성으로 귀의하소서

가신이여 영가시여 조상이시여
육신으로 이루어진 껍질을벗고
수상행식 생각들을 벗어던지고
신령스런 알음알이 홀로드러나

부처님의 위가없고 깨끗한계를
육신떠난 그몸으로 받으셨으니

그야말로 즐거운일 아닐것이며
또한어찌 즐거운일 아니오리까

천당이든 극락이든 불국토이든
생각대로 마음대로 가서나리니
기쁘고도 기쁘오며 상쾌하온일
부처님의 명훈가피 힘이오이다

당당하고 분명하신 조사서래의
그마음이 깨끗하신 성품의고향
묘한본체 담연하여 처소없으매
산하대지 참된광명 나타내시다

#2

제39계에 관한 계목이 다양합니다
2008년 5월 가산불교문화연구원에서
지관 스님이 발행한 포살본에서는
〈불수복혜계不修福慧戒〉로 되어 있고
중화민국 72년 9월 타이베이臺北에서
바이성白聖Baisheng 법사가 강술한
보살계본강기菩薩戒本講記에서는
〈응강불강계應講不講戒〉입니다
신라 의상의 십대제자 중 한 분이었던
의적義寂은 그의 대승보살계본소
하권下卷 말末 제39계목에서
〈복혜섭인계福慧攝人戒〉라 했지요

나는 이들 세 가지 계목 가운데에서
바이성 법사의 설을 가져왔으나
복과 지혜로 사람을 섭하라고 한
의적 스님 계목이 마음에 와닿습니다
'복과 지혜를 함께 닦으라'고 한
지관 스님의 계목도 아주 좋습니다
하나 경율이 아무리 좋다고 한들

아무데서나 또는 누구 앞에서나
함부로 펼칠 수는 없습니다
자칫 봉변을 당할 수 있으니까요

나는 지난 2004년 11월부터
2009년 2월까지 장장 52개월을
동아프리카 탄자니아에 있었습니다
그러고 보니 꼭 17년 전입니다
나는 그 당시 현지인들과 함께
많은 시간 말라리아를 구제한답시고
탄자니아 곳곳을 뛰어다녔습니다
그때 가장 많이 질문을 받은 게
"마스터Master는 누구시며
왜 탄자니아에 왔습니까?"였지요
그때 나는 늘 대답이 한결같았습니다

'나는 지혜의 영양사'라고 했습니다
탄자니아Tanzania는 물론이고
당시 아프리카 그 넓은 대륙에
불교는 찾아보기가 어려웠습니다
없는 것이 아니라 별로 없었지요
신구교를 비롯하여 이슬람 사원은

우리나라 교회만큼이나 많았습니다
중국, 타이완, 스리랑카, 태국 등
불교 사원이 더러 있었지만
한국 불교는 없었습니다

삼대영양소三大營養素를 들라 하면
탄수화물炭水化物Carbohydrate
단백질蛋白質Protein과 함께
기름기, 지방脂肪Fat입니다
이들 가운데 어느 것이든
한 가지가 부족하거나 넘치면
영양불균형으로 건강을 해칩니다
종교에도 균형이 필요합니다
영양이 몸의 균형을 잡아준다면
지혜 영양은 정신의 균형을 잡습니다

나는 당시 탄자니아에서 어떤 경우도
먼저 불교를 말한 적이 없었습니다
그들이 물어 왔을 때 답을 했지요
원체 떠벌리기를 좋아하였기에
나는 한번 입을 열었다 하면
시간 가는 줄 모르고 얘기합니다

그들에겐 종교 불균형이 심했습니다
가장 부족한 게 불교였습니다
밖에서 신을 찾는 종교는 넘치는데
안에서 나를 찾는 종교가 없었습니다

여기 제39 보살계 계목과 내용은
그런 면에서 매우 중요합니다
첫째 유행병이 돌 때이니
요즘 코로나19와 같은 예입니다
둘째 국난이 일어났을 때며
셋째 도둑들이 창궐할 때입니다
넷째 부모님이나 형제나 화상이나
아사리/스승이 돌아가셨을 때
반드시 칠칠재/49재를 올리고
그때마다 대승 경율을 읽습니다

다섯째 사십구재, 영산재, 수륙재
생전예수재, 천도재 등 갖가지 재회에
부처님의 대승 경율을 읽어야 하며
여섯째 생계를 위해 사업을 시작할 때
일곱째 시험과 승진을 앞두었을 때
반드시 대승 경율을 읽습니다

여덟째 큰 화재가 났을 때도
홍수로 사람과 가축이 떠내려갈 때
아홉째 폭우와 함께 태풍이 불어
집이 쓰러지고 배가 전복되었을 때도
이 대승 경율을 읽으라는 것입니다

열째 강과 바다에서 난리를 만나거나
순현보 순생보 순후보 등
중생이 지은 업으로 받는 세 때와
여덟 가지 어려움에 처했을 경우도
칠역죄七逆罪로 엄벌을 받게 될 때도
그리하여 수갑과 족쇄가 채워지고
구치소나 교도소 등에 구속되었을 때도
계戒는 대승 경율을 읽으라 합니다
보살계는 대승 경율의 독송을
에서 멈추기를 바라지 않습니다

이를테면 시커먼 음심淫心이 돋고
엄청난 화憤怒가 치밀어오르고
어리석은 마음이 일어날 때도
또는 병이 들어 자리보전할 때에도
반드시 이 대승 경율을 읽으라 합니다

경율을 읽는 것은 지혜입니다
지혜를 닦고 키움에 해당합니다
그러나 이러한 일이 일어나기 전에
불자라면 복덕을 쌓아야겠지요
그럼 어떤 복덕을 쌓을까요

절이 없는 곳에 절과 암자를 짓고
산림 토지 등 도량을 마련하고
도량 내 불탑佛塔을 세우고
여름 안거夏安居라든가
또는 겨울 안거 때에
좌선할 선실禪室을 마련하고
시간을 내어 언제나 경을 읽습니다
이것이 곧 복을 쌓음이고
지혜를 다지는 기초가 됩니다
복과 지혜에는 앞뒤가 없습니다
마치 밥과 반찬처럼 동시적입니다

40) 가려가며 계를 일러주지 말라

법사로서 사람에게 보살계를 전할때에
신분이나 피부색을 내세우지 말것이니
국왕왕자 대신관리 청정비구 비구니와
청신사와 청신녀와 검은사내 야한여인

색계십팔 범천들과 욕계육천 하늘들과
생식기가 없는남녀 양성모두 가진이들
내시들과 노비들과 땅귀신과 하늘의신
누구든지 차별없이 계받을수 있느니라

비구들의 세벌가사 본래색을 없앤뒤에
수도자에 어울리게 괴색으로 할것이요
황금색과 푸른색과 검은색과 보라색등
하나하나 유별나게 드러내지 말지니라

장삼가사 승복에서 이부자리 이르도록
여러색을 혼합하여 괴색으로 물을들여
세상사람 입는옷과 비구들이 입는옷은
물들임도 매무새도 달리해야 하느니라

법사로서 보살계를 강설해야 할때에는
수계받을 사람에게 엄숙하게 질문하되
보살계를 받는자여 금생의몸 받은뒤로
칠역죄중 하나라도 지은적이 있었는가

이와같이 질문하여 도에어긋 난다하면
계를주는 법사로서 냉정하게 내칠지니
일곱가지 중한범죄 칠역죄를 지은이는
보살계를 받을자격 아예없는 까닭이라

칠역죄란 무엇인가 부처몸에 피를내고
양친부모 전계화상 아사리를 시해하고
갈마하고 전법하는 대중화합 깨뜨리고
벽지불등 성인들을 까닭없이 죽임이라

일곱가지 중한범죄 칠역죄를 지은이는
금생에는 그몸으로 계를받지 못하지만
칠역죄를 제외하고 다른모든 사람들은
누구든지 보살계를 받을수가 있느니라

출가자는 국왕에게 예배하지 아니하고
부모님을 향해서도 예배하지 아니하며
세간속의 육친에게 공경하지 아니하고
귀신들을 향해서도 예배하지 않느니라

법사보살 쓰는말을 이해할수 있는이와
백리천리 머나먼길 마다하지 아니하고
법을위해 달려오는 수행자가 있을따름
출가자가 절할곳은 오직삼보 뿐이니라

경과율을 강설하는 법사로서 보살로서
미운마음 얽혀있고 노여움에 빠져있어
수계신청 하였으나 계를주지 않는다면
보살계를 받았으나 경구죄를 범함이라

사람 구별에는 몇 가지가 있습니다
첫째 남자와 여자의 구별입니다
처음 대하는 사람일지라도
남자인가 여자인가는 알 수 있습니다
그러니까 지구상에는 오직 두 부류
남자와 여자가 있을 따름입니다
10년 전에 만났던 사람도
또는 50년 전에 만났던 사람도
그가 남자였는지 여자였는지는
모습이나 인상보다 빨리 기억납니다

그만큼 남녀 구별은 자동입니다
둘째는 음성의 구별이지요
역시 독특한 경우를 제외하면
그가 우리말을 구사하거나
영어, 일본어, 중국어를 구사하거나
이도 저도 전혀 알아들을 수 없는
그들만의 언어를 쓰더라도
남자 목소리와 여자 목소리는
분명하게 구별할 수가 있습니다

어쩌면 그리 분명하게 구별될까요

처음 보는 사람도 남녀가 구별되듯
범망경은 보살계를 설하면서
국왕, 왕자, 대신, 공무원으로부터
비구, 비구니, 청신사, 청신녀
시커먼 남자, 야한 여자
생식기가 있는 남자, 없는 여자
두 가지 생식기를 다 지닌 남자 여자
황문黃門과 아랫사람에 이르기까지
실로 많은 부류를 얘기하고 있으나
실제로는 남녀 두 부류입니다

보살계에서는 이들 지구 위에서
살아가는 사람이란 개체 외에
욕계 여섯 하늘 천자를 얘기하고
색계 열여덟 하늘 범천을 들먹입니다
우리 지구는 욕계 여섯 하늘 중
맨 아래에 있는 하늘입니다
지구는 땅인데 어떻게 하늘이냐고요?
이는 지구 자체에서 보는 것이고
지구 밖 우주에 나가서 본다면

으레 지구도 하늘 중의 하나입니다

지구로부터 약 1광년 떨어진 데서
지구를 본다고 가정해볼까요
1광년은 약 10조km입니다
9조 4,610억km라지만
그냥 뭉뚱그려 10조km입니다
이미 2015년 3월 민족사에서 발행한
〈아미타경을 읽는 즐거움〉에서 밝혔듯
이는 지구에서 극락까지 거리입니다
물론 육안으로는 볼 수 없겠지만
극락에서는 지구가 보일까요

지구도 분명 하나의 하늘입니다
불교세계관에서 보면 욕망으로 가득한
욕망欲의 세계界 가운데 하나입니다
이 욕망의 세계는 여섯 단계로서
첫째 사천왕천
둘째 도리천
셋째 야마천
넷째 도솔천
다섯째 화락천

여섯째 타화자재천입니다

색계色界 십팔범천十八梵天은
욕계 여섯 하늘보다 뛰어난
그러나 물질色 중심 세계界입니다
색계 열여덟 하늘은 넷으로 나누는데
첫째 초선천初禪天 세 하늘
둘째 이선천二禪天 세 하늘
셋째 삼선천三禪天 세 하늘
넷째 사선천四禪天 아홉 하늘이지요
이들 열여덟 하늘은 물질 중심 세계로
욕망의 여섯 하늘과 많이 다릅니다

초선천 : 범중천, 범보천, 대범천
이선천 : 소광천, 무량광천, 광음천
삼선천 : 소정천, 무량정천, 변정천
사선천 : 복생천, 복애천, 광과천
무상천, 무번천, 무열천
선견천, 선현천, 색구경천
이들 열여덟 하늘을 벗어나면
그 위로/밖으로 네 하늘이 더 있습니다
이를 일러 무색계無色界라고 하지요

암흑 물질, 암흑 에너지 세계입니다

여기 범망경 보살계본에서는
욕계 육천과 색계 십팔천 하느님은
계를 받을 범주에 넣었습니다만
무색계 사천 하느님은 제외했습니다
왜 무엇 때문에 그렇게 했을까요?
무색계가 물질로 되어 있다 하더라도
우주 망원경에 잡히지 않는 까닭에
암흑 물질, 암흑 에너지로 부르듯
천문학에도 대가이셨던 부처님께서
무색계로 묶은 것은 아닐까요

아무튼 수계 신청자 자격 명단에는
색계 열여덟 하늘의 주재자들과
욕계 여섯 하늘의 하느님들이
함께 들어 있다는 것입니다
이들 하늘 주재자들을 부를 때
남자왕King, 여자왕Queen
가리잖고 수계식에 초대했을까요
내용으로 보아 으레 그랬을 것입니다
남녀와 노소와 신분의 높낮이와

피부, 언어, 옷도 가리지 말라셨으니

보살계를 대승 계율이라 칭하는 것은
바로 이러한 포괄성에 있습니다
물론 사람 형태를 지녔겠지만
사람의 모델이 된 하느님조차도
불계를 받아 지닐 수 있다고 합니다
단 어떤 경우는 예외라고요?
칠역죄七逆罪를 지은 자입니다
부처에 관해서는 살해가 아니기에
다치게 만하더라도 역죄逆罪이지만
나머지 다섯은 모두 시해가 원인이며
여섯째 대중 화합을 깨뜨리는 죄는
시해가 아니어도 역죄입니다

#2

가사袈裟는 '소리옮김音譯'입니다
산스크리트어 카사야kāṣāya는
불교 승려가 장삼 위에 입는
장방형 포대기옷입니다
이 가사를 한자 자전字典에서는
이처럼 '가사家事'로 쓰고 있습니다
물론 오타라고 짐작하고 있으나
소위 자전인데 문제가 있지 않을까요
아무튼 승려의 법복 가사kāṣāya는
가사家事가 아닌 가사袈裟입니다

가사는 불교에서 염색染色으로 정한
청靑, 황黃, 적赤, 백白, 흑黑 색을
한데 섞어 나온 목란색입니다
이들 다섯 가지 기본 원색을
깡그리 부수었기에 괴색壞色이죠
자목련 빛깔의 검붉은 색입니다
무너질 괴壞 자를 파자하면
흙 토土 부수에 품을 회褱 자입니다
부수 흙 토에 의미가 들어 있고

품을 회 자는 소릿값입니다

그런데 여기 무너질 괴壞자에서는
오히려 소릿값에 뜻이 들어 있습니다
요즘도 향수에 젖어 벽돌을 찍고
황토 흙으로 맥질을 하고 있습니다만
옛날에는 흙이 으레 건축자재였지요
흙집土이 무너지는 것을 보며
옷섶衣에 눈罒물氺을 흘렸습니다
무너질 괴壞 자에 담긴 뜻인데
'무너지다'와 '부서지다' 등의
대표적 동사動詞로 쓰고 있습니다

가사의 다른 이름이 무엇일까요
똥오줌이 묻고 여러 가지 오물이 묻은
분소의糞掃衣로 곧 걸레옷입니다
요즘 와서 가사의 빛깔을 놓고
괴색이란 말을 쓰고 있지만
가사는 이와 같이 걸레옷입니다
걸레옷은 그렇게 만든 것이 아니라
쓰레기장에서 천 조각들을 주워
이를 잇대어 바늘로 한 땀 한 땀 꿰매고

그렇게 만들어진 옷이 가사입니다

내 짐작하기로 분명 부처님 당시에는
오조, 칠조, 구조, 이십오조라든가
세로의 조條 수가 없었습니다
퀼트quilt처럼 조각조각 누빈 옷
이게 바로 가사였을 것입니다
그렇다면 퀼트는 어디에서 왔을까요
눈 밝은 분은 이렇게 답할 것입니다
만다라曼陀羅/Mandala라고요
금강정경을 바탕으로 한 금강계와
대일경을 바탕한 태장계가 있습니다

이들 만다라와 퀼트로 꾸민 누비옷과
괴색壞色과 분소의는 하나입니다
오색五色에서 흑백을 제외했을 때
나머지 셋은 어떠어떠한 색일까요
청靑, 황黃, 적赤일 수도 있으나
CMY로 부르는 색의 삼원색입니다
이때 어떤 이는 이렇게 묻겠지요
RGB로 부르는 빛의 삼원색이라고요
색의 삼원색과 빛의 삼원색은

감산혼합과 가산혼합 차이입니다

색의 삼원색은 감산혼합이기에
프린터를 통하여 색을 드러내지만
빛의 삼원색은 가산혼합이기에
조명등, TV, 모니터 등에서
그 역할을 드러냅니다
법法, 보報, 화化 삼신三身이
적멸의 세계로 모습을 감추는 게
이른바 색의 삼원색에 해당한다면
중생을 교화하기 위해 삼신불이
모습을 드러냄은 빛의 삼원색입니다

빛의 삼원색은 색 그대로
색의 삼원색은 또한 색 그대로
무한한 컬러를 표현해 내고 있습니다
이는 곧 법신불, 보신불, 화신불이
숨을 때는 암흑세계로 들어가지만
드러낼 때는 생명의 모습입니다
이들 삼원색과 만다라는 하나입니다
금강계와 태장계만다라입니다
이들 만다라는 분소의가 되고

기운 누비옷이 되고 퀼트가 되고
마침내 스님들의 법복 가사가 됩니다

괴색에서 특히 두드러지는 게 있지요
바로 흰白색과 검은黑색입니다
흰색과 검은색도 분명 색인데
삼원색이 섞이기 전에는 없습니다
일곱 색깔 무지개에도 없습니다
프리즘을 통과한 스펙트럼에
흰색과 검은색이 들어 있던가요
1AU를 날아온 태양광빛 속에서도
찾아볼 수 없었던 흑백의 세계를
괴색에서는 은근히 표현합니다

이미 괴색이라면 정색이 없습니다
그런데 흰색 검은색이 있다고요
스펙트럼이나 무지개에 없고
색의 삼원색과 빛의 삼원색에도
원색에서는 찾아볼 수 없는 흑백이
괴색에서 거론된다는 것이
아무리 생각해도 참 멋집니다
알고 보면 검은색과 흰색이

모든 컬러의 원조입니다
이를 회사후소繪事後素라 합니다

그림은 반드시 흰 바탕을 손질한 뒤
다양하게 채색을 한다는 뜻이며
또한 화가가 그림을 그릴 때
흰색을 가장 맨 나중에 칠하여
다른 색을 더 선명하게 함입니다
이를 사람에 빗대어 말하기도 합니다
사람은 좋은 바탕이 있은 뒤에
문식文飾을 더해야 한다는 뜻이지요
그래서 어떤 이들은 고려청자보다
조선백자가 훨씬 좋다고 합니다

가사에 관하여 다시 언급하지만
지금 스님들이 수하는 가사는
많은 변화를 거친 것이지요
가사 재료가 비단緋緞입니다
걸레옷糞掃衣과는 거리가 멉니다
그렇다고 잘못이란 게 아닙니다
그 밖의 조계종 가사를 제외한다면
아무리 보아도 괴색은 아닙니다

너무 붉거나 너무 밝습니다
그러고 보니 전계화상이 수하는
황금색 가사도 있긴 있습니다그려

문득 19세기 영국의 위대한 평론가며
역사가였던 '토머스 칼라일'의 저서
⟨의상철학Sartor Resartus⟩을
신선하게 접했던 생각이 떠오릅니다
1986년에는 번역된 책이 없었기에
애써 일서日書를 구해 읽었는데
소설 형식을 빌린 사상서였습니다
어떤 옷, 어떤 컬러를 비롯하여
단추, 모자, 장갑, 시계까지도
사람의 마음을 움직이는 철학이
담겨 있다는 좀 멋진 책이었습니다

#3

출가자는 국왕에게 예배하지 아니하고
부모님을 향해서도 예배하지 아니하며
세간속의 육친에게 공경하지 아니하고
귀신들을 향해서도 예배하지 않느니라

보살법사 하는말을 이해할수 있는이가
백리천리 머나먼길 마다하지 아니하고
계를위해 달려오는 그런자가 있다하면
겉모습을 내세워서 거절할지 말지니라

경과율을 강설하는 법사로서 보살로서
미워하는 마음으로 이것저것 가려가며
계를신청 하였으나 계를주지 않는다면
보살계를 받았으나 경구죄를 범함이라

〈사문불경왕자론〉이 있습니다
중국 동진東晉 때 뛰어난 고승으로
여산 혜원 선사(334~416)가
404년에 쓴 불배론不拜論입니다

'절하지 않는다'는 내용입니다
누구에게 절하지 않을까요
으레 권력에 절하지 않음입니다
예나 이제나 권력 앞에서는 약하고
대개 그 앞에 무릎을 꿇습니다
뭇 생명은 힘 앞에 꼬리를 내립니다

알고 보면 권력은 영원하지 않습니다
오죽하면 권불십년權不十年일까요
그럼에도 만일 지위가 높아지면
높아지는만큼 목은 빳빳해지고
눈꼬리는 치켜올라갑니다
여산 혜원 선사는 난을 겪으면서
부모님에게 절하지 않고
육친을 공경하지 않으며
귀신에게 절하지 않는다는
독특한 논문을 발표하게 됩니다

논문은 총 다섯 부분입니다
재가자와 출가자 세계가
다르다는 데서 시작합니다
첫째는 훌륭한 집안在家과 함께

이름 있는 명문 교육名教을 내세운
재가자의 세속적 윤리에 관한 서술이고
둘째는 출가出家한 수행자가
부처님 법을 기본 바탕으로 하여
어떻게 중생을 제도할 것인가 하는
입장을 서술하고 있습니다

셋째는 구종불순화求宗不順化로서
열반涅槃 경지를 요구하는 사문은
강한 권력을 손에 쥔 왕자나
군주와 대등하다는 주장입니다
넷째는 체극불겸응體極不兼應으로
부처와 주공周公과 공자孔子가
방법의 차이가 있을지언정
귀결점은 동일하다는 주장입니다
권력자가 주공과 공자를 섬긴다면
부처님도 같은 높이라는 것이겠지요

무엇보다 다섯째가 좀 중요합니다
형진신불멸形盡神不滅입니다
곧 눈에 보이는 겉모습은
언젠가는 다하는 한이 있더라도

보이지 않는 정신은 멸하지 않는다는
신불멸론神不滅論의 전개입니다
여기서 신神은 귀신이 아니고
정신을 표현한 것입니다
이를 바탕으로 출가 수행자는
국왕을 향해 예배하지 않습니다

이 '왕에게 예배하지 않는다'에서
추가된 것이 세 가지입니다
부모를 향하여 예배하지 않으며
육친六親을 공경하지 않으며
귀신에게 예하지 않는다는 것입니다
예배니, 예니, 공경이니 하는데
예는 특히 형식이 중요합니다
오체투지五體投地의 예배 형식은
인도나 중앙아시아 등지에서는
찾아볼 수 없는 모습이지요

초기 불교와 대승 불교의 다리인
금강경 제2 선현기청분에 보면
수보리菩現가 대중들 속에 있다가
자리에서 일어나 오른 어깨를 여미고

오른쪽 무릎을 사뿐히 땅에 꿇고
두 손을 모은 채 공경을 다하여
청법하는 장면이 나옵니다
이마와 두 팔을 땅에 대지 않고
왼쪽 다리는 세운 채입니다
여기에 오체투지는 없습니다

설령 두 무릎을 다 굽혔다 하더라도
두 손과 이마를 땅에 대지 않지요
불교가 중국에 들어오면서
중국의 제례 문화와 습합합니다
예배에 아홉 가지가 있는데
이른바 구배九拜입니다
큰 절을 아홉 번 한다는 뜻도 있으나
절하는 방식이 아홉 가지입니다
주례周禮에 등장하는 예배로
아홉 가지 명칭을 볼까요

1. 계수稽首
2. 공수空首
3. 돈수頓首
4. 길배吉拜

5. 진동振動

6. 기배奇拜

7. 숙배肅拜

8. 포배褒拜

9. 흉배凶拜

위에서 보듯이 아홉九 가지 절拜에

예禮 자가 들어 있지 않습니다

단지 머리首는 어떻게 하며

두 손拜은 어떤 모습으로

어디에 둘 것인가 따위입니다

절 배拜 자는 '절하다'의 상형문자로

두 손拜을 맞대 겹친 모습입니다

어떤 경우 절 배拜 자를 놓고

회의문자로 해석하기도 합니다

아무튼 손 모습은 매우 중요하지요

가볍게 인사를 드러낼 경우에도

표정은 으레 말할 것도 없고

대개 오른손을 내밀어 악수합니다

때로 먼 발치에서 손을 흔들어

만남과 헤어짐을 뜻하기도 하지요

어떤 경우 두 손을 함께 흔들어
인사를 표현하기도 합니다
아무튼 절拜의 기본은 손手입니다
머리를 숙이거나 또는 흔들거나
얼굴 표정으로 표현할 수도 있지요
그래서 머리 수首 자를 놓습니다

문헌으로 보아 인도를 비롯하여
네팔, 방글라데시, 부탄 등
중앙아시아 불교라든가
스리랑카, 미얀마, 타일랜드
말레이시아, 베트남, 캄보디아 등
동남아시아 불교에서는
우리나라 불교처럼 오체투지로
예불하는 모습을 찾기 어렵습니다
오체투지 예배는 앞서 본 것처럼
주례周禮와 습합한 불교 예식입니다

중요한 것은 전래된 문화입니다
중국 불교를 받아들인 불교
인도 불교의 예배를 받아들여
혜원이 사문불경왕자론을 썼으나

여기에는 수행자로서 권력에 빌붙어
아부하지 말라는 뜻이 담겨 있지요
이는 목에 힘주라는 게 아니고
눈꼬리를 치켜올리라는 게 아닙니다
수행자는 겸손이 으뜸 덕목이고
하심下心으로 힘을 삼습니다

41) 덕이 없이 거짓 스승이 되지 말라

포살하는 보살들은 귀기울여 들을지라
사람들을 교화하여 깊은신심 일으킬때
수계하는 보살로서 아사리가 되었거든
계를받는 제자에게 갖출것이 있느니라

전계화상 비롯하여 두사람의 아사리를
정중하게 청하나니 교수사와 갈마사라
계를받는 제자에게 수계하고 갈마하되
보살계를 주기앞서 자상하게 물을지라

수계할수 없는허물 법사로서 물을지니
칠역죄라 이름하는 칠차죄를 지었는가
만에하나 그몸으로 칠차죄를 지었다면
보살계를 줄수없고 받을수도 없느니라

그런데도 칠차죄를 짓지아니 하였다면
법사로서 그들에게 계를설해 줄지니라

십중대계 범한이는 모름지기 참여하되
불보살님 모신데서 여법하게 할지니라

밤낮없이 여섯때에 십중대계 비롯하여
마흔여덟 경구계를 일념으로 외우면서
과거현재 미래제의 일천불께 예배하되
좋은조짐 생기도록 힘쓰면서 노력하라

만에하나 좋은조짐 나타나지 않는다면
한이레와 두이레와 스무하루 석달열흘
한해동안 이르도록 오롯하게 독송하고
예배하고 기도하여 좋은조짐 얻게하라

좋은조짐 이라하면 어떤것을 뜻하는가
부처님이 나타나사 이마만져 주시거나
상서로운 밝은광명 아름다운 무지개와
청황적백 사색연꽃 앞다투어 피움이라

그러므로 말하나니 이런조짐 얻게되면
십중대계 중죄라도 그자리서 소멸되나

그와같은 좋은조짐 나타나지 않는다면
일심으로 했더라도 이익될게 없느니라

이사람은 현생에서 계를받지 못하지만
내생에는 수계인연 지을수가 있느니라
그러므로 마흔여덟 경구계를 범한이는
수계법사 있는데서 지성으로 참회하라

두손모아 참회하면 지은죄가 소멸되니
계받을수 없는중죄 칠차죄와 다르니라
그러므로 계받는법 일러주는 법사라면
이런법을 하나하나 알아야만 하느니라

대승경과 대승율을 이해하지 못한채로
가볍거나 무겁거나 옳고또는 그르거나
계의모습 하나하나 바로알지 못하거나
제일의제 무엇인지 알아야만 하느니라

십발취의 습종성과 십장양과 성종성과
십금강심 불가괴성 십지보살 도종성과

부처경지 정법성과 들고나는 관법이며
초선이선 삼사선의 열여덟의 선지에서

가려뽑은 선의경지 열가지에 이르도록
이에관해 어느것도 전혀알지 못하면서
보살이란 이름하에 이양만을 좇아가고
악착같이 찾아내고 마구마구 구하도다

반듯하고 총명하며 젊은이를 보게되면
제자로서 삼으려고 온갖수단 다하여서
아는것도 없으면서 모든경율 다아는척
마음속에 담겨있는 양심마저 속이나니

공양물을 받기위해 스스로를 속이면서
또한다시 한결같이 다른이를 속임이라
남들에게 대승불계 일러준다 하거니와
보살계를 받았으나 경구죄를 범함이라

#1

남을 가르치는 스승이 된다는 게
생각처럼 쉽지가 않습니다
반세기 가까운 옛날
해인사 궁현당에서 익혔던
대승 보살계 포살 의식입니다
이론보다도 가슴을 찌르는 것은
보살계대로 잘 살아왔는가입니다

원효 보살 큰스님(617~686)께서는
범망경소梵網經疏를 비롯하여
범망경종요梵網經宗要
범망경약소梵網經略疏
범망경보살계본사기菩薩戒本私記
보살계본지범요기菩薩戒本持犯要記
보살영락본업경소菩薩瓔珞本業經疏
사분율갈마소 四分律羯磨疏 등
계율에 관해 많은 글을 남기셨습니다

서투른 숙수가 피나무 안반만 나무란다
우리나라 속담 가운데 하나이지요

범망경 보살계본 강의 중에
내 배움이 짧음은 생각지 않고
계법의 어려움만 탓하고 있습니다
중국 불교에서는 찾아볼 수 없고
한반도 불교사에서 유일하게
보살이란 칭호를 얻은 분
아, 원효 보살이시여
굽어살피소서

#2

호상好相을 조짐이라 풀이합니다
더 정확하게 표현하면 좋은 조짐이지요
말하자면 상서祥瑞고 상서로움이며
경사롭고 길한 징조徵兆입니다
왜 범망경 보살계본에서는
길한 조짐을 고집할까요
되려 숫다니파타, 담마파다 등
초기 불교에서는 찾아보기 어려운
조짐을 대승 불교에서는 언급합니다
계를 설하는 마당에서 말입니다

호상好相을 뒤집어 놓으면
부처의 이미지 상호相好가 됩니다
삼십이상三十二相을 논하고
팔십종호八十種好를 설합니다
물론 상호는 사람의 겉모습과 함께
그가 지닌 특징과 특기입니다
키와 허리둘레는 얼마이며
몸무게는 어느 정도이며
얼굴 형태와 음성은 어떠하며
재주와 특징이 무엇이냐 등입니다

서른두 가지 타고난 모습相과 달리
여든 가지 호감好은 좀 다릅니다
손흥민 선수의 두드러진 킥과
밝은 표정이 바로 호好며
BTS의 율동과 보컬vocal은
더없이 뛰어난 느낌으로 이어집니다
어린 아기의 재롱에서 느껴지는
귀여움을 뭐라 표현할까요
으레 느낌 체계이기에
이를 호好라 표현할 수밖에요

문헌에 따르면 상相과 호好를 묶어
서른둘의 굵직굵직한 모습相과
여든 가지 섬세한 모습好으로
상호를 애기하곤 하는데
이 말이 꼭 틀린 것이 아니나
상호에 관한 내 해석은 다릅니다
상相은 재단裁斷에서 시작합니다
나무木막대에 눈금目을 그어
자尺를 만들어 마름질을 합니다

바로 이 '마름질하다'라는 동사에서
마침내 관상觀相이 등장하지요
관상의 역사는 불교와 관계가 깊습니다
정반왕과 마야부인 사이에서 태어난
실달타를 놓고 아버지 정반왕은
아시타라는 신선을 초빙하여
아들 관상을 보도록 합니다
아시타 선인이 눈물을 흘리자
덜컥 겁이 난 정반왕이 묻습니다
"뭔가 안 좋은 일이라도 있습니까?"

이때 아시타 선인은 이렇게 말합니다

“제가 흘리는 눈물은 두 가지입니다
첫째는 부처님께서 출현하심이고
둘째는 그 부처님을 뵙지 못함입니다”
정반왕이 매우 궁금해하자
선인이 한마디를 덧붙입니다
“왕자는 장차 전륜성왕이 되거나
거룩한 부처가 되실 분입니다
그러나 제 나이가 너무 많아
부처 모습을 뵐 수가 없으니까요.”

관상에 관한 구체적 역사입니다
상相으로 보면 전륜성왕이고
호好로 보면 부처입니다
상도 분명 바뀔 수가 있으나
호는 후천적이라 만들어갑니다
호는 고정固定된 틀이 아니라
만들어가는 하나의 느낌 체계로서
스포츠, 무용, 기술 따위입니다
훈련을 통해 만들어짐이며
남에게 감동을 일으키게 되지요

우리 속담에 이런 말이 있습니다

'사주四柱보다는 관상觀相이고
관상보다는 심상心相이라고'
석굴암 불상에서 상相을 본다면
서산 마애 삼존불 미소는 호好입니다
한데 이를 호상으로 도치하면서
좋은 조짐으로 해석합니다
만약에 좋은 조짐이 있게 되면
십중대계 중죄도 바로 소멸되지만
그렇잖으면 아무 이익이 없다 합니다

어찌 보면 사람 마음이 강한 듯싶지만
생각보다 연한 것이 마음입니다
말 한마디에 천 냥 빚을 갚는다지요
'힘내'라는 한마디가 힘을 주고
'넌 안 돼'라는 그 한마디에
사람은 커다란 상처를 입습니다
범망경 보살계 제40계목에서
소위 호상好相 하나를 놓고
상서니 또는 좋은 조짐이니 하는
결과 예단에 모두를 걸지는 않습니다

보살계 제40계목 명제가 무엇입니까

‘덕 없이 거짓 스승이 되지 말라’
이 말씀이 좋은 조짐, 좋은 징조에
수행의 모든 것을 거는 보살 법사를
경계하는 것은 아닐까 싶습니다
손바닥에 쓴 ‘왕王’자 하나를 놓고
아까운 에너지를 쏟을 게 아니라
배임과 엄청난 불로소득으로
세상을 흔들어 놓는 작자들에게
차가운 눈길을 보내야 하지 않을까요

#2

낮과 밤은 한몸인데

동봉

돋는 해를 바라보며
결합 쌍둥이 중 언니 낮이
동생 밤의 옆구리를 쿡 찍는다
너 혹시 낮이 어떤지 알아?
방금까지 별과 소곤대던 동생이
늘어지게 기지개를 켜며 답한다
들어봤지만 잘 몰라

땅거미와 함께 낮잠에서 깬 밤이
잠자려는 낮의 손을 잡는다
언니는 별을 본 적 있어?
아니, 아직까진 없어
별은 혼자가 아니라서
외로운 적이 없었어
낮이 바싹 다가앉으며 묻는다
그런데 얘 별이 누구야?

밤과 낮은 결합 쌍둥이다
같은 시 같은 분 같은 초에
이 세상에 태어났지만
서로 떨어진 적이 한 번도 없다
그럼에도 불구하고
서로가 서로를 모른다

두 자매의 얘기를 들으며
나는 시나브로 생각에 잠긴다
제일의제第一義諦가 뭐고
습종성習種性이 뭔지
장양성長養性도
성종성性種性도
불가괴성不可壞性도
도종성道種性도
정법성正法性도 모른다

나는 낮도 모르고
밤도 모른다
보살계가 뭔지 모른다
그저 입으로만 떠벌릴 뿐
보살계를 가르칠 자격이 없다

42) 아닌 곳에서 계를 설하지 말라

불자로서 오롯하게 이익만을 위한고로
보살계를 받지않은 이교도를 비롯하여
불한당이 있는데서 천부처님 말씀하신
대승경율 보살계를 강설하지 말지니라

삿된견해 품었다면 강설하지 말것이요
여기에서 이말하고 저기에서 저말하는
그와같은 자들에게 포살하지 말지니라
한나라를 다스리는 국왕만은 예외니라

불한당과 사견인은 보살계를 받지않아
축생들과 다름없고 벌레들과 같은지라
세세생생 불법승을 친견할수 바이없고
목석처럼 무심하니 이들이곧 외도로다

삿된견해 가진이는 나무토막 다름없고
못된마음 지닌이는 미생물과 같은지라
악한사람 면전에서 칠불교계 설한다면
보살계를 받았으나 경구죄를 범함이라

42) 어느 곳에서 계를 설하지 말라

#1

칠역죄七逆罪를 지은 자가 아니라면
누구나 계를 받을 수 있다고 한 지
과연 얼마나 지났을까요
말 떨어지기가 무섭게
여기서 그 논리가 바뀝니다
아무 데서나 설하지 말라고요
진주가 비록 가치가 있다고 한들
돼지의 목에 걸어줄 수는 없습니다

부처님이 설하신 금계禁戒는
금계金戒처럼 너무나 소중하기에
부처님 말씀을 금언金言이라 합니다
마치 황금처럼 가치가 있습니다
이와같은 황금 계율金戒을
축생에게 던져주면
그들이 알아차릴까요
천불千佛이 설하신 큰 계를
아무에게나 던질 수는 없습니다

벌써 마흔한 해 전 바로 오늘이니

1980년 10월 27일입니다
불교계로서는 치욕의 날입니다
신군부의 법난法難입니다
법난이 일어나기 꼭 한해 전
1979년 10월 26일에는
박정희 전 대통령이
최측근의 흉탄에 서거하고
그 틈을 타 신군부가 자리잡습니다

신군부 군화는 무자비했습니다
그들에게 종교의 거룩함은
아무 의미가 없었습니다
특히 말 잘 듣고 순하기만 한 불교는
법난으로 많은 희생을 당했는데
당시 내가 알고 있던 스님도
바삭바삭 부러진 척추를 안은 채
마흔 해 동안을 신음하다가
지난 겨울 입적했습니다

칠역죄 중에는 마지막으로
화합 교단을 깨트린 죄가 있습니다
말 잘 듣는 불교계를 본보기로

흉기를 함부로 휘두른다면
그 죄가 얼마나 클까요
달라이라마가 망명길에 오를 때
12만 명이 죽임을 당했으며
티베트 내의 고귀한 사원
6천여 채가 불타버렸습니다

요 근래에는 미얀마 국민들이
군정에 시달리고 있습니다
귀한 주권을 빼앗긴 채
생명까지 위협을 받고 있습니다
이는 남의 나라 이야기니까
아예 어떤 관심도 갖지 말라지만
사람 살아가는 게 어디 그렇습니까
으레 신경이 그쪽으로 쓰일 수밖에요

마흔한 해 전 10.27법난에서
신군부의 제물이 되었던
스님들을 생각할 때
보살계 제42계목이 떠오릅니다
부처님께서는 말씀하셨습니다
'원망을 원망으로 갚지 말라

원망은 원망을 낳고 낳아
끝내 원망으로 이어진다'고요
비록 이율배반적이지만 말입니다

43) 짐짓 부처님 금계를 헐지 말라

포살하는 불자들은 일심으로 경청하라
신심으로 출가하여 바른계를 받은뒤에
엉뚱하게 마음내어 계를시험 한답시고
성스러운 보살계를 깨뜨리지 말지니라

단월들이 보시하는 공양물은 물론이고
그나라의 땅을밟고 다닐수도 없거니와
물한모금 공기한줌 마실자격 하나없고
쌀한톨과 과일한개 먹을수가 없느니라

계를지닌 불자들은 오천선신 용호하나
계를범한 작자에겐 오천악귀 따르나니
그의앞길 가로막고 소리내어 꾸짖기를
다시없는 도적이다 도와주지 말지니라

절집이며 성읍이며 시골마을 어디서나
귀신들은 그의자취 남김없이 지워대고
세상모든 사람들은 입을모아 꾸짖기를
불법중의 도적이라 도와주지 말라하네

일체모든 중생들이 곁을주지 아니하니
그의모습 싫어하고 그의이름 멀리하여
짐승이요 축생이라 다를것이 하나없고
마른나무 토막인양 정이란게 없느니라

그러므로 불자로서 부처님이 설하신바
대승경율 바른계를 장난삼아 범한자는
보살계를 받았으나 보살이라 할수없고
마흔여덟 경구죄를 범한것이 되느니라

#

자자자
계 받은 기분이다
그냥 넘길 수는 없잖아
오늘 저녁 다들 한 잔 어때?

방생으로 유명한 곳에
횟집 하나 없겠어
맛집 찾아봐

그래도
설사
이러지는 않겠지!

44) 경과 율을 공경하라

포살하는 불자들은 일심으로 경청하라
일체모든 보살들은 한결같은 마음으로
대승경과 대승율을 수지하고 독송하며
베껴쓰고 해설하며 정성스레 공양하라

살갗벗겨 종이삼고 피를뽑아 먹물삼고
골수로서 벼루삼고 뼈를쪼개 붓을삼아
부처님의 대승경율 이와같은 범망경을
일심으로 베껴가며 한자한자 쓸지니라

나무껍질 닥종이와 비단천과 대쪽이며
탑본하고 영인하여 곱게써서 간직하되
일곱가지 보석이며 좋은향과 연꽃으로
주머니를 만들어서 경과율을 보호하라

이와같이 불자로서 부처님의 경과율에
곧음마음 바로내어 공양하지 않는이는
나름대로 보살계를 받았다고 하겠으나
마흔여덟 경구죄를 범하는게 되느니라

#1

종교 얼개는 3가지입니다
첫째는 교주教主고
둘째는 교법教法이며
셋째는 교단教團입니다
어떤 종교도 교주가 없다면
한갓 무속에 지나지 않습니다
비록 교주가 있더라도
교리教理나 교법이 없다면
역시 종宗은 가능할지 모르나
교教 없는 종宗이 됩니다

종宗과 교教는 갖추어졌는데
뭐가 결여되면 안 될까요
보살이고 수행자입니다
이처럼 교주의 정신과
교주가 남긴 가르침은 있는데
이런 소중한 진리를 전하는 이가
교단에서는 반드시 있어야 합니다
불교에서는 칠부대중입니다
비구, 비구니, 사미, 사미니, 식차마나와

재가 대중으로 우바새, 우바이입니다

종교는 이들 셋을 필요로 합니다
그에 담긴 가치를 놓고 보면
어느 하나도 빠지지 않고
같은 위치의 가치를 지닙니다
이를테면 이는 삼대영양소와 같아
어느 한 가지만 없어도 안 됩니다
이를 시간적으로 놓고 보면
불교의 교주 부처님은
살아 있는 모습을 볼 수 없고
그의 가르침만이 남아 있습니다

부처가 깨달은 것은 창조가 아니라
본디부터 늘 있어 온 것입니다
물리物理 세계에서처럼
법칙法則Law이며
이론理論Theory이며
원리原理Principle입니다
중력重力gravity을 놓고 볼 때
사물이 지닌 운동의 법칙을
물리학자 뉴턴이 발견했을 뿐

그가 새로 만들어 낸 게 아닙니다

마찬가지로 부처가 깨달은 진리도
법칙에서 벗어나지 않습니다
보살계에서 펼치는 논리도
혼자 또는 여럿이 살아갈 때
꼭 필요한 사이間의 법칙입니다
너와 나, 그리고 우리 사이間에는
반드시 질료인質料因이란 게 있고
보조연輔助緣이란 게 있습니다
시간, 공간, 세간, 인간이 모두
사이의 법칙으로 존재합니다

쓸데없이 얘기가 길어집니다만
종교는 교주와 교리와 교도
곧 교단이 있어야 합니다
삼각대처럼 어느 하나만 없어도
나머지 둘로 서 있을 수 없듯
둘 없이 하나만으로도
삼각대는 서 있을 수 없습니다
삼각대는 물리의 법칙일 뿐
종교처럼 생명력은 없습니다

종교는 영속성을 필요로 합니다

이 영속성을 잇는 힘이 있으니
이것이 이른바 가르침입니다
종교는 과학이 아니며
또한 물리학도 아닙니다
과학적이고 물리학적인 면이
가르침에 내재해 있을 뿐입니다
한데 여기서 한번 되묻고 싶습니다
종교는 위에서 살핀 바와 같으나
불교는 종교Religion일까요
아니면 종교宗敎일까요

이에 관해서는 나중에 시간을 갖고
꼼꼼하게 살필 필요가 있습니다
아무튼 불교를 처음 여신 분
부처님은 존재하지 않고
그분의 가르침만 전해집니다
이 가르침은 크게 3가지로
첫째는 삶이 무엇이고
둘째는 어떻게 살 것이며
셋째는 이들 조정장치입니다

곧 교敎와 율律과 마음心입니다

마음은 생명의 바탕이고
이 마음의 흐름을 관하는 것이
이른바 선禪/명상의 세계입니다
보살계는 여기서 둘째에 해당합니다
세간世間은 혼자 사는 곳이 아니며
여럿이 더불어 사는 곳입니다
그러기 위해서는 어떻게 살 것인지
삶의 틀과 방법이 필요합니다
하여 불교에서는 보살계와 함께
숱한 계율이 등장합니다

그렇다면 계율을 담은
범망경을 어떻게 읽을 것이며
이 보살계를 어떻게 공경할 것인가
이 방법을 계율로 제정한 것이
보살계 제44경구계 내용인
불경경율계不敬經律戒입니다
첫째 잘 받아受 지니持고
둘째 소리내어 읽으讀며
셋째 송두리째 외誦고

넷째 베껴寫 쓰書며

다섯째 해설解說하고

여섯째 공경供敬함입니다

#2

살갗벗겨 종이삼고 피를뽑아 먹물삼고
골수로서 벼루삼고 뼈를쪼개 붓을삼아
부처님의 대승경율 범망경과 보살계를
일심으로 베껴가며 한자한자 쓸지니라

얼핏 보면 무시무시한 말씀입니다
살갗을 벗겨 종이를 삼고
사람의 피를 뽑아 먹물을 삼으며
골수를 뽑아낸 뒤 벼루를 삼고
뼈를 쪼개어 붓을 삼는다는 것이
이 얼마나 무시무시한 언어입니까
이 '삼다'를 사실로 받아들일 때
많은 이들은 한번 벌린 입을
다시는 다물지 못할 것입니다
도저히 있을 수 없는 일이니까요

'삼다'라는 동사에 담긴 뜻을 보면
실로 한두 가지가 아닙니다
자그마치 서른세 가지나 되어

어느 하나로 묶을 수가 없습니다
이 계목에서 '삼다'의 의미는
'무엇을 무엇으로 가정하다'입니다
살갗을 벗겨 종이로 삼는다에서
살갗은 사람의 피부입니다
우리말에 살갗을 애기할 때는
동물이 아니라 사람의 살갗입니다

가령 이와 이빨의 쓰임새를 보면
맹수, 독사, 또는 짐승의 치아는
낮춤 말로 이빨이라 하나
사람 치아는 비록 아랫사람이라도
이빨이라 칭稱하지 않습니다
이처럼 사람 피부는 살갗이라 하나
짐승이나 심지어 반려견 피부도
가죽이라는 말을 쓸 수 있으나
살갗으로 쓸 수 없는 명사입니다
여기서 가죽 피皮 자는 살갗입니다

살갗을 벗겨 종이로 삼는다지만
이와 같이 자기 살갗을 벗겨
불경을 쓸 종이로 대신하는 게

상식적으로 있을 수 있는 일일까요
부처님이 이런 엄청난 일을 바라보며
마음에 희열을 느낀다고 한다면
그의 가르침을 쉽게 받아들일까요
불살생을 최고의 가치로 세운
이율배반의 부처님을 좋아할까요
그런 부처가 필요하겠습니까

부처님 전생이야기를 보면
당신의 몸을 나찰귀신에게 던지며
법을 구했다는 말씀이 있습니다
곧 위법망구爲法忘軀입니다
거룩한 진리를 얻기 위하여
몸까지 던진다는 것입니다
살신성인殺身成仁과 같습니다
논어 위령공편 공자님 말씀이지요
둘 다 ‘자신을 던진다’는 뜻으로서
그만큼 인仁과 법法을 중시함입니다

출가 수행자나 또는 재가자在家者가
계를 받을 때 연비燃臂를 하지요
이는 ‘팔뚝을 사르다’의 뜻으로

고귀한 의식 중 하나입니다
전생에, 또는 금생에 태어나서
지은 잘못을 참회한다는 뜻입니다
천수경千手經 참회편에 보면
아래와 같은 게송이 있는데
이를 참회게懺悔偈라 이름합니다
원문과 함께 여기 싣습니다

짧은 오언절구로 되어 있으나
참회의 뜻을 잘 드러냅니다
백겁적집죄百劫積集罪
일념돈탕진一念頓蕩盡
여화분고초如火焚枯草
멸진무유여滅盡無有餘
일백겁에 쌓이고 모인 죄업들을
한순간에 모두 없애버린다
불꽃이 마른 풀을 태워
남음이 없게 하듯이

연비 공덕을 견준 말씀이지요
팔뚝에 연비를 하는 것은
앞에서 언급했듯 의식입니다

그런데 이를 실제로 재현합니다
새끼손가락 한 마디를 태우고
네 손가락 두 마디를 태우고
심지어 세 마디를 다 태웁니다
엄지까지 다섯 손가락을 모두 태우고
평생을 오직 고통 속에서 삽니다
이게 권장할만한 의식일까요

손가락이 아닌 마음입니다
마음에 깃든 번뇌를 태울 일입니다
이를 불꽃으로 태울 게 아니라
부처님이 설하신 진리로서
쌓인 죄업을 태움입니다
혈서血書는 오늘날에도 씁니다
어떤 중대한 결단을 얻어내려 할 때
혼자 또는 그룹으로 씁니다
할복割腹과 단식斷食도
연비 의식의 다른 모습입니다

뼈를 쪼개어 붓을 삼는다 했는데
몸에서 뼈를 뽑아내는 일이
우선 힘든 일이거니와

이를 실낱처럼 쪼갠다는 게
이게 과연 부처님을 위함일까요
어떤 수행자는 성욕을 지우고자
제 몸의 일부를 잘랐다 합니다
그럼에도 불구하고 성욕은
여전히 일어나더라는 것입니다
사고로 팔을 잃어버린 이가
마음에서는 여전히 팔을 쓴다지요

범망경뿐만 아니라 경전 곳곳에서
부처님의 전생 얘기가 나옵니다
법을 위해 헌신한 얘기지요
다시 한번 말씀드리지만
가정의 뜻 '삼다'를 실제로 읽고
이를 현실에서 몸으로 체현할 때
뜻밖의 사고를 일으킬 수 있습니다
내 아는 몇몇 율사 스님들 중에
손가락을 태운 것을 내세워
하심을 던져버린 이들이 있습니다

몸을 태운 것이 자랑스러울까
마음의 교만을 버림이 자랑스러울까

놋숟가락이 국맛을 알기는 알까
몸이 연비를 이해할 수 있을까
이것도 하나의 화두입니다

#3

부처님께서 열반에 드시고 나니
제자들은 그 고귀한 말씀을
다시 들을 수 없다는 불안감에
어찌할 바를 몰라 했습니다
그야말로 어안이 벙벙했지요
스승께서 계시지 않는 빈자리를
누구도 대신할 수 없었고
제자들은 회의를 가졌습니다
가장 큰 문제가 가르침이었지요
평소 법문을 기록할 수 없었으니까

이 모임을 일러 상기티saṃgīti
곧 결집結集이라고 합니다
부처님 말씀 합송 모임이지요
이 결집 법회는 3회로 이어집니다

제1회 결집/열반 뒤/오백결집
제2회 결집/100년 뒤/대결집
제3회 결집/200년 뒤/천인결집
이 법회는 요즘도 더러 이어지는데
일종의 불경 독송讀誦 법회로서
주로 금강경 독송법회입니다

언어가 문자로 기록되면서
부처님의 가르침이 정리가 됩니다
이것이 곧 대장경大藏經입니다
불교의 발생지 인도에서는
팔리어와 범어梵語로 기록되고
나중에 동남아시아로 유통되지만
순수한 말씀이 그대로 전해졌습니다
그러나 중앙아시아를 거쳐
불교가 중국으로 넘어오면서
경전은 독특한 한자로 옮겨집니다

한 나라의 언어가 다른 나라 언어로
바뀌며 생기는 현상이 있습니다
이른바 가감加減 현상이지요
남방으로 전해진 불교는

팔리어/범어가 고스란히 전해져
마치 이 병에서 저 병으로
쏟는 물처럼 바뀜이 없습니다
하여 동남아시아로 전해진 불교는
범어/팔리어 경전 그대로입니다
이를 초기 불교라 이름합니다

하지만 만일 언어와 문자가 바뀌면
담긴 뜻도 달라지게 마련입니다
힌디어가 한자로 번역될 때
한자가 다시 우리말로 옮길 때
그 나라 언어문화가 밸 수밖에요
한문으로 된 금강경을 놓고도
우리말로 옮기면 옮기는 과정에서
역자의 말과 생각이 가감되지요
같은 시詩도 몇 사람을 거치면
뜻밖의 시가 된다고 합니다

동서고금東西古今을 초월하여
경전 번역은 매우 중요합니다
기독교 성경이 그러하듯
이슬람교 꾸란이 그러하고

불경 번역도 또한 그러합니다
첫째도 둘째도 셋째도 공경입니다

나무껍질 닥종이와 비단천과 대쪽이며
탑본하고 영인하여 곱게써서 간직하되
일곱가지 보석이며 좋은향과 연꽃으로
주머니를 만들어서 경과율을 보호하라

나무껍질과 닥종이에 경전을 쓰고
하얀 비단천이나 또는 대쪽에
말씀을 기록한다는 것은
얼마든 실행이 가능합니다
살갗을 벗겨 경전을 쓰는 일도
자신의 피를 뽑아 먹물을 대신함도
마음 내킨다 해서 할 수는 없지요
뼈를 쪼개 붓을 대신하고
골수로 벼루를 대신한다고요
그러나 닥종이 대쪽 등은 좋습니다

2014년 3월 15일~6월 8일까지
미국에서 방송한 다큐멘터리 13부작
NGC 코스모스는 실로 명작입니다

미국 천체물리학자 칼 세이건의
맥을 이은 제자가 있습니다
닐 디그래스 타이슨인데
그의 설명이 마음에 들었습니다
7년 반의 세월이 흐르다 보니
내용이 잘 생각나지 않으나
'제1부 프롤로그 은하수에 서서'는
지금도 기억이 아주 생생합니다

제1부 다큐 초반이라 생각됩니다
1977년 9월 5일 발사된 보이저 1호
NASA의 무인 우주 탐사선으로
인류가 만든 물체 중에서는
최초로 태양계를 벗어난 것이지요
거기에 실린 황금 디스크가
그렇게 아름다울 수가 없습니다
자그마치 앞으로 10억 년 뒤
미래에게 보내는 메시지가 있는데
인류의 모습과 생각, 음악입니다

태양계를 벗어나 우주로 나가
앞으로 10억 년 동안이나

넓디넓은 우주를 여행하면서
새로운 주인을 찾게 될 것입니다
10억 년이란 말이 가슴에 남습니다
거룩하신 우리 부처님의 말씀을
나무껍질, 닥종이, 비단, 대쪽에 새기고
칠보七寶로 꾸민 보자기에 곱게 싸서
잘 보호하고 간직하는 것도 좋으나
보이저1호의 화려한 디스크가
특히 마음을 사로잡습니다

나는 해인사가 본사입니다
해인사 자랑거리가 장경각이고
장경각에 보관된 팔만대장경입니다
다른 말로 고려대장경입니다
하나 언제까지 그 귀한 대장경을
장경각 안에만 가두어 둘 것인지요
내 바라는 것은 장경각도 좋으나
어떻게 하면 그 좋은 말씀을
진리에 목말라 하는 이들 마음에
고루 나눌 수 있을까 함입니다

45) 중생을 교화하라

포살하는 불자들은 일심으로 경청하라
때와장소 상관없이 자비심을 일으키어
발길닿는 곳곳에서 중생들을 만나거든
의젓하고 여법하게 중생에게 일러주되

너희모든 중생이여 내가이제 권하노니
삼보님께 귀의하고 오계십계 수지하라
소와말과 양과돼지 축생들을 보게되면
보리심을 발하라며 사랑으로 덕담하라

이와같이 보살로서 산과숲을 비롯하여
내와들과 강과호수 집에서나 길에서나
일체모든 중생에게 보리심을 발하도록
한마음을 기울여서 권해야만 하느니라

그럼에도 불구하고 행을닦는 불제자가
하고많은 중생들을 사랑으로 교화하고
건지려는 자비심을 일으키지 않는다면
보살계를 받았으나 경구죄를 범함이라

잠을 자거나
깨어 있거나
요즘 화두는
중생과 축생

어떤 차이가 있을까

46) 예의에 어긋나지 않게 설법하라

포살하는 보살들은 일심으로 경청하라
일체중생 건지려는 대비심을 일으켜서
단월들과 귀인들과 대중앞에 나설때는
앉지않고 일어서서 설법하지 말지니라

세상사람 앞에서는 높은자리 올라앉아
여법하고 엄숙하게 설법해야 하느니라
사부중은 높게앉고 법사스님 낮게서서
설법해선 아니되니 법다웁게 할지니라

법사스님 설법할때 높은자리 상당하면
향과꽃과 차공양을 정성스레 준비하고
사부중은 아래앉되 부모님을 섬기듯이
스승님을 공경하듯 공손하게 할것이요

배화외도 바라문이 일심으로 기도하듯
온갖정성 기울여서 혼신으로 할지니라
수행자가 설법할때 여법하지 못하다면
보살계를 받았으나 경구죄를 범함이라

#1

고좌高座와 하좌下坐가 무엇일까요
왜 고좌는 자리 좌座 자를 놓고
하좌는 앉을 좌坐 자일까요
자리 좌座 자는 명사고
앉을 좌坐 자는 동사입니다
예로부터 여법하게 앉으坐 려면
건물 밖이 아니라 실내广였습니다
왕의 자리도 고급 관리 자리도
기본적으로 으레 실내였지요
실내에 준비한 게 자리였습니다

고좌의 높을 고高 자는 형용사면서
동시에 '높이다'라는 동사입니다
부처님의 수많은 제자 중에
판타카 형제가 있었지요
형은 마하 판타카였고
아우는 주리 판타카였으니
마하와 주리가 이름이고
판타카는 곧 성이었습니다
형제면서도 형은 총명했으나

아우는 생각보다 우둔했습니다

형과 함께 출가한 아우 주리 판타카는
부처님으로부터 법명을 받았는데
추소 비구帚掃比丘였습니다

이 추소 비구가 도를 깨닫고
부처님으로부터 인가를 받은 뒤
승방에서 설법을 하게 되었습니다
평소 주리 판타카의 우둔함을
소문으로 알고 있던 승방이었지요

승방은 비구니 처소를 가리킵니다
부처님의 금계禁戒에 따라
비구니는 법문을 할 수 없었고
높은 사자좌에 오를 수 없었지요
사자좌는 비구만이 가능했습니다
추소 비구가 온다는 소식을 들은
승방에서는 난리가 났습니다
그러나 이미 정해진 법사를
승방은 거절할 수가 없었지요
승방에서는 사자좌를 높였습니다

'고좌高座'라는 말의 시초입니다
추소 비구가 승방에 이르니
사자좌가 천정에 닿아 있었습니다
비구니들은 다들 손으로 입을 가린 채
키득거리면서 상황을 살폈습니다
그러나 바로 그때였습니다
추소 비구가 길게 손을 뻗자
높디높은 법상 위까지 닿았으며
손으로 누르자 납작하게 되었습니다
비구니들은 깜짝 놀랐습니다

추소 비구가 법상에 오르자
법상은 원래 높이로 높아졌고
추소 비구의 법문이 시작되었습니다
그의 사자후는 실로 엄숙했습니다
승방 도량은 말할 것도 없었고
덕화가 온누리에 퍼져 갔습니다
욕계欲界 여섯 하늘을 벗어나더니
색계 열여덟 하늘로 번졌습니다
우둔함은 찾을 수 없었지요
승방 비구니들은 참회했습니다

높은 법상에 오른 추소 비구에게서
그동안 소문으로만 들어 왔던
초라한 모습은 없었습니다
법사의 자리가 높아짐에 따라
청중들 자리는 저절로 낮아지고
사자후는 자연스레 펴져 갔습니다
물리적으로 높은 자리가 아니라
덕화의 힘으로 자리를 높일 때
비로소 고좌高座가 됩니다
사부중은 낮게下 앉을坐 것이고요

예서 중요한 게 무엇입니까
눈에 띄는 자리의 높낮이일까요
법석에 앉은 법사 스님 덕화일까요
비록 높은 곳에 자리하더라도
지혜가 없고 덕이 없다면
물리적 높이는 의미가 없습니다
그런데 정말 다들 그러할까요
가령 손가락 정도의 불상이 있고
엄청난 크기의 불상이 있다면
어디에 더 경건한 마음을 낼까요

47) 권력으로 불교를 통제하지 말라

포살하는 보살들은 일심으로 경청하라
누구든지 신심으로 부처님의 계를받고
불제자가 된뒤에도 국왕태자 백관이며
사부중의 자기힘을 드러내지 말지니라

부처님법 계와율을 파멸시킬 생각으로
불교승단 제어하는 악법들을 만들어서
사부제자 통제하여 출가수도 길을막고
불상불탑 경율등을 조성할수 없게하며

스님들을 통제하는 관리부를 설치하여
발심출가 못하도록 가는길을 제한하고
수행자의 움직임을 하나하나 파악하고
승적부를 만들어서 기록하지 말지니라

보살들과 비구들은 낮은곳에 서게하고
속인들은 높은곳에 자리잡고 앉으면서

병졸들과 노비들이 주인님을 섬기듯이
온갖비법 동원하여 뒤바꾸지 말지어다

보살들과 비구들은 존경받을 이들이라
불자들의 귀의함을 받는것이 마땅한데
귀인들과 관리들의 심부름꾼 된다거나
옳지못한 잡일들을 맡을수가 있겠는가

그러므로 국왕태자 높고낮은 관원들은
너그러운 마음으로 출가자를 보호하고
보살계를 받은이는 누구보다 앞장서서
삼보님을 파괴하는 죄를짓지 말지어다

만에하나 고의로서 부처님법 파괴하고
보살계의 조목들을 무턱대고 거절하면
그가비록 보살계를 받았다고 하겠으나
알고보면 그도또한 경구죄를 범함이라

#1

다종교 사회에서 지켜야 할 게
내가 믿는 종교가 아닌
남의 종교에 대한 간섭이고
우쭐대며 간섭하는 모습입니다
한 집에서 아내 믿는 종교가 있고
남편 믿는 종교가 따로 있다면
아내가 절에 갈 때 남편은 교회 가고
자식이 교회 갈 때 부모는 절에 갑니다
사실 여간 불편한 것이 아니며
종교 갈등이 보통 아닙니다

가령 같은 교단에서 들고 일어나면
이를 가리켜 개화改化라 하고
개화開化라 할 것입니다
전자가 좋지 않은 것들을 고쳐
좋은 것으로 만드는 것이라면
후자는 사람의 지혜가 열려
새로운 사상과 문물과 제도를
다시금 만들어간다고 할 것입니다
마르틴 루터의 종교 개혁이 그렇고

부파불교의 불교 개혁이 그러합니다

이처럼 같은 기독교나 불교 안에서
일으키는 사건들을 바라볼 때
때로 신선한 반항을 일으킵니다
만일 부파 불교 사건이 없었다면
오늘날 대승 불교는 없을 것입니다
초기 불교가 나쁘다는 게 아니라
새로운 종교로 다시 태어난
대승 불교가 지닌 아름다움입니다
초기 불교에서 찾아볼 수 없는
화엄, 법화의 논리입니다

순수에서 보면 초기 불교입니다
한 말씀 한 구절 한 마디가
그렇게 아름다울 수 없습니다
이를 대승 불교 입장에서 바라볼 때
불교의 스케일을 짐작할 수 없습니다
어떤 때는 너무 높고 너무 깊으며
너무 넓어서 그 끝을 볼 수 없습니다
대승 불교가 주는 시원함이지요
운문의 간시궐乾屎이 그러하며

단하 천연의 목불木佛이 그렇습니다

근대에 이르러 돈오돈수頓悟頓修냐
돈오점수頓悟漸修냐를 놓고
성철과 법정은 불꽃을 튀겼지요
둘은 스무 살 차이였습니다
논쟁은 나이를 따지지 않습니다
그것이 1970년대 후반에서
1980년대 초반이었지요
내 나이 서른 안팎이었는데
붉게 물들이는 동아일보의 꽃이
그렇게 아름다울 수가 없었습니다

그런데 문제는 바깥사람입니다
이를테면 진정한 종교 개혁을
내부에서 부르짖음은 모르겠는데
밖에서 간섭하는 것은 옳지 않습니다
부부가 서로 티격태격하는 것은
삶에서 으레 있을 수 있으나
다른 이가 끼어드는 것은
도저히 용서할 수 없을 것입니다
그런 의미에서 이 제 47계목이

우리에게 주는 의미는 대단합니다

48) 스스로 불법을 깨뜨리지 말라

불자들은 모름지기 일심으로 경청하라
환희로운 마음으로 출가입산 하였거늘
명예쫓고 이양따라 국왕태자 비롯하여
고관대작 모아놓고 보살계를 설하면서

청정비구 비구니와 보살계를 받은이를
갖가지로 모함하고 구속하고 징계하되
옥에갇힌 죄인들과 병사노비 다루듯이
불자답지 않은데서 법과율을 파함이라

사자몸에 붙어살던 아주작은 벌레들이
앞다투어 사자고기 먹을수가 있거니와
사자몸밖 벌레들과 다른작은 동물들은
범접하지 못하는데 어찌감히 먹겠는가

이와같이 불교내의 사부대중 스스로가
부처님법 따르잖고 금한계율 어김이라

이교도를 비롯하여 천마외도 누구들도
부처님의 법과율을 깨뜨릴수 없느니라

그러므로 권하노니 보살계를 받은이는
모름지기 부처님의 법과율을 외호하되
외아들을 사랑하듯 어버이를 섬기듯이
지성으로 보호하여 깨뜨리지 말지니라

보살계를 받은자는 이교도나 악인들이
부처님법 비방하고 보살계를 모욕하면
그런얘기 들을때에 삼백개의 창으로서
자기심장 난자하듯 뼈저리게 아파하며

일천개의 칼과송곳 일만개의 몽둥이로
자기몸을 찔러대고 때리듯이 여길지니
제스스로 검수지옥 폭력지옥 들어가서
일백겁의 긴시간을 지낸다고 할지언정

말한마디 나쁜말로 보살계법 비방하고
파괴하는 어떤말도 듣지않게 할지니라

그럼에도 불구하고 어찌감히 앞장서서
불법승을 비방하고 귀한계율 깨뜨리랴

내가이제 말하나니 보살들이 먼저나서
부처님법 깨뜨리는 인연들을 만든뒤에
부처님법 효순하는 불자들의 귀한마음
하나하나 야금야금 갉아서야 되겠는가

만에하나 고의로서 이런일을 하는이는
보살계를 받았으나 경구죄를 범함이라
이와같이 아홉가지 보살계를 배운뒤에
공경하는 마음으로 받아지닐 것이니라

#1

마침내 불설대승범망경 보살심지품
바라이죄斷頭罪에 해당하는
십중대계十重大戒를 거친 뒤
사십팔경계四十八輕戒에 이르러
끝내 마지막 계목을 맞이하였습니다
특히 사자신중충獅子身中蟲이
자식사자육自食獅子肉이란 말씀은
고린도 전서의 '사랑' 만큼이나
널리 알려진 명언입니다

우리는 문제를 남에게서 찾습니다
모르고 위험한 곳에 들어가거나
어쩌다 독사 꼬리를 밟거나
칠흑같이 캄캄한 어둠 속에서
허당을 딛고 돌부리를 걷어차거나
갑자기 엄청난 폭우가 쏟아지고
개울물이 불고 산사태로 인해
길이 막히고 변을 당할 수 있습니다
이때는 탓을 바깥에 돌릴 수 있고
타他에게 책임을 물을 수 있습니다

그러나 술을 마시고 운전하거나
마약으로 인해 제 자신을 망치거나
부부끼리 서로 싸워 가정을 파탄내거나
하는 일들은 남의 탓일 수 없습니다
물론 전혀 엉뚱한 이가 끼어들어
부부 사이에 오해를 일으켜
극단적 일을 가져오기도 합니다
나는 내 차로를 잘 달리는데
느닷없이 역주행으로 달려와
큰 사고를 내는 경우도 있습니다

종교도 그런 경우가 더러 있지요
서울 조계사나 봉은사 마당에
또는 법당 안에까지 들어와
현수막을 걸고 전단을 뿌리며
복음을 전하는 이들이 있습니다
그것도 큰 행사가 있을 때 말입니다
매우 안타까운 일들이긴 하지만
비슷한 경우가 종종 있는데
이는 양식을 가진 이들에게서
쉽게 찾아볼 수 없는 현상입니다

탄수화물炭水化物이 건강을 위해서

꼭 필요한 영양소인 것은 맞지만

오직 탄수화물 하나만으로

건강을 다 지킬 수는 없습니다

탄수화물은 수소와 산소와 탄소로 된

유기 화합물을 가리키는 말입니다

수소와 산소 비율이 2대 1이며 삼대 영양소

가운데 하나로서

포도당 과당 녹말 따위인데

녹색식물의 광합성으로 생기지요

지방脂肪도 삼대 영양소 중 하나입니다

지방은 지방산과 글리세롤이 결합한

유기 화합물로서 소위 기름기지만

상온常溫에서는 고체 모양이며

생물체에 함유되어 있습니다

동물은 간 근육 피부밑에 저장되며

분명 에너지원인 것은 맞지만

몸무게가 늘어나는 원인이지요

모든 영양소가 다 마찬가지이지만

지방의 과다 섭취는 꺼리고 있습니다

삼대 영양소에서 빼놓을 수 없는 게
다름 아닌 단백질蛋白質입니다
아미노산이 펩타이드 결합을 통해
여러 개 아미노산으로 이루어진
고분자 화합물을 가리킵니다
세포를 구성하는 동시에
생체 내 물질대사 촉매 작용으로
생명 현상을 유지하는 물질입니다
새알 단蛋 흰 백白 바탕 질質 자이듯
달걀 흰자위 요소로 알아둘까요

사람의 삼대 영양소를 들긴 했지만
이 밖에 칼슘 무기질 비타민에
필수아미노산 등이 있어야 합니다
종교도 이와 전혀 다를 게 없습니다
다종교 사회에서 어느 종교든지
자기 종교의 본분을 다하면 됩니다
탄수화물이 단백질 노릇을 한다거나
단백질이 지방을 대신할 수는 없듯
이처럼 지방이 탄수화물까지
앞장 서 간섭할 필요는 없습니다

이 말은 탄수화물이나 단백질이나
지방 하나로 건강을 유지할 수 없다는
너무나 중요한 밸런스 법칙입니다
종교도 밸런스 법칙에 준합니다
불교는 붓다의 가르침이 있고
기독교는 그리스도 복음이 있으며
이슬람은 꾸란의 가르침이 있습니다
이 밖에도 힌두교 진리가 있고
유교와 도교와 민속 문화가 있어
굵은 뿌리 잔뿌리가 조화를 이룹니다

범망경 보살계품 사십팔경계 중
이 제 48계목을 읽을 때마다
종교의 자기 성찰을 생각합니다
알고 보면 타종교의 간섭보다
자기 종교의 부조화不調和에서
자신을 망치는 일들이 일어납니다
승중즉법중僧重則法重하고
승경즉법경僧輕則法經입니다
스님네가 중하면 법도 따라 중하고
스님네가 가벼우면 법도 가벼워집니다

잊어버리기 전에 다시 한번 볼까요
두 가지 명언을 한 데 묶습니다

사자신중충獅子身中蟲
자식사자육自食獅子肉
승중즉법중僧重則法重
승경즉법경僧輕則法經

#2

유종의 미有終－美란 말이 있는데
여기 담긴 뜻은 무엇일까요
처음에 마음먹고 시작한 일들을
끝까지 그대로 잘 이어나가
마침내 좋은 결과를 맺음입니다
그런데 이게 생각처럼 그리 쉽나요
엔트로피 증가의 법칙 때문일까
점점 복잡하고 흐트러지면서
깔끔한 점은 자꾸 줄어들고
너저분함은 날로 늘어납니다

범망경 보살계본 강의를 시작한 지
어림잡아 여덟 달입니다
2018년 1월 4일 첫 강의를 열고
그해 8월 14일 172회에서
강의를 중단했더랬습니다
들고 싶은 핑계가 꽤 많았지만
그냥 꾹 다문 채 두 해가 흘렀지요
그러다가 지난 8월 15일부터
다시 보살계본을 빼 들었습니다

기미년(1979) 3월 5일 종정실에서
은법사 고암 큰 스님을 뵈었지요
큰 스님은 내게 법을 전하시며
짧은 말씀을 남기셨습니다
"화두는 그저 이뭣꼬고
경전은 금강경이며
효는 부모은중경이고
율은 보살계니라"라고 하셨지요
그로부터 거룩한 스승님께서는
10년을 못 채우신 채 열반하셨습니다

스승님 말씀은 깊이 박혔습니다

다른 경전들은 잘 모르겠으나
금강반야바라밀경과 함께
불설대보부모은중경과
보살계는 펴내야만 했습니다
금강경은 '내비 금강경'으로 이름 붙여
꼭 두 해 전에 도서출판 도반에서
간신히 얼굴을 드러냈습니다
무릇 1,044쪽 분량이니
하고 싶은 말이 꽤 많았나 봅니다

그리고 불설대보부모은중경 강의는
2020년 9월 5일 157회로 끝냈는데
이 또한 중간에 엉뚱한 끼적이기로
여러 달을 건너뛰었습니다
종이책으로 도서출판 도반에서
출간되었습니다.
내비 금강경에 버금갈 분량입니다
그런데 이제 이 보살계본 강의가
30회쯤은 더 걸려야
끝이 나지 않을까 예상이 됩니다

왜 이렇게 질질 끄느냐고 묻는다면

이는 나의 게으름 때문입니다
가령 무엇인가 시작을 하면
끝까지 초지일관 밀어야 하는데
나는 그게 그리 잘 안 되나 봅니다
이 범망경 보살계를 펼치며
나는 아름다운 가르침에 반했고
온 우주를 바탕으로 한 큰 스케일에
환호의 함성을 지르기 여러 번입니다
그만큼 범망梵網은 멋집니다

운전석에 앉아 승용차를 몰고
고속도로를 신나게 달려갑니다
분명 목적지가 있을 것이니
그냥 달려가면 될 텐데
도중에 주변 환경이 스칩니다
우아하고 화사한 꽃이 흐드러지고
기암괴석奇巖怪石이 들어오고
황홀한 햇살이 파고듭니다
나도 모르게 가까운 IC로 빠져
시간이 어찌 흐르는지 모릅니다

레임 덕은 다들 알고 계시지요?

영어로 a lame duck이며
집권 말기 권력 누수 현상인데
이는 권력자만의 소유가 아닙니다
모든 사람들은 거의 그러합니다
회사에 처음 입사했을 때도
처음 절에 들어온 행자일 때도
정치인으로 입문했을 때도
처음에는 얼마나 잘들 합니까
한데 시간이 흐르며 게을러지지요

나는 그래서 우리 석가모니 부처님을
너무나도 공경하고 또 사랑합니다
중국의 초조 달마를 존경하고
신라 원효 보살과 더불어
오대산 구정九鼎 선사
조계산 효봉 선사를 좋아합니다
다들 초지일관初志一貫이셨으니까
물은 100℃에 이르러 끓습니다
99℃에서는 기화가 되지 않습니다
100℃에서 열을 차단하면 어떨까요

비록 100℃까지 올랐다 하더라도

열을 차단하고 더 가하지 않으면
열역학 제2법칙 엔트로피 증가에 따라
열은 시나브로 식어가고 말 것입니다
열의 유지가 이른바 보림입니다
우리 부처님이나 또는 선지식들은
완벽한 깨달음을 얻은 뒤에도
끊임없이 보림保任을 닦으셨지요
보호임지保護任持의 준말이라 하여
보림을 '보임'으로 발음하는데
준말로 읽을 때는 '보림'이 맞습니다

나이가 들수록 핑계가 많아집니다
지금까지는 60대라고 했는데
앞으로 반백일半百日 남짓이면
종심從心의 나이가 됩니다
벌써부터 고희 애기를 하니까요
칠십 줄에 올라 뭘 하겠느냐입니다
내 스스로 내게 최면을 걸곤 합니다
나이와 함께 필요한 게 보림으로
보림도 곧 하나의 수행입니다
가장 소중한 수행이지요

제17장 범망경 보살계 마무리

1. 총결과 유통

(1) 총결總結

신심있는 불자들은 일심으로 경청하라
거룩하신 여래께서 불자에게 이르시니
포살하는 보살들은 마흔여덟 경구계를
공경하는 마음으로 받아지닐 것이니라

과거모든 보살들은 이미계를 외웠으며
미래모든 보살들은 장차외울 것이니라
현재모든 보살들도 이와같이 외우나니
함께하는 불자들은 마음깊이 새겨두라

이와같은 십중대계 마흔여덟 경구계를
과거현재 미래세의 한량없는 부처님이
어느하나 빠짐없이 한결같이 외시나니
보살계에 담겨있는 모든공덕 위함이라

과거모든 부처님은 이미이를 외우셨고
미래모든 부처님은 장차이를 외실거며
현재모든 부처님은 이와같이 외시나니
그러므로 나도지금 이와같이 외느니라

포살법회 함께모인 일체모든 대중들은
국왕이며 중전이며 태자왕자 공주들과
벼슬아치 백관들과 청정비구 비구니와
보살계를 수지하는 청신사와 청신녀라

모름지기 범망경중 심지품을 받아지녀
독송하고 해설하며 붓을들어 사경하며
삼세모든 중생에게 유통시켜 교화하고
교화하는 불사들이 끊어지지 않게하라

현겁일천 부처님을 이자리서 친견하고
이들일천 부처님께 미래부처 수기받아
세세생생 날적마다 수월도량 인연맺어
삼악도와 팔난중에 떨어지지 않게하네

영원토록 인간세계 떠나는일 전혀없이
세간이나 천상이나 극락세계 태어나리
내가이제 보리수하 금강계단 시설하고
칠불법계 간략하고 이익되게 설하노라

정결하게 재계하고 법회모인 대중들은
모름지기 일심으로 불설대승 범망경과
십중대계 마흔여덟 경구계를 배운뒤에
환희로운 마음으로 받들어서 닦을지라

이에관해 하나하나 자세하게 알고픈가
색계하늘 열두번째 무상천의 덕을설한
천왕품중 권학설에 빠짐없이 실렸나니
지혜있는 수행자는 다시살펴 볼지니라

삼천대천 너른세계 계를받는 학사들이
누리가득 모였으니 이름하여 삼천학사
부처님의 포살듣고 마음으로 정대하여
너나없이 한꺼번에 환희수지 했느니라

(2) 유통流通

바로이때 거룩하신 서가모니 부처님이
연화대장 연꽃위에 편안하게 앉으시어
노사나불 설하신바 심지법문 품에담긴
십무진계 율법들을 다시설해 마치시고

천백억의 화신이신 서가모니 부처님도
또한다시 이와같이 심지법을 설하시니
마혜수라 천왕궁서 보리수하 이르도록
열곳에서 설하신바 노사나불 말씀이라

모든보살 비롯하여 셀수없이 많은대중
심지법문 수지하고 독송토록 하기위해
그의뜻을 하나하나 빠짐없이 해설함도
또한다시 이와같이 부처님의 덕이시네

천백억의 너른세계 끝간데를 알수없고
연꽃으로 꾸민세계 아름답기 그지없네
미세먼지 티끌처럼 셀수없는 많은세계
거기서도 이와같이 계를설하 셨느니라

일체모든 부처님의 마음속에 담긴세계
십지품에 담긴세계 보살계에 담긴세계
무량행원 깊은세계 인과따라 오고가는
부처님의 성품세계 영원토록 함께하리

이와같이 거룩하신 일체모든 부처님이
설하신바 한량없는 모든법장 마치시니
천백억의 세계속에 함께하는 중생들이
기쁜마음 활짝열어 환희봉행 하느니라

만에하나 이와같은 심지법문 열고픈가
마음경지 무상이나 모든상을 갖추었고
계는본디 상없으나 지범개차 분명하니
불화광왕 칠행품에 설한바와 같느니라

#1

신심있는 불자들은 일심으로 경청하라
거룩하신 여래께서 불자에게 이르시니
포살하는 보살들은 마흔여덟 경구계를
공경하는 마음으로 받아지닐 것이니라

과거모든 보살들은 이미계를 외웠으며
미래모든 보살들은 장차외울 것이니라
현재모든 보살들도 이와같이 외우나니
함께하는 불자들은 마음깊이 새겨두라

이와같은 십중대계 마흔여덟 경구계를
과거현재 미래세의 한량없는 부처님이
어느하나 빠짐없이 한결같이 외시나니
보살계에 담겨있는 모든공덕 위함이라

과거모든 부처님은 이미이를 외우셨고
미래모든 부처님은 장차이를 외실거며
현재모든 부처님은 이와같이 외시나니
그러므로 나도지금 이와같이 외느니라

총결은 마무리의 일부가 아니라
모든 것의 마무리를 뜻합니다
십중대계十重大戒를 깨뜨리면
이를 바라이pārājika斷頭罪라 하여
수행자의 생명이 잘린다고 보았습니다
이들 십중대계에 관한 말씀이 끝나고
그 뒤를 이어 오랫동안 설한 말씀이
사십팔경계四十八輕戒입니다
십중대계가 총總이라 한다면
사십팔경계는 별別에 해당합니다

여기 총결에서의 '총'은 십중대계와
사십팔경계까지 모두 포함합니다
총결에서는 이렇게 강조합니다
과거의 모든 보살이 외웠고
미래의 모든 보살이 외울 것이며
현재의 모든 보살이 외고 있다고요
왜 이렇게 계율을 외우라고 할까요
보살계가 지닌 가치 때문입니다
계율은 높은 곳을 오르내릴 때
반드시 필요한 사다리와 같습니다

사다리는 점차 계단으로 발전하다가
에스컬레이터escalator가 되고
엘리베이터elevator가 됩니다
이들은 몸소 오르기 어려운 곳을
쉽게 오를 수 있도록 돕습니다
성불로 가는 길을 사다리로 본 것은
매우 적절한 비유라 할 것입니다
한두 층이라면 걸어 오를 수 있으나
층수가 높아지면 높아지는 만큼
걸어 오르기가 어려워집니다

그래서 에스컬레이터가 생기고
마침내 엘리베이터가 등장합니다
고층 아파트나 고층 빌딩은
이런 장치가 반드시 필요합니다
그리고 이 장치가 어디에 있는지
반드시 염두에 두어야 합니다
엘리베이터가 어디 있는지 모르거나
혹은 기억나지 않을 때가 있습니다
매일 이용하는 장치가 아니기에
계율은 반드시 외우도록 한 것입니다

경은 원리요 법칙이나 율은 실천입니다
그러므로 율은 다른 경전들과 달리
자전거를 익히듯 익힘입니다
십중대계 사십팔경계 포살이 끝나자
이어 당부하는 말씀이 외움입니다
과거 보살이 이미 이 계를 외웠고
미래 보살이 장차 외울 것이며
현재 보살이 지금 외우고 있듯이
보살계를 수지한 보살이라면
비밀번호를 메모하고 기억하듯
잊어버리지 않게 외라는 것입니다

그렇다면 아직 완벽한 깨달음 경지에
오르지 못한 보살들만 그러할까요
대각을 이룬 부처도 마찬가지입니다
그래서 총결에서는 말씀하십니다
과거 모든 부처님이 외우셨고
미래 모든 부처님이 외실 것이며
현재 모든 부처님이 외우듯
나 석가모니도 이렇게 왼다고요
과거 노사나불께서 외우신대로
한 자 한 문장 틀리잖게 왼다고요

어렸을 때는 '우리의 맹세'를 외고
청소년기는 국민교육헌장을 외었지요
우리의 맹세는 3절로 되어 있는데
짧은 편이며 아래와 같습니다

우리의 맹세
1. 우리는 대한민국의 아들 딸
죽음으로써 나라를 지키자
2. 우리는 강철같이 단결하여
공산침략자를 쳐부수자
3. 우리는 백두산 영봉에 태극기 날리고
남북통일을 완수하자.

국민교육헌장은 약간 긴 문장으로서
1968년 12월 5일 제정되었다가
25년 뒤 1994년에 사실상 폐기됩니다
전문은 세 단락으로 아래와 같습니다

국민교육헌장
우리는 민족중흥의 역사적 사명을 띠고 이 땅에 태어
났다. 조상의 빛난 얼을 오늘에 되살려, 안으로 자주독
립의 자세를 확립하고, 밖으로 인류 공영에 이바지할

때다. 이에, 우리의 나아갈 바를 밝혀 교육의 지표로
삼는다.

　성실한 마음과 튼튼한 몸으로, 학문과 기술을 배우고
익히며, 타고난 저마다의 소질을 계발하고, 우리의 처
지를 약진의 발판으로 삼아, 창조의 힘과 개척의 정신
을 기른다. 공익과 질서를 앞세우며 능률과 실질을 숭
상하고, 경애와 신의에 뿌리박은 상부상조의 전통을
이어받아, 명랑하고 따뜻한 협동 정신을 북돋운다. 우
리의 창의와 협력을 바탕으로 나라가 발전하며, 나라
의 융성이 나의 발전의 근본임을 깨달아, 자유와 권리
에 따르는 책임과 의무를 다하며, 스스로 국가 건설에
참여하고 봉사하는 국민 정신을 드높인다.

　반공 민주 정신에 투철한 애국 애족이 우리의 삶의
길이며, 자유 세계의 이상을 실현하는 기반이다. 길이
후손에 물려줄 영광된 통일 조국의 앞날을 내다보며,
신념과 긍지를 지닌 근면한 국민으로서, 민족의 슬기
를 모아 줄기찬 노력으로, 새 역사를 창조하자.

　1968년 12월 5일 대통령 박정희

#2

이법회에 함께모인 너희모든 대중들은
국왕이며 왕비이며 태자왕자 공주들과
벼슬아치 백관들과 청정비구 비구니와
보살계를 받아지닌 청신사와 청신녀여

모름지기 범망경중 심지품을 받아지녀
독송하고 해설하며 붓을들어 사경하며
삼세모든 중생에게 유통시켜 교화하고
교화하는 불사들이 끊어지지 않게하라

현겁일천 부처님을 이자리서 친견하고
이들일천 부처님께 미래불로 수기받아
세세생생 악도팔난 떨어지지 않게하고
영원토록 인도천중 태어나게 하시도다

유통에는 크게 다섯 가지가 있습니다
첫째는 수지막실受持莫失이니
이미 불계佛戒를 받아 지녔다면
반드시 잃어버리지 말아야 할 것이고

둘째는 암독통리諳讀通利니
부지런히 외고 읽어 잘 이해해야 하며
셋째는 낭송영문朗誦令聞하여
팔부획익八部穫益이니
경을 욀 때 듣는 사람으로 하여금
기쁨과 이로움을 얻게 하려 함입니다

넷째는 해오의리解悟義理하야
위인광설爲人廣說이니
뜻과 이치를 논리로 깨달아
사람들을 위해 널리 설함이요
다섯째 서사유통書寫流通하야
보리일체普利一切니
금계인 십중대계와 사십팔경계를
손수 쓰고 베끼고 유통시켜
신심껏 살아가는 모든 중생들을
이롭게 하되 끊어짐이 없음입니다

이 글은 타이완臺灣(中華民國)에서
72년(서기1983) 9월에 발행한
보살계본강기菩薩戒本講記 316쪽
'촉통유인절囑通流人節'에

주석으로 달아 표현된 글입니다
아름답기 이루 다 말할 수 없습니다
그런데 이보다 더 중요한 것은
보살계를 받는 수계제자들입니다
국왕 왕자와 백관들과 비구 비구니와
신남 신녀를 같은 자리에 놓습니다

이 글에서는 국왕과 왕자를 비롯하여
한자 원문에는 쓰여 있지 않으나
옮기는 과정에서 덧붙였는데
국왕 뒤에 왕비를 넣었으며
차기 왕으로 점지된 태자 뒤로
왕자를 붙이고 공주까지 넣었습니다
원문에 기록되지 않았다고 해서
왕과 태자가 함께 보살계를 받는데
왕비, 왕자, 공주, 옹주가 없었을까요
해서 고위 신분을 더 실었습니다

시대는 다르지만 생각해 보십시오
조선조 때 왕과 왕의 가족들과
고관대작이 함께 자리할 수 있었나요
비구 또는 비구니에 관한 대우가

과연 어느 정도나 되었을까요
하긴 적어도 이 범망경 보살계는
이러한 반상班常 제도가 생기기 전에
세상에 모습을 드러냈을 것입니다
우리나라 조선조의 반상 제도와
인도 카스트 제도가 닮았지요

지금은 이러한 인권 차별 제도가
헌법으로 없어졌다고는 하나
우리 주변에는 버젓이 살아 있지요
인도의 풍습 문화 카스트 제도 못잖고
우리의 양반 제도를 뛰어넘는
엄청난 차별이 있습니다
대선 후보 경호는 중요하지요
후보와 후보 가족을 몰라보았다며
상사로부터 열차를 받아야 하고
닦달을 당한다는 게 가당킨 한가요

자기편 모든 권력자들이 쌍심지 켜고
팔을 걷고 옹호하는 것도 좋지만
이른바 자유민주주의 국가에서
언어는 고사하고 짐작의 자유조차

억압한다면 그야말로 케케묵음이지요
왕과 왕비와 태자 왕자와 공주가
그리고 높은 벼슬아치와 비구 비구니
청신사淸信士 청신녀淸信女들이
같은 자리에서 보살계를 받고
보살계를 유통함이 부럽지 않습니까

함께 받은 뒤에
함께 지니고
함께 읽고
함께 외고
함께 풀고
함께 설하고
함께 쓰고
함께 베낀다고 했는데
과연 무엇을 두고 말입니까
바로 불성佛性이 상주常住하는
이 보살계권菩薩戒卷입니다

이 보살계권이 삼세 일체중생에게
유통되고 교화하고 또 교화하여
끊어지지 않게 할 일입니다

이를 촉통유인囑通流人이라 합니다
그리고 그다음으로 이어진 게
명유통익明流通益입니다
다시 말해 유통 이익을 밝힘입니다

현겁일천 부처님을 이자리서 친견하고
이들일천 부처님께 미래불로 수기받아
세세생생 악도팔난 떨어지지 않게하고
영원토록 인도천중 태어나게 하시도다

현겁賢劫의 천불千佛을 친견하고
그 천불이 머리를 만져 주시면
세 가지 이익이 있다고 합니다
첫째는 성인을 알현함이고
둘째는 어려움을 벗어남이며
셋째는 행복의 기쁨을 누림입니다
지옥, 아귀계 축생계에 떨어지지 않고
부처님이 늘 계시는 인천人天 중에
공덕대로 마음먹은 대로 태어나
부처님을 뵙고 법문을 듣고
아래로 떨어지는 일이 없습니다

그럼 이는 어디에서 기인할까요
보살계의 힘이 바탕이 됩니다
보살계는 어디에서 기인할까요
부처님의 이웃인 까닭이며
이는 결국 계를 지닌 힘입니다
중생의 여섯 갈래는 알고 계시지요
좋은 곳으로는 하늘 아수라 사람이고
안 좋은 곳은 축생 아귀 지옥입니다
좋은 곳 셋 중에서는 아수라 외에
인간과 하늘이 곧 으뜸입니다

#3

영원토록 인간세계 떠나는일 전혀없이
세간이나 천상이나 극락세계 태어나리
내가이제 보리수하 금강계단 시설하고
칠불법계 간략하고 이익되게 설하노라

정결하게 재계하고 법회모인 대중들은
모름지기 일심으로 불설대승 범망경과
십중대계 마흔여덟 경구계를 배운뒤에
환희로운 마음으로 받들어서 닦을지라

이에관해 하나하나 자세하게 알고픈가
색계하늘 열두번째 무상천의 덕을설한
천왕품중 권학설에 빠짐없이 실렸나니
지혜있는 수행자는 다시살펴 볼지니라

삼천대천 너른세계 계를받는 학사들이
누리가득 모였으니 이름하여 삼천학사
부처님의 포살듣고 마음으로 정대하여
너나없이 한꺼번에 환희수지 했느니라

금강계단을 설치한 보리수 아래
가을바람이 스쳐 흐릅니다
폴락폴락 잎이 집니다
겨우 여남은 살
어린 사미 라훌라가
걸음을 멈추고 울고 있습니다

점점 쌓여가는 보리수 낙엽 위로
라훌라의 눈물 떨구는 소리
쿵 뚝 쿵 뚝
부석 부석 부석
부처님 귓전에 들립니다
사랑이 듬뿍 담긴 얼굴
포근한 미소를 머금은 채
부처님께서 은근히 묻습니다

애, 사미야
착한 라훌라야
너는 어찌하여 우느냐
무슨 일로 걸음을 멈춘 게냐

어린 라훌라가 이렇게 답합니다

제 발에 밟힌 이들 낙엽이
아프다고 느낀다면
그때는 부처님
어찌해야 하는지요
차마 걸을 수가 없습니다

우리 부처님께서
대중들에게 말씀하십니다
라훌라가 흘린 눈물에
칠불법계가 배고
바라제목차가
온전히 갖추어졌구나

포살 법회를 위하여 모여들었던
장엄겁과 현겁과 성수겁의
화신 보신 법신불과
배우는 무리로
삼천 학사와 함께
헤아릴 수 없는 대중이
라훌라 모습에 손을 모읍니다

#4

(2) 유통流通1

바로이때 거룩하신 서가모니 부처님이
연화대장 연꽃위에 편안하게 앉으시어
노사나불 설하신바 심지법문 품에담긴
십무진계 율법들을 다시설해 마치시고

천백억의 화신이신 서가모니 부처님도
또한다시 이와같이 심지법을 설하시니
색구경천 왕궁에서 보리수하 이르도록
열곳에서 설하신바 노사나불 말씀이라

모든보살 비롯하여 셀수없이 많은대중
심지법문 수지하고 독송토록 하기위해
그의뜻을 하나하나 빠짐없이 해설함도
또한다시 이와같이 부처님의 덕이니라

천백억의 너른세계 끝간데를 알수없고
연꽃으로 꾸민세계 아름답기 그지없네
미세먼지 티끌처럼 셀수없는 많은세계
거기서도 이와같이 계를설하 셨느니라

예나 이제나 꽤 많이 쓰는 말인데
유통에 담긴 뜻이 무엇일까요
본뜻은 '흘러流 통通함'입니다
첫째는 세상에 널리 통용通用됨이며
둘째는 화폐 따위가 널리 쓰임이고
셋째는 상품이나 도구 따위가
생산자에서 소비자와
수요자에 도달하기까지
여러 단계에서 서로 바뀌고
분배되는 활동을 가리키는 말입니다

흐를 유流 자에는 동사로서
'흐르다'를 기본으로 하여
번져 퍼지다, 전하다
시간이 지나가다
내치다, 귀양을 보내다
흐르게 하다, 흘리다, 구하다 등과
형용사를 포함하여 명사로서
모여서 뭉친 한 동아리
곧 '무리'의 뜻과 함께
핏줄, 갈래, 분파의 뜻이 있습니다

흐를 류流 자가 숙어 앞에 오면
한글에서는 '유'로 발음하나
뒤에 오면 거의 '류'로 읽습니다
따라서 흐를 류流 자를 쪼개 보면
뜻을 나타내는 삼수변 氵 부수部首가
소릿값 깃발 류㐬 자와 만난 글자로서
이는 아기가 새로 태어나는 모양을
표현한 글자로 알려졌습니다
태중의 아기가 양수와 함께
순조롭게 태어남을 뜻함입니다

물론 이때 류㐬 자는 상형문자로
거꾸로 상상해야만 맞습니다
이를 운云 자는 머리 모습이고
내 천川 자는 아기 발과 탯줄입니다
혹자는 양수川가 먼저 기미를 보이고
나중에 머리云부터 나온다 하여
류㐬 자가 거꾸로 표현된 게
전혀 아니라고 하기도 합니다
아무튼 구름云이 모여 비가 되고
마침내 내川가 되어 바다로 흐르듯
멈추지 않음이 유流의 뜻입니다

혹은 흐를 류流 자를 파자하면서
머리云를 빗어川내렸다 하고
얼굴 아래 난 턱수염川을
빗어 내린 모습이라고도 합니다
본뜻은 엉킨 모습이 아니라
물氵흐르川듯 자연스러움입니다
이 흐름의 거슬림이 '막힘滯'이지요
물氵흐름을 띠帶로 묶듯 막으면
흐름은 정지되고 말 것입니다
물은 중력의 법칙에 순응합니다
유통이야말로 중력의 법칙입니다

통할 통通 자는 이동의 뜻입니다
이에 담긴 뜻은 통通하다
또는 내왕來往하다
알다, 이해하다, 알리다
정情을 통하다 등 동사가 있고
편지 따위를 세는 단위의 통
곧 명사로 표현될 때도 있습니다
하나 기본은 이동移動입니다
통通 자는 쉬엄쉬엄 갈 착辶 자와
길 용甬 자가 서로 만난 모양이지요

부수가 쉬엄쉬엄 갈 착辶 자인데
다른 말로는 '책받침'이지요
이 책받침이 깔려 있는 글자는
공간적으로 사이를 두고 있습니다
멀遜/遠거나 가깝逎/近거나
또는 그 공간을 오감입니다
길 용甬 자는 속 빈 종鍾 고리이고
통通 자는 곧게 뻗은 길입니다
마치 속이 텅 빈 종甬처럼
뚫린 길甬을 이동辶함입니다

유통circulation은 자연입니다
가령 억지가 들어 있으면
그 유통은 오래 가지 않습니다
다만 막힘 만을 제거하면 됩니다
화폐거나 또는 상품이거나
또는 사람의 생각이거나
자유롭게 흐르도록 도와줄 뿐
강제성을 띠면 부드럽지 않습니다
개인이든 가정이든 사회든
국가와 세계 경제의 기본 틀은
억지가 아니라 자연스러움입니다

흐름은 갈수록 질량이 늘어납니다
엔트로피entropy 증가겠지요
돌石 틈間 사이에서 시작한 샘이
도랑이 되고 개울이 되고
내가 되고 하천이 되고
강물이 되어 바다에 이르기까지
흐름은 갈수록 점점 불어납니다
이 보살계본 유통도 마찬가지입니다
석가모니 부처님이 설한 율법은
이미 노사나불이 설한 율법입니다

그다음으로 누가 또 전하는가요
석가모니 부처님 화신입니다
변화된 몸 곧 화신化身으로서
천백억으로 드러내는 부처입니다
천 억과 백 억이 될 수도 있겠지만
천 억 백 억의 제곱일 수도 있겠지요
아무튼 화신의 석가모니 불입니다
이 화신 석가여래 부처님이
마혜수라천色究竟天 왕궁에서
보리수나무 아래에 이르도록
열 곳에서 같은 율법을 설하십니다

여기서 끝나면 유통이 되지 않습니다
석가모니 부처님의 본신本身과
화신에서 그치는 게 아닙니다
셀 수 없는 보살로 점차 이어집니다
천백억 표현으로도 셀 수 없기에
미세 먼지보다 더 많은 수의 세계를
범망경에서는 설하고 있습니다
남상濫觴은 겨우 잔을 채우겠지만
바다에 이르게 되면 물의 양이
얼마나 많이 불어날까요

천 배, 만 배, 억 배, 조 배를 넘어
엄청난 양의 물로 불어나듯
부처님의 고귀한 말씀은
홀로 즐길 게 아니라는 것이며
이것이 유통流通에 담긴 뜻입니다
인쇄술이 그다지 발달하지 않았던
먼 옛날에는 송경誦經이 있었고
사경寫經이 대세였습니다만
지금은 스마트폰 하나로
같은 시간 여러 곳에
부처님 말씀을 전할 수가 있습니다

#5

(2) 유통流通2
일체모든 부처님의 마음속에 담긴세계
십지품에 담긴세계 보살계에 담긴세계
무량행원 깊은세계 인과따라 오고가는
부처님의 성품세계 영원토록 함께하리

이와같이 거룩하신 일체모든 부처님이
설하신바 한량없는 모든법장 마치시니
천백억의 세계속에 함께하는 중생들이
기쁜마음 활짝열어 환희봉행 하느니라

만에하나 이와같은 심지법문 열고픈가
마음경지 무상이나 모든상을 갖추었고
계는본디 상없으나 지범개차 분명하니
불화광왕 칠행품에 설한바와 같느니라

모든 부처님에게는 어느 분이나
다섯 가지 장藏이 있습니다
첫째는 심장心藏이요

둘째는 지장地藏이며
셋째는 계장戒藏이고
넷째는 무량행원장無量行願藏입니다
다섯째는 인과와 불성을 바탕으로
상주에 관해 묻는 장藏으로서
원문은 인과불성상주장因果佛性常住藏입니다
장藏은 포함이며 포용을 뜻합니다

이들 다섯 가지로 든 장藏 외에도
무량일체법장無量一切法藏과
앞서 본 연화장도 있습니다
이렇게 볼 때 모든 부처님은
일곱 가지 장藏을 지닌 편입니다
첫째는 심장心藏입니다
이른바 진여심의 본질입니다
마음에는 유일하게 진여가 있고
나아가 우주를 두루 포함하며
온갖 법을 빠짐없이 다 갖추었고
묘용妙用이 한량없기에 장입니다

둘째는 지장地藏에 관해서입니다
마음의 본체는 분별이 없으며

평등하기가 대지大地와 같습니다
한량없는 모든 아름다운 공덕을
출생하기 때문에 장藏입니다
지장은 유명교주 지장보살이 아니되
십지十地 경지 보살은 포함됩니다
셋째는 계장戒藏입니다
마음은 본래로 비어 있으나
다함없는 계법戒法을 고루 갖추고
복의 강물福河을 받아들이기에
이를 장藏으로 표현합니다

넷째는 무량행원장無量行願藏입니다
좋은 일을 닦는 마음이 행行이고
시간을 극복하는 마음이 원願입니다
행行의 바다는 그 끝을 알 수 없고
원願의 문은 다함이 없습니다
이것이 곧 장藏입니다
끝으로 인과불성상주장은
처음 마음을 내기에 인因이고
마친 뒤에 증득하기에 과果입니다
그런데 이것으로 인과가 끝이 날까요

원인因 속에는 결과의 바다를 갖추고
결과果에는 원인의 샘이 배어 있지요
이처럼 인과가 서로 융합하면서
증득한 법신이 곧 부처입니다
법신의 본성은 본디 적멸하지만
담담한 채 언제나 자리를 지키며
변하지도 않고 옮기지도 않습니다
온 법계를 빠짐없이 포용하되
그 양量이 허공과 같이 텅 비었기에
인과불성상주장因果佛性常住藏입니다

앞서 얘기했듯 세계는 엄청납니다
어떤 수로도 셀 수가 없습니다
한 은하계 내에 수천억에서
수조 개 별들이 포진해 있는데
이런 은하들이 다시 수천억입니다
이들 수천억을 수천억으로 곱하고
다시 이를 제곱한 게 우주라고 한다면
우주는 매우 넓고 세계는 다양하지요
앞서 미진微塵 세계를 언급했듯이
미세 먼지 낱낱이 다 세계지만
연화장 세계를 벗어나지 않습니다

하여 미진 세계가 연화장 세계입니다
연화장은 가장 이상적인 세계로서
고운 연꽃에서 생겨난 세계며
연꽃 속에 깃든 세계입니다
연화장 세계는 향수해를 연못 삼아
일천 잎 연꽃으로 연못 가득 피어나고
노사나불이 연잎마다 앉으셨는데
천 잎 하나하나가 다 한 세계입니다
연잎마다 천 분 석가모니불이 계시며
이 세계가 백억 국토에 백억 국토로
제곱에서 제곱으로 퍼져갑니다

오장에는 통通과 별別이 있습니다
달리 전체總와 개별別이지요
첫째는 심장心藏의 통별입니다
통은 모든 법이 다 마음에 속해 있고
별은 서른卅 가지 마음心입니다
둘째는 지장地藏의 통별인데
통은 모든 법이 다 대지大地이며
별은 십지十地로 표현된 세계입니다
셋째는 계장戒藏의 통별입니다
통은 모든 법이 다 계戒로 통용되나

별은 십중대계 사십팔경계 등입니다

넷째는 행원장行願藏 통별입니다
통은 모든 법이 다 행원이며
별은 육바라밀六度서껀
일만 가지 보살행과 더불어
십대원왕十大願王 따위입니다
다섯째는 인과불성상주장의 통별로
통은 모든 법을 하나로 묶은 뒤
인과불성상주의 장藏이라 하고
별은 불성본원품佛性本源品 중에
실려 있는 말씀과 맥을 같이 합니다

다시 한번 간단하게 살펴볼까요
첫째는 마음心의 세계요
둘째는 대지地의 세계며
셋째는 계율戒의 세계입니다
결국은 이 계가 마음이요 대지며
어떤 경우도 계를 벗어나지 않습니다
한량없는 행원이 이 계에서 생기고
반듯한 원인과 반듯한 결과도
이 계를 말미암아 얻을 수 있습니다

불성佛性 상주常住의 경지도
이 계율을 바탕으로 증득합니다

계율의 공덕은 이처럼 대단합니다
이와 같이 삼세 모든 부처님은
법신불과 보신불과 화신불이
천백억 연화장 세계에 머무시는
미세 먼지 수 부처님을 가리킵니다
유통의 마무리는 이렇게 표현합니다

천백억의 세계속에 함께하는 중생들이
기쁜마음 활짝열어 환희봉행 하느니라
만에하나 이와같은 심지모습 알고픈가
불화광왕 칠행품에 설한바와 같느니라

십중대계十重大戒는 총總이요
사십팔경四十八輕은 별別입니다
총에는 무량無量이 담겨 있고
별에는 무궁無窮을 드러냅니다
거듭되고 거듭되어 다함이 없는 것이
제석천 천제망天帝網과 같습니다
마무리에서 이렇게 말씀합니다

불화광왕칠행품 중에 들어있다고요
그러나 대본大本에 이 품품은
현재 존재하지 않습니다

마음 경지에는 상相이 없으나
모든 상을 낱낱이 갖추었고
계는 본디 상이 없으나
계를 지니持고
계를 범犯하고
계를 열開고
계를 닫음遮이
상황 따라 분명합니다
따라서 서로 겹치고 또 겹쳐
다함이 없는 것이 계율戒입니다

제 18장 법익을 게로 찬미하다 偈讚法益

총명한이 법인지혜 함께뛰어나
이와같이 거룩한법 능히지니니
무상불도 이뤄지기 전일지라도
다섯가지 법의이익 절로얻으리
明人忍慧強　能持如是法
未成佛道間　安獲五種利

첫째로는 시방세계 부처님께서
어여쁘게 여기시어 수호하시고
둘째로는 그의삶이 다할무렵에
바른견해 마음깊이 기쁨이어라
一者十方佛　憫念常守護
二者命終時　正見心歡喜

셋째로는 세세생생 새몸받을때
모든보살 사이좋은 도반이되고
넷째로는 닦은공덕 한데모아서
계바라밀 빠짐없이 성취하리라

三者生生處 爲諸菩薩友
四者功德聚 戒度悉成就

**다섯째는 금생내생 생애에걸쳐
성품계율 복과지혜 가득하리니
이야말로 부처님의 참다운제자
지혜로운 이들이여 생각해보라**

五者今後世 性戒福慧滿
此是諸佛子 智者善思量

**아인중생 수자상에 집착하는이
이와같은 대승법률 내지못하고
상을떠나 증득만을 취하려는이
보리종자 뿌릴곳을 찾을수없네**

計我着相者 不能生是法
滅壽取證者 亦非下種處

**보리종자 좋은싹을 틔우고싶고
광명으로 온누리를 비추려하면
모름지기 고요하게 관찰해보라**

속속들이 모든법의 진실한모습
欲長菩提苗 光明照世界
應當靜觀察 諸法眞實相

생기지도 않거니와 멸하지않고
영원하지 않거니와 단절아니네
하나거니 다르거니 모두떠나서
오는것도 아니지만 가지도않네
不生亦不滅 不常復不斷
不一亦不異 不來亦不去

이와같이 집착떠난 한마음속에
방편으로 부지런히 장엄을하고
보살로서 지어야할 모든일들을
차례대로 하나하나 배울지니라
如是一心中 方便勤莊嚴
菩薩所應作 應當次第學

유학이니 무학이니 따지지말고
분별심을 일으키지 아니한다면

이를일러 첫째가는 최상승의법
다른이름 붙인다면 마하연이라
於學於無學 勿生分別想
是名第一道 亦名摩訶衍

희론하는 여러가지 악한법들이
그로부터 이들모습 모두감추고
부처님의 일체지인 살바야법이
이로부터 그모습을 드러내도다
一切戲論惡 悉從是處滅
諸佛薩婆若 悉由是處出

그러므로 계를받은 모든불제자
바야흐로 대용맹을 일으킨뒤에
모든부처 지녀오신 청정한계율
명주처럼 보호하여 가질지니라
是故諸佛子 宜發大勇猛
於諸佛淨戒 獲持如明珠

과거세에 계를받은 모든보살은

이와같이 그속에서 이미배웠고
미래세의 보살들은 장차배우고
오늘날의 보살들은 학습중이라
過去諸菩薩 已於是中學
未來者當學 現在者今學

이가바로 부처님이 가신곳이고
거룩하신 군왕께서 찬미한바라
내가이미 순리따라 설하였으니
복과덕의 덩어리가 한량이없네
此是佛行處 聖主所稱歎
我已隨順說 福德無量聚

이들모두 중생에게 회향하나니
모두함께 일체지로 향할지니라
바라건대 이법문을 들은자들은
모두함께 무상불도 이룰지어다
廻已施衆生 共向一切智
願聞是法者 悉得成佛道

#1

총명한이 법인지혜 함께뛰어나
이와같이 거룩한법 능히지니니
무상불도 이뤄지기 전일지라도
다섯가지 법의이익 절로얻으리
明人忍慧強　能持如是法
未成佛道間　安獲五種利

이 계찬법익偈讚法益의 총 14연은
부처님이 설한 경문이 아닙니다
그러니까 보살계 심지법문에
처음부터 올라 있던 글이 아니지요
나중에 누군가가 이 경을 읽고
마구 솟아오르는 기쁨을
억누를 수 없었을 것입니다
하여 단숨에 지은 시게頌입니다

쿠차국의 쿠마라지바 삼장법사는
범망경 보살계본을 한역하면서
총결總結과 유통流通으로

한역漢譯을 끝냅니다
더 이상 원문이 없었으니까요
어쩌면 부처님께서 이미 설하신
보살계본이 너무나 소중하다 보니
이를 찬탄하면서 집공什公이
손수 지은 시일 수 있습니다
하나 라집의 시는 결코 아닙니다

다시 말해 이 게가 아름답기 이전
이 보살계가 얼마나 좋았으면
이러한 시를 지었겠습니까
어제 아침 내 글에 관한 얘기입니다
나는 사사오송四四五頌으로
위의 시 14연을 모두 올렸습니다
나름 번역한다고 하긴 했는데
인맥 서비스SNS 그물網에
덥석 글을 올린 뒤에 느꼈습니다

내 옮긴 글에 오류가 생긴 것입니다
오류라니 대체 무슨 오류냐고요?
명인明人은 '총명한 이'로 했으나
인혜忍慧를 '인내력과 지혜'로

아무 생각 없이 번역한 것입니다
문제는 참을 인忍 자입니다
말이 안 되는 것은 아니나
인忍은 '참을 인'자 인이 아니라
무생법인無生法忍의 인이었지요

총 14연 중에 중간도 끝도 아니고
첫 연 첫 줄을 이렇게 올렸는지
생각만 해도 진땀이 흐릅니다
그래서 이런 말이 있지요
'번역은 반역이다'라고
나는 이제 이렇게 고칩니다

총명한이 법인지혜 함께뛰어나
이와같이 거룩한법 능히지니니
무상불도 이뤄지기 전일지라도
다섯가지 법의이익 절로얻으리

#2

첫째로는 시방세계 부처님께서
어여쁘게 여기시어 수호하시고
둘째로는 그의삶이 다할무렵에
바른견해 마음깊이 기쁨이어라
一者十方佛 憫念常守護
二者命終時 正見心歡喜

셋째로는 세세생생 새몸받을때
모든보살 사이좋은 도반이되고
넷째로는 닦은공덕 한데모아서
계바라밀 빠짐없이 성취하리라
三者生生處 爲諸菩薩友
四者功德聚 戒度悉成就

다섯째는 금생내생 생애에걸쳐
성품계율 복덕지혜 가득하리니
이야말로 부처님의 참다운제자
지혜로운 이들이여 좋이생각해
五者今後世 性戒福慧滿
此是諸佛子 智者善思量

비록 세상이 말세라고 하지만
불자들끼리 서로 만나면
주고받는 인사가 있지
불보살님 가호가
함께하시길

살면서 병치레하지 않는 것이
복이라면 최고 복이라니까
뭐니뭐니해도 죽을 때
잘 죽어야 한다고
바람벽에다
똥칠하지
말고

언제
어디서나
새 몸 받아 날 때
늘 불보살님이 옆에서
좋은 벗이 되었으면 좋겠다

공덕이 뭐 별거겠냐고
그저 남에게 피해 주지 않고

반듯하게 살다 가는 게
그게 공덕이라고
그래 안 그래

내생에 좋은 몸 받으려 말고
금생에 죄짓지 말라고
마음 예쁘게 쓰고
지킬 거 지키고
복도 좀 짓고
아무렴
지혜도 충만해야지

절에 왜 다녀
부처님의 제자라면
지은 복 어디 가겠느냐구
그냥 한번 해 보는 말이 아니야
어디 잘 좀 생각해 보고
헤아려 보라니까
그래 그래

#3

사대육진 겉모습에 집착하는이
이와같은 대승법률 내지못하고
상을떠나 증득만을 취하려는이
보리종자 뿌릴곳을 찾을수없네
計我着相者 不能生是法
滅壽取證者 亦非下種處

보리종자 좋은싹을 틔우고싶고.
광명으로 온누리를 비추려하면
모름지기 고요하게 관찰해보라
모든법이 진실하게 드러나리라
欲長菩提苗 光明照世界
應當靜觀察 諸法眞實相

생기지도 않거니와 멸하지않고
영원하지 않거니와 단절아니네
하나거니 다르거니 모두떠나서
오는것도 아니지만 가지도않네
不生亦不滅 不常復不斷
不一亦不異 不來亦不去

이와같이 집착떠난 한마음속에
방편으로 부지런히 장엄을하고
보살로서 지어야할 모든일들을
차례대로 하나하나 배울지니라
如是一心中　方便勤莊嚴
菩薩所應作　應當次第學

유학이니 무학이니 따지지말고
분별심을 일으키지 아니한다면
이를일러 첫째가는 최상승의법
다른이름 붙인다면 마하연이라
於學於無學　勿生分別想
是名第一道　亦名摩詞衍

우리는 곧잘 철학자가 되곤 합니다
나는 누구며 어디에서 왔으며
나는 지금 무엇을 하고 있고
과연 어디를 향해 가고 있는가를
끊임없이 생각하는 사람이곤 합니다
어찌 보면 철학하는 사람이지만
자기 자신을 잘못 계산하여

번지르르한 모습에 집착하고
여섯 가지의 외연의 그림자로써
자기의 심상心相을 삼습니다

소중하고 거룩한 보살계 심지법을
전혀 생각하지도 못할뿐더러
몸은 끝내 재가 되고 지혜는 사라져
메마른 적멸과 열반만을 되뇝니다
파자소암婆者燒庵을 불러오는
어리석음을 범하고 말지요
메마른 적멸에 집착하고
공空을 으뜸으로 알다 보면
겉으로는 철학자요 수행자라고 하나
이승二乘을 벗어나지 못합니다

이처럼 파삭파삭한 메마른 마음 땅에
보리菩提의 씨앗을 뿌린다고 한들
과연 싹을 틔울 수 있겠습니까
진흙탕에서 싹을 틔우는 게
알고 보면 연꽃만은 아닙니다
깨끗한 허공과 메마른 땅에서는
어떤 것도 뿌리를 내릴 수 없고

뿌리를 내리지 못한다면
보리의 열매를 얻을 수 없지요
광명으로 세상을 비출 수 없습니다

팔부중도八不中道가 있습니다
중론中論의 줄가리입니다
1. 불생不生/생겨나지 않고
2. 불멸不滅/없어지지 않으며
3. 불상不常/항상하지 않고
4. 부단不斷/단절되지 않으며
5. 불일不一/하나도 아니고
6. 불이不異/다르지도 않으며
7. 불래不來/오지도 않고
8. 불거不去/가지도 않습니다

타이완 바이성白聖 법사는 언급합니다
청정본연淸淨本然이기에 불생이고
순업발현循業發現이기에 불멸이고
불변수연不變隨緣이기에 불상이고
수연불변隨緣不變이기에 부단이고
이수어사理隨於事이기에 불일이고
사수어리事隨於理이기에 불이이고

미무소기迷無所起이기에 불래이고
오무소멸悟無所滅이기에 불거로서
팔부중도 실상이라며 그는 표현합니다

맑고 깨끗하며 본디부터 그러하지만
짓는 업을 따라 발현하기 마련이며
변하지 않으면서 인연을 따르고
인연을 따르되 변치 않습니다
이치理가 현상事을 따르고
현상이 이치를 따르며
비록 미혹하되 일으키지 않고
깨달았다 해도 멸하는 바가 없습니다
어쩌면 팔부중도에 관한 풀이가
이토록 멋있을 수 있을까 싶습니다

범망경의 '범망梵網'이 무엇입니까
깨끗한 그물을 가리키는 말인데
어째서 '그냥 그물'이 아니고
하필 '깨끗한 그물'입니까
팔부중도 첫 번째에 해당하는
청정본연淸淨本然인 까닭입니다
시간의 날줄과 공간의 씨줄로

잘 짜여진 그물 세상입니다
관계 맺기 서비스SNS며
달리 표현하면 인맥 서비스입니다

보살계 찬미시에서 이렇게 노래합니다

이와같이 집착떠난 한마음속에
방편으로 부지런히 장엄을하고
보살로서 지어야할 모든일들을
차례대로 하나하나 배울지니라

유학이니 무학이니 따지지말고
분별심을 일으키지 아니한다면
이를일러 첫째가는 최상승의법
다른이름 붙인다면 마하연이라

#5

희론하는 여러가지 악한법들이
그로부터 이들모습 모두감추고
부처님의 일체지인 살바야법이
이로부터 그모습을 드러내도다
一切戲論惡　悉從是處滅
諸佛薩婆若　悉由是處出

그러므로 계를받은 모든불자는
모름지기 대용맹을 일으킨뒤에
모든부처 지녀오신 청정한계를
명주처럼 보호하여 가질지니라
是故諸佛子　宜發大勇猛
於諸佛淨戒　獲持如明珠

과거세에 계를받은 모든보살은
이와같이 그속에서 이미배웠고
미래세의 보살들은 장차배우고
오늘날의 보살들은 학습중이라
過去諸菩薩　已於是中學
未來者當學　現在者今學

이길이곧 부처님이 가신곳이라
성인중의 성인께서 찬탄하셨고
내가이미 순리대로 설하였나니
헤아릴수 없는복덕 한데모였네
此是佛行處 聖主所稱歎
我已隨順說 福德無量聚

어쩌다가 요사채 지붕 처마를
함석으로 잇대 놓았을까
빗방울 부딪쳐 깨어지는 소리에
한번 깬 잠 다시 잠들기가 쉽지 않다
빗방울 깨어지는 소리도 이런데
마음 부서지는 소리는 어떨까
함석 말고 초가지붕이라면
싸목싸목 잘도 흡수하여
이토록 시끄럽지는 않을 텐데

모양을 갖고 있는 물체보다는
모양 없는 마음 깨질 때가
더 아프다고들 하더니
그 말이 맞기는 맞는가 보다
평소에는 이보다 더한 소나기가

양동이로 퍼붓듯 들이부어도
그냥 무관심으로 넘기곤 했는데
싸락눈小雪이란 절기 이름 때문일까
뭘 좀 안다고 하는 것이 병이다

내 눈 들보는 전혀 보이지 않고
남의 눈의 티끌만 보인다고
부단히 서로 퍼부어대는
정치계의 희론戲論 만큼이나
나를 끌어당기는 시끄러운 빗소리
서툰봄立春 뒤 눈빗물雨水처럼
선겨울立冬 뒤 싸락눈小雪이
나를 뒤죽박죽이게 한다
우수에 눈이 내리기도 하니까

부처님은 살바야를 터득한 분
콕 찍어 어느 하나가 아닌
일체지자一切智者다
성인聖 중의 성인主이시니
이런 이를 전륜성왕에 비긴다
살바야를 이루신 성주聖主께서도
끊임없이 외우고 배우는 것이

부처님의 정계淨戒이거늘
우리 신학新學들이랴

어느 날 나를 찾아온 후배 스님이
도를 묻는 예도 갖추지 않고
다짜고짜 내게 묻더군
제일도第一道와
마하연摩訶衍과
살바야薩婆若와
대용맹大勇猛이
하나입니까 여럿입니까
갑작스레 할 말이 있어야지

그래서 나는 이렇게 답했지
시곗바늘은
시계 방향이지만
이 세상 모든 물리와
온 우주의 정해진 질서는
늘 시계 반대 방향으로 돈다네

#6

쌓인복덕 중생에게 두루베풀어
일체종지 살바야로 함께향하라
그리하여 이법문을 들은자들은
모두함께 무상불도 이룰지어다
廻以施衆生 共向一切智
願聞是法者 悉得成佛道

대단원의 막을 내립니다
이 시가 이 경의 마지막입니다
불설범망경 보살계심지품 뒤에 붙인
찬탄송 발도생원發度生願입니다
보살계품 여는 시前偈가 12연이고
닫는 시後偈가 총 14연입니다
여는 시가 해돋이처럼 황홀하다면
닫는 시는 석양처럼 고즈넉합니다
왜 대단원이라 표현할까요
까닭이 없지 않습니다

나의 은법사 환산당 고암 대종사께서

대한불교조계종 종정으로 계실 때
종정실에서 전법게를 받고 나니
선사先師께서 말씀하셨지요
"율은 보살계가 으뜸이고
경은 무엇보다 금강경이니라
비록 출가수행자라고 해도
부모은중경을 잊어서는 아니 되며
참선할 때는 '이뭣고'를 들어라"

그 뒤 거룩하신 스승께서는
1988년 10월 25일(음력 구월 보름날)
대적大寂의 세계로 떠나셨습니다
나는 선사의 말씀을 담고 살았습니다
1,050쪽에 달하는 금강경 해설서
내비 금강경을 이태 전 내었고
부모은중경은 진작에 탈고하였으며
이제 오늘로 범망경 보살계를
251회에 걸쳐 탈고합니다

대부분 경전 해설 끝에 이르면
원이차공덕願以此功德
보급어일체普及於一切

아등여중생我等與衆生
당생극락국當生極樂國
동견무량수同見無量壽
개공성불도皆共成佛道

라는 회향게廻向偈를 붙입니다
이를 우리말로 옮기면 이와 같습니다

바라건대 아름다운 이들공덕이
모든세계 모든생명 두루미치고
너와나와 그와저들 모든중생이
다음생에 극락국에 함께태어나
수광여래 아미타불 친견한뒤에
다들함께 무상불도 이뤄지이다

참으로 대승大乘의 아름다움입니다
저 홀로 성불하려는 게 아니라
모든 중생이 함께 걷는 길입니다

이 보살계품 닫는 시 끝 연에서도
동일한 원력을 담고 있습니다
여기서는 그간 쌓고 모은 공덕을
많은 중생에게 보시하고 있습니다

쌓인복덕 중생에게 두루베풀어
일체종지 살바야로 함께향하라
그리하여 이법문을 들은자들은
모두함께 무상불도 이룰지어다

불교 이야기를 입에 담았다면
그것이 귀와 들음의 씨앗이 되어
어느 생인가에는 싹을 틔우고
줄기와 가지를 뻗고 열매를 맺겠지요
아무튼 선연은 선연대로 질기고
악연은 악연대로 질깁니다

일력이근一歷耳根
영위도종永爲道種
문이능사聞已能思
사이능수思已能修
귀를 한번 스쳐 지나가면
영원히 도의 씨앗이 되니
듣고 나면 능히 생각하고
생각한 뒤 반드시 닦으라

에필로그Epilogue
후일담後日譚

비구 동봉

아! 감사하여라 시간이여!
아! 아름다워라 공간이여!
아! 거룩하여라 인간이여!

아! 하늘이여! 땅이여! 고맙습니다.
물과 불, 낮과 밤이여! 고맙습니다.
거룩하신 부처님! 보살이시여!
앞서 깨우친 선각자시여!
역대 조사와 천하의 종사시여!
고맙고 고맙고 참으로 감사합니다.
이미 앞서 가신 겨레의 크나큰 어르신
다가올 이 땅의 싱그러운 젊은이여!
더없이 고맙고 참으로 감사합니다.

일곱 해 전 봄 여름, 여섯 해 전 갈 겨울
시간을 이어가며 이 책을 집필할 때
참여하신 분들께 감사합니다.

집필한 지 예닐곱 해를 뛰어넘어
책으로 만들어 주는 데 역할을 다한
부산 관음사 주지 율주 지현 대종사님
뜻을 모으신 곤지암 우리절 불자님
더 나아가서는 도서출판 도반의
월암 김광호 대표, 다라 이상미 님
다시금 깊이 감사의 인사를 드립니다

아! 순수하여라! 동물이여!
아! 아름다워라! 식물이여!
아! 거룩하여라! 범망이여!

누가 만일 내게 행복을 물어온다면
나는 아래와 같이 답할 것입니다.
대한민국의 한사람이 그 첫째이고
불제자라는 것이 곧 그 둘째입니다.

범망경

| 발행 | 2025년 12월 21일 |

지은이　　동봉스님

펴낸곳　　도서출판 도반
펴낸이　　김광호
편집　　김광호(월암), 이상미(다라)
대표전화　　031-983-1285
이메일　　dobanbooks@naver.com
홈페이지　　http://dobanbooks.co.kr
주소　　경기도 김포시 고촌읍 신곡리 1168

값　　70,000원

ISBN 979-11-6806-157-6